भारतीय दर्शन

आलोचन और अनुशीलन

भारतीय दर्शन
आलोचन और अनुशीलन

चन्द्रधर शर्मा
एम॰ ए॰, डी॰ फिल्॰, डी॰ लिट्, एल॰ एल॰ बी॰, साहित्याचार्य
पूर्व आचार्य तथा अध्यक्ष, दर्शन विभाग
जबलपुर विश्वविद्यालय

MOTILAL BANARSIDASS PUBLISHING HOUSE
SINCE 1903

मोतीलाल बनारसीदास
पब्लिशिंग हाउस • दिल्ली
Email: naraina@mlbd.in • Website: www.mlbd.in
@mlbdofficial

षष्ठम् पुनर्मुद्रण : दिल्ली, ***2022***
द्वितीय संस्करण : दिल्ली, 1995
प्रथम संस्करण : 1990

ISBN: 978-93-5676-337-1 (सजिल्द)
ISBN: 978-93-91430-06-1 (अजिल्द)

मुद्रक एवं प्रकाशक
राजेन्द्र प्रकाश जैन *के द्वारा*
मोतीलाल बनारसीदास पब्लिशिंग हाउस
ए-44, नारायणा इंडस्ट्रियल एरिया, फेज़-1,
नई दिल्ली-110 028 **(भारत)**
Email: naraina@mlbd.in
Website: www.mlbd.in

<u>शोरूम:</u>
4637/20, एफ-2, हरि सदन, पहली मंजिल, अंसारी रोड, दरियागंज
दिल्ली-110 002 (फायर स्टेशन के सामने) दूरभाष : (+91-11) 4559 7999

जीवन-सङ्गिनी

को

सप्रेम

शान्तिरेव शान्तिः सा मा शान्तिरेधि

प्रस्तावना

भारतीय दर्शन पर आंग्लभाषा में मेरा ग्रन्थ 'इन्डियन फ़िलॉसोफ़ी' शीर्षक से सर्वप्रथम बनारस से सन् १९५२ में प्रकाशित हुआ था। मुझे इससे प्रसन्नता हुई कि दर्शनशास्त्र के विद्वानों, विद्यार्थियों तथा जिज्ञासुओं ने आदर और प्रेम से इस ग्रन्थ का स्वागत किया। इस ग्रन्थ का संशोधित ब्रिटिश संस्करण 'ए क्रिटिकल सर्वे ऑफ़ इन्डियन फ़िलॉसोफ़ी' शीर्षक से राइडर एण्ड कम्पनी, हचिन्सन ग्रुप, लन्दन, द्वारा १९६० में प्रकाशित किया गया। इस संशोधित संस्करण का भारत और विदेशों में आशातीत स्वागत होना मेरे लिये अत्यन्त हर्ष का विषय है। इसका अमरीकी संस्करण बार्नेस एण्ड नोबल, न्यूयार्क, द्वारा 'यूनिवर्सिटी पेपरबैक्स' में १९६२ में प्रकाशित हुआ। इस ग्रन्थ के प्रकाशक मोतीलाल बनारसीदास, दिल्ली अब तक इसके कई संस्करण प्रकाशित कर चुके हैं।

दर्शनशास्त्र के हिन्दी-प्रेमी विद्यार्थी और जिज्ञासु पाठक भारतीय दर्शन को राष्ट्रभाषा हिन्दी में प्रस्तुत करने के लिये मुझसे बार-बार अनुरोध करते रहे हैं। मेरी भी यह इच्छा रही, किन्तु कई कारणों से अनेक वर्षों तक यह सम्भव नहीं हो सका। मुझे हर्ष है कि अब मैं हिन्दी में अपनी यह कृति, 'भारतीय दर्शन : आलोचन और अनुशीलन', प्रस्तुत कर रहा हूँ। यह ग्रन्थ, मेरे उक्त आंग्लभाषा में रचित ग्रन्थ, 'ए क्रिटिकल सर्वे ऑफ़ इन्डियन फ़िलॉसोफ़ी', का हिन्दी में संशोधित और परिष्कृत रूपान्तर है। इसमें मैंने कई आवश्यक परिवर्तन किये हैं। कुछ अंशों को परिवर्धित और कुछ को संक्षिप्त किया है तथा कुछ नये विषयों का समावेश भी किया है। ग्रन्थ के कई अंशों को मैंने नवीन परिष्कृत रूप में लिखा है।

कुछ विद्वानों ने मेरी आलोचना में कहा है कि मैंने माध्यमिक, विज्ञानवाद और अद्वैत वेदान्त के सिद्धान्तों को एक ही मान लिया है तथा मुझे या तो इन सम्प्रदायों के पारस्परिक भेदों का ज्ञान नहीं है या मैंने उन्हें भुला दिया है। इस प्रकार के आक्षेप मेरे प्रति न्याय नहीं करते क्योंकि मैंने अपनी कृतियों में महायान और अद्वैत वेदान्त के सिद्धान्तों में 'ऐक्य' स्थापित करने का प्रयत्न नहीं किया है, केवल उनके प्रचुर 'साम्य' का, और कहीं-कहीं उनके वैषम्य का भी, प्रतिपादन किया है। पुनर्विचार करने पर मुझे यह प्रतीति अवश्य हुई कि मैंने इनके 'साम्य' पर अधिक बल दिया है तथा 'वैषम्य' का अधिक निरूपण नहीं किया है। अतः इस ग्रन्थ में मैंने इस कमी को पूरा करते हुये इनके वैषम्य का, विशेषतः विज्ञानवाद और अद्वैत वेदान्त के वैषम्य का, समुचित और स्पष्ट विवेचन किया है। गौडपादाचार्य पर लिखित अध्याय में कारिका के चतुर्थ प्रकरण पर मैंने अपने विचार नवीन और विस्तृत रूप में प्रतिपादित किये हैं। शून्यवाद और विज्ञानवाद

पर लिखे अध्यायों में मैंने कई अंश नवीन परिष्कृत रूप में लिखे हैं। शङ्कराचार्य पर लिखित अध्याय में मैंने अध्यास का तथा मोक्ष का विवेचन, शाङ्कर-भाष्य के प्रकाश में, अधिक विस्तृत एवं परिशोधित रूप में किया है। माध्व वेदान्त, वाल्लभ वेदान्त और काश्मीर शैव दर्शन पर पूर्वापेक्षया कुछ अधिक प्रकाश डाला गया है। शैव दर्शनों में वीर-शैव मत को भी समाविष्ट कर लिया है। 'विषय-सूची' में प्रत्येक अध्याय के अन्तर्गत उसके अधिकरणों का भी पृष्ठसंख्या सहित उल्लेख कर दिया है। ग्रन्थ के अन्त में दी गई 'ग्रन्थावली' को भी संशोधित तथा परिवर्धित कर दिया है। इन सब कारणों से यह हिन्दी-ग्रन्थ अधिक महत्त्वपूर्ण और उपादेय हो गया है। आशा है भारतीय दर्शन के विद्वान्, विद्यार्थी और हिन्दी-प्रेमी पाठक इस ग्रन्थ का भी पूर्ववत् आदर और प्रेम से स्वागत करेंगे।

यह ग्रन्थ मेरे भारतीय दर्शन के मूल ग्रन्थों के अनेक वर्षों के गहन अध्ययन पर आधृत है। विविध भारतीय दार्शनिक सम्प्रदायों के आलोचन, विवेचन और मूल्यांकन में मैंने यथासम्भव निष्पक्ष दृष्टि अपनाई है तथा कई गूढ़, दुरूह और जटिल विषयों को सरल और सुस्पष्ट रूप में प्रस्तुत करने का पूर्ण प्रयत्न किया है। दार्शनिक सम्प्रदायों के यथामति विवेचन में विद्वानों में मतभेद हो जाना अस्वाभाविक नहीं है, किन्तु इससे हमें यह अधिकार प्राप्त नहीं होता कि हम मतभेद के नाम पर अपने उन पूर्वाग्रह-ग्रस्त विचारों को किसी दार्शनिक सम्प्रदाय पर बलात् आरोपित करें जो उस सम्प्रदाय के मौलिक ग्रन्थों में स्पष्टतया प्रतिपादित सिद्धान्तों के प्रतिकूल हों। यह ग्रन्थ भारतीय दर्शनों के विविध सम्प्रदायों का निष्पक्ष, प्रामाणिक और आलोचनात्मक विवेचन प्रस्तुत करने का प्रयास करता है। इसके विवेच्य विषय अत्यन्त व्यापक और विस्तृत हैं, अतः यह ग्रन्थ उनके सर्वांगीण सविस्तार विवेचन का दावा नहीं करता; एक ग्रन्थ में यह सम्भव भी नहीं है।

इलाहाबाद विश्वविद्यालय द्वारा १९४७ में डी. फिल्. की उपाधि हेतु स्वीकृत 'बौद्ध दर्शन और वेदान्त में द्वन्द्वात्मक तर्क' शीर्षक अपने शोध-प्रबन्ध से तथा उसी विश्वविद्यालय द्वारा १९५१ में डी. लिट्. की उपाधि हेतु स्वीकृत 'भारतीय और पाश्चात्य दर्शन में द्वन्द्वात्मक तर्क का प्रभुत्व' शीर्षक अपने शोध-प्रबन्ध से ली गई सामग्री का मैंने अपने उक्त आंग्लभाषारचित ग्रन्थ 'ए क्रिटिकल सर्वे ऑफ़ इन्डियन फ़िलॉसोफ़ी' में समावेश किया है। इस हिन्दी ग्रन्थ में भी उक्त सामग्री के कुछ अंशों का कहीं-कहीं उपयोग किया गया है।

मैं सहर्ष उन सभी सम्माननीय विद्वानों के प्रति अपना आभार व्यक्त करता हूँ जिनसे या जिनकी कृतियों से मुझे प्रेरणा और सहायता मिली है। प्रोफ़ेसर सुरेन्द्रनाथ दासगुप्त, प्रोफ़ेसर सर्वपल्ली राधाकृष्णन्, प्रोफ़ेसर मैसूर हिरियन्ना और प्रोफ़ेसर हरिदास भट्टाचार्य का मैं विशेष आभारी हूँ। इलाहाबाद विश्वविद्यालय का दर्शनविभाग जिनके आचार्यत्व से गौरवान्वित और विख्यात हुआ उन अपने गुरुवर प्रोफ़ेसर रामचन्द्र दत्तात्रेय रानडे तथा प्रोफ़ेसर अनुकूलचन्द्र मुंकर्जी

को मैं सादर प्रणाम करता हूँ जिनसे मैंने दर्शनशास्त्र का विशिष्ट ज्ञान प्राप्त किया तथा जिनकी कृपा से मेरी विद्या फलवती हुई। मैं अपने पूज्य ब्रह्मलीन पितृचरण को सादर प्रणाम करता हूँ जिनके आशीर्वाद का प्रकाश मेरे जीवन-पथ को आलोकित करता रहा है। मैं पूज्यपाद श्रीराधा बाबा को सादर प्रणाम करता हूँ जिनकी अहैतुकी कृपा से यह ग्रन्थ प्रकाश में आ रहा है।

मेरे अंग्रेजी में लिखे ग्रन्थ 'ए क्रिटिकल सर्वे ऑफ़ इन्डियन फ़िलॉसोफ़ी' के प्रकाशक मोतीलाल बनारसीदास, दिल्ली, इस हिन्दी-ग्रन्थ को भी प्रकाशित कर रहे हैं, इसके लिये मैं उन्हें धन्यवाद देता हूँ।

कोटा, राजस्थान
श्रावणी पूर्णिमा, २०४६ विक्रमाब्द
१७-८-१९८९

चन्द्रधर शर्मा

हिरण्मयेन पात्रेण सत्यस्यापिहितं मुखम्।
तत् त्वं पूषन्नपावृणु सत्यधर्माय दृष्टये।।

सत्य का मुख स्वर्णिम चमकीले पात्र से आवृत है। हे चिदानन्दज्योतिष्पुञ्ज! इस आवरण को हटा दो और सत्य की ओर उन्मुख मुझे दिव्य-दृष्टि दो जिससे मैं उसके दर्शन कर सकूँ।

ऋषीणामर्हताञ्चैव बुद्धानां तत्त्वदर्शिनाम्।
सच्चिदानन्दमग्नानामाचार्याणां पथः कृताम्।।
तीक्ष्णतर्कशराणाञ्च युक्तिशास्त्रविदां तथा।
तेषामत्र कथा येषां 'कीर्तिः पृष्ठं गिरेरिव'।।

इस ग्रन्थ में उन सच्चिदानन्द-मग्न तत्त्वदर्शी ऋषियों के, अर्हंतों के और बुद्धों के दर्शन का एवं तत्त्वदर्शी पथ-निर्माता आचार्यों के दर्शन का, तथा प्रखरतर्कशरसम्पन्न एवं युक्ति और शास्त्र के ज्ञाता उन विद्वानों के दर्शन का विवेचन है जिनकी 'कीर्ति पर्वत-पृष्ठ के समान' सुदृढ़ और अचल है।

विषय-सूची

प्रथम अध्याय
वेद और उपनिषद्

१. भूमिका

'दर्शन' शब्द का अंग्रेज़ी में अनुवाद प्रायः 'फ़िलॉसोफ़ी' शब्द से किया जाता है। यह शब्द 'फ़िलॉस्' और 'सोफ़िया' इन दो ग्रीक पदों से बना है जिनका क्रमशः अर्थ है 'प्रेम' और 'सरस्वती या विद्या देवी'। अतः 'फ़िलॉसोफ़ी' का अर्थ हुआ विद्या-प्रेम या ज्ञान के प्रति अनुराग। मानव मन में स्वयं को और बाह्य जगत् को जानने की नैसर्गिक प्रवृत्ति होती है। यद्यपि मानव की उत्पत्ति, स्थिति और लय बाह्य जगत् में होते हैं, तथापि मानव केवल शरीरेन्द्रियप्राणसंघात के अतिरिक्त और कुछ भी है और इस 'और कुछ' की जिज्ञासा भी स्वाभाविक है। दार्शनिक चिन्तन मानव की मूल प्रवृत्ति है। प्रत्येक व्यक्ति की कोई न कोई जीवन-दृष्टि, जीवन-मूल्य या 'दर्शन' अवश्य होता है। अतः मानव के लिये चुनाव, जैसा हक्सले महोदय का कथन है, 'दर्शन' या 'अ-दर्शन' के बीच न होकर सदा 'अच्छे दर्शन' या 'बुरे दर्शन' के बीच होता है।

पाश्चात्य दर्शन ने प्रायः बौद्धिक चिन्तन को प्रधानता दी है, यद्यपि कुछ पाश्चात्य दार्शनिकों ने अपरोक्ष ज्ञान की महत्ता स्वीकार की है। भारतीय दर्शन प्रायः अपरोक्षानुभूति या आत्म-साक्षात्कार को प्रधान और बौद्धिक चिन्तन को गौण मानता है। 'दर्शन' शब्द का अर्थ ही है साक्षात् देखना अर्थात् परम तत्त्व का साक्षात्कार या अपरोक्षानुभव। दर्शन शब्द के अन्तर्गत साक्षात्कार के साधनों को भी ले लिया गया है।[१] ये साधन हैं श्रुति और तर्क। 'आत्मा को जानो' (आत्मानं विद्धि)—यह भारतीय दर्शन का उद्घोष है। आध्यात्मिक, आधिभौतिक और आधिदैविक, इन तीन प्रकार के दुःखों का आत्यन्तिक नाश एवं अखण्ड आनन्द की प्राप्ति भारतीय दर्शन का लक्ष्य है। श्रवण, मनन और निदिध्यासन इस लक्ष्य-प्राप्ति के त्रिविध साधन हैं। दर्शन और धर्म का घनिष्ठ सम्बन्ध है। भारतीय दर्शन के कई सम्प्रदाय धार्मिक सम्प्रदाय भी हैं। सुचिन्तित दार्शनिक विचारों को आचार में उतारे बिना दर्शन केवल वाग्विलास या बुद्धि-वैभव ही है; और दार्शनिक विचारों द्वारा परिपुष्ट हुये बिना धर्म अन्धविश्वास मात्र है। महर्षि याज्ञवल्क्य का उपदेश 'आत्मा वा अरे द्रष्टव्यः श्रोतव्यो मन्तव्यो निदिध्यासितव्यः'[२] भारतीय दर्शन और धर्म का मूलमन्त्र है। इसका अर्थ है आत्मा साक्षात्

---

१. दर्शनं साक्षात्करणम् ; अपि च, दृश्यते अनेन इति दर्शनम्।

२. बृह० उप० २/४/५

अनुभव करने योग्य है; और यह अनुभव श्रवण (श्रुति-वाक्यों के श्रवण या पठन से), मनन (युक्तियुक्त बौद्धिक चिन्तन से) तथा निदिध्यासन से (ध्यान और समाधि से) प्राप्य है। चार्वाक मत को छोड़कर लगभग सभी भारतीय दर्शनों ने इसे न्यूनाधिक रूप में स्वीकार किया है।

वेद भारतीय साहित्य के ही नहीं, अपितु विश्व-साहित्य के प्राचीनतम ग्रन्थ हैं। भारतीय दर्शनों के प्रमुख विचारों को वैदिक वाङ्मय में खोजा जा सकता है। खेद का विषय है कि वेदों के विषय में हमारा ज्ञान अत्यन्त अल्प और अपूर्ण है।

वेद के दो विभाग हैं—मन्त्र और ब्राह्मण।[१] किसी देवता की स्तुति में प्रयुक्त होने वाले अर्थ-स्मारक वाक्य को 'मन्त्र' कहते हैं। यज्ञयागादि के अनुष्ठान का विस्तृत विवेचन करने वाले ग्रन्थ को 'ब्राह्मण' कहते हैं। मन्त्र-समूह को 'संहिता' कहते हैं। संहितायें चार हैं—ऋक्, साम, यजुः और अथर्व। इनका संकलन यज्ञानुष्ठान की दृष्टि से किया गया है। यज्ञयागादि के विधिपूर्वक अनुष्ठान के लिये चार ऋत्विजों की आवश्कता होती है—होता, जो स्तुति-मन्त्रों के उच्चारण से देवताओं का आह्वान करता है; उद्गाता, जो मधुर स्वर में मन्त्र गान करता है; अध्वर्यु, जो यज्ञ के विविध अंगों का सविधि सम्पादन करता है; तथा ब्रह्मा, जो सम्पूर्ण यज्ञानुष्ठान का विधिवत् निरीक्षण करता है जिससे किसी प्रकार की त्रुटि न रहे। होता के लिये ऋक्-संहिता का, उद्गाता के लिये साम-संहिता का, अध्वर्यु के लिये यजुः-संहिता का तथा ब्रह्मा के लिये अथर्व-संहिता का संकलन हुआ है। वेदों को, अथर्व को छोड़कर, 'त्रयी' भी कहते हैं क्योंकि ये ऋक्, साम और यजुः रूपों में विभक्त हैं। ऋक् का अर्थ है पाद-युक्त छन्दोबद्ध मन्त्र; साम का अर्थ है गीति या मन्त्र-गायन; यजुः का अर्थ है गद्यमय वाक्य। वेद का संहिता या मन्त्र भाग वैदिक देव-मण्डल के विविध देवताओं की स्तुतियों का संग्रह है। इनमें ऋक्-संहिता सबसे प्राचीन और महत्त्वपूर्ण है। ऋषि मन्त्र के 'द्रष्टा' हैं, रचयिता नहीं। वेद का दूसरा भाग 'ब्राह्मण' भाग है जिसमें यज्ञयागादि के विविध अंगों का विस्तृत विवेचन है। यह गद्य में है। 'ब्राह्मण' ग्रन्थों को यह नाम इसलिये दिया गया क्योंकि 'ब्रह्म' का विस्तृत विवेचन इनका प्रधान विषय है और यहाँ 'ब्रह्म' का अर्थ 'बढ़ाने वाला', 'फैलने वाला' अर्थात् वितान या यज्ञ है। ब्राह्मण ग्रन्थों के बाद उनसे सम्बद्ध 'आरण्यक' ग्रन्थ आते हैं। अरण्य के एकान्त में पठनीय और मननीय होने से इन्हें आरण्यक कहते हैं। इनमें कर्म से ज्ञान की ओर संक्रमण है। यज्ञानुष्ठान की अपेक्षा यज्ञ के आध्यात्मिक रहस्य पर तथा उपासना एव ध्यान पर बल है। आरण्यकों के अन्तिम भाग 'उपनिषद्' हैं जो ज्ञान-प्रधान हैं तथा दार्शनिक विचारों से भरे हैं। इन्हीं को 'वेदान्त' कहते हैं क्योंकि ये वेद के अन्तिम भाग हैं, इनमें वेद के चरम सिद्धान्तों का विवेचन है तथा इनमें वेद का सारभूत तत्त्व प्रतिष्ठित है।[२] वेद के संहिता भाग और ब्राह्मण भाग को 'कर्मकाण्ड'; आरण्यक भाग को 'उपासना काण्ड' तथा

---

१. मन्त्रब्राह्मणयोर्वेदनामधेयम्। मन्त्रब्राह्मणात्मको वेदः।

२. संस्कृत में 'अन्त' शब्द के तीन अर्थ होते हैं—
'अन्तिम भाग', 'सिद्धान्त' और 'सार-तत्त्व'। 'वेदान्त' शब्द में ये तीनों अर्थ सङ्गत हैं।

उपनिषद् भाग को 'ज्ञान काण्ड' कहा जाता है। कर्म प्रधान होने पर भी संहिता और ब्राह्मण भागों में आध्यात्मिक तत्त्व-चिन्तन के बीज विद्यमान हैं तथा आरण्यक भाग में उपासना द्वारा कर्म से ज्ञान की ओर संक्रमण है।

२. वैदिक दर्शन

उपनिषद्-पूर्व वैदिक साहित्य में प्रमुख दार्शनिक विचारों के बीज खोजे जा सकते हैं। भारतीय परम्परानुसार वेद नित्य और अपौरुषेय हैं तथा अक्षय ज्ञान के भण्डार हैं। इतिहास (रामायण और महाभारत) और पुराणों से वेदों का उपबृंहण होता है। अर्वाचीन पाश्चात्य मतानुसार जब अर्ध सभ्य और अर्ध बर्बर आर्य बाहर से भारत में आकर बसे तो उनमें ज्ञान-विज्ञान का विकास नहीं था। प्रकृति की विविध शक्तियों के कमनीय और सुन्दर रूप को देखकर उन्हें आश्चर्य और कौतुक हुआ, तथा विकराल और ध्वंसात्मक रूप को देखकर भय हुआ। प्राकृतिक शक्तियों के रहस्य को न जानने के कारण उन्होंने इनकी देव और देवियों के रूप में कल्पना कर ली और इनकी स्तुति करने लगे। ये स्तुतियाँ ही वैदिक मन्त्रों के रूप में प्रस्फुटित हुईं। कालान्तर में यागादि क्रियाओं का विस्तार हुआ। वैदिक आर्य देवताओं की प्रार्थना करने लगे—'हम तुम्हें यज्ञ में हवि देते हैं, तुम हमें वीर पुत्र-पौत्र, अच्छे घोड़े, पुष्ट बैल, दुधारू गायें, प्रभूत धान्य एवं सुख समृद्धि दो, आपदाओं से हमारी रक्षा करो तथा शत्रुओं के साथ युद्ध में हमें विजयी बनाओ।' वैदिक सभ्यता के विकास क्रम में इस प्रथम अवस्था को प्राकृतिक तथा मानवीकृत 'बहुदेववाद' की संज्ञा दी गई है। कालान्तर में इस बहुदेववाद का विकास मैक्समूलर के अनुसार 'एकदा एक एव देववाद' (हेनोथीइज्म) में हुआ जिसके अनुसार वैदिक आर्य जब किसी देवता की स्तुति करते थे तो उस समय उस देवता को ही एक मात्र सर्वोच्च देवता मान लेते थे। आगे चल कर यह 'एकदा एक एव देववाद', 'एकदेववाद' या 'एकेश्वरवाद' में परिणत हुआ। फिर इस एकेश्वरवाद के साथ 'सर्वेश्वरवाद' की भी मान्यता हुई। कालान्तर में इसका चरम विकास 'एकतत्त्ववाद' या 'अद्वैतवाद' के रूप में उपनिषद् में प्रतिष्ठित और विकसित हुआ।

अधिकांश पाश्चात्य विद्वान् तथा उनके अनुयायी कुछ भारतीय विद्वान वैदिक देवतावाद की उत्पत्ति और विकास का पूर्वोक्त क्रम प्रतिपादित करते हैं। किन्तु यह क्रम निराधार है तथा देवता-तत्त्व के अज्ञान का सूचक है। संहिता भाग से ब्राह्मण और आरण्यक भाग द्वारा उपनिषद् भाग तक वैदिक दर्शन का जो विकास हुआ है वह निश्चित ही पाश्चात्य विद्वानों द्वारा कल्पित बहुदेववाद से एकदा एक एव देववाद, एकदेववाद, सर्वेश्वरवाद द्वारा एकतत्त्ववाद के रूप में नहीं हुआ। वैदिक आर्य बाहर से आये, यह विवादास्पद है; किन्तु वैदिक ऋषि अर्धसभ्य न होकर सुसंस्कृत विद्वान तथा प्रातिभज्ञानसम्पन्न थे, यह निर्विवाद है। इन मन्त्र-द्रष्टा ऋषियों के द्वारा साक्षात्कृत आध्यात्मिक रहस्य मन्त्रों के रूप में प्रकट हुये हैं। संहिता भाग भी आध्यात्मिक अद्वैतवाद से अनुप्राणित है। संहिता से लेकर उपनिषद् तक वैदिक दर्शन का विकास इस केन्द्रीय आध्यात्मिक अद्वैतवाद का ही विकास है जो अपने अन्तर्गत एकेश्वरवाद

और सर्वेश्वरवाद को, परात्परत्व और अन्तर्यामित्व को, तथा भेद, अभेद और भेदाभेद को समाहित किये है। वेदों में प्राकृतिक मानवीकृत बहुदेववाद की कल्पना कोरी कल्पना है। वैदिक देवता-गण एक ही देवता की विभिन्न शक्तियों के प्रतीक हैं। देवताओं को 'असुर' अर्थात् प्राणवान्, बलवान, अप्रतिहतसामर्थ्य-सम्पन्न माना गया है और उनके 'असुरत्व' को स्पष्टतया एक ही स्वीकार किया गया है।[१] वेदों में सर्वव्यापी, सर्वात्मक और परात्पर देव-तत्त्व एक ही है तथा विविध देव-गण इसी की शक्तियों के विविध रूप हैं। यह सर्वान्तर्यामी सूत्रात्मा है। यह विश्वनियन्ता है। वेदों के ये वाक्य निश्चय ही बहुदेववाद के पोषक नहीं हैं। जब बहुदेववाद एकदेववाद या एकेश्वरवाद में विकसित होता है तो देव-मण्डल के सर्वाधिक शक्तिमान् देव को ही 'देव' या 'ईश्वर' के रूप में स्वीकार किया जाता है। किन्तु वेदों में तो ऐसा नहीं हुआ है। पुनश्च, मैक्समूलर महोदय को 'हेनोथीइज्म' (एकदा एक एव देववाद) शब्द निर्मित करने का कष्ट करने की अपेक्षा यह स्वीकार कर लेना चाहिये था कि विविध देव 'पर देव' के ही विविध प्रतीक हैं, अतः जब किसी देव की स्तुति की जाती है तो वह स्तुति वस्तुतः 'पर देव' की शक्ति की ही होती है। यह पर तत्त्व सृष्टि में व्यापक भी है और सृष्टि के पार भी है। वैदिक दर्शन में संहिता से लेकर उपनिषद् तक इसी अद्वैतवाद का विकास हुआ है। अपने मत की पुष्टि में हम वेदों के निम्नांकित उद्धरण प्रस्तुत कर रहे हैं—'उस एक सत् का ही विद्वान् अनेक रूपों में वर्णन करते हैं।'[२]

'पुरुष ही यह सब कुछ है; भूत, वर्तमान और भविष्य में जो कुछ था, है या होगा, वह सब पुरुष ही है।'[३]

'उस एक ही महान् सत् की उपासना ऋग्वेदी 'उक्थ' के रूप में, यजुर्वेदी 'अग्नि' के रूप में और सामवेदी 'महाव्रत' के रूप में किया करते हैं।'[४]

'वह प्रकाशमान् अपरिमेय तत्त्व 'अदिति' है। अदिति ही आकाश है, अन्तरिक्ष है, माता है, पिता है, पुत्र है, समस्त देव-मण्डल है, सारा मानवसमुदाय है; जो कुछ उत्पन्न हुआ है और जो भी उत्पन्न होने वाला है वह अदिति ही है।'[५]

वेदों में 'सत्' को सत्ता की दृष्टि से 'सत्य' और नैतिक नियमन की दृष्टि से 'ऋत' तथा आनन्द की दृष्टि से 'मधु' या 'मधुमान्' कहा गया है। वेदों के ये वर्णन देखिये—ऋत के कारण जगत् की सुव्यवस्था है। देवगण ऋत के ही स्वरूप हैं।[६]

सूर्य ऋत का विस्तार करते हैं। नदियाँ ऋत को प्रवाहित करती हैं।[७]

---

१. महद् देवानामसुरत्वमेकम्। ऋग्वेद ३-५५

२. एकं सद् विप्रा बहुधा वदन्ति। वही १-१६४-४६

३. पुरुष एवेदं सर्वं यद् भूतं यच्च भाव्यम्। पुरुषसूक्त, ऋग्वेद १०-९०, यजुर्वेद

४. ऐतरेय आरण्यक ३-२-३-१२

५. ऋग्वेद १-८९-१०

६. वहीं ९-१०८-८

७. ऋग्वेद १-१०५-१५

यह पृथिवी, आकाश, वायुमण्डल, सरितायें, पर्वत, बृहस्पति और सूर्य सब मधुमय हैं। यह मधुमान् है, यह रसवान् है।[1]

'विष्णु के उस परम पद को ज्ञानी, जागरूक विद्वान् ही जानते हैं।[2]

'सृष्टि के आदिकाल में न सत् था न असत्; न वायु था न आकाश, ... न मृत्यु थी न अमरता; न रात थी न दिन, उस समय केवल वही एक था जो वायुरहित स्थिति में भी अपनी शक्ति से साँस ले रहा था; उसके अतिरिक्त कुछ नहीं था।'[3]

'उस अकाम, धीर, अमृत, स्वयंभू, रसतृप्त, अन्यून, अजर आत्मतत्त्व के अनुभव से ही मृत्यु-भय पर विजय प्राप्त होती है।'[4]

'उसके साक्षात् ज्ञान से ही मृत्यु के पार जाया जा सकता है, मृत्यु और संसार के पार जाने का अन्य कोई मार्ग नहीं है।'[5]

'इस 'उच्छिष्ट' (प्रपञ्च-निषेध के बाद अवशिष्ट सत्) पर नामरूप आश्रित हैं, इसी पर सारा लोक आश्रित है।'[6]

'इस पुरुष का एक पाद (अंश) यह सारा चराचर विश्व है; इसके तीन पाद इस विश्व के पार अमृत में स्थित हैं।'[7]

३. उपनिषद्

'उपनिषद्' शब्द 'उप' और 'नि' उपसर्गपूर्वक 'सद्' धातु से निष्पन्न होता है। 'सद्' धातु के चार अर्थ होते हैं—बैठना, नाश करना (विशरण), प्राप्त करना (गति) और शिथिल करना (अवसादन)। 'उप' का अर्थ है समीप और 'नि' का अर्थ है ध्यान-पूर्वक। अतः उपनिषद् शब्द का अर्थ हुआ—शिष्य का गुरु के समीप ध्यानपूर्वक परम तत्त्व का गूढ़ उपदेश सुनने के लिये बैठना, जिससे शिष्य की अविद्या का नाश होता है, उसे ब्रह्म-प्राप्ति होती है तथा उसके कर्म-बन्धन एवं तज्जन्य दुःखादि का शिथिलीकरण होकर क्षय हो जाता है। इस प्रकार उपनिषद् शब्द अध्यात्मविद्या या ब्रह्मविद्या के अर्थ में प्रयुक्त होने लगा और क्योंकि यह विद्या गुरु द्वारा अधिकारी शिष्य को एकान्त में दी जाती थी, अतः यह रहस्यविद्या या गुह्यविद्या भी कहलाई। उपनिषद् शब्द मुख्य रूप से ब्रह्मविद्या का वाचक है तथा गौण रूप से ब्रह्मविद्याप्रतिपादक ग्रन्थों के लिये प्रयुक्त होता है। इन उपनिषद् ग्रन्थों को ही वेदान्त कहा

---

१. वहीं ६-४७-१

२. तद् विप्रासो विपन्यवो जागृवांसः समिन्धते। विष्णोर्यत् परमं पदम्। वहीं १-२२-२१

३. ऋग्वेद, नासदीयसूक्त १०-१२९

४. अकामो धीरो अमृतः स्वयंभू रसेन तृप्तो न कुतश्चनोनः।
तमेव विद्वान न बिभाय मृत्योरात्मानं धीरमजरं युवानम्।। अथर्ववेद १०-८-४४

५. तमेव विदित्वाऽतिमृत्युमेति नान्यः पन्था विद्यतेऽयनाय। यजुर्वेद, रुद्रीय।

६. उच्छिष्टे नामरूपं चोच्छिष्टे लोक आहितः। अथर्ववेद ११-९-१

७. पादोऽस्य विश्वा भूतानि त्रिपादस्याऽमृतं दिवि। ऋग्वेद १०-९०-३, पुरुषसूक्त, यजुर्वेद।

जाता है क्योंकि ये वेद के अन्तिम भाग हैं तथा वैदिक दर्शन के सारभूत सुनिश्चित सिद्धान्तों के प्रतिपादक हैं। मुक्तिकोपनिषद् के अनुसार उपनिषदों की संख्या १०८ है, किन्तु प्रामाणिक तथा महत्त्वपूर्ण उपनिषद् ग्यारह हैं जिन पर शङ्कराचार्य के भाष्य उपलब्ध हैं। ये हैं—ईश, केन, कठ, प्रश्न, मुण्डक, माण्डूक्य, तैत्तिरीय, ऐतरेय, छान्दोग्य, बृहदारण्यक और श्वेताश्वतर। कुछ उपनिषद् गद्य में हैं, कुछ पद्य में और कुछ गद्य-पद्य में। छान्दोग्य और बृहदारण्यक सर्वाधिक प्राचीन माने जाते हैं। उपनिषद् भारतीय दर्शन की निधि हैं और उसके मूल स्रोत भी हैं। शोपेनहावर, मैक्समूलर, डॉयसन आदि अनेक पाश्चात्य विद्वानों ने भी इनकी मुक्त कण्ठ से प्रशंसा की है।

उपनिषद् में अद्वैत, विशिष्टाद्वैत एवं द्वैतपरक वाक्य उपलब्ध हैं, किन्तु उनका तात्पर्य अद्वैत के प्रतिपादन में ही है क्योंकि बाहुल्य अद्वैत श्रुतियों का है और उन्हीं को बार-बार प्रतिष्ठापित किया गया है। फिर, विशिष्टाद्वैत एवं द्वैतपरक वाक्यों को गौण मान कर उनकी सङ्गति अद्वैत श्रुतियों के साथ हो जाती है, किन्तु अद्वैत की सङ्गति द्वैत, द्वैताद्वैत, विशिष्टाद्वैत के साथ किसी भी प्रकार से नहीं हो सकती। श्रीशङ्कराचार्य ने इसका स्पष्ट, विशद और विस्तृत प्रतिपादन किया है।

उपनिषद् को भारतीय दर्शनों का मूल स्रोत माना जाता है। भारतीय दर्शनों की कोई ऐसी प्रमुख विचारधारा नहीं है जिसका उद्गम उपनिषद् में न हो। वेदान्त की प्रस्थान-त्रयी में उपनिषद् मूलप्रस्थान है। ब्रह्मसूत्र उपनिषद्-वाक्यों का सूत्ररूप में संकलन है। गीता को उपनिषद्-गायों का अमृतरूपी दूध माना गया है जिसे गोपाल कृष्ण ने अर्जुन को बछड़ा बना कर विद्वानों के पानार्थ दुहा है। जैन दर्शन ने भी कर्मवाद और आत्मतत्त्व के व्याख्यान में उपनिषद् से बहुत कुछ लिया है तथा बौद्ध दर्शन अपने विज्ञानवाद, अद्वैतवाद, अनित्यवाद, कर्मवाद, अविद्या, चतुष्कोटि, निर्वाण आदि सिद्धान्तों के लिये उपनिषद् का अत्यन्त ऋणी है। सांख्य की प्रकृति, त्रिगुण, पुरुष, बुद्धि, अहंकार, मन, सूक्ष्म शरीर आदि के बीज और अंकुर कठ और श्वेताश्वतर आदि में उपलब्ध हैं। योग की जड़ें श्वेताश्वतर और कठ आदि में मिलती हैं। पूर्वमीमांसा में वैदिक कर्म का विस्तृत विवेचन है। अद्वैत वेदान्त में ज्ञान का प्राधान्य है। कुछ वेदान्त-सम्प्रदायों में श्वेताश्वतर के कर्म-ज्ञान-समुच्चय का विकास है।

उपनिषद् में ज्ञान का प्राधान्य है; कर्म और उपासना गौण है। कर्म और उपासना चित्तशुद्धि और चित्त की एकाग्रता के लिये आवश्यक हैं क्योंकि शुद्ध और एकाग्र चित्त में ही आत्म-तत्त्व का दिव्य प्रकाश, ज्ञान-सविता का 'वरेण्य भर्ग' तथा शिव-स्वरूप 'ज्योतिषां ज्योतिः' प्रकट हो सकती है। नारद सनत्कुमार से इस प्रकार निवेदन करते हैं—भगवन्! मैंने ऋग्वेद का, यजुर्वेद का, सामवेद का, अथर्ववेद का, इतिहास-पुराणरूपी पञ्चम वेद का अध्ययन किया है; और भी अनेक विद्याओं का मैंने अध्ययन किया है। किन्तु मैं मन्त्रों को ही जानता हूँ, आत्मा को नहीं जानता। मैंने आप जैसे महात्माओं से सुना है कि जो आत्मा का साक्षात्कार करता है वही शोक के पार जाता है। मैं शोक-मग्न हूँ। भगवन्! मुझे शोक के उस पार

तार दीजिये।[१] मुण्डक की उक्ति है—विद्या दो प्रकार की है, अपरा और परा। ऋग्वेद, यजुर्वेद, सामवेद, अथर्ववेद, शिक्षा, कल्प, व्याकरण आदि अपरा विद्या के अन्तर्गत हैं। परा विद्या वह है जिससे अक्षर ब्रह्म की प्राप्ति होती है।[२] गीता का वचन है—वेदों के कर्मकाण्ड में आसक्त सकाम पुरुष स्वर्गसुख को परम श्रेष्ठ मानते हैं तथा भोग और ऐश्वर्य में लिप्त रहते हैं, अत: उनकी बुद्धि निश्चयात्मक नहीं होती और न उनकी प्रवृत्ति निष्काम की ओर होती है। वेदों का कर्मकाण्ड त्रिगुणात्मक प्रकृतिजन्य संसार को ही विषय बनाता है; वह निस्त्रैगुण्य नित्य आत्मतत्त्व को प्रकाशित नहीं करता। जैसे परिपूर्ण विशाल जलाशय के प्राप्त होने पर जल के लिये छोटे जलाशयों की आवश्यकता नहीं रहती, उसी प्रकार ब्रह्मज्ञान हो जाने पर वेदों के कर्मकाण्ड की आवश्यकता नहीं रहती।[३] छान्दोग्य में तो कर्मकाण्ड के दुरुपयोग करने वाले खाने-पीने में ही आसक्त ऋत्विजों पर बड़ा तीखा व्यंग्य किया गया है जहाँ एक यज्ञ में कुत्तों को ऋत्विजों के समान चलते हुये और 'ओम् हम खाते हैं, ओम् हम पीते हैं' इस प्रकार गाते हुये दिखाया गया है।[४] यहाँ यह बात ध्यान देने की है कि इस प्रकार के आक्षेप कर्मकाण्ड के दुरुपयोग पर हैं, सविधि यज्ञादि की प्रक्रिया पर नहीं हैं। उपनिषद् में वैदिक कर्मकाण्ड को गौण माना है, निरर्थक नहीं। कर्म से ब्रह्मप्राप्ति सम्भव नहीं है। कर्म और उपासना चित्तशुद्धि तथा चित्त-एकाग्रता के लिये आवश्यक हैं, किन्तु ब्रह्म-प्राप्ति के साधन नहीं हैं।

४. आत्म-तत्त्व

आत्म-तत्त्व स्वत:सिद्ध और स्वप्रकाश है। प्रत्येक व्यक्ति को अपनी आत्मा का साक्षात् अनुभव होता है। 'मैं हूँ', यह ज्ञान आलोचना या संशय का विषय नहीं है और न ही आत्मा का निषेध किया जा सकता है, क्योंकि निषेधकर्ता स्वयं आत्मा ही है। किन्तु हमारा व्यक्तिनिष्ठ जीवात्मा शुद्ध आत्मतत्त्व नहीं है। यह सत् और असत् का मिथुनीकरण है; चेतन और जड़ की ग्रन्थि है। जीव अविद्या-जन्य है। शरीर, इन्द्रियाँ, मन, अहंकार, बुद्धि, अन्त:करण ये सब अविद्या के कार्य हैं और भौतिक हैं और ये सब जीवात्मा को घेरे रहते हैं तथा उसे परिच्छिन्न या सीमित या व्यक्तिनिष्ठ जीव बनाते हैं। किन्तु इसमें शुद्ध चैतन्य ही प्रकाशित हो रहा है। वस्तुत: जीव का स्वरूप शुद्ध आत्म-चैतन्य ही है। यह साक्षी है। यही ब्रह्म है।

'आत्मन्' शब्द की व्युत्पत्ति के विषय में शङ्कराचार्य ने एक प्राचीन श्लोक उद्धृत किया है—आत्मा जगत् के सारे पदार्थों में व्याप्त रहता है (आप्नोति), सारे पदार्थों को अपने में ग्रहण कर लेता है (आदत्ते), सारे पदार्थों का अनुभव करता है (अत्ति) और इसकी सत्ता निरन्तर बनी रहती है, इसलिये इसे 'आत्मा' कहा जाता है।[५]

---

१. तरति शोकमात्मवित्। छान्दोग्य ७-१

२. मुण्डक १-१-४, ५   ३. गीता २-४२ से ४६

४. छान्दोग्य १-१२-४, ५

५. यदाप्नोति यदादत्ते यच्चात्ति विषयानिह।
यच्चास्य सन्ततो भावस्तस्मादात्मेति कीर्त्यते।। कठ उप. पर शांकरभाष्य, २-१-१

उपनिषद् में आत्मा के स्वरूप का विवेचन विशद रूप में मिलता है। छान्दोग्य-उपनिषद् (८-७) में एक रोचक आख्यान आया है, जिसमें प्रजापति और इन्द्र के सम्वाद द्वारा आत्म-चैतन्य के विविध स्तरों का विवेचन उपलब्ध है। इसमें आत्म-चैतन्य के उत्तरोत्तर उत्कृष्ट चार स्तर निर्दिष्ट हैं—जाग्रत्-चैतन्य, स्वप्न-चैतन्य, सुषुप्ति-चैतन्य और तुरीय या शुद्ध चैतन्य। देवताओं ने इन्द्र को और असुरों ने विरोचन को अपना प्रतिनिधि बनाकर प्रजापति के पास आत्मज्ञान प्राप्त करने के लिए भेजा। प्रजापति ने उनको बत्तीस वर्ष की कठोर तपस्या के बाद आने के लिए कहा। तपस्या के बाद जब दोनों पहुँचे तो प्रजापति ने इस प्रकार उपदेश दिया—दूसरे की आँख में देखने पर या जल में झाँकने पर या दर्पण में देखने पर जो पुरुष दिखाई देता है, वही आत्मा है। विरोचन तो इस उपदेश से सन्तुष्ट होकर चले गये और उन्होंने असुरों में इस मत का प्रतिपादन किया कि जीवित शरीर ही आत्मा है, किन्तु इन्द्र इससे सन्तुष्ट नहीं हुए। उन्हें शंका हुई कि आत्मा शरीर की छायामात्र कैसे हो सकता है ? यदि शरीर वस्त्राभूषणों से सुसज्जित हो, तो आत्मा भी सुसज्जित होगा; यदि शरीर अन्धा, लूला, लंगड़ा हो तो आत्मा भी अन्धा, लूला, लंगड़ा होगा। शरीर के नष्ट होने पर आत्मा का भी नाश हो जायेगा। ऐसे आत्मा के ज्ञान से क्या लाभ और क्या आनन्द ? इन्द्र ने प्रजापति के पास जाकर अपनी शंका और असन्तोष व्यक्त किया। प्रजापति ने बत्तीस वर्ष और तप करने को कहा। तदनन्तर इस प्रकार उपदेश दिया—जो पुरुष स्वप्न में मुक्त विचरण करता हुआ दिखाई देता है, वही आत्मा है। इन्द्र को फिर सन्देह हुआ कि यद्यपि स्वप्न-पुरुष शरीर के दोषों से दूषित नहीं होता, तथापि वह भयभीत सा अप्रियवेत्ता सा, रोता हुआ सा प्रतीत होता है। ऐसे आत्मा के ज्ञान से भी क्या लाभ और क्या आनन्द ? इन्द्र ने प्रजापति के पास जाकर फिर अपना असन्तोष व्यक्त किया। प्रजापति ने पुनः बत्तीस वर्ष और तप करने को कहा। तदनन्तर इस प्रकार उपदेश दिया—जो सुशुप्ति-पुरुष स्वप्नरहित गाढ़ी निद्रा में लिप्त रहता है और जिसे किसी दुःख का अनुभव नहीं होता, वही आत्मा है। इन्द्र को पुनः शंका हुई कि यद्यपि सुषुप्ति में किसी दुःख का अनुभव नहीं होता, तथापि उसमें किसी सुख का अनुभव भी नहीं होता। वस्तुतः सुषुप्ति में कोई अनुभव नहीं होता; न तो जाग्रत् के समान बाह्य पदार्थों का अनुभव होता है और न स्वप्न के समान स्वप्नकल्पित पदार्थों का। सुषुप्ति अज्ञान की अवस्था है। यहाँ न बुद्धि है, न वेदना है, न संकल्प है। यहाँ न ज्ञान है, न आनन्द है। ऐसे आत्मा की प्राप्ति से क्या लाभ और क्या आनन्द ? इन्द्र ने फिर प्रजापति के पास जाकर अपना असन्तोष व्यक्त किया। प्रजापति ने पाँच वर्ष और तप करने को कहा। तदनन्तर इन्द्र को अधिकारी जानकर प्रसन्न होकर इस प्रकार वास्तविक उपदेश दिया—प्रिय इन्द्र! जाग्रत, स्वप्न और सुषुप्ति इन तीन अवस्थाओं में अभिव्यक्त चैतन्य शुद्ध आत्मचैतन्य नहीं है। आत्मचैतन्य तुरीय (चतुर्थ), अद्वैत, नित्य, शुद्ध, साक्षी, स्वप्रकाश और स्वतः सिद्ध है तथा उक्त तीनों अवस्थाओं का आधार है। आत्मा देह, इन्द्रिय, प्राण, मन, बुद्धि, अहंकार, चित्तवृत्तियाँ, विज्ञान-प्रवाह तथा समस्त दृश्यजात से पृथक् है और इन सबका द्रष्टा एवं अधिष्ठान है। यह लौकिकसुख-दुःखातीत अखण्ड आनन्दरूप है। यह अतीन्द्रिय और बुद्धिविकल्पातीत तथा अनिर्वचनीय है, क्योंकि इन्द्रिय, बुद्धि

और वाणी की पहुँच आत्मा तक नहीं है, यद्यपि ये सब आत्मा से ही प्रकाशित हैं। इसका स्वानुभूति द्वारा साक्षात्कार ही किया जा सकता है। यह प्रकाशों का प्रकाश (ज्योतिषां ज्योतिः) है।

माण्डूक्य उपनिषद् में भी आत्मा को तुरीय या शुद्ध चैतन्य बताया गया है तथा जाग्रत, स्वप्न और सुषुप्ति उसकी अभिव्यक्ति की व्यावहारिक अवस्थायें हैं। आत्मा जाग्रत अवस्था में जगत् के बाह्य पदार्थों का अनुभव करता है; स्वप्न में मानस पदार्थों का अनुभव करता है; सुषुप्ति में बाह्य या आभ्यन्तर किसी प्रकार के पदार्थ या विषय न होने से विक्षेप के अभाव में कोई अनुभव नहीं होता, अतः यह अज्ञान की अवस्था है, यद्यपि सुषुप्ति में भी आत्म-चैतन्य साक्षिरूप में विद्यमान है, तथापि अविद्या से आवृत होने के कारण प्रकाशित नहीं होता। आत्मा तुरीय या शुद्ध चैतन्य है। समस्त प्रपञ्च का अधिष्ठान होते हुए भी यह प्रपञ्चोपशम, शान्त, शिव, अद्वैत तत्त्व है। प्रणव या ओंकार इसका प्रतीक है।

कठ-उपनिषद् में एक रमणीय रूपक के द्वारा आत्मा का वर्णन किया गया है—यह शरीर रथ है जिसमें इन्द्रियरूपी घोड़े जुते हैं जो विषयरूपी मार्गों पर दौड़ा करते हैं, बुद्धिरूपी सारथि मनरूपी लगाम से इन घोड़ों को हाँक रहा है; आत्मा-मन-इन्द्रिय से युक्त जीव इस रथयात्रा का भोक्ता है और आत्मा रथी अर्थात् इस रथ का स्वामी है।[१] शरीरादि के सारे व्यापार इस रथ के स्वामी (रथी) और इस रथ पर तटस्थ भाव से आरूढ़ साक्षी आत्मा के लिए होते हैं और आत्मा ही उन्हें प्रकाशित करता है, किन्तु उनका भोक्ता अविद्यालिप्त जीव है।

५. ब्रह्मतत्त्व

'ब्रह्मन्' शब्द 'बृह्' धातु से बना है जिसका अर्थ है बढ़ना, फैलना, व्यास होना। प्रारम्भ में यह यज्ञ के लिये प्रयुक्त हुआ, किन्तु बाद में यह सर्वव्यापी परम सत्ता का वाचक बना। ब्रह्म परम तत्त्व है। वह जगत्कारण है। ब्रह्म वह तत्त्व है (तत्) जिससे सारा विश्व उत्पन्न होता है (ज अर्थात् जायते), जिसमें वह अन्त में लीन होता है (ल अर्थात् लीयते), और जिसमें वह जीवित रहता है (अन्)—'तज्जलान्।'[२] तैत्तिरीय में भी ब्रह्म को जगत्कारण बताया गया है—जिससे यह सारा जड़-चेतन-मय विश्व उत्पन्न होता है, जिसमें यह जीवित रहता है और जिसमें पुनः विलीन हो जाता है, वह ब्रह्म है।[३] तैत्तिरीय में ही सृष्टि के विकासक्रम को पञ्चकोशों द्वारा समझाया गया है।[४] सबसे नीचे अन्नमय कोश है। यह जड़ द्रव्य या भौतिक पदार्थ का स्तर है। यह ब्रह्म का निम्नतम रूप है जहाँ चैतन्य सुप्त होने से लुप्त सा प्रतीत होता है। इससे ऊपर प्राणमय कोश है। यहाँ चैतन्य का स्फुरण प्रारम्भ हो गया

---

१. कठ १/३/३, ४

२. छान्दोग्य, ३-१४

३. तैत्तिरीय, ३-१

४. तैत्तिरीय, ३ वल्ली

है। यह वनस्पतिजगत् एवं प्राणिजगत् का स्तर है। इससे ऊपर मनोमय कोश है। यहाँ चैतन्य मनोजगत् के रूप में प्रकट होता है। यह इन्द्रिय-सम्वेदन और बुद्धि की प्रथमावस्था का स्तर है जहाँ ज्ञान सहज-प्रवृत्ति-जन्य है। यह पशु और मानव का सम्मिलित निद्रा, भय, क्रोध, आहार, मैथुनादि का स्तर है। इससे ऊपर विज्ञानमय कोश है जिसमें केवल मानव का ही अधिकार है। यह सविकल्प बुद्धि, तर्क, मनीषा और विविध ज्ञान-विज्ञान का स्तर है। इसके बाद सर्वोच्च आनन्दमय कोश है। यहाँ ब्रह्म के सत्, चित् और आनन्द का स्फुरण है। इस अखण्ड ब्रह्मानन्द की अनुभूति समाधि में होती है। यह प्रातिभज्ञान या निर्विकल्प प्रज्ञा का स्तर है, किन्तु 'कोश' होने के कारण इसमें विकल्प का लेश बना रहता है। आनन्दमय का अर्थ 'प्रचुर आनन्द' न होकर 'आनन्दरूप' है। वस्तुतः ब्रह्म इन पञ्च कोशों के भी पार है। निर्विशेष, निर्गुण और अनिर्बचनीय ब्रह्म का नित्य और अखण्ड आनन्द के रूप में साक्षात् निर्विकल्प अनुभव किया जा सकता है। वर्णन करते ही वह सविशेष हो जाता है।

उपनिषद्-दर्शन में ब्रह्म का आत्मा से तादाम्य बताया गया है; दोनों सर्वथा एक ही हैं। इसके अतिरिक्त ब्रह्म के द्विविध रूपों का विशद विवेचन किया गया है। पहले हम ब्रह्मात्मैक्य की चर्चा करें। आत्मा और ब्रह्म का तादात्म्य उपनिषद् के ऋषियों की दर्शन को महान् देन है। विषयी और विषय, द्रष्टा और दृश्य, प्रमाता और प्रमेय दोनों में एक ही तत्त्व प्रकाशित हो रहा है जो दोनों में व्याप्त है और दोनों के पार भी है। वह अन्तर्यामी और पारगामी दोनों है। जीवात्मा में जो शुद्ध चैतन्य प्रकाशित हो रहा है, वही ब्रह्मरूप से इस समस्त विराट् बाह्य जगत् में भी व्याप्त है। जो व्यष्टि का आत्मा है वही समष्टि का आत्मा है। जो पिण्ड में है वही ब्रह्माण्ड में है। जीवात्मा के स्वतः अनुभवसिद्ध होने से उसकी सत्ता असन्दिग्ध है, किन्तु उसमें विश्वरूपता या अनन्तता नहीं है। बाह्य जगत् में विश्वरूपता या अनन्तता तो है, किन्तु सत्ता की असन्दिग्ध स्वतःसिद्धता नहीं है। दोनों के ऐक्य से परमतत्त्व की स्वतःसिद्ध सत्ता और विश्वरूपता सिद्ध होती है। यह अभेद 'तत् त्वमसि' (वह तू ही है), 'अहं ब्रह्मास्मि' (मैं ब्रह्म हूँ), 'अयमात्मा ब्रह्म' (यह आत्मा ब्रह्म है), 'सोऽहम्' (वह मैं हूँ) आदि महावाक्यों से सिद्ध है। डॉयसन आदि पाश्चात्य विद्वानों के अनुसार भी आत्मा और ब्रह्म की अनन्यता का सर्वप्रथम प्रतिपादन उपनिषद् के ऋषियों की दर्शन-जगत् को मौलिक देन है। छान्दोग्य उपनिषद् (छठा अध्याय) के उद्दालक और श्वेतकेतु के सम्वाद से इस अनन्यता पर पर्याप्त प्रकाश पड़ता है। उद्दालक अपने पुत्र श्वेतकेतु को इस प्रकार उपदेश देते हैं—विषयी और विषय, चेतन द्रष्टा और अचेतन जगत् दोनों एक ही तत्त्व के आभास हैं। शुद्ध अखण्ड चैतन्य ही जीव और जगत् के रूप में प्रतीत होता है। आत्मा और ब्रह्म दो न होकर अखण्डचैतन्य रूप में एक ही तत्त्व हैं। ज्ञाता, ज्ञेय और ज्ञान में पारमार्थिक रूप में कोई भेद नहीं है। जिस प्रकार मिट्टी का ज्ञान होने पर मिट्टी से बने सारे पदार्थों का (घड़े, सुराही आदि का) ज्ञान हो जाता है; जिस प्रकार सुवर्ण को जान लेने पर सुवर्णरचित आभूषणों का (हार, कड़ा, कुण्डल आदि का) ज्ञान हो जाता है; क्योंकि घटादिक मृणमय पदार्थ नाम, रूप और विकार मात्र हैं, सत्य केवल मिट्टी है; क्योंकि स्वर्णरचित कटककुण्डलादि आभूषण नाम, रूप और विकारमात्र हैं, सत्य केवल स्वर्ण है; इसी प्रकार परम तत्त्व का ज्ञान हो जाने पर, जड़चेतनमय समस्त

विश्व का ज्ञान हो जाता है, क्योंकि विश्व के सारे चित्-अचित् पदार्थ नाम, रूप और विकारमात्र हैं, सत्य केवल परम तत्त्व है। वह परमतत्त्व अखण्डचैतन्यरूप ब्रह्म या आत्मतत्त्व है, और हे श्वेतकेतु! वह शुद्ध आत्मतत्त्व तू ही है (तत् त्वमसि)।

उपनिषद् में ब्रह्म का वर्णन दो रूपों में मिलता है। ब्रह्म के विषय में सविशेष श्रुतियाँ और निर्विशेष श्रुतियाँ दोनों उपलब्ध हैं। ब्रह्म को सविशेष, सगुण भी कहा गया है और निर्विशेष, निर्गुण भी। सगुण ब्रह्म को 'अपर' ब्रह्म और निर्गुण ब्रह्म को 'पर' ब्रह्म कहा गया है। अपर रूप में ब्रह्म सविशेष, सगुण, सप्रपञ्च, सविकल्प और सोपाधिक है, तथा पर रूप में ब्रह्म निर्विशेष, निर्गुण, निष्प्रपञ्च, निर्विकल्पक और निरुपाधिक है। अपर ब्रह्म की संज्ञा 'ईश्वर' भी है जो समस्त विश्व के कर्ता, धर्ता, हर्ता और नियन्ता हैं। ब्रह्म का पर रूप अगोचर, निर्विकल्प, अनिर्वचनीय है और केवल अपरोक्षानुभूतिगम्य है।

वस्तु के वर्णन के लिये 'लक्षण' की आवश्यकता होती है। लक्षण दो प्रकार के होते हैं, 'तटस्थ' और 'स्वरूप'। तटस्थलक्षण वस्तु के आगन्तुक और परिवर्तनशील गुणों का वर्णन करता है। स्वरूपलक्षण वस्तु के तात्त्विक स्वरूप को प्रकाशित करता है। उपनिषद् में **सगुण ब्रह्म** के दोनों लक्षण उपलब्ध हैं। जगत्कारणता, समस्तकल्याणगुणसम्पन्नता, विश्वव्यापकता और संप्रभुता आदि सगुण ब्रह्म के **तटस्थलक्षण** हैं। ब्रह्म जगत् की उत्पत्ति, स्थिति और लय का निमित्त और उपादान कारण है। जड़चेतनमय समस्त जगत् इसी से उत्पन्न होता है, इसी में स्थित और जीवित रहता है, तथा इसी में विलीन हो जाता है।[१] ब्रह्मसूत्र (१-१-२) में भी ब्रह्म का यही तटस्थलक्षण वर्णित है—जन्माद्यस्य यतः। सगुण ब्रह्म या ईश्वर समस्त जगत् के कर्ता, धर्ता, हर्ता, नियन्ता हैं। वे सब प्राणियों के भाग्य विधाता हैं। वे ही भुक्ति-मुक्ति-प्रदाता हैं। वे सर्वज्ञ, सर्वशक्तिमान्, सर्वव्यापक, सर्वान्तर्यामी और सबके स्वामी हैं तथा सबकी उत्पत्ति, स्थिति और लय के कारण हैं।[२] यह सब जड़चेतनमय विश्व ब्रह्म का शरीर है और ब्रह्म इसकी आत्मा है, अतः निश्चय ही सब कुछ ब्रह्म ही है—'सर्वं खलु इदं ब्रह्म।' सगुण ब्रह्म का **स्वरूपलक्षण** है—'सत्यं ज्ञानमनन्तं ब्रह्म'[३] और 'विज्ञानमानन्दं ब्रह्म'।[४] ब्रह्म परम सत्य है, विशुद्धज्ञान है, अनन्त है, अखण्ड आनन्द है। यह ब्रह्म का स्वरूप है। ब्रह्म सत्, चित्, आनन्द है; शान्त और शिव है।

निर्गुण ब्रह्म के निर्वचन में निषेधात्मक पदों का प्रयोग किया गया है। ऊपर स्पष्ट किया जा चुका है कि परब्रह्म का वास्तविक स्वरूप शुद्ध चैतन्य है जो समस्त व्यवहार, समस्त ज्ञान, समस्त अनुभव का अधिष्ठान होते हुए भी उससे परे है। निर्विशेष होने से वह किसी विशेषण से विशिष्ट नहीं हो सकता। निर्गुण होने से कोई गुण उसे निर्दिष्ट नहीं कर सकता। अतीन्द्रिय, निर्विकल्प, निरुपाधि और अनिर्वचनीय ब्रह्म इन्द्रिय, बुद्धि-विकल्प और

---

१. तैत्तिरीय ३/१; छान्दोग्य, ३-१४-१

२. माण्डूक्य, ६

३. तैत्तिरीय, २-१

४. बृहदारण्यक, ३-९-२८

वाणी द्वारा ग्राह्य नहीं है। जो शुद्ध द्रष्टा, साक्षी, विषयी है, वह बौद्धिक ज्ञान का, किसी चित्त-वृत्ति का 'विषय' नहीं बन सकता। किन्तु इसका यह अर्थ नहीं की इन्द्रिय-बुद्धि-वाणी-ग्राह्य न होने से ब्रह्म 'शून्य' या 'अभावरूप' है। समस्त व्यवहार का अधिष्ठान होने के कारण ब्रह्म स्वत:सिद्ध और स्वप्रकाश है। उसका निषेध असम्भव है क्योंकि निषेध में भी निषेध-कर्ता के रूप में उसी ब्रह्म की सत्ता प्रकाशित हो रही है।[१] ब्रह्म की अपरोक्षानुभूति होती है; वह स्वानुभूतिगम्य है; ब्रह्म बन कर ही ब्रह्म को जाना जाता है।[२] निर्विशेष और अनिर्वचनीय ब्रह्म का वर्णन यदि करना ही है, तो निषेध-मुख से करना चाहिये। इसीलिए श्रुति कहती है—यह आत्मा **'नेति नेति'** है।[३] ब्रह्म के विषय में आदेश 'नेति नेति' है।[४] ब्रह्म अमात्र, अक्षर, अद्वैत, निर्विशेष, निर्गुण, निर्विकल्प, निरुपाधि, अनिर्वचनीय है। वह अस्थूल, अनणु, अह्रस्व, अदीर्घ, असङ्ग है। उसमें न रस है, न गन्ध है, न स्पर्श है, न वाणी है, न मन है, न अन्दर है, न बाहर है, न वह कुछ खाता है और न उसे कोई खा सकता है।[५] वाणी और मन की पहुँच ब्रह्म तक नहीं है; ब्रह्म को न पाकर वाणी और मन लौट आते हैं।[६] जिसे वाणी नहीं बोल सकती, किन्तु जिसके द्वारा वाणी बोलती है; जिसे बुद्धि नहीं जान सकती, किन्तु जिसके द्वारा बुद्धि जानती है; जिसे आँखें नहीं देख सकतीं, किन्तु जिसके द्वारा आँखें देखती हैं; जिसे कान नहीं सुन सकते किन्तु जिसके द्वारा कान सुनते हैं; जो स्वयं साँस नहीं लेता किन्तु जिसके द्वारा साँस लेना सम्भव है, तुम उसी को ब्रह्म जानो, इसको नहीं जिसकी लोग बाहर उपासना करते हैं।[७] जो यह कहता है कि 'मैं ब्रह्म को जानता हूँ' वह वास्तव में ब्रह्म को नहीं जानता; और जो यह कहता है कि 'मैं ब्रह्म को (बुद्धि द्वारा) नहीं जानता' वही वास्तव में ब्रह्म को जानता है।[८] याज्ञवल्क्य का उद्घोष है कि द्रष्टा का दर्शन, विज्ञाता का विज्ञान असम्भव है क्योंकि जिस विज्ञाता के द्वारा यह सब कुछ जाना जाता है, उसी विषयी विज्ञाता को विषयरूप में कैसे जाना जा सकता है ?— येनेदं सर्वं विजानाति तं केन विजानीयात् ? विज्ञातारं अरे केन विजानीयात् ? (बृहदारण्यक, २-४-१४)। 'नेति नेति' का अर्थ यही है कि ब्रह्म का वर्णन, निर्वचन, निर्देश आदि नहीं हो सकता। 'नेति नेति' से ब्रह्म-विषयक वर्णनों का, कथनों का, गुणों का निषेध होता है, स्वयं ब्रह्म का निषेध नहीं होता। 'नेति नेति' से ब्रह्म की अनिर्वचनीयता का बोध होता है, उसकी शून्यता का नहीं। याज्ञवल्क्य ने यह उद्घोष करने के बाद कि विज्ञाता का विषय के रूप में ज्ञान नहीं हो सकता, यह भी उद्घोष किया कि स्वत:सिद्ध

१. य एव हि निराकर्ता तदेव तस्य स्वरूपम्। निषेधशेषो जयतादशेष:।
२. ब्रह्म वेद ब्रह्मैव भवति। ब्रह्मैव सन् ब्रह्माप्येति। बृहदारण्यक, ४-४-६
३. स एष नेति नेति आत्मा। बृहदारण्यक, ४-४-२२
४. अथात आदेशो नेति नेति।
५. बृहदारण्यक, ३-८-८
६. यतो वाचो निर्वतन्ते अप्राप्य मनसा सह।
७. केन, १-४ से ८; तदेव ब्रह्म त्वं विद्धि नेदं यदिदमुपासते।
८. केन, २-३; यस्यामतं तस्य मतं मतं यस्य न वेद स:।

और स्वप्रकाश होने से विज्ञाता के विज्ञान का लोप नहीं हो सकता; द्रष्टा की दृष्टि का लोप नहीं हो सकता—'न हि द्रष्टुर्दृष्टेः विपरिलोपो विद्यते अविनाशित्वात्।'[१] 'नेति नेति' की परिणति **'मौन'** में है और मौन सर्वोच्च दर्शन है। पुत्र, वित्त, लोक की एषणा को छोड़ कर बालक के समान निर्दोष और सरल होना चाहिये; फिर पाण्डित्य और बाल्य दोनों को छोड़ कर मौन लेना चाहिये; और अन्त में मौन तथा अमौन दोनों के ऊपर उठ कर अपरोक्षानुभूति में लीन हो जाना चहिए।[२] परम तत्त्व अद्वैत, शिव, प्रपञ्चोपशम और शान्त है।[३] यह आत्मतत्त्व उपशान्त है।[४]

६. माया या अविद्या

कुछ विद्वानों की मान्यता है कि उपनिषद् में **माया** या **अविद्या** प्रतिपादित नहीं है। श्री शङ्कराचार्य ने या तो इसे बौद्धों से लिया है या फिर उन्हीं की कल्पना है। ये दोनों ही बातें निराधार हैं। शङ्कराचार्य ने उपनषिद् में विद्यमान माया या अविद्या की विचारधारा का अपने अद्वैत दर्शन में उपबृंहण किया है। आचार्य रामचन्द्र द. रानडे महोदय ने उपनिषद्-दर्शन पर अपने महत्त्वपूर्ण सुप्रसिद्ध ग्रन्थ में माया या अविद्या का उद्‌गम उपनिषद् में सिद्ध किया है।[५] वे लिखते हैं :—

(१) ईश की उक्ति है कि सत्य का मुख स्वर्णिम पात्र अर्थात् आवरण से ढका है। (ईश, १५)

(२) कठ की उक्ति है कि अविद्या के अन्दर स्थित व्यक्ति स्वयं को पण्डित मानते हैं और अविद्या में ही चक्कर लगा रहे हैं, जैसे अन्धों के पीछे अन्धे। (१.२.४-५)

(३) मुण्डक में अविद्या को ग्रन्थि कहा गया है जिसे खोलने पर ही आत्मा का दर्शन हो सकता है। (२.१.१०)

(४) छान्दोग्य में विद्या को वीर्यवती और अविद्या को निर्बल कहा गया है। (१.१.१०)

(५) बृहदारण्यक में असत् से सत् की ओर, तमस् से ज्योति की ओर और मृत्यु से अमृत की ओर ले चलने की प्रार्थना की गई है अर्थात् अविद्या को असत्, अन्धकार और मृत्यु के समान बताया है। (१.३.२८)

(६) प्रश्न की उक्ति है कि जिनमें जिह्म (कुटिलता), अनृत (मिथ्यात्व) और माया नहीं हैं, उन्हीं के लिये ब्रह्मलोक है। (१.१६)

(७) बृहदारण्यक में कहा गया है कि 'मानो द्वैत है' (द्वैतमिव भवति) जिसका अर्थ है कि द्वैत केवल प्रतीति है, वास्तव में द्वैत नहीं है। (२.४.१४)

(८) छान्दोग्य में कहा गया है कि आत्मा ही सत्य है; अन्य सब वाचारम्भण (शब्दमात्र)

---

१. बृहदारण्यक, ४-३-२३, ३१
२. वहीं, ३-५-१
३. माण्डूक्य, ७
४. उपशान्तोऽयमात्मा।
५. 'ए कॉन्स्ट्रक्टिव सर्वे ऑफ़ उपनिषदिक फ़िलॉसोफ़ी', द्वितीय सं॰ पृ॰ १६३-१६५

विकार (रूपमात्र) नामधेय (नाममात्र) हैं। (६.१.४)

(९) श्वेताश्वतर में ईश्वर को 'मायी' कहा गया है जो अपनी माया शक्ति से सृष्टि को उत्पन्न करता है। (४.९.१०)

(१०) कठ की उक्ति है कि जो इस प्रकार देखता है मानो यहाँ भेद है, मानो अनेकता है (नानेव पश्यति) वह जन्म-मरण के चक्र में ही घूमता है। (२.४.११)

इससे सिद्ध है कि माया या अविद्या के बीज उपनिषद् में निर्विवाद रूप से पाये जाते हैं।

७. मोक्ष और मोक्षसाधन

उपनिषद् में विदेहमुक्ति के साथ जीवन्मुक्ति भी सुस्पष्ट रूप में प्रतिपादित है। मोक्षसाधन केवल ज्ञान है; आत्मज्ञान या ब्रह्मज्ञान ही मोक्ष है। आत्मा नित्य मुक्त है, अतः मोक्ष किसी नई अप्राप्त वस्तु की प्राप्ति नहीं है, वह तो आत्मा का ही निजी स्वरूप है। अतः बन्धन और मोक्ष दोनों अविद्या के अन्तर्गत आते हैं। तथापि जब तक जीवात्मा स्वयं को बद्धजीव मानता है, तब तक उसके लिए मोक्षप्राप्ति चरम लक्ष्य है और इसके लिए साधना करना आवश्यक है। अपरोक्षानुभूति से आत्म-ज्ञान द्वारा अविद्यानिवृत्ति होते ही आत्मतत्त्व अपने शुद्ध चैतन्य और अखण्ड आनन्दस्वरूप में प्रकाशित होता है। जो ब्रह्म को जान लेता है, वह स्वयं ब्रह्म हो जाता है।[१] ब्रह्म की प्राप्ति यहीं, इसी लोक और इसी जन्म में हो सकती है और होती है।[२] उस परम तत्त्व को यहीं प्राप्त किया जाता है।[३] जीवन्मुक्त को प्रिय और अप्रिय, लौकिक सुख और दुःख स्पर्श नहीं करते।[४] जिस प्रकार सर्प को केंचुल उतार फेंकने के बाद उससे कोई मोह नहीं रहता, इसी प्रकार जीवन्मुक्त को अपने शरीर से कोई मोह नहीं रहता।[५] प्रारब्ध कर्मों का क्षय हो जाने पर जीवन्मुक्त का शरीर छूट जाता है और वह विदेह-मुक्त हो जाता है। साधना के लिए विवेक तथा वैराग्य आवश्यक हैं। सत् और असत् श्रेय और प्रेय के अन्तर का ज्ञान विवेक है। कर्म से प्राप्त वस्तु विनश्वर है, यह ज्ञान निर्वेद और वैराग्य उत्पन्न करता है।[६] नचिकेता ने यम के द्वारा दिये गये सभी प्रलोभनों को, कामिनी, काञ्चन, नृत्य, संगीत, विविध-वाहन तथा समस्त दुर्लभ भोग्य पदार्थों को आत्मज्ञान के आगे तुच्छ समझकर ठुकरा दिया था।[७] मैत्रेयी ने भी कहा था कि 'उसे लेकर मैं क्या करूँ जो मुझे अमर न बना सके'।[८]

---

१. ब्रह्म वेद ब्रह्मैव भवति।
२. अत्र ब्रह्म समश्नुते।
३. इहैव तदाप्नोति।
४. न प्रियाप्रिये स्पृशतः। छान्दोग्य, ८-१२-१
५. बृहदारण्यक, ४-४-७
६. बृहदारण्यक, ४-४-२३; मुण्डक, १-२-१२
७. कठ, १-१-२५, २६
८. किमहं तेन कुर्यां येनाहं नामृता स्याम्। बृहदारण्यक, २-४-३

द्वितीय अध्याय
भगवद्गीता

१. भूमिका

भगवद्गीता भगवान् कृष्ण द्वारा कुरुक्षेत्र युद्ध में अर्जुन को दिया गया उपदेश है। यह वेदान्त दर्शन का सार है और अत्यन्त समादरणीय ग्रन्थ है। यह गोपालनन्दन श्रीकृष्ण द्वारा अर्जुन को बछड़ा बनाकर उपनिषद् रूपी गायों से दुहा गया अमृतमय दूध है जिसे सुधीजन पीते हैं।[1] यह महाभारत के भीष्म पर्व के अन्तर्गत है। भारतीय और पाश्चात्य विद्वानों ने इसकी अत्यन्त प्रशंसा करते हुए इसे 'मानव धर्म का ग्रन्थ' बताया है। इसकी तुलना कामधेनु और कल्पवृक्ष से की गई है। महात्मा गाँधी ने गीता को जगन्माता बताया है जिसके द्वार सदा सबके लिए खुले हैं। श्रीमती एनी बेसेन्ट के अनुसार गीता साधक को सन्यास के उस निम्न स्तर से जहाँ पदार्थों का तथा कर्मों का त्याग किया जाता है निष्काम कर्मयोग के उस उच्च स्तर पर ले जाती है जहाँ कामना और आसक्ति का त्याग किया जाता है और जहाँ योगी समाधिस्थ होते हुए भी शरीर और मन से लोककल्याण के लिए कार्य करते हैं।

कुरुक्षेत्र के युद्ध में एक ओर पाण्डव सेना और दूसरी ओर कौरव सेना युद्ध के लिए सन्नद्ध खड़ी है। भगवान् कृष्ण जो अर्जुन के सारथि हैं रथ को दोनों सेनाओं के बीच में ले जाकर खड़ा करते हैं। अर्जुन अपने गुरुजनों, सम्बन्धियों और परिजनों से लड़ने से साफ मना कर देता है और कहता है कि युद्ध जीत लेने पर भी अपने परिवारजनों के रक्त से रंजित राज्य-सुख का उपभोग करने से कोई लाभ नहीं, अतः मैं इनसे नहीं लड़ूँगा, चाहे ये मुझे मार डालें। भगवान् कृष्ण अर्जुन को समझाते हैं कि क्षत्रिय राजपुत्र और धर्मरक्षक होने के नाते उसका कर्तव्य है कि वह अधर्म और अशुभ से लड़े एवं धर्म को विजयी बनाये। अर्जुन तर्क-वितर्क करता गया और श्रीकृष्ण उसे समझाते गये कि युद्ध करना उसका धर्म है, कि उसे अपने 'स्वभाव' और स्वधर्म का पालन करना चाहिए। यह ध्यान देने योग्य है कि गीता का उपदेश सम्पूर्ण होने पर श्रीकृष्ण ने केवल यही कहा—'जैसी तुम्हारी इच्छा हो, वही करो'[2]; और अर्जुन ने उत्तर दिया—'आपकी कृपा से मेरा मोह नष्ट हो गया है, अतः मैं, जैसा आपने कहा, वही करूँगा।[3]

---

१. सर्वोपनिषदो गावो दोग्धा गोपालनन्दनः।
पार्थो वत्सः सुधीर्भोक्ता दुग्धं गीतामृतं महत्।।

२. यथेच्छसि तथा कुरु। गीता, १८-६३

३. करिष्ये वचनं तव। गीता, १८-७३

२. तत्त्व विवेचन

गीता का प्रमुख दार्शनिक सिद्धान्त है कि जो असत् है उसका भाव नहीं हो सकता, और जो सत् है उसका कभी अभाव नहीं हो सकता।[१] सत् वही है जो त्रिकालाबाध हो, अर्थात् जो भूत, वर्तमान और भविष्य तीनों कालों में सदा सर्वदा नित्य, एकरस और अपरिवर्तनशील रहे। यह लक्षण शुद्ध आत्मतत्त्व या ब्रह्म का है और वही 'सत्' है। गीता में आत्मतत्त्व के लिए नित्य, अविनाशी, अज, अव्यय, सर्वगत, अचल, सनातन, अव्यक्त, अचिन्त्य और अविकार्य आदि पद प्रयुक्त हुए हैं। शरीर नश्वर है; आत्मा नित्य है, अत: वह शरीर के साथ नष्ट नहीं होता। जिस प्रकार कोई व्यक्ति पुराने जीर्ण वस्त्रों को उतार कर दूसरे नये वस्त्रों को पहन लेता है, उसी प्रकार आत्मा पुराने शरीरों को छोड़ कर नये शरीरों को धारण करता है।[२] गीता ब्रह्म के सगुण और निर्गुण दोनों रूपों को मानती है और यह भी मानती है कि ये दोनों रूप एक ही अभिन्न तत्त्व के हैं। ब्रह्म जगत् की उत्पत्ति, स्थिति और लय का अभिन्ननिमित्तोपादान कारण है; वह शुद्धचैतन्य और अखण्ड आनन्द है; वह निर्विकल्प निरुपाधि विश्वातीत भी है। अन्तर्यामी रूप में वह सारी प्रकृति और समस्त प्राणियों में वास करता है। जिस प्रकार सूत्र में मणि-गण पिरोये रहते हैं, उसी प्रकार ब्रह्म में समस्त विश्व अनुस्यूत है।[३] विश्वात्मा होते हुए भी वह विश्व में सीमित नहीं है; वह विश्वातीत भी है, यह उसका अनुत्तम पर भाव है।[४]

गीता परमेश्वर की दो प्रकृतियों का वर्णन करती है, अपरा और परा। अपरा प्रकृति को क्षेत्र और क्षर पुरुष भी कहा गया है। यह जड़ प्रकृति है जिसके भीतर समस्त भौतिक पदार्थ विद्यमान हैं। परा प्रकृति में चेतन जीव आते हैं। इसकी अन्य संज्ञा क्षेत्रज्ञ और अक्षर पुरुष भी हैं।[५] चैतन्य रूप होने से जीव ईश्वर की उत्कृष्ट या परा प्रकृति या विभूति है। जीव कूटस्थ और अक्षर है। जीव ईश्वर का सनातन अंश है।[६] क्षर पुरुष (जड़ प्रकृति) और अक्षर पुरुष (जीव) इन दोनों के ऊपर उत्तम पुरुष या पुरुषोत्तम है।[७] यह पुरुषोत्तम ही परम तत्त्व है। यह जड़ प्रकृति और चेतन जीव दोनों का आत्मा है और दोनों में अन्तर्यामी रह कर दोनों का नियमन करता है; किन्तु यह दोनों के ऊपर (अतीत:) भी है, यह विश्वातीत पुरुषोत्तम है। इस प्रकार गीता में निर्गुण ब्रह्म और सगुण ईश्वर का अत्यन्त सुन्दर समन्वय हुआ है।

---

१. नासतो विद्यते भावो नाभावो विद्यते सत:। गीता, २-१६

२. गीता, २-२२

३. मयि सर्वमिदं प्रोतं सूत्रे मणिगणा इव। गीता, ७-७

४. गीता, ७, २४

५. गीता, ७-४, ५ तथा १५-१६; क्षर: सर्वाणि भूतानि कूटस्थोऽक्षर उच्यते।

६. ममैवांशो जीवलोके जीवभूत: सनातन:। गीता, १५-७

७. गीता, १५-१७, १८ उत्तम: पुरुषस्त्वन्य: परमात्मेत्युदाहृत:।

३. योग

गीता में ज्ञान, कर्म और भक्ति का विलक्षण समन्वय हुआ है जो गीता के गौरव का प्रतीक है। ध्यानमार्ग साधना का मार्ग है जो ज्ञान, कर्म और भक्ति तीनों में उपादेय है। ध्यान मानसी क्रिया होने से कर्म से सम्बद्ध है; उपासना भगवान् का ध्यान या स्मृति होने से भक्ति से सम्बद्ध है; और चित्त की एकाग्रता द्वारा वृत्तियों के समाधि में विलीन होने पर निर्विकल्प ज्ञान का प्रकाशित होना ध्यान का लक्ष्य है। गीता में योग शब्द व्यापक अर्थ में प्रयुक्त हुआ है और योग में ध्यान, ज्ञान, कर्म और भक्ति का समन्वय है। योग का शाब्दिक अर्थ है मिलन अर्थात् जीवात्मा का परमात्मा से मिलन, इतना प्रगाढ़ मिलन कि दोनों दो न रह कर एक हो जावें। योग में दुःख से आत्यन्तिक वियोग और अखण्ड आनन्द से आत्यन्तिक संयोग होता है। योग धारणा-ध्यान-समाधि है (ध्यानयोग); योग स्थितप्रज्ञ की द्वन्द्वातीत ब्राह्मी स्थिति है (ज्ञानयोग); योग निष्काम कर्म है, कर्मकौशल अर्थात् कामनारहित कर्म है (कर्मयोग)[१]; योग भक्ति द्वारा भगवत्-तत्त्व का सम्यक् ज्ञान और भगवत्-प्रवेश है (भक्तियोग)।[२] योगी द्वन्द्वातीत है; शीत-उष्ण, सुख-दुःख, मान-अपमान आदि में अविचल है; ज्ञान-विज्ञानतृप्तात्मा है; समदृष्टि और समबुद्धि है।[३] जैसे वायुरहित स्थान में दीपक की लौ स्थिर रहती है, वैसे ही योगी का चित्त स्थिर रहता है।[४] योग वह है, जिसमें स्थित योगी तत्त्वज्ञान से विचलित नहीं होता एवं अतीन्द्रिय तथा शुद्ध ज्ञानगम्य अखण्ड आनन्द का अनुभव करता है। जिसे पाकर उससे अधिक दूसरा कोई लाभ नहीं मानता; जिसमें स्थित होकर घोर दुःख से भी विचलित नहीं होता। जो दुःख के संयोग से सर्वथा रहित है, वही योग है।[५]

४. ज्ञान

ऊपर वर्णित योग वस्तुतः ज्ञानयोग है। योगी का लक्ष्य अपरोक्षानुभूति द्वारा आत्मसाक्षात्कार है, जो ज्ञान बिना सम्भव नहीं। भगवान् अपने भक्तों को कृपा करके ज्ञानयोग प्रदान करते हैं, जिससे वे उन्हें पा सकें।[६] बिना ज्ञान के योग शारीरिक और मानसिक व्यायाम मात्र है। इन्द्रियों को उनके 'आहार' से अर्थात् विषयोपभोग से बलात् कुछ देर के लिए रोकने से विषय कुछ समय के लिए निवृत्त हो जाते हैं, किन्तु फिर भी विषयोपभोग की लालसा मन में बनी रहती है, विषय-सुख या भोग-रस की स्मृति बनी रहती है, यह भोग-रस या भोगेच्छा आत्मज्ञान से ही निवृत्त हो सकती है।[७] जिस प्रकार सुसमिद्ध अग्नि ईंधन को जलाकर राख कर देती

---

१. योगः कर्मसु कौशलम्।

२. गीता, ११-५४; १८-५५; ८-२२

३. गीता, ६-७, ८; समत्वं योग उच्यते।

४. गीता, ६-१९

५. गीता, ६-२१, २२, २३

६. गीता, १०-१०, ददामि बुद्धियोगं तं येन मामुपयान्ति ते।

७. विषया विनिवर्तन्ते निराहारस्य देहिनः।
रसवर्जं रसोऽप्यस्य परं दृष्टा निवर्तते।। गीता, २-५९

है, उसी प्रकार सुसमिद्ध ज्ञानाग्नि समस्त कर्मों को भस्म कर देती है[१] संसार-सागर को ज्ञान-यान से ही पार किया जा सकता है। कर्म की परिसमाप्ति ज्ञान में होती है।[२] ज्ञान से ही परम शान्ति या आनन्द मिलता है।[३] ज्ञान के समान पवित्र अन्य कुछ नहीं है।[४] भक्तों में भी ज्ञानी सर्वश्रेष्ठ है।[५] भगवान् ने ज्ञानी को अपना आत्मा कहा है।[६] ज्ञान-निष्ठा की परिपूर्णता के दो रूप हैं—एक तो सर्वत्र जगत् की समस्त चेतनाचेतन वस्तुओं में भगवत्-तत्त्व या आत्म-तत्त्व का देखना; और दूसरा रूप है भगवान् या आत्मा में समस्त विश्व को देखना। दोनों रूप एक दूसरे के पूरक हैं।[७]

५. कर्म

गीता के कर्मयोग का ज्ञान योग से कोई विरोध नहीं है, अपितु गीता का निष्काम कर्म ज्ञानी द्वारा ही सम्पादित हो सकता है। देहधारी प्राणी के लिए कर्मों का सर्वथा त्याग सम्भव नहीं है।[८] प्रकृति के सत्त्वरजस्तमोगुण सब प्राणियों को विवश करके कर्म कराते हैं। यह सारा लोक कर्म से बँधा है।[९] गीता ने कर्मयोग में प्रवृत्ति और निवृत्ति का अद्भुत समन्वय किया है। गीता कर्म का निषेध नहीं करती; कर्म में फलासक्ति या कामना का निषेध करती है। वासना, कामना, आसक्ति या फलाकांक्षा कर्म का विष-दन्त है, जो कर्ता को बन्धन में बाँधता है। इस विष-दन्त को निकाल देने पर कर्म में बाँधने की शक्ति नहीं रह जाती। गीता का कर्मयोग 'नैष्कर्म्य' (कर्म-निषेध) नहीं है, अपितु 'निष्काम कर्म' (कामनारहित कर्म; कामना-निषेध) है। 'सन्यास' का अर्थ कर्म का त्याग नहीं है, किन्तु कामना का त्याग है। त्याग का अर्थ कर्म का त्याग नहीं, अपितु कर्मफल का त्याग है।[१०] गीता की सुप्रसिद्ध उक्ति है—तुम्हारा अधिकार केवल कर्म करने में है, कर्म-फल में तुम्हारा कोई अधिकार नहीं; अतः तुम कर्म-फल की कामना या फलासक्ति मत करो, और न ही तुम्हारी प्रवृत्ति कर्म न करने में हो।[११]

---

१. गीता, ४-३७, ज्ञानाग्निः सर्वकर्माणि भस्मसात् कुरुते तथा।
२. गीता, ४-३६, ३३
३. गीता, ४-३९, ज्ञानं लब्ध्वा परां शान्तिपचिरेणाधिगच्छति।
४. गीता, ४-३८, नहि ज्ञानेन सदृशं पवित्रमिह विद्यते।
५. गीता, ७-१६, १७
६. गीता, ७-१८, ज्ञानी त्वात्मैव मे मतम्।
७. गीता, ६-२९, ३० यो मां पश्यति सर्वत्र सर्वं च मयि पश्यति।
८. गीता, १८-११, नहि देहभृता शक्यं त्यक्तुं कर्माण्यशेषतः।
९. गीता, ३-५, ९, लोकोऽयं कर्मबन्धनः।
१०. गीता, १८-२, काम्यानां कर्मणां न्यासं संन्यासं कवयो विदुः।
सर्वकर्मफलत्यागं प्राहुस्त्यागं विचक्षणाः।।
११. गीता, २-४७, कर्मण्येवाधिकारस्ते मा फलेषु कदाचन।
मा कर्मफलहेतुर्भूर्मा ते सङ्गोऽस्त्वकर्मणि।।

यहाँ पर यह आपत्ति उठाई जाती है कि मनोवैज्ञानिक दृष्टि से बिना फल की इच्छा के कोई कर्म नहीं किया जाता। बिना किसी प्रयोजन के तो मन्द पुरुष भी कर्म में प्रवृत्त नहीं होता।[1] मनोवैज्ञानिक दृष्टि से यह सही हो सकता है। इसीलिए गीता का निष्काम कर्म ज्ञानी के लिए है, साधारण जन के लिए नहीं। गीता का निष्काम कर्म ज्ञान और भक्ति दोनों से अनुप्राणित है। प्रारम्भ में यदि कर्म के लिए कामना आवश्यक ही हो, तो समस्त लौकिक कामनाओं का त्याग करके साधकों को केवल आध्यात्मिक उन्नति की कामना से कार्य करने चाहियें; भगवत्प्रीति के लिए भगवदर्पण बुद्धि से कर्म करने से आध्यात्मिक उन्नति होती है और कर्मों द्वारा बन्धन नहीं होता, जैसे पद्म-पत्र जल में लिप्त नहीं होता।[2] यह सत्य है कि पूर्णतया निष्काम कर्म तो जीवन्मुक्त सिद्ध पुरुष के लिए ही सम्भव है। सिद्ध पुरुषों का कोई स्वार्थ नहीं होता। उनके कार्य लोक-सङ्ग्रह के लिए, लोक-कल्याण के लिए होते हैं। ब्रह्म-ज्ञान के बाद कोई ज्ञातव्य शेष नहीं रहता, कोई कर्तव्य शेष नहीं रहता, ब्रह्मानन्दपीयूष-पान के बाद कोई पातव्य शेष नहीं रहता। सिद्ध पुरुष के लिए कोई 'कर्तव्य' नहीं है। **उसका (तस्य)** कोई कार्य शेष नहीं है।[3] इसका अर्थ है कि उसका कोई स्वार्थ नहीं है, उसके कार्य लोक-कल्याण के लिए होते हैं। वह लोक-कल्याण की **कामना** से कार्य नहीं करता, अपितु उसके द्वारा सम्पादित कार्यों से स्वतः लोक-कल्याण होता है, जैसे सूर्य की स्थिति मात्र से प्रकाश फैलता है। भगवान् स्वयं कहते हैं कि उनके लिए कोई कर्तव्य शेष नहीं है, फिर भी उनके द्वारा कर्म-सम्पादन हो रहा है, अन्यथा समस्त लोकों का उच्छेद हो जाय।[4]

६. भक्ति

गीता-ज्ञान का सार भक्ति है; भक्ति गीता का हृदय है। गीता के उपदेश का प्रारम्भ प्रपत्ति या शरणागति से होता है, जब अर्जुन धर्म के विषय में मोहग्रस्त होकर भगवान् श्रीकृष्ण से प्रार्थना करता है—'मैं आपका शिष्य हूँ। आपका प्रपन्न हूँ अर्थात् आपकी शरण में आया हूँ। आप कृपया अपने सदुपदेश से मेरा मोह दूर करें।'[5] गीता के मध्य में भी नवें अध्याय में भक्ति को 'राजविद्या' और 'राजगुह्ययोग' बताकर शरणागति (मत्परायणः) की महिमा प्रतिष्ठित की गई है।[6] गीता का पर्यवसान भी शरणागति में ही हुआ है, जब भगवान् श्रीकृष्ण ने अन्तिम अष्टादश अध्याय के अन्त में अपने उपदेश का समापन इस प्रकार किया है—'हे अर्जुन! अब तू मेरे सर्वाधिक गोपनीय परम रहस्यमय इस वचन को सुन कि तू सब कुछ छोड़कर मेरी अनन्य शरण में आजा, तू निश्चय ही मुझे प्राप्त होगा।'[7]

---

१. प्रयोजनमनुद्दिश्य न मन्दोऽपि प्रवर्तते।
२. लिप्यते न स पापेन पद्मपत्रमिवाम्भसा। गीता, ५-१०
३. तस्य कार्यं न विद्यते। गीता, ३-१७
४. गीता, ३-२२, २४; वर्त एव च कर्मणि।
५. शिष्यस्तेऽहं शाधि मां त्वां प्रपन्नम्। गीता, २-७
६. गीता, ९-३४
७. मामेकं शरणं व्रज। गीता, १८-६४, ६

गीता का भक्तियोग ज्ञान और कर्म से अनुप्राणित है। परा भक्ति, पर ज्ञान और निष्काम कर्म वस्तुत: एक ही हैं, क्योंकि तीनों का अर्थ है—निर्विकल्प अपरोक्ष आत्मानुभूति। भक्ति, ज्ञान और कर्म का भेद लौकिक व्यवहार में ही है, क्योंकि अपनी चरम अवस्था में ये सभी अपरोक्षानुभूति में परिणत हो जाते हैं। इस प्रकार गीता ने इनका समन्वय करके साधना मार्ग को भी सरल, सुबोध और सुगम बना दिया है। लौकिक ज्ञान बुद्धि-विकल्प-जन्य है और ज्ञातृज्ञेयद्वैत पर टिका है; परज्ञान अद्वैत निर्विकल्प अनुभूति है। भक्ति का सामान्य अर्थ भगवान् का भजन, सेवा, स्मरण है, और यह भी भक्त और भगवान् के द्वैत पर टिकी है; किन्तु परा भक्ति में अखण्डज्ञानानन्दरूप भगवत्स्वरूप में भक्त और भगवान् एकाकार हो जाते हैं। लौकिक कर्म में कामना बनी रहती है और यह कर्तृ-कर्म-द्वैत पर टिका है; निष्काम कर्म कामनारहित और कर्तृत्वाभिमानशून्य होने से जीवन्मुक्ति की अद्वैत स्थिति का द्योतक है।

भक्त भगवत्कृपा और भगवद्वचनों से आश्वस्त रहता है। भगवान् की अनन्य शरण में जाने पर भगवान् ही उसका ध्यान रखते हैं। गीता में भगवान् ने बारम्बार इस प्रकार आश्वासन दिये हैं—'मेरे भक्त का कभी नाश नहीं होता।[१] कल्याणकर्म करने वाला कभी दुर्गति को प्राप्त नहीं होता।[२] यदि कोई अत्यन्त दुराचारी भी निश्छल रूप से मेरा भजन करने लगे, तो उसे साधु ही मानना चाहिए क्योंकि वह शीघ्र ही धर्मात्मा हो जाता है।[३] इस अनित्य और सुखरहित लोक में मेरा भजन करना चाहिए।[४] हे अर्जुन! तू मुझमें ही निरन्तर मन लगा, मेरा भजन कर, मुझे अर्पण करके कर्मों द्वारा मेरा यजन कर, मुझे ही प्रणाम कर, तू मेरी अनन्य शरण में आ जा और अपनी आत्मा को मुझमें प्रतिष्ठित कर दे, तू मुझे ही प्राप्त होगा।[५] मुझमें निरन्तर अपना मन लगाने वाले भक्तों का मैं शीघ्र ही जन्ममरणरूप इस संसार-सागर से उद्धार करता हूँ।[६] अर्थार्थी, आर्त, जिज्ञासु और ज्ञानी, इन चार प्रकार के भक्तों में ज्ञानी सर्वश्रेष्ठ है क्योंकि उसकी मुझमें अनन्य भक्ति होती है, अत: उसे मैं अत्यन्त प्रिय हूँ और मुझे वह अत्यन्त प्रिय है।'[७]

भक्ति का अर्थ उपासना किया जाता है। उपासना का अर्थ है भगवान् का निरन्तर ध्यान, भगवान् का तैलधारावत् निरन्तर स्मरण। नाम-जप से स्मरण पुष्ट होता है। निरन्तर स्मरण से भगवान् प्रसन्न होकर अपने स्वरूप को प्रकाशित करते हैं। अखण्डचिदानन्द की अपरोक्षानुभूति में भक्त का भगवान् से एकीभाव हो जाता है। इस प्रकार परा भक्ति और परज्ञान में कोई भेद नहीं रहता। गीता ने बार-बार भक्ति और ज्ञान की एकता प्रतिपादित की है। गीता

---

१. न मे भक्त: प्रणश्यति। गीता, ९-३१
२. गीता, ६-४०
३. गीता, ९-३०, ३१
४. गीता, ९-३३
५. गीता, ९-३४, मामेवैष्यसि युक्त्वैवमात्मानं मत्परायण:।
६. तेषामहं समुद्धर्ता मृत्युसंसारसागरात्। गीता, १२-७
७. गीता, ७-१६, १७

का 'अनन्य भक्ति' पर बहुत आग्रह है। अनन्य भक्ति से ही भगवत्स्वरूप का ज्ञान और भगवत्प्राप्ति तथा भगवान् से तादात्म्य सम्भव है। ज्ञानी को भगवान् ने अनन्य भक्त (एकभक्तिः) और आत्म-स्वरूप (आत्मैव मे) बताया है। 'जो भक्त अनन्य भक्ति से मेरा निरन्तर चिन्तन करते हुए मेरी उपासना करते हैं, उनकी भगवत्प्राप्ति (योग) और उसकी साधना (क्षेम) की मैं रक्षा करता हूँ।[१] जो भक्त अनन्य योग से मेरा ध्यान और उपासना करते हैं, मैं जन्ममृत्युरूप संसार-सागर से उनका उद्धार करता हूँ।[२] हे अर्जुन! अनन्य भक्ति से ही मेरा तात्त्विक ज्ञान किया जा सकता है, मेरा प्रत्यक्ष दर्शन किया जा सकता है, और मुझमें प्रवेश करके मुझसे एकाकार हुआ जा सकता है।[३] भगवत्दर्पणबुद्धि से कर्म करने से और भगवान् का निरन्तर ध्यान करने से साधक को ब्रह्मभाव का बोध होने लगता है, इस बोध से अनन्य भक्ति का उदय होता है, अनन्य भक्ति से भगवान् का तात्त्विक ज्ञान होता है, और इस ज्ञान के उदय होते ही भक्त भगवान् में प्रवेश कर जाता है अर्थात् भगवान् से उसका एकीभाव हो जाता है।[४] यद्यपि परज्ञान और पराभक्ति एक ही हैं और ज्ञान तथा भक्ति का चरम लक्ष्य भी भगवत्प्राप्ति ही है, तथापि निर्गुण उपासना को गीता 'अधिकक्लेशयुक्त' और कठिन बताती है एवं सगुण उपासना का उपदेश देती है।[५] गीता का प्रपत्ति या शरणागति पर अत्यन्त बल है। सच्चे हृदय से भगवान् की शरण लेने पँर सब कुछ वे ही सँभाल लेते हैं, साधना के द्वार खुलते जाते हैं और अन्त में भगवदनुग्रह से भगवत्प्राप्ति हो जाती है।' गीता में भगवान् ने अर्जुन को जो अन्तिम परमगुह्य उपदेश दिया वह है—'हे अर्जुन! तू मुझमें निरन्तर मन लगाये रह, मेरी अनन्य भक्ति कर, मुझे सर्वस्व अर्पण कर, मुझे ही प्रणाम कर, ऐसा करने से तू निश्चय ही मुझे प्राप्त करेगा, यह मेरी सत्य प्रतिज्ञा है क्योंकि तू मुझे अत्यन्त प्रिय है। तू सब धर्मों को (कर्मों को) त्याग कर मेरी अनन्य शरण में आ जा, मैं तुझे सारे पापों से मुक्त कर दूँगा, तू शोक मत कर।'[६]

---

१. गीता, ९-२२

२. गीता, १२-६, ७

३. भक्त्या त्वनन्यया शक्य अहमेवंविधोऽर्जुन।
ज्ञातुं द्रष्टुं च तत्त्वेन प्रवेष्टुं च परन्तप।। गीता, ११-५४

४. गीता, १८-५४, ५५, ब्रह्मभूतः प्रसन्नात्मा ...... मद्भक्तिं लभते पराम्।
भक्त्या मामभिजानाति यावान् यश्चास्मि तत्त्वतः।
ततो मां तत्त्वतो ज्ञात्वा विशते तदनन्तरम्।।

५. गीता, १२-५, ६, ७, ८

६. गीता, १८, ६५-६६ सर्वधर्मान् परित्यज्य मामेकं शरणं व्रज।
अहं त्वा सर्वपापेभ्यो मोक्षयिष्यामि मा शुचः।।

तृतीय अध्याय
चार्वाक दर्शन

१. भूमिका

चार्वाक का जड़वाद या भौतिकवाद अवैदिक दर्शनों में सर्वाधिक प्राचीन है। उपनिषद्-दर्शन के बाद और जैन तथा बौद्ध दर्शन के उदय के पूर्व काल में चार्वाक मत की स्थिति के कई प्रमाण मिलते हैं। उपनिषद्-दर्शन का उच्च विज्ञानवाद, वैदिक कर्मकाण्ड को ब्राह्मणों द्वारा अपनी जीविका का साधन बनाकर उसका दुरुपयोग तथा यज्ञों में पशुबलि की प्रथा, उस समय की सामाजिक तथा राजनीतिक अव्यवस्था एवं अस्थिरता आदि के कारण चार्वाक मत का प्रचार हुआ। यों तो इन्द्रिय-सुखों के उपभोग की परम्परा मानव जितनी ही पुरानी है और जब तक मानव है, तब तक रहेगी क्योंकि यह मानव की नैसर्गिक प्रवृत्ति है, फिर भी चार्वाक मत दर्शन के रूप में अधिक समय तक प्रतिष्ठित नहीं रह सका। इसकी उत्पत्ति असन्तोष से हुई और सूक्ष्म बौद्धिक चिन्तन से इसकी समाप्ति हो गई। चार्वाक ने अध्यात्म और परलोक के निषेध के साथ इस लोक में नैतिक मूल्यों का भी निषेध किया, अत: यह दर्शन टिक नहीं पाया। शीघ्र ही जैन और बौद्ध दर्शन का उदय हुआ जिसने अनीश्वरवादी और वेदविरोधी होने पर भी आध्यात्मिक और नैतिक मूल्यों का साग्रह प्रतिपादन किया जिससे जड़वाद निरस्त हो गया।

बृहस्पति को चार्वाक दर्शन का प्रथम आचार्य माना जाता है। सम्भवत: ये बृहस्पति सुरगुरु बृहस्पति से भिन्न रहे होंगे। कुछ विद्वान् यह मानते हैं कि ये सुरगुरु ही थे जिन्होंने छद्म रूप से असुरों के नाश के लिए इस मत का प्रतिपादन किया। छान्दोग्य उपनिषद् के प्रजापति और इन्द्र-विरोचन सम्वाद में उल्लेख है कि असुरों का प्रतिनिधि विरोचन देहात्मवाद से ही सन्तुष्ट होकर चला गया था।[१] कुछ विद्वान् चार्वाक नामक व्यक्ति को इस मत का संस्थापक मानते हैं। अन्य विद्वानों का मत है कि चार्वाक किसी व्यक्ति का नाम नहीं है। यह शब्द 'चर्व्' धातु से बना है जिसका अर्थ है 'चबाना' अर्थात् जो व्यक्ति ईश्वर, आत्मा, परलोक तथा सारे आध्यात्मिक तथा नैतिक मूल्यों को चबा जाय, उसे चार्वाक कहते हैं। अथवा यह शब्द 'चारु वाक्' से बना है, क्योंकि चार्वाक का मत ऊपर से सुन्दर और मीठा प्रतीत होता है। इस मत का नाम 'लोकायत' भी है जिसका अर्थ है कि यह मत साधारण निम्नकोटि के मन्द बुद्धि लोगों के लिए है।

---

१. छान्दोग्य, ८-७

२. चार्वाक मत के स्रोत

जयराशि भट्ट के तत्त्वोपप्लवसिंह नामक ग्रन्थ (जो बहुत बाद का है और १९४० में प्रकाशित हुआ) को छोड़कर इस मत का कोई अन्य मौलिक ग्रन्थ उपलब्ध नहीं है। इस मत के मुख्य स्रोत अन्य दार्शनिक ग्रन्थों में पूर्व-पक्ष के रूप में उल्लिखित इस मत के सिद्धान्त हैं जिनसे इस दर्शन का पूर्ण और सम्यक् विवरण प्राप्त नहीं होता। कृष्णपति मिश्र ने अपने प्रबोधचन्द्रोदय नामक नाटक के द्वितीय अंक में चार्वाक-सिद्धान्तों का इस प्रकार विवरण दिया है—लोकायत ही एकमात्र शास्त्र है; पृथ्वी, जल, अग्नि और वायु, ये चार महाभूत हैं; इन्द्रिय सुखोपभोग ही मानव जीवन का लक्ष्य है; परलोक नहीं है; मृत्यु ही मोक्ष है; तथाकथित 'आत्मा' जड़त्व का ही विकार है। माधवाचार्य के सर्वदर्शनसंग्रह नामक ग्रंथ के प्रथम अध्याय में चार्वाक दर्शन का विवरण दिया गया है जिसमें उपर्युक्त सिद्धान्तों के अतिरिक्त वेदों की निन्दा, कर्मकाण्ड की निन्दा, यागादि, श्राद्ध आदि की व्यर्थता आदि भी चार्वाक मत के अन्तर्गत वर्णित है। बृहस्पति के कुछ सूत्र, जो विविध दार्शनिक ग्रन्थों में उद्धृत हैं, इस प्रकार हैं—

(१) पृथ्वी, जल, अग्नि और वायु ही तत्त्व हैं।[१]

(२) इनके समुदाय से शरीर, इन्द्रिय और विषय बनते हैं।[२]

(३) जिस प्रकार किण्वादि से (अंगूर आदि के रस में विकार उत्पन्न करके बनाई गई मदिरा में) मादक शक्ति उत्पन्न होती है, उसी प्रकार जड़तत्त्वों से (उनके विविध अनुपात में मिश्रण से जीवित शरीर में) चैतन्य उत्पन्न होता है।[३]

(४) काम ही एकमात्र पुरुषार्थ है।[४]

(५) मरण ही मोक्ष है।[५]

३. ज्ञानमीमांसा

चार्वाक मत में प्रत्यक्ष ही एकमात्र प्रमाण है; अनुमान, शब्द आदि को प्रमाण मानना निराधार है। इन्द्रिय और अर्थ (विषय) के सन्निकर्ष से उत्पन्न ज्ञान प्रत्यक्ष है। रूप, रस, गन्ध, स्पर्श और शब्द, यह पञ्चविध इन्द्रिय प्रत्यक्ष है। सुख, दुःख आदि का अनुभव भी इस पञ्चविध इन्द्रिय प्रत्यक्ष पर निर्भर है। इस पञ्चविध इन्द्रिय प्रत्यक्ष द्वारा अनुभूत वस्तु प्रमाणसिद्ध है; अन्य सब वस्तुएं कल्पना-प्रसूत हैं। रूप के अभाव में जो अदृष्ट है, रस के अभाव में जो अनास्वादित है, गन्ध के अभाव में जो अनाघ्रात है, स्पर्श के अभाव में जो अस्पृष्ट है, और शब्द के अभाव में जो अश्रुत है, ऐसा पदार्थ कल्पित ही हो सकता है, वास्तविक नहीं।

चार्वाक के अतिरिक्त ऐसा कोई दर्शन नहीं है जिसने अनुमान को प्रमाण न माना हो।

---

१. पृथिव्यप्तेजोवायुरिति तत्त्वानि।

२. तत्समुदाये शरीरेन्द्रियविषयसंज्ञा।

३. किण्वादिभ्यो मदशक्तिवद्विज्ञानम्।

४. काम एवैकः पुरुषार्थः।

५. मरणमेवापवर्गः।

चार्वाक ने अनुमान के खण्डन में कई मार्मिक तर्क दिए हैं। दृष्ट हेतु से अदृष्ट साध्य की सिद्धि करना अनुमान है; पर्वत पर दृष्ट धूम के ज्ञान से पर्वत पर अदृष्ट अग्नि का ज्ञान करना अनुमान है जो 'व्याप्ति' पर अवलम्बित है। व्याप्ति का अर्थ है दो वस्तुओं या घटनाओं में अविनाभाव-सम्बन्ध या नियत-साहचर्य-नियम, जैसे धूम और अग्नि का सम्बन्ध—जहाँ-जहाँ धूम है, वहाँ-वहाँ अग्नि अवश्य है। व्याप्ति स्वयं कार्यकारण-नियम पर आधारित है, अग्नि कारण है और धूम कार्य है, अतः जहाँ कार्य है वहाँ कारण का होना अनिवार्य है क्योंकि बिना कारण के कार्य नहीं हो सकता। व्याप्ति सामान्य में होती है, किन्तु उसका ज्ञान व्यक्तिविशेषों में या घटनाविशेषों में साहचर्य-नियम को देखकर ही हो सकता है। चार्वाक ने सामान्यानुमान (निगमनविधि), विशेषानुमान (आगमनविधि), व्याप्ति-नियम और कार्यकारणनियम सबका प्रबल खण्डन किया है। चार्वाक के अनुसार अनुमान दृष्ट से अदृष्ट की ओर, ज्ञात से अज्ञात की ओर छलाँग लगाना है, जो अन्धेरे में तीर चलाने के समान है। कभी-कभी कुछ दृष्ट विशेषों में अनुमान सत्य हो सकता है, किन्तु इससे यह सिद्ध नहीं होता कि अनुमान सार्वभौम सत्य है और प्रमाणकोटि में आता है। प्रत्यक्ष सदा व्यक्तिविशेषों का या घटनाविशेषों का होता है; सामान्य का प्रत्यक्ष नहीं होता। प्रत्यक्ष से एक 'क' का साहचर्य एक 'ख' से दिखाई देता है। किन्तु कुछ दृष्ट 'क' और कुछ दृष्ट 'ख' में साहचर्य सम्बन्ध के ज्ञान से हम निष्कर्ष नहीं निकाल सकते हैं कि सभी 'क' और सभी 'ख' में नियत-साहचर्य-सम्बन्ध या व्याप्ति-सम्बन्ध है। और जब व्याप्ति सिद्ध नहीं होती तो उस पर अवलम्बित अनुमान स्वतः धराशायी हो जाता है। हम कई स्थलों पर धूम और अग्नि को साथ-साथ देख सकते हैं, किन्तु वर्तमान काल के भी, भूत और भविष्य की बात छोड़िये, सारे धूमाग्निविशिष्ट स्थानों का निरीक्षण असम्भव है। अतः व्याप्ति प्रत्यक्ष से सिद्ध नहीं हो सकती। व्याप्ति को अनुमान से सिद्ध करने के प्रयास में अन्योन्याश्रय दोष आता है क्योंकि अनुमान स्वयं व्याप्ति पर निर्भर है। शब्द से भी व्याप्ति सिद्ध नहीं हो सकती क्योंकि प्रथम तो शब्द स्वयं प्रमाण नहीं है, और द्वितीय, यदि अनुमान शब्द-सिद्ध हो तो फिर अनुमान स्वतन्त्र प्रमाण नहीं होगा। यदि यह कहा जाय कि व्याप्ति सामान्य-गत है, विशेष-गत नहीं; अर्थात् किसी विशिष्ट स्थल में दृष्ट धूम-विशेष में और उसी विशिष्ट स्थल में अनुमित अग्नि-विशेष में व्याप्ति-सम्बन्ध विशेषत्व के कारण न होकर धूमत्वसामान्य और अग्नित्वसामान्य में व्याप्ति-सम्बन्ध होने के कारण है, तो फिर नये अनुमान की आवश्यकता नहीं होगी और अनुमान में सिद्धसाधन-दोष आयेगा। यदि धूमत्व और अग्नित्व को धारण करने वाले सारे पदार्थों का ज्ञान व्याप्ति-वाक्य से ही पूर्व-सिद्ध हो चुका हो, तो फिर किसी पर्वत विशेष में धूम-विशेष को देखकर उस पर्वत में अग्नि-विशेष का अनुमान करने की क्या आवश्यकता है ? अनुमान की इस प्रक्रिया में—जहाँ-जहाँ धूम है, वहाँ-वहाँ अग्नि है, इस पर्वत पर धूम है, अतः इस पर्वत पर अग्नि है—सिद्धसाधन दोष सुस्पष्ट है क्योंकि 'इस पर्वत पर धूम होने के कारण अग्नि है' यह निष्कर्ष-वाक्य, 'जहाँ-जहाँ धूम है वहाँ-वहाँ अग्नि है' इस व्याप्ति-वाक्य में पहले ही गतार्थ होने से सिद्ध हो चुका है, अतः सिद्ध का पुनः साधन करना व्यर्थ है। पुनश्च, सामान्य-गत व्याप्ति की कल्पना दो विशिष्ट व्यक्तियों

या घटनाओं में साहचर्य-सम्बन्ध का प्रत्यक्ष ज्ञान हुए बिना सम्भव नहीं है। कोई भी व्यक्ति जन्म से ही धूमत्व और अग्नित्व में व्याप्ति-सम्बन्ध की कल्पना नहीं करता। धूमाग्निविशिष्ट स्थलों के बार-बार निरीक्षण के आधार पर यह सामान्य कल्पना कर ली जाती है कि धूमत्व और अग्नित्व में नियत-साहचर्य या व्याप्ति-सम्बन्ध है। किन्तु सीमित निरीक्षण से प्राप्त सीमित प्रत्यक्ष ज्ञान के आधार पर असीमित सार्वभौम और अनिवार्य सम्बन्ध की सत्यता सिद्ध नहीं हो सकती। अत: व्याप्ति-सम्बन्ध और उस पर आश्रित अनुमान दोनों ही असिद्ध हैं। विशेषानुमान में अपूर्णता और सन्देह के कारण निश्चयात्मकता, असंदिग्धता और अनिवार्यता नहीं आ सकती; और सामान्यानुमान में सिद्धसाधनदोष, चक्रकदोष और अनुमान की व्यर्थता सिद्ध होती है; अत: अनुमान को प्रमाण मानने वाले दार्शनिक-दिग्गज इस अनुमानभङ्गपङ्क में गहरे धँसकर बाहर निकलने में विवश हो जाते हैं।[1]

चार्वाक ने अनुमान और व्याप्ति के साथ कार्यकारणभाव का भी प्रखर खण्डन किया है। अनुमान व्याप्ति पर आश्रित है। और व्याप्ति स्वयं कार्यकारणभाव पर आश्रित है। पाश्चात्य दर्शन में ह्यूम ने प्रखर तर्कों से कार्यकारणभाव का मार्मिक खण्डन किया है। ह्यूम से सदियों पूर्व चार्वाक दार्शनिकों ने कार्यकारणभाव के खण्डन में इन प्रखर तर्कों का प्रयोग किया था। इन्द्रियप्रत्यक्ष से केवल विशेषों का ही ज्ञान होता है, सामान्य का नहीं। जब हमारा सारा ज्ञान विशेषों तक सीमित है, तो हमें विशेषों की सीमा का अतिक्रमण करने का कोई अधिकार नहीं है। विशेषों से सामान्य की कल्पना हमारी बुद्धि की भ्रान्त कल्पना है, वास्तविक ज्ञान नहीं है। प्रत्यक्ष से हमें दो विशेषों में साहचर्य या आनन्तर्य सम्बन्ध का ज्ञान तो होता है, किन्तु इस सम्बन्ध के नियतत्व का, इसकी सार्वभौमता और अनिवार्यता का ज्ञान इन्द्रियप्रत्यक्ष से कदापि नहीं हो सकता। कार्यकारणभाव-सम्बन्ध दो वस्तुओं में नियत सार्वभौम और अनिवार्य साहचर्य या आनन्तर्य सम्बन्ध का ही नाम है। कारण कार्य का नियतपूर्व-वृत्ति होता है। अत: प्रत्यक्ष से कार्यकारणभाव की सिद्धि नहीं होती। हमारा सारा प्रत्यक्ष ज्ञान केवल 'सम्भावना' को जन्म देता है, निश्चयात्मकता और अनिवार्यता को नहीं। चार्वाक ने स्पष्ट रूप से स्वीकार किया है कि लौकिक अनुभव और व्यवहार के लिए 'निश्चितता' या 'अनिवार्यता' की कोई आवश्यकता नहीं है, लोकव्यवहार 'सम्भावना' से ही चल रहा है।

यहाँ यह ध्यान देने योग्य है कि माध्यमिक बौद्ध दर्शन और अद्वैत वेदान्त ने भी प्रमाणों की तात्त्विकता का खण्डन किया है, किन्तु वे परमार्थ और व्यवहार का भेद स्वीकार करते हैं और केवल पारमार्थिक दृष्टि से सभी प्रमाणों की तात्त्विकता का खण्डन करते हैं, किन्तु व्यवहार में सभी प्रमाणों की सत्ता स्वीकार करते हैं। चार्वाक के लिए परमार्थ और व्यवहार के भेद का प्रश्न नहीं उठता। वह प्रत्यक्ष को प्रमाण मानता है और अन्य प्रमाणों का खण्डन करता है जो युक्ति-विरुद्ध है।

चार्वाक कृत अनुमानखण्डन का अन्य भारतीय दार्शनिकों ने प्रबल खण्डन किया है। उनके अनुसार बुद्धि द्वारा अनुमान का खण्डन नहीं हो सकता। समस्त बुद्धि-विकल्प

१. विशेषेऽनुगमाभावात् सामान्ये सिद्धसाधनात्।
अनुमाभङ्गपङ्केऽस्मिन् निमग्ना वादिदन्तिन:।।

कार्यकारणभाव आदि नियमों पर आश्रित हैं जिनकी सार्वभौमता, निश्चितता और अनिवार्यता, निर्विकल्प स्वत:-सिद्ध और स्वप्रकाश आत्मतत्त्व से आती है। इन बुद्धि-विकल्पों के बिना किसी प्रकार का खण्डन या मण्डन, सिद्धि या असिद्धि, वाद या विवाद, संक्षेप में किसी प्रकार का बुद्धि-व्यवहार सम्भव नहीं होता। बुद्धि-विकल्पों के बिना इन्द्रिय-प्रत्यक्ष भी 'ज्ञान' के रूप में परिणत नहीं हो सकता, वह केवल इन्द्रिय-सम्वेदन के स्तर पर ही रहेगा। केवल इन्द्रिय-प्रत्यक्ष को प्रमाण मानने पर स्वयं इन्द्रिय-प्रत्यक्ष की प्रमाणता भी सिद्ध नहीं हो सकती। तब केवल पशुवत् इन्द्रिय-सम्वेदनों का अनुभव होगा, किन्तु ये सम्वेदन बुद्धि-विकल्पों के अभाव में 'ज्ञान' के रूप में परिणत नहीं हो सकेंगे क्योंकि 'ज्ञान' बौद्धिक और सविकल्प होता है। अत: अनुमान-प्रमाण के अभाव में चार्वाक न तो अपने मत का प्रतिपादन कर सकता है और न परमत का खण्डन कर सकता है। यह स्वविरोधी वदतो-व्याघात है।

चार्वाक ने शब्द प्रमाण का भी खण्डन किया है। किसी पुरुष के आप्त और लोकोपकारक होने के कारण उसके वाक्यों में श्रद्धा रखना अनुमान से सम्भव है और अनुमान स्वयं प्रमाण नहीं है। अत: अनुमानाश्रित शब्द भी प्रमाण नहीं हैं। यदि आप्त पुरुष प्रत्यक्ष-सिद्ध पदार्थों का वर्णन करते हैं तो यह वर्णन प्रत्यक्ष-प्रमाण के अन्तर्गत आ जाता है। यदि वे अदृष्ट, अश्रुत, अज्ञात पदार्थों का वर्णन करें, तो यह उनकी कल्पना मात्र है, प्रामाणिक नहीं। चार्वाक वेदों को प्रमाण नहीं मानता। वैदिक यागादि कर्मों में उसका विश्वास नहीं है। इन कर्मों को वह धूर्त ब्राह्मणों द्वारा अपने जीविकोपार्जन का साधन मानता है। श्राद्धादि कर्मों से मृत-व्यक्ति तृप्त नहीं हो सकता। चार्वाक ईश्वर, आत्मा, वेद, परलोक, धर्म, अधर्म, पाप, पुण्य आदि को स्वीकार नहीं करता।

४. तत्त्वमीमांसा

चार्वाक के अनुसार पृथ्वी, जल, अग्नि और वायु ये चार महाभूत ही तत्त्व हैं। आकाश का अनुमान होता है, अत: चार्वाक उसे तत्त्व नहीं मानते; वह आवरणभाव मात्र है। इन चार तत्त्वों के विविध अनुपातों में विविध सम्मिश्रण होने से बाह्य जगत्, भौतिक शरीर, इन्द्रियाँ आदि उत्पन्न होती हैं। चैतन्य भी भौतिक तत्त्वों के सम्मिश्रण से जीवित शरीर में उत्पन्न होता है अत: जीवित शरीर से भिन्न कोई आत्मा नहीं है। अन्वय और व्यतिरेक दोनों से यह सिद्ध है। जब तक शरीर जीवित रहता है तब तक उसमें चैतन्य का आविर्भाव होता है, यह अन्वय है। जब शरीर जीवित नहीं रहता तब चैतन्य भी नहीं रहता, यह व्यतिरेक है। पुनश्च, व्यक्ति अपने शरीर को ही आत्मा मानता है जब वह कहता है—मैं कृश हूँ, मैं स्थूल हूँ, मैं सुखी हूँ, मैं दु:खी हूँ आदि। 'मैं' का और 'शरीर' का तादात्म्य प्रत्यक्ष-सिद्ध है। भले ही चैतन्य के विविध भौतिक घटकों में से किसी में भी चैतन्य नहीं है, किन्तु जब उनका एक विशेष अनुपात में जीवित शरीर में सम्मिश्रण होता है तो उससे चैतन्य-गुण उत्पन्न हो जाता है, जिस प्रकार मदिरा के विभिन्न घटकों में से किसी में मादकता नहीं है, किन्तु जब उनमें विशेष प्रक्रिया से विकार उत्पन्न किया जाता है तो मदिरा में मादकता नामक गुण उत्पन्न

हो जाता है।[1] पान, कत्था, चूना, सुपारी में किसी में लालिमा नहीं है, किन्तु जब उन्हें मिलाकर खाया जाता है तो लाली उत्पन्न हो जाती है।[2]

चार्वाक के इस भूतचैतन्यवाद का अन्य दार्शनिकों ने जमकर खण्डन किया है। यदि चैतन्य का अर्थ स्वचैतन्य है, जैसा मानवों में है, तो इसका तादात्म्य जीवित शरीर से नहीं किया जा सकता। पशुओं में जीवित शरीर है, किन्तु विवेकबुद्धि नहीं है। चार्वाक का उत्तर है कि ऐसा उत्कृष्ट सम्मिश्रण केवल मानव शरीरों में ही मिलता है और उनमें भी विभिन्न अनुपातों में, जिससे उनमें भी स्वचैतन्य की अभिव्यक्ति का तारतम्य होता है। किन्तु यह चार्वाक की कल्पना मात्र है। यदि चैतन्य जीवित शरीर का गुण है तो दोनों का पार्थव्य नहीं होना चाहिए, जैसा कि चार्वाक मानता है। किन्तु मूर्च्छा, बेहोशी, गाढ़ निद्रा आदि में जीवित शरीर में चैतन्य की अभिव्यक्ति नहीं होती। दूसरी ओर जब व्यक्ति स्वप्न देखता है और स्वप्न में अपने शरीर को विविध कार्य करते देखता है तो उसका स्वप्न-शरीर जीवित भौतिक शरीर नहीं है, किन्तु स्वप्न-द्रष्टा के चैतन्य से सृष्ट है; जागने पर वह व्यक्ति अपने स्वप्न-शरीर को मिथ्या जान लेता है, किन्तु स्वप्न-चैतन्य को जाग्रत् में भी सत्य जानता है। स्वप्न-द्रष्ट पदार्थों का जाग्रत् में बाध हो जाता है, किन्तु चेतन स्वप्न-द्रष्टा ने स्वप्न में उन पदार्थों का विषय रूप में अनुभव किया, इस अनुभव का जाग्रत् में भी बाध नहीं होता। सुषुप्ति में किसी विषय का अनुभव नहीं होता, किन्तु अविद्या से आवृत आत्मा की सत्ता बनी रहती है। इसलिए जागने पर व्यक्ति निद्रा-पूर्व के अनुभवों से जुड़ा रहता है। इनसे सिद्ध है कि चैतन्य की सत्ता जाग्रत्, स्वप्न और सुषुप्ति तीनों अवस्थाओं में बनी रहती है। चैतन्य की सत्ता, स्वत:सिद्ध और स्वप्रकाश है और वह कभी विषय नहीं बन सकता। चैतन्य और शरीर, विषयी और विषय के रूप में नितान्त भिन्न हैं। शरीर चैतन्य की उत्पत्ति का कारण नहीं हो सकता; शरीर तो चैतन्य की अभिव्यक्ति का माध्यम मात्र है। जीव या प्रमातृ-चैतन्य भी शरीर से नितान्त भिन्न है। जीव प्रमाता, भोक्ता और कर्ता है; शरीर प्रमेय, भोग्य और कार्य है। पुनश्च, यह तथ्य कि जीवित शरीर के बिना चैतन्य की अनुभूति नहीं होती, यह सिद्ध नहीं करता कि जीवित शरीर चैतन्य का कारण है। हमारी आँखें प्रकाश के बिना देख नहीं पातीं, किन्तु इसका अर्थ यह नहीं कि प्रकाश दृष्टि का कारण है। दो वस्तुओं का साथ-साथ रहना उनमें कार्यकारणभाव स्थापित नहीं करता अन्यथा बैल के दोनों सींगों को कार्यकारणभाव से सम्बद्ध मानना पड़ेगा। अपि च, यदि चैतन्य शरीर का गुण है तो अन्य भौतिक गुणों के समान चैतन्य का भी रूप, रस, गन्ध, स्पर्श, शब्द रूप में इन्द्रिय-प्रत्यक्ष होना चाहिए। पुनश्च, यदि चैतन्य शरीर का गुण है तो शरीर की चेतना नहीं होनी चाहिए, क्योंकि चैतन्य को उत्पन्न करने वाला शरीर स्वयं अपने ज्ञान के लिए चैतन्य का विषय बनकर चैतन्य पर आश्रित क्यों रहे? गुण द्रव्य पर आश्रित रहता है, द्रव्य स्वयं अपने ही गुण पर आश्रित नहीं रहता। यदि चैतन्य शरीर का गुण हो तो अन्य भौतिक गुणों के समान सब लोगों को उसका प्रत्यक्ष होना चाहिए, किन्तु चैतन्य तो नितान्त व्यक्तिगत है; व्यक्ति अपने ही चैतन्य का अनुभव कर सकता है, अन्य व्यक्ति के चैतन्य का नहीं। और यदि यह मान भी लें कि मृत्यु के बाद आत्मा की

---

१. किण्वादिभ्यो मदशक्तिवद् विज्ञानम्।

२. ताम्बूलपूगचूर्णानां योगाद् राग इवोत्थितम्।

सत्ता बुद्धि द्वारा सिद्ध नहीं की जा सकती, तो यह भी उतना ही सत्य है कि मरणोपरान्त आत्मा की सत्ता का अभाव भी बुद्धि द्वारा सिद्ध नहीं किया जा सकता। अतः चार्वाक का भूतचैतन्यवाद निम्नकोटि का नितान्त असत्य विचार है।

५. आचार-मीमांसा

चार्वाक के अनुसार व्यक्ति द्वारा इन्द्रिय सुखों का उपभोग ही मानव जीवन का लक्ष्य है। काम, अर्थ, धर्म और मोक्ष, इन चार पुरुषार्थों में चार्वाक काम को ही एक मात्र पुरुषार्थ मानता है।[१] और अर्थ को काम की प्राप्ति के साधन के रूप में स्वीकार करता है तथा धर्म और मोक्ष को अस्वीकार करता है। 'खाओ, पीओ और मौज करो', यही जीवन का लक्ष्य है। जब तक जीये सुख से जीये, द्रव्य न हो तो ऋण लेकर घृत पीये, क्योंकि देह के भस्म हो जाने के बाद फिर उसका आना असम्भव है।[२] दुःख के भय से सुख का त्याग करना मूर्खता है। माँगने वाले भिक्षुओं के भय से क्या भोजन नहीं पकाया जाय ? कृषि को नष्ट करने वाले पशुओं के भय से क्या धान न रोपे जावें ?[३] व्यक्तिगत ऐहिक इन्द्रिय-सुखवाद को चार्वाक जीवन का लक्ष्य मानते हैं।

ब्राह्मण, जैन और बौद्ध दार्शनिकों ने चार्वाकमत की जी खोल कर निन्दा की है। वेद-निन्दा, ब्राह्मणों के कर्मकाण्ड की और यागादि की निन्दा ही चार्वाक मत के पतन का मूल कारण नहीं है क्योंकि जैन और बौद्ध मत भी अवैदिक और यागादि-निन्दक रहे हैं। ईश्वर की सत्ता में अविश्वास भी चार्वाक मत के पतन का मूल कारण नहीं है क्योंकि जैन, बौद्ध, कुछ सांख्याचार्य और मीमांसक भी ईश्वर को नहीं मानते। आत्मा का निषेध भी इसका कारण नहीं है क्योंकि बौद्धों के कुछ सम्प्रदायों ने भी आत्मा का निषेध किया है। भौतिक सत्ता का आग्रह भी इसका कारण नहीं है क्योंकि सभी वस्तुवादी दार्शनिकों ने भौतिक सत्ता स्वीकार की है। चार्वाकों द्वारा धर्म का, कर्तव्य का, नैतिक मूल्यों का निषेध ही उनके पतन का मूल कारण प्रतीत होता है। व्यक्तिगत इन्द्रिय-सुख को जीवन का लक्ष्य मान कर नैतिक मूल्यों का निषेध करना मानव को पशुधरातल पर उतार देना है। सुखभोग में परिमाणात्मक अन्तर के अतिरिक्त गुणात्मक अन्तर भी होता है। एक पशु के सुख में, एक वैज्ञानिक के सुख में, एक कवि के सुख में, एक दार्शनिक के सुख में और एक सन्त के सुख में गुणात्मक अन्तर है। बाद के सुशिक्षित चार्वाकों ने काम और अर्थ के अतिरिक्त नैतिक मूल्यों के रूप में धर्म को भी स्वीकार किया। वात्स्यायन के कामसूत्र में इन्द्रिय-सुख के साथ भावनात्मक तथा बौद्धिक सुख के उपभोग पर एवं नैतिक मूल्यों पर बल दिया गया है। संयम, शिक्षा, शालीनता सभ्यता तथा संस्कृति के द्वारा मानव इन्द्रिय-सुख का उन्नयन करके भावनात्मक और बौद्धिक सुख के साथ उसका सामञ्जस्य कर सकता है। काम और अर्थ यदि धर्म या नैतिक मूल्यों से अनुप्राणित न हों, तो सारी सामाजिक व्यवस्था चरमरा जायेगी।[४]

---

१. काम एवैकः पुरुषार्थः।

२. यावज्जीवेत् सुखं जीवेद् ऋणं कृत्वा घृतं पिबेत्। भस्मीभूतस्य देहस्य पुनरागमनं कुतः ?।।

३. कामसूत्र, १-२-४८

४. परस्परानुपघातकं त्रिवर्ग सेवेत। कामसूत्र, अध्याय २

चतुर्थ अध्याय
जैन-दर्शन

१. भूमिका

'जैन' शब्द 'जिन' शब्द से बना है जिसका अर्थ है 'विजयी' अर्थात् रागद्वेषादि शत्रुओं पर विजय प्राप्त करने वाला मुक्त पुरुष जिसे 'वीतराग' भी कहते हैं। जैन अपने धर्म-प्रचारक सिद्धों को 'तीर्थंकर' कहते हैं और इनकी संख्या चौबीस बताते हैं। ऋषभदेव प्रथम तीर्थंकर माने जाते हैं। भागवतपुराण में ऋषभदेव का विस्तृत वर्णन है, किन्तु यह कहना कठिन है कि ये ऋषभदेव जैन तीर्थंकर ही हैं या उनसे भिन्न व्यक्ति। वैसे भी भागवतपुराण का समय काफी बाद का माना जाता है। प्रथम तीर्थंकर ऋषभदेव का कालनिर्धारण कठिन है। यह कहना भी कठिन है कि प्रारम्भ के बाईस तीर्थंकर ऐतिहासिक व्यक्ति थे या नहीं, किन्तु इनमें से ऋषभदेव आदि कुछ या सभी तीर्थंकरों के ऐतिहासिक व्यक्ति होने की सम्भावना है। तेईसवें तीर्थंकर पार्श्वनाथ निःसन्देह ऐतिहासिक व्यक्ति थे जो आठवीं या नवीं शती ई॰ पू॰ में हुए थे। अन्तिम चौबीसवें तीर्थंकर वर्धमान महावीर की ऐतिहासिकता में कोई सन्देह नहीं है। ये छठी शती ई॰ पू॰ में हुए और ये महात्मा बुद्ध के समकालीन थे तथा आयु में उनसे काफी बड़े थे। जैन धर्म बौद्ध धर्म से बहुत प्राचीन है। जैन दर्शन और धर्म का जो रूप चला आ रहा है उसके प्रवर्तन का प्रमुख श्रेय अन्तिम तीर्थंकर महावीर स्वामी को है। बौद्ध निकाय में वर्धमान महावीर का उल्लेख 'निगण्ठ नातपुत्त' (निर्ग्रन्थ ज्ञातृ-पुत्र) के नाम से हुआ है क्योंकि वे ज्ञातृ नामक क्षत्रियकुल में उत्पन्न हुए थे। दिगम्बर रहने के कारण और कर्मबन्धन की ग्रन्थि खोल देने के कारण उन्हें 'निर्ग्रन्थ' कहा जाता है। रागद्वेषादिविजय के कारण वे 'महावीर' और 'वीतराग' हैं। सर्वज्ञ सिद्धपुरुषों को 'अर्हत्' भी कहते हैं। जैन धर्म दो सम्प्रदायों में विभक्त है—श्वेताम्बर और दिगम्बर। दोनों में प्रमुख दार्शनिक सिद्धान्तों के विषय में मतभेद साधारण हैं और अधिकतर चरित्र से सम्बद्ध हैं। दिगम्बर आचार-पालन में अधिक कठोर हैं; श्वेताम्बर कुछ उदार हैं। दिगम्बर सम्प्रदाय में मुनि निर्वस्त्र रहते हैं; श्वेताम्बर सम्प्रदाय में मुनि श्वेत वस्त्र धारण करते हैं। यह ध्यान देने योग्य है कि यह नियम केवल मुनियों पर लागू होता है, गृहस्थों तथा श्रावकों आदि पर नहीं। दिगम्बर सम्प्रदाय के अनुसार मूल आगम ग्रन्थ लुप्त हो चुके हैं; केवल-ज्ञान प्राप्त होने पर सिद्ध पुरुष को भोजन की आवश्यकता नहीं रहती; स्त्री-शरीर से मुक्ति प्राप्त नहीं हो सकती; किन्तु श्वेताम्बर सम्प्रदाय ऐसा नहीं मानता।

२. ज्ञान

जैन दर्शन के अनुसार ज्ञान दो प्रकार का है, अपरोक्ष तथा परोक्ष। अपरोक्ष ज्ञान के तीन भेद हैं—अवधि, मनःपर्याय और केवल; परोक्ष ज्ञान के दो भेद हैं—मति और श्रुत। यहाँ यह ध्यान देने योग्य है कि जैन दर्शन में अपरोक्ष या प्रत्यक्ष और परोक्ष ज्ञान का भेद जैनेतर दर्शनों से भिन्न है। अन्य दर्शनों में यह भेद निर्विकल्प और सविकल्प के आधार पर किया गया है; अपरोक्ष ज्ञान को निर्विकल्प और परोक्ष ज्ञान को सविकल्प माना गया है। साधारणतया इन्द्रिय-प्रत्यक्ष को प्रत्यक्ष ज्ञान कहते हैं, किन्तु इसमें निर्विकल्पता केवल इन्द्रिय-सम्वेदनांश में ही रहती है और इन्द्रिय-सम्वेदन को 'ज्ञान' के रूप में परिणत होने के लिए बुद्धि-विकल्पों द्वारा नियमित होना पड़ता है। अतः समस्त लौकिक ज्ञान, इन्द्रिय-प्रत्यक्ष-'ज्ञान' सहित, सविकल्प ही होता है। न्यायदर्शन ने इसी दृष्टि से निर्विकल्प प्रत्यक्ष को प्रत्यक्ष ज्ञान की पूर्वावस्था के रूप में स्वीकार किया है। अद्वैत वेदान्त ने अतीन्द्रिय और बुद्धि-विकल्पातीत आत्म-ज्ञान को ही अपरोक्ष ज्ञान माना है जिसमें ज्ञाता-ज्ञेय-ज्ञान की त्रिपुटी नहीं रहती और जो दिक्-कालातीत होता है। वस्तुवादी होने के कारण जैन-दर्शन 'ज्ञान' में ज्ञाता और ज्ञेय के द्वैत को अनिवार्य मानता है; सर्वज्ञ होने पर भी ज्ञाता समस्त पदार्थों को ज्ञेयविषय के रूप में ही देखता है। अतः जैन दर्शन को अद्वैत वेदान्त के अर्थ में अपरोक्ष ज्ञान मान्य नहीं है। न्यायदर्शन के समान जैन दर्शन भी समस्त साधारण ज्ञान को, जिसमें लौकिक प्रत्यक्ष ज्ञान भी सम्मिलित है, परोक्ष ज्ञान मानता है। यह जान लेना आवश्यक है कि जैन दर्शन में अपरोक्ष अर्थात् प्रत्यक्ष और परोक्ष ज्ञान के भेद का आधार जैनेतर दर्शनों से भिन्न है। जो ज्ञान आत्म-सापेक्ष है अर्थात् जिस ज्ञान को आत्मा स्वयं जानता है और जिसके लिए आत्मा को इन्द्रिय या मन रूपी माध्यम या उपकरण की आवश्यकता नहीं होती, उस ज्ञान को जैन दर्शन प्रत्यक्ष या अपरोक्ष ज्ञान मानता है; तथा जो ज्ञान इन्द्रिय-मनःसापेक्ष है अर्थात् जिस ज्ञान के लिये आत्मा को इन्द्रिय या मन या दोनों की आवश्यकता होती है वह परोक्ष ज्ञान होता है।

अब परोक्ष ज्ञान के भेदों का विवेचन करें। परोक्ष ज्ञान के दो भेद हैं, मतिज्ञान और श्रुतज्ञान। मतिज्ञान के अन्तर्गत बाह्य इन्द्रियजन्य ज्ञान (बाह्य प्रत्यक्ष), मानस ज्ञान (मानस प्रत्यक्ष) और अनुमान आते हैं। श्रुतज्ञान (शब्द) मतिपूर्वक होता है। इसमें शब्दोल्लेख रहता है। जैनागमों का ज्ञान श्रुतज्ञान है। जैन दर्शन द्वारा स्वीकृत प्रत्यक्ष, अनुमान और शब्द, ये तीनों प्रमाण परोक्ष ज्ञान के अन्तर्गत आते हैं और इन्द्रिय-मनःसापेक्ष है।

अब अपरोक्ष या प्रत्यक्ष ज्ञान के भेदों पर दृष्टिपात करें। ये तीन हैं—अवधि, मनःपर्याय और केवल ज्ञान। इन्द्रिय द्वारा अदृष्ट दूरस्थित पदार्थों का ज्ञान 'अवधिज्ञान' कहलाता है। यह अतीन्द्रिय है। दिक्-काल से सीमित होने के कारण यह 'अवधि' कहलाता है। अन्य व्यक्तियों के मन के भावों और विचारों का ज्ञान 'मनःपर्यायज्ञान' कहलाता है, किन्तु यह मनःसापेक्ष नहीं है। यह ज्ञान भी सीमित है। अवधि और मनःपर्याय दोनों ज्ञान सीमित होने पर भी अपरोक्ष कहे गये हैं क्योंकि इनका अनुभव आत्मा स्वयं इन्द्रिय और मन के माध्यम के बिना ही करता है। तीसरा अपरोक्ष ज्ञान 'केवलज्ञान' है जिसका अर्थ है शुद्ध सर्वज्ञता।

जब आत्मा के समस्त आवरणीय कर्मों का आत्यन्तिक नाश कर दिया जाता है तब आत्मा अपने शुद्ध सर्वज्ञरूप में प्रकाशित होता है। इसे 'केवलज्ञान' कहते हैं। वस्तुतः यही शुद्ध अपरोक्ष ज्ञान है जिसे हेमचन्द्राचार्य ने आत्मा के 'स्वरूपाविर्भाव' की संज्ञा दी है[१] और जिसे आचार्य गुणरत्न ने 'पारमार्थिक प्रत्यक्ष' कहा है।

३. अनेकान्तवाद

जैन तत्त्वमीमांसा वास्तववादी और सापेक्षतावादी बहुत्ववाद है। इसे अनेकान्तवाद कहते हैं। इस शब्द में 'अन्त' पद का अर्थ वस्तु और धर्म दोनों हैं अर्थात् इस लोक में अनेक वस्तुयें हैं और इनमें से प्रत्येक वस्तु के अनेक धर्म हैं। तत्त्व को अनन्तधर्मात्मक माना गया है क्योंकि प्रत्येक वस्तु के अनन्त धर्म होते हैं।[२] जैन मत में भौतिक जड़ पदार्थ की संज्ञा 'पुद्गल' है। बौद्ध दर्शन में इसके ठीक विपरीत चेतन जीव को 'पुद्गल' नाम दिया गया है। जैन मत में पुद्गल भौतिक जड़ तत्त्व है जो स्वरूपतः अणुरूप है और इन अणुओं के मिलन से संघात का रूप लेता है। पुद्गल शब्द की व्युत्पत्ति दी गई है—पूरयन्ति गलन्ति च अर्थात् जो पूर्ण होते रहें और गलते रहें, जो बनते बिगड़ते रहें। पुद्गल संघात बनते बिगड़ते रहते हैं, सम्भवतः इसीलिये इनको पुद्गल कहा गया हो। भौतिक जड़ द्रव्य के लिये पुद्गल शब्द का प्रयोग केवल जैन दर्शन में ही मिलता है। अन्य दर्शन इसे परमाणु, प्रधान, प्रकृति, अचित्, माया आदि नाम देते हैं। जैन मत के अनुसार चेतन जीव और अचेतन पुद्गल दो परस्पर भिन्न, स्वतन्त्र और नित्य तत्त्व हैं तथा दोनों ही अनेक हैं। यह बहुत्ववादी वस्तुवाद या वास्तववाद है। यह लोक अनन्त जीवों से भरा पड़ा है। केवल देवों में, मानवों में, पशुओं में और वनस्पति जगत् में ही जीव नहीं होते, धातुओं और पत्थरों जैसे जड़ पदार्थों में भी जीव रहते हैं। पुद्गलाणु भी अनेक और अनन्त हैं जिनके संघात बनते बिगड़ते रहते हैं।

प्रत्येक वस्तु में दो अंश होते है, नित्यांश और अनित्यांश। नित्यांश के कारण प्रत्येक वस्तु नित्य या ध्रुव (ध्रौव्यात्मक) है और अनित्यांश के कारण उत्पत्ति-विनाशशील (उत्पादव्ययात्मक) है। 'सत्' का लक्षण है उत्पाद, व्यय (विनाश) और ध्रौव्य (नित्यत्व) युक्त होना।[3] प्रत्येक वस्तु या द्रव्य के अनन्त धर्म होते हैं। इन धर्मों में कुछ धर्म वस्तु का 'स्वरूप' होते हैं, अर्थात् उस वस्तु के आवश्यक, अनिवार्य और अपृथक् धर्म होते हैं जिन्हें वस्तु से अलग नहीं किया जा सकता। इन स्वरूप धर्मों को 'गुण' की संज्ञा दी गई है। तथा वस्तु के अनेक धर्म 'आगन्तुक' होते हैं, अर्थात् उस वस्तु में आते-जाते रहते हैं, उत्पन्न और विनष्ट होते रहते हैं, परिवर्तनशील हैं, आकस्मिक और अनित्य हैं। इन आगन्तुक धर्मों को 'पर्याय'

---

१. सर्वथावरणविलये चेतनस्य स्वरूपाविर्भावो मुख्यं केवलम्। —प्रमाणमीमांसा १, १५

२. अनन्तधर्मकं वस्तु। अनन्तधर्मात्मकमेव तत्त्वम्। —अन्य योग०, पृष्ठ २२

३. उत्पादव्ययध्रौव्यसंयुक्तं सत्। —तत्त्वार्थसूत्र, ५, २९

की संज्ञा दी गई है। अतः 'द्रव्य' का लक्षण है गुणपर्याय वाला होना।[१] द्रव्य वह है जिसके गुण और पर्याय हों। तत्त्व में एकता और अनेकता, जातित्व और व्यक्तित्व, नित्यता और अनित्यता, दोनों साथ-साथ रहती हैं; इसमें कोई विरोध नहीं है क्योंकि द्रव्य-दृष्टि से एकता, जाति और नित्यता तथा पर्याय-दृष्टि से अनेकता, विशेषता और अनित्यता सिद्ध होती हैं।[२] इस प्रकार जैन धर्म और दर्शन में वैदिक धर्म-दर्शन की एकता, नित्यता और विभुता तथा हीनयान बौद्ध धर्म-दर्शन की अनेकता, अनित्यता और विशेषता का समावेश हुआ है। वस्तु के एक अंश को ही उसका सम्पूर्ण स्वरूप मान लेना 'एकान्तवाद' है जो असत्य और भ्रामक है। जैनमत वस्तु के अनन्त गुण-पर्याय स्वीकार करता है, अतः वह स्वयं को 'अनेकान्तवादी' कहता है।

सामान्य मानव के लिए सारी वस्तुओं को जानना या एक वस्तु के ही सारे धर्मों को जानना असम्भव है। हम कुछ वस्तुओं को और उनके कुछ धर्मों को ही जान सकते हैं। एक वस्तु के सारे धर्मों को जान लेना सर्वज्ञ होना है। जो एक वस्तु के सारे धर्मों को जानता है, वह सारी वस्तुओं के सारे धर्मों को जानता है।[३] हमारा सारा ज्ञान एकांगी, आंशिक, अपूर्ण, सीमित और सापेक्ष होता है तथा हमारे समस्त प्रकथन, परामर्श और न्यायवाक्य भी एकांगी, सीमित और सापेक्ष होते हैं; इस ज्ञानमीमांसीय और तर्कशास्त्रीय सिद्धान्त का नाम 'स्याद्वाद' है, जिसका विस्तृत विवेचन हम आगे करेंगे। लोक में अनन्त वस्तुएँ हैं और इनमें से प्रत्येक वस्तु के अनन्त धर्म हैं, इस तत्त्वमीमांसीय सिद्धांत का नाम 'अनेकान्तवाद' है। वस्तुतः ये दोनों वाद एक ही सिद्धान्त के दो रूप हैं; यह सिद्धान्त है बहुत्ववादी सापेक्षिक वस्तुवाद। सत्ता की दृष्टि से इसे अनेकान्तवाद और ज्ञान की दृष्टि से स्याद्वाद कहा जाता है।

४. स्याद्वाद

हम ऊपर बता चुके हैं कि स्याद्वाद ज्ञान की सापेक्षता का सिद्धान्त है। 'स्यात्' पद का सामान्य अर्थ 'सम्भवतः' या 'शायद' है, जिसमें संशय झलकता है। किन्तु जैनदर्शन में 'स्यात्' पद का अर्थ संशय नहीं है। यदि 'स्यात्' पद का अनुवाद 'किसी न किसी प्रकार' या 'पता नहीं कैसे' किया जाय तो इसमें अज्ञेयवाद की गन्ध आती है और जैनदर्शन को अज्ञेयवाद स्वीकार नहीं है। यह जान लेना आवश्यक है कि जैनदर्शन में 'स्यात्' पद का प्रयोग विशेष अर्थ में किया गया है, जो ज्ञान की सापेक्षता का सूचक है। अतः 'स्यात्' का अनुवाद 'सापेक्षतया' करना उचित होगा। हमारे ज्ञान के आंशिक और सापेक्ष होने के कारण हमारे सारे प्रकथन और परामर्श-वाक्य भी आंशिक और सापेक्ष होते हैं। इस तथ्य के प्रकाशन के लिये प्रत्येक प्रकथन और परामर्श-वाक्य के पूर्व 'स्यात्' पद का प्रयोग अवश्य करना चाहिये। 'स्यात्'

---

१. गुणपर्यायवद् द्रव्यम्। —वहीं, ५, ३७

२. अन्य योग०, २३, २५

३. एको भावः सर्वथा येन दृष्टः सर्वे भावाः सर्वथा तेन दृष्टाः।

इसी सापेक्ष सत्य का सूचक है।[१]

जैन मतानुसार साधारणतया ज्ञान और तद्विषयक वाक्य तीन प्रकार के होते हैं। इन्हें दुर्नीति या दुर्णय, नय और प्रमाण कहते हैं। किसी वस्तु के विषय में यह कथन कि 'यह सत् ही है', दुर्नीति या दुर्णय अर्थात् दोषयुक्त नय है, क्योंकि इसमें आंशिक और सापेक्ष सत्य को पूर्ण और निरपेक्ष सत्य मान लिया गया है। किसी वस्तु के लिये 'यह सत् ही है' यह कथन उस वस्तु को त्रैकालिक अपरिवर्तनशील नित्य तत्त्व बताकर उसके परिणाम, उत्पाद, व्ययादि धर्मों का निषेध करता है। अतः यह दोषयुक्त नय है। किसी वस्तु के लिए यह कथन कि 'यह सत् है', 'नय' कहलाता है, क्योंकि यह वस्तु के एक धर्म का विधान करता है, उसके अन्य धर्मों का निषेध नहीं करता। वस्तु के अनन्त धर्मों में एक धर्म के ज्ञान को और उस ज्ञान की न्याय-वाक्य में अभिव्यक्ति को 'नय' कहा जाता है।[२] आंशिक ज्ञान होने से यह दुर्णय तो नहीं है, किन्तु प्रमाण की कोटि में नहीं आता, क्योंकि इसमें ज्ञान की आंशिकता को स्पष्ट रूप से प्रकाशित नहीं किया गया है। किसी वस्तु के लिये यह कथन कि 'यह स्यात् सत् है', 'प्रमाण' है, क्योंकि इसमें ज्ञान की आंशिकता और सापेक्षता प्रकाशित है।[३] अतः न्याय-वाक्यों के पूर्व 'स्यात्' पद का प्रयोग न करना लौकिक ज्ञान की निरपेक्षता तथा ऐकान्तिकता का विधान करना है, जो असत्य और भ्रामक है। जैन दर्शन के अनुसार धार्मिक संघर्ष और दार्शनिक विरोध इस निरपेक्ष एकान्तवाद के परिणाम हैं। स्वप्रतिपादित आंशिक सत्य को ही पूर्ण निरपेक्ष सत्य मानना और पर-प्रतिपादित आंशिक सत्यों का निषेध करना इस संघर्ष तथा विरोध को जन्म देता है। इस विषय में जैन हाथी के स्वरूप-निर्णय के विषय में अन्धों के पारस्परिक कलह की कथा का उदाहरण देते हैं। एक अन्धे ने हाथी के पैर को छूकर कहा—'हाथी खम्भे के समान है'; दूसरे ने कान को छूकर कहा—'हाथी सूप के समान है'; तीसरे ने सूँड़ को छूकर कहा—'हाथी एक विशाल अजगर के समान है'; चौथे ने पूँछ को छूकर कहा—'हाथी रस्सी के समान है' आदि, और वे आपस में लड़ने लगे। प्रत्येक अन्धे का कथन आंशिक रूप में सत्य है, किन्तु समग्र रूप में असत्य है। हाथी का पैर खम्भे के समान है, कान सूप के समान है, सूँड अजगर के समान है, पूँछ रस्सी के समान है, किन्तु समग्र हाथी इनमें से किसी के समान नहीं है। धार्मिक और दार्शनिक विवाद भी इसी प्रकार है। जैनदर्शन इस विषय में सहिष्णु और उदार है।

अनन्तधर्मात्मक वस्तु में विधानात्मक और निषेधात्मक धर्म रहते हैं। वस्तु में अपने गुण-पर्यायों का विधान और दूसरी वस्तु के गुण-पर्यायों का निषेध विद्यमान है। स्वगुण-पर्याय दृष्टि से वस्तु में 'अस्तित्व' है; पर-गुणपर्याय दृष्टि से वस्तु में 'अनस्तित्व' भी है। द्रव्य-दृष्टि से वस्तु एक और नित्य है; पर्याय-दृष्टि से वस्तु अनेक और अनित्य है। दृष्टि-भेद के कारण एक ही वस्तु में परस्परविरोधी धर्मों की स्थिति युक्ति-विरुद्ध नहीं है।

---

१. स्यात्कारः सत्यलाञ्छनः। —आप्तमीमांसा, १०, ११२

२. एकदेशविशिष्टोऽर्थो नयस्य विषयो मतः। —न्यायावतार, २९

३. सदेव सत् स्यात्सदिति त्रिधार्थो मीयेत दुर्नीतिनयप्रमाणैः। —अन्य योग०, २८

स्याद्वाद को सप्त-भङ्गी-नय भी कहते हैं। साधारणतया न्याय-वाक्य दो प्रकार के माने जाते हैं—अन्वयी (विधानात्मक) और व्यतिरेकी (निषेधात्मक)। किन्तु जैनमत नय के सात प्रकार या भङ्ग स्वीकार करता है, अतः इसे सप्त-भङ्गी-नय कहते हैं। ये सात भङ्ग इस प्रकार हैं—

(१) स्यात् अस्ति : सापेक्षतया वस्तु है।
(२) स्यात् नास्ति : सापेक्षतया वस्तु नहीं है।
(३) स्यात् अस्ति नास्ति : सापेक्षतया वस्तु है और नहीं है।
(४) स्यात् अवक्तव्यम् : सापेक्षतया वस्तु अवक्तव्य है।
(५) स्यात् अस्ति च अवक्तव्यम् : सापेक्षतया वस्तु है और अवक्तव्य है।
(६) स्यात् नास्ति च अवक्तव्यम् : सापेक्षतया वस्तु नहीं है और अवक्तव्य है।
(७) स्यात् अस्ति च नास्ति च अवक्तव्यम् : सापेक्षतया वस्तु है, नहीं है और अवक्तव्य भी है।

जैन दर्शन के अनुसार किसी वस्तु का ज्ञान उसके द्रव्य, रूप, देश और काल की दृष्टि से किया जाता है। वस्तु की अपने द्रव्य, रूप, देश और काल की दृष्टि से सत्ता है, किन्तु अन्य द्रव्य, रूप, देश और काल की दृष्टि से सत्ता नहीं है। ज्ञान की इस सापेक्षता के प्रकाशन के लिए प्रत्येक न्याय-वाक्य के पूर्व 'स्यात्' पद का प्रयोग किया जाता है। प्रथम भङ्ग है 'स्यात् अस्ति'। यदि घड़े के विषय में इसे प्रयुक्त करें तो इसका अर्थ है—सापेक्षतया घड़ा है अर्थात् मिट्टी का बना हुआ, गोल आकार का घड़ा इस कमरे में इस समय विद्यमान है। इस वाक्य में घड़े का अस्तित्व का विधान है। द्वितीय भङ्ग, 'स्यात् नास्ति', का अर्थ है सापेक्षतया घड़ा नहीं है अर्थात् घड़ा पीतल का नहीं है, चौकोर नहीं है, उस कमरे में नहीं है और अन्य समय में नहीं है। इस वाक्य में घड़े के अस्तित्व का निषेध है। तृतीय भङ्ग, 'स्यात् अस्ति नास्ति', का अर्थ है, सापेक्षतया घड़ा है भी और नहीं भी है अर्थात् घड़ा मिट्टी का है, पीतल का नहीं है; गोल है, चौकोर नहीं; इस कमरे में है, उस कमरे में नहीं है; इस समय है अन्य समय में (जैसे उत्पत्ति के पूर्व या विनाश के बाद) नहीं है। इस वाक्य में घड़े के अस्तित्व का क्रमशः विधान और निषेध दोनों हैं; किन्तु दृष्टि-भेद से अर्थात् स्व-द्रव्य-रूप-देश-काल की दृष्टि से विधान और पर-द्रव्य-रूप-देश काल की दृष्टि से निषेध। चतुर्थ भङ्ग, 'स्यात् अवक्तव्यम्' का अर्थ है कि वस्तु में यद्यपि अस्तित्व और नास्तित्व दोनों एक साथ विद्यमान रहते हैं, तथापि भाषा की सीमा के कारण हम इन दोनों का विधान एक साथ (युगपत्) नहीं कर सकते। वाणी द्वारा निर्वचन क्रमशः या आनन्तर्य से ही हो सकता है, युगपत् नहीं। यहाँ 'अवक्तव्यम्' का अर्थ है युगपत् निवर्चन की अशक्यता।[१] अस्तित्व और नास्तित्व इन दोनों धर्मों का युगपत् निषेध भी अवक्तव्य है। शेष तीन भङ्ग चतुर्थ भङ्ग को क्रमशः प्रथम, द्वितीय और तृतीय भङ्ग के साथ मिला देने से बनते हैं। जैन न्याय के अनुसार नय के ये सात भङ्ग या प्रकार होते हैं।

---

१. यौगपद्याद् वा स्यादवक्तव्यमेव तत्। —तत्त्वार्थश्लोकवार्तिक, पृ० १२८

५. स्याद्वाद की समीक्षा

अन्य भारतीय दार्शनिकों ने 'स्यात्' पद का साधारण अर्थ 'शायद' या 'सम्भवतः' मानकर स्याद्वाद की संशयवाद के रूप में कटु आलोचना की है। बौद्धों और वेदान्तियों ने स्याद्वाद को संशयवाद या सम्भावनावाद कह कर इसे 'पागलों का प्रलाप' बताया है।[१] उनके अनुसार सत् और असत्, एकता और अनेकता, नित्यता और अनित्यता आदि परस्पर अत्यन्त विरुद्ध धर्म एक ही वस्तु में एक साथ कैसे रह सकते हैं ? प्रकाश और अन्धकार एक ही स्थान में साथ-साथ नहीं रह सकते। अतः स्याद्वाद 'विरोधों का समूह' है।

किन्तु स्याद्वाद की यह आलोचना सही नहीं है क्योंकि स्याद्वाद संशयवाद नहीं है, अपितु सापेक्षवाद है। पुनः स्याद्वाद यह नहीं कहता कि वस्तु में परस्पर विरोधी धर्म एक ही दृष्टि से, एक ही अर्थ में रहते हैं। यह सत्य है कि वस्तु अनन्त धर्मात्मक है और उसमें परस्पर विरोधी धर्म भी विद्यमान रहते हैं क्योंकि यह वस्तु का स्वभाव है, किन्तु हमारा ज्ञान आंशिक और सापेक्ष होने के कारण दृष्टि-विशेष से ही वस्तु-धर्मों को जानता है और न्याय-वाक्यों में उनकी अभिव्यक्ति करता है। उदाहरणार्थ द्रव्य-दृष्टि से वस्तु में एकता, नित्यता आदि का, और पर्याय-दृष्टि से अनेकता, अनित्यता आदि का सापेक्षतया विधान किया जाता है। स्व-द्रव्य-रूप-देश-काल की दृष्टि से वस्तु की सत्ता का और पर-द्रव्य-रूप-देश-काल की दृष्टि से वस्तु की असत्ता का सापेक्षतया विधान किया जाता है, अतः स्याद्वाद में विरोध नहीं है।[२]

सप्तभङ्गीनय के अन्तिम तीन भङ्ग क्रमशः प्रथम और चतुर्थ का, द्वितीय और चतुर्थ का तथा तृतीय और चतुर्थ का मिश्रण-मात्र हैं। पूर्व के चार भङ्ग बौद्ध और वेदान्तियों द्वारा प्रतिपादित 'चतुष्कोटि' से पर्याप्त साम्य रखते हैं। सप्तभङ्गीनय का सम्भवतः सर्वप्रथम वर्णन कुन्दकुन्दाचार्य के पञ्चास्तिकायसार और प्रवचनसार में मिलता है। महावीर स्वामी ने स्वयं भगवतीसूत्र में आत्मा की सत्ता के विषय में स्यात् अस्ति, स्यात् नास्ति और स्यात् अवक्तव्यम् इन तीन भङ्गों का उल्लेख स्पष्ट रूप से किया है।[३] ये तीन भङ्ग मूलभङ्ग माने जाते हैं। तृतीय भङ्ग में प्रथम और द्वितीय का मिश्रण है अतः मूल भङ्ग ये दो ही हैं, स्यात् अस्ति और स्यात् नास्ति, क्योंकि विधान और निषेध, अन्वय और व्यतिरेक ये दोनों मौलिक हैं। तृतीय भङ्ग दोनों के क्रमशः विधान से बना है। चतुर्थ अवक्तव्य भङ्ग में दोनों के युगपत् विधान के निर्वचन की अशक्यता का प्रतिपादन है एवं दोनों का युगपत् निषेध भी अवक्तव्य है। यह जान लेना आवश्यक है कि स्याद्वाद का चतुर्थ अवक्तव्य भङ्ग बौद्ध और वेदान्त दर्शन की 'चतुष्कोटि' की चतुर्थ कोटि से सर्वथा भिन्न है। बुद्धि की चार कोटियाँ हैं—सत्, असत्, सत् और असत् (उभय), और न सत् और न असत् (अनुभय)। यद्यपि जैन, बौद्ध और अद्वैत वेदान्ती तीनों

---

१. प्रमाणवार्तिक, १, १८२-१८५; तत्त्वसंग्रह, ३११-३२७; शाङ्करभाष्य, २, २, ३३

२. स्वरूपद्रव्यक्षेत्रकालभावैः सत्त्वम्, पररूपद्रव्यक्षेत्रकालभावैस्त्वसत्त्वम्, तदा क्व विरोधावकाशः?
—स्याद्वादमञ्जरी, पृ० १७६-७

३. सिय आया, सिय नो आया, सिय अवत्तव्वम् आया।

ही बौद्धिक ज्ञान को आंशिक और सापेक्ष मानते हैं, तथापि उनमें महत्त्वपूर्ण सैद्धान्तिक मतभेद हैं। जैन दर्शन बौद्धिक ज्ञान को अपूर्ण और सापेक्ष मानता है, किन्तु उसे **सत्य** स्वीकार करता है क्योंकि वह बहुत्ववादी वस्तुवाद है। महायानी बौद्ध और अद्वैत वेदान्ती सविकल्प सापेक्ष बौद्धिक ज्ञान को **मिथ्या** मानते हैं और तत्त्व को निरपेक्ष, निर्विकल्प, स्वानुभूतिगम्य तथा चतुष्कोटिविनिर्मुक्त स्वीकार करते हैं। दोनों 'अनिर्वचनीयता' को मानते हैं। यद्यपि चतुर्थ कोटि (न सत् न असत्) और अनिर्वचनीयता (सदसदनिर्वचनीयता) का रूप समान प्रतीत होता है, तथापि दोनों में बहुत अन्तर है। 'चतुर्थ कोटि' बुद्धि की एक कोटि है और 'अनिवर्चनीयता' बुद्धि की चारों कोटियों का निषेध है। चतुर्थ कोटि संशयवाद और अज्ञेयवाद की सूचक है जिसे 'दीघनिकाय' (१, २, २४) में संजय वेलट्ठिपुत्त का 'अज्ञानवाद' (अञ्ञाणवाद) कहा गया है जो केवल वितण्डा के लिये हर कथन का निषेध करता है।

महायानी बौद्ध और अद्वैत वेदान्ती व्यवहार और परमार्थ का भेद मानते हैं; जैन वस्तुवादी होने से इस भेद को नहीं मानते। उनके मत में ये सातों भङ्ग सापेक्ष सत्य हैं और इन सबको मिला कर वस्तु का अनन्तधर्मात्मक सत्य रूप प्रकट होता है। जैन दर्शन को 'निरपेक्ष' शब्द से चिढ़ है; वह सापेक्ष से ऊपर जाना नहीं चाहता। बहुत्ववाद, वस्तुवाद और सापेक्षवाद के दृढ़ आलिंगन में आबद्ध जैन-दर्शन इस बहुपाश से छूटना नहीं चाहता। जैन ज्ञान-मीमांसा और तर्कशास्त्र निरपेक्ष परम तत्त्व की ओर प्रेरित कर रहे हैं, किन्तु जैन इसकी उपेक्षा कर देते हैं। जैन-दर्शन यह भूल जाता है कि निरपेक्ष तत्त्व की सत्ता स्वीकार किये बिना सापेक्षवाद का भी प्रतिपादन नहीं किया जा सकता। खण्ड-खण्ड अपूर्ण सत्यों को जोड़ने से पूर्ण सत्य नहीं बनता। सम्पूर्ण सापेक्षों को मिला कर निरपेक्ष की रचना नहीं की जा सकती क्योंकि निरपेक्ष तत्त्व सापेक्षों का समूह मात्र नहीं है। स्याद्वाद सप्तभङ्गों का एकत्रीकरण है, उनका समन्वय नहीं है। सातों भङ्गों के समन्वय हेतु जैन दर्शन प्रयत्न भी नहीं करता। ये सातों भङ्ग बिखरे हुये मोतियों या पुष्पों के समान हैं; दार्शनिक माला बनाने के लिये इन्हें निरपेक्ष तत्त्व के सूत्र में पिरोना पड़ेगा। निरपेक्ष ही वह सूत्र है जो सब सापेक्षों को स्वयं में पिरोकर उनमें एकता स्थापित करता है। निरपेक्ष अङ्गी है; सापेक्ष उसके अङ्ग हैं। सापेक्षों में जीवन, अर्थ और महत्त्व निरपेक्ष से ही आता है जो उन्हें अनुप्राणित करता है और उनका अन्तर्यामी बनकर उनका नियमन करता है। सब सापेक्ष निरपेक्ष के प्रकाश से ही प्रकाशित होते हैं। जैन दर्शन अद्वैत और द्वैत, अभेद और भेद, एकता और अनेकता, नित्यता और अनित्यता दोनों को सत्य मानता है तथा दोनों को समान रूप से सत्य मानता है एवं दोनों को एक ही स्तर के मानता है। अतः वह तत्त्व को दोनों का योग मात्र स्वीकार करता है, तत्त्व में इन दोनों के समन्वय का प्रयास नहीं करता। फलतः जैन-दृष्टि 'एकता **और** अनेकता' की दृष्टि है, 'अनेकता **में** एकता' की दृष्टि नहीं है। जैन दर्शन द्वैताद्वैत या भेदाभेद तक ही सीमित रह गया है; वह विशिष्टाद्वैत अर्थात् 'द्वैतविशिष्ट अद्वैत' तक नहीं पहुँच सका है। जैन दर्शन द्रव्य, गुण और पर्याय तीनों को सत्य मानता है तथा तीनों को एक ही स्तर पर रखता है। वह स्वीकार करता है कि पर्याय आगन्तुक धर्म है, गुण स्वरूप धर्म है और द्रव्य एक तथा नित्य है, तब आगन्तुक

धर्म स्वरूप धर्म के समान कैसे हो सकते हैं और गुण-पर्याय को द्रव्य के बराबर कैसे माना जा सकता है ? गुण-पर्याय को 'विशेषण' का स्तर तथा द्रव्य को 'विशेष्य' का स्तर प्रदान किये बिना इस विरोध से नहीं बचा जा सकता। सापेक्ष सत्यों को एकत्रित कर देने से वे निरपेक्ष पूर्ण सत्य में परिणत नहीं हो सकते। अन्य सब दार्शनिक मत सापेक्ष हैं, किन्तु जब वे जैन मत में एकत्रित हो जाते हैं तो पूर्ण बन जाते हैं। विविध नय खद्योतवत् चमकते हैं, किन्तु उनको स्वयं में पुञ्जीभूत करने वाला जैन स्याद्वाद सूर्यवत् प्रकाशित हो रहा है। अन्य मत अपने-अपने आंशिक पक्षों को पूर्ण मानकर आपस में वाद-विवाद करते रहते हैं, किन्तु अनेकान्तवाद पक्षपातरहित होकर सबको समान रूप से देखता है। जब जैन दार्शनिक इस प्रकार के उद्गार प्रकट करते हैं तो वे भूल जाते हैं कि विविध मतों, पक्षों या नयों का एकत्रीकरण उनके विरोधों तथा दोषों को दूर नहीं कर सकता। आंशिक मतों का योग पूर्ण मत नहीं बन सकता। अनन्त खद्योतों का प्रकाश भी मिल कर सूर्य का प्रकाश नहीं बन सकता। जब जैन दार्शनिक यह दुराग्रह करने लगते हैं कि अन्य मत आंशिक और अपूर्ण हैं तथा उनका मत ही पूर्ण है, कि 'वीतराग से बढ़ कर कोई देवता नहीं है और अनेकान्तवाद से बढ़ कर कोई सिद्धान्त नहीं है'[१] तो वे अपने सापेक्षवाद को भूल कर निरपेक्षवाद और एकान्तवाद में फँस जाते हैं। निरपेक्ष तत्त्व की स्वीकृति के बिना सापेक्षवाद ही सिद्ध नहीं हो सकता। यदि सारा ज्ञान सापेक्ष है तो अपने ही सिद्धान्त के अनुसार स्याद्वाद भी सापेक्ष होने से आंशिक और अपूर्ण सत्य है। फलतः स्याद्वाद ही सत्य सिद्ध नहीं होता। निरपेक्ष को स्वीकार किये बिना सापेक्ष की भी सिद्धि नहीं हो सकती। परमार्थ को माने बिना व्यवहार भी सिद्ध नहीं हो सकता। निरपेक्ष तत्त्व को स्वीकार न करना ही जैन दर्शन की सबसे बड़ी भूल है और इसी भूल के कारण उसमें अनेक दोष आ गये हैं।

जैन दर्शन 'केवलज्ञान' को शुद्ध, पूर्ण, अपरोक्ष और परमार्थ ज्ञान मानता है। यह आत्मा का शुद्ध सर्वज्ञ रूप है जो समस्त आवरणीय कर्मों के क्षय होने पर प्रकाशित होता है। यद्यपि जैन इसके लिये 'निरपेक्ष' शब्द का प्रयोग नहीं करते, तथापि यह निरपेक्ष तत्त्व की आधे मन और दबी वाणी से स्वीकृति है। यद्यपि जैन दर्शन वस्तुवाद होने से व्यवहार और परमार्थ का भेद नहीं मानता, तथापि जैन केवलज्ञान को पारमार्थिक प्रत्यक्ष मानते हैं। केवलज्ञान सर्वज्ञता है, शुद्ध और पूर्ण ज्ञान है, आत्मा का 'स्वरूपाविर्भाव' है। जैन यह स्वीकार करते हैं कि केवलज्ञान अपरोक्ष और साक्षात् ज्ञान है जो आत्मा को स्वतः होता है और जिसके लिये आत्मा को इन्द्रिय, मन आदि माध्यमों की आवश्यकता नहीं होती। यह निरपेक्ष ज्ञान की स्वीकृति नहीं तो और क्या है ? अतीन्द्रिय, बुद्ध्यतीत, शुद्ध, पूर्ण और अपरोक्ष या साक्षात् ज्ञान निरपेक्ष ही हो सकता है। इसे निरपेक्ष न कहना बहुत्ववादी और वस्तुवादी हठधर्मिता है। जैन दर्शन ने स्याद्वाद और केवलज्ञान में भेद स्वीकार किया है। स्याद्वाद-ज्ञान नयज्ञान है, बौद्धिक या लौकिक है, आंशिक और सापेक्ष है, परोक्ष है, क्रमभावि है। इसके विपरीत केवलज्ञान

---

१. न वीतरागात् परमस्ति दैवतं न चाप्यनेकान्तमृते नयस्थितिः। —अयोग०, २, ८

शुद्ध है, आत्मस्वरूप का प्रकाशन है, सर्वज्ञता है, पूर्ण है, अपरोक्ष है, साक्षात् है, और युगपत् सर्वप्रकाशन है। यदि ऐसा है, तो स्याद्वाद और केवलज्ञान में मौलिक अन्तर है; इनमें वही भेद है जो व्यवहार और परमार्थ में है। जैन दर्शन का यह कथन उचित नहीं है कि जब सब आंशिक और अपूर्ण नय स्याद्वाद में मिल जाते हैं, तो वे पूर्णज्ञान में परिणत हो जाते हैं। जैन दर्शन का यह कथन भी तर्कसङ्गत नहीं है कि स्याद्वाद और केवलज्ञान दोनों ही समस्त तत्त्वों का प्रकाशन करते हैं।[१] जैन मत के अनुसार स्याद्वाद और केवलज्ञान में केवल इतना ही भेद है कि स्याद्वाद समस्त तत्त्वों का ज्ञान परोक्ष या असाक्षात् रूप से तथा क्रमशः करता है, जब कि केवलज्ञान समस्त तत्त्वों का प्रकाशन अपरोक्ष या साक्षात् रूप से तथा युगपत् या एक साथ करता है।[२] स्याद्वाद और केवलज्ञान में ये दो भेद तो स्पष्ट हैं ही कि स्याद्वाद ज्ञान परोक्ष और क्रमभावि है तथा केवलज्ञान अपरोक्ष और युगपत् है। किन्तु यह कथन कि दोनों में केवल इतना ही भेद है, सही नहीं है और भ्रामक भी है, यह केवलज्ञान के स्वरूप और महत्त्व को नष्ट करके उसे स्याद्वाद के स्तर पर उतार देता है। यदि केवलज्ञान आत्मा के सहजरूप का आविर्भाव है, यदि यह आत्मा के अनन्त ज्ञान और अनन्त आनन्द का प्रकाशन है, यदि यह आत्म-साक्षात्कार या अपरोक्षानुभव है, तो यह निश्चित रूप से निरपेक्ष परम तत्त्व है। यदि इसकी निरपेक्षता को अस्वीकार करके इसे भी सापेक्ष बना दिया तो यह शुद्ध और अनन्त ज्ञान नहीं रहेगा। यदि सर्वज्ञता केवलज्ञान का स्वरूप है तो स्याद्वाद समस्त तत्त्वों का प्रकाशक कैसे हो सकता है ? आंशिक, सापेक्ष, परोक्ष और क्रमभावि ज्ञान पूर्णज्ञान कैसे हो सकता है ? निरपेक्ष से भयभीत होकर तथा वस्तुवाद से चिपककर जैन दर्शन अपने सिद्धान्तों के अन्तर्विरोधों को भूल गया है। तथापि जैन दर्शन और जैन न्याय की अन्तःप्रेरणा निरपेक्ष तत्त्व की ओर बारम्बार इंगित कर रही है। जैन दर्शन में सामने के द्वार से निकाला गया निरपेक्ष तत्त्व पिछले द्वार से भीतर घुस कर बैठ गया है। परोक्षज्ञान और अपरोक्षज्ञान, स्याद्वाद और केवलज्ञान, पर्याय और द्रव्य, अभूतार्थ और भूतार्थ, तथा व्यवहार और परमार्थ का भेद जैन दर्शन में प्रतिष्ठित होकर निरपेक्ष तत्त्व की मौन स्वीकृति दे रहा है। इतना ही नहीं, कहीं तो इसका स्पष्ट उल्लेख भी हुआ है। आचार्य कुन्दकुन्द ने तो व्यवहार और परमार्थ, अभूतार्थ और भूतार्थ का स्पष्ट प्रतिपादन किया है। व्यवहार अभूतार्थ है और शुद्ध नय अर्थात् शुद्धज्ञान भूतार्थ है।[३] जिस प्रकार किसी अनार्य व्यक्ति से उसी की भाषा के बिना वार्तालाप नहीं हो सकता, उसी प्रकार व्यवहार के बिना परमार्थ का उपदेश नहीं दिया जा सकता।[४]

---

१. स्याद्वादकेवलज्ञाने सर्वतत्त्वप्रकाशने। —आप्तमीमांसा, १०, १०५

२. भेदः साक्षादसाक्षच्च। —वहीं

तत्त्वज्ञानं प्रमाणं ते युगपत्-सर्वभासनम्। क्रमभावि च यज्ज्ञानं स्याद्वादनयसंस्कृतम्।।

३. ववहारोऽभूयत्थो भूयत्थो देसिदो दु सुद्धणओ। —समयसार, ११

४. जह णवि सक्कमणज्जो अणज्जभासं विणा उगाहेउम्।

तह ववहारेण विणा परमत्थु वएसणमसक्कम्।। —वहीं, ८

तुलनीय, व्यवहारमनाश्रित्य परमार्थो न देश्यते। —माध्यमिक कारिका २४, १०

नान्यया भाषया म्लेच्छः शक्यो ग्राहयितुं यथा।

न लौकिकमृते लोकः शक्यो ग्राहयितुं तथा।। —चतुःशतक, १९४

बन्धन और मोक्ष एवं मोक्षसाधन के सम्यग्दर्शन-ज्ञान-चारित्र रूपी त्रिरत्न, ये सब व्यवहार के अन्तर्गत हैं; परमार्थ में शुद्ध ज्ञाता ही है।[१] जो आत्मा को बन्धनहीन और मलरहित देखता है, जो उसे एक और अनेक के द्वैत से रहित देखता है, वह समस्त जिनशासन अर्थात जैनदर्शन को जान लेता है।[२] समस्त (सापेक्ष) पक्षों को अर्थात् नयों को अतिक्रान्त कर जाना आत्मा का सार है।[३] आचार्य कुन्दकुन्द के 'समयसार' ग्रन्थ के टीकाकार अमृतचन्द्र का स्पष्ट कथन है कि परमार्थ का साक्षात् अनुभव होने पर द्वैत की प्रतीति नहीं होती;[४] जिसने नयों के ऊपर उठकर तत्त्व का साक्षात्कार कर लिया है, उसके लिये नित्य चैतन्य के अतिरिक्त कुछ नहीं है;[५] नयों के पक्षपात को छोड़कर, विकल्प-जाल के ऊपर उठकर, नित्यस्वरूपस्थ सिद्ध साक्षात् अमृत पान करते हैं।[६] क्या यह निरपेक्षआत्मवाद नहीं है ?

६. तत्त्वमीमांसा

जैन तत्त्वमीमांसा वस्तुवादी और सापेक्षतावादी बहुत्ववाद है जिसे अनेकान्तवाद कहते हैं। हम ऊपर इसका विवेचन कर चुके हैं। तत्त्व, वस्तु, द्रव्य अनेक हैं और प्रत्येक वस्तु के अनेक धर्म होते हैं—अनन्तधर्मात्मकमेव तत्त्वम्। सत् वस्तु में ध्रौव्य (नित्यता) तथा उत्पाद और व्यय (अनित्यता) ये तीनों धर्म होते हैं—उत्पादव्ययध्रौव्यसंयुक्तं सत्। द्रव्य वह है जिसके गुण और पर्याय नामक धर्म हों—गुणपर्यायवत् द्रव्यम्। चेतन जीव और अचेतन अजीव दो प्रमुख और स्वतन्त्र तत्त्व हैं। इन सबका विवेचन हम ऊपर अनेकान्तवाद के अन्तर्गत कर चुके हैं।[७] यहाँ हम द्रव्य-विभाग का निरूपण कर रहे हैं।

द्रव्य के सर्वप्रथम दो भेद हैं—अस्तिकाय और अनस्तिकाय। अस्तिकाय का अर्थ है विस्तार-युक्त; सत्तायुक्त होने से 'अस्ति' और शरीर के समान विस्तार-युक्त होने से 'काय'। अस्तिकाय द्रव्य पाँच हैं— जीव, पुद्गल, आकाश, धर्म और अधर्म। ये सब बहुप्रदेशव्यापी द्रव्य हैं। इनमें जीव के अतिरिक्त शेष चार द्रव्य अजीव हैं। काल को एकमात्र अनस्तिकाय तथा एक-प्रदेशव्यापी द्रव्य माना गया है। जीवों के दो भेद हैं, बद्ध और मुक्त। बद्ध जीव भी दो प्रकार के हैं, त्रस अर्थात् जंगम और स्थावर। त्रस जीवों के चार प्रकार हैं—पाँच इन्द्रिय वाले, चार इन्द्रिय वाले, तीन इन्द्रिय वाले और दो इन्द्रिय वाले जीव। स्थावर जीव एक इन्द्रिय वाले हैं। अजीव के चार भेद हैं—पुद्गल, आकाश, धर्म और अधर्म। पुद्गल के दो प्रकार

---

१. समयसार, ७—जाणगो सुद्धो।

२. समयसार, १५

३. पक्खातिक्कन्तो पुण भण्णदि जो सो समयसारो। —वहीं, १४२

४. किमपरमभिदध्मो धाम्नि सर्वंकषेऽस्मिन्-ननुभवमुपयाते भाति न द्वैतमेव।। —समयसारटीका, पृ. ३५

५. यस्तत्त्ववेदी च्युतपक्षपातस्तस्यास्ति नित्यं खलु चिच्चिदेव। —वहीं, पृ० २०२

६. य एव मुक्त्वा नयपक्षपातं स्वरूपगुप्ता निवसन्ति नित्यम्।
विकल्पजालच्युतशान्तचित्तास्त एव साक्षादमृतं पिबन्ति।। —वहीं।

७. ऊपर, पृ० ३१

हैं—अणु और संघात। पुद्‌गल जड़ भौतिक तत्त्व है। स्पर्श, रस, गन्ध और वर्ण इसके गुण हैं;[१] शब्द मूलगुण नहीं है, अपितु उत्पन्न होने वाला परिणाम है। यह ध्यान में रखने योग्य है कि जैन मत 'कर्म' को भी पौद्‌गलिक मानता है। पृथ्वी, जल, अग्नि और वायु के समान कर्म भी भौतिक तत्त्व है जो जीव के चारों ओर चिपक कर उसे बद्ध बना देता है। नित्य और अनन्त आकाश दो प्रकार का है—जिसमें द्रव्यों की स्थिति होती है वह लोकाकाश है, तथा इसके ऊपर अलोकाकाश है जहाँ द्रव्य नहीं है। आकाश का प्रत्यक्ष नहीं होता। द्रव्यों के विस्तार की सिद्धि के लिये आकाश का अनुमान किया जाता है। धर्म और अधर्म की कल्पना जैन मत में विशिष्ट अर्थ में पाई जाती है जो अन्य दर्शनों से सर्वथा भिन्न है। यहाँ धर्म और अधर्म का अर्थ न तो शुभ और अशुभ कर्म है, न पुण्य और पाप है, न गुण और पर्याय रूप धर्म है। यहाँ धर्म और अधर्म की कल्पना जीव तथा पुद्‌गल द्रव्यों की क्रमशः गति और स्थिति में सहायक द्रव्यों के रूप में की गई है। धर्म स्वयं गति नहीं है और न वह जीवादि द्रव्यों को गति प्रदान करता है; वह केवल गति में सहायक होता है। जैसे जल मछली की गति में सहायक है। इसी प्रकार अधर्म स्वयं स्थिति नहीं है और न वह जीवादि द्रव्यों को स्थिति प्रदान करता है; वह केवल स्थिति में सहायक होता है। काल को एकमात्र अनस्तिकाय द्रव्य माना गया है। काल की सत्ता अनुमान के आधार पर स्वीकार की जाती है। वर्तना (स्थिति की निरन्तरता), परिणाम (परिवर्तन), क्रिया तथा परत्व और अपरत्व अर्थात् पूर्व और अपर, तब और अब, प्राचीन और नवीन, ज्येष्ठ और कनिष्ठ आदि व्यवहार काल की सत्ता के कारण सम्भव हैं। काल के दो भेद माने गये हैं—व्यावहारिक काल जो घटी, पल, दिन, मास, वर्ष आदि अवयवों की कल्पना से युक्त है तथा द्रव्यों के परिणाम, क्रिया, परत्व और अपरत्व का कारण है; तथा पारमार्थिक काल को नित्य, निरवयव और अखण्ड है तथा जो वर्तना अर्थात् स्थिति की निरन्तरता का कारण है।

जीव चेतन द्रव्य है। चैतन्य जीव का स्वरूपलक्षण है—चैतन्यलक्षणो जीवः। प्रत्येक जीव स्वरूप से अनन्तचतुष्टयसम्पन्न अर्थात् अनन्त ज्ञान, अनन्त दर्शन, अनन्त सुख और अनन्त वीर्य से सम्पन्न माना गया है। कर्ममल से सम्पृक्त होने के कारण बद्ध जीवों पर कर्म का आवरण पड़ जाता है जिससे उनमें उपर्युक्त स्वरूप-धर्मों का प्रकाशन नहीं होता। इन गुणों के तारतम्य के कारण जीवों के अनन्त भेद हैं। सम्पूर्ण लोक जीवों से भरा पड़ा है। किन्तु जीवों में, लाइबनित्ज के चिदणुओं के समान, गुणात्मक भेद नहीं हैं, केवल मात्रा-भेद है। सबसे निकृष्ट जीव एकेन्द्रिय हैं जो भौतिक जड़ तत्त्व में रहते हैं तथा निष्प्राण और अचेतन प्रतीत होते हैं, किन्तु इनमें भी प्राण तथा चैतन्य सुप्तावस्था में विद्यमान है। वनस्पति-जगत् के जीवों में चैतन्य तन्द्रिल अवस्था में है। मर्त्यलोक के क्षुद्र कीटों, चींटियों, मक्खियों, मधुमक्खियों, पक्षियों, पशुओं और मानवों में जीवों के चैतन्य की उत्तरोत्तर उत्कर्ष से प्रतीति

१. स्पर्शरसगन्धवर्णवन्तः पुद्‌गलाः। तत्वार्थसूत्र, ५, २३

होती है। इनके अतिरिक्त नरक के जीव और स्वर्ग के देवगण भी हैं। किन्तु सर्वोत्कृष्ट जीव मुक्त जीव हैं जिनमें आवरणीय कर्मों के क्षय के कारण अपना स्वरूप शुद्ध रूप में प्रकाशित होता है और जो अनन्त दर्शन, अनन्त ज्ञान और अनन्त आनन्द सम्पन्न हैं।

जैन दर्शन जीव को ज्ञाता, कर्ता और भोक्ता मानता है। ज्ञान जीव का स्वरूप गुण है, अतः वह स्वाभाविक रूप से ज्ञाता है। जीव कर्मों का वास्तविक कर्ता है और इसीलिये कर्मफलों का वास्तविक भोक्ता भी है। जीव अस्तिकाय द्रव्य है, किन्तु उसका आकाश में पुद्गल के समान विस्तार नहीं होता। जीव भौतिक शरीर, इन्द्रिय, मन आदि से भिन्न है। आकाश में जीव का विस्तार दीपक के प्रकाश के समान है। जिस प्रकार कई दीपों का प्रकाश एक साथ रहता है, उसी प्रकार कई जीव बिना टकराये आकाश में स्थित रहते हैं। स्वयं अरूपी होते हुये भी जीव अपने शरीर के रूप और परिमाण को धारण कर लेता है। वह न विभु है और न अणु। वह शरीरपरिमाणी है। चींटी का जीव चींटी के शरीर के बराबर और हाथी का जीव हाथी के शरीर के बराबर होता है।[१] संसारी जीवों के शरीर, इन्द्रिय और मन होते हैं जिनसे उन्हें लौकिक ज्ञान में सहायता मिलती है, किन्तु वस्तुतः शरीर, इन्द्रिय, मन आदि पौद्गलिक हैं, कर्म द्वारा स्थापित आवरण हैं जो जीव के नैसर्गिक ज्ञान को अवरुद्ध करते हैं और उसके अपरोक्ष ज्ञान के बाधक हैं। कर्ममल का आत्यन्तिक क्षय ही सर्वज्ञता और मोक्ष है।

७. बन्ध और मोक्ष

कर्म भौतिक और पौद्गलिक है। कर्म-पुद्गलों का जीव को जकड़ लेना बन्ध है और जीव का कर्म-पुद्गलों से सर्वथा छूट जाना मोक्ष है। कर्म के आठ प्रमुख प्रकार हैं—ज्ञानावरणीय, दर्शनावरणीय, मोहनीय, वेदनीय, आयुष्य, नाम, गोत्र और अन्तराय। ये भोग्य जगत् और भोगायतन शरीर के साथ जीव का सम्बन्ध कराने के कारण हैं। जीव स्वभाव से मुक्त है, किन्तु अनादि अविद्या या वासना के कारण कर्म-बन्धन में फँस जाता है। बन्धन के पाँच कारण बताये गये हैं—मिथ्यात्व (सदसदविवेक), अविरति (वैराग्य का अभाव अर्थात् रागादि), प्रमाद, कषाय (क्रोध, लोभ, मान और माया) और योग (मानसिक, वाचिक, कायिक क्रिया)।[२] कषायों के कारण जीव कर्म-पुद्गलों को ग्रहण कर लेता है, जो उसमें घुसकर उसे जकड़ लेते हैं। यही बन्ध है।[३] सब कर्मों का आत्यन्तिक क्षय मोक्ष है।[४]

जीव के साथ कर्म का सम्बन्ध और विच्छेद, संयोग और वियोग दिखाने कि लिए जैन दर्शन पाँच अवस्थाओं का, जिन्हें पदार्थ की संज्ञा दी गयी है, निरूपण करता है। ये पदार्थ हैं—आस्रव, बन्ध, संवर, निर्जरा और मोक्ष। इनके साथ जीव और अजीव को मिलाने पर

---

१. पिपीलिकापुद्गलं प्राप्य पिपीलिका भवति, हस्तिपुद्गलं प्राप्य हस्ती भवति।

२. तत्त्वार्थसूत्र—८, १

३. सकषायत्वात् जीवः कर्मणो योग्यान् पुद्गलान् आदत्ते। स बन्धः। —वहीं ८, २-३

४. कृत्स्नकर्मक्षयो मोक्षः। —वहीं १०, ३

ये सप्तपदार्थ बन जाते हैं और इनके साथ पुण्य और पाप को जोड़ देने पर इनकी संख्या नौ हो जाती है।

'आस्रव' का अर्थ है बहना, प्रवाह; अर्थात् कर्म-पुद्गलों का जीव की ओर प्रवाह! आस्रव दो प्रकार का माना गया है भावास्रव और द्रव्यास्रव। जीव में कर्म को उत्पन्न करने वाले रागादि भावों का उदय एवं मानसिक, वाचिक और कायिक क्रिया का संकल्प भावास्रव है एवं कर्म-पुद्गलों का जीव की ओर प्रवाहित होना द्रव्यास्रव है। जब ये कर्म-पुद्गल जीव में घुसकर उसे जकड़ लेते हैं, तब इनसे बँध जाना जीव का **'बन्ध'** है। बन्ध भी दो प्रकार का है, भावबन्ध और द्रव्यबन्ध। कषाय और कर्म का उदय भावबन्ध है तथा कर्म-पुद्गलों का जीव में घुसकर उसे बाँध लेना द्रव्यबन्ध है। एक बार कर्म में फँस जाने पर कर्म-चक्र निरन्तर चलता रहता है। कर्म-मल गहराता जाता है। कर्म-बन्धन बढ़ता जाता है। एक कर्म से दूसरा, दूसरे से तीसरा, तीसरे से चौथा, इस प्रकार कर्म-प्रवाह अनवरत चलता रहता है, जब तक इसे सायास रोका न जाय। आने वाले कर्मों के मार्ग को सर्वथा अवरुद्ध कर देना **'संवर'** कहलाता है। जीव में कर्मों को प्रवेशद्वार बन्द हो जाने से नये कर्म प्रविष्ट नहीं हो सकते। यह क्रिया आस्रव की क्रिया से ठीक विपरीत है। कर्म-प्रवाह का मार्ग खोलना आस्रव है और इस मार्ग को बन्द कर देना संवर है। संवर भी दो प्रकार का है, भावसंवर और द्रव्यसंवर। भावसंवर में वे मानस व्यापार, नैतिक आचरण और योगक्रियाएँ आती हैं, जिनसे कर्म-प्रवाह बन्द किया जा सकता है; द्रव्यसंवर नये कर्म-पुद्गल के प्रवेश के वास्तविक निरोध को कहते हैं। संवर से जीव में नवीन कर्म-मल प्रविष्ट नहीं होते, किन्तु प्राचीन कर्म-मल तो जीव को दूषित कर रहे हैं। अत: अगला सोपान **'निर्जरा'** है, जिसमें जीव में विद्यमान कर्म-मल को दर्शन-ज्ञान-चारित्र की रगड़ से साफ करके सर्वथा हटा देना होता है। जब कर्म-मल का अन्तिम कण भी जीव से हटा दिया जाता है, जब कर्म-पुद्गल का जीव में आत्यन्तिक क्षय हो जाता है, तब जीव अपने सहज सर्वज्ञ रूप में प्रकाशित होता है; यही 'मोक्ष' है, यही केवल-ज्ञान की प्राप्ति है।

जैन दर्शन के **त्रिरत्न**—सम्यक् दर्शन अर्थात् श्रद्धा, सम्यक् ज्ञान और सम्यक् चारित्र—मोक्षप्राप्ति के मार्ग माने गये है।[१] जैन अध्यात्म मार्ग के पथिक के लिए सर्वप्रथम जैन शास्त्रों में प्रतिपादित सिद्धान्तों और तत्त्वों के प्रति प्रगाढ़ श्रद्धा होना आवश्यक है, जिसे सम्यक् दर्शन कहा गया है।[२] इन सिद्धान्तों और तत्त्वों के गहन एवं यथार्थ ज्ञान को सम्यक् ज्ञान कहा गया है। इस ज्ञान को अपने आचरण में चरितार्थ करना सम्यक् चारित्र है। ये जैन दर्शन के त्रिरत्न साथ-साथ रहते हैं और तीनों सम्मिलित रूप में मोक्षमार्ग माने गये हैं। श्रद्धा से ज्ञान और चारित्र प्राप्त होते हैं तथा ज्ञान से चारित्र एवं चारित्र से ज्ञान पुष्ट होता है। ज्ञान से अविद्या दूर होती है, चारित्र से कर्म-मल हटाया जाता है। तीनों एक साथ कार्य

---

१. सम्यग्दर्शनज्ञानचारित्राणि मोक्षमार्ग:। तत्त्वार्थ सूत्र; १, १

२. तत्त्वार्थश्रद्धानं सम्यग्दर्शनम्। —वहीं, १, २

करते हैं और साधना पथ को आलोकित करके सिद्धि तक पहुँचाते हैं।

सम्यक् चारित्र के लिए जैन दर्शन में **'पञ्चव्रत'** का पालन आवश्यक है। ये हैं—अहिंसा (मन, वचन और कर्म से किसी को हानि न पहुँचाना), सत्य (मन, वचन और कर्म से सत्य), अस्तेय (मन, वचन और कर्म से किसी की वस्तु नहीं चुराना और किसी को उसके अधिकार या प्राप्तव्य से वञ्चित न करना), ब्रह्मचर्य (मन, वचन और कर्म से नैष्ठिक जीवन) और अपरिग्रह (मन, वचन और कर्म से भोग-विलास का त्याग और भोग्य पदार्थों के संग्रह का त्याग)। मुनियों के लिए इन व्रतों का अत्यन्त कठोरता से पालन करने का विधान है, अतः उनके लिए ये 'महाव्रत' कहे जाते हैं। गृहस्थों के लिए, परिस्थिति के अनुकूल इनको उदार बना दिया गया है और इन्हें 'अणुव्रत' की संज्ञा दी गयी है। यथा गृहस्थों के लिए ब्रह्मचर्य को धर्मानुकूल कामसेवन में सीमित कर दिया है और अपरग्रिह को सन्तोष में।

मुमुक्षु के मोक्ष तक पहुँचने के साधना-पथ के कई सोपान हैं, जैन दर्शन में इन्हें **'गुण-स्थान'** कहा गया है। ये संख्या में चौदह हैं। इनमें प्रथम सोपान को मिथ्यात्व (अविवेक) तथा दूसरे को ग्रन्थिभेद (सदसद्विवेकोदय) कहा गया है और क्रमशः आगे के सोपानों को पार करते हुये तेरहवें सोपान को 'सयोग-केवल' (जीवन्मुक्ति सदृश) तथा अन्तिम चौदहवें सोपान को 'अयोग-केवल' (विदेहमुक्ति सदृश) कहा गया है। सयोगकेवली आवरणीय कर्मों के क्षय से अपने शुद्ध स्वरूप में प्रकाशित होकर अनन्त ज्ञान और अनन्त सुख सम्पन्न होता है। तीर्थंकर एवं अन्य सिद्ध पुरुष अपने जीवन काल में सयोगकेवली थे। यह जीवन्मुक्ति की स्थिति है। अन्तिम स्थिति अयोगकेवली की है जिसमें देह-पात होने पर मुक्त पुरुष ऊपर उठने लगता है और लोकाकाश के ऊपर 'सिद्धशिला' नामक पवित्र स्थान पर आत्मस्वरूप में स्थित होकर अनन्तचतुष्टय का अनुभव करता है।

८. समीक्षा

स्याद्वाद की समीक्षा में हम सविस्तार बता चुके हैं कि बहुत्ववादी तथा सापेक्षवादी वस्तुवाद को दृढ़ता से अपनाकर निरपेक्ष तत्त्व की उपेक्षा करना जैन दर्शन की सबसे बड़ी भूल है जिसके कारण उसमें कई दोष आ गये हैं।[१] निरपेक्ष को स्वीकर किये बिना सापेक्ष की भी सिद्धि नहीं हो सकती। परमार्थ को माने बिना व्यवहार भी नहीं टिक सकता। जैन दर्शन और जैन-न्याय की अन्तःप्रेरणा निरपेक्ष आत्मतत्त्व की ओर इंङ्गित कर रही है, किन्तु जैन दर्शन उसकी ऊपर से उपेक्षा कर देता है। निरपेक्ष तत्त्व की यह उपेक्षा जैन दर्शन को बहुत्ववादी वस्तुवाद से ऊपर उठने नहीं देती। जीव और पुद्गल को परस्पर स्वतंत्र तथा नितान्त सत्य मानना एवं जीवों तथा परमाणुओं की अनेकता स्वीकार करना आदि इसी के परिणाम हैं। जब जैन दर्शन जीवों को स्वरूपतः सर्वज्ञ और शुद्ध तथा मुक्त मानता है, तब उनमें तात्त्विक भेद कैसे हो सकता है ? जब जीवों में गुणात्मक भेद नहीं है, जब परमाणुओं

---

१. देखिये पृ० ३५-३८

में भी गुणात्मक भेद नहीं है; तब उनकी तात्त्विक अनेकता का प्रतिपादन सङ्गत नहीं है। जैन दर्शन जीव और पुद्गल का तात्त्विक सम्बन्ध स्वीकार करता है। कर्म-पुद्गल जीव को वस्तुत: मलिन एवं दूषित करके बद्ध बना देते हैं। किन्तु बन्धन वास्तविक नहीं हो सकता। कर्म अविद्या, वासना एवं कषायादि दोषों के कारण होता है। किन्तु शुद्ध जीव में अविद्या, वासना एवं दोषों को अवकाश कहाँ है ? और इनके बिना कर्म-बन्धन कैसा ? यदि अविद्या और कर्म जीव को वस्तुत: आबद्ध करते हैं तो जीव का स्वरूप शुद्ध एवं मुक्त नहीं हो सकता; यदि अविद्या और कर्म जीव को वस्तुत: दूषित नहीं करते, तो जीव का बन्धन वास्तविक नहीं हो सकता। जैन मत का उत्तर है कि लोक में हम जीवों को कर्म-बद्ध ही पाते हैं यह बन्धन अनादि है, किन्तु सान्त है, मोक्ष सादि है, किन्तु अनन्त है। अत: जीव बन्धन में कब, क्यों और कैसे फँसा, इन प्रश्नों में समय तथा बुद्धि का अपव्यय किये बिना, हमारा परम कर्त्तव्य इस दु:ख और बन्धन को सम्यक् दर्शन, ज्ञान और चारित्र से दूर करना है। भगवान् बुद्ध ने भी इसी प्रकार अव्याकृत प्रश्नों की अपेक्षा दु:खनिरोध पर बल दिया था। किन्तु भगवान् बुद्ध ने समस्त बुद्धि-विकल्पों के ऊपर उठकर स्वानुभूति द्वारा निर्वाण प्राप्त करने का उपदेश दिया था। उन्होंने बहुत्ववादी वस्तुवाद को ठुकरा दिया था। जैन दर्शन इसी से चिपक रहा है। अत: वह विरोधों में फँस रहा है। अनेकान्तवाद, बहुत्ववाद, वस्तुवाद, स्याद्वाद, ये सब व्यावहारिक सत्य हैं; व्यवहार में इनका अपलाप नहीं किया जा सकता। किन्तु परमार्थ में निरपेक्ष परमतत्त्व या केवलज्ञान अर्थात् अनन्त-ज्ञानानन्दरूप आत्मा का साक्षादनुभव ही एक मात्र सत्य है। इसे स्वीकार किये बिना जैन दर्शन के विरोध दूर नहीं हो सकते। प्रो. राधाकृष्णन् का यह कथन सत्य है कि 'जैन दर्शन और न्याय निरपेक्ष विज्ञानवाद की ओर प्रेरित कर रहे हैं ...... सापेक्षवाद निरपेक्षवाद के बिना सिद्ध नहीं होता ...... जैनों का बहुत्ववाद तर्कसंगत नहीं है।'[१]

१. इण्डियन फ़िलॉसोफ़ी, भाग १, पृ. ३०५-३०८

पञ्चम अध्याय

प्रारम्भिक बौद्ध दर्शन

(क) भगवान् बुद्ध के दार्शनिक सिद्धान्त

१. भूमिका

भगवान् बुद्ध के आविर्भाव और निर्वाण का काल-निर्धारण निश्चित रूप से नहीं हो सका है। बौद्ध परम्परा एकमत से ५४४ ई०पू० को बुद्ध-निर्वाण का वर्ष मानती है, किन्तु कुछ विद्वानों के अनसुार उनका निर्वाण ४८६ ई०पू० के आसपास होना चाहिये। उनकी आयु लगभग ८० वर्ष रही। अत: उनके जन्म का वर्ष बौद्धपरम्परानुसार लगभग ६२४ ई०पू० तथा अन्य विद्वानों के अनुसार ५६६ ई०पू० के आसपास होना चाहिये। किन्तु यह समुचित रूप से सिद्ध है कि भगवान् बुद्ध का महाभिनिष्क्रमण (गृहत्याग एवं परिव्राजकत्व) से लेकर महापरिनिर्वाण तक का समय छठी शती ईसा पूर्व है। सिद्धार्थ गौतम का जन्म शाक्यगणाधिप सूर्यवंशी क्षत्रिय शुद्धोदन की भार्या महामाया देवी के गर्भ से कपिलवस्तु के पास लुम्बिनी वन में हुआ। उनके जन्म के कुछ दिन बाद उनकी माता का देहावसान हो गया। उनका पालन-पोषण उनकी मौसी, जो उनकी विमाता भी थीं, महाप्रजापति गौतमी ने किया। उनका विवाह अत्यन्त रूपगुणशीलवती राजकुमारी यशोधरा से हुआ, जिससे उन्हें राहुल नामक पुत्र उत्पन्न हुआ। वृद्ध, रोगी, मृतक और परिव्राजक—ये चार दृश्य देखकर उन्हें वैराग्य हुआ। संसार की दु:खरूपता और नश्वरता के चिन्तन से वैराग्य की तीव्रता का अनुभव हुआ। उन्होंने जाना कि विश्व के क्षणिक और दिखावटी सुख का आधार चिरस्थायी वेदना है तथा भोग-विलास की कृत्रिम स्मितिरेखा के नीचे आधि, व्याधि, जरा और मरण की भीषण व्यथा का उपहास निहित है। दु:ख निरोध और अनन्त सुख की प्राप्ति का मार्ग खोजने का दृढ़ निश्चय करके उन्होंने उन्तीस वर्ष की भरी युवावस्था में शाक्य गणराज्य के वैभव और समृद्धि को ठुकरा दिया तथा अपनी अनुपम सुन्दरी, सुशीला और गुणवती गृहणी का अनवद्य प्रेम एवं दम्पति-स्नेह-ग्रन्थि-भूत नवजात शिशु का प्रबल आकर्षण भी उन्हें महाभिनिष्क्रमण से न रोक सके। छ: वर्षों की कठिन तपस्या एवं साधना के बाद लगभग पैंतीस वर्ष की आयु में गया के समीप बोधिवृक्ष के नीचे मार-विजय करके अज्ञान के अन्धकार को दूर करने वाले ज्ञान-सूर्य का साक्षात्कार करके वे बोधिसम्पन्न 'सम्यक् सम्बुद्ध' बने। फिर वे वाराणसी के पास 'ऋषि-पत्तन मृगदाव' (सारनाथ) गये और वहाँ पाँच भिक्षुओं को उन्होंने अपना शिष्य बनाकर अपने साक्षात्कृत सत्य का सर्वप्रथम उपदेश दिया, जिसे 'धर्मचक्र प्रवर्तन' की संज्ञा

दी गयी है। यहीं से बौद्धधर्म का प्रारम्भ हुआ। तदन्तर भगवान् बुद्ध आधुनिक पूर्वी उत्तर प्रदेश और बिहार के कुछ भू-भाग में लगभग पैंतालीस वर्षों तक अनवरत चारिका (भ्रमण एवं भिक्षाचर्या) करते रहे तथा बिना किसी भेदभाव के धर्मोपदेश देते रहे एवं भिक्षु-संघ बनाते रहे। अन्त में मल्लगणराज्य की राजधानी कुशीनगर (कसया, जिला देवरिया, उ०प्र०) के पास लगभग अस्सी वर्ष की आयु में उन्होंने निर्वाण प्राप्त किया। यह विचित्र संयोग है कि भगवान् बुद्ध का जन्म, बोधि-प्राप्ति एवं निर्वाण ये तीनों घटनाएँ एक ही दिन वैशाख पूर्णिमा को हुईं। बौद्धधर्म सारे भारत में फैला और अपनी जन्मभूमि की सीमाएँ लाँघ कर श्रीलंका, बर्मा, थाईलैंड, कम्बोडिया, मलय-एशिया, हिन्द-एशिया, मध्य-एशिया, नेपाल, तिब्बत, चीन, मंगोलिया, कोरिया तथा जापान तक गया एवं विश्व-धर्म कहलाने का पात्र बना। भारत में लगभग डेढ़ हजार वर्षों तक व्याप्त रह कर तथा अनेक महान् दार्शनिक एवं सन्त पुरुषों द्वारा संवर्धित होकर अन्त में काल-चक्र से अपनी जन्मभूमि से लुप्त हुआ। आधुनिक समय में फिर उसका पुनर्जन्म भारत में हो रहा है। यद्यपि अब सिद्धार्थ गौतम नहीं रहे, तथापि भगवान् बुद्ध अमर हैं; यद्यपि बौद्ध धर्म अब भारत में व्यापक नहीं रहा, तथापि उसके मूल-सिद्धान्त आज भी हिन्दू धर्म में सुरक्षित हैं।

भगवान् बुद्ध के उपदेश मौखिक थे और उनके शिष्य उन्हें याद रख कर उनका पाठ किया करते थे। बुद्ध-निर्वाण के कुछ सप्ताह बाद ही राजगृह में प्रथम बौद्ध संगीति (सम्मेलन) हुई जिसमें विनयपिटक (आचार-सम्बन्धी ग्रन्थ) और सुत्तपिटक (बुद्ध के उपदेश) के प्राचीनतम अंश संकलित किये गये। लगभग सौ वर्षों के बाद वैशाली में द्वितीय बौद्ध संगीति हुई जिसमें विनय और सुत्त पिटकों का विस्तार किया गया तथा अभिधम्मपिटक (दार्शनिक ग्रन्थ) के कुछ अंश संकलित हुए। इस संगीति में भिक्षुसंघ थेरवाद और महासांघिक इन दो दलों में विभक्त हो गया जो आगे चल कर हीनयान और महायान कहलाये। लगभग २४९ ई०पू० सम्राट् अशोक द्वारा पाटलिपुत्र में आहूत तृतीय बौद्ध संगीति में थेरवादियों द्वारा विनय, सुत्त (सूत्र) और अभिधम्म (अभिधर्म) नामक पालि तिपिटक (त्रिपिटक) का संकलन हुआ। पालि के इन तीनों पिटकों को अशोक के पुत्र (या भाई) महेन्द्र सिंहलद्वीप (श्रीलङ्का) बौद्ध धर्म के प्रचारार्थ ले गये थे। बाद में वहीं प्रथम शती ई०पू० में सिंहल-नरेश वट्टगामिणी के समय में इसे सर्वप्रथम लेख-बद्ध किया गया। यही पालि तिपिटक अब उपलब्ध है और भगवान् बुद्ध के दर्शन और धर्म को जानने का उपलब्ध सर्वाधिक प्राचीन ग्रन्थ-संग्रह है। यह मानना असंगत नहीं होगा कि विनयपिटक और सुत्तपिटक में भगवान् बुद्ध के उपदेशों का संग्रह उपलब्ध है, यद्यपि वह कहीं-कहीं थेरवादियों की कल्पनाओं में घिरा हुआ है। भारत में तृतीय संगीति के बाद से सर्वास्तिवाद थेरवाद से अलग हो गया तथा थेरवाद का ह्रास और सर्वास्तिवाद का विकास होने लगा। कनिष्क के समय में प्रथम या द्वितीय शती में चतुर्थ बौद्ध संगीति में सर्वास्तिवाद के त्रिपिटक का निर्धारण हुआ। सर्वास्तिवाद का त्रिपिटक संस्कृत में था जो मूल में नष्ट हो गया है। इसके कुछ अंश मिले हैं। चीनी अनुवाद में पूरा प्राप्य है। सर्वास्तिवाद को वैभाषिक भी कहते हैं। बाद में इसी की एक शाखा सौत्रान्तिक नाम से, कुछ मतभेदों

के कारण, अलग हो गई। थेरवाद (स्थविरवाद), वैभाषिक (सर्वास्तिवाद) और सौत्रान्तिक, ये हीनयान के तीन प्रमुख सम्प्रदाय हैं। हीनयान के विरोध में महायान का उदय हुआ। माध्यमिक (शून्यवाद), योगाचार (विज्ञानवाद) और स्वतन्त्र-योगाचार या स्वतन्त्र-विज्ञानवाद, ये महायान के तीन प्रमुख सम्प्रदाय हैं। इस प्रकार बौद्ध दर्शन के छह मुख्य सम्प्रदाय हैं।

२. कुछ तथ्य

बौद्ध दर्शन का जो विवेचन हम प्रस्तुत करने जा रहे हैं उसे समझने के लिए निम्नलिखित तथ्यों को ध्यान में रखना आवश्यक है।

(१) भगवान् बुद्ध द्वारा उपदिष्ट प्रमुख दार्शनिक सिद्धान्तों का मूलस्रोत पालि विनयपिटक तथा सुत्तपिटक है जहाँ से ये संकलित किये जा सकते हैं।

(२) ये प्रमुख सिद्धान्त बौद्ध दर्शन के सभी सम्प्रदायों में मिलते हैं; किन्तु विविध सम्प्रदायों में इनका निरूपण और विकास विभिन्न रूपों में हुआ है।

(३) पालि अभिधम्मपिटक यद्यपि 'बुद्ध-वचन' माना जाता है, किन्तु वह वस्तुतः बुद्धवचनों की थेरवादियों की कल्पना-प्रसूत व्याख्याओं का संग्रह है जो बुद्ध के उपदेशों के मर्म को ग्रहण नहीं कर सकी हैं। सर्वास्तिवाद के अभिधर्म-ग्रन्थ विविध लेखकों की कृतियाँ हैं तथा इनमें भी बुद्ध के सिद्धान्तों की सही व्याख्या नहीं है।

(४) भगवान् बुद्ध का दर्शन आध्यात्मिक अद्वैतवाद या निरपेक्षतत्त्ववाद है। उनके अनुसार परमतत्त्व निर्वाण है जो अतीन्द्रिय, बुद्धि-विकल्पातीत एवं अनिर्वचनीय है तथा केवल निर्विकल्प स्वानुभूति या बोधिगम्य है। बोधि से इस दुःखरूप अविद्याजन्य संसारचक्र की निवृत्ति होती है।

(५) यह अद्वैतवाद उपनिषद् पर आधारित है और इसके लिए बुद्ध उपनिषद् के ऋणी हैं। बुद्ध ने स्वयं स्वीकार किया है कि वे किसी नये धर्म का उपदेश नहीं दे रहे; प्राचीन संबुद्धों और ऋषियों द्वारा साक्षात्कृत सत्य का उन्होंने भी साक्षात् अनुभव किया है और वे अपने उसी अनुभव का उपदेश दे रहे हैं।

(६) यह कथन सर्वथा असत्य और भ्रामक है कि बुद्ध का आग्रह केवल नैतिक साधना और योग पर था तथा उनका कोई दार्शनिक सिद्धान्त नहीं था। जब भगवान् बुद्ध से जीव, जगत् आदि के विषय में दार्शनिक प्रश्न किये जाते थे तो वे मौन रह जाते थे। उनके मौन का यह अर्थ लगाना सर्वथा असत्य है कि या तो वे दार्शनिक सिद्धान्तों से परिचित नहीं थे, या उनके कोई दार्शनिक सिद्धान्त नहीं थे, या वे अज्ञेयवादी थे, या वे निषेधवादी थे। उनके मौन का अर्थ है कि इन प्रश्नों का समाधान बुद्धि-विकल्पों द्वारा नहीं हो सकता; इनका समाधान तत्त्व-साक्षात्कार से ही हो सकता है जो अपरोक्षानुभूतिगम्य है। अतः आध्यात्मिक साधना द्वारा निर्वाण प्राप्ति ही जीवन का लक्ष्य होना चाहिये। बुद्ध ने अपने समय में प्रचलित कई दार्शनिक मतों का उल्लेख और खण्डन किया है तथा कहा है कि वे इन सब मतों को जानते हैं और इनसे भी अधिक जानते हैं, किन्तु इन मतों द्वारा तत्त्व-साक्षात्कार नहीं हो सकता क्योंकि

तत्त्व सब मतों से, बुद्धि की चारों कोटियों से, समस्त दृष्टियों से परे है। अतः बुद्ध का "मौन" उनके आध्यात्मिक अद्वैतवाद का प्रतिपादक है।

(७) यह कथन भी असत्य और भ्रामक है कि बुद्ध ने औपनिषद 'आत्मवाद' के विरुद्ध अपने नये 'अनात्मवाद' सिद्धान्त की प्रतिष्ठा करके एक नई दार्शनिक परम्परा की नींव रखी। बुद्ध ने न तो लोकव्यवहार के प्रमाता की व्यावहारिक सत्ता का खण्डन किया और न उपनिषद् के स्वतःसिद्ध चिदानन्दरूप नित्य आत्मतत्त्व का खण्डन किया। उन्होंने 'अहंकार-ममकार-युक्त प्रमाता' की पारमार्थिक सत्ता का खण्डन किया और बहुत्ववादी वस्तुवाद के उस 'जीवात्मा' का खण्डन किया जिसे वह **नित्य 'द्रव्य'** के रूप में **अनेक** मानता है और इस प्रकार द्रष्टा को दृश्य, ज्ञाता को ज्ञेय और विषयी को विषय बना रहा है। शुद्ध आत्मा बुद्धिग्राह्य नहीं है; वह अपरोक्षानुभूतिरूप है। किन्तु बुद्ध ने इस अपरोक्षानुभूति को स्पष्ट रूप से 'शुद्ध आत्मतत्त्व' की संज्ञा नहीं दी। यही 'अनात्मवाद' के विषय में भ्रान्ति का कारण बना। उन्होंने अपरोक्षानुभूति के लिए 'निर्वाण' पद का प्रयोग किया और उपनिषद् के ऋषियों ने शुद्ध आत्मतत्त्व के लिए जिन विशेषणों का प्रयोग किया है उन विशेषणों का प्रयोग भगवान् बुद्ध ने निर्वाण के लिए किया है। अद्वैत वेदान्त में भी 'आत्मा' और 'मोक्ष' में कोई अन्तर नहीं है। बुद्ध के 'अनात्मवाद' का विस्तृत विवेचन हम आगे करेंगे।

(८) हीनयान के सम्प्रदायों ने बुद्ध-वचनों की गलत व्याख्यायें कीं जिनके कारण कई असंगतियाँ एवं विरोध उत्पन्न हो गये। इन आन्तरिक दोषों तथा विरोधों को दूर करके बुद्ध के सिद्धान्तों की सही व्याख्या करने की तार्किक आवश्यकता को महायान के सम्प्रदायों ने पूरा करने का प्रयास किया।

अब हम भगवान् बुद्ध द्वारा उपदिष्ट प्रमुख दार्शनिक सिद्धान्तों का विवेचन करते हैं। ये सिद्धान्त हैं—चार आर्यसत्य, आर्य अष्टाङ्गिक मार्ग, प्रतीत्यसमुत्पाद, अव्याकृत प्रश्नों पर बुद्ध का मौन, अनात्मवाद और निर्वाण।

३. चार आर्यसत्य और आर्य अष्टाङ्गिक मार्ग

दुःख, दुःख-समुदय, दुःख-निरोध और दुःख-निरोध-मार्ग, ये चार बुद्धोपदिष्ट आर्यसत्य हैं। प्रथम सत्य के अनुसार संसार दुःखमय है। यह लौकिक अनुभव से सिद्ध है। संसार के सर्व पदार्थ अनित्य और नश्वर होने के कारण दुःखरूप हैं। लौकिक सुख भी वस्तुतः दुःख से घिरा है। इस सुख को प्राप्त करने के प्रयास में दुःख है, प्राप्त हो जाने पर, यह नष्ट न हो जाय यह विचार दुःख देता है और नष्ट होने पर तो दुःख है ही। काम, क्रोध, लोभ, मोह, शोक, रोग (मानस आधि और शारीरिक व्याधि), जन्म, जरा और मरण सब दुःख हैं। अप्रियसंयोग दुःख है; प्रियवियोग दुःख है; इच्छा पूर्ण न होना दुःख है। स्वार्थ, हिंसा, संघर्ष आदि दुःख हैं। रूप, वेदना, संज्ञा, संस्कार और विज्ञान, ये पाँचों स्कन्ध दुःख हैं। संक्षेप में, जन्म से लेकर मृत्यु पर्यन्त सारा जीवन ही दुःख है। और मृत्यु भी दुःख का अन्त नहीं है क्योंकि मृत्यु के बाद पुनर्जन्म है और जन्म के बाद मृत्यु है, इस प्रकार यह जन्म-मृत्यु-चक्र

या भवचक्र चलता रहता है तथा व्यक्ति इसमें फँस कर दुःख भोगता रहता है।

द्वितीय सत्य है—दुःख-समुदय। इसका अर्थ है कि दुःख उत्पन्न होता है, इसका उदय या समुदय होता है। जो उत्पन्न होता है उसे कार्य कहते हैं और प्रत्येक कार्य का कोई न कोई कारण अवश्य होता है। बिना कारण के कोई कार्य नहीं हो सकता है। कार्य सदा कारण सापेक्ष होता है। 'कारण के होने पर ही कार्य होता है' यह नियम अटल है। कार्य उत्पत्ति के लिए हेतु-प्रत्यय सामग्री आवश्यक है। कारण-कार्य की लम्बी शृंखला है जो द्वादशाङ्ग-चक्र के रूप में घूमती रहती है। यह प्रतीत्यसमुत्पादचक्र ही दुःख-समुदय का कारण है और अविद्या इसकी जननी है। अविद्याजन्य तृष्णा के कारण संसार में आसक्ति होती है और भवचक्र चलता रहता है।

तृतीय आर्यसत्य है—दुःख-निरोध। कारण के होने पर ही कार्य उत्पन्न होता है, अतः कारण के न रहने पर कार्य भी नहीं रह सकता और न पुनः उत्पन्न हो सकता। दुःख कार्य है, अतः उसके कारण को दूर कर देने पर दुःख का निरोध सम्भव है। अविद्या के नाश से उससे चलने वाला द्वादशाङ्ग प्रतीत्यसमुत्पाद-चक्र भी नहीं चलता। यही दुःख-निरोध है। तृष्णा के सर्वथा क्षय होने पर अनासक्ति रूप निर्विकल्पावस्था होती है। अविद्या-निवृत्ति से अपरोक्षानुभूति द्वारा दुःख का आत्यन्तिक निरोध हो जाता है। यही निर्वाण है। यही अमृत पद है।

चतुर्थ आर्यसत्य को 'दुःखनिरोधगामिनी प्रतिपद्' अर्थात् दुःखनिरोधमार्ग कहा गया है। यह नैतिक और आध्यात्मिक साधना का मार्ग है जिसे 'आर्य अष्टाङ्गिक मार्ग' की संज्ञा दी गई है। यह चतुर्थ आर्यसत्य के अन्तर्गत है।

इस आर्य मार्ग के आठ अङ्ग हैं—(१) सम्यक् दृष्टि; यह बुद्ध-वचनों में श्रद्धा और आर्यसत्यों का ज्ञान है। (२) सम्यक् संकल्प; यह आर्यमार्ग पर चलने का दृढ़ निश्चय है। (३) सम्यक् वाक्; यह वाणी की पवित्रता और सत्यता है। (४) सम्यक् कर्मान्त; यह हिंसा, द्वेष और दुराचरण का त्याग तथा सत्कर्मों का आचरण है। (५) सम्यक् आजीव; यह न्यायपूर्ण जीविकोपार्जन है। (६) सम्यक् व्यायाम; यह शुभ की उत्पत्ति और अशुभ के निरोध हेतु सतत प्रयत्न है। (७) सम्यक् स्मृति; यह शारीरिक तथा मानस भोग्य वस्तुओं एवं काम, मोह, लोभ आदि भावों की अनित्यता और अशुचिता की निरन्तर भावना एवं चित्त की एकाग्रता है। (८) सम्यक् समाधि; यह चित्त की एकाग्रता द्वारा निर्विकल्प प्रज्ञा की अनुभूति है।

बुद्ध ने इस दुःखनिरोधगामिनी प्रतिपद् या अष्टाङ्गिक मार्ग को 'मध्यमा प्रतिपद्' या मध्यम मार्ग की संज्ञा दी है। यह भोगविलास और शरीर को अत्यन्त क्षीण करने वाली कठोर तपस्या के बीच का मार्ग है। बुद्ध-वचन है—भिक्षुओं ! प्रव्रज्या लेने वाले को दो अन्तों का सेवन नहीं करना चाहिए। कौन से दो अन्त ? एक तो कामसुखों में आसक्ति जो हीन है, ग्राम्य है, पृथग्जनोचित है, अनार्य है और अनर्थों की जड़ है और दूसरी आत्मपीड़ा में आसक्ति जो दुःखमय है, अनार्य है और अनर्थों की जड़ है। भिक्षुओं ! इन दोनों अन्तों को छोड़ कर तथागत

ने मध्यम मार्ग का साक्षात्कार किया है।[१]

बौद्धों के त्रिरत्न, शील, समाधि और प्रज्ञा को निर्वाण-प्राप्ति का मार्ग बताया गया है। ये तीनों रत्न आर्य अष्टाङ्गिक मार्ग के अन्तर्गत आ जाते हैं। **शील** का अर्थ है सत्कर्मों का करना और असत्कर्मों से बचना। अहिंसा, अस्तेय, सत्य, तथा ब्रह्मचर्य का पालन और मदिरा आदि नशीली वस्तुओं का त्याग, ये बौद्धों के 'पञ्चशील' हैं जो गृहस्थों तथा भिक्षुओं दोनों के लिए विहित हैं। भिक्षुओं के लिए अन्य पाँच शीलों का भी विधान है; ये हैं, असमय भोजन, माला-धारण, संगीत नृत्य आदि, स्वर्ण-रजत आदि और सुखद शैया का त्याग। **समाधि** के अन्तर्गत चार प्रकार के ध्यान का वर्णन मिलता है प्रथम ध्यान सवितर्क, सविचार और विवेक से उत्पन्न प्रीतिसुख वाला है। द्वितीय ध्यान में वितर्क और विचार के शान्त हो जाने से मनःप्रसाद के कारण चित्तैकाग्रता ये युक्त समाधिजन्य प्रीतिसुख होता है। तृतीय ध्यान में साधक प्रीति और विराग की भी उपेक्षा करके स्मृतिमान् होकर सुख-विहार को प्राप्त करता है। चतुर्थ ध्यान में साधक सुख और दुःख दोनों को छोड़ कर, पहले ही सौमनस्य और दौर्मनस्य के अस्त हो जाने से दुःख-सुख रहित तथा स्मृति और उपेक्षा से शुद्ध होकर विहार करता है।[२] **प्रज्ञा** श्रुतमयी (बुद्धवाक्यजन्य निश्चय), चिन्तामयी (बौद्धिक चिन्तन से उत्पन्न निश्चय) और भावनामयी (समाधिजन्य ज्ञान) मानी गई है। भावनामयी प्रज्ञा चतुर्थ ध्यान में प्रकाशित होती है। इससे कामास्रव, भवास्रव और अविद्यास्रव का आत्यन्तिक नाश हो जाने से साधक मुक्त हो जाता है। वह जन्म-मरण-चक्र से छूट जाता है।[३]

४. प्रतीत्यसमुत्पाद

प्रतीत्यसमुत्पाद भगवान् बुद्ध के उपदेशों का आधारभूत सिद्धान्त है। बौद्ध दर्शन का यह केन्द्रीय सिद्धान्त है। यह द्वितीय और तृतीय आर्यसत्य के अन्तर्गत है, दुःख की उत्पत्ति का कारण है (दुःख-समुदय) एवं इस कारण का निरोध कर देने पर दुःख भी नहीं रहता (दुःख-निरोध)। प्रतीत्यसमुत्पाद कार्यकारणवाद है। 'प्रतीत्य' का अर्थ है 'अपेक्षा रखकर' या 'निर्भर अथवा आश्रित रहकर' एवं 'समुत्पाद' का अर्थ है उत्पत्ति; अतः प्रतीत्यसमुत्पाद का अर्थ हुआ—कारण की अपेक्षा रखकर या कारण पर निर्भर रहकर कार्य की उत्पत्ति।[४] कार्य सदा कारण-सापेक्ष होता है। कारण के होने पर ही कार्य होता है तथा कारण के न रहने पर कार्य भी नहीं रहता है और न उत्पन्न हो सकता है। दुःख संसार है, दुःखनिरोध निर्वाण है। सापेक्ष दृष्टि से प्रतीत्यसमुत्पाद दुःखसमुदय-रूप संसार है; पारमार्थिक दृष्टि से प्रतीत्यसमुत्पाद प्रपञ्चोपशम और शिव निर्वाण है। सापेक्ष रूप में प्रतीत्यसमुत्पाद कारण-कार्य-वाद है। इसका नियम है—'अस्मिन् (कारणे) सति, इदं (कार्य) भवति' अर्थात्

१. विनयपिटक, १, १, ७
२. दीघनिकाय, २, सामञ्जफलसुत्त
३. दीघनिकाय, २, सामञ्जफलसुत्त
४. हेतुप्रत्ययापेक्षो भावानामुत्पादः प्रतीत्यसमुत्पादार्थः। —चन्द्रकीर्तिवृत्ति, १, १

'कारण के होने पर कार्य होता है।' जो उत्पन्न होता है, वह कार्य होता है; जो कार्य है, वह सापेक्ष है; जो सापेक्ष है, वह वस्तुतः न 'सत्' है, न 'असत्' है, केवल 'प्रतीति' है। यह बुद्ध की 'मध्यमा प्रतिपद्' है, जो इन्द्रियों तथा बुद्धिविकल्पों द्वारा अनुभूत समस्त लौकिक पदार्थों को सापेक्ष और प्रातीतिक मानती है तथा दोनों 'अन्तों' अर्थात् द्वन्द्वों का निषेध करती है। कार्यभूत सापेक्ष जगत् न सत् है, न असत् है; न अस्ति है, न नास्ति है; न शाश्वत है, न उच्छेद-रूप है। पारमार्थिक दृष्टि से यही प्रतीत्यसमुत्पाद प्रपञ्चोपशम, शिव और अमृत निर्वाण है। इसीलिए स्वयं भगवान् बुद्ध ने इस प्रतीत्यसमुत्पाद को 'बोधि' कहा है, जिसका साक्षात्कार उन्होंने गया के पास बोधिवृक्ष के नीचे किया था और जिसने मर्त्य सिद्धार्थ गौतम को अमर बुद्ध बना दिया था। इसी प्रतीत्यसमुत्पाद को बुद्ध ने 'धर्म' की संज्ञा भी दी है, उस धर्म की, जिसमें बोधि अन्तर्निहित है। भगवान् बुद्ध ने उरुवेला (बुद्धगया) में बोधिवृक्ष के नीचे मार-विजय के पश्चात् प्रतीत्यसमुत्पाद पर अनुलोम और प्रतिलोम रीति से विचार किया। उन्होंने दुःखसमुदय और दुःखनिरोध का साक्षात्कार किया। तब भगवान् को इस प्रकार की अनुभूति हुई—मुझे अमृत प्राप्त हो चुका है; मैं तथागत हूँ, सम्यक् सम्बुद्ध हूँ। मैंने इस धर्म का साक्षात्कार कर लिया है। यह धर्म कठिन है, शान्त है, अत्युत्तम है, तर्क से अगम्य है, निपुण (अतिसूक्ष्म) है और प्राज्ञों द्वारा ही साक्षात् किया जा सकता है। तृष्णासक्त, तृष्णारत और तृष्णाप्रमुदित लोगों के लिए कारण-कार्य-शृंखला-रूप प्रतीत्यसमुत्पाद को समझना अत्यन्त कठिन है। इन लोगों के लिए निर्वाण पाना भी अत्यन्त कठिन है—वह निर्वाण जहाँ सारे संस्कारों का उपशम, समस्त उपादानों का निरोध और सारी तृष्णा का क्षय होकर अमृत प्राप्त होता है। जो प्रतीत्यसमुत्पाद का साक्षात्कार करता है, वह धर्म का साक्षात्कार करता है।[1] आर्य नागार्जुन ने अपनी 'माध्यमिक-कारिका' के मङ्गलाचरण में कहा है—जिन्होंने प्रपञ्चोपशम और शिव प्रतीत्यसमुत्पाद का उपदेश दिया है, उन उपदेश-कुशल सम्यक् सम्बुद्ध की मैं वन्दना करता हूँ।[2] शान्तरक्षित ने भी 'तत्त्वसंग्रह' में इसी प्रकार वन्दना की है।[3]

कारण कार्य-शृंखला रूप प्रतीत्यसमुत्पाद द्वादशाङ्ग-चक्र है जिसे भवचक्र संसारचक्र, जन्ममरणचक्र और धर्मचक्र भी कहा जाता है। इसके द्वादश अंग या निदान कारण-कार्यरूप से चक्रवत् घूमते रहते हैं। प्रथम अंग द्वितीय अंग का कारण है, द्वितीय अंग तृतीय अंग का, और इस प्रकार यह चक्र चलता रहता है। ये द्वादश अंग हैं—(१) अविद्या; (२) संस्कार; (३) विज्ञान; (४) नाम-रूप; (५) षडायतन; (६) स्पर्श; (७) वेदना; (८) तृष्णा; (९) उपादान; (१०) भव; (११) जाति; और (१२) जरा-मरण। मरण इस चक्र का अन्त नहीं है; मरण के बाद भी अविद्या और कर्मसंस्कार रहते हैं जो नये जन्म का कारण बनते हैं और इस प्रकार यह जन्म-मरण-चक्र चलता रहता है।[4] इन बारह अंगों में से प्रथम दो (अविद्या तथा संस्कार)

---

१. विनयपिटक, महावग्ग, १, १, १, से ५

२. यः प्रतीत्यसमुत्पादं प्रपञ्चोपशमं शिवम्।
देशयामास सम्बुद्धस्तं वन्दे वदतां वरम्।। —मा० कारिका, मंगलाचरण

३. यः प्रतीत्यसमुत्पादं जगाद गदतां वरः। —तत्त्वसंग्रह, १, ६

४. पुनरपि जननं पुनरपि मरणं पुनरपि जननी-जठरे शयनम्।

पूर्वजन्म से सम्बद्ध हैं, अन्तिम दो (जाति तथा जरा-मरण) भविष्य के पुनर्जन्म से सम्बद्ध हैं, तथा बीच के आठ (विज्ञान से भव तक) वर्तमान जन्म से सम्बद्ध हैं। इन अंगों में पूर्व अंग उत्तर अंग का कारण है और उत्तर अंग पूर्व अंग का कार्य है। पूर्व अंग है तो उससे उत्तर अंग अवश्य उत्पन्न होगा और यह चक्र चलता रहेगा। इस चक्र का मूल कारण है अविद्या और जब अविद्या है तब तक यह चक्र चलता रहेगा।

'अविद्या' प्रतीत्यसमुत्पाद-चक्र का प्रथम अंग है, इस चक्र का मूल कारण है। अविद्या अनादि है; इसका कोई कारण नहीं है। अविद्या का नाश केवल विद्या से ही सम्भव है। लौकिक व्यक्तिगत अज्ञान की निवृत्ति लौकिक सविकल्प बौद्धिक ज्ञान से हो जाती है। यदि मैं किसी पूर्व में अज्ञात वस्तु का अब ज्ञान प्राप्त कर लेता हूँ, तो इस ज्ञान से मेरे पूर्व अज्ञान की निवृत्ति हो जाती है। किन्तु यह अविद्या तो व्यक्तिगत अविद्या नहीं है; यह तो इस दुःखरूप समस्त संसार की जननी है, अतः इसका नाश सविकल्प बौद्धिक ज्ञान से नहीं हो सकता क्योंकि सविकल्प बुद्धि स्वयं ही अविद्या का कार्य है। इस मूल अविद्या का नाश केवल मौलिक निर्विकल्प निरपेक्ष अपरोक्षानुभूति द्वारा ही सम्भव है जिसे 'बोधि' या 'प्रज्ञा-पारमिता' कहा जाता है। यह निर्वाण या निरपेक्ष तत्त्व है जो नित्य शुद्ध चैतन्य या विज्ञानरूप है। जब अविद्या इस निर्विकल्प शुद्ध नित्य विज्ञान को 'आवृत' कर लेती है, तो वह विज्ञान अविद्या-कलुषित, अशुद्ध, सापेक्ष और सीमित हो जाता है। अविद्या का कार्य है तत्त्व को उसके असली रूप में न दिखा कर विकृत रूप में दिखाना; तत्त्व के स्वरूप को आवृत करके उसे अन्य आरोपित रूप में दिखाना; असीम निर्विकल्प अद्वैत तत्त्व को बुद्धि के विकल्पों, कोटियों या अन्तों में सीमित करके सापेक्ष रूप में प्रतीत कराना; अद्वैत को द्वैत में और एक को अनेक में प्रतीत कराना। अविद्या यह कार्य कर्म-संस्कारों के द्वारा करती है। अविद्या से **'संस्कार'** उत्पन्न होते हैं। संस्कार का अर्थ है कर्म-संस्कार अर्थात् संस्कारों के रूप में सञ्चित कर्म। संस्कार से **'विज्ञान'** उत्पन्न होता है। यहाँ विज्ञान का अर्थ है सीमिति, सापेक्ष, सविकल्प विज्ञान अर्थात् अविद्या और कर्मसंस्कारों से कलुषित विज्ञान। अविद्या और कर्म-संस्कार कारण-शरीर हैं जो शुद्ध चैतन्य को आवृत कर उसे सीमित व्यक्तिगत विज्ञान के रूप में प्रतीत कराता है और उसे जन्म-मृत्यु-चक्र में घुमा रहा है। विज्ञान से **'नाम-रूप'** उत्पन्न होता है। यहाँ 'नाम' का अर्थ है मानसिक और 'रूप' का अर्थ है भौतिक; अतः नाम-रूप का अर्थ हुआ मानसिक भावों तथा भौतिक पदार्थों के संघात से बना हुआ यह शरीर। अविद्या-संस्कार-निर्मित कारण-शरीर से आवृत विज्ञान कर्म-फल भोगने के लिए 'शरीर' (सूक्ष्म और स्थूल) की अपेक्षा रखता है जिसमें इन्द्रिय, मन आदि उपकरण हों। अतः विज्ञान से नामरूपात्मक संघात उत्पन्न होता है जिसमें विज्ञान प्रविष्ट रहता है। इस प्रकार 'नाम-रूप' का अर्थ है विज्ञान से अनुप्राणित मनोभौतिक शरीर। नाम-रूप से **'षडायतन'** उत्पन्न होते हैं। ये छह आयतन हैं, पाँच बाह्य इन्द्रियाँ और एक मन या अन्तःकरण। इन छह इन्द्रियों की संज्ञा षडायतन है। विज्ञानानुप्राणित नामरूपात्मक मनोभौतिक शरीर में रूप, रस, गन्ध, स्पर्श तथा शब्द का ग्रहण करने वाली क्रमशः चक्षु, जिह्वा, घ्राण, काय तथा श्रोत्र नामक पाँच

ज्ञानेन्द्रियाँ और मनोभावों का ग्रहण करने वाली मन नामक छठी अन्तरिन्द्रिय, ये कुल छह आयतन या इन्द्रियाँ हैं जो भोग करने के उपकरण या साधन हैं। षडायतन से **'स्पर्श'** उत्पन्न होता है। स्पर्श का अर्थ है विज्ञानानुप्राणित इन्द्रिय का विषय से सम्पर्क; और इन्द्रियों की नैसर्गिक प्रवृत्ति इस सम्पर्क की ओर होती है। स्पर्श से **'वेदना'** उत्पन्न होती है। वेदना का अर्थ है इन्द्रिय-संवेदन या इन्द्रियानुभव। यह तीन प्रकार की मानी गई है, सुखरूप, दुःखरूप और उदासीन। वेदना से **'तृष्णा'** उत्पन्न होती है। तृष्णा का अर्थ है इन्द्रियसुखोपभोग की तीव्र इच्छा या सांसारिक सुखों के उपभोग के प्रति उत्कट राग। यह विषयानन्दपान की तीव्र पिपासा है। तृष्णा से **'उपादान'** उत्पन्न होता है। उपादान का अर्थ है विषय-सुख में अत्युग्र आसक्ति अर्थात् भोगों से बुरी तरह चिपकना, जैसे गुड़ से चींटा चिपकता है कि टुकड़े-टुकड़े होकर ही निकलता है। उपादान से **'भव'** उत्पन्न होता है। भव का अर्थ है फलोन्मुख कर्मों के फल-भोग हेतु जन्म (और पुनर्जन्म) लेने का संकल्प। भव वे प्रारब्ध कर्म हैं जो फल-भोग के लिए जन्म लेने हेतु प्रेरित कर रहे हैं; ये कर्म, हमारी तीव्र भोगासक्ति के कारण, हममें जन्म (और पुनर्जन्म) लेने की उत्कट इच्छा या संकल्प भी उत्पन्न कर रहे हैं। अतः कर्म और तज्जन्य संकल्प दोनों 'भव' के अन्तर्गत आते हैं। भव से **'जाति'** उत्पन्न होती है। जाति का अर्थ है जन्म, और इसमें पुनर्जन्म भी समाविष्ट है। जाति से **'जरा-मरण'** उत्पन्न होता है। जरा-मरण शब्द यहाँ दुःखों के प्रतीक के रूप में प्रयुक्त हुआ है। जरा का अर्थ वृद्धावस्था है जो स्वयं ही दुःखरूप है। अश्वघोष ने जरा को रूप हरने वाली, बल को मिटाने वाली, शोक की जननी, रति की मृत्यु, स्मृति का नाश और इन्द्रियों का शत्रु कहा है।[१] और मृत्यु से बढ़ कर कोई दुःख नहीं है। अतः जरा-मरण पद का प्रयोग दुःख के प्रतीक के रूप में हुआ है, क्योंकि बहुत से लोग बचपन या जवानी में ही मर जाते हैं और जरा को प्राप्त नहीं कर पाते। मरणोपरान्त भी यह चक्र नष्ट नहीं होता क्योंकि अविद्या और संस्कार इस चक्र को चलाते रहते हैं। इस चक्र का नाश इसके मूल कारण अविद्या के नाश से ही सम्भव है और अविद्या का नाश अपरोक्षानुभूति से होता है जिसका अर्थ निर्वाण है।

उपर्युक्त निरूपण प्रतीत्यसमुत्पाद का अनुलोम (कारण से कार्य का) वर्णन है जिसमें हम अविद्या से जरा-मरण तक आते हैं। इसके प्रतिलोम (कार्य से कारण का) निरूपण में हम जरा-मरण से अविद्या तक पहुँचते हैं। यह इस प्रकार है—हमें अप्रिय-संयोग, प्रिय-वियोग, आधि, व्याधि, शोक, जरा, मरण आदि दुःख क्यों होते हैं ? क्योंकि हमने जन्म लिया है। हम जन्म (और पुनर्जन्म भी) क्यों लेते हैं ? क्योंकि हमने जन्म लेने के लिए प्रेरित करने वाले कर्म किये हैं और हमें उनका भोग करने के लिए जन्म लेने की इच्छा है। ये कर्म और यह इच्छा क्यों होती है ? क्योंकि हम भोगों में आसक्त होकर उनसे चिपक रहे हैं। यह आसक्ति क्यों होती है ? क्योंकि हमें भोगों की तृष्णा है। यह तृष्णा क्यों होती है ? क्योंकि भोगों से इन्द्रिय-संवेदनजन्य सुख मिलता है। यह संवेदन क्यों होता है ? क्योंकि इन्द्रिय और विषय

---

१. रूपस्य हन्त्री व्यसनं बलस्य शोकस्य योनिर्निधनं रतीनाम्।
नाशः स्मृतीनां रिपुरिन्द्रियाणामेषा जरा नाम ययैष भग्नः।। बुद्ध-चरित, ३, ३०

का सम्पर्क होता है। यह सम्पर्क क्यों होता है ? क्योंकि हमारे पास छह इन्द्रियाँ हैं (पञ्चज्ञानेन्द्रियाँ और छठा मन) जिनकी प्रवृत्ति विषयों से सम्पर्क करने की होती है। ये छह इन्द्रियाँ क्यों होती हैं ? क्योंकि नामरूपात्मक मनोभौतिक संघातरूप देह है जिसमें ये उत्पन्न होती हैं। यह संघात क्यों होता है ? क्योंकि यह विज्ञान से अनुप्रमाणित है। विज्ञान इसमें प्रविष्ट क्यों होता है ? क्योंकि पूर्व कर्मों के संस्कार उसे बाध्य करते हैं। ये कर्म-संस्कार क्यों होते हैं ? क्योंकि अविद्या कर्मों में प्रवृत्त करती है। अतः अविद्या ही इस संस्कार-चक्र रूपी दुःख का मूल कारण है। अविद्या-निवृत्ति ही निर्वाण है।

५. अव्याकृत प्रश्नों पर बुद्ध का मौन

जब भगवान् बुद्ध से जीव, जगत् आदि के विषय में चौदह दार्शनिक प्रश्न किये जाते थे तो वे मौन रह जाते थे। ये प्रसिद्ध चौदह प्रश्न निम्नांकित हैं [१]—

(१-४) : क्या लोक शाश्वत है ? अथवा नहीं ? अथवा दोनों ? अथवा दोनों नहीं ?

(५-८) : क्या लोक अन्तवान् है ? अथवा नहीं ? अथवा दोनों ? अथवा दोनों नहीं?

(९-१२) : क्या तथागत देहत्याग के बाद भी विद्यमान रहते हैं ? अथवा नहीं ? अथवा दोनों ? अथवा दोनों नहीं ?

(१३-१४) : क्या जीव और शरीर एक हैं ? अथवा भिन्न हैं ?

बुद्ध के मौन का यह अर्थ लगाना सर्वथा असत्य है कि या तो वे दार्शनिक सिद्धान्तों से परिचित नहीं थे, या उनके कोई दार्शनिक सिद्धान्त नहीं थे, या वे अज्ञेयवादी थे, या वे निषेधवादी थे। उनका मौन केवल यही सूचित करता है कि ये प्रश्न स्थापनीय हैं, व्याकरणीय नहीं। इसीलिए इन्हें अव्याकृत कहा गया है। सविकल्प और सापेक्ष बुद्धि इनका उत्तर नहीं दे सकती। इनके पक्ष और विपक्ष सत्य और असत्य दोनों सिद्ध किये जा सकते हैं। बुद्धि इनके उत्तर में विरोधों को जन्म देती है और साथ ही यह भी संकेत करती है कि केवल निर्विकल्प अनुभूति ही इनका उत्तर साक्षात्कार द्वारा दे सकती है।[२] ये प्रश्न पारमार्थिक दृष्टि से व्यर्थ हैं और व्यवहार में इनका कोई उपयोग नहीं। ये प्रश्न दुःखनिरोध के हेतु नहीं हैं और न ये आध्यात्मिकता में सहायक हैं। बुद्धवचन है—हे पोट्ठपाद ! ये प्रश्न न तो अर्थयुक्त हैं, न धर्मयुक्त, न आदि-ब्रह्मचर्य के लिए उपयुक्त; ये न निर्वेद के लिए हैं, न विराग के लिए, न दुःखनिरोध के लिए, न शान्ति के लिए, न अभिज्ञा के लिए, न सम्बोधि के लिए और न निर्वाण के लिए। इसीलिए मैंने इन्हें अव्याकृत कहा है।[३] बुद्ध ने अपने समय में प्रचलित कई दार्शनिक मतों का उल्लेख और खण्डन किया है। बुद्ध-वचन है—भिक्षुओं ! कुछ श्रमण और ब्राह्मण शाश्वतवाद को मानते हैं; कुछ उच्छेदवाद को मानते हैं; कुछ अंशतः दोनों को मानते हैं। भिक्षुओं ! दृष्टियों के जाल में और बुद्धि की कोटियों में फँसने के कारण ये लोग

---

१. दीघनिकाय, ९, पोट्ठपादसुत्त। इनका काण्ट की 'एन्टीनोमीज़' से साम्य द्रष्टव्य है।

२. वहीं।

३. वहीं।

इन मतों को मानते हैं। भिक्षुओं ! तथागत इन सबको जानते हैं और इनसे भी अधिक जानते हैं। किन्तु तथागत, सब कुछ जानते हुए भी, जानने का अभिमान नहीं करते। इन बुद्धि-कोटियों में न फँसने के कारण तथागत निर्वाण का साक्षात्कार करते हैं।[१] अतः बुद्ध का मौन उनके आध्यात्मिक अद्वैतवाद का प्रतिपादक है।

६. अनात्मवाद या नैरात्म्यवाद

प्रायः यह माना जाता है कि बुद्ध ने औपनिषद 'आत्मवाद' के विरुद्ध अपने नये 'अनात्मवाद' या 'नैरात्म्यवाद' सिद्धान्त की प्रतिष्ठा करके एक नई दार्शनिक परम्परा प्रारम्भ की। यह कथन असत्य और भ्रामक है। बुद्ध ने उपनिषद् के शुद्ध चिदानन्दरूप निरपेक्ष तत्त्व या अपरोक्षानुभूति का कभी खण्डन नहीं किया; खण्डन करना तो दूर, उन्होंने उसे समस्त लोकव्यवहार के अधिष्ठान के रूप में स्वीकार किया। उपनिषद् के अद्वैतवाद का ही बुद्ध ने उपदेश दिया है। उपनिषद् और बुद्ध में महत्त्वपूर्ण भेद यह है कि बुद्ध ने उपनिषद् के परम तत्त्व को 'शुद्ध आत्मतत्त्व' की संज्ञा नहीं दी; वे तत्त्व को 'नेति नेति' और अनिर्वचनीय मानकर उसके साक्षात्कार पर ही बल देते रहे। यही 'अनात्मवाद' के विषय में भ्रान्ति का कारण बना। बुद्ध ने अपरोक्षानुभूति के लिए 'शुद्ध आत्मतत्त्व' के स्थान पर 'निर्वाण' पद का प्रयोग किया। औपनिषद ऋषियों ने परमात्म-तत्त्व के लिए जिन विशेषणों का प्रयोग किया है उन विशेषणों का प्रयोग बुद्ध ने भी निर्वाण के लिए किया है।

'आत्मा' शब्द भारतीय दर्शन में तीन विभिन्न अर्थों में प्रयुक्त होता है। प्रथम, व्यावहारिक **'प्रमाता'** के अर्थ में, जो अहंकार-ममकार का सीमित व्यक्तिनिष्ठ केन्द्र है, जो स्वसंवेदन का विषय है, जो अज्ञान से आवृत है, जिसे सीमित ज्ञाता, कर्ता, भोक्ता माना जाता है और जिसे व्यावहारिक 'जीवात्मा' की संज्ञा भी दे दी जाती है। द्वितीय, **तात्त्विक 'जीवात्मा'** के अर्थ में, जो स्वार्थयुक्त अहंकार-ममकार का केन्द्र न होकर शुद्ध 'अहं' या 'व्यक्तित्व' का केन्द्र है, जो अपने परिवर्तनशील पर्यायों में अपनी परिणामरहित एकता बनाये रखता है और जिसे **नित्य चेतन द्रव्य** के रूप में स्वीकार किया जाता है तथा जिसे संख्या में अनेक माना जाता है। तृतीय, **विशुद्ध साक्षी या द्रष्टा** के अर्थ में, जो शुद्ध चैतन्य तथा अखण्ड आनन्दरूप **'परमात्म-तत्त्व'** है, जो समस्त व्यावहारिक ज्ञान और अनुभव का एकमात्र अधिष्ठान होने के कारण स्वतःसिद्ध, एवं शुद्ध निरपेक्ष चैतन्य होने के कारण स्वप्रकाश है। उपनिषद् के ऋषियों ने और अद्वैत वेदान्तियों ने 'आत्मा' को शुद्ध-चैतन्य रूप माना है।

प्रमाता की व्यावहारिक सत्ता सभी दर्शनों ने स्वीकार की है। यहाँ तक कि उच्छेदवादी हीनयान सम्प्रदाय भी इसे 'प्रज्ञप्ति सत्' मानने को विवश हैं। बुद्ध ने 'आत्मा' शब्द का प्रयोग इस व्यावहारिक 'प्रमाता' के लिए 'तात्त्विक जीवात्मा' के लिए किया है एवं दोनों की तात्त्विक सत्ता का जमकर खण्डन किया है। अपरोक्षानुभूति के लिए स्पष्ट रूप में उन्होंने 'आत्मा'

---

१ दीघनिकाय, १, ब्रह्मजालसुत्त।

या 'ब्रह्म' शब्द का प्रयोग नहीं किया, किन्तु 'निर्वाण' के रूप में इसे स्वीकार करके इसे परम तत्त्व की मान्यता दी है। बुद्ध के सारे उपदेशों का सार बुद्धि-विकल्पों से ऊपर उठकर शील-समाधि-प्रज्ञा द्वारा इस अपरोक्षानुभूति का साक्षात्कार करके निर्वाण प्राप्त करना है।

बुद्ध 'आत्मा' को अहंकार-ममकार का केन्द्र मान कर उसे समस्त क्लेशों और अनर्थों का स्रोत बताते रहे क्योंकि यह रागादि दोषों को जन्म देता है, विवेक और वैराग्य को नहीं। यह भोगों की तृष्णा और आसक्ति का स्रोत है। आत्मदृष्टि, आत्म-मान, आत्म-मोह और आत्म-स्नेह ये चारों क्लेश हैं। बुद्ध ने बहुत्ववादी वस्तुवाद के उस 'जीवात्मा' का भी खण्डन किया जिसे वह नित्य चेतन द्रव्य मानता है। यदि आत्मा द्रव्य है तो चेतन और जड़ में, ज्ञाता और ज्ञेय में, विषयी और विषय में क्या अन्तर रहेगा ? आत्मा को 'द्रव्य' मानना उसे जड़, ज्ञेय और विषय के स्तर पर उतार देना है और उसके आत्मत्व का निषेध करना है। फिर, जीवात्माओं को वस्तुतः अनेक मानना भी असङ्गत है। बौद्ध दर्शन में जीव के लिए 'पुद्‌गल' और 'सत्काय' शब्दों का प्रयोग किया जाता है। पुद्‌गल का अर्थ है जो जन्म, जीर्णता और नाश से युक्त हो; तथा सत्काय का अर्थ है इस जीवित काया को ही आत्मा मानना। दोनों शब्दों से यही ध्वनि निकलती है कि लौकिक अनुभव में नित्य आत्मा नहीं आता; यहाँ तो परिवर्तनशील शरीर-संघात और विज्ञान-प्रवाह का ही अनुभव होता है जिनमें से कोई भी 'आत्मा' नहीं है। यदि लोकव्यवहार के लिए, साधना के लिए 'आत्मा' की कल्पना कर भी ली जाय तो भी आपत्ति नहीं है क्योंकि यह व्यावहारिक सत्ता ही है, तात्त्विक नहीं। बुद्धवचन है—'हे आनन्द ! आत्मा को जतलाने वाले लोग इस प्रकार उसको जताते हैं—रूप आत्मा है, वेदना आत्मा है, संज्ञा आत्मा है, संस्कार आत्मा है, विज्ञान आत्मा है, या पाँचों स्कन्ध मिल कर आत्मा हैं। किन्तु आनन्द ! ये सब धर्म अनित्य हैं, संस्कृत हैं, प्रतीत्यसमुत्पन्न हैं, क्षयधर्म हैं, व्ययधर्म हैं, उत्पत्तिविनाशयुक्त हैं, तो यह कैसे कहा जा सकता है कि 'यह मैं हूँ,' यह मेरा रूप है या वेदना है या संज्ञा है या संस्कार है या विज्ञान है या पञ्चस्कन्धसंघात है।'[१] हे पोट्ठपाद ! यदि कोई पुरुष यह कहे, 'इस देश में जो सर्वाधिक सुन्दरी है, मैं उसको चाहता हूँ, उसकी कामना करता हूँ।' यदि लोग उससे पूछें—'हे पुरुष ! जिस सर्वाधिक सुन्दरी को तू चाहता है, जिसकी तू कामना करता है, क्या तू जानता है कि वह क्षत्रिया है, ब्राह्मणी है, वैश्या है या शूद्री है ? क्या तू उसका नाम और गोत्र जानता है ? क्या तू जानता है कि वह लम्बी है या छोटी है या मझले कद की है ? काली है या श्यामा है या मद्‌गुरवर्ण है? किस गाँव में या कस्बे में या नगर में रहती है ?' ऐसा पूछने पर वह पुरुष उत्तर दे कि वह यह कुछ नहीं जानता। तो क्या उस पुरुष का भाषण अप्रामाणिक नहीं हो जाता ? इसी प्रकार हे पोट्ठपाद ! जो श्रमण और ब्राह्मण यह कहते हैं कि मरने के बाद आत्मा कष्टरहित और अत्यन्त सुखी होता है, मैं उनसे पूछता हूँ—क्या सचमुच आप लोग उस एकान्त सुख वाले लोक को जानते हो, देखते हो, वहाँ विहार करते हो ? क्या आप लोगों ने एक रात या एक दिन भी उस एकान्त-सुखी आत्मा को जाना है, देखा है ? ऐसा पूछने पर वे कहते

१. दीघनिकाय, १५, महानिदानसुत्त।

है—'नहीं', तो क्या तुम मानते हो पोट्ठपाद ! कि ऐसा होने पर उन श्रमणों और ब्राह्मणों का भाषण अप्रामाणिक नहीं हो जाता ?[१] भिक्षुओं ! जो कोई यह कहे कि मैं तब तक तथागत के पास ब्रह्मचर्यवास नहीं करूँगा जब तक तथागत लोक और आत्मा सम्बन्धी अव्याकृत प्रश्नों का उत्तर न दे दें, तो भिक्षुओं ! वह बिना ब्रह्मचर्यवास किये ही मर जायेगा। जैसे कोई पुरुष गाढ़े लेप वाले विष से युक्त शल्य से बिंध गया हो और जब उसके मित्र वैद्य को ले आयें, तब वह पुरुष कहे—मैं तब तक इस शल्य को नहीं निकालने दूँगा जब तक मुझे यह पता नहीं लग जाय कि किस पुरुष ने मुझे बेंधा है, वह किस जाति का है ? उसका नाम और गोत्र क्या है ? कहाँ रहता है ? आदि, तो भिक्षुओं ! ये बातें तो अज्ञात ही रह जावेंगी और वह पुरुष मर जायेगा।[२] भिक्षुओं ! जो इस प्रकार की दृष्टियाँ रखता है—मेरा आत्मा है, मेरा आत्मा नहीं है, मेरा आत्मा नित्य है, ध्रुव है, शाश्वत है, आदि तो भिक्षुओं! इसी को दृष्टियों का जंगल, दृष्टियों का जाल, दृष्टियों का बन्धन कहते हैं। इनमें बँधा व्यक्ति दुःख से मुक्त नहीं हो सकता।[३] भिक्षुओं! तथागत सब दृष्टियों के ऊपर उठ गये हैं। तथागत सभी अहंकारों के, सभी ममकारों के नाश से विमुक्त हो गये हैं।[४] हे आनन्द ! जब वच्छगोत्त ने मुझसे पूछा कि 'क्या जीवात्मा है ?' तब यदि मैं उत्तर देता कि 'जीवात्मा है' तो यह शाश्वतवाद होता, और यदि मैं उत्तर देता कि 'जीवात्मा नहीं है' तो यह उच्छेदवाद होता। बुद्ध की मान्यता यही है कि असली आत्मा बुद्धि के विकल्पों द्वारा गम्य नहीं है। समस्त पदार्थ संस्कृत हैं अर्थात् कर्मसंस्कारों से उत्पन्न हैं। जो संस्कृत है वह अनित्य है, दुःखरूप है, अनात्म है; जो अनात्म है, वह मेरा नहीं है, मैं वह नहीं हूँ, वह मेरा आत्मा नहीं है।[५] सांख्य ने भी, जो आत्मा को शुद्ध चैतन्यरूप मानता है, यह स्वीकार किया है कि 'जो अनात्म है वह मैं नहीं हूँ, वह मेरा नहीं है, मैं जड़ पदार्थ नहीं हूँ' इस भावना के अभ्यास से शुद्ध ज्ञान उत्पन्न होता है।[६] निर्वाण के कुछ समय पूर्व बुद्ध ने आनन्द से कहा था कि उन्होंने अपने उपदेशों में सब कुछ स्पष्ट कर दिया है, कोई बात गुप्त नहीं रखी। उन्होंने कहा—आनन्द ! मेरे जाने के बाद तुम शोक मत करना। तुम सबको मेरा यही कहना है—आत्मदीप बनो, आत्मशरण बनो; धर्मदीप बनो, धर्मशरण बनो।[७] बुद्ध के अन्तिम वचन ये थे—भिक्षुओं ! अब तुम्हें कहता हूँ—'सब संस्कृत धर्म विनाशशील हैं, अप्रमाद के साथ प्राप्त करो।'[८] यदि जो अनित्य और दुःखरूप है वह अनात्म है, तो जो नित्य और सुखरूप है वह आत्मा है। उसी 'आत्मा' की

---

१. दीघनिकाय, ९, पोट्ठपादसुत्त।

२. मज्झिमनिकाय, ६३, चूलमालुक्तसुत्त।

३. वहीं, ६४; दीघनिकाय, १

४. वहीं ७२, अग्गिवच्छगोत्तसुत्त।

५. सब्बे संखारा अनिच्चा। यदनिच्चं तं दुक्खं, यं दुक्खं तदनत्ता, यदनत्ता तं नेतं मम, नेसोहमस्मि, न मे सो अत्ता ति।—संयुत्तनिकाय, २२, १५

६. एवं तत्त्वाभ्यासान्नास्मि न मे नाहम् इति ... केवलमुत्पद्यते ज्ञानम्।—सांख्यकारिका, ६४

७. दीघनिकाय, १६, महापरिनिब्बानसुत्त।

८. वहीं, 'वयधम्मा संखारा अप्पमादेन सम्पादेथा'ति। अयं तथागतस्स पच्छिमा वाचा।

शरण लो, उसी के प्रकाश से जगमगाओ। सब संस्कृत धर्म नाशवान् हैं, अतः उस असंस्कृत, नित्य, सुखरूप, अमृत तत्त्व को अप्रमादी बनकर प्राप्त करो।

नैरात्म्यवाद दो प्रकार का है—पुद्गलनैरात्म्य और धर्मनैरात्म्य। पुद्गल या जीवात्मा की केवल व्यावहारिक सत्ता है, वस्तुतः वह अनात्म अर्थात् सापेक्ष है। इस ज्ञान से क्लेशावरण दूर होता है। धर्म या पदार्थ भी व्यावहारिक हैं; वे भी अनात्म या सापेक्ष हैं। इस ज्ञान से ज्ञेयावरण दूर होता है। द्विविध आवरण के नाश से निर्वाण प्राप्त होता है जो शुद्ध बोधि या प्रज्ञा-पारमिता है। अतः निश्चित रूप से कहा जा सकता है कि बुद्ध का अनात्मवाद औपनिषद आत्मवाद के विरुद्ध नहीं है अपितु उससे प्रभावित है तथा उसे 'आत्मा' की संज्ञा न देकर 'निर्वाण' के रूप में स्वीकार करता है। यह सत्य है कि इस निरपेक्ष अनुभूति को शुद्ध चैतन्य या शुद्ध आत्मा की संज्ञा न देना बुद्ध-दर्शन का दोष है जिसने भ्रांतियों को जन्म दिया है।

७. निर्वाण

भगवान् बुद्ध प्रायः कहा करते थे—भिक्षुओं ! मैं दो बातों का ही उपदेश देता हूँ—दुःख और दुःखनिरोध। दुःख संसार है और दुःखनिरोध निर्वाण है। दुःख का मार्मिक वर्णन करते हुए बुद्ध ने कहा है—भिक्षुओं ! क्या तुम जानते हो कि इस संसार के सुदीर्घ मार्ग में दौड़ने वाले, इस जन्म-मरण-चक्र में पिसने वाले प्राणियों ने बार-बार जन्म लेकर रो-रोकर जो आँसू बहाये हैं, वे अधिक हैं या इन चारों महासमुद्रों का जल ? इन प्राणियों का जो रक्त बहा है, वह अधिक है या इन चारों महासमुद्रों का जल ?[१] अविद्या के नाश से ही भवचक्र का नाश सम्भव है। यह अविद्या-निरोध प्रज्ञा या निर्विकल्प अपरोक्षानुभूति से होता है और यह अनुभूति ही निर्वाण है। हम आर्य सत्य और प्रतीत्यसमुत्पाद के अन्तर्गत इसका वर्णन कर चुके हैं।[२] निर्वाण शब्द का अर्थ है 'बुझना'; जैसे तेल के क्षय से दीपक बुझ जाता है, वैसे ही अविद्या और क्लेश के क्षय से धीर पुरुष निर्वाण प्राप्त करते हैं।[३] बुद्ध के अनुसार क्षय अविद्या और उसके कार्यों का होता है, निर्वाण या मुक्त का नहीं। उपनिषद् के ऋषियों ने शुद्ध आत्मतत्त्व के लिए जो विशेषण प्रयुक्त किये हैं, बुद्ध ने उनका प्रयोग निर्वाण के लिए किया है। आत्मा 'नेति नेति' है; निर्वाण का वर्णन भी प्रायः निषेधात्मक पदों से किया गया है। आत्मा और निर्वाण अतीन्द्रिय, बुद्धि-विकल्पातीत और अनिर्वचनीय हैं। 'नेति नेति' आत्मविषयक वर्णनों का निषेध करता है, आत्मा का नहीं; निषेधात्मक पदों से निर्वाण के वर्णनों का निषेध होता है, निर्वाण का नहीं। आत्मा और निर्वाण दोनों ही 'उपशान्त' हैं। आत्मा और निर्वाण दोनों में अविद्या की आत्यन्तिक निवृत्ति है। दोनों ही अपरोक्षानुभूति हैं। आत्मज्ञान का साधन श्रवण-मनन-निदिध्यासन है; निर्वाण का साधन श्रुतमयी, चिन्तामयी और भावनामयी

---

१. संयुत्तनिकाय, १५, ३
२. देखिये पृ० ४८-५५
३. सौन्दरनन्द, १६, २८- २९

प्रज्ञा है। निर्वाण गम्भीर, शान्त, तर्कागम्य, निपुण और पण्डितों द्वारा ही साक्षात् करने योग्य है। निर्वाण, मोक्ष के समान, सर्वदृष्टिप्रहाण और सर्वकल्पनाक्षय है। बुद्ध ने सब संस्कृत धर्मों को अनित्य, दुःखरूप और अनात्म बताया है। निर्वाण 'संस्कृत धर्म' नहीं है; निर्वाण 'धर्म' (विषय, वस्तु, पदार्थ, ज्ञेय) भी नहीं है। निर्वाण को 'असंस्कृत धर्म' मानकर सब संस्कृत धर्मों से भिन्न और असंस्कृत धर्मों के ऊपर 'सर्वोच्च धर्म' स्वीकार करना भी निर्वाण का उपहास करना है। निर्वाण 'धर्मों की **धर्मता**' है; निर्वाण सब धर्मों में व्याप्त है और सब धर्मों से परे है; वह निरपेक्ष परम तत्त्व है। जिस प्रकार आत्मतत्त्व के लिए उपनिषदों में प्रपञ्चोपशम, शिव, अद्वैत, अमृत, अभय, चिन्मात्र, आनन्द आदि विशेषणों का प्रयोग हुआ है, उसी प्रकार बुद्ध ने भी निर्वाण को अच्युत, अमृत, अकुतोभय, परमसुख आदि पदों से विशिष्ट किया है।[१] बुद्ध वचन है—भिक्षुओं ! यह अजात, अमृत, अकृत, असंस्कृत तत्त्व है, इसीलिए यह जात, नश्वर, कृत और संस्कृत धर्मों का आधार है।[२] निर्वाण को क्षेम, नैष्ठिक, अच्युत पद[३] एवं शान्त और शिव[४] तथा दुर्लभ, शान्त, अजर, अमृत और पर पद[५] बताया गया है। भगवान् बुद्ध के अन्तिम शब्द यही थे—भिक्षुओं ! सब संस्कृत धर्म नश्वर हैं, अप्रमाद के साथ (अमृत निर्वाण) प्राप्त करो।[६]

(ख) हीनयान-दर्शन

१. हीनयान और महायान

बुद्ध-निर्वाण के लगभग सौ वर्ष बाद वैशाली में सम्पन्न द्वितीय बौद्ध संगीति में थेर (स्थविर) भिक्षुओं ने मतभेद रखने वाले कुछ भिक्षुओं को 'पाप भिक्खु' कह कर संघ से बाहर निकाल दिया था। उन भिक्षुओं ने उसी समय अपना अलग संघ बना कर स्वयं को 'महासांघिक' और थेरवादियों (स्थविरवादियों) को 'हीनसांघिक' नाम दिया जिसने कालान्तर में महायान और हीनयान का रूप धारण किया। थेरवाद से महायान सम्प्रदायों के क्रमशः विकास में कई शताब्दियाँ लगीं। सम्राट् अशोक द्वारा लगभग २४९ ई०पू० में पाटलिपुत्र में आहूत तृतीय बौद्ध संगीति में पालि तिपिटक (त्रिपिटक) का संकलन हुआ जिसका प्रचार अशोक के पुत्र

१. निब्बानं पदमच्चुतम्।—सुत्तनिपात, रतनसुत्त
निब्बानं अकुतोभयम्।—इतिवुत्तक, ११२
निब्बानं परमं सुखम्।—धम्मपद, १८

२. यस्मा च खो भिक्खवे! अत्थि अजातं अमतं अकतं असंखतं तस्मा जातस्स मतस्स कतस्स संखतस्स निस्सरणं पञ्ञाय। —उदान, ७३ सुत्त।

३. क्षेमं पदं नैष्ठिकमच्युतं तत्। —सौन्दरनन्द, १६, २७

४. शान्तं शिवं साक्षिकुरुष्व धर्मम्। —वहीं, १६, २६

५. दुर्लभं शान्तमजरं परं तदमृतं पदम्। —बुद्धचरित, १२, १०६

६. पीछे पृ० ५८

(या भाई) महेन्द्र द्वारा श्रीलङ्का में किया गया जो अभी तक वहाँ प्रचलित है। श्रीलङ्का में प्रथम शती ई०पू० में पालि तिपिटक को सर्वप्रथम लिपिबद्ध किया गया था। यही पालि तिपिटक अब सर्वाधिक प्राचीन तिपिटक (त्रिपिटक) के रूप में उपलब्ध है। तृतीय संगीति के बाद से ही भारत में थेरवाद धीरे-धीरे लुप्त होता गया और उसका स्थान सर्वास्तिवाद या वैभाषिक सम्प्रदाय ने ले लिया। इसका त्रिपिटक और उसकी टीकायें आदि संस्कृत में थीं, जो मूल में नष्ट हो गईं तथा चीनी अनुवाद में सुरक्षित हैं, यद्यपि इनके कुछ मूल संस्कृत अंश मध्य एशिया और गिलगित में पाये गये हैं। कालान्तर में सर्वास्तिवाद या वैभाषिक मत की एव शाखा, कुछ मतभेदों के कारण, सौत्रान्तिक मत के नाम से अलग हो गई। महायान के ग्र में हीनयान के नाम से जिन दार्शनिक विचारों का उल्लेख और खण्डन मिलता है, वे सर्वास्तिव. या वैभाषिक के हैं। अश्वघोष के ग्रन्थों और महायानवैपुल्यसूत्रों में क्रमशः विकसित होकर महायान नागार्जुन के माध्यमिक और असङ्ग के योगाचार सम्प्रदायों के रूप में प्रतिष्ठित हुआ।

हीनयान में, बुद्ध के उपदेशों का मर्म न समझने के कारण, क्षणिक धर्मों को ही सत्य मान कर बहुत्ववादी वस्तुवाद का विकास हुआ जिसके अनुसार पुद्‌गलनैरात्म्य द्वारा क्लेशावरण के क्षय पर बल दिया गया; महायान में, बुद्ध के उपदेशों के तात्त्विक अर्थ के आधार पर, पुद्‌गल या जीवात्मा के साथ-साथ भौतिक धर्मों की भी प्रातीतिक सत्ता और तात्त्विक असत्ता को स्वीकार करके पुद्‌गलनैरात्म्य के साथ धर्मनैरात्म्य का भी प्रतिपादन किया गया एवं क्लेशावरण-क्षय के साथ-साथ ज्ञेयावरण-क्षय पर भी बल दिया गया तथा बुद्ध के आध्यात्मिक अद्वैतवाद को पल्लवित और विकसित किया गया।

हीनयान अनीश्वरवादी और कर्मप्रधान दर्शन है। इसमें व्यक्तिगत साधना द्वारा व्यक्ति का निर्वाण प्राप्त करना ही जीवन का लक्ष्य है। इसका आदर्श **'अर्हत्'** है जो अपने प्रयत्नों से अपने लिए निर्वाण प्राप्त करता है। इसके विपरीत महायान में सर्वमुक्ति की कल्पना है। इसका आदर्श **'बोधिसत्व'** है जो अन्य आर्त पुरुषों के निर्वाण के लिए प्रयत्नशील रहता है। बोधिसत्व बोधिचित्त के उत्पाद तथा प्रज्ञा आदि पारमिताओं के अनुशीलन द्वारा करुणावश लोक-कल्याण के लिए उद्यत रहता है। महायान एक विशाल यान (जलपोत) है जिसमें बैठ कर कई लोग संसार-सागर को पार कर सकते हैं।

हीनयान के अनुसार बुद्ध एक महापुरुष थे जिन्होंने अपने प्रयत्न से निर्वाण प्राप्त किया और निर्वाण प्राप्ति के मार्ग का उपदेश दिया। महायान में बुद्ध को **'लोकोत्तर'** तथा ईश्वर-स्थानापन्न बना दिया गया। बुद्ध के 'अवतारों' की कल्पना की गई। **त्रिकाय** (धर्मकाय, निर्माणकाय और सम्भोगकाय) के सिद्धान्त को विकसित किया गया। **बुद्ध-भक्ति** की प्रतिष्ठा हुई। लोककल्याण की भावना और 'महाकरुणा' का विकास हुआ। 'लोक के सारे कलि-कलुषों को मैं अपने ऊपर लेता हूँ, इसलिए कि लोक 'मुक्त' हो सके।'[१]

२. हीनयान के दार्शनिक सिद्धान्त

हीनयान कई मतों में विभाजित था। वसुमित्र ने हीनयान के अट्ठारह मतों का उल्लेख

१. कलिकलुपकृतानि यानि लोके मयि तानि पतन्तु विमुच्यतां हि लोकः।

किया है।[१] किन्तु हीनयान के प्रमुख मत तीन थे—थेरवाद (स्थविरवाद), सर्वास्तिवाद (वैभाषिक) और सौत्रान्तिक। थेरवाद और सर्वास्तिवाद में कुछ महत्त्वपूर्ण भेदों के होते हुए भी उनके दर्शनों में विशेष अन्तर नहीं है। वैभाषिक और सौत्रान्तिक सम्प्रदायों में भी कुछ महत्त्वपूर्ण मतभेद हैं। इन भेदों के होते हुए भी, कई प्रमुख दार्शनिक सिद्धान्तों में दोनों एकमत हैं। अतः हीनयान के प्रमुख सम्प्रदाय के रूप में सर्वास्तिवाद का निरूपण उचित होगा।

हम बता चुके हैं कि बुद्ध के दार्शनिक सिद्धान्त पालि के विनयपिटक और सुत्तपिटक से संकलित किये जा सकते हैं। पालि अभिधम्मपिटक, यद्यपि बुद्ध-वचन कहा जाता है, तथापि वह वस्तुतः बुद्ध-वचनों की स्थविरवादियों द्वारा की गई व्याख्या है जिसमें बुद्ध के सिद्धान्त दब गये हैं। श्रीमती रीज़ डेविड्स के इस कथन में सत्यता है कि ये 'बुद्ध-वचनों के ऊपर भिक्षुओं द्वारा किये गये ऊपरी-निर्माण हैं, जिनको बुद्ध-वचनों के रूप में प्रचारित किया गया है।'[२] सर्वास्तिवादियों के संस्कृत अभिधर्मपिटक के अन्तर्गत सात ग्रन्थ हैं जिन्हें स्पष्टरूप में विभिन्न लेखकों की रचना माना गया है। इनमें प्रमुख ग्रन्थ कात्यायनीपुत्र-रचित 'अभिधर्मज्ञानप्रस्थान' है और शेष छह ग्रन्थ उसके पाद हैं। ज्ञानप्रस्थान पर 'महाविभाषा' और 'विभाषा' नामक भाष्य हैं, जिनके कारण सर्वास्तिवादियों को 'वैभाषिक' कहा जाने लगा। ये ग्रन्थ मूल संस्कृत में उपलब्ध नहीं हैं। वसुबन्धु के 'अभिधर्मकोश' नामक ग्रन्थ में, जिस पर यशोमित्र की व्याख्या है, मूलसर्वास्तिवाद या काश्मीरवैभाषिक मत का विशद निरूपण है।[३]

बुद्ध का केन्द्रीय दार्शनिक सिद्धान्त **प्रतीत्यसमुत्पाद** है जो व्यवहार में सापेक्ष कारणकार्यवाद और परमार्थ में बोधि या निर्वाण है। जो बुद्धि-ग्राह्य है, जो संस्कृत अर्थात् कर्म-संस्कार-जन्य है, जो कार्य है, वह प्रतीत्यसमुत्पन्न है, सापेक्ष है, दुःख है, अनित्य है। उसकी सत्ता केवल प्रातीतिक है; वस्तुतः वह अनुत्पन्न है। अतः बुद्ध के अनुसार प्रतीत्यसमुत्पाद सापेक्ष कारणकार्यवाद है, वास्तविक कारणकार्यवाद नहीं है। 'प्रतीत्य' का अर्थ है 'हेतु प्रत्ययापेक्ष' और 'समुत्पाद' का अर्थ है 'कार्य की उत्पत्ति' अर्थात् कारण-सामग्री की अपेक्षा रख कर कार्य का उत्पन्न होना।[४] किन्तु हीनयान ने इस कारण-कार्य-भाव को कार्य की वास्तविक उत्पत्ति माना। उसके अनुसार 'सापेक्ष' पद का यह अर्थ है कि कार्य की उत्पत्ति के पूर्व कारण का होना आवश्यक है; 'सापेक्ष' पद का यह अर्थ नहीं है कि कार्य की सत्ता सापेक्ष या प्रातीतिक है। कार्य वस्तुतः उत्पन्न होता है और उसकी सत्ता वास्तविक है। हीनयान के अनुसार 'प्रतीत्य' का अर्थ है 'प्रतिक्षण-विनाशशील या क्षणिक धर्म (पदार्थ)' और 'समुत्पाद'

---

१. अष्टादशनिकायभेदभिन्नं भगवतो धर्मशासनम्।

२. 'ए मेन्यूअल ऑफ बुद्धिज्म', प्रीफेस, पृ॰ IX

३. काश्मीरवैभाषिकनीतिसिद्धः प्रायो मयायं कथितोऽभिधर्मः।

४. प्रतीत्यशब्दो ल्यबन्तः प्राप्तावपेक्षायां वर्तते। हेतुप्रत्ययापेक्षो भावानामुत्पादः प्रतीत्य-समुत्पादार्थः। — प्रसन्नपदा, १, १

का अर्थ है वास्तविक उत्पत्ति अर्थात् प्रतिक्षण विनाशी भावों की उत्पत्ति।[१] इसका अर्थ है क्षणिक धर्मों का निरन्तर प्रवाह जिसमें पूर्व अंग कारण और उत्तर अंग कार्य है। बुद्ध ने 'अनित्यवाद' का उपदेश दिया था जिसके अनुसार समस्त संस्कृत या प्रतीत्यसमुत्पन्न धर्म (पदार्थ) अनित्य हैं, नश्वर हैं, व्ययधर्म हैं, परिवतर्नशील हैं, दुःखरूप हैं, मृषा हैं। हीनयान ने बुद्ध के इस 'अनित्यवाद' को, जिसका लोक में प्रत्यक्ष अनुभव होता है, 'क्षणभङ्गवाद' नामक दार्शनिक सिद्धान्त के रूप में परिणत कर दिया। बुद्ध के लिए जो पदार्थ सामान्य रूप से नश्वर हैं, हीनयान के लिए वह पदार्थ दार्शनिक रूप से क्षणिक हैं और प्रतिक्षण उत्पत्तिविनाशशील इन क्षणिक पदार्थों का निरन्तर प्रवाह चल रहा है। बुद्ध ने शाश्वतवाद और उच्छेदवाद दोनों दृष्टियों का निषेध किया था; हीनयान ने शाश्वतवाद का निषेध किया, किन्तु क्षणभङ्गवाद के रूप उच्छेदवाद को अपना लिया। उसके अनुसार जीव और जगत् के पदार्थ असत् हैं, किन्तु क्षणिक धर्मों का प्रवाह, जिनमें चेतन विज्ञान और जड़ परमाणु सम्मिलित हैं, सत्य हैं। जो संस्कृत धर्म बुद्ध के लिए अनित्य, दुःख-रूप, अनात्म और मृषा थे, हीनयान ने उन क्षणिक धर्मों को ही सत् मान लिया और उन्हें स्कन्ध, आयतन और धातु के तानों-बानों में बुनता रहा। सर्वास्तिवाद के अनुसार ७५ धर्म हैं जिनमें ७२ धर्म संस्कृत हैं तथा तीन धर्म (निर्वाण को मिलाकर) असंस्कृत हैं।

अब हम हीनयान के प्रमुख सिद्धान्त **क्षणभङ्गवाद** का विवचेन करें। इसका उद्घोष है—**सर्वं क्षणिकम्** अर्थात् सब कुछ क्षणिक है। परिवर्तन की धारा बह रही है। कोई 'एक' वस्तु या 'वही' पदार्थ नहीं है क्योंकि यदि किसी धर्म को 'एक' या 'वही' माना जायेगा तो वह क्षणिक नहीं होगा। अतः कोई प्रवाह-नित्य वस्तु नहीं है जो परिवर्तन में भी अपनी 'एकता' और अपना 'तादात्म्य' स्थायी रूप में बनाये रहे। केवल क्षणिक धर्मों की धारा बह रही है। ये धर्म दो प्रकार के हैं, चेतन और अचेतन। दोनों परस्पर स्वतन्त्र हैं और दोनों सत् हैं। चेतन धर्म विज्ञान हैं और अचेतन धर्म भौतिक परमाणु हैं। इन क्षणिक विज्ञानों की और इन क्षणिक परमाणुओं की अलग-अलग धारायें सतत बह रही हैं। सब क्षणिक धर्म, विज्ञान और परमाणु, प्रतीत्यसमुत्पन्न हैं, संस्कृत हैं, कारण-कार्यनियम से बँधे हैं क्योंकि क्षणिक धर्मों के निरन्तर प्रवाह में पूर्वभावी क्षणिक धर्म कारण है और उत्तरभावी क्षणिक धर्म उसका कार्य है। कारण-क्षण उत्पन्न होते ही कार्य-क्षण को जन्म देकर नष्ट हो जाता है। इस प्रकार प्रतिक्षण इन क्षणिक धर्मों का उत्पाद विनाश होता रहता है। सत् का लक्षण है कार्योत्पादकक्षमतावान्; जिसमें कार्य को उत्पन्न करने की शक्ति अर्थात् 'अर्थक्रियासामर्थ्य' हो, वही सत् है। अतः प्रतीत्यसमुत्पाद के कारण-कार्य-प्रवाह में प्रवाहमान क्षणिक धर्म ही सत् है—यत् क्षणिकं तत् सत्। इस अर्थ में क्षणिक विज्ञान और क्षणिक परमाणु सत् है।

क्षणभङ्गवाद का दूसरा उद्घोष है—**सर्वम् अनात्म** अर्थात् कोई नित्य द्रव्य नहीं है, न चेतन और न जड़, न कूटस्थ-नित्य और न परिणामि-नित्य। न तो कोई 'आत्मा' या पुद्गल

---

१. इतिर्गमनं विनाशः। इतौ साधव इत्याः। प्रतिर्वीप्सार्थः। प्रति प्रति इत्यानां विनाशिनां समुत्पादः। —वहीं।

नामक चेतन द्रव्य है और न कोई **'भौतिक पदार्थ'** नामक जड़ द्रव्य। द्रव्यता, एकता, तादात्म्य, नित्यता आदि कल्पना मात्र हैं; सत् केवल क्षणिक धर्म है। क्षणिक विज्ञानों के प्रवाह पर पुद्‌गल या जीवात्मा का आरोप या उपचार कर दिया जाता है और क्षणिक परमाणुओं के प्रवाह पर भौतिक पदार्थ का। वस्तुतः न चेतन आत्मा है और न भौतिक पदार्थ। क्षणिक विज्ञानों और क्षणिक परमाणुओं के प्रवाह या सन्तान को **'सन्तानवाद'** की संज्ञा दी गई है। किन्तु ये विज्ञान और परमाणु मिल कर अपने संघात या समुच्चय भी बनाते रहते हैं जो परिणाम के कारण बनते बदलते हैं; इसे **'संघातवाद'** का नाम दिया गया है। सन्तानवाद और संघातवाद क्षणभङ्गवाद के ही दो रूप हैं।

बौद्ध दर्शन में पाँच स्कन्ध माने गये हैं—रूप, वेदना, संज्ञा, संस्कार और विज्ञान। इनमें से प्रथम रूप-स्कन्ध भौतिक है जो पृथ्वी, जल, अग्नि और वायु के परमाणुओं से बनता है और हमारा शरीर इसी के अन्तर्गत आता है। शेष चारों स्कन्ध मानस हैं, विभिन्न मानसिक भावों या प्रवृत्तियों के संघात हैं। इस क्षणिक पञ्चस्कन्धसंघात को व्यवहार में 'पुद्‌गल' या 'आत्मा' कह दिया जाता है और क्षणिक परमाणुसंघात को 'भौतिक पदार्थ'। किन्तु दोनों उपचार मात्र हैं। दोनों की कोई वास्तव सत्ता नहीं है; वास्तव सत्ता केवल क्षणिक विज्ञानों और क्षणिक परमाणुओं की है।

हीनयान ने क्षणिक-प्रवाह को समझाने के लिए नदी की जलधारा और दीपशिखा के दृष्टान्त दिये हैं। हम उसी जल में दुबारा नहीं नहा सकते क्योंकि नदी के जिस जल में हमने पहली डुबकी लगाई थी वह तो बह कर आगे चला गया और दूसरी डुबकी दूसरे जल में ही लगेगी। नदी जल-समूहों का निरन्तर प्रवाह है जिसमें एक जल-समूह के बहने के बाद तुरन्त दूसरा जल-समूह उसका स्थान ग्रहण कर लेता है और इस प्रकार यह क्रम चलता रहता है। इसी प्रकार जलते हुए दीपक को देख कर यह नहीं कहा जा सकता कि यह वही दीपक जल रहा है या एक दीप-शिखा जल रही है। वस्तुतः दीपक कई क्षणिक शिखाओं का निरन्तर प्रवाह है जिसमें एक क्षणिक लौ के जाते ही उसका स्थान तुरन्त दूसरी लौ ले लेती है और यह क्रम दीपक के जलने तक निरन्तर चलता रहता है। एक जल-समूह दूसरे जल-समूह के 'समान' है, किन्तु 'वही' नहीं है, एक दीपशिखा दूसरी दीपशिखा के 'समान' है, किन्तु वही नहीं है। इसी प्रकार एक क्षणिक विज्ञान या परमाणु दूसरे क्षणिक विज्ञान या परमाणु के 'समान' है, किन्तु 'एक' ही नहीं है। प्रवाह के तीव्र वेग और निरन्तरता के कारण 'समानता' पर 'एकता' का आरोप और प्रवाह की 'अनवच्छिन्नता' पर 'नित्यता' का आरोप कर दिया जाता है, किन्तु यह आरोप उपचार मात्र है, तथा वस्तुतः भ्रान्ति है।

१८ वीं शती के पाश्चात्य दार्शनिक ह्यूम का मत इस बौद्ध मत से पर्याप्त समानता रखता है। ह्यूम ने भी आत्मा नामक चेतन द्रव्य और बाह्य पदार्थ नामक जड़ द्रव्य का इसी प्रकार खण्डन किया है। उनका कथन है कि हमें प्रत्यक्ष से विज्ञान-धारा और इन्द्रिय-सम्वेदनधारा के अतिरिक्त किसी चेतन या जड़ द्रव्य का अनुभव नहीं होता। तथाकथित आत्म-द्रव्य और जड़ द्रव्य उन विभिन्न क्षणिक विज्ञानों और इन्द्रिय-सम्वेदनों के पुञ्ज के अतिरिक्त कुछ नहीं

है जो अकल्पनीय वेग से एक दूसरे के बाद आते रहते हैं और जिनके परिवर्तन तथा गति की अक्षुण्ण धारा निरन्तर बह रही है। इनमें सादृश्य, आनन्तर्य और नैरन्तर्य तो है, किन्तु एकत्व, द्रव्यत्व और नित्यत्व नहीं है। ह्यूम ने तो कारणकार्यभाव का भी खण्डन किया है। ह्यूम के अनुसार विज्ञानों और सम्वेदनों के अजस्र प्रवाह में इन पृथक्-पृथक् विज्ञानों और सम्वेदनों में आनन्तर्य सम्बन्ध का अनुभव तो होता है, किन्तु इस आनन्तर्य की अनिवार्यता का अनुभव नहीं होता। पूर्व विज्ञान और उत्तर विज्ञान में पूर्वापर या आनन्तर्य सम्बन्ध तो है क्योंकि प्रथम विज्ञान द्वितीय विज्ञान का पूर्ववृत्ति है, किन्तु इस पूर्ववृत्तित्व के नियतत्व का ज्ञान हमें नहीं होता, अतः इनमें कारणकार्य-सम्बन्ध स्थापित नहीं किया जा सकता। हीनयान-दर्शन इस बात में ह्यूम-दर्शन से श्रेष्ठ है, क्योंकि वह कारणकार्यसम्बन्ध को मानता है। कोई भी बौद्ध मत प्रतीत्यसमुत्पाद को स्वीकार किए बिना 'बौद्ध' नहीं हो सकता क्योंकि यह बुद्ध-प्रतिपादित केन्द्रीय सिद्धान्त है। सर्वास्तिवाद ने भले ही कारण-कार्य-शृंखला के अङ्गों को क्षणिक धर्मों के स्तर पर उतार दिया है, तथापि कारण एवं कार्य क्षणों में वह अनिवार्य सम्बन्ध स्वीकार करता है तथा कारण-क्षण में कार्य-क्षण को उत्पन्न करने की शक्ति का प्रतिपादन करता है। ह्यूम के समान वह इन्द्रियानुभववादी नहीं है क्योंकि वह समस्त ज्ञान को इन्द्रिय-प्रत्यक्ष तक ही सीमित नहीं करता। वह, कान्ट के समान, बुद्धि-विकल्पों की अनिवार्यता स्वीकार करता है। वह समाधि में प्रकाशित निर्विकल्प प्रज्ञा को भी स्वीकार करता है क्योंकि इसके बिना निर्वाण प्राप्त नहीं हो सकता।

'मिलिन्द-पञ्हो' (मिलिन्द-प्रश्न) नामक ग्रन्थ में भदन्त नागसेन और यवन-राजा मिलिन्द (सम्भवतः ग्रीक राजा मेनेण्डर) के सम्वाद द्वारा पुद्गल-नैरात्म्य का सुन्दर निरूपण किया गया है। यवनों के राजा मिलिन्द ने भदन्त नागसेन के पास जाकर पूछा—भन्ते ! आपका शुभ नाम क्या है ?

महाराज ! लोग मुझे 'नागसेन' के नाम से पुकारते हैं; वास्तव में इस नाम का कोई पुद्गल या जीवात्मा नहीं है।

भन्ते ! यदि नागसेन नाम का कोई पुद्गल नहीं है, तो शील का पालन कौन करता है ? ध्यान-भावना का अभ्यास कौन करता है ? आर्य मार्ग के फल रूप निर्वाण का साक्षात्कार कौन करता है ? फिर तो कुशल और अकुशल कर्म भी नहीं होने चाहिये। भन्ते ! तब तो आपके कोई आचार्य भी नहीं हैं। फिर तो आपकी उपसम्पदा भी नहीं हुई। तो फिर नागसेन कौन है ? भन्ते ! क्या आपके केश नागसेन हैं ?

नहीं महाराज।

क्या ये रोयें नागसेन हैं ?

नहीं महाराज।

क्या ये नख, दाँत, चर्म, मांस, स्नायु, अस्थि, मज्जा, रक्त, मेद नागसेन हैं ?

नहीं महाराज।

क्या रूप या वेदना या संज्ञा या संस्कार या विज्ञान नागसेन हैं ?

नहीं महाराज।

क्या ये पञ्चस्कन्ध मिलकर नागसेन हैं ?

नहीं महाराज।

क्या इन पञ्चस्कन्धों से भिन्न कोई नागसेन हैं ?

नहीं महाराज।

भन्ते ! मैं पूछता-पूछता थक गया, किन्तु 'नागसेन' का पता नहीं चला।

तब भदन्त नागसेन ने राजा मिलिन्द से पूछा—

महाराज ! क्या आप यहाँ पैदल आये हैं या किसी सवारी पर ?

भन्ते ! मैं रथ पर आया हूँ।

महाराज ! आप मुझे बतायें कि आपका 'रथ' कौन सा है ?

क्या रथ-दण्ड रथ है ? क्या रथ-चक्र (पहिये) रथ हैं ?

नहीं भन्ते।

क्या अक्ष, रथ-पञ्जर, युग, रश्मियाँ रथ हैं ?

नहीं भन्ते।

क्या ये सब मिला कर रथ हैं ?

नहीं भन्ते।

क्या इन सबसे भिन्न कोई रथ है ?

नहीं भन्ते।

महाराज ! मैं पूछते-पूछते थक गया, किन्तु 'रथ' का पता नहीं चला। महाराज ! आप झूठ बोलते हैं कि रथ नहीं है। भन्ते ! मैं झूठ नहीं बोलता। दण्ड, चक्र, अक्ष आदि की अपेक्षा से 'रथ' यह नाम, संज्ञा, प्रज्ञप्ति, व्यवहार किया जाता है।

महाराज ! बहुत ठीक, अब आपने जान लिया कि रथ क्या है। महाराज ! इसी प्रकार केश, लोम, रूप, वेदना, संज्ञा, संस्कार, विज्ञान की अपेक्षा रख कर 'नागसेन' यह नाम संज्ञा, प्रज्ञप्ति, व्यवहार किया जाता है। वास्तव में कोई नागसेन नामक पुद्गल (जीवात्मा) नहीं है।[१]

उपर्युक्त सम्वाद से यह स्पष्ट होता है कि कोई नित्य या परिणामि-नित्य पुद्गल या जीवात्मा नामक चेतन द्रव्य (नागसेन) तथा भौतिक पदार्थ नामक जड़ द्रव्य (रथ) नहीं है। ये केवल नाम या प्रज्ञप्ति हैं जो क्षणिक धर्मों के सन्तान (प्रवाह) और संघात के कारण आरोपित या उपचरित कर दिये जाते हैं।

हीनयान ने कर्ता के बिना **कर्म** को स्वीकार किया है। जीव या पुद्गल नहीं है, किन्तु पुनर्जन्म होता है। इस जन्म का अन्तिम विज्ञान अगले जन्म के प्रथम विज्ञान को उत्पन्न करता है। कर्म-सिद्धान्त निर्वैयक्तिक नियम है जो स्वतः प्रभावशील है; यह किसी ईश्वर या जीवात्मा

---

१. मिलिन्दपञ्हो, २, १-४

पर निर्भर नहीं रहता। कर्म सूक्ष्म परमाणुरूप भी नहीं है। हीनयान में कर्म का स्वरूप श्रौत और जैन दोनों मतों से भिन्न है।

अब हम हीनयान के अनुसार **निर्वाण** का निरूपण करते हैं। हीनयान के ग्रन्थों में निर्वाण को अविद्या, तृष्णा, उपादान एवं तज्जन्य क्लेशों के निरोध के रूप में वर्णित किया गया है। पुद्गल-नैरात्म्य के ज्ञान से क्लेशावरण हट जाता है। अविद्या एवं तज्जन्य तृष्णा, उपादान आदि के क्षय से क्लेशक्षय होकर निर्वाण प्राप्त होता है। जैसे तेल के क्षय से दीपक बुझ जाता है, वैसे ही क्लेश के क्षय से निर्वाण रूपी शान्ति मिलती है।[१] किन्तु निर्वाण के विषय में बुद्ध के उपदेश इतने प्रबल थे और बारम्बार दिये गये थे कि हीनयान में भी बुद्ध-वर्णित पदों का निर्वाण के लिए प्रयोग कई स्थानों में किया गया है।

स्थविरवाद और सर्वास्तिवाद में निर्वाण को अच्युत, अभय, परम सुख, शान्त, अजर, अमृत, पर, अजात, असंस्कृत, क्षेम, शिव आदि पदों से विभूषित किया गया है।[२] मिलिन्द-प्रश्न में नागसेन ने निर्वाण का जो वर्णन किया है वह पठनीय है—महाराज ! निर्वाण आत्यन्तिक (एकान्त) सुख है, वह दुःख से सर्वथा अमिश्रित है। यद्यपि स्वरूपतः निर्वाण का वर्णन नहीं हो सकता क्योंकि वह अनिर्वचनीय है, तथापि गुणतः उसका किंचित् वर्णन किया जाता है। महाराज ! जिस प्रकार कमल जल से लिप्त नहीं होता, उसी प्रकार निर्वाण समस्त क्लेशों से अलिप्त है। जिस प्रकार महासमुद्र में बड़े-बड़े जीव रहते हैं, वैसे ही निर्वाण में बड़े-बड़े क्षीणास्रव विशुद्ध अर्हत् रहते हैं। यह निर्वाण न उत्पन्न है, न अनुत्पन्न और न उत्पादनीय। यह निर्वाणधातु परम शान्ति है, परमानन्द है, अत्युत्तम है, अद्वितीय है। समस्त संस्कारों को अनित्य, दुःख और अनात्म देखते हुए, विमल प्रज्ञा से निर्वाण का साक्षात्कार होता है।[३] प्रज्ञा का लक्षण बताते हुए नागसेन कहते हैं—महाराज! स्वप्रकाशता प्रज्ञा का लक्षण है। प्रज्ञा होते ही अविद्यारूपी अन्धकार नष्ट हो जाता है और विद्यारूपी प्रकाश फैल जाता है। ऊहापोह की पकड़ बुद्धि का लक्षण है और अविद्या-क्लेश-कृन्तन प्रज्ञा का। जैसे जौ काटने वाले बायें हाथ से जौ की बालों को पकड़ कर और दाहिने हाथ से हँसिया पकड़ कर जौ काटते हैं, वैसे ही योगी बुद्धि से मन को पकड़ कर प्रज्ञा से क्लेशों को काट देता है।[४] स्थविरवाद और सर्वास्तिवाद दोनों ही निर्वाण को **'असंस्कृत-धर्म'** मानते हैं। समस्त संस्कृत धर्म अनित्य, दुःख और अनात्म हैं। निर्वाण असंस्कृत है, अतः वह नित्य, सुख और भावरूप अनास्रव एवं अमृत तत्त्व है। निर्वाण को 'निरोध' इसलिये कहा जाता है कि उसमें अविद्या का, तृष्णा का, उपादान का, भव का, क्लेशों का, कामास्रव, भवास्रव और अविद्यास्रव का, समस्त संस्कृत धर्मों का, समस्त दुःखों का एवं जन्म-मरण चक्र का निरोध हो जाता है। किन्तु निर्वाण स्वयं अभावात्मक नहीं है। वह भावात्मक, नित्य और असंस्कृत धर्म है जिसमें समस्त दुःखों का

---

१. सौन्दरनन्द, १६, २८-२९

२. पीछे, पृ० ५९

३. मिलिन्द-पञ्हो, ४, ६७ से ८३ तक

४. वहीं, २, १५; २, २३

निरोध होता है। सर्वास्तिवाद ने ७२ संस्कृत धर्म और तीन असंस्कृत धर्म माने हैं। ये तीन असंस्कृत धर्म हैं—आकाश, अप्रतिसंख्यानिरोध और प्रतिसंख्यानिरोध या निर्वाण। तीनों ही असंस्कृत होने से नित्य हैं; किन्तु प्रथम दो अभावात्मक हैं और निर्वाण भावात्मक। आकाश आवरणाभाव है। अप्रतिसंख्यानिरोध का अर्थ है क्षणिकधर्मों के प्रवाह या सन्तान में प्रत्येक धर्म का उत्पत्ति के तुरन्त बाद विनाश हो जाना; क्षणिक धर्म का स्वभाव ही है कि वह उत्पत्ति के तुरन्त बाद निरुद्ध हो जाता है; यह निरोध 'प्रतिसंख्या' अर्थात् 'ज्ञान' पूर्वक नहीं किया जाता, अत: इसकी संज्ञा अप्रतिसंख्यानिरोध है। यह वस्तुत: क्षणभङ्गवाद है जिसमें प्रत्येक क्षणिक धर्म का उत्पत्ति के तुरन्त बाद निरोध होता रहता है। यह 'नित्य' इसलिये है कि क्षणभङ्गवाद के अनुसार क्षणिक धर्मों का प्रवाह सदा चलता रहता है, और 'निरोध' इसलिये कि प्रतिक्षण क्षणिक धर्म का निरोध होता रहता है। केवल निर्वाण को ही नित्य और भावात्मक माना गया है। इसमें अविद्या और उसके सारे अङ्गों का प्रज्ञा द्वारा अर्थात् 'प्रतिसंख्या' या ज्ञानपूर्वक पृथक्-पृथक् निरोध किया जाता है। अत: निर्वाण को प्रतिसंख्या-निरोध कहते हैं, किन्तु यह मात्र निरोधात्मक नहीं है। स्थविरवाद और सर्वास्तिवाद को बुद्ध के उपदेशों के आधार पर निर्वाण को असंस्कृत, नित्य, सुखरूप, शिव, अमृत तत्त्व स्वीकार करना पड़ा, किन्तु उनकी बहुत्ववादी और वस्तुवादी दृष्टि ने निर्वाण को सही रूप में नहीं समझा। निर्वाण 'संस्कृत' नहीं है, किन्तु निर्वाण 'धर्म' भी नहीं है, क्योंकि धर्म का अर्थ है द्रव्य, विषय, ज्ञेय, पदार्थ, वस्तु और निर्वाण पदार्थ नहीं है। निर्वाण को अन्य धर्मों से भिन्न किन्तु उनके साथ एक 'धर्म' मान लेना और उसे सर्वोच्च धर्म के रूप में मान्यता देना, वस्तुत: निर्वाण को धर्म के स्तर पर गिराना है। उसे ज्ञेय और पदार्थ मानना उसका उपहास करना है। निर्वाण 'धर्म' नहीं है; वह सब धर्मों की **'धर्मता'** है। वह सब धर्मों में व्याप्त रह कर भी सबके पार है। वह धर्मान्तर्यामी और धर्मातीत है। वह निरपेक्ष परम तत्त्व है।

अब सर्वास्तिवाद और सौत्रान्तिक सम्प्रदायों के कुछ प्रमुख भेदों पर भी दृष्टिपात कर लें। अभिधर्मज्ञानप्रस्थान नामक ग्रन्थ की 'विभाषा' व्याख्याओं को सर्वाधिक महत्त्व देने के कारण सर्वास्तिवादी को 'वैभाषिक' कहा जाने लगा। सूत्रपिटक के सूत्रान्तों पर विशेष आग्रह देने के कारण 'सौत्रान्तिक' नामकरण हुआ। वैभाषिक बाह्यप्रत्यक्षवादी हैं। उनके अनुसार प्रत्यक्ष में बाह्य पदार्थों का साक्षात् ज्ञान होता है। सौत्रान्तिक बाह्यानुमेयवादी हैं। उनके अनुसार बाह्य पदार्थों का प्रत्यक्षज्ञान नहीं होता, अपितु उनका अनुमान किया जाता है। इन्द्रियार्थसन्निकर्ष होने पर बाह्य पदार्थ इन्द्रियसम्वेदन द्वारा हमारे मानस पर अपनी छाप या चित्र छोड़ते हैं; हमें प्रत्यक्ष इन्हीं चित्रों का होता है जिनके आधार पर हम मूल पदार्थों का अनुमान करते हैं। वैभाषिक का आक्षेप है कि जब हमें 'बिम्ब' या मूल पदार्थ का प्रत्यक्ष नहीं होता, तो हम 'प्रतिबिम्ब' या चित्र को देखकर यह कैसे जान सकते हैं कि यह प्रतिबिम्ब अमुक बिम्ब का ही है ? वैभाषिक ७५ धर्मों को स्वीकार करता है; सौत्रान्तिक ने उनकी संख्या ४३ तक सीमित कर दी है। सौत्रान्तिक वैभाषिक से अधिक आलोचनात्मक दृष्टि रखते हैं। वे बुद्धि की 'कल्पना' शक्ति को, उसकी विकल्पीकरण की क्रिया को महत्त्व देते हैं और उसे

अनुभवनिरपेक्ष मानते हैं। इस अर्थ में सौत्रान्तिक, वैभाषिक और विज्ञानवादी के बीच की शृंखला है, तथा उनके द्वारा विज्ञानवाद के लिये मार्ग प्रशस्त करने का कार्य किया गया है। वैभाषिक और सौत्रान्तिक में एक महत्त्वपूर्ण भेद निर्वाण के स्वरूप के विषय में है। वैभाषिक निर्वाण को भावात्मक धर्म या वस्तु मानते हैं जहाँ अविद्या और उसके समस्त कार्यों का निषेध होता है। सौत्रान्तिक की आपत्ति है कि इस मान्यता से निर्वाण एक जड़ द्रव्य के समान हो जायेगा क्योंकि पञ्चस्कन्धों का निषेध होने से उसमें विज्ञान या चैतन्य का निषेध भी मानना पड़ेगा। सौत्रान्तिक के अनुसार निर्वाण 'धर्म या वस्तु' नहीं है, अपितु संसार में ही व्याप्त बुद्धकाय है। इस अर्थ में भी सौत्रान्तिक वैभाषिक और विज्ञानवाद के बीच की शृंखला है; यहाँ यह ध्यान में रखना आवश्यक है कि सौत्रान्तिक निर्वाण को 'असत्' नहीं मानता, जैसा कि कुछ विद्वानों ने कहा है, क्योंकि निर्वाण को 'असत्' मानना बुद्ध को और बौद्ध धर्म को नकारना होगा जो कोई भी बौद्ध सम्प्रदाय नहीं कर सकता। सौत्रान्तिक ने केवल निर्वाण के भावात्मक द्रव्य के रूप में जड़ीकरण का, उसके विषयीकरण का, निषेध किया है।

३. हीनयान समीक्षा

क्षणभङ्गवाद के अनुसार स्वयं क्षणभङ्गवाद ही सिद्ध नहीं हो सकता क्योंकि सिद्धि-असिद्धि, विधि-निषेध, स्वीकरण-निराकरण आदि के लिये एक नित्य निरपेक्ष साक्षि-चैतन्य या आत्मा की आवश्यकता है जो समस्त ज्ञान और अनुभव का अधिष्ठान है और जिसके बिना कोई ज्ञान या अनुभव नहीं हो सकता। क्षणिक विज्ञान स्वयं अपना ज्ञान नहीं कर सकता; वह ज्ञाता की अपेक्षा रखता है जिसके लिये क्षणिक विज्ञान स्वयं ज्ञेय है। क्षणिक धर्मों के प्रवाह में आनन्तर्य, निरन्तरता और अनिवार्य कारण-कार्य-भाव के लिये भी नित्य ज्ञाता की अनिवार्यता स्वतः सिद्ध है। क्षणिक विज्ञान या क्षणिक परमाणु न तो प्रवाहापन्न हो सकते हैं और न संघात बना सकते हैं। प्रवाह की निरन्तरता के लिये भी विज्ञान या परमाणु को कम से कम तीन क्षण तक रहना आवश्यक है—प्रथम क्षण में वह उत्पन्न होगा, द्वितीय क्षण में कार्योत्पादशक्ति प्रकट करेगा और तृतीय क्षण में कार्य को उत्पन्न करके नष्ट होगा। यदि क्षणिक धर्म की उत्पत्ति और कार्योत्पादसामर्थ्य एक ही क्षण में मान लिये जावें तो भी कम से कम दो क्षण तक तो उसे टिकना होगा अन्यथा उत्पाद और विनाश एक ही हो जावेंगे। पुनश्च, यदि क्षणिक धर्मों का प्रवाह चल रहा है और प्रति क्षण उनका उत्पाद-विनाश हो रहा है तो उनके संघात कैसे बन सकते हैं ? अतः क्षणिक धर्मों का न सन्तान या प्रवाह सिद्ध होता है और न संघात। क्षणभङ्गवाद कर्मवाद का, समस्त लोक-व्यवहार का, नैतिक आचरण का, आध्यात्मिक साधना का और निर्वाण-प्राप्ति का निषेध करता है। बिना कर्ता के कर्म नहीं हो सकता। यदि क्षणिक विज्ञान ही कर्ता है तो कर्मवाद ध्वस्त हो जाता है। जो कर्म करता है वह विज्ञान नष्ट हो गया और जो उस कर्म का फल भोगेगा वह विज्ञान दूसरा ही होगा। जिसने कर्म किया उसके लिये उसका फल नष्ट हो गया (कृतप्रणाश); जिसने

फल भोगा उसने कर्म नहीं किया (अकृताभ्यागम)। यदि प्रत्येक व्यक्ति यह सोचने लगे कि वह प्रतिक्षण परिवर्तित होकर अन्य व्यक्ति बनता जाता है तो लोकव्यवहार सम्भव नहीं है। नैतिक कर्म और आध्यात्मिक साधना भी व्यर्थ जायेगी क्योंकि कर्म करेगा कोई और तथा फल भोगेगा कोई और। इसी प्रकार जिसने निर्वाण के लिए साधना की, उसे निर्वाण नहीं मिला; और जिसने साधना नहीं की, उसे निर्वाण प्राप्त हो गया। पुनश्च, क्षणभङ्गवाद के आधार पर न ज्ञान सम्भव है, न स्मृति और न प्रत्यभिज्ञा, क्योंकि इनके लिये ज्ञाता की सत्ता कम से कम दो या तीन क्षण के लिये आवश्यक है। ज्ञान के लिये, प्रथम क्षण में निर्विकल्प इन्द्रिय-सम्वेदन और द्वितीय क्षण में सविकल्प ज्ञान; स्मृति के लिये, प्रथम क्षण में अनुभूत व्यक्ति, पदार्थ या घटना का द्वितीय क्षण में स्मरण; प्रत्यभिज्ञा के लिये, प्रथम क्षण में किसी व्यक्ति को देखना, द्वितीय क्षण में उसी व्यक्ति को पुनः देखना और तृतीय क्षण में प्रथम और द्वितीय क्षणों के अनुभवों की तुलना करके यह कहना कि 'यह वही व्यक्ति है।' जैनाचार्य हेमचन्द्र ने एक पद्य में ही क्षणभङ्गवाद के दोष गिना दिये हैं कि इसके अनुसार कर्म-सिद्धान्त, बन्धन, मोक्ष, मोक्षसाधन, लोकव्यवहार, ज्ञान, स्मृति और प्रत्यभिज्ञा आदि सब असम्भव हो जाते हैं।[१] पुनश्च, यदि सब क्षणिक है और जो क्षणिक है वही सत् है, तो निर्वाण भी क्षणिक होना चाहिये। तब निर्वाण को असंस्कृत और नित्य द्रव्य तथा सुखरूप अमृत पद मानना असङ्गत होगा। और यदि निर्वाण ऐसा है, तो क्षणभङ्गवाद का क्षेत्र केवल प्रज्ञप्ति और व्यवहार तक होगा। पुनश्च, निर्वाण का 'धर्म' या वस्तु मानना उसको जड़ पदार्थ के स्तर पर उतार देना है। ये सब दोष और अन्तर्विरोध हीनयान दर्शन में भरे पड़े हैं।

---

१. कृतप्रणाशाकृतकर्मभोगभवप्रमोक्षस्मृतिभङ्गदोषान्।
उपेक्ष्य साक्षात् क्षणभङ्गमिच्छन्नहो महासाहसिकः परस्ते।। —अन्ययोग०, १८

षष्ठ अध्याय

शून्यवाद या माध्यमिक दर्शन

१. अश्वघोष का दर्शन

हम बता चुके हैं कि हीनयान ने बुद्ध के उपदेशों को अन्यथा समझा और बुद्ध के आध्यात्मिक अद्वैतवाद को भुला कर बहुत्ववादी वास्तववाद का प्रतिपादन किया। सर्वास्तिवाद का शाब्दिक अर्थ है कि 'सब कुछ है अर्थात् सबकी सत्ता है', किन्तु वस्तुतः इसने जीव को क्षणिक विज्ञानों का सन्तान और जगत् को क्षणिक परमाणुओं का सन्तान बना कर उनके प्रतिक्षणपरिणामी संघातों को भी स्वीकार किया। आत्मा और ईश्वर का निषेध करके बुद्ध के शरीर के नख, केश, दन्त, अस्थिखण्ड पर भव्य मन्दिर बनाकर बुद्ध-प्रतिमा को ईश्वर के आसन पर बिठा दिया। हीनयान के दोषों और अन्तर्विरोधों को दूर करके बुद्धोपदिष्ट अद्वैतवाद की पुनः प्रतिष्ठा करने के लिये महायान का उदय हुआ।

महायान के सर्वाधिक प्राचीन उपलब्ध ग्रन्थ 'महायान वैपुल्य सूत्र' हैं जिनमें प्रज्ञापारमितायें और सद्धर्मपुण्डरीक आदि अत्यन्त प्राचीन हैं। इनमें शून्यवाद का विस्तृत प्रतिपादन है। किन्तु शून्यवाद को सर्वप्रथम तार्किक एवं दार्शनिक रूप में सुसम्बद्ध करके उसे प्रतिष्ठित दार्शनिक सम्प्रदाय का रूप देने का सम्पूर्ण श्रेय आचार्य नागार्जुन को है। कुछ सर्वाधिक प्राचीन प्रज्ञापारमितादि महायानसूत्रों के बाद और आचार्य नागार्जुन के पूर्व आचार्य अश्वघोष हुये जो महाराज कनिष्क के समकालीन थे। अश्वघोष का 'महायानश्रद्धोत्पादशास्त्र' नामक ग्रन्थ मूल संस्कृत में उपलब्ध नहीं है। इसका आचार्य परमार्थ ने चीनी भाषा में अनुवाद किया था जो उपलब्ध है। इस चीनी अनुवाद के प्रोफेसर सुजुकी ने और टी. रिचार्ड ने आंग्लभाषा में अनुवाद किये हैं। हमारा अश्वघोष के दर्शन का ज्ञान अधिकतर इन्हीं अनुवादों पर निर्भर है। आधुनिक विद्वान् ताकाकुसु और विन्टरनित्ज के मत से अश्वघोष इस शास्त्र के प्रणेता नहीं हैं। किन्तु सुजुकी ने परम्परागत चीनी सम्प्रदाय की पुष्टि करते हुये जो प्रमाण अश्वघोष को इस शास्त्र के लेखक सिद्ध करने के लिये दिये हैं उन्हें हम मान्य समझते हैं। सौभाग्य से अश्वघोष के 'सौन्दरनन्द' और 'बुद्धचरित' नामक दो संस्कृत के महाकाव्य उपलब्ध हैं। इनके आधार पर कुछ विद्वान् अश्वघोष को हीनयानी मानते हैं; किन्तु वे भूल जाते हैं कि इन काव्यों में हीनयान के कुछ सिद्धान्तों के वर्णन के अतिरिक्त महायान की स्पष्ट झलक भी कई स्थलों पर उपलब्ध है। सम्भव है अश्वघोष आरम्भ में हीनयानी रहे हों और बाद में महायानी बने हों। उनका 'महायानश्रद्धोत्पाद-शास्त्र', जो इन काव्यों के बाद की कृति है, उन्हें प्राचीन महायानसूत्रों के आधार पर, महायान को सुसम्बद्ध रूप देने वाले प्रथम आचार्य

के रूप में प्रतिष्ठित करता है। स्वयं अश्वघोष ही अपने 'शास्त्र' के प्रारम्भ में कहते हैं कि—बुद्ध-निर्वाण के पश्चात् भगवान् बुद्ध के उपाय-कौशल्य द्वारा प्रतिपादित सिद्धान्तों के वास्तविक अर्थ को समझने वाले व्यक्ति कम थे। अधिकांश ने बुद्धोपदेश को अन्यथा समझा। अतएव प्रस्तुत शास्त्र का उद्देश्य पृथग्जनों एवं हीनयानी श्रावकों तथा प्रत्येक-बुद्धों के विपरीत मतों को दूर करके तथागत द्वारा उपदिष्ट सिद्धान्तों के वास्तविक अर्थ को प्रकाशित करना है।[1]

आचार्य अश्वघोष ने बुद्धोपदिष्ट आध्यात्मिक अद्वैतवाद को, उपनिषद्-दर्शन के आलोक में, पुनः प्रतिष्ठित किया। महायानश्रद्धोत्पादशास्त्र विषय-वस्तु में, निरूपण में, उपमा देने में वेदान्त-ग्रन्थों के समान लगता है। अश्वघोष के अनुसार मूल तत्त्व 'तथता' है। यह निर्विकार और सदा एक सा रहता है। सत्ता की दृष्टि से इसे 'भूत तथता' कहते हैं; बोध की दृष्टि से 'बोधि' या 'प्रज्ञा'; व्यापकता की दृष्टि से 'धर्मकाय' या 'धर्मधातु', तथा आनन्द की दृष्टि से 'तथागतगर्भ'। इन्द्रिय, बुद्धि और वाणी की पहुँच के बाहर होने के कारण यह तत्त्व अतीन्द्रिय, विकल्पातीत और अनिर्वचनीय है। संसार न सत् है, न असत्; अतः मिथ्या है। बुद्धि की चार कोटियाँ हैं—सत्, असत्, सदसत् और सदसद्भिन्न। बुद्धि इन कोटियों और विकल्पों के द्वारा वस्तु के स्वरूप का अन्यथा प्रतीत कराती है। तत्त्व चतुष्कोटिविनिर्मुक्त है। अविद्या से प्रतीत्यसमुत्पादचक्र या जन्म-मरण-चक्र चलता है; अविद्या-निवृत्ति से निर्वाण प्राप्त होता है। निर्विकल्प और निरुपाधि 'भूततथता' (वेदान्त के निर्गुण ब्रह्म के समान) अविद्या के कारण सविकल्प 'सोपाधितथता' (वेदान्त के सगुण ब्रह्म या ईश्वर के समान) के रूप में प्रतीत होती है। जिस प्रकार मृत्तिका, उपाधि भेद से, नाना प्रकार के कलशादि रूपों में प्रतीत होती है, उसी प्रकार तथता अनेक जीवों और जड़ पदार्थों के रूप में भासित होती है। विषयी जीव और विषय जगत् के रूप में भासित यह सम्पूर्ण संसार इसी 'सोपाधि तथता' की लीला है।[2] निरुपाधि भूततथता का साक्षात्कार निर्वाण है, बुद्ध-ज्ञान है, परमार्थ है और जीवन का चरम लक्ष्य है। महायान सम्प्रदायों का कोई भी मुख्य सिद्धान्त ऐसा नहीं है जो बीजरूप से अश्वघोष के दर्शन में न मिल सके। तत्त्व की चतुष्कोटिविनिर्मुक्तता और अनिर्वचनीयता शून्यवाद में विकसित हुई; और तत्त्व की विशुद्ध विज्ञानस्वरूपता विज्ञानवाद में विकसित हुई। अश्वघोष ने अपने महायानश्रद्धोत्पादशास्त्र के अतिरिक्त अपने काव्यों में भी निर्वाण को 'क्षेम, नैष्ठिक, अच्युतपद' कहा है[3] और इस 'शान्त एवं शिव तत्त्व को' साक्षात्कार करने योग्य बताया है।[4] उन्होंने यह मान्यता भी प्रकट की है कि जीवन्मुक्त के लिये अणुमात्र भी कोई कर्त्तव्य शेष नहीं रहता, तथापि वह करुणा-प्रेरित होकर इस भवचक्र में दुःख भोगने वाले व्यक्तियों के मोक्ष-हेतु प्रवृत्त होता है।[5] स्पष्ट ही ये सिद्धान्त महायान के हैं।

---

१. सुजुकी कृत 'महायानश्रद्धोत्पादशास्त्र' का आंग्ल अनुवाद 'दि अवेकनिंग ऑफ फ़ेथ इन महायान', पृष्ठ ११२; रिचर्डकृत अनुवाद, पृ० ७

२. वहीं, रिचर्ड, पृ० ११-१२

३. सौन्दरनन्द, १६, २६—क्षेमं पदं नैष्ठिकमच्युतं तत्।

४. वहीं, १६, २७—शान्तं शिवं साक्षिकुरुष्व धर्मम्।

५. वहीं, १८, ५४—अवाप्तकार्योऽसि परां गतिं गतो न तेऽस्ति किंचित् करणीयमण्वपि।
अतः परं सौम्य चरानुकम्पया विमोक्षयन् कृच्छ्रगतान् परानपि।।

२. महायानसूत्र

अष्टसाहस्रिकाप्रज्ञापारमिता, शतसाहस्रिकाप्रज्ञापारमिता, सद्धर्मपुण्डरीक, समाधिराज, लङ्कावतार आदि महायानसूत्र बारम्बार और साग्रह प्रतिपादन करते हैं कि तत्त्व अद्वैत है तथा उसका साक्षात्कार अपरोक्षानुभूति या प्रज्ञापारमिता द्वारा हो सकता है। तत्त्व बुद्धि-ग्राह्य नहीं है। संसार के समस्त धर्म अर्थात् जीव एवं मानस तथा बाह्य पदार्थ बुद्धि-ग्राह्य होने के कारण मिथ्या हैं। प्रत्येक बुद्धि-गम्य पदार्थ तत्त्वचिन्तन के सम्मुख नहीं टिक सकता, विचार के तीव्र आघातों को नहीं सह सकता। अतः समस्त बुद्धि-गम्य पदार्थ स्वभावशून्य, प्रतीत्यसमुत्पन्न, परमार्थतः अनुत्पन्न, सापेक्ष और सविकल्प होने के कारण मिथ्या सिद्ध होते हैं। सब पदार्थ नामरूप हैं, माया हैं। नामरूप ही माया है और माया ही नामरूप है।[१] माया न सत् है, न असत् और न सदसत् है; इसकी अपनी कोई सत्ता, अपना कोई पद नहीं है।[२] माया प्रज्ञप्ति है, व्यवहार है। समस्त धर्म या पदार्थ माया, स्वप्न, प्रतिध्वनि, प्रतिभास के समान मिथ्या हैं;[३] कदली-स्कन्ध के समान निःसार है। प्रपञ्च-मिथ्यात्व पर बल देने के कारण कभी-कभी महायानसूत्रों में सारे पदार्थों को शशशृङ्ग, वन्ध्यापुत्र, गन्धर्वनगर, द्विचन्द्रदर्शन, तैमिरिक दृष्टि, अलातचक्र, इन्द्रजाल आदि के समान असत् और अलीक तक कह दिया है।[४] वस्तुतः न उत्पत्ति है, न निरोध है; न हानि है, न वृद्धि है; न भाव है, न अभाव है; न शून्य है, न अशून्य है; न संसार है, न निर्वाण है; न शुद्धि है, न अशुद्धि है; न आना है, न जाना है; सब धर्म तथागत के समान सम हैं। जो यह जान लेता है, वह अमृत एवं शिव निर्वाण को पा लेता है।[५]

यद्यपि महायान सूत्रों में जगत् को कभी-कभी वन्ध्यापुत्र और शशशृङ्ग के समान असत् और अलीक भी कह दिया है, तथापि उनका तात्पर्य जगत् के असत्त्व से नहीं, अपितु मिथ्यात्व से है, क्योंकि वे बार-बार जगत् को सदसदनिर्वचनीय कहते हैं। महायान-सूत्रों में जगत् की व्यावहारिक सत्ता बारम्बार स्वीकार की गई है। सद्धर्मपुण्डरीकसूत्र[६] में उल्लेख है कि जब तक हम बुद्धि-विकल्पों में ही फँसे हैं तब तक हम अन्धकार में हैं; जब हम बुद्धि की सीमा जानकर उससे ऊपर उठने का प्रयत्न करते हैं, तब हमारे नेत्र खुलने लगते हैं; जब हम विशुद्ध प्रज्ञा का साक्षात्कार करते हैं, तब हमें बुद्ध-ज्ञान प्राप्त होता है। अष्टसाहस्रिका-प्रज्ञापारमितासूत्र[७] में इस ज्ञान को निष्प्रपञ्च, निरक्षर, वितर्कशून्य, अनभिलाप्य सम्यक् सम्बोधि कहा गया है। इसमें सब प्रपञ्च और बुद्धि की सारी कल्पनायें विलीन हो जाती हैं। परमार्थ में अद्वैत है,

---

१. नामरूपमेव माया मायैव नामरूपम्।—शतसाहस्रिका प्र. पा., पृ० ८९८
२. मायायाः पदं न विद्यते।—वहीं, पृ० १२०९
३. अष्टसाहस्रिका प्र. पा., पृ० ३९, ४०, १९६, २९८, ४८३, सद्धर्मपुण्डरीक, ५, ७९
४. लंकावतार, पृ० २२, ५१, ६२, ८४, ९०-९५; ललितविस्तर, पृ० १७६, १७७, १८१; समाधिराज, पृ० २७, २९; सुवर्णप्रभास, पृ० ३१, ३२, ४४
५. सद्धर्मपुण्डरीक, पृ० १४३; शतसाहस्रिका प्र. पा., पृ० ११९, १२०, १८५, २६२
६. पृ० १३४, २९, ३९, ११६
७. पृ० १, ३, १७६, २००, ३४३, ३४८, ४७६

भेद मिथ्या है किन्तु व्यवहार में जगत् की सत्यता माननी पड़ेगी क्योंकि हम संसार की सहायता से ही निर्वाण की ओर जाते हैं। यदि समुद्र में यान डूबने लगे, तो किसी काष्ठ, फलक या अन्य तैरने वाले पदार्थ का सहारा लेकर तट पर पहुँचा जा सकता है, इसी प्रकार बुद्धि से सद्धर्म, षट् पारमिता का आश्रय लेकर भवसागर पार किया जा सकता है। यदि बुद्धि को सर्वथा त्याज्य मान लिया जाय तो बोधि प्राप्ति की कोई आशा नहीं रहेगी। यद्यपि परमार्थ में बुद्ध-वचन अवचन है, वागतीत है, मौन है, तथापि व्यवहार में तथागत ने करुणावश उपदेश दिया है।[१] शून्यता को 'नितान्त असत्' मानकर उसके 'नास्तित्व' के 'अस्तित्व' का साभिमान प्रतिपादन करने वाला वैनाशिक है। इससे तो सुमेरु पर्वत के बराबर पुद्गलदृष्टि रखना भी अच्छा है।[२] वस्तुतः शून्यता चतुष्कोटिविनिर्मुक्त विशुद्ध प्रज्ञा है।[३]

महायान सूत्रों में साधनामार्ग ध्यानचतुष्टय, समाधित्रय, पारमिताषट्क, चार ब्रह्मविहार और भूमिदशक के रूप में वर्णित है। ध्यानचतुष्टय का वर्णन किया जा चुका है।[४] तीन समाधि हैं, 'शून्यता समाधि' जिसमें संसार की स्वभावशून्यता तथा तत्त्व की प्रपञ्चशून्यता का ज्ञान होता है; 'आनिमित्त समाधि' जिसमें प्रपञ्च के निमित्त को, मूल कारण को, संसार रूप में भासित होने वाले अधिष्ठान रूप तत्त्व को ही सत्य जान लेते हैं; तथा 'अप्रणिहित समाधि' जिसमें प्रपञ्चावरण हटा कर तत्त्व का साक्षात्कार किया जाता है।[५] षट् पारमिता ये हैं—दान, शील, क्षान्ति, वीर्य, ध्यान और प्रज्ञापारमिता। कभी-कभी दस पारमिता का वर्णन भी मिलता है, किन्तु चार अन्य पारमिता का अन्तर्भाव इन छह पारमिता में हो जाता है। चार 'ब्रह्म-विहार' हैं—मैत्री, करुणा, मुदिता और उपेक्षा। दश भूमि हैं—प्रमुदिता, विमला, प्रभाकरी, अर्चिष्मती, सुदुर्जया, अभिमुखी, दूरङ्गमा, अचला, साधुमती और धर्ममेघा। ये बोधिसत्व की साधना के दस सोपान हैं। अन्तिम भूमि धर्ममेघा में बोधिसत्त्व का सर्वज्ञज्ञानाभिषेक होता है एवं वह अप्रमेयगुणज्ञानयुक्त होकर प्रतिष्ठित होता है।[६] इस निर्वाण प्राप्ति के बाद भी बोधिसत्व दुःखसन्तप्त प्राणियों को 'महायान' में बैठा कर भव-सागर के पार अनुत्तर, अशोक, अभय, शिव, 'धर्मधातु' के तट पर ले जाता है।[७] वह दुःखसन्तप्त प्राणियों को ज्ञानवर्षा से शीतल और सुखी बनाना चाहता है। यह है महायान का आदर्श। समाधिराजसूत्र में उल्लेख है कि शून्यता के सत्यार्थ को समझे बिना ही लोग शून्यवादी पर मिथ्या लाञ्छन लगाते हैं, किन्तु शून्यवादी उनसे विवाद नहीं करता। अद्वय शून्यवाद में विवाद को स्थान कहाँ ? यदि कोई शून्यता का अर्थ न समझे या अन्यथा समझे तो यह उसी का दोष है, न कि शून्यता का

---

१. लङ्कावतारसूत्र, पृ० १४२, १४३, ११६—अवचनं बुद्धवचनम्।

२. वहीं, पृ० १४६—वरं खलु सुमेरुमात्रा पुद्गलदृष्टिर्न त्वेव नास्त्यस्तित्वाभिमानिकस्य शून्यतादृष्टिः। . . .स हि वैनाशिको भवति।

३. वहीं, पृ० ७४

४. देखिये पृ० ५०; द्रष्टव्य शतसाहस्रिका प्र. पा., पृ० १४४३

५. शतसाहस्रिका प्र. पा., पृ० १४३९-४०

६. दशभूमिक सूत्र, पृ० २५-८६

७. ललित विस्तर, पृ० २१६ संसारसागरात् पारमुत्तार्य अनुत्तरे अभये अशोके शिवे अमृते धर्मधातौ प्रतिष्ठापयिष्यति।

या शून्यवादी का, जिस प्रकार यदि कोई रोगी कुशल वैद्य द्वारा दी गई औषधि का सेवन ही न करे तो यह उस रोगी का ही दोष है, न कि औषधि का या वैद्य का।[१]

३. शून्यवाद का अर्थ और महत्त्व

शून्यवाद या माध्यमिक सम्प्रदाय बौद्ध दर्शन का अत्यन्त महत्त्वपूर्ण और केन्द्रीय सम्प्रदाय है। महायानसूत्रों में, विशेषतः अष्टसाहस्रिका और शतसाहस्रिका प्रज्ञापारमिता में, प्राप्त शून्यता सम्बन्धी विचारों को सुसम्बद्ध करके तथा उन्हें अपने मौलिक विचारों और तर्कों से पुष्ट करके शून्यवाद को दार्शनिक सम्प्रदाय के रूप में सर्वप्रथम आचार्य नागार्जुन ने प्रतिष्ठित किया। शून्यवादी स्वयं को माध्यमिक अर्थात् बुद्ध के मध्यममार्ग का अनुयायी कहते हैं। 'शून्य' और 'मध्यममार्ग' इन शब्दों का सही अर्थ न जानने से अनेक भ्रान्तियाँ उत्पन्न हुई हैं। 'शून्य' पद का प्रचलित साधारण अर्थ अभाव, असत् या सर्वनिषेध है और इस प्रचलित अर्थ को लेकर अनेक विद्वान्, प्राचीन तथा अर्वाचीन, पौरस्त्य तथा पाश्चात्य, शून्यवाद को सर्वप्रमाणविप्रतिषिद्ध असत् नास्तिकवाद सिद्ध करने के मिथ्या और व्यर्थ प्रयास में कटिबद्ध हुए हैं। माध्यमिकों ने शून्य पद को इस अर्थ में कभी नहीं लिया। 'शून्य' एक दुधारी तलवार है। इसके दो रूप हैं। यह तत्त्व भी है और माया भी; यह सत्य भी है और मिथ्या भी; यह निर्वाण भी है और संसार भी; यह परमार्थ भी है और व्यवहार भी। व्यवहार में 'शून्य' का अर्थ है **'स्वभाव-शून्य'**; और परमार्थ में 'शून्य' का अर्थ है **'प्रपञ्चशून्य'**। 'स्वभावशून्य' का अर्थ है—'स्व'-'भाव' अर्थात् अपनी निजी स्वतन्त्रसत्ता से 'शून्य' अर्थात् 'रहित'; स्वभावशून्य उसे कहते हैं जिसकी अपनी स्वतन्त्र सत्ता न हो, जो परतन्त्र हो, जो किसी अन्य सत्ता के कारण 'सत्' रूप में प्रतीत होता हो। 'सत्', 'सत्ता', 'स्वभाव', 'आत्मा', ये शब्द त्रिकालाबाध अस्तित्व के सूचक हैं; और इनके विपरीत 'असत्' , 'असत्ता', 'अभाव', और 'अलीक', ये शब्द 'नितान्त असत्' के सूचक हैं जो शशशृङ्गवत् है और जिसकी त्रिकाल में कभी 'प्रतीति' भी नहीं होती। संसार के सभी पदार्थ न 'सत्', हैं और न 'असत्' हैं; अतः वे 'सदसदनिर्वचनीय' हैं, मिथ्या हैं, प्रतीतिमात्र हैं। संसार को 'स्वभावशून्य' कहने का यही अर्थ है कि संसार के समस्त पदार्थ अविद्याजन्य हैं, बुद्धि-विकल्प-जन्य हैं, प्रतीत्यसमुत्पन्न हैं, परतन्त्र हैं, सापेक्ष हैं, सोपाधिक हैं, स्वतन्त्रसत्ताशून्य हैं, अनात्म हैं, सदसदनिर्वचनीय हैं, प्रातीतिक हैं, मिथ्या हैं। किन्तु 'स्वभावशून्य' 'स्वभाव' की ओर संकेत करता है, स्वभावशून्य स्वयं स्वभाव-सापेक्ष है क्योंकि सापेक्ष निरपेक्ष पर निर्भर है। यह 'स्वभाव' सदा सत्य, निर्विकार, निर्विकल्प, निरपेक्ष परम तत्त्व है, जहाँ अविद्या, समस्त बुद्धि-विकल्प, कोटियाँ, दृष्टियाँ, विकार, उपाधि, अपेक्षा आदि समस्त 'प्रपञ्च' शान्त हो जाता है, अतः इसे **'प्रपञ्च-शून्य'** कहा गया है। यह निरपेक्ष, शान्त, शिव, प्रपञ्चोपशम परम तत्त्व निर्वाण है। प्रतीत्यसमुत्पाद सापेक्षकारणकार्यवाद है; अतः पदार्थ, अविद्या के कारण, 'प्रतीत' होते हैं, वास्तव में उनकी उत्पत्ति नहीं होती; जो प्रतीत्यसमुत्पन्न है, वह वस्तुतः अनुत्पन्न है। संसार और निर्वाण, व्यवहार

---

१. समाधिराज, पृ० ३१

और परमार्थ का भेद भी अविद्याजन्य होने से व्यवहार तक सीमित है; परमार्थ अद्वैत है, वहाँ संसार और निर्वाण में कोई अन्तर नहीं है। निर्वाण रूपी निरपेक्ष परमार्थ और संसाररूपी व्यवहार दोनों ही 'चतुष्कोटिविनिर्मुक्त' और 'अनिर्वचनीय' हैं, किन्तु विभिन्न अर्थों में। परमार्थ बुद्धि की सारी कोटियों के ऊपर है; वह अतीन्द्रिय और बुद्धिविकल्पातीत है, अतः उसे चतुष्कोटिविनिर्मुक्त कहा जाता है; यहाँ 'विनिर्मुक्त' का अर्थ है 'अतीत', 'पारगामी'। संसार के पदार्थ बुद्धि-विकल्पजन्य हैं, अविद्या-प्रसूत हैं, बुद्धि की प्रत्येक कोटि या दृष्टि एक-एक 'मत' को जन्म देती है और इन सब 'मतों' में अन्तर्विरोधों का आना अनिवार्य है क्योंकि बुद्धि-विकल्प अनिवार्यतया अन्तर्विरोधग्रस्त होते हैं। बुद्धि इन विरोधों को सुलझाने का प्रयास करती है, किन्तु पक्ष और विपक्ष में दिये गये तर्क समान रूप से अन्तर्विरोधग्रस्त होने के कारण बुद्धि निर्णय नहीं ले पाती। विरोधों का समाधान बुद्धि के ऊपर उठ कर निर्विकल्प प्रज्ञा के स्तर पर सम्भव है। बुद्धि-कोटि वस्तु के स्वरूप को यथार्थ रूप में प्रकाशित नहीं कर सकती; वह उसे विकृत रूप में, अन्यथा रूप में प्रतीत कराती है। अतः सांसारिक पदार्थों का वास्तविक रूप भी बुद्धि-कोटियों द्वारा अगम्य होने से 'कोटिविनिर्मुक्त' ही है। तत्त्व और संसार दोनों 'अनिर्वचनीय' भी हैं, किन्तु विभिन्न अर्थों में। तत्त्व अतीन्द्रिय और निर्विकल्प होने के कारण वाणी द्वारा ग्राह्य नहीं है; तत्त्व के विषय में वाणी के समस्त निर्वचन एकाङ्गी और अपूर्ण हैं; तत्त्व का निषेधात्मक निर्वचन होता है, किन्तु यह निर्वचन का निषेध ही है। तत्त्व की अनिर्वचनीयता से तत्त्व की पारमार्थिक सत्यता सिद्ध होती है क्योंकि तत्त्व-विषयक अनिर्वचनीयता बुद्धि की अपूर्णता और तत्त्व की स्वानुभूतिगम्यता को प्रकाशित करती है। संसार न सत् है और न असत् है; अतः सदसदनिर्वचनीय है, अतः प्रातीतिक और मिथ्या है। तत्त्व अनिर्वचनीय होने के कारण सत्य है और संसार अनिर्वचनीय होने के कारण मिथ्या है। अब माध्यमिक के 'मध्यममार्ग' का निरूपण करें। बुद्ध ने अपनी 'सम्बोधि' को 'मध्यमा प्रतिपद्' की संज्ञा दी है। इसका अर्थ है सत् और असत् आदि सभी द्वन्द्वों से ऊपर उठना, द्वैतातीत होना। मध्यमा प्रतिपद् या मध्यम मार्ग बुद्धि के दो द्वन्द्वों, 'अन्तों', 'दृष्टियों', 'कोटियों', या 'विकल्पों', के बीच कोई तृतीय विकल्प या दृष्टि नहीं है। माध्यमिक सम्प्रदाय में, 'शून्य' के समान, 'मध्यम' पद का प्रयोग भी साधारण प्रचलित अर्थ में नहीं हुआ है। यहाँ 'मध्यम' का अर्थ समस्त बुद्धि-विकल्पों का निषेध है। यह मार्ग सम्बोधिगम्य एवं स्वानुभूति-विषय है; यह छुरे की धार पर चलने के समान कठिन उपनिषद्-दर्शित 'दुर्गमपथ' है (कठ० १, ३, १४)। समाधिराजसूत्र में कहा गया है कि पण्डित पक्ष और विपक्ष दोनों अन्तों को पार करके मध्य में चिपक कर नहीं ठहर जाता, वह उसे भी पार कर जाता है।[1] नागार्जुन ने स्पष्ट कहा है कि जो प्रतीत्यसमुत्पाद है वही शून्यता है और वही मध्यमा प्रतिपद् है।[2] अविद्या-प्रसूत भवचक्र की दृष्टि से यह स्वभावशून्य धर्मों की 'प्रतीति' है, व्यवहार है, सापेक्ष है, उपादान

१. तस्मादुभे अन्त विवर्जयित्वा मध्येऽपि स्थानं न करोति पण्डितः। पृ० ३०

२. यः प्रतीत्यसमुत्पादः शून्यतां तां प्रचक्ष्महे।
सा प्रज्ञप्तिरुपादाय प्रतिपत् सैव मध्यमा।। माध्यमिक-कारिका, २४, १८

या आसक्ति जन्य है; यही बोधि की दृष्टि से, उपादानरहित निरपेक्ष या वास्तविक सत्ता है, प्रपञ्चशून्य एवं शिव परमार्थ है, निर्वाण है।[१] वस्तुत: संसार और निर्वाण में कोई अन्तर नहीं है।[२] नागार्जुन ने अपने 'माध्यमिककारिका' नामक ग्रन्थ के मंगलाचरण में बुद्ध की प्रपञ्चोपशम शिवस्वरूप प्रतीत्यसमुत्पाद के उपदेष्टा के रूप में वन्दना की है[३] और ग्रन्थ के अन्त में भी समस्त दृष्टियों के प्रहाण हेतु सद्धर्म का उपदेश देने वाले परमकारुणिक बुद्ध को प्रणाम किया है।[४]

उपर्युक्त विवेचन से स्पष्ट है कि हीनयान का बहुत्ववादी और वस्तुवादी 'सन्तानसंघातवाद' महायान में अद्वयवादी और आध्यात्मिक 'निरपेक्ष तत्त्ववाद' में, 'दृष्टिवाद' 'दृष्टिशून्यवाद' में, 'क्षणिकधर्मवाद' 'धर्मतावाद' में और 'पुद्गलनैरात्म्य' के रूप में आंशिक नैरात्म्यवाद 'पुद्गल' और 'धर्म' दोनों के पूर्ण नैरात्म्यवाद में परिणत हुआ।

४. शून्यवाद का तर्क और दर्शन

शून्यवाद या माध्यमिक सम्प्रदाय का उदय हीनयान के दोषों को दूर करके बुद्धोपदिष्ट अद्वैतवाद की पुन: प्रतिष्ठा करने के लिए हुआ। हीनयान ने प्रतीत्यसमुत्पाद को वास्तविक कारणकार्यवाद माना और उसके आधार पर सार्वभौम क्षणभङ्गवाद की तथा क्षणिक विज्ञानों और क्षणिक धर्मों के सन्तान एवं संघात की स्थापना की। माध्यमिक ने इसका प्रखर खण्डन किया। उसके अनुसार बुद्धि की कोटियाँ, दृष्टियाँ, विकल्प तत्त्व के स्वरूप को प्रकाशित करने के स्थान पर उसे अन्यथारूप में प्रतीत कराते हैं। तत्त्व चतुष्कोटिविनिर्मुक्त है, अत: उसका साक्षात्कार अपरोक्षानुभूति से ही हो सकता है। बुद्धि की कोटियों के द्वारा प्रतिपादित सारे दार्शनिक मत अन्तर्विरोधों से ग्रस्त हैं। बुद्धि का स्वभाव ही अनिवार्यतया अन्तर्विरोधयुक्त है। ये विरोध बुद्धि के स्तर पर नहीं सुलझ सकते; इन्हें सुलझाने के लिए सविकल्प बुद्धि को निर्विकल्प प्रज्ञा के स्तर पर उठना होगा। दार्शनिक मतों का परस्पर संघर्ष एवं विरोध ज्ञान के दार्शनिक स्तर पर है। यह संघर्ष इन्द्रियानुभव के सामान्य लोकव्यवहार के स्तर का नहीं है, और न यह वैज्ञानिक स्तर का है। लोकव्यवहार की भ्रान्तियाँ और दोष वैज्ञानिक ज्ञान से दूर किये जा सकते हैं। यदि वैज्ञानिक सिद्धान्तों में परस्पर विरोध हो, तो उन्हें इन्द्रियानुभव द्वारा परीक्षण के आधार पर दूर किया जा सकता है। किन्तु दार्शनिक मत अतीन्द्रिय पदार्थों का विवेचन करते हैं जिनका परीक्षण इन्द्रियानुभव से नहीं किया जा सकता। ईश्वर, आत्मा,

---

१. य आजवंजवीभाव उपादाय प्रतीत्य वा।
सोऽप्रतीत्याऽनुपादाय निर्वाणमुपदिश्यते।। वहीं, २५, ९

२. न संसारस्य निर्वाणात् किंचिदस्ति विशेषणम्। वहीं २५, १९

३. य: प्रतीत्यसमुत्पादं प्रपञ्चोपशमं शिवम्
देशयामास सम्बुद्धस्तं वन्दे वदतां वरम्। वहीं, मंगलाचरण

४. सर्वदृष्टिप्रहाणाय य: सद्धर्ममदेशयत्।
अनुकम्पामुपादाय तं नमस्यामि गौतमम्।। वहीं, २७, ३०

प्रकृति आदि का अनुभव इन्द्रियप्रत्यक्ष से नहीं हो सकता। पुनश्च, दार्शनिक मतों का संघर्ष भौतिक पदार्थों का संघर्ष नहीं है। परस्पर विरुद्ध दार्शनिक मत पत्थरों या डण्डों के समान नहीं टकराते; किन्तु उनका प्रभाव मानवजीवन पर पड़ता है और परस्पर विरुद्ध दार्शनिक मतों के अनुयायी एक दूसरे पर पत्थर तथा डण्डे बरसा सकते हैं और एक दूसरे को गोलियों से भून सकते हैं। दार्शनिक मत-संघर्ष प्राकृतिक नियमों को भी प्रभावित नहीं करता। पृथ्वी की गुरुत्वाकर्षणशक्ति का नियम ऊपरी मंजिल से नीचे कूदने वाले सभी व्यक्तियों पर लागू होता है; यह नहीं हो सकता कि एक दार्शनिक मत का अनुयायी ऊपर से कूदने पर हवा में अधर में झूलता रह जाए और केवल दूसरे मत का अनुयायी धड़ाम से नीचे गिरे। अतः दार्शनिक मतों का संघर्ष इन्द्रिय-प्रत्यक्ष और वैज्ञानिक स्तरों के ऊपर दार्शनिक स्तर का संघर्ष है। जब तक बुद्धि अपने विकल्पों द्वारा इन्द्रियार्थसन्निकर्षजन्य सम्वेदनों को सविकल्प ज्ञान के रूप में परिणत करती है और उनके आधार पर वैज्ञानिक नियम बनाती है तब तक बुद्धि लौकिक तथा वैज्ञानिक स्तर पर कार्य करती है जो उसका अपना क्षेत्र है, जहाँ उसका अखण्ड साम्राज्य है क्योंकि यहाँ वह सत्य और यथार्थ व्यावहारिक ज्ञान को जन्म देती है। किसी भी प्रबुद्ध दार्शनिक ने या दार्शनिक सम्प्रदाय ने लोक-व्यवहार की प्रातीतिक सत्ता का या लौकिक ज्ञान की व्यावहारिक सत्यता का कभी निराकरण नहीं किया। इस निराकरण का प्रश्न ही नहीं उठता क्योंकि यह दार्शनिक क्षेत्र नहीं है। जब बुद्धि लोक-व्यवहार से ऊपर उठकर अतीन्द्रिय तत्त्व या तत्त्वों की मीमांसा करना प्रारम्भ करती है तथा अपनी कोटियों के जाल में तत्त्व को आबद्ध करके उपस्थित करने का दम्भ भरती है, तब वह दार्शनिक स्तर पर कार्य करने लगती है और दार्शनिक मतों के संघर्ष और विरोधों को जन्म देती है। बुद्ध के उपदेशों के मर्म को जानकर माध्यमिक सम्प्रदाय ने अपने प्रखर द्वन्द्वात्मक तर्क से बुद्धि-ग्राह्य पदार्थों की तात्त्विक सत्ता का निराकरण करके तत्त्व की स्वानुभूति-गम्यता को सङ्केतिक किया है।

माध्यमिक का द्वन्द्वात्मक तर्क सभी दार्शनिक मतों का खण्डन करता है। प्रत्येक दार्शनिक मत तत्त्व का पूर्ण और सत्य विवेचन करने का दावा करता है जो दार्शनिक चिन्तन से ही खोखला सिद्ध होता है। बुद्धि की कोटियाँ नैसर्गिक रूप से अन्तर्विरोधग्रस्त हैं, अतः प्रत्येक मत में अन्तर्विरोध आना अनिवार्य है। बुद्धि पक्ष और विपक्ष दोनों की सिद्धि के लिए तुल्य बल युक्तियाँ प्रस्तुत करती हैं और हम बुद्धि के आधार पर पक्ष या विपक्ष की सत्यता का निश्चय नहीं कर सकते। किन्तु माध्यमिक इस आधार पर किसी पक्ष का खण्डन नहीं करता कि उसका विपक्ष उसी के समान बलशाली है; वह अन्तर्विरोधग्रस्त होने के आधार पर पक्ष का खण्डन करता है और इसी आधार पर विपक्ष का भी खण्डन करता है। बुद्धिकल्पना-प्रसूत समस्त दार्शनिक मत अपने ही अन्तर्विरोधों के कारण निराकृत हैं। इसे 'प्रसङ्गापादन' कहते हैं। एक मत का निराकरण उसके विपक्षीमत का या अन्य किसी मत का स्वीकरण नहीं होता; और न ही किसी मत के निराकरण के लिए निराकर्ता का अपना कोई मत होना आवश्यक है। यह तो तब आवश्यक होता जब कोई अपने मत की सत्यता के आधार पर दूसरे मत

को असत्य सिद्ध करता। माध्यमिक का कोई मत नहीं है, अत: उसके अपने तार्किक सिद्धान्त या नियम या तर्कपद्धति भी नहीं है। वह प्रतिपक्षी द्वारा स्वीकृत तर्क-नियम और तर्क-पद्धति द्वारा ही प्रतिपक्षी के मत में अन्तर्विरोध बताकर उसे निरस्त करता है। माध्यमिक का द्वन्द्वात्मक तर्क न तो वितण्डा है और न बौद्धिक व्यायाम, क्योंकि वह तर्क करने के लिए तर्क नहीं करता। उसके तर्क का प्रयोजन आध्यात्मिक है; यह बताना है कि तत्त्व बुद्धि-गम्य नहीं है, अपितु स्वानुभूतिगम्य है, अत: बौद्धिक वादविवाद की अपेक्षा आध्यात्मिक साधना द्वारा निरपेक्ष अद्वैत तत्त्व का साक्षात्कार करना जीवन का लक्ष्य होना चाहिए। बुद्धि का क्षेत्र व्यवहार है। बुद्धि-ग्राह्य पदार्थ को 'तत्त्व' मान कर उससे चिपकना अविद्या है, आसक्ति है, भवचक्र में फँसे रहना है।

माध्यमिक के अनुसार बुद्धि की कोटियाँ, जिन्हें दृष्टि, अन्त, विकल्प या कल्पना भी कहा जाता है, चार हैं, जिनमें प्रथम दो मुख्य और अन्तिम दो गौण हैं। प्रथम, 'सत्' की कोटि है जो सत्त्व, भाव, विधान, नित्यता, द्रव्यता, अभेद, एकता और अपरिवर्तन की दृष्टि है। द्वितीय, 'असत्' की कोटि है जो असत्त्व, अभाव, निषेध, अनित्यता, पर्याय, भेद, अनेकता और परिवर्तन की दृष्टि है। तृतीय कोटि प्रथम और द्वितीय कोटियों को मिलाने से बनती है; यह 'सदसत्' की कोटि है जिसके अनुसार 'सत्' और 'असत्' दोनों सत्य हैं। इस सदसत्-मिलन के भी दो रूप हैं। एक मिलन केवल संयोगात्मक है, जिसमें 'सत्' और 'असत्' दोनों सत्य हैं और समान रूप से सत्य हैं; दूसरा मिलन समन्वयात्मक है, जिसमें दोनों अपृथक् रूप से समन्वित होते हैं, दोनों सत्य हैं, किन्तु समान रूप से नहीं, 'असत्' गौण है तथा 'सत्' मुख्य है, 'असत्' सदा विशेषण बनकर 'सत्' से अविभक्त रूप से जुड़ा रहता है। चतुर्थ कोटि प्रथम और द्वितीय कोटियों के निषेध से बनती है और इसका रूप 'न सत्, न असत्, न उभय, न नोभय' है। यहाँ यह ध्यान में रखना आवश्यक है कि यद्यपि माध्यमिक द्वन्द्वात्मक तर्क की 'अनिर्वचनीयता' की शाब्दिक अभिव्यक्ति भी 'न सत्, न असत्' इसी रूप में होती है, तथापि 'अनिर्वचनीयता' में और 'चतुर्थ कोटि' में दिन-रात का अन्तर है। 'अनिर्वचनीयता' स्वयं में कोई 'कोटि' नहीं है अपितु सब कोटियों का निषेध है; और यह निषेध बुद्धि की शक्ति-परीक्षा के बाद बुद्धि की सीमा के ज्ञान से प्रवर्तित होता है। इसके विपरीत 'चतुर्थ कोटि' बुद्धि की एक 'कोटि' है और सबसे निकृष्ट कोटि है जो वितण्डा और अज्ञान की दृष्टि से अकारण निषेध करती है; यह अज्ञानवाद, अज्ञेयवाद, संशयवाद, वितण्डावाद की दृष्टि है। माध्यमिक प्रत्येक कोटि में अन्तर्विरोध दिखाकर उसका निषेध करता है। यह निषेध उच्च स्तर का है क्योंकि यह बुद्धि के सामर्थ्य-परीक्षण के बाद उसकी सीमा के ज्ञान से उत्पन्न होता है। नागार्जुन और चन्द्रकीर्ति ने सांख्य और प्राचीन वेदान्त को प्रथम कोटि के उदाहरण के रूप में माना है। हीनयान दर्शन द्वितीय कोटि का उदाहरण है। जैन दर्शन तृतीय कोटि का उदाहरण है। चार्वाक मत और दीघनिकाय के सामञ्जफलसुत्त में वर्णित सञ्जय वेलट्ठिपुत्त का मत (अज्ञानवाद) चतुर्थ कोटि का उदाहरण है।

आचार्य नागार्जुन की 'मूलमाध्यमिक कारिका' और उस पर चन्द्रकीर्ति की 'प्रसन्नपदा

वृत्ति' माध्यमिक दर्शन के स्वरूप को सही रूप में प्रकाशित करती है। नागार्जुन और चन्द्रकीर्ति के द्वन्द्वात्मक तर्क के तीव्र प्रहारों के आगे सारे बुद्धि-ग्राह्य पदार्थ अपनी धज्जियाँ उड़ाते हुए खण्ड-खण्ड होकर ढह जाते हैं। उनकी नितान्त सूक्ष्म तर्कपद्धति के आगे बुद्धि की समस्त धारणायें तथा जगत् के सम्पूर्ण पदार्थ स्वभावशून्य और मिथ्या प्रतीत होते हैं। नागार्जुन अपने ग्रन्थ के मंगलाचरण में ही अपने प्रसिद्ध 'अष्ट निषेध' प्रस्तुत कर देते हैं—(पारमार्थिक दृष्टि से) (१) न निरोध है, (२) न उत्पत्ति, (३) न अनित्य है, (४) न नित्य, (५) न एक है, (६) न अनेक, (७) न आना है, (८) न जाना है।[१] यह माध्यमिक का प्रसिद्ध **'अजातिवाद'** है। इसके अगले पद्य में वे प्रपञ्चोपशम और शिव **प्रतीत्यसमुत्पाद** के उपदेष्टा भगवान् बुद्ध की वन्दना करते हैं।[२] अपने मङ्गलाचरण के दोनों श्लोकों में ही नागार्जुन प्रतीत्यसमुत्पाद के पारमार्थिक और व्यावहारिक दोनों रूपों को प्रकट कर देते हैं। पारमार्थिक रूप में प्रतीत्यसमुत्पाद आठ निषेधात्मक विशेषणों से विशिष्ट अजातिवाद है जहाँ समस्त प्रपञ्चों का उपशम हो जाता है। यहाँ न उत्पाद है न निरोध; न नित्य (शाश्वत) है न अनित्य (उच्छेद); न एक है न अनेक; न आगमन है न निर्गमन; ये आठों ही प्रपञ्च के अन्तर्गत आते हैं जिनका पारमार्थिक प्रतीत्यसमुत्पाद में विलय हो जाता है। किन्तु पारमार्थिक प्रतीत्यसमुत्पाद प्रपञ्चनिषेध मात्र नहीं है; वह प्रपञ्च-शून्य 'तत्त्व' है, वह 'शिव' है, वह अखण्ड आनन्दरूप निर्वाण है। प्रतीत्यसमुत्पाद वास्तविक कारणकार्यवाद नहीं है क्योंकि प्रतीत्यसमुत्पाद परमार्थतः अनुत्पाद है।[३] यहाँ संवृति, व्यवहार, प्रतीति, अविद्या और उपादान आदि प्रपञ्च का सर्वथा विलय है। प्रतीत्यसमुत्पाद का व्यावहारिक रूप अविद्याजन्य जन्म-मरणचक्र है; उत्पाद-निरोध आदि प्रपञ्च है। किन्तु यह कारण-कार्य-भाव सापेक्ष है, बुद्धि-विकल्पजन्य है, अविद्या-प्रसूत है, अतः इसकी सत्यता प्रातीतिक या व्यावहारिक है। परमार्थ निरपेक्ष अद्वैत तत्त्व है।

कारण-कार्यवाद बुद्धि का केन्द्रीय सिद्धान्त है। यह इन्द्रियानुभवनिरपेक्ष है और बुद्धि के क्षेत्र में इसकी सत्ता सार्वभौम स्वीकार की जाती है। अतः नागार्जुन ने अजातिवाद के उद्घोष से सर्वप्रथम तात्त्विक **कारण-कार्यवाद के खण्डन** से ही ग्रन्थारम्भ किया है—कोई भी पदार्थ कभी, कहीं और कथमपि उत्पन्न नहीं हो सकता; कोई पदार्थ न अपने आप (स्वतः) उत्पन्न हो सकता है, न दूसरे के कारण (परतः), न अपने और दूसरे दोनों के कारण (द्वाभ्याम्), और न बिना कारण (अहेतुतः) उत्पन्न हो सकता है।[४] कोई पदार्थ 'स्वतः' उत्पन्न नहीं हो सकता। स्वतः उत्पन्न होने का अर्थ है कि कार्य उत्पत्ति-पूर्व ही कारण में विद्यमान है

---

१. अनिरोधमनुत्पादमनुच्छेदमशाश्वतम्।
अनेकार्थमनानार्थमनागममनिर्गमम्।। मा. कारिका, मङ्गलाचरण

२. यः प्रतीत्यसमुत्पादं प्रपञ्चोपशमं शिवम्।
देशयामास सम्बुद्धस्तं वन्दे वदतां वरम्। वहीं।

३. प्रतीत्य यत् समुत्पन्नं नोत्पन्नं परमार्थतः।

४. न स्वतो नापि परतो न द्वाभ्यां नाप्यहेतुतः।
उत्पन्ना जातु विद्यन्ते भावाः क्वचन केचन।। मा. कारिका, १, १

(सत्कार्यवाद); और यदि कार्य अपने कारण में पहले ही स्थित है तो वह कार्य पहले ही एक 'उत्पन्न' और 'विद्यमान' पदार्थ है जिसकी पुनरुत्पत्ति मानना व्यर्थ है। कोई पदार्थ 'परत:' भी उत्पन्न नहीं हो सकता। परत: उत्पाद का अर्थ है कि कार्य अपने कारण में उत्पत्ति के पूर्व विद्यमान नहीं रहता; कार्य एक नवीन सृष्टि है और उत्पत्ति से ही उसकी सत्ता आरम्भ होती है। यदि कार्य उत्पत्ति के पूर्व 'असत्' है (असत्कार्यवाद) तो वह वन्ध्यापुत्र और शशशृङ्ग के समान 'असत्' हो जायेगा और तब वह कदापि उत्पन्न नहीं हो सकता। 'स्वत: और परत:' उत्पाद मानना युक्तिविरुद्ध है क्योंकि प्रकाश और अन्धकार के समान दो परस्पर विरुद्ध धर्म एक साथ एक स्थान में नहीं रह सकते। 'अहेतुक उत्पाद' असम्भव है क्योंकि प्रत्येक कार्य का कोई कारण अवश्य होना चाहिए। सत्कार्यवाद के अनुसार कारण और कार्य में अभेद है क्योंकि कारण ही कार्य के रूप में अभिव्यक्त होता है। यदि कार्य 'सत्' है तो उत्पत्ति व्यर्थ है। फिर तो दूध में दही का स्वाद आना चाहिए, और मिट्टी के लोंदे में घड़े की तरह पानी ठहरना चाहिए। पुनश्च, कारण और कार्य अभिन्न हैं, तो कारण कार्य के रूप में स्वयं को ही बार-बार उत्पन्न करता रहता है। इससे कोई लाभ नहीं है। पुनश्च, कारण से सभी कार्य एक साथ (युगपत्) उत्पन्न होने चाहिये, क्रमश: नहीं। और फिर संसार में कार्यों का भेद या वैचित्र्य भी नहीं रहेगा। इसी प्रकार असत्कार्यवाद में भी अनेक दोष हैं। यदि कारण और कार्य नितान्त भिन्न हैं, तो कोई भी कारण किसी भी कार्य को उत्पन्न कर सकेगा; फिर तो पानी से दही जमेगा और रेत से तेल निकलेगा। पुन: यदि कार्य 'असत्' है तो कोई कारण 'असत्' को उत्पन्न नहीं कर सकता, तब कार्योत्पाद असम्भव होगा। सदसत्कार्यवाद में सत्कार्यवाद और असत्कार्यवाद दोनों के दोष मिलेंगे। अहेतुक उत्पाद तो कारणकार्यभाव का ही निषेध है। अत: 'जाति' या उत्पत्ति असम्भव है। और उत्पत्ति के अभाव में निरोध भी असम्भव है।

उत्पाद और निरोध के समान, नित्य और अनित्य, एक और अनेक, अभेद और भेद, द्रव्य और पर्याय, कर्ता और कर्म, स्थिति और गति, देश और काल, परिवर्तन और अपरिवर्तन, पुद्गल और स्कन्ध, दु:ख और दु:खनिरोध तथा दु:खनिरोधमार्ग, बन्धन और मोक्ष, संसार और निर्वाण, संवृत्ति और परमार्थ, ये सब बुद्धि-ग्राह्य धर्मों के रूप में सापेक्ष, स्वभावशून्य और प्रतीतिमात्र हैं। अतीन्द्रिय, निर्विकल्प और अनिर्वचनीय तत्त्व का केवल साक्षात् अनुभव हो सकता है, बौद्धिक ज्ञान और निर्वचन नहीं।

नागार्जुन का कथन है कि भगवान् बुद्ध ने दो प्रकार से सत्य का निरूपण किया है, एक तो **लोकसंवृति सत्य** और दूसरा **परमार्थ सत्य**। जो इस विभाग को नहीं जानते वे भगवान् बुद्ध के गम्भीर दर्शन का तात्पर्य कदापि नहीं समझ सकते।[1] संवृति अज्ञान है जो आवरण और विक्षेप दोनों हैं; यह तत्त्व के वास्तविक रूप को आवृत कर देती है एवं उसकी

---

१. द्वे सत्ये समुपाश्रित्य बुद्धानां धर्मदेशना।
लोकसंवृतिसत्यं च सत्यं च परमार्थत:।।
येऽनयोर्न विजानन्ति विभागं सत्ययोर्द्वयो:।
ते तत्त्वं न विजानन्ति गम्भीरं बुद्धशासने।। मा. कारिका, २४, ८-९

अन्यथा प्रतीति कराती है।[१] संवृति सापेक्ष कारणकार्यभाव है।[२] संवृति प्रज्ञप्ति है, संकेत है, लोक-व्यवहार है।[३] संवृति बुद्धि-विकल्पों द्वारा कार्य करती है, अत: बुद्धि को ही संवृति कहा जाता है।[४] बुद्धि-विकल्प ही स्वयं अविद्या का रूप ले लेता है।[५] स्पष्ट है कि माध्यमिक का संवृति और परमार्थ का विभाग अद्वैत वेदान्त के व्यवहार और परमार्थ के विभाग के समान है। चन्द्रकीर्ति ने संवृति को **लोकसंवृति** और **मिथ्यासंवृति** में विभक्त किया है।[६] लोकसंवृति वेदान्त का व्यवहार है और मिथ्यासंवृति वेदान्त के प्रतिभास के समान है। संवृति मूलाविद्या है, व्यक्तिगत अविद्या नहीं। अत: इसका निरोध निर्विकल्प प्रज्ञा द्वारा सम्भव है, बौद्धिक ज्ञान द्वारा नहीं क्योंकि यह स्वयं बुद्धि-विकल्प रूप है। ये बुद्धिविकल्प इन्द्रियानुभव-निरपेक्ष है। संवृति आवरण और विक्षेप दोनों हैं; वह तत्त्व को आवृत करके उसका अन्यथा ज्ञान कराती है। संवृति ज्ञाता और ज्ञेय दोनों पर आवरण डालती है। पुद्‌गल या जीवात्मा पर आवरण 'क्लेशावरण' कहलाता है। क्योंकि यह अहंकार-ममकार को जन्म देकर विविध क्लेशों को उत्पन्न करता है। पदार्थों या धर्मों पर आवरण 'ज्ञेयावरण' कहलाता है जिसके कारण हम 'ज्ञेय पदार्थ' का वास्तविक रूप न देख कर प्रपञ्च-रूप देखते हैं। प्रपञ्च सापेक्ष और स्वभावशून्य है, किन्तु नितान्त असत् नहीं है; उसकी व्यावहारिक सत्ता अक्षुण्ण है। वैसे संवृति और परमार्थ का भेद भी सांवृत है, तात्त्विक नहीं है। संवृति और परमार्थ 'दो' सत्य नहीं हैं। सत्य केवल परमार्थ है। संवृति को लोक-व्यवहार के लिए 'सत्य' मान लिया जाता है, वस्तुत: वह सत्य नहीं है। किन्तु संवृति का बाध परमार्थ का साक्षात्कार होने पर ही सम्भव है। इससे कुमारिल का यह आक्षेप, कि संवृति यदि सत्य है तो संवृति नहीं हो सकती और यदि मृषा है तो सत्य नहीं हो सकती, बलहीन हो जाता है।[७]

आचार्य नागार्जुन का कथन है कि प्रतिपक्षी माध्यमिक पर 'नास्तिक' होने का एवं 'सर्वनिषेधवादी' होने का मिथ्या आरोप लगाते हैं। इन लोगों को 'शून्यता' शब्द का सही अर्थ भी ज्ञात नहीं, उसके महत्त्व की तो बात ही क्या! शून्यता का अर्थ नितान्त असत् या सर्वनिषेध नहीं है। उसका अर्थ है प्रतीत्यसमुत्पाद, जो सापेक्ष रूप में, अविद्याजन्य कारणकार्यभाव के रूप में, संसार-चक्र है जो स्वभावशून्य और मिथ्या है, किन्तु व्यवहार में

---

१. समन्ताद् आवरणं संवृतिः अज्ञानम्। मा. कारिकावृत्ति, पृ. ४९२
मोहः स्वभावावरणाद्धि संवृतिः सत्यं तया ख्याति यदेव कृत्रिमम्। मध्यमकावतार, ६, २९
अभूतं ख्यापयत्यर्थं भूतमावृत्य वर्तते।—बोधिचर्यावतारपञ्जिका में उद्धृत, पृ. ३५२
तत्वाप्रतिपत्तिर्मिथ्याप्रतिपत्तिरज्ञानम् अविद्येति।—वहीं

२. परस्परसम्भवनं वा संवृतिः। मा. कारिकावृत्ति, पृ. ४९२

३. अथवा संवृतिः सङ्केतो लोकव्यवहारः। वहीं

४. बुद्धिः संवृतिरुच्यते। बोधिचर्यावतार, ९, २

५. विकल्पः स्वयमेवायमविद्यारूपतां गतः। बोधिचर्यावतारपञ्जिका, पृ. ३६६

६. मध्यमकावतार, ६, २५

७. संवृतेर्न तु सत्यत्वं सत्यभेदः कुतोन्वयम्।
सत्या चेत् संवृतिः केयं मृषा चेत् सत्यता कथम् ?।। श्लोकवार्तिक ६, ७

सत्य है, संवृति सत्य है, और यही प्रतीत्यसमुत्पाद, निरपेक्ष रूप में, अप्रतीत्य और अनुपादान के रूप में, निर्वाण है, प्रपञ्चशून्य और शिव अद्वैत तत्त्व है।[१] ये लोग शून्यता पर जो आरोप लगाते हैं वे सब व्यर्थ और असिद्ध हैं, क्योंकि शून्यता में दोष का कोई प्रसङ्ग ही नहीं आ सकता।[२] प्रपञ्चशून्य तत्त्व गुणदोषातीत है; स्वभावशून्य जगत् की सापेक्ष सत्ता 'शून्यता' के कारण है, अन्यथा जगत् नितान्त असत् हो जायेगा। हमारे प्रतिपक्षी जगत् की 'तात्त्विक सत्ता' बचाने के चक्कर में उसकी 'व्यावहारिक सत्ता' भी खो बैठते हैं! अतः हम नहीं, वे ही लोग 'नास्तिक' हैं। यदि संसार 'अशून्य' है तो वह 'सत्' है। तब उसकी त्रिकालाबाध स्वतन्त्र सत्ता होनी चाहिये। तब वह प्रतीत्यसमुत्पन्न और सापेक्ष नहीं होना चाहिये। और तब उत्पाद तथा निरोध, दुःख-समुदय तथा दुःख-निरोध, संसार और निर्वाण, अनित्य और नित्य आदि सब बुद्धि-विकल्प असम्भव होंगे क्योंकि 'सत्' विकल्पातीत और अद्वैत है। पुनश्च, यदि संसार प्रतिपक्षी के अर्थ में 'शून्य' है तो 'नितान्त असत्' हो जायेगा, तब वह शशशृङ्ग और वन्ध्यापुत्र के समान होगा। और तब उत्पाद तथा निरोध, दुःखसमुदय तथा दुःखनिरोध, संसार तथा निर्वाण, आर्यसत्य, धर्म, संघ और बुद्ध भी असम्भव होंगे।[३] अतः संसार को 'सत्' या 'असत्' मानने पर ही ये दोष आते हैं। हम संसार को 'सदसदनिर्वचनीय' या सापेक्ष मानते हैं। संवृति और परमार्थ के सांवृत भेद को मानकर ही संसार के समस्त पदार्थों की सापेक्ष तथा व्यावहारिक सत्ता सिद्ध की जा सकती है।[४] वस्तुवादी संसार की तात्त्विक सत्ता बचाने के प्रयास में उसकी व्यावहारिक सत्ता से भी हाथ धो बैठते हैं; और असद्वादी नास्तिकों के पास आत्मघाती सर्वनिषेधवाद के अतिरिक्त कुछ नहीं बचता।

जो लोग शून्यता का अर्थ 'असत्' या 'नास्तित्व' रूपी कोटि लेते हैं, या उसे 'सत्' मान कर उसके 'अस्तित्व' का प्रतिपादन करते हैं, या उसे 'नास्तित्व' मान कर भी उसमें भावाभिनिवेश रख कर 'नास्तित्व' के 'अस्तित्व' का प्रतिपादन करते हैं, वे सब बुद्धि की कोटियों के जाल में फँसे हैं और शून्यता का अर्थ नहीं जानते। भगवान् बुद्ध ने शून्यता को सब बुद्धि-विकल्पों का, ग्राहों का, कोटियों का, अन्तों का, दृष्टियों का निषेध बताया है। शून्यता **'दृष्टि-शून्यता'** है; अब यदि कोई इस 'दृष्टि-शून्यता' में भावाभिनिवेश रख कर इसे

---

१. मा. कारिका, २४, १८; २५, ९; देखिये पीछे पृ० ७५-७६

२. शून्यतायामधिलयं यं पुनः कुरुते भवान्।
दोषप्रसङ्गो नास्माकं स शून्ये नोपपद्यते।। मा. कारिका, २४, १३

३. यद्यशून्यमिदं सर्वमुदयो नास्ति न व्ययः। वहीं, २५, २
यदि शून्यमिदं सर्वमुदयो नास्ति न व्ययः। वहीं, २४, १
शून्यतां फलसद्भावमधर्मं धर्ममेव च।
सर्वसंव्यवहारांश्च लौकिकान् प्रतिबाधसे।। वहीं, २४, ६
यत् प्रतीत्यसमुत्पादशून्यतां प्रतिबाधसे।। वहीं, २४, ३६

४. सर्वं च युज्यते तस्य शून्यता यस्य युज्यते।
सर्वं न युज्यते तस्य शून्यं यस्य न युज्यते।। वहीं, २४, १४

'शून्यता-दृष्टि' समझ ले तो उसे बुद्ध ने 'नष्ट-प्रणष्ट' और 'असाध्य' कहा है।[१] जब संसार की वास्तविक सत्ता नहीं है तो उसकी प्रतीति और निरोध रज्जुसर्पवत् है।[२] यदि कोई दुकानदार किसी ग्राहक से कहे कि 'मैं तुम्हें कुछ नहीं दूँगा', इस पर वह ग्राहक कहे, 'अच्छा, तुम मुझे यह "कुछ नहीं" ही दे दो', तो उस मूर्ख ग्राहक को कैसे समझाया जाय ?[३] रत्नकूटसूत्र में बुद्ध-वचन है—शून्यता धर्मों को शून्य नहीं बनाती; धर्म स्वयं ही शून्य है।[४] इसी सूत्र में आगे कहा गया है—हे काश्यप ! शून्यता में भावाभिनिवेश रखने वालों को मैं नष्ट-प्रणष्ट कहता हूँ। शून्यता सब दृष्टियों का निःसरण है। किन्तु जो शून्यता को ही दृष्टि के रूप में ग्रहण करता है उसे मैं अचिकित्स्य कहता हूँ। जिस प्रकार किसी कोष्ठ-बद्धता के रोगी को कोई वैद्य अत्युग्र रेचक दे और वह औषध उस रोगी के उदर-गत दोषों को बाहर निकाल फेंके, किन्तु स्वयं बाहर न निकले और कोष्ठ में रह कर ही उत्पात मचाती रहे, तो क्या वह रोगी ग्लानि-मुक्त माना जायेगा ?[५] नागार्जुन का कथन है कि शून्यता का कोटि के रूप में अन्यथाग्रहण उतना ही विनाशकारी है जितना किसी विषैले सर्प को असावधानी से पकड़ना या पठित मूर्ख होना या तन्त्र-साधना में भ्रष्ट होना।[६] नीम हकीम खतरे जान। शून्यता कोई 'खाला का घर' या हँसी खेल नहीं है, यह काले का खिलाना है, दुधारी तलवार है, 'निशित और दुरत्यय क्षुरधारा' है। इसका अन्यथाग्रहण विनाश है और इसका सत्सेवन अमृतरूप निर्वाण है।

निर्वाण चतुष्कोटिविनिर्मुक्त है। यदि निर्वाण को भावरूप माना जाये तो अन्य भावों के समान वह भी जन्ममरणशील और संस्कृत धर्म बन जायेगा। यदि उसे अभावरूप माना जाये तो उसकी स्वतन्त्र सत्ता नहीं होगी। और फिर, अभाव भावसापेक्ष होता है; अतः यदि निर्वाण अभाव हो तो वह सापेक्ष धर्म हो जायेगा। पुनश्च, निर्वाण को भावाभावरूप मानना असङ्गत है क्योंकि प्रकाश और अन्धकार के समान भाव और अभाव एक साथ नहीं रह सकते। यदि निर्वाण को भावाभावभिन्न माना जाये तो निर्वाण का ज्ञान ही नहीं हो सकता।[७] निर्वाण निरपेक्ष अद्वैत तत्त्व है। निर्वाण को 'सर्वदृष्टिप्रहाण' माना गया है। चन्द्रकीर्ति ने उसे

---

१. शून्यता सर्वदृष्टीनां प्रोक्ता निःसरणं जिनैः।
येषां तु शून्यतादृष्टिस्तानसाध्यान् बभाषिरे।। वहीं, १३, ८

२. वस्तुकचिन्तायां तु संसार एव नास्ति। तत् कुतोऽस्य परिक्षयः रज्जूरगपरिक्षयवत्।
—मा. कारिकावृत्ति, पृ० २२०

३. यो न किंचिदपि ते पण्यं दास्यामीत्युक्तः स चेद् देहि भोस्तदेव मह्यं नकिंचिन् नाम पण्यमिति ब्रूयात् स केनोपायेन शक्यः पण्याभावं ग्राहयितुम् ?—वहीं

४. न शून्यतया धर्मान् शून्यान् करोति, अपितु धर्मा एव शून्याः।
—मा. कारिकावृत्ति, पृ० २४८ पर उद्धृत।

५. वहीं।

६. विनाशयति दुर्दृष्टा शून्यता मन्दमेधसम्।
सर्पो यथा दुर्गृहीतो विद्या वा दुष्प्रसाधिता।। मा. कारिका, २४, ११

७. वहीं, २५, ५-१६

'निरवशेषकल्पनाक्षयरूप' कहा है।[१] वह प्रपञ्चोपशम और शिव है; स्वानुभूतिगम्य है। निर्वाण ही शून्यता है, यही सब धर्मों की धर्मता है। जो प्रतीति और उपादान की दृष्टि से आवागमनरूपी संसार है, वही अप्रतीत्य और अनुपादान की दृष्टि से निर्वाण है। संसार और निर्वाण में रञ्चमात्र भी अन्तर नहीं है![२] निरपेक्ष तत्त्व का निरूपण निषेधात्मक पदों से; उपनिषद् की 'नेति नेति' के समान, किया जाना है, किन्तु इससे तत्त्व के निर्वचन का ही निषेध होता है, स्वयं तत्त्व का नहीं। परमार्थ मौन है। तथापि बुद्धि की दृष्टि से व्यवहार में अनिर्वचनीय तत्त्व का भावात्मक निरूपण भी आवश्यक होता है। इसीलिए नागार्जुन ने 'प्रपञ्चोपशम' पद के साथ 'शिव' पद भी जोड़ा है। और नागार्जुन ने निर्वाण या शून्यता के लिए **'तत्त्व'** पद का प्रयोग भी किया है और उसका लक्षण भी दिया है—जो अपरोक्षानुभूति द्वारा ही साक्षात् किया जा सकता है (अपरप्रत्ययम्); जहाँ बुद्धि की सारी कोटियाँ, कल्पनायें, धारणायें सन्तुष्ट होकर शान्त हो जाती हैं (शान्तम्); जो सम्पूर्ण प्रपञ्च से शून्य है (प्रपञ्चैरप्रपञ्चितम्); जो अतीन्द्रिय और बुद्धिविकल्पातीत है (निर्विकल्पम्) जहाँ द्वैत और बहुत्व (नानात्व) विलीन हो जायें वह अद्वैतानुभव (अनानार्थम्) ही 'तत्त्व' है; यही तत्त्व का लक्षण है।[३] तत्त्व प्रपञ्चशून्य, अद्वैत और शिव है। जीवन्मुक्त आर्य निर्वाण के अखण्ड आनन्द में मग्न रह कर मौन रहते हैं।[४] किन्तु व्यवहार को ठुकरा देने पर परमार्थ की प्राप्ति नहीं हो सकती। व्यवहार की सीढ़ी द्वारा ही परमार्थ-प्रासाद पर पहुँचा जा सकता है। व्यवहारयान द्वारा ही परमार्थ-तट पर जाया जा सकता है। जिस प्रकार सलिलार्थी को पात्र की आवश्यकता होती है उसी प्रकार निर्वाण की प्राप्ति के लिए पहले संवृति के सहारे की आवश्यकता पड़ती है।[५] व्यवहार के बिना परमार्थ का उपदेश नहीं दिया जा सकता, और बिना परमार्थ को जाने निर्वाणप्राप्ति असम्भव है।[६] संवृति उपाय या साधन है; तत्त्व उपेय या साध्य है। यही संवृति का महत्त्व है।[७] निर्वाणप्राप्ति के उपाय के रूप में साधना में प्रवृत करने के लिए परमार्थ का उपदेश दिया जाता है। वैसे तो परमार्थ तक बुद्धि और वाणी की गति नहीं है; अनिर्वचनीय का निर्वचन और अनक्षर

---

१. निरवशेषकल्पनाक्षयरूपमेव निर्वाणम्। मा. कारिकावृत्ति।

२. मा. कारिका, २५, ९; २५, १९; देखिये पीछे पृ० ७५-७६
निर्वाणस्य च या कोटिः कोटिः संसरणस्य च।
न तयोरन्तरं किंचित् सुसूक्ष्ममपि विद्यते।। वहीं, २५, २०
शून्यतैव धर्माणां धर्मता।
अनुत्पन्नाऽनिरुद्धा हि निर्वाणमिव धर्मता।। वहीं, १८, ७

३. अपरप्रत्ययं शान्तं प्रपञ्चैरप्रपञ्चितम्।
निर्विकल्पमनानार्थमेतत् तत्त्वस्य लक्षणम्।। वहीं १८, ९

४. परमार्थो ह्यार्याणां तूष्णींभावः। मा. कारिकावृत्ति, पृ० ५७

५. तस्मान् निर्वाणाधिगमोपायत्वाद् अवश्यमेव यथावस्थिता संवृतिरादावेवाभ्युपेया भाजनमिव सलिलार्थिनेति। वहीं पृ० ४९२

६. व्यवहारमनाश्रित्य परमार्थो न देश्यते। परमार्थमनागम्य निर्वाणं नाधिगम्यते।। २४, १०

७. उपायभूतं व्यवहारसत्यमुपेयभूतं परमार्थसत्यम्। बोधिचर्यावतारपञ्जिका पृ० ३७२ पर उद्धृत

का अक्षरोपदेश पूर्णतया सम्भव नहीं है, तथापि परमार्थ-प्राप्ति के लिए सम्यक्सम्बुद्ध व्यवहारदशा में उपदेश देते हैं। समारोप से या उपचार से, व्यवहार में, तत्त्व का उपदेश और श्रवण-मनन होता है।[१] जिस प्रकार किसी म्लेच्छ को समझाने के लिए उसी की भाषा का प्रयोग करना पड़ता है, उसी प्रकार लोक को तत्त्वोपदेश देने के लिए लौकिक व्यवहार का ही आश्रय लेना पड़ता है।[२]

प्रतिपक्षी का आक्षेप है कि जगत् के सम्पूर्ण धर्मों को असत् कहने वाली शून्यता स्वयं असत्य है क्योंकि शून्यता की सिद्धि में कोई प्रमाण नहीं है और यदि है तो माध्यमिक को कम से कम अपने प्रमाणों को तो सत्य मानना पड़ेगा तथा इससे उसकी प्रतिज्ञा नष्ट हो जायेगी। नागार्जुन का उत्तर है कि जगत् के सम्पूर्ण धर्मों को मिथ्या कहने वाली शून्यता सत्य है क्योंकि बुद्धि और वाणी का मिथ्यात्व शून्यता को मिथ्या नहीं कर सकता। शून्यता का अर्थ 'असत्' नहीं है अपितु प्रतीत्यसमुत्पाद है। हमारे प्रमाण हमारी प्रतिज्ञा को नष्ट नहीं करते। हम यह नहीं कहते कि 'हमारा वचन तो सत्य है और शेष सब मिथ्या है।' यदि हम ऐसा कहते तो हम पर किये गये आक्षेप सत्य होते। हम कहते हैं कि वाणी और बुद्धि के सब धर्म मिथ्या हैं। यह कथन भी हमारी प्रतिज्ञा नहीं है। हम तो प्रतिपक्षी के कथन को कि 'सब धर्म सत्य हैं', उसी के प्रमाणों और तर्कों से अन्तर्विरुद्ध और मिथ्या सिद्ध करते हैं। परमार्थतः हमारी कोई प्रतिज्ञा नहीं है और न कोई प्रमाण है। यह कथन भी कि 'शून्यवादी प्रत्येक वस्तु का प्रतिषेध करता है', प्रतिपक्षी द्वारा हम पर लगाया गया मिथ्या आरोप है। वस्तुतः हम किसी का प्रतिषेध नहीं करते और न कोई प्रतिषेध्य वस्तु है क्योंकि तत्त्व विधिनिषेधातीत है।[३]

प्रतिपक्षी पुनः आक्षेप करता है कि जब सब मत असिद्ध हैं तो स्वयं यह मत भी, मत होने के कारण, असिद्ध है। चन्द्रकीर्ति का उत्तर है कि यह आक्षेप उन पर लागू होता है जो तर्क या अनुमान की स्वतन्त्र सत्ता स्वीकार करते हों। हमारी न तो कोई अपनी प्रतिज्ञा है और न कोई प्रमाण। हम तो, व्यवहार के स्तर पर, प्रतिपक्षी द्वारा स्वीकृत प्रमाण और तर्क-पद्धति से ही प्रतिपक्षी के मत में अन्तर्विरोध दिखा कर उसे असिद्ध बताते हैं। हमारे तर्क का फल केवल पर-प्रतिज्ञा-निषेध है;[४] और यह तर्क भी हमारा अपना नहीं है, यह प्रतिपक्षी द्वारा स्वीकृत तर्क है और इसी तर्क से उसकी प्रतिज्ञा का निषेध किया जाता है। इसे प्रसङ्गापादन पद्धति कहते हैं। माध्यमिक प्रत्येक मत का उसके अन्तर्विरोधग्रस्त होने के

---

१. अनक्षरस्य धर्मस्य श्रुतिः का देशना च का ? श्रूयते देश्यते चापि समारोपादनक्षरः।।
—मा. कारिकावृत्ति, पृ० २६४ पर उद्धृत।

२. नान्यया भाषया म्लेच्छः शक्यो ग्राहयितुं यथा।
न लौकिकमृते लोकः शक्यो ग्राहयितुं तथा।।—आर्यदेव, चतुःशतक, १९४

३. विग्रहव्यावर्त्तनी, का. २८, २९, ६४, प्रतिषेधयामि नाहं किंचित् प्रतिषेध्यमस्ति न च किंचित्। तस्मात् प्रतिषेधयसीत्यधिलय एव त्वया क्रियते।। ६४

४. स्वतन्त्रमनुमानं ब्रुवतामयं दोषो जायते। न वयं स्वतन्त्रमनुमानं प्रयुञ्ज्महे, परप्रतिज्ञानिषेधफलत्वाद् अस्मदनुमानानाम्। मा. कारिकावृत्ति, पृ० ३४

कारण निराकरण करता है। एक मत का निराकरण उसके विपक्षी मत का या अन्य किसी मत का स्वीकरण नहीं होता; वाद के लिए निराकर्ता का अपना मत और अपने तर्क-नियम होना भी आवश्यक नहीं है; वाद के लिए केवल इतना आवश्यक है कि दोनों पक्ष, वाद के समय, तर्क-नियमों को स्वीकार करें। और माध्यमिक, वाद के समय, व्यवहार में, प्रतिपक्षी द्वारा मान्य तर्क-नियमों के आधार पर प्रतिपक्षी के मत का निराकरण करता है। माध्यमिक वैतण्डिक नहीं है। उसके तर्क का प्रयोजन आध्यात्मिक है।

चन्द्रकीर्ति बुद्धपालित के **प्रासङ्गिकमाध्यमिक** सम्प्रदाय के अनुयायी थे और उन्होंने भावविवेक के स्वतन्त्रमाध्यमिक सम्प्रदाय का खण्डन किया है। भावविवेक ने माध्यमिक दर्शन को स्वतन्त्र तर्कों से पुष्ट करना चाहा। चन्द्रकीर्ति के अनुसार यह उचित नहीं है क्योंकि माध्यमिक दर्शन में तर्क के लिए कोई स्वतन्त्र स्थान नहीं है। माध्यमिक की कोई स्वतन्त्र प्रतिज्ञा या प्रमाण नहीं है क्योंकि प्रत्येक मत युक्तिविरुद्ध और असिद्ध है। अनिश्चय और निश्चय परस्पर सापेक्ष हैं। माध्यमिक का न कोई अनिश्चय है और न निश्चय। तब वह व्यर्थ ही प्रमा और प्रमाणों की मीमांसा के जंजाल में क्यों फँसे ? आर्यों के लिये मौन परमार्थ है क्योंकि वहाँ बुद्धि और वाणी की गति नहीं है। जब आर्यजन व्यवहार के स्तर पर तत्त्व का उपदेश देते हैं तो वे अपने प्रमाण और अपनी युक्तियाँ प्रस्तुत नहीं करते। वे लोक को तत्त्व का बोध कराने के लिए लोकप्रसिद्ध प्रमाणों और तर्कों को स्वीकार कर उन्हीं के द्वारा यह बताते हैं कि तत्त्व बुद्धि-गम्य नहीं, अपितु निर्विकल्प साक्षात्कार का विषय है।[1]

चन्द्रकीर्ति ने दिङ्नाग के **स्वतन्त्रविज्ञानवाद** का भी प्रबल **खण्डन** किया है। दिङ्नाग बौद्ध न्याय के प्रवर्तकों में गिने जाते हैं। उन्होंने नैयायिकों के मत का खण्डन करके बौद्ध न्याय को स्थापित करने का प्रयत्न किया। बौद्ध न्याय में प्रत्यक्ष और अनुमान ये दो प्रमाण ही स्वीकृत हैं। प्रत्यक्ष कल्पनारहित तथा अभ्रान्त ज्ञान है; कल्पनायुक्त ज्ञान अनुमान है। प्रत्यक्ष का विषय 'स्वलक्षण' है और अनुमान का 'सामान्यलक्षण'। प्रमा प्रापक ज्ञान है। वस्तु का लक्षण अर्थक्रियासामर्थ्य है। स्वलक्षण ही परमार्थ सत् है। यह अनिर्वचनीय क्षण है और केवल स्वसम्वेदन प्रत्यक्ष का विषय है। सामान्यलक्षण कल्पनायुक्त होने से व्यावहारिक है। चन्द्रकीर्ति इसका खण्डन करते हैं। स्वलक्षण स्वसम्वेदन का विषय नहीं है क्योंकि असिधारा स्वयं को नहीं काट सकती; अंगुली का अग्रभाग अपना स्पर्श नहीं कर सकता; अग्नि स्वयं को नहीं जलाती। स्वलक्षण परमार्थ सत् नहीं है, क्योंकि सापेक्ष है। इसे 'स्व' और 'सामान्य' की तथा 'लक्षण' और 'लक्ष्य' की कल्पनायें अपेक्षित हैं। सापेक्ष होने से यह भी सामान्य लक्षण के समान व्यावहारिक है। इस प्रकार व्यवहार और परमार्थ में भेद मिट जाता है एवं परमार्थ के साथ व्यवहार भी खो जाता है। पुनश्च, जब व्यवहार में नैयायिकों के प्रमाणचतुष्टय से काम चल जाता है, तो व्यर्थ का तर्क-कौशल दिखाने से क्या लाभ ? स्वयं भगवान् बुद्ध

---

१. न खलु आर्याः लोकसंव्यवहारेणोपपत्तिं वर्णयन्ति, किन्तु लोकत एव या प्रसिद्धोपपत्तिस्तां परावबोधार्थमभ्युपेत्य तयैव लोकं बोधयन्ति। मा. वृत्ति, पृ० ५७

ने भी लौकिक दर्शन और तर्क स्वीकार करके धर्मोपदेश दिया है।[१]

चन्द्रकीर्ति का कथन है कि **माध्यमिक नास्तिक नहीं हैं**। हम तो अस्तित्व और नास्तित्व इन दोनों वादों का निरास करके निर्वाणपुर की ओर जाने वाले अद्वय मार्ग को प्रकाशित करते हैं। हम लोक व्यवहार का निषेध नहीं करते; हम तो उसे संवृति सत्य मानते हैं। जब तक तत्त्वाधिगम न हो जाये, तब तक संवृति सत्य का महत्त्व अक्षुण्ण रहेगा, विशेषत: मोक्षसाधना के लिए।[२] नास्तिक तो प्रत्येक वस्तु का मूर्खतापूर्ण अपवाद करता है; माध्यमिक बुद्धि-विकल्पों का तार्किक परीक्षण करके बुद्धि-ग्राह्य पदार्थों को मिथ्या जानता है। नास्तिक 'असद्वादी' है; माध्यमिक सापेक्षवादी है। माध्यमिकों को जगत् की व्यावहारिक सत्ता मान्य है, अत: माध्यमिक नास्तिक नहीं हैं। यदि यह कहा जाये कि वस्तुत: तो दोनों के लिए संसार की असिद्धि तुल्य है, तो भी हम कहेंगे कि संवृति दशा में संसार को सिद्ध मान कर परमार्थ में असिद्ध मानना और बात है तथा सर्वथा असिद्ध मानना और बात है। मान लीजिए किसी व्यक्ति ने चोरी की। एक पुरुष जिसने उस व्यक्ति को चोरी करते हुए नहीं देखा, केवल उस चोर के शत्रुओं से प्रेरित होकर कहता है कि इसने चोरी की है। एक अन्य पुरुष जिसने उस व्यक्ति को चोरी करते हुए देखा था, कहता है कि इसने चोरी की है। अब दोनों पुरुषों के कथन समान हैं, फिर भी पहला पुरुष झूठा है और दूसरा पुरुष सच्चा है। यही अन्तर नास्तिक और माध्यमिक में है।[३]

शून्यता **पुद्गलनैरात्म्य** और **धर्मनैरात्म्य** दोनों हैं। हीनयान ने पुद्गल को अनात्म माना, किन्तु धर्मों को सत्य मान लिया। माध्यमिक ने धर्मों को भी अनात्म और शून्य बताया। पुद्गलनैरात्म्य से क्लेशावरण अर्थात् अहंकार-ममकारजन्य दु:ख का क्षय तथा धर्मनैरात्म्य से ज्ञेयावरण अर्थात् वस्तु के अन्यथाज्ञान का क्षय होता है। इन द्विविध आवरणों का क्षय शून्यता है। शून्यता दु:खों का शमन करने वाली है। शून्यता ही निर्वाण है, अमृत, अभय और शिव तत्त्व है।[४] शान्तिदेव द्वारा 'बोधिचर्यावतार' में वर्णित बोधिचित्त स्वानुभूतिरूप विशुद्ध ज्ञान है। यह एक अशुद्ध मरणशील मानव को परम विशुद्ध बुद्ध बना देता है।[५] शान्तिदेव ने अपने इस उत्कृष्ट ग्रन्थ में निर्वाण की साधना के विविध सोपानों का अत्यन्त सुन्दर और विशद निरूपण किया है। उन्होंने यह भी बताया है कि जीवन्मुक्त बोधिसत्व द्वारा दु:खी प्राणियों को मुक्त कराने में जो अनिर्वचनीय आनन्द आता है, उसके आगे व्यक्तिगत मोक्ष का आनन्द फीका पड़ जाता है।[६] नागार्जुन का कथन है कि भगवान् बुद्ध ने 'उपायकौशल' से अपने

---

१. लौकिक एवं दशनि स्थित्वा बुद्धानां भगवतां धर्मदेशना। मा. वृत्ति, पृ० ७५

२. तिष्ठुत तावदेषा संवृतिर्मुमुक्षूणां मोक्षावाहककुशलमूलोपचयहेतु: यावन् न तत्त्वाधिगम इति। वहीं, पृ० ६७

३. माध्यमिक वृत्ति, पृ० ३६८

४. क्लेशज्ञेयावृतितम:प्रतिपक्षो हि शून्यता।
शून्यता दु:खशमनी तत: किं जायते भयम् ? बोधिचर्यावतार, ९, ५५-५६

५. वहीं, १, १०

६. मुच्यमानेषु सत्त्वेषु ये ते प्रामोद्यसागरा:।
तैरेव ननु पर्याप्तं मोक्षेणारसिकेन किम्।। बोधिच्चर्यावतार, ८, १०८

शिष्यों को उपदेश दिया है—व्यवहार में उन्होंने 'आत्मा' है, यह उपदेश दिया; फिर उन्होंने 'आत्मा' नहीं है, यह उपदेश भी दिया; और अपने उत्कृष्ट शिष्यों को उन्होंने 'न आत्मा है और न अनात्मा है', यह उपदेश दिया।[१] अपने निम्न स्तर के शिष्यों को, जो अनात्मा के नाम से ही भयभीत होकर सोचते हैं कि यदि आत्मा नहीं है तो कुशल कर्म कौन करेगा? भगवान् बुद्ध ने व्यवहार में आत्मा है, यह उपदेश दिया, यह सोच कर कि 'अनात्मा' से भयभीत होकर यह कुशल कर्मों के एवं निर्वाण-साधना के सम्पादन से विरत न हो जावें। इनसे कुछ उन्नत स्तर के शिष्यों को बुद्ध ने आत्मा या पुद्गल के नैरात्म्य का उपदेश दिया, यह सोच कर कि ये आत्म-दृष्टि आदि दोषों से बच सकें, अहंकार-ममकारजन्य क्लेशों से बच सकें, दृष्टि-दंष्ट्रा से घायल न हो सकें। और अपने सर्वोत्कृष्ट शिष्यों को बुद्ध ने आत्म तथा अनात्म की दृष्टियों से ऊपर अद्वय तत्त्व के साक्षात्कार का उपदेश दिया। आत्मवाद और अनात्मवाद, शाश्वतवाद और उच्छेदवाद, नित्यवाद और अनित्यवाद, ये सब बुद्धिविकल्प हैं, सापेक्ष और मिथ्या हैं, अतः इनसे ऊपर उठकर अपरोक्षानुभूति द्वारा अद्वैत तत्त्व के साक्षात्कार का उपदेश दिया। जिस प्रकार शेरनी अपने शिशु को मुँह से पकड़ कर निरापद स्थान में ले जाती है, उसकी पकड़ न तो इतनी ढीली होती है कि बच्चा गिर जाय और न इतनी कसी हुई होती है कि बच्चा उसकी दाढ़ों से घायल हो जाये, उसी प्रकार भगवान् बुद्ध यह सोच कर उपदेश देते हैं कि उनके शिष्य कुशल कर्मों के सम्पादन से गिरें भी नहीं और दृष्टि-दंष्ट्राओं में फँस कर घायल भी नहीं हों।[२] बुद्ध का उपदेश सर्वदृष्टिप्रहाण के लिए है। शून्यता चतुष्कोटिविनिर्मुक्तता है। प्रपञ्चशून्य तत्त्व बुद्धिविकल्पातीत और वाणी द्वारा अग्राह्य होने से अनिर्वचनीय है। स्वभाव-शून्य संसार भी सदसद्निर्वचनीय है, सदसद्विलक्षण है; व्यवहार में सत्य है, वस्तुतः मिथ्या है। नागार्जुन की घोषणा है—भगवान् बुद्ध ने सदसदनिर्वचनीय शून्यता का उपदेश दिया है। सांख्य, वैशेषिक, जैन और हीनयानी से पूछो कि क्या वह लोक को 'अस्तिनास्तिशून्य' मानता है ? यह शून्यता बुद्ध के गम्भीर उपदेशों का अमृत है और यह हमें भगवान् बुद्ध के सद्धर्म के उत्तराधिकार में मिली है।[३]

संवृति और परमार्थ दो अलग-अलग सत्य नहीं हैं। सत्य तो परमार्थ ही है। परमार्थ प्राप्ति के पूर्व संवृति को, जो वस्तुतः असत्य है, 'सत्य' के रूप में मान लिया जाता है। यह अनिवार्य है, क्योंकि संवृति के मिथ्यात्व का ज्ञान परमार्थप्राप्ति से ही सम्भव है, जिस प्रकार जागने पर ही स्वप्न का मिथ्यात्व प्रतीत होता है या रज्जु का ज्ञान होने पर ही रज्जुसर्प का मिथ्यात्व विदित होता है। संवृति बुद्धि-व्यापार है। संवृति से ही सारा लोक व्यवहार और

आत्मेत्यपि प्रज्ञपितमनात्मेत्यपि देशितम्।
द्धैर्नात्मा न चानात्मा कश्चिदित्यपि देशितम्। मा. कारिका, १८, ६

दंष्ट्रावघातं च भ्रंशं चावेक्ष्य कर्मणाम्। देशयन्ति जिना धर्मं व्याघ्रीपोतापहारवत्।।

यौलूक्यनिर्ग्रन्थपुद्गलस्कन्धवादिनम्। पृच्छ लोकं यदि वदत्यस्तिनास्तिव्यतिक्रमम्।।
मित्यस्मान् नास्त्यस्तित्वव्यतिक्रमम्। विद्धि गम्भीरमित्युक्तं बुद्धानां शासनामृतम्।। रत्नावली, ६१, ६२

सारी आध्यात्मिक साधना चलती है।[१] इसी प्रकार निरपेक्ष अद्वैत तत्त्व और यह सापेक्ष संसार दो भिन्न तत्त्व नहीं हैं। तत्त्व ही अविद्या के कारण संसार के रूप में भासित हो रहा है। निरपेक्ष तत्त्व समस्त संसार में 'व्याप्त' है और 'संसारातीत' भी है। तत्त्व 'धर्म' (पदार्थ या विषय) नहीं है; वह सब धर्मों में व्याप्त **'धर्मता'** है।[२] तत्त्व ही धर्मों के रूप में भासित होता है। अत: परमार्थत: निरपेक्ष तत्त्व और सापेक्ष संसार में कोई भेद नहीं है। संसार और निर्वाण, बन्धन और मोक्ष, जगत् और तथागत, वस्तुत: अभिन्न हैं। जो तत्त्व अविद्या और आसक्ति के कारण प्रतीत्यसमुत्पन्न जन्म-मरण-चक्र के रूप में प्रतीत हो रहा है, वही, प्रज्ञा और अनासक्ति से, प्रपञ्चोपशम शिव निर्वाण है।[३] जगत् और तथागत दोनों 'नि:स्वभाव' हैं; जगत् स्वभावशून्य और सापेक्ष होने के कारण नि:स्वभाव है, और तथागत 'स्व' और 'पर' भावादि बुद्धि-विकल्पातीत होने के कारण नि:स्वभाव है।[४] अविद्यानिरोध, सर्वदृष्टिप्रहाण, निरवशेषकल्पनाक्षय ही निर्वाण है जो अपरोक्षानुभूति-रूप निरपेक्ष और शिव अद्वैत तत्त्व है। यही शून्यता है, यही धर्मता है, यही अभय और अमृत पद है। जो व्यक्ति इस प्रकार सोचता है, 'मैं' उपादान (आसक्ति) को छोड़कर निर्वाण प्राप्त करूंगा; अनुपादान या आसक्तिरहित होने पर **मेरा** निर्वाण होगा, वह व्यक्ति अहंकार-ममकार के प्रबल बन्धन में बँधा हुआ है; उसकी दृष्टि ही उपादान-दृष्टि है।[५] निर्वाण सारी दृष्टियों का और सारे उपादानों का क्षय है। निर्वाण किसी अप्राप्त नई वस्तु की प्राप्ति नहीं है। निर्वाण में निर्वाण-प्राप्ति का बोध भी नहीं रहता। अविद्या-निरोध ही निर्वाण है। अत: बन्धन और मोक्ष दोनों संवृति में ही सम्भव है। वस्तुत: न तो संसार का लय होता है, न निर्वाण की प्राप्ति होती है। जैसे प्रदीप-प्रकाश में रज्जु-सर्प का नाश नहीं होता और न रज्जु की प्राप्ति होती है क्योंकि भ्रान्ति-दशा में भी रज्जु-सर्प की 'सर्प' के रूप में प्रतीतिमात्र थी, उसकी सत्ता नहीं थी, उसी प्रकार जब संसार वस्तुत: है ही नहीं तो उसके विलीन होने का प्रश्न नहीं उठता।[६] जो 'सत्' है उसका विनाश असम्भव है क्योंकि उसकी त्रिकालाबाध सत्ता है; जो 'असत्' है वह शशशृङ्गवत् तुच्छ है और उसके विनाश का प्रश्न नहीं उठता। अत: जो 'सदसदनिर्वचनीय' या मिथ्या है, उसी का प्रतीत्यसमुत्पाद की सापेक्ष-दृष्टि से, उत्पाद और विनाश होता है, वस्तुत: तो वह भी 'अनुत्पन्न' और 'अनिरुद्ध' है। अत: केवल अविद्या ही आती है और अविद्या ही जाती है; और क्योंकि अविद्या भ्रान्ति है, अत: उसका आवागमन भी भ्रान्ति है—'अनागमम् अनिर्गमम्'। किन्तु अविद्या मूलाविद्या है, अत: उसका निरोध निरपेक्ष प्रज्ञा या बोधि से ही सम्भव है। जब तक तत्त्वसाक्षात्कार नहीं होता तब तक संवृति-दशा में, बुद्धि के क्षेत्र में, समस्त व्यवहार अबाधित रहते हैं। तत्त्व-साक्षात्कार होने पर निरुपधि निर्विकल्प ज्ञानामृत और अनिर्वचनीय आनन्द है। यही शून्यता-दर्शन है।

---

१. निर्वाणाधिगमोपायत्वात् अवश्यमेव संवृतिरभ्युपेया। —मा. वृत्ति, पृ० ४९२। २. धर्माणां धर्मता।

३. प्रपञ्चोपशमं शिवम्।—देखिये पीछे पृ० ७६ और ७९

४. तथागतो नि:स्वभावो नि:स्वभावमिदं जगत्। —मा. का., २२, १६

५. निर्वास्याम्यनुपादानो निर्वाणं मे भविष्यति। इति येषां ग्रहस्तेषामुपादानमहाग्रह:।। —मा. कारिका, १६, ९-१०

६. वस्तुकचिन्तायां तु संसार एव नास्ति। तत् कुतोऽस्य परिक्षय: प्रदीपावस्थायां रज्जूरगपरिक्षयवत्। —मा. वृत्ति २२०; निर्वाणे न कस्यचित्प्रहाणं न निरोध:। वहीं।

सप्तम अध्याय

विज्ञानवाद या योगाचार दर्शन

१. विज्ञानवाद का उदय

जिस प्रकार शून्यवाद के अनुयायियों को 'माध्यमिक' भी कहा जाता है क्योंकि वे बुद्धि-कोटियों के पारगामी 'मध्यम' मार्ग के पोषक हैं, उसी प्रकार विज्ञानवाद के अनुयायियों को 'योगाचार' भी कहा जाता है क्योंकि वे बोधिप्राप्ति के लिये योग-साधना पर अत्यधिक बल देते हैं।

प्राय: विज्ञानवाद को एक ही सम्प्रदाय माना जाता है; किन्तु इससे दर्शन के क्षेत्र में कई भ्रान्तियाँ उत्पन्न हो गई हैं। विज्ञानवाद का उत्तरकालीन रूप उसके पूर्वकालीन रूप से कई महत्वपूर्ण सिद्धान्तों में इतना भिन्न है कि उसे पृथक् मत मानना उचित है। हम पूर्व-विज्ञानवाद को 'मूलविज्ञानवाद' या केवल 'विज्ञानवाद' के नाम से अभिहित कर रहे हैं और उत्तर-विज्ञानवाद को 'स्वतन्त्रविज्ञानवाद' की संज्ञा दे रहे हैं। इसे 'सौत्रान्तिकयोगाचार' या 'सौत्रान्तिक-विज्ञानवाद' भी कहा जाता है। आचार्य अश्वघोष के 'शास्त्र' में विज्ञानवाद और शून्यवाद दोनों के सिद्धान्त प्राप्त होते हैं। अश्वघोष ने 'तथता' के लिए बोधि, प्रज्ञा, आलयविज्ञान, तथागतगर्भ, धर्मकाय, धर्मधातु शब्दों का प्रयोग किया है। लङ्कावतारसूत्र में विज्ञानवाद का विस्तृत और विशद विवरण उपलब्ध है। किन्तु विज्ञानवाद को सुव्यवस्थित सम्प्रदाय के रूप में प्रतिष्ठित एवं विकसित करने का श्रेय आर्य मैत्रेयनाथ और आर्य असङ्ग तथा उनके अनुज आचार्य वसुबन्धु एवं उनके टीकाकार आचार्य स्थिरमति को है। ये मूल-विज्ञानवाद के प्रसिद्ध आचार्य हैं। स्वतन्त्रविज्ञानवाद के प्रतिष्ठापक आचार्य दिङ्नाग हैं एवं आचार्य धर्मकीर्ति, शान्तरक्षित तथा कमलशील इस सम्प्रदाय के अन्य प्रमुख आचार्य हैं। यह बौद्ध दर्शन का तार्किक सम्प्रदाय भी कहलाता है।

शून्यवाद और विज्ञानवाद दोनों सम्प्रदायों का उदय और प्रारम्भिक विकास प्राय: साथ-साथ ही हुआ, किन्तु व्यवस्थित सम्प्रदाय के रूप में शून्यवाद पहले प्रतिष्ठित हुआ। विज्ञानवाद पर सौत्रान्तिक और माध्यमिक सम्प्रदायों का पर्याप्त प्रभाव पड़ा है। मूलविज्ञानवाद निरपेक्ष विज्ञानवाद है; विज्ञानवाद ने अपने इस मूल सिद्धान्त को कि विज्ञान ही एकमात्र तत्त्व है, सौत्रान्तिक सम्प्रदाय के कुछ दोषों को दूर करके विकसित किया है, तथा अपना निरपेक्षवाद माध्यमिक से लिया है। इन दो विपरीत सम्प्रदायों के प्रभाव के कारण विज्ञानवाद प्रारम्भ से हो अन्तर्विरोधों से मुक्त नहीं हो सका है। मूलविज्ञानवाद में माध्यमिक निरपेक्षवाद के प्रभात्र के कारण सौत्रान्तिक प्रभाव दब गया है, किन्तु आगे चलकर स्वतन्त्र-विज्ञानवाद ने

निरपेक्षवाद को निकाल फेंका और सौत्रान्तिक से प्रेरणा लेकर वह क्षणिक-विज्ञानसन्तानमात्र बन गया।

सौत्रान्तिक ने लौकिक ज्ञान की मीमांसा करते हुये बताया कि हमारा लौकिक ज्ञान इन्द्रियसम्वेदन और बुद्धि-विकल्प इन दो निर्माणक तत्त्वों से बनता है। सम्वेदन 'स्वलक्षणों' से आते हैं जो विकल्परहित मूल तत्त्व हैं; और इन सम्वेदनों को बुद्धि-विकल्प, जो इन्द्रियानुभवनिरपेक्ष हैं, सम्बद्ध और व्यवस्थित बना कर ज्ञान का रूप देते हैं अतः हमारा ज्ञान स्वलक्षणरूपी वस्तु-जगत् का यथार्थ ज्ञान नहीं है, अपितुं बुद्धि-विकल्पों की 'कल्पना'-शक्ति द्वारा निर्मित है। इसीलिये सौत्रान्तिक ने 'बाह्यानुमेयवाद' स्वीकार किया। पाश्चात्य दर्शन में इस प्रकार की ज्ञान-मीमांसा का महान् श्रेय कान्ट महोदय को दिया जाता है, किन्तु उनसे कई सदियों पूर्व सौत्रान्तिक ने इस तथ्य को प्रतिपादित कर दिया था। प्रत्यक्ष 'स्वलक्षण' से प्राप्त सम्वेदन की साक्षात् कल्पनापोढ (निर्विकल्प) और अभ्रान्त अनुभूति है; और अनुमान बुद्धिविकल्पों द्वारा निर्मित 'सामान्य-लक्षण' का सविकल्प ज्ञान है। स्वलक्षणों का साक्षात्कार योगीजन समाधि में कर सकते हैं। सौत्रान्तिक ने पुद्‌गलनैरात्म्य स्वीकार किया; किन्तु स्वलक्षण-धर्मों की तात्त्विक सत्ता स्वीकार की, यद्यपि सर्वास्तिवाद के ७५ धर्मों में से ३२ धर्मों को बुद्धि-निर्मित कह कर हटा दिया और उनकी संख्या ४३ कर दी। सब धर्म क्षणिक हैं। एकता, व्यापकता, द्रव्यता और नित्यता बुद्धि की कल्पनामात्र हैं; अनेकता, विशेषता, पर्यायता और क्षणिकता सत्य हैं क्योंकि ये तात्त्विक धर्मों के लक्षण हैं। प्रतीत्य-समुत्पाद तात्त्विक कारणकार्यवाद है। पुद्‌गल 'प्रज्ञप्ति-सत्' है; धर्म 'वस्तु-सत्' है। माध्यमिक ने सौत्रान्तिक के 'अधूरे' कार्य को 'पूरा' कर दिया। यदि पुद्‌गल प्रज्ञप्तिसत् है, तो धर्म भी प्रज्ञप्तिसत् हैं। पुद्‌गलनैरात्म्य के समान धर्मनैरात्म्य भी सत्य है। यदि द्रव्य-दृष्टि शाश्वतवाद है तो क्षणिकत्व-दृष्टि उच्छेदवाद है। प्रतीत्यसमुत्पाद क्षणिक धर्मों का वास्तविक कारण-कार्यवाद न होकर सापेक्ष कारणकार्यवाद है। विज्ञानवाद भी सौत्रान्तिक से प्रभावित हुआ। उसने भी सौत्रान्तिक के 'अधूरे' कार्य को 'पूरा' करके अपने विज्ञानवाद की प्रतिष्ठा की। यदि सर्वास्तिवाद के ७५ धर्मों में से ३२ धर्म बुद्धि-कल्पित होने के कारण हटाये जा सकते हैं, तो इसी तर्क से सभी भूत-भौतिक धर्मों को बुद्धि-कल्पित मान कर हटाया जा सकता है। यदि हमें बाह्य अर्थों का प्रत्यक्ष नहीं होता तो उनका अनुमान करना भी व्यर्थ है। बाह्यानुमेयवाद भी उतना ही दोषयुक्त है जितना बाह्यप्रत्यक्षवाद। हमें सम्वेदनों का अनुभव होता है; उनको उत्पन्न करने वाले किसी तथाकथित बाह्य पदार्थ का नहीं। पाश्चात्य दर्शन में जिस प्रकार बर्कले ने लॉक के 'अज्ञात और अज्ञेय बाह्य जड़ द्रव्य' को 'मूर्खतापूर्ण काल्पनिक पदार्थ' कह कर निरस्त कर दिया था, उसी प्रकार विज्ञानवाद ने सौत्रान्तिक के लौकिक प्रत्यक्ष में अज्ञात बाह्य अर्थों को भी काल्पनिक मान कर निरस्त कर दिया। यदि सम्वेदन उत्पन्न करने वाले कारण के रूप में इन बाह्य पदार्थों का अनुमान किया जाय, जैसा सौत्रान्तिक स्वीकार करता है, तो विज्ञानवाद का उत्तर है कि सम्वेदन तो मानस धर्म है अतः इसको उत्पन्न करने वाले कारण के रूप में बाह्य भौतिक पदार्थ को मानना असङ्गत है तथा इसका कारण विज्ञान ही हो सकता

है। बर्कले ने भी लॉक के इस मत को इसी आधार पर खण्डित किया था। हेगल ने भी कान्ट के भौतिक 'स्वलक्षणों' को, जड़-चेतन द्वैत सहित, निरस्त किया था। शून्यवाद ने सर्वास्तिवाद और सौत्रान्तिक के सभी धर्मों का चाहे वे भूत-भौतिक हों, चाहे चित्त-चैत्त, बुद्धि-विकल्पजन्य सापेक्ष तथा 'मृषा-धर्म' (मिथ्या) मान कर उनके नैरात्म्य का प्रतिपादन किया। किन्तु विज्ञानवाद ने 'धर्मनैरात्म्य' का अर्थ केवल 'बाह्यधर्मनैरात्म्य' माना। सभी धर्म बुद्धि-कल्पना-प्रसूत हैं, अतः या तो चित्तरूप हैं या चैत्त (चैतसिक) हैं। बाह्य अर्थात् विज्ञान-बाह्य या चित्त-चैत्तबाह्य कोई धर्म नहीं है। इस प्रकार विज्ञानवाद ने केवल भूत-भौतिक धर्मों का ही निराकरण किया। उसने चित्त-चैत्त धर्मों को स्वीकार किया एवं उनकी संख्या भी बढ़ा दी तथा उनका विस्तृत वर्गीकरण प्रस्तुत किया। यह बताया कि प्रतीत्यसमुत्पाद विज्ञानों पर ही लागू होता है। वस्तुतः ये चित्त-चैत्त धर्म विज्ञान के ही परिणाम हैं। अतः अविद्याजन्य ग्राह्यग्राहक-वासना की निवृत्ति होने पर ये सब धर्म भी निवृत्त हो जाते हैं।

माध्यमिक के निरपेक्ष तत्त्व का प्रभाव भी विज्ञानवाद पर पड़ा। विज्ञानवाद माध्यमिक सम्प्रदाय को बड़े आदर की दृष्टि से देखता है। वह शून्यता, धर्मता, मध्यमा प्रतिपत्, धर्मधातु आदि को एवं व्यवहार और परमार्थ के विभाजन को स्वीकार करता है तथा तत्त्व को अद्वय, निरपेक्ष, प्रकृति-प्रभास्वर, परमविशुद्ध, अपरोक्षानुभूतिगम्य, बुद्धि-विकल्पातीत, समस्तधर्मान्तर्यामी तथा समस्तधर्मातीत मानता है। माध्यमिक, भगवान् बुद्ध के समान, तत्त्व की सर्वदृष्टिशून्यता, निष्प्रपञ्चता और अनिर्वचनीयता का बोध कराने के लिये प्रायः निषेधमुख से ही तत्त्व-निरूपण करता रहा और आध्यात्मिक साधना द्वारा तत्त्व-साक्षात्कार पर बल देता रहा, यहाँ तक कि स्वयं पर निषेध-वादी होने के मिथ्या लाञ्छन लगाये जाने पर भी उसने भावात्मक तत्त्वमीमांसा के धरातल पर अपना दार्शनिक प्रासाद निर्मित नहीं किया। किन्तु विज्ञानवाद, व्यवहार में, तत्त्व का भावात्मक निरूपण करना एवं दार्शनिक सम्प्रदाय का प्रतिपादन करना आवश्यक मानता है, भले ही पारमार्थिक रूप से यह कार्य कितना ही अपूर्ण क्यों न हो, क्योंकि इससे साधकों का मार्ग-दर्शन होता है तथा प्रतिपक्षी के मिथ्या आरोपों से बचा जा सकता है। जब तक विज्ञानवाद निरपेक्षवाद बना रहा उसमें सौत्रान्तिक का बहुत्ववादी धर्मवाद दबा रहा; धीरे-धीरे ज्यों-ज्यों वह इससे हटता गया स्वतन्त्रविज्ञानवाद का मार्ग प्रशस्त होता गया।

२. योगाचार की विशेषतायें

असङ्ग ने अपने 'महायानसम्परिग्रहशास्त्र' में योगाचार मत की दस निम्नलिखित विशेषतायें बताई हैं:[१]

१. विशुद्धविज्ञानरूप धर्मधातु प्रत्येक धर्म में अन्तर्यामी है।

२. परिकल्पित, परतन्त्र और परिनिष्पन्न, ये तीन स्वभाव हैं।

३. पुद्गल (जीव; प्रमाता) और धर्म (जगत्, विषय) दोनों आलयविज्ञान के आभास हैं।

---

१ प्रो. सज़ुकी के 'आउटलाइन्स ऑफ महायान बुद्धिज़्म' पृ० ६५-७४ से उद्धृत।

४. षट् पारमितायें बोधि के लिये आवश्यक हैं।
५. बुद्ध बनने के लिये बोधिसत्व की दस भूमियाँ पार करनी पड़ती हैं।
६. तुच्छ और स्वार्थमय हीनयान के व्यक्तिगत निर्वाण से विशाल और दयामय महायान के बोधिसत्त्व द्वारा अन्य सत्त्वों के निर्वाणार्थ यत्न करना अधिक आनन्ददायक है।
७. पुद्गलनैरात्म्य द्वारा क्लेशावरणक्षय एवं धर्मनैरात्म्य द्वारा ज्ञेयावरणक्षय से बोधि प्राप्त होती है जिससे धर्मकाय या बुद्धकाय में प्रवेश होता है।
८. अविद्याजन्य ग्राह्यग्राहकवासना के निरोध से अद्वय विशुद्ध प्रज्ञा या बोधि प्राप्त होती है।
९. वस्तुतः संसार और निर्वाण में, संक्लेश और व्यवदान में, अशुद्धि और शुद्धि में कोई अन्तर नहीं है, क्योंकि अद्वय धर्मधातु प्रकृति-विशुद्ध है और द्वैत अविद्याजन्य है। 'नानात्व' संसार है; 'तथता' या 'समत्व' निर्वाण है। निर्वाण यहीं प्राप्त होता है; यही जीवन्मुक्ति है।
१०. बुद्ध के तीन काय हैं—धर्मकाय (सत्), निर्माणकाय (चित्) और सम्भोगकाय (आनन्द)। वैसे धर्मकाय में अन्य दो काय समाविष्ट हैं। धर्मकाय को धर्मधातु, तथता, तथागतगर्भ और विशुद्ध विज्ञान कहते हैं।

३. लङ्कावतारसूत्र

लङ्कावतारसूत्र में विज्ञानवाद के प्रायः सभी प्रमुख सिद्धान्त मिल जाते हैं, किन्तु व्यवस्थित दर्शन के रूप में नहीं। तथता, बोधि, प्रज्ञा, शून्यता, भूतकोटि, निर्वाण, धर्मकाय, धर्मधातु, तथागतगर्भ और चित्तमात्र, ये शब्द परमतत्त्व या परमार्थ के पर्याय हैं। चित्त, मनस्, विज्ञान, इन शब्दों का प्रयोग भी पर्याय रूप में किया गया है। 'चित्त' शब्द का प्रयोग प्रायः आलयविज्ञान के लिए किया गया है और 'चित्तमात्र' का विशुद्ध विज्ञान के लिये। चित्तमात्र के अर्थ में विज्ञानमात्र और विज्ञप्तिमात्र[१] शब्द भी कभी-कभी प्रयुक्त हुए हैं। लङ्कावतार के अनुसार विज्ञानमात्र ही तत्त्व है। कामलोक, रूपलोक और अरूपलोक इन तीनों लोकों की कोई स्वतन्त्र सत्ता नहीं है। बाह्य पदार्थ की कोई सत्ता नहीं है। यह सब विकल्पमात्र है। चित्तमात्र का ज्ञान ही तत्त्व-ज्ञान, तथता-ज्ञान या तथागत की प्रज्ञा है।[२]

आलय-विज्ञान के वर्णन में लङ्कावतार में कभी-कभी कुछ विरोधाभास प्रतीत होता है। आलय-विज्ञान को एक ओर तो निरन्तर परिवर्तनशील विज्ञान-प्रवाह (आलयौघ) बताया गया है, जिसके अन्तर्गत तीनों लोकों के समस्त चित्तचैत्त धर्म आ जाते हैं और दूसरी ओर आलय-विज्ञान को ग्राहद्वयवासनारहित तथा विकल्पप्रपञ्चरहित नित्यतत्त्व बताया गया है; किन्तु यह विरोधाभास वास्तविक नहीं है। लङ्कावतारसूत्र के अनुसार विशुद्ध विज्ञानमात्र तत्त्व

१. लङ्कावतारसूत्र, पृ० १६९
२. विकल्पमात्रं त्रिभवं बाह्यमर्थं न विद्यते।
चित्तमात्रावतारेण प्रज्ञा ताथागती मता।। वहीं, पृ० १८६

ही अनादि वासना के कारण निरन्तर प्रवहमान आलयविज्ञान के रूप में प्रतीत होता है एवं वासना-निवृत्ति होने पर वही शुद्ध शान्त विज्ञानमात्र है। आलय के लिए इस सूत्र में प्राय: चित्त शब्द का प्रयोग किया गया है, जो वासना-कलुषित चित्त है; यही चित्त वासना-निवृति के बाद चित्तमात्र अर्थात् शुद्ध चित्त है। जगत् के पदार्थ व्यक्तिगत विज्ञान की सृष्टि नहीं हैं, किन्तु आलयविज्ञान या समष्टिविज्ञान द्वारा सृष्ट हैं।

आलयविज्ञान समष्टिविज्ञान है। यह सार्वभौम और सर्वत्रग है। यह सारे व्यक्ति-विज्ञानों का तथा समस्त चित्त-चैत्त धर्मों का आश्रय है क्योंकि ये सब इसी के अन्तर्गत हैं। व्यक्ति-विज्ञानों को प्रवृत्ति-विज्ञान कहा जाता है। ये षड्विध हैं। चक्षु, घ्राण, श्रोत्र, जिह्वा और काय रूपी पाँच इन्द्रिय-विज्ञान जिन्हें यहाँ 'विज्ञानकाय' की संज्ञा दी गई है, तथा छठा मनोविज्ञान। मनोविज्ञान के अन्तर्गत व्यक्ति का समस्त वृत्ति-ज्ञान आ जाता है। इन्द्रियविषयविज्ञान मनोविज्ञान को उत्पन्न करता है; तथा बिना इन्द्रियविज्ञान के भी मनोवृत्तियों की धारा या मनोविज्ञानप्रवाह चलता रहता है ज़ो विचार या संकल्प या वेदनारूप होता है। सर्वगत आलयविज्ञान और व्यक्तिगत प्रवृत्तिविज्ञान को मिलाने वाली बीच की कड़ी के रूप में एक और मनोविज्ञान स्वीकार किया है, जिसे 'मनस्' की संज्ञा दी गई है। इस प्रकार आलयविज्ञान या चित्त, मनस्, और पाँच इन्द्रियविज्ञान तथा मनोविज्ञान को मिला कर कुल आठ विज्ञान माने गये हैं।[१] मनस् को वसुबन्धु ने क्लिष्टमनोविज्ञान कहा है क्योंकि यह क्लेश-युक्त है। यह मननात्मक है। वस्तुत: यह व्यक्ति के प्रवृत्ति-विज्ञान-प्रवाह में एकता स्थापित करने वाला विज्ञान है जो जीव या प्रमाता का कार्य करता है। मनस् में इस 'एकीकरण' की शक्ति आलयविज्ञान से आती है। मनस् षड्विध प्रवृत्तिविज्ञान को 'विषय' के रूप में ग्रहण करता है। आलय के लिये मनस्-सहित शेष सातों विज्ञान उसके 'विषय' हैं।

शुद्ध चित्त-मात्र अनादि अविद्या या वासना के कारण चित्त या आलयविज्ञान के रूप में प्रतीत होता है। इस शक्ति को 'अभूतपरिकल्पवासना' या 'अनादिप्रपञ्चदौष्ठुल्यवासना' कहा गया है जो ग्राह्य-ग्राहकवासना या ग्राहद्वयवासना है। स्वयं आलय ही इस अनादि वासना का 'आश्रय' और 'आलम्बन' (विषय) है। आलय ही विषयी और विषय, ग्राहक और ग्राह्य, जीव-विज्ञान और जगत्-विज्ञान के रूप में प्रतीत होता है। समस्त विश्व आलय का आभास है। आत्मा या पुद्गल एवं धर्म या बाह्य पदार्थ सर्वथा कल्पित हैं; इनकी सांवृतिक या व्यावहारिक सत्ता भी नहीं है, क्योंकि विज्ञान ही इनका 'आकार' लेकर प्रतीत होते हैं। व्यावहारिक सत्ता भी इन विविध आकारों में प्रतीत होने वाले विज्ञानों की है। आलय के अन्तर्गत, अनादि वासना से प्रेरित, अनन्त व्यक्तिगत प्रवृत्ति-विज्ञानों के प्रवाह, अपने-अपने 'मनस्' द्वारा नियमित होकर निरन्तर चलते रहते हैं। वासनायें परिपक्व होकर प्रवृत्ति-विज्ञानों को उत्पन्न करती हैं और ये प्रवृत्ति-विज्ञान पुन: अपनी वासनायें आलय में छोड़ते रहते हैं जो परिपक्व होकर अन्य प्रवृत्ति-विज्ञानों को उत्पन्न करती रहती हैं। इस प्रकार यह चक्र निरन्तर चलता रहता है एवं

---

१. भगवता अष्टौ विज्ञानानि व्यवस्थापितानि।—वहीं, पृ० १२६

प्रवृत्ति-विज्ञान अपनी वासनाओं से निरन्तर आलय का पोषण करते रहते हैं।[१] आलयविज्ञान समुद्र है; प्रवृत्तिविज्ञान तरङ्गें है; वासना पवन है; जिस प्रकार पवन से प्रेरित होकर तरंगें समुद्र पर नाचती हैं, उसी प्रकार वासना-प्रेरित प्रवृत्ति-विज्ञान आलय विज्ञान पर नाच रहे हैं। या यह कथन अधिक उपयुक्त होगा कि आलयविज्ञान रूपी विशाल जलसमूह अनादिवासना रूपी पवन से प्रेरित चित्र-विचित्र प्रवृत्ति-विज्ञान रूपी तरङ्गों से निरन्तर नाचता हुआ प्रतीत होता है।[२] आलयविज्ञान और प्रवृत्ति-विज्ञान में तादात्म्य सम्बन्ध है क्योंकि न ये भिन्न हैं न अभिन्न। जिस प्रकार मृत्तिका और घट में, सुवर्ण और आभूषण में, समुद्र और तरङ्ग में, न भेद है और न अभेद, उसी प्रकार आलयविज्ञान और प्रवृत्ति-विज्ञान में न भेद है और न अभेद। यदि इन्हें अभिन्न माना जाय तो प्रवृत्तिविज्ञान के निरोध पर आलयविज्ञान का भी निरोध होना चाहिये (जो नहीं होता) और तब आलय इनका आश्रय नहीं रहेगा (जो वह है); और यदि इन्हें भिन्न माना जाय तो प्रवृत्तिविज्ञान आलयविज्ञान के आभास नहीं होंगे (जो वे हैं)। दोनों का भेद आभासमात्र है; तत्त्वतः इनमें कोई भेद नहीं है।[३] विज्ञानपरिणाम आभास है, वास्तविक परिवर्तन नहीं। विज्ञान प्रतीत्यसमुत्पन्न होने से वस्तुतः अनुत्पन्न है।[४] ग्राह्यग्राहक-वासना अनादि अविद्या है; इसी के कारण शुद्ध विज्ञान सविकल्पक और परतन्त्र होकर क्षणिक विज्ञानों के प्रवाह में, उत्पत्ति-विनाश या जन्म-मरण-चक्र में, फँसा हुआ प्रतीत होता है। विज्ञान वस्तुतः ग्राह्य-ग्राहकवासना से मुक्त है। वह अद्वय और प्रकृतिप्रभास्वर अर्थात् स्वप्रकाश है। जब इस अनादि वासना के कारण शुद्ध चित्तमात्र कलुषित होकर विकल्प या कल्पना द्वारा विविध आकारों के रूप में प्रतीत होने लगता है तब वह 'परतन्त्र' कहलाता है। परतन्त्र का अर्थ है प्रतीत्यसमुत्पाद या कारण-कार्य-भाव में फँस कर ग्राहक-ग्राह्य द्वैत के रूप में प्रतीत होना। आलय सहित आठों विज्ञान 'परतन्त्र' हैं क्योंकि ये विविध जीवों (पुद्गलों) तथा विविध पदार्थों (धर्मों) के 'आकार' में परिणमित होते रहते हैं। जीव और पदार्थ नितान्त कल्पित हैं; इन्हें 'परिकल्पित' कहा गया है क्योंकि इनकी व्यावहारिक सत्ता भी नहीं है, ये शशशृङ्ग और आकाशकुसुम के समान हैं। व्यावहारिक सत्ता भी इनके 'आकार' लेकर प्रतीत होने वाले परतन्त्र विज्ञानों की है। जो प्रतीत होता है वह परतन्त्र है; जिस रूप में प्रतीत होता है वह परिकल्पित है।[५] इस अनादि ग्राह्य-ग्राहकवासना से मुक्त होते ही चित्त शुद्ध अद्वय चित्तमात्र या विज्ञानमात्र के रूप में प्रकाशित होता है। यह 'परिनिष्पन्न' तत्त्व है। यह समस्तविकल्पातीत

---

१. (प्रवृत्तिविज्ञानानि) वासनाभिरालयं प्रपुष्णन्ति ।—वहीं, पृ० १२६-१२७

२. आलयौघस्तथा नित्यं विषयपवनेरितः।
चित्रैस्तरङ्गविज्ञानैर्नृत्यमानः प्रवर्तते।। —वहीं, पृ० ४६

३. न चान्याश्च नानन्यास्तरङ्गा ह्युदधेर्मताः।
विज्ञानानि तथा सप्त चित्तेन सह संयुताः।। —वहीं

४. उदधेश्च तरङ्गाणां यथा नास्ति विशेषणम्।
विज्ञानानां तथा चित्ते परिणामो न लभ्यते।। —वहीं

५. बाह्यवासनाबीजाद् विकल्पः संप्रवर्तते।
तन्त्रं हि येन गृह्णाति, यद् गृह्णाति तु कल्पितम्।। —वहीं, पृ० ३१६

और अनिर्वचनीय है। 'ग्राह्यता' या 'विषयता' के विकल्प का क्षय होते ही ग्राह्य-ग्राहकवासना प्रहीण हो जाती है। इस विकल्पक विज्ञान की वासनाशक्ति का क्षय ही निर्वाण है।[१] जब 'आलम्ब्य अर्थ' (ग्राह्य पदार्थ) की निवृत्ति हो जाती है तब 'ग्राहकत्व' भी निवृत्त हो जाता है; यह ग्राह्य-ग्राहकविकल्परहित ज्ञान 'विज्ञप्तिमात्र' है।[२]

इस अद्वय चित्तमात्र या विज्ञप्तिमात्र को लङ्कावतार में तथता, शून्यता, भूतकोटि, निर्वाण, धर्मधातु, परमार्थ, परिनिष्पन्न, तथागतगर्भ आदि शब्दों से विभूषित किया गया है।[३] इसे प्रकृति-प्रभास्वर, आदि विशुद्ध, सर्वसत्त्वदेहान्तर्गत, नित्य, ध्रुव, शाश्वत और शिव बताया गया है।[४] यह चतुष्कोटिविनिर्मुक्त, निर्विकल्पक, अनिर्वचनीय, निरभिलाप्य, अद्वय है। यह निराभासप्रज्ञागोचर, प्रत्यात्मवेद्य, प्रत्यात्मगतिगोचर, बुद्धगोचर है।[५] इस वर्णन में औपनिषद आत्मतत्त्व का प्रभाव स्पष्ट है। सम्भवतः लङ्कावतार-सूत्रकार ने इसे लक्ष्य करके महामति बोधिसत्त्व और भगवान् बुद्ध में इस प्रकार वार्तालाप कराया है—

महामति भगवान् से पूछते हैं—भगवान् ने तथागत गर्भ को प्रकृति-प्रभास्वर, आदि-विशुद्ध, सर्वसत्त्वदेहान्तर्गत, नित्य, ध्रुव, शिव और शाश्वत बताया है। तब भगवन् ! यह किस प्रकार अबौद्धों के आत्मवाद के समान नहीं है ?

भगवान् उत्तर देते हैं—महामते ! यह अबौद्धों के आत्मवाद के समान नहीं है (क्योंकि अबौद्ध पुद्गल या जीवात्मा में आसक्त हैं।) बोधिसत्त्वों को आत्माभिनिवेश नहीं करना चाहिये। परमार्थ आर्यज्ञान प्रत्यात्मगतिगम्य है, वाग्विकल्पबुद्धिगोचर नहीं है।[६] यहाँ वस्तुतः भगवान् बुद्ध का उत्तर औपनिषद आत्मतत्त्व के प्रभाव को ही स्पष्ट करता है। उनके उत्तर से 'प्रमाता' या जीवात्मा को तत्त्व मानने वालों का ही खण्डन होता है; विशुद्ध आत्मतत्त्व का नहीं जिसे वे स्वयं प्रतिपादित कर रहे हैं।

उपर्युक्त विवेचन से स्पष्ट है कि लङ्कावतारसूत्र में विज्ञानवाद के सभी प्रमुख सिद्धान्त उपलब्ध हैं। आर्य मैत्रेयनाथ, असङ्ग, वसुबन्धु और स्थिरमति ने इन सिद्धान्तों को सुव्यवस्थित एवं युक्ति-पुष्ट सम्प्रदाय के रूप में विकसित किया।

---

१. विकल्पकस्य विज्ञानस्य व्यावृत्तिर्निर्वाणम्। वहीं, पृ० १२६

२. यदा तु आलम्ब्यमर्थं नोपलभते ज्ञानं तदा विज्ञप्तिमात्रव्यवस्थानं भवति। वहीं, पृ० १६९

३. तथता शून्यता कोटिर्निर्वाणं धर्मधातुकम्। वहीं, पृ० ३२५
अनुत्पादश्च धर्माणां स्वभावः पारमार्थिकः। वहीं, पृ० ३३६

४. वहीं, पृ० ७७

५. वहीं, पृ० ४९, ७७

६. तथागतगर्भः पुनर्भगवता प्रकृतिप्रभास्वरः ..... आदिविशुद्धः सर्वसत्त्वदेहान्तगर्तः ..... नित्यो ध्रुवः शिवः शाश्वतश्च वर्णितः। तत् कथमयं भगवन्! तीर्थकरात्मवादतुल्यो न भवति ? ..... भगवानाह न हि महामते! तीर्थकरात्मवादतुल्यो मम तथागतगर्भोपदेशः। न चात्र बोधिसत्त्वैरात्माभिनिवेशः कर्त्तव्यः। परमार्थस्तु महामते! आर्यज्ञानप्रत्यात्मगतिगम्यो न वाग्विकल्पबुद्धिगोचरः। वहीं, पृ० ७७

४. विज्ञप्तिमात्रतासिद्धि

'विज्ञप्तिमात्रतासिद्धि' आचार्य वसुबन्धु की प्रसिद्ध कृति है जो 'विंशतिका' और 'त्रिंशिका' नामक दो भागों में विभक्त है। विंशतिका पर वसुबन्धु की स्ववृत्ति है और वसुबन्धु के शिष्य आचार्य स्थिरमति ने त्रिंशिका पर भाष्य लिखा है। इनके अतिरिक्त मैत्रेयनाथ की 'मध्यान्तविभागशास्त्रकारिका' पर वसुबन्धु का भाष्य और स्थिरमति की टीका है। आचार्य असङ्ग का 'महायानसूत्रालङ्कार' है। योगाचार-साधना पर आचार्य असङ्ग का विशालकाय 'योगाचारभूमिशास्त्र' नामक ग्रन्थ है जिसकी कुछ 'भूमियाँ' प्रकाशित हुई हैं।

'विंशतिका' में आचार्य वसुबन्धु कहते हैं कि महायान त्रैधातुक को विज्ञप्तिमात्र मानता है। कामलोक, रूपलोक और अरूपलोक की त्रिलोकी या त्रिधातु, विज्ञप्ति या विज्ञान के विविध आभासों (पदार्थों के आकारों) का विजृम्भण मात्र है। पदार्थों की चाहे वे बाह्य हों या मानस, कोई सत्ता नहीं है। बाह्य पदार्थों में जगत् के जड़ पदार्थ आते हैं और मानस पदार्थों में जीवात्मा, प्रमाता, या पुद्गल आते हैं यद्यपि मनोभावों या चित्तवृत्तियों को भी प्रमाता 'विषय' के रूप में ग्रहण करता है, तथापि ये 'पदार्थ' या 'द्रव्य' नहीं है, किन्तु चित्ताकार विज्ञान या मनोविज्ञान है। पुद्गल या प्रमाता भी स्वसम्वेदन का 'विषय' बनता है, किन्तु प्रमुखरूप में यह 'विषयी' या 'ज्ञाता' (शुद्ध ज्ञाता नहीं, किन्तु अविद्याजन्य प्रमाता) है जिसे नित्य 'द्रव्य' या 'पदार्थ' के रूप में माना जाता है। इसे ज्ञाता, कर्त्ता, भोक्ता स्वीकार किया जाता है। किन्तु ऐसा कोई चेतन नित्य द्रव्य नहीं है। विज्ञान-सन्तान पर इसका आरोप या उपचार किया जाता है। चेतन होने के कारण इसका विज्ञान में विलय मान लेना अपेक्षाकृत उतना कठिन नहीं है जितना जड़ जगत् के बाह्य पदार्थों को विज्ञान-रूप मान लेना। अतः विज्ञानवाद का मुख्य लक्ष्य बाह्य जड़ पदार्थों का खण्डन करके उन्हें विज्ञानों के 'आकार' मात्र सिद्ध करना है। 'विज्ञप्तिमात्र' में 'मात्र' पद का प्रयोग बाह्य अर्थों (पदार्थों या वस्तुओं) के प्रतिषेधार्थ किया गया है। चित्त, मनस्, विज्ञान, विज्ञप्ति आदि पर्याय हैं। जिस प्रकार पीलियाग्रस्त रोगी को सब पदार्थ पीले दिखाई देते हैं या जिस प्रकार दृष्टि-दोष से नेत्रों के आगे केशवत् (बालों के समान) पतले-पतले छोटे पदार्थ उड़ते हुए से दीखते हैं या एक चन्द्र के स्थान पर दो चन्द्र दिखाई देते हैं, उसी प्रकार अविद्या-ग्रस्त प्राणियों को बाह्य पदार्थों की प्रतीति होती है। बाह्य अर्थ शशशृंग या खपुष्प के समान नितान्त असत् या परिकल्पित है। अतः विज्ञप्तिमात्रता सिद्ध है।

बाह्य पदार्थ को गुणपर्याययुक्त द्रव्य के रूप में या अवयवयुक्त अवयवी के रूप में प्रायः स्वीकार किया जाता है, किन्तु प्रत्यक्ष में हम केवल गुण-पर्याय ही देखते हैं, इनसे भिन्न इनके आधारभूत किसी द्रव्य का हमें कभी प्रत्यक्ष नहीं होता और ये गुण-पर्याय स्पष्ट ही मानस धर्म हैं, जड़ पदार्थ नहीं हैं। इस अज्ञात और अज्ञेय तथाकथित जड़ द्रव्य की कोई सत्ता नहीं है। इसे सम्वेदन उत्पन्न करने वाले कारण के रूप में स्वीकार करना भी असङ्गत है। सम्वेदन मानस धर्म है और इसकी उत्पत्ति का कारण विज्ञान को मानना अधिक तर्क-सङ्गत है।[१] हमारा सांसारिक जीवन कर्म-संस्कारों से सञ्चालित है। कर्म-संस्कार मानस धर्म हैं,

---

१. पाश्चात्य दर्शन में बर्कले ने लॉक के 'जड़ द्रव्य' का खण्डन इन्हीं तर्कों से किया है।

वासनारूप हैं। वासनायें परिपक्व होकर विज्ञानों को उत्पन्न करती हैं और विज्ञान वासनाओं को जन्म देते हैं। चित्त को कर्मवासना का आश्रय मानना और उसके फल की कल्पना अन्यत्र (विज्ञान-बाह्य) जड़ द्रव्य के रूप में करना नितान्त असङ्गत है।[१] अत: सम्वेदनादि की उत्पत्ति का कारण विज्ञान ही है। यदि प्रकृति या प्रधान को जड़ जगत् का कारण माना जाय, तब भी सृष्टि के लिए प्रकृति को पुरुष पर निर्भर मानना आवश्यक हो जाता है और एक बार प्रकृति को पुरुष-परतन्त्र मान लिया जाय तो चेतन पुरुष ही जगत्-कारण सिद्ध होगा। परमाणुओं की कल्पना करके उन्हें जगत्-कारण मानना और अधिक अनुचित होगा। परमाणु को निरवयव मानना और दिक् (देश) में उसका विस्तार (स्थिति) मानना विरोधयुक्त है। यदि परमाणु निरवयव है तो दिक्-कालातीत होने के कारण परमाणु-संघात नहीं बन सकता; यदि परमाणु का देश में विस्तार माना जाय तो वह छहों दिशाओं (पूर्व, पश्चिम, उत्तर, दक्षिण, ऊपर, नीचे) से एक साथ संयुक्त होगा और उसकी षडंशता सिद्ध होगी तथा वह अविभाज्य परमाणु नहीं रह सकेगा। परमाणु-संघात भी सम्भव नहीं है। यदि परमाणु नित्य हैं तो उन्हें संघात की क्या आवश्यकता है; और यदि अनित्य हैं तो संघात बना नहीं सकते। अत: न तो परमाणु की और न परमाणु-संघात की सत्ता सिद्ध होती है।[२]

वस्तुवाद के अनुसार बाह्य अर्थों की स्वतन्त्र सत्ता है। ये अर्थ सम्वेदन उत्पन्न करते हैं जिन्हें हम इन्द्रियों द्वारा गृहीत करते हैं और जिन्हें हमारे बुद्धि-विकल्प प्रत्यक्ष ज्ञान के रूप में परिणत करते हैं। हमारा प्रत्यक्ष ज्ञान बाह्य अर्थों पर निर्भर है। अर्थ के या बाह्य 'विषय' के बिना ज्ञान सम्भव नहीं है।[३] बुद्धि या ज्ञान का कार्य अर्थ को प्रकाशित करना है।[४] ज्ञान बाह्य अर्थ को किसी भी प्रकार प्रभावित या परिवर्तित नहीं कर सकता। अर्थ की ज्ञातता या अज्ञातता से अर्थ के स्वरूप में कोई अन्तर नहीं आता। वस्तुवाद के दो मुख्य सिद्धान्त हैं—एक तो यह कि वस्तु या पदार्थ (अर्थ) की अपनी स्वतन्त्र सत्ता है जो विज्ञान के बाहर है और विज्ञान से भिन्न है; और दूसरा यह कि अर्थ विज्ञान को उत्पन्न करता है और यह विज्ञान यथा अर्थ (यथार्थ) या अर्थ के अनुरूप होता है।[५] विज्ञानवाद वस्तुवाद के इन दोनों सिद्धान्तों का खण्डन करता है। उसके अनुसार अर्थ की कोई सत्ता नहीं है; न अर्थ स्वतन्त्र है, न विज्ञान-बाह्य है, और न विज्ञान से भिन्न है। पुनश्च, अर्थ अभूत (असत्) होने से विज्ञान को उत्पन्न नहीं कर सकता, अपितु विज्ञान ही अर्थ का आकार लेकर प्रतीत होता है।[६] उत्पाद-शक्ति, अर्थक्रियाकारित्व, क्रिया-सामर्थ्य केवल विज्ञान में ही सम्भव है; तथाकथित जड़ द्रव्य में नहीं।

---

१. कर्मणो वासनाऽन्यत्र फलमन्यत्र कल्प्यते।
तत्रैव नेष्यते यत्र वासना किं नु कारणम्।। —वि. मा. सि. विंशतिका, ७

२. विंशतिका, ११ से १५

३. न चाविषया काचिदुपलब्धि:।

४. अर्थप्रकाशो बुद्धि:!

५. यथार्थं सर्वविज्ञानम्।

६. सम्वेदनबाह्यत्वमतोऽर्थस्य न सिद्ध्यति। —प्रमाणवार्तिक, पृ० ३२
यदन्तर्ज्ञेयरूपं तद् बहिर्वदवभासते। —आलम्बनपरीक्षा, का. ६

वसुबन्धु कहते हैं कि वस्तुवादी चार तर्कों के आधार पर बाह्य पदार्थों की सत्ता सिद्ध करने का प्रयास करते हैं। ये चार तर्क हैं—देशनियम, कालनियम, सन्तानाऽनियम और कृत्यक्रिया। जगत् के बाह्य पदार्थ देश और काल द्वारा नियमित होते हैं, समष्टि-गत होते हैं (व्यक्तिगत नहीं) और वे अर्थ क्रियासमर्थ होते हैं। बाह्य अर्थ एक नियत स्थान में (देशनियम) और नियत समय में (काल नियम) देखा जाता है तथा उस देश-विशेष और काल-विशेष में उपस्थित सभी व्यक्ति (कोई व्यक्ति-विशेष ही नहीं) उस पदार्थ को देखते हैं (सन्तानाऽनियम; 'सन्तान' का अर्थ यहाँ विज्ञान-सन्तान रूप द्रष्टा से है) एवं उस पदार्थ से अर्थक्रिया सम्पादित होती है, जैसे पानी में प्यास बुझाने की शक्ति है, अग्नि में दाह-पाक-प्रकाश की क्षमता है आदि। यदि विज्ञान पदार्थ के बिना ही उत्पन्न हों तो ये चारों बातें सिद्ध नहीं होंगी। अतः बाह्य अर्थों की सत्ता स्वीकार करनी पड़ेगी।[१] वसुबन्धु का उत्तर है कि ये चारों बातें हमें स्वप्न में भी उपलब्ध होती हैं, जहाँ पर वस्तुवादी भी बाह्य अर्थों की सत्ता स्वीकार नहीं करता। स्वप्न में भी देश और काल नियम रहते हैं क्योंकि स्त्री, पुरुष, आदि स्वप्न-दृष्ट पदार्थ देशविशेष और कालविशेष में देखे जाते हैं, सब स्थानों में और सब समयों में नहीं। यद्यपि स्वप्न व्यक्तिगत होते हैं, तथापि यह असम्भव नहीं है कि कई व्यक्ति एक साथ एक ही स्वप्न देखें; अतः सन्तानाऽनियम भी स्वप्न में सिद्ध हो सकता है। कृत्य-क्रिया तो स्वप्न में सिद्ध है ही। स्वप्न के पानी में स्वप्न की प्यास बुझाने की शक्ति है, स्वप्न के भोजन में भी स्वप्न में तृप्ति देने का सामर्थ्य है। इतना ही नहीं, स्वप्न-दृष्ट सिंह की गर्जना नींद उड़ाकर भय तथा रोमाञ्च आदि उत्पन्न कर देती है जिनका प्रभाव जागने पर भी कुछ समय तक अनुभव किया जाता है।

यहाँ वस्तुवादी फिर आक्षेप करता है कि विज्ञानवादी का यह कथन कि स्वप्नानुभूत पदार्थों के समान बाह्य पदार्थ भी असत् हैं, क्योंकि दोनों का प्रत्यक्ष-ज्ञान होता है, सर्वथा असत्य है क्योंकि स्वप्नानुभूत पदार्थों का इन्द्रिय-सम्वेदनों के अभाव में प्रत्यक्ष-ज्ञान होता ही नहीं। स्वप्न-पदार्थ मन की कल्पना है, जगत्-पदार्थ वास्तविक है। वसुबन्धु का उत्तर है कि वस्तुवादी का यह आक्षेप उचित नहीं है। स्वप्न में, बाह्य अर्थ और इन्द्रिय-सम्वेदन के बिना ही, अर्थाभास मनोविज्ञान उत्पन्न होता है। जाग्रत् में बाह्य अर्थ के बिना ही अर्थाभास इन्द्रियविज्ञान उत्पन्न होता है और उससे तद्वत् प्रतीत होने वाला मनोविज्ञान। स्वप्न और जाग्रत् दोनों में अर्थाकार विज्ञान का अनुभव होता है, किसी पदार्थ का नहीं। इस रूप में दोनों में समानता है। यदि वस्तुवादी यह कहे कि स्वप्न-पदार्थ क्षीण, धुँधले, अल्पकालिक और व्यक्ति-गत होते हैं, तथा जगत् के पदार्थों का अनुभव तीव्र, स्पष्ट, अधिक समय तक टिकने वाला और समष्टिगत होता है, इसलिए स्वप्न-पदार्थों को काल्पनिक और जगत्-पदार्थों को वास्तविक मानना पड़ेगा, तो यह असङ्गत है, क्योंकि दोनों में अन्तर मात्रा-भेद का है, वस्तु-भेद का नहीं। स्वप्न में व्यक्ति-गत क्लिष्ट-मनोविज्ञान अर्थाकार लेकर प्रतीत होता है; तथा जाग्रत् में समष्टि-गत

---

१. यदि विज्ञप्तिरनर्था नियमो देशकालयोः।
सन्तानस्याऽनियमश्च युक्ता कृत्यक्रिया न च।। —विंशतिका, का. २

आलयविज्ञान जागतिक पदार्थों का आकार लेकर प्रतीत होता है। समष्टि-गत आलयविज्ञान की अपेक्षा व्यक्ति-गत मनस् क्लिष्ट, अविद्या-आवृत एवं अत्यल्प शक्ति वाला होता है। इसीलिए क्लिष्टमनः-सृष्ट स्वप्न-विषय, आलय-सृष्ट जागतिक विषयों की अपेक्षा अत्यन्त क्षीण, धुँधले और अल्पकालिक होते हैं।[१] किन्तु दोनों के विज्ञान-सृष्ट होने में कोई अन्तर नहीं है; दोनों में प्रतीति अर्थाभासविज्ञानों की ही होती है। पुनश्च, वस्तुवादी का यह आक्षेप कि यदि जाग्रदवस्था में भी विज्ञप्ति स्वप्नावस्था के समान बिना अर्थों के ही होती हो, तो बाह्य अर्थों का अभाव स्पष्ट प्रतीत होना चाहिए, सत्य नहीं है। स्वप्न-द्रष्टा को स्वप्न-पदार्थों का अभाव प्रतीत नहीं होता; उसके लिए तो वे सत्य हैं। जब वह स्वप्नावस्था को छोड़कर जाग्रदवस्था में आता है, तब उसे स्वप्न-पदार्थों का अभाव ज्ञात होता है, बिना जागे नहीं। इसी प्रकार यह लोक भी मिथ्या विकल्पवासना की निद्रा में प्रसुप्त होकर अभूत पदार्थों का समष्टि-स्वप्न देख रहा है। जब वह लोकोत्तर, निर्विकल्प, अद्वय, विशुद्ध ज्ञान का साक्षात्कार करके प्रबुद्ध हो जाता है तब उसे बाह्य पदार्थों के अभाव का एवं विज्ञप्तिमात्रता का ठीक-ठीक ज्ञान होता है।[२]

विज्ञानवाद पहले तो 'सहोपलम्भनियम' के आधार पर अर्थाभाव सिद्ध करता है; उसका कथन है कि 'नीला रंग' और 'नीले रंग का विज्ञान' दोनों अभिन्न हैं क्योंकि दोनों की उपलब्धि एक साथ होती है।[३] अर्थ विज्ञान-बाह्य और विज्ञान-भिन्न नहीं हो सकता। वस्तुवादी का आक्षेप है कि सहोपलम्भनियम ज्ञान-मीमांसा का नियम है, इसे तत्त्व-मीमांसा के क्षेत्र में लागू नहीं किया जा सकता। 'नीला रंग' और 'नीले रंग का विज्ञान' दोनों एक साथ ज्ञात होते हैं, किन्तु इसका अर्थ यह नहीं है कि दोनों एक हैं। 'विज्ञान द्वारा ज्ञात होना' 'विज्ञान के अन्तर्गत होना' नहीं है। यह नियम ज्ञान-विषयक है जिसका अर्थ केवल इतना है कि 'ज्ञान के बिना ज्ञान नहीं होता'। इससे न वस्तुवाद सिद्ध होता है और न विज्ञानवाद क्योंकि यह सत्ता-मूलक नियम नहीं है। इस कठिनाई को ध्यान में रखकर विज्ञानवाद 'भ्रम' के विश्लेषण द्वारा विज्ञान का अर्थक्रियासामर्थ्य प्रतिपादित करता है। 'रज्जु-सर्प' के विश्लेषण से यह स्पष्ट हो जाता है कि भ्रम-दशा में व्यक्ति का विज्ञान ही सर्प का आकार लेकर प्रतीत हो रहा है मानों वह 'सर्प' नामक पदार्थ हो। भ्रम के विश्लेषण से निम्नलिखित बातें स्पष्ट होती हैं—

१. व्यक्ति-गत क्लिष्ट मनोविज्ञान सर्प का 'आकार' या 'आभास' लेकर प्रतीत होता है; इससे सिद्ध होता है कि विज्ञान में 'अर्थ' का आकार लेकर प्रतीत होने की शक्ति है।

२. यहाँ 'सर्प' नामक बाह्य पदार्थ नहीं है।

---

१. मिद्धेनोपहतं चित्तं स्वप्ने तेनासमं फलम्।। —विंशतिका, १८

२. स्वप्ने दृग्विषयाभावं नाप्रबुद्धोऽवगच्छति। —वहीं, १७
वितथविकल्पाभ्यासवासनानिद्रया प्रसुप्तो लोकः स्वप्न इवाभूतमर्थं पश्यन् न प्रबुद्धस्तदभावं यथावन्नावगच्छति। यदा तु तत्प्रतिपक्षलोकोत्तरनिर्विकल्पज्ञानलाभात् प्रबुद्धो भवति तदा विषयाभावं यथावदवगच्छति। —वहीं, वृत्ति का. १७ पर।

३. सहोपलम्भनियमादभेदो नीलतद्धियोः।

३. विज्ञान ही अपने अन्तर्गत 'सर्पाकार' को 'सर्प' नामक 'पदार्थ' या 'विषय' के रूप में प्रक्षिप्त करके जानता है। सर्पाकार के रूप में प्रतीत होने का अर्थ है सर्प-विषय के रूप में प्रतीत होना। दोनों एक साथ होते हैं।

४. विज्ञान में ग्राह्यग्राहक द्वैत विद्यमान है; विज्ञान में 'ग्राहकांश' भी है और 'ग्राह्यांश' भी।

५. भ्रम-दशा के निवारण के बाद 'सर्प-पदार्थ' और 'सर्पाकार' एकसाथ निवृत्त हो जाते हैं, किन्तु यह तथ्य बना रहता है कि भ्रम-दशा में विज्ञान सर्पाकार लेकर प्रतीत हुआ था।

भ्रम में विज्ञान का अर्थक्रियाकारित्व स्पष्ट है, किन्तु फिर भी यहाँ 'विषयता' का कुछ संसर्ग 'रज्जु' के रूप में विद्यमान है क्योंकि रज्जु पर ही सर्प का आरोप किया जाता है। विज्ञानवाद ने भ्रम के विश्लेषण में रज्जु को हटा दिया है; उसके अनुसार रज्जु भ्रम में लिप्त नहीं होती। विज्ञानवाद का उद्देश्य भ्रम में विज्ञान् के अर्थक्रियाकारित्व पर अर्थात् उसके अर्थाकार रूप में प्रतीत होने पर बल देना है। विज्ञानवाद ने इस हेतु 'स्वप्न' को 'भ्रम' से बढ़कर माना है क्योंकि स्वप्न में विषयता का कोई संसर्ग नहीं रहता। रज्जु-सर्प के भ्रम में 'रज्जु' अधिष्ठान के रूप में बनी रहती है, भले ही वह भ्रम में लिप्त न हो; किन्तु स्वप्न में ऐसा कोई 'अधिष्ठान' नहीं होता। स्वप्न में विज्ञान की अर्थाकार लेकर प्रतीत होने की शक्ति किसी 'विषय' या 'पदार्थ' की अपेक्षा नहीं रखती।

वस्तुवादी पुन: आक्षेप करता है कि विज्ञानवादी व्यक्ति-गत भ्रम का और स्वप्न का अनुचित सामान्यीकरण कर रहा है, जो व्यक्ति-गत है उसे सर्वव्यापी बना रहा है। इस जगत् के पदार्थों की तुलना भ्रम-पदार्थों से और स्वप्न-पदार्थों से करना नितान्त अनुचित है। इससे काल्पनिक और वास्तविक का भेद ही मिट जाता है। विज्ञानवादी का उत्तर है कि यह भेद 'काल्पनिक' और 'वास्तविक' का तात्त्विक भेद नहीं है, अपितु केवल मात्रा का भेद है। भ्रम और स्वप्न में व्यक्ति-विज्ञान की अर्थाकार-प्रतीति की शक्ति सिद्ध होती है। जगत् के पदार्थों के विषय में भी वही बात लागू होती है, भेद केवल इतना है कि ये 'पदार्थ' सर्वव्यापी आलय-विज्ञान की सृष्टि हैं। यह जगत् भी 'विराट् भ्रम' और 'समष्टि-स्वप्न' है जिसमें आलयविज्ञान विविध अर्थाकार लेकर प्रतीत हो रहा है।

वस्तुवादी पुन: आक्षेप करता है कि यदि 'पदार्थ' सर्वथा असत् हों तो विज्ञान पदार्थ का 'आकार' कैसे ग्रहण करेंगे ? अर्थाकार के लिए अर्थ का होना अनिवार्य है। प्रतिबिम्ब के लिए मूल बिम्ब की सत्ता और 'छाया' के लिए 'मूल वस्तु' की सत्ता आवश्यक है। यदि वास्तविक सर्प नामक पदार्थ न हो तो रज्जु-सर्प का भ्रम नहीं हो सकता। स्वप्न में भी विज्ञान द्वारा किसी ऐसे पदार्थ का आकार ग्रहण नहीं किया जा सकता जो वास्तविक जगत् में विद्यमान् न हो। कभी-कभी स्वप्न में विचित्र 'पदार्थों' की कल्पना की जाती है, जो विभिन्न पदार्थों के मिश्रण से बनते हैं, जैसे स्वर्ण-पर्वत, नर-सिंह, दशानन, मत्स्य-कन्या आदि, किन्तु ये पदार्थ अपने अलग-अलग रूपों में जगत् में विद्यमान हैं अन्यथा इनकी कल्पना

भी नहीं हो सकती। विज्ञानवादी का उत्तर है कि इसके लिए तात्त्विक पदार्थों की सत्ता अनिवार्य नहीं है, केवल 'विषयता का विज्ञान' आवश्यक है। 'विषयता' की भावना 'विषयी' से जुड़ी है, अतः विषयी-विषय का, ग्राहक-ग्राह्य का, ज्ञाता-ज्ञेय का या प्रमाता-प्रमेय का द्वैत अनादि ग्राह्य-ग्राहकवासना से उत्पन्न होता है। यह अनादिवासना ही अनादि अविद्या है और इसका आश्रय विज्ञान है। यह विषयता का विज्ञान या ग्राह्यवासना इन्द्रियानुभव-सापेक्ष नहीं है। यह मूल-अविद्याजन्य है। इस अनादि वासना के कारण विज्ञान विविध अर्थाकारों में प्रतीत होता रहता है, इसके लिए पदार्थों की सत्ता आवश्यक नहीं है। रज्जु-सर्प के भ्रम के लिए वास्तविक सर्प-पदार्थ की आवश्यकता नहीं है, केवल सर्प के 'प्रत्यय' या 'विज्ञान' की आवश्यकता है जिसके कारण विज्ञान सर्पाकार लेकर प्रतीत होता है। पुनः इसके लिए यदि 'सर्प' पदार्थ की ही आवश्यकता मानी जाये, तो जगत् का यह सर्प नामक पदार्थ वस्तुतः आलयविज्ञान का 'सर्पाकार' विज्ञान है, जिसे व्यक्ति-विज्ञान 'अर्थ' के रूप में ग्रहण कर रहा है। अतः इससे यही सिद्ध होता है कि व्यक्ति-विज्ञान सर्पाकार ग्रहण करने के लिए आलय-विज्ञान के सर्पाकार विज्ञान पर निर्भर है; इससे व्यक्ति-विज्ञान की आलयविज्ञान पर निर्भरता सिद्ध होती है, न कि विज्ञान की 'पदार्थ' पर निर्भरता।

भ्रम की निवृत्ति होने पर ही भ्रम-पदार्थ का मिथ्यात्व तथा स्वप्नावस्था से जाग्रदवस्था में आने पर ही स्वप्न-पदार्थों का मिथ्यात्व ज्ञात होता है। इसी प्रकार लौकिक व्यवहार से ऊपर उठकर निर्विकल्प अद्वय विशुद्ध विज्ञप्तिमात्र के साक्षात्कार से ही लोक व्यवहार का मिथ्यात्व ज्ञात होता है। ग्राह्य-ग्राहकवासना के क्षय से अविद्या-निरोध होने पर निर्विकल्प-प्रज्ञागोचर प्रत्यात्मवेद्य विज्ञप्तिमात्रता का साक्षात्कार होता है। वसुबन्धु ने विंशतिका की अन्तिम कारिका में कहा है कि उन्होंने अपनी शक्ति के अनुसार विज्ञप्तिमात्रता की सिद्धि की है, किन्तु वस्तुतः वह अचिन्त्य और बुद्ध-गोचर है।[1]

५. विज्ञान-परिणाम

स्थिरमति ने वसुबन्धु की 'त्रिंशिका' पर अपने भाष्य के प्रारम्भ में कहा है दो प्रकार के 'एकान्तवादों' के प्रतिषेध के लिए आचार्य ने 'त्रिंशिका' का प्रारम्भ किया है। पहले एकान्तवाद के अनुसार विज्ञेय (ज्ञेय पदार्थ या विषय जिसके अन्तर्गत समस्त पुद्गल और धर्म समाविष्ट हैं) की भी विज्ञान के समान वास्तविक सत्ता है। यह मत वस्तुवाद का है। दूसरे एकान्तवाद के अनुसार विज्ञान की भी विज्ञेय के समान सांवृत सत्ता है, पारमार्थिक नहीं।[2] यह मत शून्यवाद का है। यहाँ यह ध्यान में रखना आवश्यक है कि शून्यवाद वासना प्रेरित विज्ञानसन्तान को सांवृत मानता है, विशुद्ध अद्वय विज्ञानमात्र को नहीं। स्थिरमति के अनुसार

---

१. विज्ञप्तिमात्रतासिद्धिः स्वशक्तिसदृशी मया।
कृतेयं सर्वथा सा तु न चिन्त्या बुद्धगोचरः।। विंशतिका, २२

२. विज्ञानवद् विज्ञेयमपि द्रव्यत एवेति केचिन् मन्यन्ते। विज्ञेयवद् विज्ञानमपि संवृतित एव न परमार्थत इत्यस्य द्विप्रकारस्याप्येकान्तवादस्य प्रतिषेधार्थं प्रकरणारम्भः।—त्रिंशिकाभाष्य, पृ० १५

ये दोनों एकान्तवाद त्याज्य हैं। पुद्गल और धर्म नितान्त असत् हैं; शशशृङ्ग और खपुष्प के समान परिकल्पित हैं। उनका विज्ञान-परिणाम पर उपचार-मात्र किया जाता है; यह उपचार मुख्य न होकर गौण है। जब आत्मा और धर्म हैं ही नहीं तो उनका मुख्य उपचार नहीं हो सकता; गौण उपचार का अर्थ है जो जहाँ विद्यमान न हो वहाँ उसका उपचार या आरोप।[१] यह आत्मधर्मोपचार (प्रमातृ-प्रमेय का आरोप) विज्ञान-परिणाम पर किया जाता है, अतः विज्ञान की तात्त्विक सत्ता है। विज्ञेय के परिकल्पित और विज्ञान के तात्त्विक होने के कारण उक्त दोनों एकान्तवाद त्याज्य सिद्ध होते हैं। यह विज्ञानवादी की 'मध्यमा प्रतिपद्' है।

विशुद्ध विज्ञप्तिमात्र नित्य तत्त्व निराकार, निराभास, निर्विकल्प और अद्वय प्रज्ञा या बोधि है। इसे परमार्थ या परिनिष्पन्न कहा गया है। जब यह अनादि अविद्या या अनादि ग्राह्य-ग्राहकवासना से कलुषित प्रतीत होता है तब यह संकल्पात्मक हो जाता है तथा अविद्या और कर्म-संस्कारों के कारण विविध विकल्प करता हुआ विविध रूप में परिणमित होने लगता है। वासना से अर्थाकार विज्ञान और अर्थाकार विज्ञान से वासना की उत्पत्ति होती रहती है। अनित्य विज्ञानों की अनन्त धारायें प्रवाहित होने लगती हैं और वासना एवं विज्ञान के परस्पर उत्पाद-विनाश का क्लेशरूपी भवचक्र चलने लगता है। विशुद्ध विज्ञान अपने अद्वय परिनिष्पन्न स्वभाव को भूलकर 'परतन्त्र' हो जाता है। परतन्त्र का अर्थ है अनादि अविद्या या ग्राह्य-ग्राहकवासना से नियन्त्रित होकर प्रतीत्यसमुत्पादचक्र में फँसना अर्थात् कारण-कार्यभाव-नियम से आबद्ध होकर विविध अर्थाकार विज्ञानों में परिणमित होकर उत्पत्ति-विनाश-धारा में निरन्तर प्रवाहित होना। परतन्त्र का अर्थ है प्रतीत्यसमुत्पन्न। आत्मा तथा पदार्थ नितान्त असत् होने से प्रतीत्यसमुत्पाद के नियम से संचालित नहीं हो सकते। विज्ञान ही प्रतीत्यसमुत्पन्न हो सकते हैं। कारण में कार्योत्पादशक्ति है तथा कारण-क्षण कार्य-क्षण को उत्पन्न करके नष्ट हो जाता है एवं इस प्रकार कारण-कार्य-प्रवाह निरन्तर चलता रहता है। यही अविद्या एवं कर्मसंस्कार जन्य संक्लेशात्मक जन्म-मरण-चक्र या प्रतीत्यसमुत्पाद-चक्र है। मूल अविद्या या वासना का निर्विकल्प प्रज्ञा से निरोध करने पर विज्ञान इस अशुद्ध संक्लेश से मुक्त होकर अपने शुद्ध अद्वय विज्ञानमात्र परिनिष्पन्न स्वरूप को प्राप्त कर लेता है। यह ध्यान में रखना आवश्यक है कि विज्ञानवाद के अनुसार आत्मा और पदार्थों की कोई सत्ता नहीं है; ये शशशृङ्ग तथा खपुष्प के समान नितान्त असत् हैं। इन्हें 'परिकल्पित' नाम दिया गया है। इनकी सांवृत या व्यावहारिक सत्ता भी नहीं है। सांवृत या व्यावहारिक सत्ता भी 'अर्थाकार विज्ञानों' की है जिन्हें प्रतीत्यसमुत्पन्न होने के कारण 'परतन्त्र' नाम दिया गया है। पारमार्थिक सत्ता केवल विशुद्ध ग्राह्यग्राहकवासनाशून्य विज्ञप्तिमात्रता की है जिसे 'परिनिष्पन्न' शब्द से अभिहित किया गया है।

स्थिरमति ने 'परिणाम' का लक्षण देते हुए कहा है कि कारण-क्षण के निरोध के साथ ही कारण-क्षण से भिन्न कार्य-क्षण का उत्पाद परिणाम है।[२] परिणाम 'अन्यथात्व'[३] अर्थात्

१ गौणो हि नाम यो यत्राऽविद्यमानेन रूपेण प्रवर्तते। —वहीं, पृ० १७

२. कारणक्षणनिरोधसमकालः कारणक्षणविलक्षणः कार्यस्यात्मलाभः परिणामः। —त्रिंशिकाभाष्य, पृ० १६

३. परिणामो नाम अन्यथात्वम्। —वहीं

अन्यथाभाव या परिवर्तन है जो प्रतीत्यसमुत्पाद नियम से संचालित कारण-कार्य-क्षणों का निरन्तर प्रवाह है। विज्ञान-परिणाम का अर्थ है कि प्रतीत्यसमुत्पन्न विज्ञानों का कारण-कार्य-क्षणों के रूप में निरन्तर प्रवाह।[१] इस विज्ञान-परिणाम पर परिकल्पित (नितान्त असत्, अभूत) आत्मा तथा धर्मा (पदार्थों) का उपचार (आरोप) किया जाता है।[२] स्थिरमति का कथन है कि आत्मा और धर्म न तो विज्ञान के अन्दर हैं (जहाँ उनका आकार मात्र है) और न बाहर हैं, इसलिए परिकल्पित होने के कारण परमार्थतः नहीं है, अतः विज्ञान के समान विज्ञेय भी द्रव्यतः है, यह एकान्तवाद अमान्य है। इसी प्रकार यह मत भी कि विज्ञान भी विज्ञेय के समान संवृतितः ही है, परमार्थतः नहीं है, युक्तियुक्त नहीं है। उपचार या आरोप भी निराधार नहीं हो सकता, इसलिए यह अवश्य स्वीकार करना पड़ेगा कि विज्ञानपरिणाम वस्तुतः है जिस पर आत्मधर्मोपचार किया जाता है। इस प्रकार यह मानना उचित है कि समस्त विज्ञेय परिकल्पित होने के कारण वस्तुतः विद्यमान नहीं है तथा विज्ञान प्रतीत्यसमुत्पन्न होने के कारण द्रव्यतः है।[३] स्थिरमति के इस कथन से कुछ लोगों ने यह निष्कर्ष निकाला है कि विज्ञान का परिणाम वस्तुतः होता है। यह मानने पर प्रतीत्यसमुत्पाद को वास्तविक कारण-कार्य-भाव मानना पड़ेगा। तब बन्धन और मोक्ष, अशुद्धि और शुद्धि, संक्लेश और व्यवदान सब तात्त्विक मानने पड़ेंगे एवं संवृति और परमार्थ का भेद मिट जायेगा। जब परिणाम का कारण अनादि अविद्या या अनादि ग्राह्यग्राहकवासना है (जो स्वयं अविद्या रूप है) तो अविद्याजन्य परिणाम कैसे वास्तविक होगा ? यदि अनादिवासना को विज्ञान की सत्य और तात्त्विक शक्ति माना जाये तो यह निर्विकल्प प्रज्ञा से नष्ट नहीं हो सकेगी और निर्वाण असम्भव होगा। आचार्य असङ्ग, वसुबन्धु और स्थिरमति के भी कई वाक्य ऐसे हैं जिनके साथ वास्तविक परिणाम की सङ्गति नहीं हो सकती। अतः स्थिरमति के उक्त कथन की सङ्गत व्याख्या करनी होगी। यह तो निर्विवाद है कि विज्ञान की (अपने शुद्ध अद्वय रूप में) सत्ता द्रव्यतः, वस्तुतः और परमार्थतः है। किन्तु जब स्थिरमति विज्ञानपरिणाम को भी द्रव्यतः और वस्तुतः बताते हैं तो इसका क्या समाधान हो सकता है ? स्पष्ट ही इसका यह अर्थ मानना पड़ेगा कि द्रव्यतः और वस्तुतः सत्ता 'परिणाम' की नहीं, अपितु परिणमित होने वाले 'विज्ञान' की है। स्थिरमति का स्पष्ट कथन है कि उपचार या आरोप भी निराधार नहीं हो सकता; अतः उपचार के लिए किसी 'आधार', 'आश्रय' या 'अधिष्ठान' की आवश्यकता होती है। उपचरित, आरोपित या

---

१. प्रतीत्यसमुत्पन्नत्वं विज्ञानस्य परिणामशब्देन ज्ञापितम्। —वहीं

२. आत्मधर्मोपचारो हि विविधो यः प्रवर्तते।
विज्ञानपरिणामेऽसौ परिणामः स च त्रिधा।। —त्रिंशिका, का० १

३. विज्ञानस्वरूपे बहिश्चात्मधर्माभावात् परिकल्पित एव आत्मा धर्माश्च न तु परमार्थतः सन्तीति विज्ञानवद् विज्ञेयमपि द्रव्यत एवेत्ययमेकान्तवादो नाभ्युपेयः। उपचारस्य च निराधारस्यासम्भवाद् अवश्यं विज्ञानपरिणामो वस्तुतोऽस्तीत्युपगन्तव्यो यत्रात्मधर्मोपचारः प्रवर्तते। अतश्चायमुपगमो न युक्तिक्षमो विज्ञानमपि विज्ञेयवत् संवृतित एव न परमार्थत इति। ..... एवं च सर्वं विज्ञेयं परिकल्पितस्वभावत्वाद् वस्तुतो न विद्यते विज्ञानं पुनः प्रतीत्यसमुत्पन्नत्वाद् द्रव्यतोऽस्तीत्यभ्युपेयम्।—त्रिंशिकाभाष्य, पृ० १६

अध्यस्त पदार्थ 'असत्' और उसका आश्रय या अधिष्ठान 'सत्' होता है। इस दृष्टि से उपचरित आत्मा तथा धर्म असत् हैं, किन्तु उनके आश्रय के रूप में 'विज्ञानपरिणाम' को द्रव्यत: सत् मानना होगा। किन्तु 'विज्ञानपरिणाम' से परिणमित होने वाला प्रतीत्यसमुत्पन्न 'परतन्त्रविज्ञान' सूचित होता है। 'परतन्त्रविज्ञान' वस्तुत: परिनिष्पन्न ही है जो परिकल्पित के कारण परतन्त्र प्रतीत हो रहा है, अत: विज्ञान के रूप में परतन्त्र की सत्ता भी वास्तविक माननी पड़ेगी। यहाँ वस्तुत: सत्ता विज्ञान की ही है, उसके परिणाम या पारतन्त्र्य की नहीं। स्वयं स्थिरमति ने ही इसे स्पष्ट कर दिया है अत: इसमें विवाद का प्रश्न नहीं उठना चाहिए। स्थिरमति का स्पष्ट कथन है कि परतन्त्र सत् है, किन्तु तत्त्वत: नहीं है, ग्राह्यग्राहकादि कल्पितव्यवहार का आश्रय होने के कारण ही उसका सत्त्व है। परतन्त्र वस्तुत: परिनिष्पन्न से अभिन्न होने के कारण परिकल्पित का आश्रय बनता है, अत: विज्ञान रूप में उसकी सत्ता है। किन्तु परिणामकलुषित रूप में उसकी सत्ता सांवृत या व्यावहारिक है, तात्त्विक या पारमार्थिक नहीं है।[1] यह भी ध्यान रखने योग्य है कि 'परिणाम' शब्द का अर्थ यहाँ 'तात्त्विक अन्यथाभाव' या 'वास्तविक विकार' नहीं। यहाँ 'परिणाम' शब्द स्पष्ट ही 'विवर्त' या 'अतात्त्विक अन्यथाभाव' के अर्थ में प्रयुक्त हुआ है। शङ्कराचार्य के समय से 'परिणाम' और 'विवर्त' पारिभाषिक शब्दों के रूप में प्रयुक्त होने लगे। शङ्कर-पूर्व दार्शनिक साहित्य में परिणाम, विकार और विवर्त शब्दों को पर्याय के रूप में परिवर्तन या अन्यथाभाव के अर्थ में प्रयुक्त किया जाता था तथा यह 'परिवर्तन' वास्तविक है या काल्पनिक, इसका ज्ञान प्रसङ्ग से होता था। यथा लङ्कावतारसूत्र में परिणाम पद का प्रयोग विवर्त के अर्थ में किया गया है जहाँ तरङ्गों को उदधि का 'परिणाम' कहा गया है।[2] शान्तरक्षित तक ने (आठवीं शती) उपनिषद्-मत की समीक्षा में विवर्त और परिणाम दोनों शब्दों का समानार्थक प्रयोग किया है।[3] स्वयं वसुबन्धु ने परिनिष्पन्न और परतन्त्र में तादात्म्य स्थापित करते हुए उन्हें 'न अन्य न अनन्य' कहा है; तथा आलयविज्ञान और प्रवृत्तिविज्ञानों में जल और तरङ्गों का सम्बन्ध बताया है जो निश्चित रूप से विवर्त का उदाहरण है।[4] अत: विज्ञानपरिणाम को परिणाम शब्द के आधार पर वास्तविक परिवर्तन नहीं माना जा सकता क्योंकि यहाँ परिणाम शब्द विवर्त के अर्थ में प्रयुक्त हुआ है। विज्ञानपरिणाम को अवास्तविक परिवर्तन मानने पर ही विज्ञानवाद के सिद्धान्तों में परस्पर सङ्गति स्थापित होती है, अन्यथा विज्ञानवाद को अन्तर्विरोधग्रस्त मानना पड़ेगा।

अब विज्ञानपरिणाम का निरूपण करें। वसुबन्धु ने 'त्रिंशिका' में इस परिणाम को त्रिविध

---

१. परतन्त्रलक्षणं सत्, न तु तत्त्वत इति। ग्राह्यग्राहकादिकल्पितव्यवहाराश्रयत्वात् सत्त्वम्।
—मध्यान्तविभागटीका, पृ० ११३
परतन्त्र: संवृतिसत्यम्। —वहीं पृ० १२४

२. उदधे: परिणामोऽसौ तरङ्गाणां विचित्रता। पृ. ४६

३. नित्यज्ञानविवर्तोऽयं क्षितितेजोजलादिक:। तत्त्वसंग्रह, का. ३२८
विज्ञानपरिणामोऽयं तस्मात् सर्व: समीक्ष्यते। —वहीं, का. ३२९

४. अत एव स नैवान्यो नानन्य: परतन्त्रत:। —त्रिंशिका, का. २२
तरङ्गाणां यथा जले। —वहीं, का. १५

बताया है—आलयविज्ञान, क्लिष्ट मनोविज्ञान और षड्विध विषय-विज्ञप्ति। ये आठों विज्ञान अनित्य, परिणामयुक्त, प्रतीत्यसमुत्पन्न और ग्राहद्वयवासना-कलुषित होने से 'परतन्त्र' कहे जाते हैं। विशुद्ध विज्ञप्तिमात्र तत्त्व अद्वय, अपरिणामी और नित्य है।

(१) आलयविज्ञान : यह विशुद्ध विज्ञानमात्र तत्त्व का प्रथम परिणाम है। जब विशुद्ध विज्ञानमात्र अनादि अविद्या या अनादि ग्राह्यग्राहकवासना से स्फुरित-सा प्रतीत होता है तब उसे आलयविज्ञान कहते हैं। आलयविज्ञान में निर्विकल्प अद्वय चैतन्य सविकल्प और संकल्पात्मक हो जाता है। शुद्ध चैतन्य में स्व-पर का बोध नहीं है, उसमें स्वसम्वेदन भी नहीं है; किन्तु संकल्पात्मक होते ही उसमें स्वसम्वेदन और 'अहमस्मि' (मैं हूँ) की चेतना जाग्रत् हो जाती है। भेद, परत्व, विषयत्त्व या ग्राह्यत्व का प्रत्यय, जो इन्द्रियानुभवनिरपेक्ष और समष्टि-गत है, बुद्धमूल हो जाता है। यह ग्राह्यग्राहकवासना का सूक्ष्म रूप है। 'आलय' का शाब्दिक अर्थ 'स्थान' है। आलय वह सर्वव्यापी स्थान है जहाँ सब कुछ संगृहीत रहता है। यह समस्त विश्व का 'आश्रय' है। समस्त विश्व इसके भीतर सूक्ष्म रूप में विद्यमान है। इसमें समस्त विज्ञानों के कर्म-संस्कार रूपी वासना-बीज विद्यमान रहते हैं, अत: इसे 'सर्वबीजक' कहा जाता है। आलय विश्व के समस्त धर्मों का कारण है। इसमें समस्त धर्म कार्यरूप से उपनिबद्ध रहते हैं (आलीयन्ते) इसलिए इसे 'आलय' कहा जाता है; अथवा यह कारणरूप से सब धर्मों में अन्तर्यामी या उपनिबद्ध रहता है (आलीयते) इसीलिए इसे 'आलय' कहा जाता है।[१] आलय को 'विपाक' भी कहते हैं क्योंकि इसमें वासना-बीजों का परिपोष और विपाक (परिपाक) होता रहता है जिससे वासनायें परिपक्व होकर विज्ञानों को उत्पन्न करती हैं और ये विज्ञान पुन: अपनी वासनाओं को आलय में छोड़ते रहते हैं। इस प्रकार आलय निरन्तर परिपुष्ट होता रहता है और संसार में उसके क्षीण होने का प्रश्न नहीं उठता। तीनों लोकों के सब प्राणियों के कुशल और अकुशल कर्मों के संस्कार या वासनाएँ आलय में रहती हैं और आलय में ही इनका विपाक होता रहता है।[२] यह विपाक विज्ञानों को उत्पन्न करता है। और ये विज्ञान, विनाश के पूर्व, अपने कर्म-संस्कार या वासनायें आलय में छोड़ते रहते हैं। इस प्रकार वासना एवं विज्ञान का परस्पर उत्पाद-विनाश-चक्र आलय में चलता रहता है। यह प्रतीत्यसमुत्पाद या जन्म-मरण-चक्र है। प्रत्येक व्यक्ति के जन्म-जन्मान्तरों के अनित्य विज्ञानों का सन्तान (प्रवाह) आलय में चलता रहता है और इस प्रकार समस्त प्राणियों के क्षणिक विज्ञानों की अलग-अलग अनन्त धारायें आलय में प्रवाहित होती रहती हैं। आलयविज्ञान में वासना-परिपुष्टि को हेतुपरिणाम और उनकी कार्यरूप में अभिनिर्वृति या

---

१. आलीयन्ते उपनिबध्यन्ते अस्मिन् सर्वधर्मा: कार्यभावेन, आलीयते उपनिबध्यतेऽसौ कारणभावेन सर्वधर्मेषु इति आलय:। —त्रिंशिकाभाष्य, पृ. १८
सर्वधर्मा हि आलीना विज्ञाने तेषु तत् तथा। अन्योन्य-फलभावेन हेतुभावेन सर्वदा।। —मध्यान्तविभागटीका में उद्धृत

२. सर्वधातुगतियोनिजातिषु कुशलाकुशलकर्मविपाकत्वाद् विपाक:। —त्रिंशिकाभाष्य पृ. १९
तत्रालयाख्यं विज्ञानं विपाक: सर्वबीजकम्। —त्रिंशिका, का. २

फलोत्पत्ति को फलपरिणाम कहते हैं। वासना दो प्रकार की है। प्रथम, विपाकवासना जो विविध जन्मों में विज्ञान-सन्तान की निरन्तरता बनाये रहती है; और दूसरी, निःष्यन्दवासना जो प्रत्येक जन्म में फलोत्पत्ति द्वारा भोगसामग्री प्रस्तुत करती रहती है। आलयविज्ञान से क्लिष्ट-मनस् और विषय-विज्ञप्ति की अभिनिर्वृति (उत्पत्ति) निःष्यन्दवासना के कारण होती है। आलयविज्ञान में ग्राहक-ग्राह्य-वासना बीजरूप से विद्यमान रहती है, अतः आलय दो प्रकार से प्रवृत्त होता है, अध्यात्म और बहिर्धा। ग्राहकवासना अध्यात्म है; इसके अन्तर्गत 'आत्मभाव' आता है जो नाम, रूप और षडायतन से संयुक्त रहता है, यह 'उपादान-विज्ञप्ति' है। ग्राह्यवासना बर्हिभाग या निमित्तभाग है; यह विषयत्वमात्र का ज्ञान है। जिसे 'स्थान-विज्ञप्ति' कहा गया है। आलय में ग्राहक और ग्राह्य भाग सूक्ष्मवासनारूप में रहते हैं। इन्हें 'अतिसूक्ष्म' और 'अपरिच्छिन्न' कहा गया है। अपरिच्छिन्न का अर्थ है कि यहाँ विकल्प विद्यमान तो हैं, किन्तु सुप्तावस्था में होने से उनकी प्रतीति नहीं होती। दोनों ही भागों को 'असंविदित' कहा गया है जिसका अर्थ है कि उनकी 'इदंतया प्रतीति' नहीं होती ('यह है' इस प्रकार का ज्ञान नहीं होता); उनकी निर्विशेष उपलब्धि होती है।[१]

आलयविज्ञान में पाँच सर्वत्रग चैत्तधर्म सदा विद्यमान रहते हैं—स्पर्श, मनस्कार, वेदना, संज्ञा और चेतना।[२] स्पर्श का अर्थ है 'त्रिक-सन्निपात' अर्थात् इन्द्रिय-विषय-विज्ञान इन तीनों का एक साथ अवस्थान। मनस्कार का अर्थ है चित्त का 'आभोग' अर्थात् चित्त को बार-बार आलम्बन (विषय) की ओर अभिमुख (प्रवृत्त) करना। वेदना अनुभूति है जो सुखरूप, दुःखरूप और अनुभयरूप या उपेक्षारूप, इन तीन प्रकार की मानी गई है। आलय-विज्ञान में केवल उपेक्षा वेदना रहती है।[३] संज्ञा का अर्थ है 'यह नीला है, पीला नहीं है', इस प्रकार का सविकल्पक ज्ञान। चेतना का अर्थ है चित्त की संकल्पात्मक चेष्टा जिसके कारण चित्त विषय की ओर खिंचता है, जैसे लोहा चुम्बक की ओर खिंचता है। आलय में ये पाँचों धर्म सूक्ष्म और अपरिच्छिन्न रूप में रहते हैं। आलय को 'अनिवृत' और 'अव्याकृत' बताया गया है।[४] अनिवृत का अर्थ है क्लेशों से अनावृत; आलय में क्लेशावरण नहीं है।[५] आलय में अविद्या का, और उसके कर्म-क्लेशों का, आवरण नहीं है; आलय में केवल 'विक्षेप' है। अव्याकृत का अर्थ है कि आलय में ग्राहक-ग्राह्यवासना सूक्ष्म और अपरिच्छिन्न रूप से विद्यमान होने के कारण कुशलाकुशलरूप से व्याकृत नहीं है।

आलयविज्ञान सर्वव्यापक विज्ञान-प्रवाह है जिसके अन्तर्गत अनन्त प्रवृत्ति-विज्ञानों के विभिन्न विज्ञान-प्रवाह निरन्तर प्रवाहित हो रहे हैं। किन्तु आलयविज्ञान को नित्य, एक और अभिन्न नहीं माना गया है जो समस्त संसार में एक और अभिन्न रूप से प्रवर्तित होता हो।

---

१. त्रिंशिका की कारिका ३ पर भाष्य, पृ. १९
२. सदा स्पर्शमनस्कारवित्संज्ञाचेतनान्वितम्। —त्रिंशिका, का. ३
३. उपेक्षा वेदना तत्र। —वहीं, का. ४
४. अनिवृताव्याकृतं च तत्। —वहीं, का. ४
५. क्लेशैरनावृतत्वाद् अनिवृतम्। —वहीं, पृ. २१

आलयविज्ञान अनित्य और क्षणिक है।[1] वह विशाल जलसमूह के निरन्तर प्रवाह के समान वासना-विज्ञान-चैत्तधर्मों का निरन्तर प्रवाह है। निर्वाण में (अर्हत्त्व प्राप्त होने पर) आलयविज्ञान की व्यावृत्ति अर्थात् निरोध हो जाता है।[2] मुक्त व्यक्ति के लिए आलयविज्ञान का स्रोत सूख जाता है तथा पुनः प्रवाहित नहीं हो सकता।

यद्यपि आलयविज्ञान परम तत्त्व नहीं है, तथापि इसकी व्यावहारिक सत्ता मानना अनिवार्य है। आलय के बिना बन्धन और मोक्ष नहीं हो सकते। बन्धन का कारण अनादि अविद्या और कर्म-संस्कार हैं जिनका निवास-स्थान आलय है। समस्त संसार बीजरूप से आलय में विद्यमान है। समस्त व्यक्तिगत विज्ञान-प्रवाह भी आलय पर ही आश्रित है। क्लिष्ट मनोविज्ञान तथा प्रवृत्ति-विज्ञान भी आलय से ही निकलते हैं। व्यक्ति-गत विज्ञान-प्रवाह की निरन्तरता भी आलय से ही सिद्ध होती है। गाढ़ निद्रा, मूर्च्छा, समाधि आदि में मनोविज्ञान निरुद्ध हो जाता है तथा निरन्तर प्रवाहमान आलय-विज्ञान से ही पुनः उत्थित होता है।[3] अतः बन्धन, मोक्ष, लोकव्यवहार तथा व्यक्तिगत विज्ञान-प्रवाह की निरन्तरता के लिए आलयविज्ञान की सत्ता अनिवार्य है। स्थिरमति का कथन है—आलयविज्ञान से ही संसार की प्रवृत्ति और निवृत्ति सम्भव होती है, अन्यथा नहीं, अतः प्रवृत्तिविज्ञानों के अतिरिक्त सर्वधर्मबीजाश्रय आलयविज्ञान की सत्ता अवश्य सिद्ध है।[4]

आलयविज्ञान का सांख्य की प्रकृति से, न्याय के अदृष्ट से और अद्वैत वेदान्त के साक्षी तथा ईश्वर से कुछ साम्य है एवं कुछ महत्त्वपूर्ण वैषम्य भी है। आलय और सांख्य-प्रकृति दोनों 'सर्वबीजक' हैं, दोनों अतिसूक्ष्म और अपरिच्छिन्न हैं; दोनों प्रतिक्षण-परिणामी हैं; आलय को वासना-विपाक, एवं प्रकृति को गुण-वैषम्य, सर्ग-हेतु प्रवृत्त करते हैं। किन्तु दोनों के भेद अधिक महत्त्वपूर्ण हैं। प्रकृति स्वतन्त्र जड़ तत्त्व है; आलय परतन्त्र और विज्ञान है। प्रकृति नष्ट नहीं होती; आलय की व्यावृत्ति हो जाती है। जड़ प्रकृति चेतन पुरुष के संसर्ग से सृष्टि करती है; विज्ञान, ग्राह्यवासना के संसर्ग से, संसार के रूप में परिणमित होता है। आलय की न्याय के अदृष्ट से भी समानता है। दोनों कर्मसंस्कारों के संग्रहालय हैं; दोनों में कर्मसंस्कारों का फलोन्मुख विपाक होता रहता है; दोनों ही सृष्टि-उत्पादक-शक्ति-सम्पन्न हैं; दोनों ही नवीन कर्म-संस्कारों के आधान से निरन्तर परिपुष्ट होते रहते हैं। यद्यपि न्याय के अनुसार प्रत्येक आत्मा का अपना अलग अदृष्ट होता है, तथापि न्याय ने एक सामान्य अदृष्ट स्वीकार किया है जिसमें सभी अदृष्टों के कर्म-संस्कार सञ्चित होते रहते हैं एवं जो सृष्टि उत्पादक-शक्ति-सम्पन्न है। किन्तु न्याय का अदृष्ट जड़ है और चेतन ईश्वर के अधीन ही कार्य कर सकता है; आलय-विज्ञान स्वयं समष्टि-विज्ञान है तथा उसे किसी अध्यक्ष की

---

१. नहि तदेकमभिन्नमा संसारमनुवर्तते, क्षणिकत्वात्। वहीं, पृ. २१

२. तस्य व्यावृतिरर्हत्वे। वहीं, का. ४

३. निरुद्धं मनो हि आलयविज्ञानादेव उत्पद्यते। —वहीं, पृ. ३४

४. आलयविज्ञाने सति संसारप्रवृतिर्निवृत्तिश्च, नान्यथेति, अवश्यं चक्षुरादिविज्ञानव्यतिरिक्तम् आलयविज्ञानम् सर्वधर्मबीजानुगतम् अभ्युपेयम्। —त्रिंशिकाभाष्य, पृ. ३९

आवश्यकता नहीं है। आलय की अद्वैत वेदान्त के 'साक्षी' से इस बात में समानता है कि दोनों ही अपनी निरन्तरता से जीवात्मा (वेदान्त में प्रमाता और विज्ञानवाद में क्लिष्टमनोविज्ञान) की चित्तवृत्तियों को 'निरन्तरता' प्रदान करते हैं तथा गाढ़ निद्रा, मूर्च्छा, समाधि-दशा आदि में चित्तवृत्तिप्रवाह में जो अन्तराल होता है उसे पाटते हैं। आलयविज्ञान की सर्वाधिक समानता अद्वैत वेदान्त के ईश्वर से है। दोनों ही विशुद्ध विज्ञानरूप हैं जो अनादि अविद्या या वासना के कारण परिणमित होते हैं। दोनों पर अविद्या का 'आवरण' नहीं है; केवल 'विक्षेप' है। दोनों को क्लेश स्पर्श नहीं करता । दोनों संसार का 'आश्रय' हैं और संसार में अन्तर्यामी भी हैं। दोनों संसार के रूप में प्रतीत होते हैं। दोनों 'स्वचेतन' हैं और 'अहमस्मि' (मैं हूँ) इस संकल्प से युक्त हैं। दोनों में ज्ञाता-ज्ञेय, प्रमाता-प्रमेय, ग्राहक-ग्राह्य द्वैतरूपी इन्द्रियानुभव-निरपेक्ष बुद्धि-विकल्प है। दोनों में परिणाम तात्त्विक नहीं है, विवर्तमात्र है। किन्तु दोनों के भेद अत्यन्त महत्त्वपूर्ण हैं। ईश्वर उन दोषों से सर्वथा मुक्त हैं जो आलयविज्ञान में विद्यमान हैं। ईश्वर की जीव और जगत् के रूप में प्रतीति का वेदान्त में विशद एवं युक्ति-युक्त विवेचन है जिसका आलय में अभाव है। ईश्वर अविद्या के स्वामी और माया के पति हैं। ईश्वर समस्त-कल्याण-गुण-विभूषित हैं। उनके व्यक्तित्व में बुद्धि, इच्छा और भावना का विलक्षण समन्वय है। वे सृष्टि के कर्ता, धर्ता और हर्ता हैं। उनका जीवात्माओं से गहरा सम्बन्ध है। वे भक्तों के उद्धारक हैं और उनकी कृपा या प्रसाद से मोक्ष प्राप्त होता है। आलयविज्ञान में यह सब नहीं है।

(२) क्लिष्ट मनोविज्ञान : यह विज्ञानमात्र तत्त्व का द्वितीय परिणाम है। यह आलयविज्ञान और प्रवृत्ति-विज्ञान के बीच की कड़ी है। यह छठे प्रवृत्तिविज्ञान से, जिसे मनोविज्ञान कहा जाता है, भिन्न है। आलयविज्ञान से क्लिष्ट मनस् सन्तान रूप से उत्पन्न होता है। आलय ही क्लिष्ट मनस् का आश्रय और आलम्बन (विषय) दोनों है। क्लिष्ट मनस् को मननात्मक माना है।[१] क्लिष्ट मनस् अपने नैसर्गिक बुद्धि-विकल्पों द्वारा आलय की सूक्ष्म और अपरिच्छिन्न ग्राहक-ग्राह्यवासना को मूर्त और परिच्छिन्न रूप देता है। यह वासना का विपाक करके उसे फलोत्पत्तियोग्य बनाता है। आलय के ग्राहक भाग से अनेक क्लिष्टमनोविज्ञानसन्तान और ग्राह्य भाग से अनेक प्रवृत्तिविज्ञानसन्तान (विषय-विज्ञप्ति) प्रवाहित होते हैं। क्लिष्ट मनोविज्ञान व्यक्तिगत विज्ञान-प्रवाह की निरन्तरता और एकता का हेतु है तथा आलयविज्ञान समस्त विज्ञान-प्रवाहों की निरन्तरता और एकता का हेतु है। क्लिष्ट मनोविज्ञान का प्रमुख कार्य अहंकार और ममकार का विस्तार है। इसे 'क्लिष्ट' संज्ञा इसलिए दी गई है कि यह सदा चार प्रकार के क्लेशों से संयुक्त रहता है। ये क्लेश हैं—आत्मदृष्टि, आत्म-मोह, आत्म-मान और आत्म-स्नेह। आत्मदृष्टि पुद्गल या सत्कायदृष्टि है (जीवात्मदृष्टि है); आत्ममोह आत्मा के स्वरूप का अज्ञान है; आत्ममान अहंकारयुक्त अभिमान है; आत्मस्नेह आत्मा के प्रति उत्कट आसक्ति।[२] क्लिष्ट मनोविज्ञान में पाँच सर्वत्रग चैत्तधर्म भी हैं जो आलय

---

१. मनोनाम विज्ञानं मननात्मकम्।—त्रिंशिका, का. ५

२. त्रिंशिका, का. ६

में भी हैं—स्पर्श, मनस्कार, वेदना, संज्ञा और चेतना। निर्वाण में आलयनिरोध के साथ क्लिष्ट-मनोविज्ञान का भी निरोध हो जाता है। निर्विकल्प समाधि (निरोधसमापत्ति) में भी क्लिष्ट मनस् आलय में लीन हो जाता है, किन्तु समाधि के बाद फिर प्रकट हो जाता है।[१] क्लिष्ट-मनोविज्ञान जीव या प्रमाता के समान है।

(३) विषय-विज्ञान : यह विज्ञानमात्र का तृतीय परिणाम है। यह विषय-विज्ञप्ति छह प्रकार की है। चक्षु, घ्राण, जिह्वा, श्रोत्र और काय नामक पाँच ज्ञानेन्द्रियों से रूप, गन्ध, रस, शब्द और स्प्रष्टव्य नामक पाँच विषयों की उपलब्धि (ज्ञान) को चक्षुर्विज्ञान आदि इन्द्रिय-विषय-विज्ञान कहते हैं।[२] क्लिष्ट मनस् इनको ग्रहण करता है, उत्पन्न नहीं करता। ये आलयविज्ञान द्वारा उत्पन्न हैं। यह हमारे तथाकथित बाह्य पदार्थों का ज्ञान है। छठा विषयविज्ञान मनोविज्ञान कहलाता है जिसके अन्तर्गत विचार, संकल्प, वेदना, रूपी मनोवृत्तियाँ आ जाती हैं। ये मानस धर्म हैं। इन्हें विषय-विज्ञप्ति इसलिए कहा जाता है क्योंकि क्लिष्ट मनोविज्ञान इनका ग्रहण 'विषय' के रूप में करता है। पञ्च चक्षुर्विज्ञान आदि इन्द्रियजन्य विषय-विज्ञान तुरन्त मनोविज्ञानों को उत्पन्न करते हैं जिन्हें उनका 'अनुचर' कहा गया है।[३] इनके अतिरिक्त मनोविज्ञान इन्द्रिय-विज्ञानों के बिना भी उत्पन्न होते हैं।

उक्त पञ्चविध इन्द्रियविज्ञान आलयविज्ञान से अपनी वासना के परिपाक के कारण उत्पन्न होते हैं और नष्ट होने के पूर्व अपनी वासना के बीजों का आलय में आधान कर देते हैं जो परिपक्व होकर अन्य विज्ञानों को उत्पन्न करती हैं और इस प्रकार यह संसार-चक्र चलता रहता है। इन्द्रियविज्ञान अपने अनुचर मनोविज्ञानों को उत्पन्न करते हैं। इस प्रकार ये षड्विध विषय-विज्ञान जिनसे यह जगत्-प्रपञ्च बनता है, अपने कारणभूत आलयविज्ञान से युगपत् या क्रमशः, एक साथ या अलग-अलग उत्पन्न होते रहते हैं। जिस प्रकार विशाल जल-समूह में विभिन्न तरङ्गों का आविर्भाव-तिरोभाव होता रहता है, उसी प्रकार आलयविज्ञान में इन षड्विध विषय-विज्ञानों या प्रवृत्ति-विज्ञानों का प्रवाह रूप में आविर्भाव-तिरोभाव होता रहता है।[४] मनोविज्ञानों का प्रवाह, प्रायः इन्द्रियविज्ञानों के साथ और कभी उनके बिना भी, निरन्तर चलता रहता है। क्लिष्ट मनस् इनको ग्रहण करके इनमें एकता स्थापित किये रहता है। यह मनोविज्ञान-प्रवाह निर्वाण में, निर्विकल्प समाधि में, गाढ़ निद्रा में, मूर्च्छा में और मृत्यु में रुक जाता है,[५] किन्तु आलयविज्ञान की निरन्तरता, निर्वाण को छोड़कर, इन अन्तरालों को पाट देती है और आलय से पुनः यह प्रवाह प्रारम्भ हो जाता है। इन्द्रियविज्ञान के बिना जो मनोविज्ञान-प्रवाह चलता है उसके अन्तर्गत विचारों, वेदनाओं और संकल्पों का प्रवाह आता है; एवं भ्रम, विभ्रम तथा स्वप्न में क्लिष्ट मनस् द्वारा उत्पन्न अर्थाकार मनोविज्ञान भी उसी

---

१. वहीं, का. ७

२. त्रिंशिकाभाष्य, पृ. २५

३. वहीं, पृ. ३३

४. त्रिंशिका का. १५ पर भाष्य, पृ. ३३

५. त्रिंशिका का. १६ पर भाष्य, पृ. ३४-३५

के अन्तर्गत आते हैं। ये इन्द्रिय-विज्ञान के बिना ही उत्पन्न होते हैं तथा अविद्याऽऽवृत अल्पशक्तियुक्त क्लिष्टमनोविज्ञान द्वारा सृष्ट होने से अस्पष्ट, क्षीण और अल्पकालिक होते हैं। ये षड्विध विषयविज्ञान ५१ चैतसिक धर्मों से संयुक्त रहते हैं जिनमें विविध क्लेश और उपक्लेश भी सम्मिलित हैं।[१]

उपर्युक्त त्रिविध विज्ञानपरिणाम वास्तविक परिवर्तन नहीं है; विज्ञान का विवर्तमात्र है। यदि विज्ञान वस्तुतः अविद्या या वासना से कलुषित हो तो उसकी शुद्धि या निर्वाण सम्भव नहीं होगा। बन्धन और मोक्ष, संक्लेश और व्यवदान दोनों अविद्या के कारण प्रतीत होते हैं। तथापि विज्ञानवाद व्यवहार में बन्धन की, कर्म-क्लेशों की, सांवृत सत्ता पर विशेष बल देता है तथा योग-साधना द्वारा अनादि ग्राह्यग्राहकवासना के निरोध से निर्विकल्प, अद्वय (ग्राहद्वय शून्य), विशुद्ध विज्ञानमात्र के साक्षात्कार को जीवन का चरम लक्ष्य मानता है।

६. त्रिस्वभाव

रज्जु-सर्पभ्रम के विश्लेषण से विदित होता है कि भ्रम में सर्प नामक बाह्य पदार्थ नहीं है; विज्ञान ही सर्पाकार लेकर प्रतीत होता है; यह सर्पाकार सर्प नामक विषय या पदार्थ के रूप में प्रतीत होता है; भ्रम के बाद सर्पाकार और सर्प-पदार्थ एक साथ बाधित होते हैं; भ्रम के बाद भी यह तथ्य बना रहता है कि भ्रम में सर्पाकार विज्ञान की प्रतीति थी; विज्ञान वासना के कारण अर्थाकार ग्रहण करता है; रज्जु भ्रम में किसी प्रकार लिप्त नहीं होती, वह भ्रम के पूर्व, भ्रम के समय और भ्रम के बाद भी रज्जु ही रहती है। इस विश्लेषण से सिद्ध होता है कि भ्रम के तीन घटक हैं—एक तो 'अध्यस्त' पदार्थ जिसका उपचार, आरोप या अध्यास किया जाता है, जैसे सर्प नामक पदार्थ; दूसरा, भ्रम का 'आश्रय' जिस पर उपचार या आरोप किया जाता है, जैसे सर्पाकार विज्ञान; तीसरा, भ्रम का 'अधिष्ठान' जो भ्रम से सर्वथा अलिप्त रहते हुए भी इस अर्थ में भ्रम का मूल आधार या अधिष्ठान है कि यदि वह न होता तो भ्रम का 'आश्रय' भी नहीं होता और भ्रम भी नहीं होता; जैसे विशुद्ध अद्वय विज्ञान। सर्पाकार विज्ञान भ्रम नहीं है; सर्पाकार विज्ञान को सर्प नामक बाह्य पदार्थ समझना भ्रम है। भ्रम विषयत्व-दृष्टि है। आरोपित (अध्यस्त) पदार्थ परिकल्पित है। अर्थाकार विज्ञान (आश्रय) परतन्त्र है। विशुद्ध विज्ञान (अधिष्ठान) परिनिष्पन्न है। विज्ञानवाद परिकल्पित, परतन्त्र और परिनिष्पन्न नामक इन तीन 'स्वभावों' को स्वीकार करता है। परिकल्पित नितान्त असत् (अभूत) है, वह शशशृङ्ग और खपुष्प के समान है; उसकी सांवृत या व्यावहारिक सत्ता भी नहीं है। सांवृत या व्यावहारिक सत्ता परतन्त्र की है। परतन्त्र प्रतीत्यसमुत्पन्न विज्ञान है जो ग्राह्यग्राहकवासना के कारण अर्थाकार ग्रहण करता है और विषयरूप में प्रतीत होता है। परतन्त्र में, आलयविज्ञान, क्लिष्टमनोविज्ञान और षड्विध विषयविज्ञान को मिलाकर आठों विज्ञान आते हैं। परतन्त्र अपने शुद्ध रूप में परिकल्पित से सर्वथा शून्य है; वह वस्तुतः वासनारहित, नित्य, विशुद्ध, निराभास, विज्ञानमात्र तत्त्व है जिसे परिनिष्पन्न कहा गया है और जिसकी परमार्थिक सत्ता है।

१. त्रिंशिका का. ९ से १४

भ्रम और स्वप्न के पदार्थों के समान ही जगत् के भी पदार्थ हैं। दोनों में अर्थाकार विज्ञानों का अनुभव होता है, किसी पदार्थ का नहीं। जगत् के विषय आलयविज्ञान के आभास हैं और भ्रम तथा स्वप्न के विषय क्लिष्टमनोविज्ञान के आभास हैं। दोनों में मात्राभेद है, वस्तुभेद नहीं। जिस प्रकार भ्रम का बाध प्रमा से तथा स्वप्न का बाध जाग्रत् से होता है, उसी प्रकार व्यवहार का बाध परमार्थ से होता है।

विज्ञानवाद निरपेक्षवाद है अतः उसे परमार्थ और व्यवहार (संवृति) का भेद मान्य है। वह परिनिष्पन्न, परतन्त्र और परिकल्पित नामक तीन 'स्वभाव' स्वीकार करता है। परिनिष्पन्न परम निरपेक्ष तत्त्व है एवं समस्त व्यवहार का अधिष्ठान होते हुए भी व्यवहार से अलिप्त है; परतन्त्र परिनिष्पन्न का सापेक्ष रूप है और समस्त व्यवहार का 'आश्रय' है तथा व्यवहार में पूर्णतया अनुस्यूत है; तथा परिकल्पित जिसमें समस्त आत्मा सारे मानस और बाह्य पदार्थ आते हैं तथा जिसमें समस्त लोक-व्यवहार समाविष्ट हैं। परिनिष्पन्न परमार्थ सत् है, परतन्त्र सापेक्ष संवृति सत् है; और परिकल्पित सर्वथा असत् है।

परिकल्पित की कोई सत्ता नहीं है। वह शशशृङ्ग, आकाशकुसुम और वन्ध्यापुत्र के समान त्रिकाल में असत् है। अतः उसे 'अभूत' कहा गया है। कल्पनामात्र होने के कारण उसे परिकल्पित कहा गया है। वह केवल 'नाम' है, भ्रम है। निरन्तर असत् होने पर भी उसका परतन्त्र पर उपचार, आरोप या अध्यारोप किया जाता है। उपचरित या आरोपित पदार्थ के रूप में साधारण लोक-व्यवहार में उसकी प्रतीति होती है, किन्तु वह भ्रम है। और प्रतीति होने की शक्ति भी पदार्थ में नहीं है, अपितु परतन्त्रविज्ञान में है जो अर्थाकार लेकर अर्थ के रूप में प्रतीत होता है। भ्रम चाहे वह व्यक्तिगत हो या समष्टि-गत भ्रम ही होता है, क्योंकि दोनों रूपों में भ्रम के घटक समान हैं। भ्रम के मूल में विषयत्व-दृष्टि या ग्राह्यत्व-दृष्टि है! यही दृष्टि 'ग्राहकत्व-दृष्टि' को जन्म देती है। यही ग्राह्य-ग्राहकवासना है जो विज्ञान को अर्थाकार लेने के लिए प्रेरित करती है। विज्ञानवाद में प्रायः ग्राह्य-ग्राहक-द्वैत या प्रमातृ-प्रमेय-द्वैत के लिए 'अर्थ' (पदार्थ) शब्द का प्रयोग किया गया है जिसमें मानस और बाह्य दोनों अर्थ आ जाते हैं और जिसमें प्रमाता या ग्राहक भी समाविष्ट हैं क्योंकि ये भी स्वसम्वेदन के 'विषय' हैं। इस प्रकार हमारे लोक-व्यवहार के समस्त पदार्थ, आत्मा, बाह्य तथा मानस पदार्थ (धर्म), इन्द्रियाँ, मन आदि सब, 'अर्थ' शब्द के अन्तर्गत आ जाते हैं और सबको परिकल्पित कहा गया है।[१] स्कन्ध, धातु, आयतन, रूपादिविषय, चक्षुरादि इन्द्रियाँ, मनोविज्ञान और आत्मविज्ञप्ति, ये सब 'अर्थ' हैं।[२] विकल्प (परतन्त्र) द्वारा जो भी वस्तु विकल्पित की जाय, चाहे वह आध्यात्मिक (मानस) हो चाहे बाह्य, वह सब, यहाँ तक कि बुद्ध-धर्म तक, परिकल्पित-स्वभाव हैं।[३]

---

१. अर्थः परिकल्पितस्वभावः। —मध्यान्तविभागटीका, पृ. १९

२. अर्थाः रूपादयश्चक्षुरादय आत्मविज्ञप्तयश्च। —वहीं

३. येन येन विकल्पेन यद् यद् वस्तु विकल्प्यते।
परिकल्पित एवासौ स्वभावो न स विद्यते।। —त्रिंशिका, का. २०
यद् यद् वस्तु विकल्प्यते आध्यात्मिकं बाह्यं वान्तशो यात्रत् बुद्धधर्मा अपि परिकल्पित एवासौ स्वभावः।
—त्रिंशिकाभाष्य, पृ. ३९

यहाँ यह प्रश्न उठता है कि यदि सब धर्म नितान्त असत् हैं, वन्ध्यापुत्र के समान हैं, तो उनका आरोप भी नहीं किया जा सकता और न उनकी प्रतीति हो सकती है। क्या किसी को वन्ध्यापुत्र की प्रतीति हुई है ? क्या कोई कभी वन्ध्यापुत्र के सौन्दर्यादिगुणों की चर्चा करता है ? विज्ञानवादी इसे स्वीकार करते हुए यह स्पष्ट करता है कि भ्रम में असत् का ही आरोप हो सकता है और ज्ञान से बाध भी असत् का ही हो सकता है। रज्जु-सर्प भी नितान्त असत् है, त्रिकाल में असत् है, किन्तु उसका आरोप किया जाता है और भ्रम-दशा में उसकी प्रतीति होती है। पदार्थों को वन्ध्यापुत्र के समान इसलिए कहा गया है कि दोनों ही नितान्त असत् हैं। किन्तु दोनों में भेद यह है कि आरोपित पदार्थों की आरोप-दशा में प्रतीति होती है, जब कि वन्ध्यापुत्र, खपुष्प आदि की कभी प्रतीति भी नहीं होती। यदि ऐसा है तो जिसकी प्रातीतिक सत्ता है उसे नितान्त असत् कहने का क्या अर्थ है ? और विज्ञानवादी का यह कथन कि परिकल्पित की कोई सत्ता नहीं है, उसकी सांवृत या व्यावहारिक सत्ता भी नहीं है, क्या स्व-व्याघाती नहीं है ? इस दोष से बचने के लिए विज्ञानवादी ने संवृति या व्यवहार के दो भाग किये हैं—साधारण लौकिक व्यवहार और शुद्ध लौकिक व्यवहार। परिकल्पित नितान्त असत् होते हुए भी साधारण लौकिक व्यवहार में प्रतीत होता है। परिकल्पित कल्पनामात्र है, अध्यारोप है, उपचारमात्र है, नितान्त असत् है, द्रव्यतः इसकी कोई सत्ता नहीं है, तथापि इस अभूत की भी 'अस्ति' इस रूप में कल्पना कर ली जाती है क्योंकि साधारण लौकिक व्यवहार में इसकी प्रतीति होती है; अतः इसे भी 'स्वभाव' कहा जाता है।[१] किन्तु जब ज्ञानी जन इसकी मीमांसा करते हैं तो उन्हें ज्ञात होता है कि अर्थाकार विज्ञान ही अर्थ का रूप लेकर प्रतीत होता है और अर्थ की कोई सत्ता नहीं है। यह ज्ञानी जनों का शुद्ध लौकिक व्यवहार है। इसके अनुसार सांवृत या व्यावहारिक सत्ता भी अर्थाकार विज्ञान की है, अर्थ की नहीं। वैसे अर्थों के नितान्त अभाव का ज्ञान और विज्ञप्तिमात्रता का ज्ञान परिनिष्पन्न के साक्षात्कार से ही हो सकता है।

परतन्त्र की सापेक्ष सत्ता है। प्रतीत्यसमुत्पन्न होने के कारण विज्ञान को परतन्त्र कहा जाता है क्योंकि यह कारण-कार्य-नियम से तन्त्रित (नियन्त्रित) है। परिनिष्पन्न में अनादि अविद्या या ग्राह्यग्राहकवासना का स्फुरण होते ही वह परतन्त्र के रूप में प्रतीत होता है । अविद्या और कर्म-संस्कार (जो वासनारूप है) के होते ही प्रतीत्यसमुत्पादचक्र चलने लगता है। आलयविज्ञान प्रथम परिणाम है और परतन्त्र शब्द का प्रयोग मुख्य रूप से आलयविज्ञान के लिए किया गया है, यद्यपि आठों विज्ञान (आलय, क्लिष्टमनस् और षड्विध विषयविज्ञान) परतन्त्र के अन्तर्गत आते हैं।[२] अनादि मूल ग्राह्यग्राहकविकल्पवासना और तज्जन्य समस्त बुद्धिविकल्पों के द्वारा परतन्त्र विविध अर्थाकार विज्ञानों में परिणमित होता रहता है। इसकी स्वतन्त्र सत्ता नहीं है, सापेक्ष सत्ता है क्योंकि यह कारण की अपेक्षा रखकर, हेतु-प्रत्ययों पर

---

१. अभूतमपि अस्तीति परिकल्प्यते इति परिकल्पित उच्यते। स हि द्रव्यतोऽसन्नपि व्यवहारतोऽस्तीति स्वभाव उच्यते। —मध्यान्तविभागटीका, पृ. १९

२. अष्टविज्ञानवस्तुकः परतन्त्रः। —वहीं, पृ. १५

निर्भर रहकर उत्पन्न होता है।[१] यह प्रत्यय से उत्पन्न होने वाला विकल्प है।[२] यह भ्रम का 'आश्रय' है; यह अर्थाकार लेकर प्रतीत होता है और अर्थ के रूप में प्रतीत होता है। जो प्रतीत होता है वह परतन्त्र है जिस रूप में प्रतीत होता है वह परिकल्पित है; पूर्व 'प्रत्ययाधीनवृत्ति' है, अपर 'कल्पनामात्र' है।[३] विकल्प विज्ञानपरिणाम को कहते हैं। इस परिणामान्तर्गत आठों विज्ञान विकल्प हैं। तीनों लोकों के सब प्राणियों के कुशलाकुशल कर्मसंस्कार या वासनायें आलयविज्ञान में परिपक्व होकर अर्थाकार विज्ञानों को उत्पन्न करती हैं और ये विज्ञान, विनाश से पूर्व, अपने कर्मसंस्कार या वासनाओं का आलय में आधान करते हैं जिनसे अन्य अर्थाकार विज्ञान उत्पन्न होते हैं और इस प्रकार वासना एवं विज्ञान का परस्पर उत्पाद-विनाश-चक्र चलता रहता है। अभूत अर्थों का विकल्प करने वाले इन अनन्त अर्थाकार विज्ञानों के अनन्त प्रवाह चलते रहते हैं। ये सब अनन्त परिणमित होने वाले विज्ञान 'विकल्प' कहलाते हैं। अतः तीनों लोकों के चित्तचैत्त, जो अभूत अर्थों की कल्पना करके अर्थाकार रूप में कारण-कार्य-भाव से परिणमित होते रहते हैं अभूतपरिकल्प या परतन्त्रस्वभाव कहलाते हैं।[४] यह विज्ञानपरिणाम विवर्तमात्र है। बन्धन या संक्लेश और मोक्ष या व्यवदान दोनों अविद्या के कारण प्रतीत होते हैं। हम इसका विस्तृत विवेचन पूर्व में कर चुके हैं।[५] परतन्त्र की अशुद्धि, तात्त्विक न होते हुये भी, व्यवहार में विद्यमान है और समस्त सांसारिक क्लेशों की जननी है। अतः विज्ञानवाद योग-साधना द्वारा इस अशुद्धि को दूर करने पर अत्यन्त बल देता है। योग-साधना द्वारा इस अनादि वासना या अविद्या का निरोध करके विशुद्ध अद्वय विज्ञानमात्र का साक्षात्कार होने पर परतन्त्र अपने विशुद्ध परिनिष्पन्न रूप में प्रकाशित होता है। अतः परिनिष्पन्न परतन्त्र से न अन्य है और न अनन्य। दोनों में तादात्म्य के अतिरिक्त कोई सम्बन्ध नहीं हो सकता।[६]

परिनिष्पन्न स्वभाव विशुद्ध विज्ञप्तिमात्र तत्त्व है। यह नित्य, सुख, अद्वय, निर्विकल्प, निरपेक्ष, प्रत्यात्मवेद्य, विशुद्ध विज्ञानमात्र है। यही परमार्थ सत् है; यही शुद्ध चैतन्य है; यही अखण्ड आनन्द है। इसमें अविद्या या ग्राह्यग्राहकवासना का नितान्त अभाव है। इसे द्वयशून्य, ग्राह्यग्राहकशून्य, विकल्पशून्य कहा गया है। परतन्त्र की परिकल्पित से अत्यन्तरहितता ही परिनिष्पन्न है।[७] ग्राह्यग्राहकाऽभाव परिनिष्पन्न स्वभाव है।[८] अभूतपरिकल्प (परतन्त्र) की

१. परैर्हेतुप्रत्ययैस्तन्त्र्यते जन्यते न तु स्वयं भवति इति परतन्त्रः। —वहीं, पृ. १९
परैर्हेतुप्रत्ययैस्तन्त्र्यते इति परतन्त्र उत्पाद्यते इत्यर्थः। —त्रिंशिकाभाष्य, पृ. ३९

२. परतन्त्रस्वभावस्तु विकल्पः प्रत्ययोद्भवः। —त्रिंशिका, का. २१

३. यत् ख्याति परतन्त्रोऽसौ यथा ख्याति स कल्पितः।
प्रत्ययाधीनवृत्तित्वात् कल्पनामात्रभावतः।। —त्रिस्वभावनिर्देश, २

४. अभूतपरिकल्पस्तु चित्तचैत्तास्त्रिधातुकाः। म. वि. का. १, ९ त्रिंशिकाभाष्य में उद्धृत, पृ. ३५
अभूतपरिकल्पो हि परतन्त्रस्य लक्षणम्। —महायानसूत्रालंकार, पृ. ६४
अभूतपरिकल्प एव परतन्त्रः। —मध्यान्तविभागटीका, पृ. १९

५. ऊपर, पृ. १०३-१०५

६. अत एव स नैवान्यो नानन्यः परतन्त्रतः। —त्रिंशिका, का. २२

७. निष्पन्नस्तस्य पूर्वेण सदारहितता तु या। —त्रिंशिका, का. २१

८. ग्राह्यग्राहकाऽभावः परिनिष्पन्नस्वभावः। —मध्यान्तविभागटीका, पृ. १९

द्वयरहितता परिनिष्पन्न स्वभाव है।[१] यह परिणाम-रहित नित्य तत्त्व है। सदा अविकार रूप में विद्यमान रहने के कारण इसे परिनिष्पन्न कहा जाता है।[२] यह आकाश के समान सर्वव्यापी और निर्मल एक-रस ज्ञान है।[३] यही लोकोत्तर ज्ञान है।[४] इसी को तथता, भूतकोटि, आनिमित्त, धर्मधातु, धर्मकाय, धर्मता, शून्यता, विज्ञप्तिमात्रता और परमार्थ कहते हैं।[५] यह सब धर्मों का परमार्थ है, अतः इसे धर्मता कहते हैं। यह सब धर्मों में अन्तर्यामी भी है और सब धर्मों के पारगामी भी है। न तो यह सब धर्मों के ऊपर उनसे विलक्षण एक धर्म है, और न यह सब धर्मों का सामान्य धर्म है। सब धर्म इसी की सत्ता से प्रकाशित हैं, अतः इसे धर्मता कहा जाता है। कूटस्थ नित्य तथा सदा एक-सा रहने के कारण इसे तथता कहा जाता है। अद्वय विशुद्ध ज्ञान होने से यही विज्ञप्तिमात्रता है।[६] यह बुद्धिविकल्पातीत लोकोत्तर ज्ञान है। यह अनभिलाप्य और अनिर्वचनीय है। यह अहंकार-ममकार-रहित (अचित्त) और ग्राह्य-ग्राहकद्वैतरहित (अनुपलम्भ) है।[७] 'यही विज्ञप्तिमात्र तत्त्व है', इस प्रकार का कथन भी उपलम्भ है क्योंकि यह बुद्धि-विकल्प द्वारा तत्त्व का 'विषय' रूप में ग्रहण करता है। वस्तुतः विज्ञप्तिमात्र तत्त्व अपरोक्षानुभूतिगम्य है; उसका अद्वय ज्ञान द्वारा साक्षात्कार किया जाता है।[८] आचार्य वसुबन्धु ने इसे अत्यन्त विशुद्ध अनास्रव धातु, अचिन्त्य, कुशल, ध्रुव, सुख, विमुक्तिकाय तथा महामुनि भगवान् बुद्ध का धर्मकाय बताया है।[९] आचार्य स्थिरमति ने इसकी व्याख्या इस प्रकार की है—क्लेशावरण और ज्ञेयावरण के क्षय हो जाने से यह अनास्रव धातु है। तर्कागोचर, निर्विकल्प और प्रत्यात्मवेद्य होने से यह अचिन्त्य है। अनास्रवत्व तथा क्षेमत्व के कारण यह कुशल है। नित्य होने के कारण ध्रुव है। नित्य होने के कारण ही यह सुख है, क्योंकि जो अनित्य होता है वह दुःखरूप होता है, यह नित्य है इसलिए सुख है। क्लेशावरण के कारण विमुक्तिकाय है। क्लेशज्ञेयावरणप्रवाह से सर्वज्ञता की प्राप्ति के कारण इसे महामुनि भगवान् बुद्ध का धर्मकाय कहा जाता है।[१०]

---

१. या अभूतपरिकल्पस्य द्वयरहितता सा परिनिष्पन्नः स्वभावः। —वहीं
२. अविकारपरिनिष्पत्त्या परिनिष्पन्नः। —त्रिंशिकाभाष्य, पृ. ४०
३. आकाशवद् एकरसं ज्ञानम्। —वहीं
४. ज्ञानं लोकोत्तरं च तत्। —त्रिंशिका, का. २९
५. तथता भूतकोटिश्चानिमित्तं परमार्थता।
धर्मधातुश्च पर्यायाः शून्यतायाः समासतः।। —मध्यान्तविभागसूत्र १, १५
६. धर्माणां परमार्थश्च स यतस्तथताऽपि सः।।
सर्वकालं तथा भावात् सैव विज्ञाप्तिमात्रता।। —त्रिंशिका, का. २५
७. अचित्तोऽनुपलम्भोऽसौ ज्ञानं लोकोत्तरं च तत्। —वहीं, का. २९
८. विज्ञप्तिमात्रमेवेदमित्यपि ह्युपलम्भतः। —त्रिंशिका, का. २७
९. स एवानास्रवो धातुरचिन्त्यः कुशलो ध्रुवः।
सुखो विमुक्तिकायोऽसौ धर्माख्योऽयं महामुनेः।। —वहीं, का. ३०
१०. अचिन्त्यस्तर्काऽगोचरत्वात् प्रत्यात्मवेद्यत्वात्। . . . . ध्रुवो नित्यत्वात्। सुखो नित्यत्वादेव, यदनित्यं तद् दुःखम् अयं च नित्य इत्यस्मात् सुखः। —त्रिंशिकाभाष्य, पृ. ४४

ये तीन स्वभाव न तो तीन 'सत्' हैं, न तीन 'सत्य' हैं और न सत्ता के त्रिविध स्तर हैं। वस्तुतः केवल परिनिष्पन्न परमार्थ ही एकमात्र सत् और सत्य है। परतन्त्र तथा परिकल्पित संवृति या व्यवहार के अन्तर्गत आते हैं और प्रतीत होने के कारण इनको 'स्वभाव' मान लिया जाता है। इन तीनों स्वभावों को तीन विभिन्न अर्थों में 'निःस्वभाव' या 'शून्य' भी कहा जाता है।[1] परिकल्पित नितान्त असत् है; उसकी प्रतीति साधारण लोक-व्यवहार में भ्रमवश होती है; वह भ्रममात्र-शरीर है। अतः उसे 'लक्षण-निःस्वभाव' कहते हैं क्योंकि असत् का कोई लक्षण नहीं होता। उसके ज्ञान से ही उसका बाध हो जाता है। उसे हटाने के लिए उसका परिज्ञान पर्याप्त है। परतन्त्र प्रतीत्यसमुत्पन्न होने से अविद्या या ग्राह्यग्राहकवासना से कलुषित है एवं उत्पाद-विनाश-चक्र में फँसा है। किन्तु उसका परिणाम वास्तविक नहीं है अतः उसे 'उत्पत्ति-निःस्वभाव' (वस्तुतः उत्पत्ति-विनाश-शून्य) अर्थात् सापेक्ष या 'स्वभावशून्य' कहा जाता है। तथापि व्यवहार में कलुषित प्रतीत होने से परमार्थ-प्राप्ति के पूर्व उसकी अशुद्धि तथा उससे उत्पन्न क्लेश आदि दूर नहीं हो सकते। अतः योग-साधना द्वारा इस अशुद्धि का निराकरण, इस अविद्या या वासना का प्रहाण आवश्यक है। केवल परिज्ञान से परतन्त्र नहीं हटता; उसका परिज्ञान और उसकी अशुद्धि का प्रहाण दोनों आवश्यक हैं। परिनिष्पन्न अद्वय शुद्धज्ञान होने के कारण ग्राह्यग्राहकद्वयविकल्परहित है तथा नित्यविशुद्ध है। अतः वह स्वभाव से ही 'द्वयशून्य' है। इसे परमार्थ-निःस्वभाव कहा जाता है। इसका परिज्ञान और साक्षात्कार किया जाता है।[2]

विज्ञानवाद के इन तीन स्वभावों की तुलना अद्वैत वेदान्त के प्रतिभास, व्यवहार और परमार्थ से की जाती है। किन्तु दोनों दर्शनों में समानता के साथ कुछ महत्त्वपूर्ण भेद भी हैं। परिनिष्पन्न और परमार्थ प्रायः एक ही माने जा सकते हैं। किन्तु परिकल्पित और प्रतिभास तथा परतन्त्र और व्यवहार समान नहीं हैं। वेदान्त ने 'भ्रम' को दो भागों में विभाजित किया है—व्यक्ति-गत भ्रम या प्रतिभास (रज्जु-सर्प और स्वप्न आदि) तथा समष्टि-गत भ्रम या लोक व्यवहार जिसका स्तर व्यक्तिगत भ्रम से ऊँचा है। जागतिक पदार्थ रज्जुसर्प और स्वप्न-पदार्थों के समान नहीं है। परमार्थ एक ही है; उसके स्तर नहीं हो सकते। विज्ञानवाद ने, इसके विपरीत, परमार्थ के दो स्तर माने हैं—परिनिष्पन्न जो परमार्थ का शुद्ध रूप है; और परतन्त्र जो परमार्थ का अशुद्ध अविद्या या वासनाकलुषित स्तर है। केवल विज्ञान ही सत् है, चाहे शुद्ध हो चाहे अशुद्ध। परिकल्पित असत् और भ्रममात्र है। भ्रम के विश्लेषण में भी वेदान्त तथा विज्ञानवाद में भेद है। विज्ञानवाद ने भ्रम में, चाहे, व्यक्ति-गत हो चाहे समष्टिगत, दो वस्तुयें अनिवार्य मानी हैं—एक तो भ्रम का 'आश्रय' अर्थात् प्रतीत होने वाली वस्तु (सर्पाकार विज्ञान) जिसे वह परतन्त्र कहता है और दूसरी, वह 'रूप' (सर्प पदार्थ) जिसमें वह प्रतीत होती है जिसे वह परिकल्पित कहता है। प्रत्येक भ्रम में परतन्त्र और परिकल्पित दोनों होते हैं। विज्ञानवाद

१. त्रिविधस्य स्वभावस्य त्रिविधां निःस्वभावताम्।
संधाय सर्वधर्माणां देशिता निःस्वभावता।। —त्रिंशिका, का. २३ तथा भाष्य पृ. ४१

२. स्वभावः कल्पिताख्यस्तु भ्रान्तिमात्रैकगोचरः। परतन्त्रस्वभावो हि शुद्धलौकिकगोचरः। स्वभावः परिनिष्पन्नोऽविकल्पज्ञानगोचरः। —मध्यान्तविभांगटीका, पृ. १९
परिज्ञानं प्रहाणं च प्राप्तिः साक्षात्क्रियाऽपि सा। —म. वि. टीका, पृ. ९३

ने 'भ्रम' के व्यक्ति-गत और समष्टि-गत भेद नहीं किये क्योंकि भ्रम के रूप में दोनों भेद समान हैं। विज्ञानवाद वेदान्त के व्यवहार और प्रतिभास दोनों में प्रत्येक को परतन्त्र और परिकल्पित में विभाजित करेगा। वेदान्त के अनुसार भ्रम को परतन्त्र और परिकल्पित में विभाजित करना नितान्त अनुचित है क्योंकि अध्यस्त पदार्थ में 'आकार' और 'द्रव्य' दोनों मिले रहते हैं जिन्हें अलग-अलग नहीं किया जा सकता। दोनों एक साथ प्रतीत होते हैं और दोनों का एक साथ बाध होता है इसलिए दोनों एक ही स्तर के हैं। अतः 'सर्पाकार विज्ञान' और 'सर्प-पदार्थ' दोनों को अलग-अलग करके प्रथम को सांवृत सत् और दूसरे को नितान्त असत् मानना असङ्गत कल्पना है। विज्ञानवादी परमार्थ और व्यवहार दोनों में विज्ञानवादी है। अद्वैत वेदान्ती परमार्थ में विज्ञानवादी और व्यवहार में वस्तुवादी है। अतः विज्ञानवाद की अपेक्षा अद्वैत वेदान्त अधिक सुसंगत और श्रेष्ठ है।

७. अभूतपरिकल्प और शून्यता

शून्यता के समान अभूतपरिकल्प भी परमार्थ और संवृति दोनों के लिए प्रयुक्त हुआ है। जैसे शून्यता का अर्थ परमार्थ में प्रपञ्च-'शून्यता' और व्यवहार में 'स्वभाव-शून्यता' या सापेक्षता है, वैसे ही अभूतपरिकल्प का अर्थ परमार्थ में 'ग्राहद्वयशून्यता' और व्यवहार में 'सापेक्षता' अर्थात् प्रतीत्यसमुत्पन्न विज्ञान का अर्थाकार ग्रहण करके अर्थ के रूप में प्रतीत होना है। संवृति या व्यवहार को विज्ञानवाद ने परतन्त्र और परिकल्पित में विभाजित किया है, अतः अभूतपरिकल्प शब्द का प्रयोग दोनों के लिए भिन्न अर्थों में किया गया है। परतन्त्र के लिए प्रयुक्त अभूतपरिकल्प का अर्थ प्रतीत्यसमुत्पन्न अर्थाकार विज्ञान है जो अर्थ के रूप में प्रतीत होता है और जिस पर समस्त सांसारिक पदार्थों का आरोप किया जाता है। परिकल्पित के लिए प्रयुक्त अभूतपरिकल्प का अर्थ है आत्मा तथा पदार्थरूपी समस्त सांसारिक वस्तुयें जो आरोपित या परिकल्पित हैं और जो सर्वथा असत् होते हुए भी भ्रम में प्रतीत हो रही हैं। इस प्रकार तीनों स्वभावों के लिए विभिन्न अर्थों में 'अभूतपरिकल्प' शब्द का प्रयोग किया गया है। परिनिष्पन्न ग्राह्यग्राहकविकल्पवासना से सर्वथा अस्पृष्ट तथा लोकव्यवहार या प्रपञ्च से सर्वथा अलिप्त है। तथापि धर्मों का परमार्थ या धर्मता तथा तथता होने के कारण यह समस्त व्यवहार का 'अधिष्ठान' है। अभूत पदार्थों की परिकल्पना का यह विकल्प-शून्य अधिष्ठान है, इस अर्थ में इसे अभूतपरिकल्प कहा गया है (अभूतस्य परिकल्पो यस्मिन् सः)। परतन्त्रविज्ञान ग्राह्यग्राहकवासना के कारण प्रतीत्यसमुत्पादचक्र में फँस कर विविध अर्थाकार ग्रहण करता हुआ अपनी विकल्प-शक्ति से समस्त अभूत व्यावहारिक पदार्थों का विक्षेप करता रहता है, इस अर्थ में इसे अभूतपरिकल्प कहा गया है (अभूतस्य परिकल्पो यस्मात् सः)। यह भ्रम का 'आश्रय' है और समस्त व्यावहारिक पदार्थ इसी की प्रतीति हैं तथा इस पर आरोपित हैं और यह भी उन समस्त पदार्थों में अनुस्यूत एवं व्याप्त है। परिकल्पित के अन्तर्गत समस्त आरोपित पदार्थ आते हैं। ये नितान्त असत् हैं और परिकल्पित हैं। भ्रान्तिमात्रशरीर होने के कारण इन पदार्थों की भ्रम में प्रतीति होती है, अतः इन्हें स्वभाव मान लिया जाता है। अभूत और परिकल्पित होने के अर्थ में परिकल्पित को भी अभूतपरिकल्प कहा गया है (अभूतश्चासौ परिकल्पितश्च)।[१]

---

१ अभूतमस्मिन् द्वयं परिकल्प्यतेऽनेन वेति अभूतपरिकल्पः। अभूतमपि द्वयमस्तीति परिकल्प्यते। अभूतपरिकल्प

यद्यपि अभूतपरिकल्प शब्द का प्रयोग तीनों स्वभावों के लिए तीन विभिन्न अर्थों में किया गया है, तथापि मुख्य रूप से इसका प्रयोग अष्टविध परतन्त्र विज्ञान (आलय, क्लिष्टमनस् और षड्विध प्रवृत्तिविज्ञान) के लिए किया जाता है जिसके अन्तर्गत त्रिधातुक चित्तचैत्त आ जाते हैं।[१]

विज्ञानवाद विज्ञप्तिमात्रता को शून्यता का पर्याय मानता है। शून्यता नास्तित्व या सर्वप्रतिषेध नहीं है। शून्यता सार्थक निषेध है, किसी वस्तु का किसी अनन्य वस्तु में निषेध है अर्थात् अध्यस्त पदार्थ का अधिष्ठान में निषेध है। इसे सार्थक इसलिए कहा गया क्योंकि यह निषेध अधिष्ठान की सत्ता का स्वीकरण भी है। अभूतपरिकल्प की परतन्त्र रूप में अर्थात् अर्थाकार विज्ञान के रूप में सत्ता है, किन्तु उसमें ग्राह्यग्राहकपदार्थद्वय की सत्ता नहीं है। अभूतपरिकल्प में द्वयशून्यता है, किन्तु वह स्वयं शून्य (असत्) नहीं है; द्वयशून्यता में भी उसकी सत्ता है।[२] अर्थ परिकल्पित होने से सर्वथा असत् है। अर्थाकार विज्ञान परतन्त्र (प्रतीत्यसमुत्पन्न) होने से सांवृत सत् है। विशुद्ध अद्वय विज्ञान परमार्थ सत् है। अभूतपरिकल्प सदसत् (वेदान्त के सत्यानृतमिथुनीकरण के समान) है; व्यवहार में वह 'अर्थाकार विज्ञान' के रूप में सांवृत सत् है और 'अर्थ' के रूप में असत् है, तथा परमार्थतः परतन्त्र ही अपने शुद्ध रूप में विकल्पशून्य परिनिष्पन्न सत् है और ग्राहद्वयवासनाजनित पारतन्त्र्य के रूप में असत् है। परतन्त्र परिकल्पित (ग्राहद्वय) से शून्य (रहित) होते ही परिनिष्पन्न है (जो उसका निजी स्वरूप है)। परिनिष्पन्न परिकल्पित के कारण परतन्त्र के रूप में प्रतीत होता है। जो (परतन्त्र) शून्य है (अर्थात् द्वयशून्य है) उसका सद्भाव है; जिससे (ग्राहद्वय से) शून्य (रहित) है उसका वहाँ अभाव है। यही शून्यता का अविपरीत लक्षण है।[३] शून्यता नास्तित्व नहीं है। शून्यता विज्ञान की 'द्वयशून्यता' या 'ग्राह्यग्राहकशून्यता' या 'विकल्पशून्यता' है। यही मुक्ति है, यही विज्ञप्तिमात्रता है।

८. संक्लेश (बन्धन) और व्यवदान (मोक्ष)

विज्ञानवाद में बन्धन को संक्लेश या अशुद्धि और मोक्ष को व्यवदान या विशुद्धि कहा जाता है। विज्ञानपरिणाम अविद्याजन्य होने से बन्धन और मोक्ष दोनों ही अविद्याकृत हैं। अनादि अविद्या से ग्राह्यग्राहकविकल्पवासना या कर्मसंस्कार उत्पन्न होते हैं और वासना से विज्ञान तथा विज्ञान से वासना के उत्पाद-विनाश की सन्तति निरन्तर प्रवाहित होती रहती है। यही प्रतीत्य-समुत्पाद या भव-चक्र है। ग्राहद्वयवासना या अविद्या के नाश से अद्वय विज्ञानमात्र का साक्षात्कार होता है; यही मोक्ष या निर्वाण है। अविद्या, कर्म और क्लेश को बन्धन, संक्लेश,

---

एव ग्राह्यग्राहकरहिततया परिनिष्पन्नः। (स एव) हेतुप्रत्ययपारतन्त्र्यात् परतन्त्रः। (स एव) ग्राह्यग्राहकरूपेण प्रख्यानात् परिकल्पितः। —म. वि. टीका, पृ. ११, १९

१. अष्टविज्ञानवस्तुकः परतन्त्रोऽभूतपरिकल्पः। —वहीं, पृ. १५।
अभूतपरिकल्पस्तु चित्तचैत्तास्त्रिधातुकाः। —वहीं, का. १, ९

२. अभूतपरिकल्पोऽस्ति द्वयं तत्र न विद्यते।
शून्यता विद्यते त्वत्र तस्यामपि स विद्यते।। —मध्यान्तविभागसूत्र का. १, २

३. अविपरीतं शून्यतालक्षणमुद्भावितम्। यच्छून्यं तस्य सद्भावात्, येन शून्यं तस्य तत्राऽभावात्। —मध्यान्तविभागटीका, पृ. १२, इयमेव शून्यता या ग्राह्यग्राहकरहितता अभूतपरिकल्पे ..... न शून्यता नास्तित्वम् भवति। —वहीं, पृ. १०

मल, अशुद्धि कहते हैं; निर्विकल्प प्रज्ञा के द्वारा इनके प्रहाण को व्यवदान, विशुद्धि, निर्वाण, मोक्ष कहते हैं। बन्धन और मोक्ष दोनों ही अविद्याकृत हैं। परिकल्पित आत्मा (पुद्‌गल) और पदार्थ (धर्म) वन्ध्यापुत्र के समान असत् हैं, अतः उनका न तो संक्लेश है और न विशुद्धि।[१] परतन्त्र भी प्रतीत्यसमुत्पन्न होने से वस्तुतः अनुत्पन्न है; अतः उसका संक्लेश या विशुद्धि भी सम्भव नहीं है।[२] तो फिर ये कहाँ रहेंगे ? उत्तर है, धर्मधातु में, क्योंकि धर्मधातु ही सब धर्मों का अधिष्ठान है। संक्लेश और विशुद्धि अविद्याकृत हैं और अविद्या का अधिष्ठान धर्मधातु है। किन्तु धर्मधातु अविद्या से सर्वथा अलिप्त और अस्पृष्ट है, अतः वह प्रकृति से ही आकाशवत् अविकार, निर्मल और नित्यविशुद्ध है। इसलिए संक्लेश और व्यवदान आगन्तुक धर्म है; अविद्या के साथ प्रतीत होते हैं और अविद्या-निरोध से निरुद्ध हो जाते हैं।[३] तथापि व्यवहार-दशा में संक्लेश का प्रहाण करना आवश्यक है। पुद्‌गल-नैरात्म्य-ज्ञान से क्लेशावरणक्षय और धर्म-नैरात्म्य-ज्ञान से ज्ञेयावरणक्षय होने पर अद्वय विशुद्ध विज्ञान का साक्षात्कार होता है। अतः मोक्ष अविद्यानिवृत्ति, ग्राहद्वयशून्यता या भ्रममात्रसंशय है। यदि परिनिष्पन्न या शून्यता आगन्तुक क्लेशों से संक्लिष्ट प्रतीत न हो तो बन्धन के अभाव में सभी प्राणी मुक्त हो जायेंगे, और यदि यह स्वभाव से ही विशुद्ध न हो तो मोक्ष असिद्ध होगा और मोक्ष-प्राप्ति हेतु की गई समस्त साधना व्यर्थ हो जायगी।[४] आगन्तुक मल के प्रहाण से परिनिष्पन्न के स्वभाव में कोई परिवर्तन नहीं होता, उसका स्वभावान्यत्व नहीं होता। जैसे जल को छान कर निर्मल करने से या स्वर्ण को तपा कर शुद्ध करने से या आकाश में मलिनत्व का आरोप करके बाद में निर्मल रूप देखने से, जल, स्वर्ण या आकाश के स्वभाव में कोई परिवर्तन नहीं होता, उसी प्रकार प्रकृति-प्रभास्वर, नित्य विशुद्ध परिनिष्पन्न या शून्यता में कोई परिवर्तन नहीं होता।[५] अविद्या आती है और अविद्या ही जाती है। परिनिष्पन्न निर्विकल्प, निरभिलाप्य, और नित्य-शुद्ध है, उसमें क्लिष्ट-अक्लिष्ट, अशुद्धि-शुद्धि, समल-निर्मल आदि की कल्पनाओं का संस्पर्श ी नहीं है।[६]

विज्ञानवाद में योग-साधना पर अत्यधिक बल दिया गया है। चार ध्यान, छह पारमितायें, दस भूमियाँ आदि विस्तार से वर्णित हैं। बोधिसत्त्व का साधना-मार्ग अत्यन्त विस्तृत तथा विशद रूप में निरूपित है। विज्ञानवाद का दूसरा नाम ही योगाचार है।

विज्ञानवाद की समीक्षा हम अगले अध्याय के अन्त में स्वतन्त्रविज्ञानवाद मत की समीक्षा के साथ करेंगे।

---

१. पुद्‌गलस्य च धर्माणां कल्पनामात्रभावतः।
संक्लेशश्च विशुद्धिश्च धर्मपुद्‌गलयोर्नहि।। —मध्यान्तविभाग का. ५, २२; टीका, पृ. १६८

२. नापि परतन्त्रस्य। —वहीं

३. कस्य पुनस्ते स्याताम् ? धर्मधातोः। तस्यापि विकल्पनादेव तयोरागन्तुकत्वाद् धर्मधातोश्च आकाशवद् अविकारत्वात् —वहीं, पृ. १६८। मलं तस्य प्रहाणं च द्वयमागन्तुकं मतम्। धर्मधातोर्विशुद्धत्वात् प्रकृत्या व्योमवत् पुनः। ।—वहीं, पृ. १६७; का. ५, २१

४. संक्लिष्टा चेद् भवेन्नासौ मुक्ताः स्युः सर्वदेहिनः।
विशुद्धा चेद् भवेन्नासौ व्यायामो निष्फलो भवेत्।। —वहीं का. १, २२

५. अब्धातुकनकाकाशशुद्धिवच्छुद्धिरिष्यते। —वहीं, का. १, १७
यस्याकाशसुवर्णवारिसदृशी क्लेशाद् विशुद्धिर्मता —महायान-सूत्रालंकार, पृ. ५८

६. न क्लिष्टा नापि वाऽक्लिष्टा शुद्धाऽशुद्धा न चैव सा। प्रभास्वरत्वाच्चित्तस्य क्लेशस्यागन्तुकत्वतः।।
—मध्यान्तविभाग, का. १, २३। सर्वाभिलापविगता निष्पन्ना शून्यता मता।। —मध्यान्तविभागटीका प

अष्टम अध्याय

स्वतन्त्र-विज्ञानवाद या सौत्रान्तिक-योगाचार दर्शन

१. भूमिका

स्वतन्त्र-विज्ञानवाद के प्रतिष्ठापक आचार्य दिङ्नाग हैं। आचार्य धर्मकीर्ति, शान्तरक्षित तथा कमलशील इस सम्प्रदाय के अन्य प्रमुख आचार्य हैं। यह बौद्ध दर्शन का तार्किक सम्प्रदाय भी कहलाता है। इसने न्याय दर्शन के तर्क का खण्डन करके अपने बौद्ध तर्क को विकसित किया है। इसने सौत्रान्तिक मत के क्षणिक धर्मों को क्षणिक विज्ञानों में परिणत कर दिया तथा शून्यवाद और मूलविज्ञानवाद के विज्ञप्तिमात्रता या विज्ञानमात्र नामक नित्य और निरपेक्ष परम तत्त्व को अस्वीकार कर दिया एवं क्षणिक विज्ञान को ही एक मात्र तत्त्व स्वीकार किया। इस सम्प्रदाय में जहाँ कहीं भी विज्ञप्तिमात्र या विज्ञानमात्र शब्दों का प्रयोग हुआ उनका तात्पर्य सदा क्षणिक विज्ञान से है जो इस सम्प्रदाय में एकमात्र तत्व है। इसने आलय-विज्ञान की भी उपेक्षा की है। इसने सौत्रान्तिक मत के कल्पनावाद, स्वलक्षण-सामान्यलक्षणवाद, क्षणभङ्गवाद, कारण-कार्यवाद, अर्थक्रियारित्ववाद आदि को अपनाकर अपने क्षणिकविज्ञानवाद के रूप में विकसित किया। यह सम्प्रदाय एक साथ तर्कशास्त्र, ज्ञानमीमांसा और तत्त्वमीमांसा है। इस सम्प्रदाय ने प्रमुख रूप से नैयायिकों तथा मीमांसकों के तर्कशास्त्र तथा वस्तुवाद का खण्डन किया है एवं प्रत्युत्तर में नैयायिकों तथा मीमांसकों ने अपने सिद्धान्तों का मण्डन और स्वतन्त्र-विज्ञानवाद का खण्डन किया है। इस खण्डन-मण्डन-प्रक्रिया से दार्शनिक साहित्य की पर्याप्त श्रीवृद्धि हुई है। इस सम्प्रदाय में धर्मकीर्ति और शान्तरक्षित जैसे प्रखर दार्शनिक हुए हैं जिनकी गणना विश्व के महान् दार्शनिकों में की जाती है। धर्मकीर्ति का 'प्रमाण-वार्तिक', शान्तरक्षित का 'तत्त्व-संग्रह' और उस पर कमलशील की 'पञ्जिका', इस सम्प्रदाय के प्रसिद्ध ग्रन्थ हैं। दिङ्नाग का 'प्रमाण-समुच्चय', कुछ अंशों को छोड़कर, मूल में उपलब्ध नहीं है। उनकी कृति 'आलम्बनपरीक्षा' उपलब्ध है।

२. प्रमाण

बौद्ध दो प्रमाण मानते हैं—प्रत्यक्ष और अनुमान।

प्रत्यक्ष : न्याय-वैशेषिक मत इन्द्रिय और अर्थ के सन्निकर्ष से उत्पन्न ज्ञान को प्रत्यक्ष मानता है। स्वतन्त्रविज्ञानवाद बाह्य अर्थों को विज्ञान-बाह्य नहीं मानता। अतः वह प्रत्यक्ष को

सविकल्प बुद्धि की समस्त कल्पनाओं से रहित; नाम, जाति आदि सें अस्पृष्ट; अभ्रान्त; और अपरोक्ष ज्ञान मानता है।[१] वैशेषिक के अनुसार सामान्य-विशेष-समवाय-गुण-कर्म इन पाँच पदार्थों से विशिष्ट वस्तु का ज्ञान प्रत्यक्ष में होता है। प्रथम क्षण में आलोचनमात्र होता है और द्वितीय क्षण में विकल्पज्ञान हो जाता है। नैयायिक इसे निर्विकल्प और सविकल्प प्रत्यक्ष कहते हैं। दिङ्नाग इन पदार्थों को बुद्धि-रचित संकेत मानते हैं। उनके मत में प्रत्यक्ष का विषय केवल 'स्वलक्षण' है जो समस्त कल्पनाओं से रहित है।

अनुमान : अनुमान दो प्रकार का है—स्वार्थ और परार्थ। स्वार्थानुमान त्रिरूपात्मक लिङ्ग द्वारा अनुमेयार्थदर्शन को कहते हैं। लिङ्ग के त्रिरूप ये हैं—पक्षधर्मता, सपक्षसत्त्व और विपक्षासत्त्व। इसी को व्याप्ति या अविनाभाव-नियम कहते हैं और यही अनुमान का प्राण है। परार्थानुमान को न्याय पञ्चावयव-वाक्य मानता है जिन्हें प्रतिज्ञा, हेतु, उदाहरण, उपनय और निगमन कहा जाता है। दिङ्नाग इसे केवल दो अवयवों का वाक्य मानते हैं। एक तो सोदाहरण व्याप्ति और दूसरा प्रतिज्ञा-हेतु-उपनय-निगमन-समन्वय। उनका परार्थानुमान इस प्रकार है—

जहाँ धूम है वहाँ वह्नि अवश्य है, जैसे रसोईघर में; अतः पर्वत धूमवान् होने के कारण वह्निमान् है।

स्वतन्त्र विज्ञानवाद के अनुसार अनुमान की गति सामान्यलक्षण तक ही सीमित है। अनुमान सविकल्प बुद्धि का क्षेत्र है और बुद्धि की पहुँच स्वलक्षण रूपी तत्त्व तक नहीं है। अतः अनुमान की सत्ता व्यावहारिक है, पारमार्थिक नहीं।[२]

प्रमाणान्तर-खण्डन : प्रत्यक्ष और अनुमान के अतिरिक्त अन्य कोई प्रमाण नहीं है। शब्द प्रमाण अनुमानान्तर्गत है। उपमान प्रत्यक्ष और स्मृति का समन्वय है। अर्थापत्ति का अन्तर्भाव भी अनुमान में हो जाता है। अभाव या तो असत् है या फिर प्रत्यक्ष के अन्तर्गत आ जाता है।

३. क्षणभङ्गवाद

धर्मधर्मिव्यवहाररूप समस्त जगत्-प्रपञ्च बुद्धि-जन्य है और बुद्धि की पहुँच सामान्य-लक्षण तक ही है। स्वलक्षण या परमार्थ सत् बुद्धि-गम्य नहीं है। वह प्रत्यक्ष का विषय है। परमार्थ सत् का लक्षण अर्थक्रियासामर्थ्य है।[३] जो अग्नि दाह, पाक और प्रकाश में समर्थ है वही वास्तविक अग्नि है। अर्थक्रिया में असमर्थ वस्तु का विचार करना, सौभाग्यकांक्षिणी कामिनी का षण्ढ के रूप-विरूप की परीक्षा करने के समान, व्यर्थ है।[४]

---

१. प्रत्यक्षं कल्पनापोढं नामजात्याद्यसंयुतम्।
अभ्रान्तमपरोक्षं च प्रत्यक्षेणैव सिध्यति।।

२. सर्वोऽयमनुमानानुमेयभावो बुद्ध्यारूढेण धर्मधर्मिभावेन न बहिः सदसत्त्वमपेक्षते।
—प्रमाणसमुच्चयवृत्ति

३. अर्थक्रियासामर्थ्यलक्षणं परमार्थसत्। —न्यायबिन्दु, १, १५

४. प्रमाणवार्तिक, १, २१२

जो क्षणिक है वही अर्थक्रिया में समर्थ हो सकता है। नित्य पदार्थ क्रियाहीन शशशृङ्ग के समान है। स्वलक्षण 'इदं', 'अत्र', और 'अधुना', में विद्यमान रहने वाला एक अनिर्वचनीय अर्थक्रियासमर्थ क्षण है। यही तत्त्व है, यही परमार्थ सत् है। बुद्धि-प्रपञ्चरूपी यह समस्त जगत् केवल व्यवहार है, उपचार है, कल्पना है, इच्छारचित संकेत है।

सत्ता और अर्थक्रियासामर्थ्य एक ही वस्तु के दो नाम हैं। तत्त्व का अर्थ है गति या परिवर्तन। यह नहीं समझना चाहिए कि कोई 'वस्तु' या 'तत्त्व' है जो गतिशील या परिवर्तनशील है। अनवच्छिन्न गति या निरन्तर परिवर्तन ही एकमात्र तत्त्व है। गति और गतिशील पदार्थ, परिवर्तन और परिवर्तनशील वस्तु, क्षण और क्षणिक वस्तु—इनमें वस्तुतः कोई भेद नहीं है। इनका भेद भाषा और बुद्धि के कारण है और इसलिए मिथ्या है। क्षणों के उत्पाद-विनाश का निरन्तर प्रवाह चल रहा है जिससे एकत्व, द्रव्यत्व और नित्यत्व की भ्रान्ति हो जाती है। नदी में प्रतिक्षण नया पानी आता है। कोई मनुष्य उसी पानी में दुबारा स्नान नहीं कर सकता क्योंकि दुबारा नहाने पर प्रथम स्नान वाला पानी बहकर चला गया है और उसके स्थान पर दूसरा पानी आ गया है। इसी प्रकार एक दिखाई देने वाली दीपशिखा में भी प्रतिक्षण नयी शिखा पहली लौ का स्थान ग्रहण करती रहती है। एक दिखाई देने वाली दीपशिखा वस्तुतः प्रतिक्षण उत्पन्न होकर नष्ट होने वाली शिखाओं का सन्तान है।

उत्पाद का अर्थ है कि आनन्तर्य नियम। इसी को अपेक्षा भी कहते हैं। आनन्तर्यनियम का अर्थ है कारणक्षण का कार्यक्षण के पूर्व और कार्यक्षण का कारणक्षण के अनन्तर होना। इस आनन्तर्य में अनिवार्यता है, अतः इसे नियम की संज्ञा दी गई है।[१] सत् क्षणिक है। जिसका उत्पाद है उसका विनाश भी अवश्यम्भावी है। जो उत्पत्ति के तुरन्त बाद नष्ट हो जाता है वही क्षणिक है; और जो क्षणिक है वही क्षण है। क्षणिक और क्षण में कोई भेद नहीं है क्योंकि कोई 'वस्तु', 'भाव', या 'धर्म' नहीं है जो क्षणिक हो। अतः किसी 'वस्तु' का उत्पाद या विनाश नहीं होता। उत्पाद का अर्थ है कार्य-क्षण का कारण-क्षण के अनन्तर विद्यमान होना; और विनाश का अर्थ है कारण-क्षण का कार्य-क्षण के समय विद्यमान न रहना। उत्पाद और विनाश एक ही वस्तु के दो रूप हैं और दोनों ही क्षणभङ्गवाद को सिद्ध करते हैं; उत्पत्तिशील धर्म का विनाश अवश्य होगा, इस वाक्य का अर्थ है कि प्रत्येक धर्म क्षणिक है। 'भाव' (वस्तु) क्षणिक है, इसका अर्थ है कि भाव का स्वभाव उत्पाद के अनन्तर ही विनष्ट हो जाना है; भाव क्षणस्थायी होने से चल-स्वरूप या विनाश-स्वरूप है।[२] क्षण का अर्थ समय का अंश या कालखण्ड नहीं है। क्षण का अर्थ है उत्पाद के अनन्तर ही विनष्ट होने वाला वस्तु का स्वरूप। यह क्षण जिसका है उसे क्षणिक कहते हैं। वस्तुतः क्षण और क्षणिक में कोई भेद नहीं है; तथापि बुद्धि और वाणी द्वारा कृत इस भेद का व्यवहार में प्रयोग

---

१. य आनन्तर्यनियमः सैवापेक्षाऽभिधीयते। —तत्त्व संग्रह, का. ५२१
देखिये, प्रमाणवार्तिक, I, १९५, २७०-२७२, II, २८४-२८५, III, ११०

२. यो हि भावः क्षणस्थायी विनाश इति गीयते। —तत्त्वसंग्रह, का. ३७५

होता है।[१] प्रतिपक्षी का आक्षेप कि यदि भाव क्षणस्थायी है, तो उत्पत्ति, स्थिति और विनाश एक ही क्षण में होने से पर्यायवाची हो जावेंगे, उचित नहीं है। उत्पत्ति और स्थिति तो एक ही है क्योंकि दोनों का अर्थ है सत्ता में आना। अत: उत्पत्ति, स्थिति सत्ता, अर्थक्रिया-सामर्थ्य एक ही हैं। कारण-क्षण कार्योत्पाद के अनन्तर ही नष्ट होता है, अत: उत्पाद और विनाश एक नहीं हैं। पुनश्च, किसी 'वस्तु' का उत्पाद या विनाश नहीं होता; उत्पाद के अनन्तर विनष्ट होना वस्तु का स्वभाव है और इसी का नाम क्षण है। प्रथमक्षणभावी सामर्थ्ययुक्त कारण से द्वितीय क्षण में ही कार्य उत्पन्न हो जाता है और कारण कार्योत्पाद के अनन्तर ही (पहले नहीं) नष्ट हो जाता है। कारण और कार्य समकालीन नहीं हैं क्योंकि कारण प्रथम क्षण में और कार्य द्वितीय क्षण में उत्पन्न होता है। कारण की सत्तामात्र से कार्य अवश्य उत्पन्न होता है क्योंकि सत्ता का अर्थ ही अर्थक्रियासामर्थ्य या कार्योत्पादव्यापार है। यही आनन्तर्यनिमय या अपेक्षा है।[२]

प्रतिपक्षी का यह आक्षेप भी असत्य है कि क्षणभङ्गवाद को मानने पर कृतप्रणाश और अकृताभ्यागम दोष उपस्थित होंगे; लोक-व्यवहार असिद्ध होगा; ज्ञान और स्मृति और प्रत्यभिज्ञा नहीं होगी; तथा बन्धन और मोक्ष और मोक्ष-साधन सब व्यर्थ हो जायेंगे। स्वतन्त्रविज्ञानवादी का उत्तर है कि स्वलक्षणरूपी परमार्थ सत् और अर्थक्रियासमर्थ क्षणों के प्रवाह का ज्ञान बुद्धि द्वारा नहीं हो सकता। धर्मधर्मिव्यवहाररूप समस्त जगत्प्रपञ्च बुद्धि-विकल्प-ग्राह्य सामान्य-लक्षण के अन्तर्गत आता है। बुद्धि क्षण-प्रवाह पर एकत्व, द्रव्यत्व, नित्यत्व आदि विकल्पों को आरोपित कर देती है और क्योंकि यह आरोप साधारण व्यवहार के लिए आवश्यक है, अत: सादृश्य-ज्ञान, स्मृति, कर्म, कर्ता, फल, भोक्ता, बन्धन, मोक्ष और मोक्षसाधन आदि सब साधारण व्यवहार में सिद्ध हैं। वस्तुत: क्षणभङ्गवाद को स्वीकार करने पर ही व्यवहार में हम समस्त लौकिक पदार्थों की सङ्गत व्याख्या कर सकते हैं, अन्यथा नहीं। यदि नित्यवाद स्वीकार किया जाय तो कर्म, कर्ता, फल, भोक्ता, बन्ध, मोक्ष, मोक्षसाधन आदि सब असम्भव हो जायेंगे, क्योंकि नित्य तत्त्व सदा अपरिवर्तनशील, अगतिशील और कार्योत्पादशक्तिशून्य वन्ध्यापुत्र के समान अलीक है। वैसे भी, लोक में कोई ऐसी वस्तु नहीं है जो त्रिकाल में कूटस्थ नित्य और अपरिणामी हो। अत: व्यवहार में भी नित्यवाद सिद्ध नहीं होता। कारण कार्य को उत्पन्न करता है, अत: कृतप्रणाश नहीं होता; और बिना कारण के कार्य नहीं होता, अत: अकृताभ्यागम नहीं होता। कर्म और फलभोग, बन्धन और मोक्ष, आदि का एकाधिकरण सिद्ध नहीं हो सकता, क्योंकि प्रतीत्यसमुत्पन्न क्षण-प्रवाह में एकाधिकरण का प्रश्न नहीं उठ

---

१. उत्पादानन्तरास्थायि स्वरूपं यच्च वस्तुन:।
तदुच्यते क्षण: सोऽस्ति यस्य तत् क्षणिकं मतम्।। —वहीं, का. ३८८
असत्यप्यर्थभेदे च सोऽस्त्यस्येति न बाध्यते। —वहीं, का. ३८९

२. तस्मादनष्टात् तद्धेतो: प्रथमक्षणभाविन:।
कार्यमुत्पद्यते शक्ताद् द्वितीयक्षण एव तु।। —वहीं, ५१२
सत्तैव व्यापृतिस्तस्यां सत्यां कार्योदयो यत:।
य आनन्तर्यनियम: सैवापेक्षाऽभिधीयते।। —वहीं, ५२०-५२१

सकता। वस्तुत: क्षणों के अतिरिक्त कोई कर्ता, भोक्ता, बद्ध, मुक्त आदि नहीं है। अत: एक ही व्यक्ति, कर्ता-भोक्ता, या बद्ध-मुक्त हो, यह असम्भव है। शुभ कर्मों की धारा कल्याण और अशुभ कर्मों की धारा दु:ख उत्पन्न करती है। प्रतीत्समुत्पाद की अविद्यासंभूत क्षण-सन्तति जरा-मरणरूपी दु:ख को उत्पन्न करती है; यही बन्धन है; और यही क्षण-सन्तति अविद्या को नष्ट करने वाली विद्या से सम्भूत हो तो यही मोक्ष है। इस प्रकार क्षणभङ्गवाद से ही परमार्थ और व्यवहार दोनों सिद्ध होते हैं।

४. बाह्यार्थ-खण्डन और विज्ञानमात्र का प्रतिपादन

शान्तरक्षित और कमलशील का कथन है कि आचार्य वसुबन्धु ने 'विज्ञप्तिमात्रतासिद्धि' में और आचार्य दिङ्नाग ने अपनी 'आलम्बनपरीक्षा' में बाह्य पदार्थों का प्रबल खण्डन करके विज्ञप्तिमात्रता की सिद्धि की है और जहाँ तक परमार्थ का प्रश्न है वे उन आचार्यों के चरण-चिह्नों पर चल रहे हैं।[१] किन्तु इन स्वतन्त्र-विज्ञानवादियों ने अपने प्रतिष्ठापक आचार्य दिङ्नाग के मत का ही अनुसरण किया है। इनका आग्रह विज्ञानमात्र के क्षणिकत्व और अर्थक्रियासामर्थ्य पर है जिसका इन्होंने बार-बार प्रतिपादन किया है। आचार्य वसुबन्धु के नित्य निरपेक्ष परम तत्त्व के अर्थ में विज्ञप्तिमात्र या विज्ञानमात्र इन्हें अभीष्ट नहीं है। आलयविज्ञान की भी इन्होंने उपेक्षा की है। इनके लिए क्षणिक विज्ञान ही परमार्थ सत् स्वलक्षण है और इन क्षणिक प्रतीत्समुत्पन्न विज्ञानों का उत्पाद-विनाश-प्रवाह निरन्तर चलता रहता है। मूलविज्ञानवाद के आचार्य मैत्रेय, असङ्ग, वसुबन्धु आदि ने विशुद्ध विज्ञान के लिये जिन शब्दों का प्रयोग किया है उनमें 'नित्य' शब्द के अतिरिक्त प्राय: सभी अन्य शब्दों का प्रयोग इन्होंने क्षणिक विज्ञान के लिये किया है। क्षणिक विज्ञान परमार्थत: निराभास, निराकार, अद्वय, निर्विकल्प, ग्राह्य-ग्राहकवासनारहित, द्वयशून्य, निर्मल, प्रकृति-प्रभास्वर, अनभिलाप्य, अनिर्वचनीय, प्रत्यात्मवेद्य, स्वसम्वेद्य और स्वप्रकाश है। संवृति दशा में क्षणिक विज्ञान, ग्राह्यग्राहकवासना के कारण साकार (अर्थाकार या ग्राह्यग्राहकाकार) और समल प्रतीत होता है। मल आगन्तुक है। कर्म-क्लेश वासना या अविद्याजन्य हैं एवं अविद्या के निरोध से इनका भी निरोध हो जाता है। विज्ञानवाद के ये सब सिद्धान्त स्वतन्त्र-विज्ञानवाद को भी मान्य हैं, किन्तु इन्होंने इनका प्रयोग, विशुद्ध नित्य अद्वय विज्ञानमात्र तत्त्व को ठुकरा कर तथा क्षणिक विज्ञान को परमतत्त्व-पद पर अभिषिक्त करके, उस क्षणिक विज्ञान के लिये ही किया है। इसीलिये यह दर्शन मूलविज्ञानवाद के नित्य निरपेक्षवाद से हटकर अनेक क्षणिकविज्ञानों का प्रवाहमात्र रह गया है तथा इनमें अनेक दोष आ गये हैं। क्षणिक विज्ञान, संवृति और परमार्थ दोनों में, क्षणिक तथा अर्थक्रियासमर्थ एवं कारणकार्यभावापन्न होने से उत्पाद-विनाश-प्रवाह-पतित बना रहता है। संवृति में, क्षणिकविज्ञानों का निरन्तर सास्रव प्रवाह अविद्या से प्रारम्भ होकर जन्म-मरण-चक्र में, दु:खरूपी प्रतीत्यसमुत्पाद-चक्र में चलता रहता है। परमार्थ में, विद्या द्वारा

---

१. विज्ञप्तिमात्रतासिद्धिर्धीमद्भिर्विमलीकृता।
अस्माभिस्तद्दिशा यातं परमार्थविनिश्चये।। —तत्त्वसंग्रह, का. २०८४

अविद्या के नष्ट हो जाने पर क्षणिक विज्ञानों का यह प्रवाह विद्या से प्रारम्भ होकर निर्मल विज्ञानप्रवाह के रूप में निरन्तर चलता रहता है।

पिछले अध्याय में हम मूलविज्ञानवाद द्वारा कृत बाह्यार्थखण्डन का विस्तृत और विशद विवेचन कर चुके हैं तथा विज्ञप्तिमात्रतासिद्धि हेतु दी गई युक्तियों की मीमांसा भी कर चुके हैं।[1] स्वतन्त्रविज्ञानवादियों द्वारा बहिरर्थखण्डन हेतु एवं विज्ञानमात्र के प्रतिपादन हेतु प्राय: उन्हीं तर्कों और युक्तियों को अपनाया गया है अत: यहाँ पर उनकी पुनरुक्ति की आवश्यकता नहीं है। वसुबन्धु ने त्रिंशिका में त्रिविध विज्ञानपरिणाम का (आलयविज्ञान, क्लिष्टमनोविज्ञान और विषयविज्ञप्ति का) विस्तृत वर्णन किया है। स्वतन्त्रविज्ञानवादियों की आलय में अभिरुचि प्रतीत नहीं होती। उन्होंने इसके उन्हीं अंशों को ग्रहण किया है जिनमें क्षणिकविज्ञान और वासनाओं का परस्पर उत्पाद-विनाश-प्रवाह सिद्ध किया जा सके। स्वतन्त्रविज्ञानवादियों की विशेष रुचि बौद्ध तर्कशास्त्र के तथा क्षणभङ्गवाद के प्रतिपादन में तथा नैयायिकों और मीमांसकों के मतों के खण्डन में रही है।

दिङ्नाग ने अपनी 'आलम्बन-परीक्षा' में कहा है कि तथाकथित बाह्य अर्थ असत् हैं क्योंकि वे विज्ञान के अन्तर्गत उसके ग्राह्यभाग के रूप में विद्यमान हैं और विज्ञान के लिये आलम्बन-प्रत्यय भी हैं। अन्तर्ज्ञेय रूप का ही बहिर्वत् अवभास होता है। ज्ञाता विज्ञान का ग्राहकभाग है और ज्ञेय ग्राह्यभाग। दोनों विज्ञानस्वरूप हैं। इन्द्रियाँ भी विज्ञान की शक्तियाँ हैं जो ग्राहकांश की सहकारी हैं।[2] शान्तरक्षित और कमलशील का कथन है कि ज्ञान को चाहे निराकार माना जाय, चाहे साकार और चाहे अन्याकार (अर्थाकार से भिन्न आकार वाला), ज्ञान कभी बाह्य अर्थ को नहीं जानता और न उसे बाह्य अर्थ या व्यापार की कभी कोई अपेक्षा हो सकती है। ज्ञान सदा अपना ही ज्ञान करता है। ज्ञान अर्थसंवित्ति है अर्थात् जिस अर्थ का ज्ञान होता है वह ज्ञान का आकार या अंश है; अर्थ कभी विज्ञानबाह्य नहीं हो सकता।[3] विज्ञान-भेद अर्थ-भेद के कारण नहीं है, अपितु कर्म-संस्कार या वासना के भेद के कारण है। ग्राह्यग्राहकभेद भी इसी अनादि अविद्या या वासना के कारण हैं। विज्ञान ही, वासना के कारण, ग्राह्यग्राहकाकार में प्रतीत होता है। बुद्धि-ग्राह्य समस्त पदार्थों का समावेश ग्राहक या ग्राह्य, विषयी या विषय, वेदक या वेद्य, ज्ञाता या ज्ञेय, जीव या जगत् में हो जाता है। विज्ञान स्वरूपत: अद्वय अर्थात् ग्राह्यग्राहकद्वयशून्य है तथा अविभाग है क्योंकि वह वस्तुत: ग्राह्य और ग्राहक भागों में विभाजित नहीं होता। तथापि, अनादि अविद्या या वासना के कारण विज्ञान

---

१. पीछे पृष्ठ ९७-१०२

२. यदन्तर्ज्ञेयरूपं तद् बहिर्वदवभासते।
सोऽर्थो विज्ञानरूपत्वात् तत्प्रत्ययतयापि च।। —आलम्बन-परीक्षा का. ६
प्रत्ययोऽव्यभिचारित्वात् सह शक्त्यर्पणात् क्रमात्।
सहकारिवशाद् यद्धि शक्तिरूपं तदिन्द्रियम्।। —वहीं, का. ७

३. अनिर्भासं सनिर्भासमन्यनिर्भासमेव च।
विजानाति न च ज्ञानं बाह्यमर्थं कथंचन।। —तत्त्वसंग्रह, का. १९९८

ग्राह्य-ग्राहकभेदवान् सा प्रतीत होता है।[१] यह भेद अविद्या-कल्पित है, बुद्धि-विकल्पजन्य है, मिथ्या है।[२] विज्ञान स्वभाव से निर्मल एवं स्वप्रकाश है, समस्त मल अविद्या के कारण आते हैं।[३] स्वतन्त्रविज्ञानवादी स्वयं को निराकार-विज्ञानवादी मानते हैं। विज्ञान वस्तुत: निराकार, अनिर्भास, निर्विकल्प है; वह अविद्या के कारण अर्थाकार प्रतीत होता है। विज्ञान स्वसम्वेद्य है। स्वसम्वित्ति का अर्थ यह नहीं है कि विज्ञान स्वयं को विषय रूप में जानता है अथवा विज्ञान कारक है और स्वसम्वेदन उसकी क्रिया है। स्वसम्वित्ति में ग्राहक-ग्राह्यभाव या कारक-क्रिया-भाव नहीं है।[४] स्वसम्वेदन का अर्थ विज्ञान की स्वाभाविक स्वप्रकाशता है; विज्ञान अजड़ या चेतन रूप से उत्पन्न होता है अत: उसकी अजड़रूपता ही उसकी स्वसम्वित्ति है।[५] यह विज्ञान का विशुद्धात्मस्वरूप है जो ग्राह्यग्राहकविनिर्मुक्त, आरोपरहित, बुद्धि-विकल्प-रहित, आगन्तुक-मलापेत, स्वप्रकाश विज्ञानमात्र है।[६] यही वह परमतत्त्व है जिसका भगवान बुद्ध ने उपदेश दिया है।[७] स्वलक्षण-संज्ञक इन विलक्षण विशुद्ध विज्ञान-क्षणों के उत्पादविनाश-रूपी निरन्तर निर्मल प्रवाह का प्रत्यात्मवेद्य अनुभव ही निर्वाण है। जब क्लेशावरण और ज्ञेयावरण का क्षय हो जाता है, जब ग्राहकग्राह्यद्वैत नष्ट हो जाता है, जब विद्या द्वारा अविद्या का निरोध हो जाता है, जब सविकल्प बुद्धि निर्विकल्प प्रज्ञा में परिणत हो जाती है, तब अद्वय स्वप्रकाश विज्ञानमात्र परमार्थ सत् का साक्षात्कार होता है। यह मुक्ति सर्वज्ञत्व की प्राप्ति है;[८] यही बुद्धत्व की प्राप्ति है। स्वप्रकाश आत्मज्योति भगवान् अपने आपको अपने आप देखा करते हैं।[९] सर्वज्ञ को देखने के लिये स्वयं सर्वज्ञ बनना पड़ता है।[१०]

५. अन्य मतों का खण्डन

शान्तरक्षित ने अपने 'तत्त्वसंग्रह' नामक प्रसिद्ध ग्रन्थ में अपने समय में प्रचलित अन्य मतों का प्रखर खण्डन किया है। हम यहाँ संक्षेप में कुछ प्रमुख मतों के खण्डन का विवरण प्रस्तुत कर रहे हैं।

---

१. अविभागोऽपि बुद्ध्यात्मा विपर्यासितदर्शनैः।
ग्राह्यग्राहकसम्वित्तिभेदवानिव लक्ष्यते।। —प्रमाणवार्तिक, ३, ३५४

२. ज्ञानस्याऽभेदिनो भेदप्रतिभासो ह्युपप्लवः। —वहीं, ३, २१२

३. प्रभास्वरमिदं चितं प्रकृत्याऽगन्तवो मला:। —वहीं, २, २०८

४. क्रियाकारकभावेन न स्वसम्वित्तिरस्य तु। —तत्त्वसंग्रह, का. २०००

५. विज्ञानं जडरूपेभ्यो व्यावृत्तमुपजायते।
इयमेवात्मसम्वित्तिरस्य याऽजडरूपता।। —वहीं, का. १९९९

६. एतदेव हि तज्ज्ञानं यद् विशुद्धात्मदर्शनम्।
आगन्तुकमलापेतचितमात्रत्ववेदनात्।। —वहीं, का. ३५३५

७. इदं तत् परमं तत्त्वं तत्त्ववादी जगाद यत्। —वहीं, का. ३५४०

८. सर्वज्ञत्वमत: सिद्धं सर्वावरणमुक्तित:। —वहीं, का. ३३३९

९. स्वयमेवात्मनाऽऽत्मानमात्मज्योति: स पश्यति। —वहीं, का. ३२९०

१०. सर्वार्थविषयं ज्ञानं यस्य दृश्य: स ते कथम् ?
सर्वार्थविषयं ज्ञानं तवापि यदि नो भवेत्।। —वहीं, का. ३२७६

(१) न्याय-वैशेषिक के पदार्थों का खण्डन

द्रव्य और गुण दोनों अन्योन्यापेक्ष होने से मिथ्या है। द्रव्य न तो गुणसमूह है और न गुणविलक्षण पदार्थ। उदाहरणार्थ, हम कोई 'पट' (कपड़ा) नहीं देखते; हम केवल रूप, रंग, लम्बाई, चौड़ाई, मोटाई, चिकनाई आदि देखते हैं; फिर भी हम केवल इस गुण-समूह को ही 'पट' नहीं कह सकते। परमाणु भी कल्पनामात्र है। यदि परमाणु नित्य और अविभाज्य है तो उनका संघात नहीं हो सकता और सृष्टि भी नहीं हो सकती; यदि परमाणु-संघात बनता है तो परमाणु को कम से कम षडंश मानना होगा और इस प्रकार विभाज्य होने से वह परमाणु नहीं रहेगा। यदि परमाणु नित्य है तो सृष्टि की आवश्यकता नहीं, और यदि अनित्य है तो सृष्टि कर नहीं सकते। यदि परमाणु सत् है तो सृष्टि युगपत् होगी, क्रमशः नहीं; यदि परमाणु असत् है तो सृष्टि कर नहीं सकते।

कर्म भी सम्भव नहीं है। यदि पदार्थ नित्य है तो उनमें कर्म या विकार असम्भव है; यदि पदार्थ क्षणिक हैं तो उन्हें कर्म करने का अवकाश ही नहीं है। यदि गति गन्ता का स्वभाव है तो स्थिति असम्भव है; यदि गति गन्ता का स्वभाव नहीं है, तो गति असम्भव है। यदि एक वस्तु में एक समय गति और दूसरे समय स्थिति हो तो वह 'वस्तु' एक न होकर दो वस्तुयें हो जावेंगी।

द्रव्य और गुण, द्रव्य और कर्म, अवयवी और अवयव आदि का नित्य सम्बन्ध समवाय माना जाता है। किन्तु जब द्रव्य-गुण आदि अन्योन्यापेक्ष होने से मिथ्या हैं तो उनका सम्बन्ध भी मिथ्या होगा। अपि च, समवाय स्वयं को द्रव्य और गुण से सम्बद्ध करने के लिये एक दूसरे समवाय की अपेक्षा रखता है और दूसरा समवाय तीसरे की, और इस प्रकार अनवस्था दोष आयेगा।

जब द्रव्य ही असङ्गत है, तो 'विशेष' की कल्पना व्यर्थ है। 'विशेष' केवल क्षण हैं।

सामान्य भी कल्पनामात्र है। भावपदार्थ भिन्न-भिन्न हैं। प्रत्येक 'गाय' अपने में सत् पदार्थ है, किन्तु 'गोत्व' असत् है, कल्पनामात्र है। प्रत्येक गाय को गिनना, उसके भिन्न-भिन्न नाम रखना आदि सामर्थ्य के बाहर है और व्यर्थ भी है। अतः वृद्ध पुरुषों ने अतत्कार्यव्यावृत्ति के लिये 'गोत्व' नामक सामान्य की कल्पना कर ली है। किन्तु यह केवल कल्पना, नाम, संकेत ही है। जो 'गोत्व' एक गाय में है वह अन्य गायों में कैसे रह सकता है ? जब एक गाय उत्पन्न होती है तो यह 'गोत्व' बाहर से आकर उसमें नहीं घुसता; जब कोई गाय मर जाती है तो यह 'गोत्व' उसमें से निकलकर बाहर नहीं जाता; न यह 'गोत्व' अंशी है जो अपने अंशों का विभिन्न गायों में आधान करे; और न यह 'गोत्व' अपने अन्य आधारों को छोड़ता है। 'सामान्य' का प्रतिपादन करने वालों के लिये दोषों की यह शृंखला उपस्थित है।[1]

'अभाव' को भिन्न पदार्थ मानना असङ्गत है क्योंकि भाव और अभाव एक ही वस्तु के दो रूप हैं।

---

१. न याति न च तत्रासीदस्ति पश्चान् न चांशवत्।
जहाति पूर्वं नाधारमहो! व्यसनसन्ततिः।। —दिङ्नाग

परमार्थ सत् केवल क्षणिक स्वलक्षण है। बुद्धि-विकल्प, शब्द, नाम, संकेत, व्यवहार आदि की गति तत्त्व तक नहीं है। परमार्थ न एक है न अनेक, न अभेद है न भेद, न उसमें एकीकरण है न विघटन। ये सब बुद्धि-विकल्प हैं। बुद्धि और वाणी परमार्थ का ग्रहण नहीं कर सकतीं। स्वलक्षण अद्वितीय और अनिर्वचनीय है।[१] अतः विद्वान् कहते हैं कि बुद्धि-ग्राह्य समस्त पदार्थ विचारों के तीव्र प्रहारों को नहीं सह सकते; ज्यों-ज्यों उनका चिन्तन किया जायेगा त्यों-त्यों वे मिथ्यात्व में विगलित होते जायेंगे।[२]

(२) अपोहवाद के खण्डन का खण्डन

स्वतन्त्रविज्ञानवादियों का मानना है कि निर्विकल्प एवं अनिर्वचनीय स्वलक्षण तक शब्दों की पहुँच नहीं है। शब्द केवल व्यवहार के लिये हैं। अतः शब्दों का कोई 'अर्थ' विद्यमान नहीं है क्योंकि शब्द वास्तविक 'अर्थ' का स्पर्श तक नहीं कर सकते। इसलिये शब्द केवल अपोह अर्थात् व्यावृत्ति, व्यतिरेक, निषेध के लिये प्रयुक्त होते हैं। 'गौः' (गाय) शब्द का अर्थ है 'नाऽगौः' (अ-गाय नहीं)। इसी को 'अपोहवाद' कहते हैं।

नैयायिकों और मीमांसकों ने अपोहवाद का प्रबल खण्डन किया है। उनका कथन है कि अभाव भाव पर और निषेध विधान पर निर्भर है। 'गाय' शब्द का अर्थ भावात्मक 'गाय' नामक पदार्थ है, अपोह नहीं।

स्वतन्त्रविज्ञानवादी इन आक्षेपों का इस प्रकार उत्तर देते हैं—अपोह द्विविध है, पर्युदास (व्यावृत्ति या भेद) और निषेध। पर्युदास भी द्विविध है, बुद्ध्यात्म और अर्थात्म। वस्तुतः पदार्थ अत्यन्त भिन्न हैं, परन्तु नियत शक्ति के कारण कतिपय पदार्थ, 'समानता' की बुद्धि को जन्म देते हैं। नियत शक्ति के कारण बुद्धि में एक प्रकार का प्रतिबिम्ब या आभास झलकता है और भ्रमवश इस 'आभास' को 'बाह्य अर्थ' मान लिया जाता है। इस प्रतिबिम्ब या आभास का ग्रहण ही अपोह है और यही शब्दों का अर्थ है क्योंकि वास्तविक अर्थ (स्वलक्षण) को शब्द छू भी नहीं सकते अतः कोई पदार्थ अपोह-विशिष्ट नहीं माना जा सकता।[३] शब्द का अर्थ प्रतिबिम्ब-ग्रहण तक ही सीमित है। प्रतिबिम्ब-ग्रहण के बाद इतर-व्यावृत्ति सामर्थ्य या अर्थापत्ति द्वारा सिद्ध हो जाती है। पर्युदास का साक्षात् ग्रहण होता है और निषेध का सामर्थ्य

---

१. संसृज्यन्ते न भिद्यन्ते स्वतोऽर्थाः पारमार्थिकाः।
रूपमेकमनेकञ्च तेषु बुद्धेरुपप्लवः।। —प्रमाणवार्तिक, १, ८८
नाभिधानविकल्पानां वृत्तिरस्ति स्वलक्षणे।
सर्वं वाग्गोचरातीतमूर्तिर्येन स्वलक्षणम्।। —तत्त्वसंग्रह, का. ७३४

२. इदं वस्तुबलायातं यद् वदन्ति विपश्चितः।
यथा यथार्थाश्चिन्त्यन्ते विशीर्यन्ते तथा तथा।। —प्रमाणवार्तिक, ३, २०९

३. अवेद्यबाह्यतत्त्वापि प्रकृष्टोपप्लवादियम्।
स्वोल्लेखं बाह्यरूपेण शब्दधीरध्यवस्यति।।
एतावत् क्रियते शब्दैर्नार्थं शब्दाः स्पृशन्त्यपि।
नापोहेन विशिष्टश्च कश्चिदर्थोऽभिधीयते।। —तत्त्वसंग्रह, का. १०६६-६७

द्वारा। अतः बिना निषेध या अभाव के सत्ता या भाव की कल्पना भी असिद्ध है क्योंकि दोनों सापेक्ष हैं।

(३) सांख्य के प्रकृतिवाद का खण्डन

सांख्य जड़ प्रकृति, प्रधान या अव्यक्त की स्वतन्त्र सत्ता मानता है तथा इसे समस्त कार्यरूप जगत्प्रपञ्च का आदिकारण स्वीकार करता है। समस्त जगत् बीजरूप से अपने कारण प्रकृति में अन्तर्निहित रहता है। सर्ग में वह कार्यरूप में व्यक्त होता है तथा प्रलय में पुनः प्रकृति में लीन हो जाता है। सांख्य सत्कार्यवादी है। कार्य, उत्पत्ति से पूर्व भी, बीजरूप से कारण में विद्यमान (सत्) रहता है। यदि कार्य 'असत्' हो तो वन्ध्यापुत्रवत् उसकी उत्पत्ति संभव नहीं है। शक्त कारण से ही शक्य कार्य उत्पन्न होता है, अन्यथा प्रत्येक वस्तु से प्रत्येक वस्तु उत्पन्न हो सकेगी। स्वतन्त्र-विज्ञानवादी कहते हैं कि सांख्य जिन तर्कों से असत्कार्यवाद का खण्डन करता है वे ही तर्क उसके सत्कार्यवाद के विरुद्ध भी प्रयुक्त किये जा सकते हैं, यथा, 'सत्' की उत्पत्ति नहीं हो सकती क्योंकि जो 'सत्' है वह पहले ही उत्पन्न है और उसकी पुनरुत्पत्ति व्यर्थ है। जब उत्पत्तियोग्य पदार्थ ही नहीं तो उपादान कारण के ग्रहण की आवश्यकता नहीं है। स्वतन्त्रविज्ञानवादी को 'असत्कार्यवादी' की अपेक्षा 'अर्थक्रियासामर्थ्यवादी' कहना अधिक उपयुक्त होगा। उसके 'असत्कार्यवाद' का इतना ही अर्थ है कि प्रत्येक क्षणिक वस्तु अपनी उत्पत्ति के पूर्व-क्षण में 'असत्' है, किन्तु उत्पत्ति का अर्थ किसी 'असत्' पदार्थ की उत्पत्ति नहीं है, अपितु अर्थक्रियासामर्थ्य है जो स्वयं वस्तु का स्वरूप है।

यदि सत्कार्यवाद को स्वीकार भी कर लिया जाय तब भी प्रकृति ही एक मात्र जगत्कारण है, यह कैसे सिद्ध होगा ? प्रकृति नित्य होने से अर्थक्रियासमर्थ नहीं हो सकती और कार्योत्पाद नहीं कर सकती। नित्य प्रकृति को कारण मानने से समस्त जगत् एक साथ उत्पन्न होना चाहिये क्योंकि कारण सदा विद्यमान है और उसमें कार्योत्पादशक्ति भी सदा विद्यमान होनी चाहिये। यदि कारण में अभिव्यक्ति के लिये कोई 'अतिशय' माना जाय, तो इस 'अतिशय' को ही कारण मानना होगा, प्रकृति को नहीं। पुनश्च, सांख्य-प्रकृति को भी सर्ग हेतु किसी न किसी रूप में चेतन पुरुष की सहायता अपेक्षित है जिससे सिद्ध है कि जड़ द्रव्य अकेला कारण नहीं हो सकता। अपिच, सांख्य का यह कथन है कि प्रकृति कर्म करना जानती है, भोगना नहीं, उतना ही हास्यास्पद है जितना यह कथन कि कोई व्यक्ति भोजन बनाना तो जानता है, किन्तु उसे खाना नहीं जानता। वास्तव में बिना नित्य प्रकृति की सहायता लिये ही हम कार्यकारणादिवैचित्र्य को शक्तिभेद द्वारा सिद्ध कर सकते हैं।

(४) ईश्वरवाद-खण्डन

नित्य ईश्वर जगत्कारण नहीं हो सकता। नित्य पदार्थ खपुष्पवत् है। उसमें अर्थक्रियासामर्थ्य नहीं हो सकता। क्षणिक वस्तु ही अर्थक्रियासमर्थ हो सकती है। पुनश्च, यदि नित्य को कारण मान भी लिया जाय तो सृष्टि युगपत् होगी, क्रमशः नहीं, क्योंकि नित्य सदा विद्यमान है। यदि कार्योत्पाद हेतु उसमें कोई 'अतिशय' माना जाय तो इस 'अतिशय' को ही कारण मानना पड़ेगा। यह तो हम भी मानते हैं कि कारण चेतन ही हो सकता है,

जड़ नहीं, किन्तु हम नित्य और एक ईश्वर को कारण नहीं मानते। क्षणिक विज्ञान में ही अर्थक्रियासामर्थ्य है। कारण एक न होकर हेतुप्रत्ययसामग्री रूप होता है। यह सामग्री कर्मज है और कर्म चेतन द्वारा संभव है। अत: लोकवैचित्र्य हेतुप्रत्ययसामग्रीशक्तिभेद के कारण सिद्ध होता है।

नित्य, एक और सर्वज्ञ ईश्वर में कई दोष आते हैं। ईश्वर का भी कोई कारण होना चाहिये और इस प्रकार अनवस्था दोष आएगा। या तो ईश्वर खपुष्पवत् है या सृष्टि युगपत् होनी चाहिये, क्रमशः नहीं। पुनश्च, ईश्वर सृष्टि को उत्पन्न ही क्यों करता है ? यदि वह दयालु है तो संसार में दु:ख, दैन्य, दारिद्र्य, आधि, व्याधि, जरा, रोग, शोक, मोह आदि क्यों उत्पन्न करता है ? यदि जीवों के शुभाशुभ कर्मों द्वारा प्रेरित होता है तो वह स्वतन्त्र नहीं है; फिर लोक-वैचित्र्य कर्मज सिद्ध होगा। यदि लीलावश सृष्टि करता है तो वह बालक के समान अपनी लीला का भी स्वामी नहीं है। यदि सृष्टि ईश्वर का स्वभाव है तो युगपत् होनी चहिये। यदि मकड़े के समान ईश्वर अपने अन्दर से जगज्जाल बुनता है, तो सृष्टि ईश्वर का स्वभाव नहीं है, क्योंकि जाला बुनना मकड़े का स्वभाव नहीं है, वह तो कीड़े-मकोड़े खाने की लालसा के कारण मुँह में आई लार से जाला बुनता है। यदि सृष्टि ईश्वर से अपने आप हो जाती है तो ईश्वर को बुद्धिमान भी नहीं कहा जा सकता।[१]

जो तर्क प्रकृति और ईश्वर के अलग-अलग जगत्कारण होने का खण्डन करते हैं, वे दोनों के एक साथ जगत्कारण होने का भी खण्डन करते हैं। पुनश्च, यह जगत्प्रपञ्च अहेतुक भी नहीं हो सकता क्योंकि बिना कारण के कार्य नहीं हो सकता। अत: वासना-वैचित्र्य के कारण क्षणिकविज्ञानप्रवाह ही इस जगत् के रूप में प्रतीत होता है।

(५) ब्रह्मवाद-खण्डन

ब्रह्मवादी ब्रह्म को नित्य, अद्वय और अविभाग मानते हैं जो अविद्या के कारण जगत्प्रपञ्च के रूप में प्रतिभासित होता है। नित्य होने से ब्रह्म अर्थक्रियाशून्य है या फिर उससे जगत् का युगपदुत्पत्तिदोष आ जाता है। पुनश्च, यदि ब्रह्म सदा आत्मज्योति:स्वरूप है, तो अविद्या और बन्ध असम्भव है एवं सब अयत्नत: मुक्त हो जायेंगे। और यदि अविद्या ब्रह्म की स्वाभाविक शक्ति है, तो मोक्ष असम्भव है। यदि अविद्या ब्रह्म से भिन्न शक्ति है तो अद्वैतवाद नष्ट हो जायगा। अपिच, अविद्या को अवाच्य भी नहीं कहा जा सकता क्योंकि अवाच्य तो अवस्तु ही हो सकती है और यदि अविद्या अवस्तु हो तो जगत् प्रपञ्च की उत्पत्ति सम्भव नहीं होगी। पुन: ब्रह्म को एकरूप मानने से एक के बन्ध से सबका बन्ध और एक की मुक्ति से सबकी मुक्ति अनिवार्य हो जायेगी। स्वतन्त्रविज्ञानवादी का कथन है कि उनके मत में अविद्या 'वितथाभिनिवेशवासना' रूपी शक्ति है और बन्ध इस मिथ्यावासनाशक्तिजन्य सास्रव विज्ञानप्रवाह है। योगाभ्यास द्वारा विद्या के उदय से अविद्या तथा आस्रव के नष्ट होने पर

१. तत्त्वसंग्रह, का. ५६-८७

विद्याजन्य अनास्रव विज्ञानप्रवाह प्रारम्भ होता है एवं ज्ञान की यह निर्मलता ही मुक्ति है। अतः उनके मत में बन्ध और मोक्ष की व्यवस्था युक्तियुक्त है।

(६) आत्मवाद-खण्डन

(i) **औपनिषदिक-आत्मवाद-खण्डन** :— शान्तरक्षित और कमलशील कहते हैं कि 'अद्वैतदर्शनावलम्बी औपनिषदिक' जो ब्रह्मवादी या आत्मवादी हैं विशुद्ध विज्ञानरूप ब्रह्म या आत्मा को एकमात्र सत् मानते हैं और जीव-जगत् रूपी प्रपञ्च को उसी अद्वय तत्त्व का अविद्याजन्य आभास मानते हैं। हम स्वतन्त्र-विज्ञानवादी भी अद्वय विशुद्ध विज्ञानमात्र तत्त्व को स्वीकार करते हैं। अतः इन अद्वैतवादियों के मत में एक छोटा सा दोष यह है कि ये तत्त्व को नित्य मानते हैं।[१] आत्मतत्त्व को नित्य मानने से वह निष्क्रिय और असत् हो जाता है तथा अविद्या, बन्ध, मोक्ष, मोक्षसाधन आदि सब व्यर्थ हो जाते हैं।

(ii) **न्याय-वैशेषिक-आत्मवाद-खण्डन** :— वैशेषिक और नैयायिक आत्मा को नित्य और विभु द्रव्य मानते हैं जो ज्ञान, वेदना, यत्न आदि गुणों को आश्रय है, किन्तु स्वतः अचेतन है; विषयों के सम्पर्क में आने पर ही आत्मा में ज्ञातृत्व, कर्तृत्व, भोक्तृत्व आदि गुण उत्पन्न होते हैं। आत्मा को स्वतः अचेतन मानना इन लोगों की विलक्षण बुद्धि का परिचय देता है। ज्ञान अपने प्रकाश के लिये आश्रय की अपेक्षा नहीं रखता। ये लोग आत्मा को जीवात्मा के अर्थ में लेते हैं। किन्तु विशुद्ध विज्ञान ही अविद्याजन्य अहंकार से युक्त होने पर 'आत्मा' कहा जाता है। इसकी सत्ता सांवृत्त है, वास्तविक नहीं।[२] तथा इसकी नित्यता भी असिद्ध है।

(iii) **मीमांसक-आत्मवाद-खण्डन** :— कुमारिल मानते हैं कि आत्मा बुद्धि, वेदना, यत्न आदि अनेक अवस्थाओं में प्रतीत होता है, किन्तु अपने नित्य चैतन्य स्वभाव को नहीं छोड़ता। नित्यचैतन्यरूप होने पर भी आत्मा उन्हीं पदार्थों के विज्ञानों को ग्रहण करता है जिनको विषय उसके सम्मुख उपस्थित करते हैं। विज्ञानभेद अर्थ-भेद के कारण होता है। स्वतन्त्र-विज्ञानवादियों का आक्षेप है कि यदि चैतन्य विषयों द्वारा प्रभावित होता है तो वह एकरस और नित्य नहीं हो सकता। अर्थ विज्ञान को उत्पन्न नहीं कर सकते, अपितु विज्ञान ही अर्थाकार प्रतीत होता है, अन्यथा स्वप्नादि में जहाँ पदार्थ नहीं हैं उनकी प्रतीति कैसे होती है ? पुनश्च, यदि क्षणिक विज्ञान, वेदना, इच्छा, यत्न आदि आत्म-स्वरूप हैं, तो आत्मा नित्य नहीं हो सकता; और यदि ये आत्म-स्वरूप नहीं हैं तो इनका परिवर्तन आत्मा को क्यों प्रभावित करता है ? आत्मा या जीव अनादि अविद्या-जन्य अहंकार के कारण प्रतीत होता है। इसे ज्ञाता, कर्ता, भोक्ता रूपी नित्य तत्त्व मानना युक्तिविरुद्ध है।

(iv) **सांख्य-आत्मवाद-खण्डन** :— सांख्य के अनुसार पुरुष नित्य चैतन्यस्वरूप,

---

१. अद्वैतदर्शनावलम्बिनश्चौपनिषदिकाः। —पञ्जिका, पृ. १२३
तेषामल्पापराधं तु दर्शनं नित्यतोक्तितः। —तत्त्वसंग्रह, का. ३३०

२. अहंकाराश्रयत्वेन चित्तमात्मेति गीयते।
संवृत्या, वस्तुवृत्या तु विषयोऽस्य न विद्यते।। —वहीं, का. २०४

केवल, निर्गुण, साक्षी एवं समस्त ज्ञान का अधिष्ठान है। पुरुष निष्क्रिय है, किन्तु फिर भी कर्मफल का भोक्ता है। यह दोष तो स्पष्ट है। पुनश्च, पंगु तथा अंध के समान पुरुष-प्रकृतिसंयोग स्वीकार नहीं किया जा सकता क्योंकि पंगु और अंध चेतन हैं, किन्तु प्रकृति अचेतन है। पुरुष को भोक्ता मानना उसे जीव के स्तर पर उतारना है। कर्म करे प्रकृति और फल भोगे बिचारा पुरुष! बुद्धि को सांख्य प्रकृतिज मानता है, किन्तु बुद्धि, ज्ञान, चेतना, चैतन्य आदि सब पर्याय हैं। अत: बुद्धि चैतन्य से भिन्न नहीं है। सांख्य यदि पुरुष को शुद्ध चैतन्य स्वरूप आत्मतत्त्व मानता है तो हमारा उससे विरोध नहीं है। चैतन्य को 'आत्मा' मानने में हमारी कोई हानि नहीं है। हम तो केवल उसके नित्यत्व का विरोध करते हैं।[१]

(v) जैन-आत्मवाद-खण्डन :— जैन भी आत्मा को नित्य चैतन्यरूप मानते हैं। किन्तु वे उसे एकानेक, भेदाभेदरूप, नित्यानित्य आदि बतलाते हैं। द्रव्यरूप में आत्मा एक है, नित्य है, अनुगमात्मक है; पर्यायरूप से वह अनेक है, अनित्य है, व्यावृत्यात्मक है। बौद्ध इसका खण्डन करते हुये कहते हैं कि एकता और अनेकता, अभेद और भेद, प्रकाश और अन्धकार के समान, एक साथ एक ही स्थान में नहीं रह सकते। अस्ति-नास्ति, अद्वैत-द्वैत आदि का एक साथ एक ही स्थान में प्रतिपादन करने वाला जैन स्याद्वाद विक्षिप्त-प्रलाप की भाँति है।[२]

(vi) वात्सीपुत्रीयबौद्ध-आत्मवाद-खण्डन :— हीनयानी वात्सीपुत्रीय बौद्ध स्वयं को बौद्ध कहते हुये भी पुद्गल के रूप में आत्मा की सत्ता स्वीकार करते हैं। वे पुद्गल को न तो पञ्चस्कन्धरूप मानते हैं और न पञ्चस्कन्ध-भिन्न। अत: वे इसे अवाच्य मानते हैं। किन्तु अवाच्य तो अवस्तु ही हो सकती है। जो वस्तु है वह तो सत् है या असत्। अवाच्य में अर्थक्रियासामर्थ्य नहीं हो सकता जो सत् का लक्षण है। अत: अवाच्य खपुष्पवत् है।[३] भगवान् बुद्ध ने अपने उपायकौशल्य द्वारा अपने शिष्यों की बुद्धि के अनुसार उपदेश दिये हैं। जब उन्हें लोगों को सत्-कर्म द्वारा चित्तशुद्धि के लिये प्रेरित करना अभीष्ट होता है तो वे पुद्गल के अस्तित्व का उपदेश देते हैं। जब उन्हें अहंकार दूर करना होता है तब वे पुद्गल के नास्तित्व का उपदेश देते हैं। वस्तुत: पुद्गल की कोई सत्ता नहीं है।

६. विज्ञानवाद तथा स्वतन्त्र-विज्ञानवाद की समीक्षा

(१) दोनों सम्प्रदायों द्वारा मान्य विज्ञानवाद की समीक्षा

बहिरर्थखण्डन और विज्ञानमात्रमण्डन के मूल सिद्धान्त उक्त दोनों सम्प्रदायों द्वारा मान्य हैं। पहले हम उन्हीं की समीक्षा करते हैं। दोनों सम्प्रदाय परमार्थ तथा व्यवहार दोनों में

---

१. चैतन्ये चात्मशब्दस्य निवेशेऽपि न न: क्षति:।
नित्यत्वं तस्य दु:साध्यमक्ष्यादे: सफलत्वत:।। —वहीं, का. ३०५

२. वहीं, का. ३११-३२७

३. अर्थक्रियासु शक्तिश्च विद्यमानत्वलक्षणम्।
क्षणिकेष्वेव नियता तथाऽवाच्ये न वस्तुता।। —वहीं, का. ३४७

विज्ञानवादी हैं। परमार्थिक विज्ञानवाद ही वास्तविक विज्ञानवाद है, और इसे सिद्ध किया जा सकता है; तथा विश्व के कई दार्शनिक सम्प्रदायों ने इसे स्वीकार किया है। किन्तु व्यवहार में भी विज्ञानवाद मानना समस्त व्यवहार का निषेध करना है। व्यवहार में तो वस्तुवाद को ही मानना पड़ता है। व्यावहारिक वस्तुवाद पारमार्थिक विज्ञानवाद का विरोधी नहीं है, अपितु उसमें सुसङ्गत है। जो वस्तुवादी हैं, उन्हें परमार्थ तथा व्यवहार का भेद मान्य नहीं है और वे परमार्थ तथा व्यवहार दोनों में वस्तुवादी हैं। अतः पारमार्थिक वस्तुवाद ही पारमार्थिक विज्ञानवाद का विरोधी है, व्यावहारिक वस्तुवाद नहीं क्योंकि यह व्यवहार-सत् होने के कारण वस्तुतः मिथ्या है। अद्वैत वेदान्त पारमार्थिक विज्ञानवाद है जो व्यावहारिक वस्तुवाद को मानता है। शङ्कराचार्य ने इसी दृष्टि से बौद्ध विज्ञानवाद का मार्मिक एवं अप्रतिम खण्डन किया है। पाश्चात्य दर्शन में कान्ट ने भी पारमार्थिक विज्ञानवाद तथा व्यावहारिक वस्तुवाद स्वीकार करते हुये मनोवैज्ञानिक व्यक्ति-निष्ठ विज्ञानवाद का तीव्र खण्डन किया है।

विज्ञानवाद बाह्य तथा मानस दोनों पदार्थों को; जीवात्माओं को, बाह्य जड़ पदार्थों को तथा विचार-वेदना-संकल्प आदि मनोभावों को, संक्षेप में 'अर्थ' (पदार्थ) या 'विषय' मात्र को, जिसके अन्तर्गत हमारा समस्त लोक-व्यवहार आ जाता है, नितान्त असत्, वन्ध्यापुत्र और खपुष्प के समान सर्वथा 'अभूत' एवं परिकल्पित कह कर ठुकरा देता है। इनका-अर्थाकार विज्ञानों पर उपचार या आरोप किया जाता है। सांवृत सत्ता भी परतन्त्र अर्थाकार-विज्ञानों की है, परिकल्पित पदार्थों की नहीं है। विज्ञानवाद भ्रम-पदार्थ, स्वप्न-पदार्थ और लौकिक पदार्थ को एक ही स्तर पर रखता है क्योंकि उसके अनुसार 'पदार्थत्व' या 'विषयत्व' इन सबमें समान है। वह प्रतिभास (व्यक्तिगत भ्रम) और व्यवहार (समष्टिगत भ्रम) में भेद नहीं करता क्योंकि 'भ्रान्तित्व' दोनों में समान है। विज्ञानवाद भ्रम-पदार्थ को, चाहे व्यक्तिगत प्रतिभास हो, चाहे समष्टि-गत लोकव्यवहार, परिकल्पित और परतन्त्र इन दो भागों में विभाजित करता है। आरोपित या अध्यस्त पदार्थ परिकल्पित या सर्वथा असत् है तथा उस आरोप का 'आश्रय' अर्थाकार विज्ञान है जिसे प्रतीत्यसमुत्पन्न होने से परतन्त्र कहा गया है, और अर्थाकार लेकर प्रतीत होने वाले विज्ञान की सांवृत सत्ता है। इस प्रकार विज्ञानवाद समस्त प्रातीतिक पदार्थों को दो भागों में विभाजित करता है—द्रव्यभाग और आकारभाग; तथा द्रव्यभाग को नितान्त असत् या परिकल्पित एवं आकार भाग को सांवृत सत् या परतन्त्र मानता है। रज्जु सर्प में सर्प-पदार्थ परिकल्पित और सर्पाकार-विज्ञान (व्यक्ति-विज्ञान) परतन्त्र है। लौकिक रज्जु की रज्जु रूप में प्रतीति में भी रज्जु-पदार्थ परिकल्पित और रज्जु का आकार लेकर प्रतीत होने वाला विज्ञान (आलय-विज्ञान) परतन्त्र है।

विज्ञानवाद-कृत पदार्थ का द्रव्यभाग और आकारभाग में विभाजन नितान्त असत्, भ्रामक, असम्भव और अनावश्यक है। प्रत्येक पदार्थ में उसका 'द्रव्य' और 'आकार' अविभाज्य रूप में विद्यमान रहता है जिसका पृथक्करण असम्भव है। दोनों की प्रतीति सदा एक साथ होती है और दोनों का बाध भी सदा एक साथ होता है। रज्जुसर्प के भ्रम में 'सर्प' की प्रतीति पदार्थ के रूप में होती है जिसमें द्रव्य और आकार अविभाज्य रूप से सम्मिलित हैं; उसकी प्रतीति

केवल 'सर्पाकार विज्ञान' के रूप में नहीं होती। भ्रम का बाध हो जाने पर हमें ज्ञात होता है कि भ्रम-दशा में जो 'सर्प-पदार्थ' प्रतीत हो रहा था वह वास्तव में 'पदार्थ' न होकर केवल 'सर्पाकार विज्ञान' था। किन्तु बाध-दशा में भी हमें 'सर्पाकार विज्ञान' का अनुमान होता है, प्रत्यक्ष नहीं। भ्रम-निवृत्ति के बाद हमें सर्पाकार विज्ञान नहीं दिखाई देता, हम चाहें तो भी बाध-दशा में उसका विक्षेप नहीं कर सकते। सर्पाकार विज्ञान का प्रत्यक्ष होता ही नहीं, न भ्रम में और न भ्रम-निवृत्ति के बाद। अत: सिद्ध है कि पदार्थ का द्रव्य और आकार सदा एक साथ प्रतीत होता है और उसकी निवृत्ति भी सदा एक साथ होती है। द्रव्य और आकार अविभाज्य हैं। विज्ञानवाद द्वारा कृत इनका विभाजन कल्पनामात्र है तथा यह कल्पना असङ्गत और अनावश्यक है क्योंकि यह समस्त व्यवहार का निषेध करती है। सर्पाकारविज्ञान को सर्प-पदार्थ का 'आश्रय' भी स्वीकार नहीं किया जा सकता क्योंकि सर्प-पदार्थ के बाध के साथ ही सर्पाकार भी बाधित हो जाता है। 'आरोपित सर्प' का अधिष्ठान रज्जु है, सर्पाकारविज्ञान नहीं। पुनश्च, पदार्थ में द्रव्य और आकार सदा साथ रहने के कारण समान स्तर के हैं। इनमें 'द्रव्यभाग' को नितान्त असत् और 'आकार भाग' को सांवृत सत् मानना नितान्त असत् है। व्यवहार में परिकल्पित और परतन्त्र को पृथक् नहीं किया जा सकता। परिकल्पित और परतन्त्र अपने सम्मिलित रूप में संवृति या व्यवहार के अन्तर्गत आते हैं।[1] अत: परिनिष्पन्न, परतन्त्र और परिकल्पित के विभाजन के स्थान पर परिनिष्पन्न और संवृति का विभाजन उचित रहता तथा संवृति को पुन: माध्यमिक के समान लोक-संवृति और मिथ्या-संवृति में अथवा वेदान्त के समान व्यवहार और प्रतिभास में विभाजित करना उचित होता। परिकल्पित को नितान्त असत् और वन्ध्यापुत्र के समान मानना अत्यन्त अनुचित है। परिकल्पित या अध्यस्त पदार्थ की प्रतीति होती है, किन्तु वन्ध्यापुत्र या खपुष्प की तो कभी प्रतीति भी नहीं होती। विज्ञानवाद का यह कथन कि रज्जुसर्प और वन्ध्यापुत्र दोनों ही त्रिकाल में असत् हैं अत: इनमें कोई अन्तर नहीं है, सत्य नहीं है, क्योंकि रज्जुसर्प में प्रतीति-सामर्थ्य है जो वन्ध्यापुत्र में नहीं है। स्वयं विज्ञानवाद ने भी इस अन्तर को स्वीकार किया है। अत: भ्रम-पदार्थ कभी भी वन्ध्यापुत्र या खपुष्प के समान तुच्छ अर्थात् प्रतीति-सामर्थ्य-हीन नहीं माना जा सकता। परमार्थ में भले ही दोनों का त्रिकालासत्त्व समान हो, तथापि व्यवहार में दोनों का भेद अवश्य स्वीकार करना होगा। विज्ञानवाद ऐसा नहीं करके समस्त व्यवहार का निषेध कर रहा है। अपि च, विज्ञानवाद द्वारा प्रतिभास या व्यक्तिगत भ्रम को और लोकव्यवहार या समष्टि-गत भ्रम को 'भ्रम मात्र' मानकर एक ही स्तर पर रखना ही अत्यन्त अनुचित है। प्रतिभास और व्यवहार का व्यावहारिक भेद आवश्यक है। प्रतिभास का बाध लोक-व्यवहार से हो जाता है, किन्तु लोक-व्यवहार का बाध परमार्थ के विना सम्भव नहीं है। लोक-व्यवहार विराट् भ्रम या विराट् स्वप्न है जिसे सभी लौकिक व्यक्ति एक साथ और समान रूप में देख रहे हैं। अत: इसे साधारण व्यक्ति-गत

१. माध्यमिक चन्द्रकीर्ति और शान्तिदेव ने भी विज्ञानवाद का खण्डन करते हुये कहा है कि वस्तुत: इन्द्रिय, अर्थ और विज्ञान तीनों मिथ्या हैं—'चक्षुश्च चक्षुर्विषयश्च रूपं तज्जं च चितं त्रयमप्यलीकम्।'

भ्रम या स्वप्न के समान मानना अनुचित है। मूल-विज्ञानवाद लोक-पदार्थों को आलयविज्ञानसृष्ट और भ्रम तथा स्वप्न के पदार्थों को क्लिष्टमनोविज्ञानसृष्ट मान कर व्यक्तिविज्ञानवाद या दृष्टि-सृष्टिवाद के दोष से कुछ बच गया है, किन्तु स्वतन्त्रविज्ञानवाद तो इस दोष से पूर्णतया दूषित है। और मूलविज्ञानवाद भी, व्यवहार में भी, पदार्थों को नितान्त असत् कह कर उन्हें अर्थाकारविज्ञानप्रवाह रूप मानने का दोषी तो है ही। व्यवहार में अर्थ और विज्ञान का भेद स्पष्ट है। विज्ञान-ग्राह्य होना विज्ञानान्तर्गत होना नहीं है। पुनश्च, विज्ञानवादी का यह कथन भी कि विज्ञान-भेद अर्थ-भेद के कारण न होकर वासना-भेद के कारण होता है, असत्य है। यदि पदार्थ न हों तो वासनाओं की उत्पत्ति ही नहीं होगी। वासना को अनादि मानने से भी काम नहीं चलेगा क्योंकि अनादिवासनापरम्परा अनवस्था को जन्म देगी। आलयविज्ञान भी, प्रवृत्तिविज्ञान के समान, क्षणिक होने से, वासना का आश्रय नहीं हो सकता। अतः विज्ञान-भेद पदार्थ-भेद्र के कारण सिद्ध होता है। व्यवहार में समस्त लोक-पदार्थों को स्वीकार करना पड़ता है। व्यवहार में वस्तुवाद को माने बिना गति नहीं है। शङ्कराचार्य का कथन है कि जन्म से लेकर मृत्यु-पर्यन्त विज्ञानवादी बौद्ध द्वारा बाह्य और मानस पदार्थों का अनुभव करते हुये भी उनका अपलाप करना उसी प्रकार का अनर्गल प्रलाप है जिस प्रकार कोई व्यक्ति भोजन करते हुये और उससे उत्पन्न तृप्ति का अनुभव करते हुये भी यह कहे कि वह न तो भोजन कर रहा है और न तृप्ति का अनुभव कर रहा है।[१]

(२) स्वतन्त्र-विज्ञानवाद की समीक्षा

हम अभी बता चुके हैं कि व्यवहार में विज्ञानवाद सर्वथा असिद्ध है। जब नित्य विज्ञप्तिमात्र तत्त्व को एवं आश्रय के रूप में सर्वत्रग आलयविज्ञान को स्वीकार करने वाला मूल-विज्ञानवाद भी व्यवहार में पदार्थों को असत् सिद्ध नहीं कर सकता तो क्षणिक प्रवृत्ति विज्ञानों को मानने वाला स्वतन्त्र-विज्ञानवाद उन्हें कैसे असिद्ध कर सकता है ? वह तो स्वव्याघाती व्यक्ति-विज्ञानवाद या व्यक्ति-निष्ठ दृष्टि-सृष्टिवाद में अधःपतित हो जाता है।

स्वतन्त्र-विज्ञानवाद का, व्यवहार में भी विज्ञानवाद स्वीकार करने के अतिरिक्त, दूसरा सबसे बड़ा दोष क्षणभङ्गवाद है। अप्रतिहत क्षणभङ्गवाद स्व-व्याघाती है। क्षणभङ्गवाद को मानने पर स्वयं क्षणभङ्गवाद ही सिद्ध नहीं हो सकता। क्षण स्वयं अपना अनुभव नहीं कर सकता, क्षण-सन्तति का अनुभव करने के लिये किसी नित्य द्रष्टा की सत्ता अनिवार्य है। नित्य द्रष्टा के बिना क्षणभङ्ग सिद्ध नहीं होता और नित्य द्रष्टा को मानने पर क्षणभङ्ग स्वतः निरस्त हो जाता है। इसीलिये क्षणभङ्गवाद स्व-व्याघाती है। पुनश्च, क्षणिक विज्ञानों का न तो संघात बन सकता है और न सन्तान। इसके लिये विज्ञान को कम से कम तीन क्षण तक टिकना होगा; प्रथम क्षण में उत्पत्ति, द्वितीय क्षण में स्थिति एवं कार्योत्पाद तथा तृतीय क्षण में विनाश। यदि स्वतन्त्रविज्ञानवादी का यह कथन मान लिया जाय कि उत्पत्ति और स्थिति एक ही है एवं कारण की स्थितिमात्र ही उसका अर्थक्रियासामर्थ्य है (भाव एवास्य व्यापारः)

---

१. शाङ्कर भाष्य, २, २, २८

अर्थात् कारण की सत्तामात्र ही उसकी उत्पाद-शक्ति है (सत्तैव व्यापृतिः) तो भी क्षणिकवाद सिद्ध नहीं हो सकता क्योंकि कारण के स्वभाव को ग्रहण किये बिना कार्य उत्पन्न नहीं हो सकता और यह स्वीकार करना कि कारण कार्य में स्वभाव रूप से तथा कार्य कारण में बीज रूप से विद्यमान रहता है, क्षणभङ्गवाद का निरास करता है। स्वतन्त्रविज्ञानवादी का यह कथन भी कि प्रथमक्षणभावी शक्त कारण, विनाश के पूर्व, द्वितीय क्षण में कार्य को उत्पन्न करके तुरन्त नष्ट हो जाता है, कारणकार्यभाव को सिद्ध नहीं कर सकता क्योंकि कारण के स्वभाव को ग्रहण किये बिना कार्य की उत्पत्ति नहीं हो सकती तथा इसके लिये कारण भी कम से कम दो क्षण तक स्थिति माननी होगी। कारण-कार्यभाव सिद्ध न होने पर प्रतीत्यसमुत्पाद सिद्ध नहीं होगा और तब अर्थक्रियासामर्थ्य भी सिद्ध नहीं होगा। पुनश्च, क्या उत्पाद और विनाश वस्तु के स्वरूप हैं, अथवा अवस्थान्तर हैं, अथवा अन्य वस्तु हैं ? यदि ये वस्तु-स्वरूप हैं तो उत्पाद और विनाश पर्याय बन जायेंगे। यदि अवस्थान्तर हैं तो उत्पाद को आदि, वस्तु को मध्य तथा विनाश को अन्त मानना होगा और तब एक वस्तु को तीन क्षणों से सम्बद्ध मानना पड़ेगा। यदि उत्पाद तथा विनाश को वस्तु से अत्यन्त भिन्न माना जाय तो वस्तु को, उत्पाद-विनाश-रहित होने के कारण, नित्य मानना होगा। अतः क्षणभङ्गवाद सर्वथा असिद्ध है।

क्षणिक विज्ञान संघात तो नहीं बना सकते क्योंकि उन्हें संघात बनाने का समय कहाँ है ? किन्तु क्षणिक विज्ञानों का प्रवाह या सन्तान भी सिद्ध नहीं होता। प्रतीत्यसमुत्पाद में पूर्वक्षण केवल अपर-क्षण का ही कारण है, सन्तान का या समस्त चक्र का नहीं। कार्य की कारण में बीजरूप से विद्यमानता और कारण की कार्य में स्वभावरूप से विद्यमानता माने विना कारण-कार्य-सन्तान या शृंखला सिद्ध नहीं हो सकती। यदि प्रथम-क्षणभावी कारण द्वितीय क्षण में कार्य को जन्म देकर तुरन्त नष्ट हो जाता है, तो प्रतिक्षण केवल एक क्षण की ही चमक सिद्ध होगी, क्षण-सन्तति सिद्ध नहीं होगी।

स्वतन्त्रविज्ञानवादी की यह मान्यता कि सत् अर्थक्रियासमर्थ होता है और क्षणिक विज्ञान में ही यह सामर्थ्य है, कोरी कल्पना है। उत्पाद के अनन्तर विनष्ट होना वस्तु का स्वभाव वताया गया है, यह भी कल्पनामात्र है। सत् का अर्थ त्रिकालबाध सत्ता है एवं कूटस्थ नित्य ही सत् हो सकता है। कर्म अविद्याजन्य है और क्लेशों को उत्पन्न करना है, यह स्वयं स्वतन्त्रविज्ञानवादी भी स्वीकार करता है। वह यह भी स्वीकार करता है कि अनादि अविद्या या वितथाभिनिवेशवासना (वासना कर्म-संस्कार-रूप है) के कारण विज्ञान विविध अर्थाकारों को ग्रहण करता है तथा यह सास्रव विज्ञानप्रवाह दुःखरूप है। यदि अविद्या और कर्म दुःख उत्पन्न करते हैं तो कर्म-सामर्थ्य को सत् का लक्षण किस प्रकार माना जा सकता है ? 'स्वभाव' में भाव है, विनाश या अभाव नहीं, अतः उत्पत्ति के तुरन्त बाद नष्ट होना वस्तु का स्वभाव नहीं हो सकता। स्वभाव का अर्थ उत्पाद-विनाश-चक्र से मुक्त होना है, इस चक्र में फँसना नहीं। स्वलक्षण नामक विज्ञान-क्षण परमार्थ सत् है, अर्थक्रियासमर्थ है, उत्पाद के तुरन्त बाद नष्ट होना उसका स्वभाव है तथा प्रतीत्यसमुत्पाद या कारण-कार्यवाद से नियमित इन

विज्ञान-क्षणों का उत्पाद-विनाश-प्रवाह निरन्तर चल रहा है, ये स्वतन्त्रविज्ञानवादी के मूलभूत दुराग्रह हैं जिन्हें वह विरोधों में फँसने पर भी छोड़ना नहीं चाहता। निर्वाण या मोक्ष को समस्तकल्पना-रहित स्वीकार किया जाता है, किन्तु मोक्ष में भी स्वतन्त्रविज्ञानवादी अपने इन दुराग्रहों से मुक्त नहीं हो सका है। मोक्ष को भी उसने निर्मल विज्ञान-क्षणों का उत्पाद-विनाश-प्रवाह माना है। बन्ध अविद्याजन्य सास्रव विज्ञानों का प्रवाह है तथा मोक्ष विद्याजन्य अनास्रव निर्मल विज्ञानों का प्रवाह है। बन्धन की अवस्था में विज्ञानप्रवाह में वासना-वैचित्र्य के कारण विज्ञानों का वैचित्र्य और भेद सिद्ध किया जा सकता है। किन्तु मोक्ष में तो विज्ञान अद्वय, परमविशुद्ध और निर्मल है। यहाँ भी स्वतन्त्रविज्ञानवादी ने अद्वय, निर्मल, विशुद्ध, निर्विकल्प और स्वप्रकाश विज्ञानमात्र को अनेकता, क्षणिकता, अर्थक्रियाकारित्व, प्रतीत्यसमुत्पन्नत्व एवं उत्पाद-विनाश-प्रवाह-पतितत्व के विकल्पों में बाँध दिया है। मोक्ष इन एक-जैसे निर्मल विज्ञान-क्षणों के उत्पाद-विनाश का प्रवाह है; अथवा प्रवाह भी भ्रान्ति है, पूर्वक्षण में एक निर्मल विज्ञान प्रकाशित होता है और उत्तरक्षण में दूसरे बिलकुल अपने जैसे निर्मल विज्ञान को उत्पन्न करके नष्ट हो जाता है तथा यह क्रम चलता रहता है जिससे एक न एक निर्मल विज्ञान-क्षण का एक-सा प्रकाश सदा बना रहता है। मोक्ष की क्या विलक्षण कल्पना है! मोक्ष में एक क्षणिक विज्ञान की मोमबत्ती जैसी लौ सदा बनाये रखने की अपेक्षा नित्य विज्ञान-सूर्य का प्रकाश क्या श्रेष्ठ नहीं रहता ? नागार्जुन ने कहा है कि जो व्यक्ति यह सोचता है कि वह सारे उपादानों का त्याग करके अनुपादान बनकर निर्वाण प्राप्त करेगा, उसके लिए यह अहङ्कार ही सबसे बड़ा उपादान-ग्रह है।[१] हम इसको बदल कर स्वतन्त्रविज्ञानवादी के लिये यह कह सकते हैं—सत् सदा अर्थक्रियासमर्थ होता है और वह सामर्थ्य केवल क्षणिक वस्तु में ही है (और मोक्ष भी इसका अपवाद नहीं है) इस प्रकार का जिनका पूर्वाग्रह है, उनके लिये यह क्षणभङ्गवाद ही महा-ग्रह है।[२] जो मोक्ष में भी क्षणभङ्ग की कल्पना करते हैं वे असाध्य हैं।

स्वतन्त्रविज्ञानवादी ने सांख्य की प्रकृति, वैशेषिक के परमाणु, न्याय के ईश्वर, ब्रह्म तथा आत्मतत्त्व का खण्डन करने में जो तर्क दिये हैं, उनका सार यह रहा है कि नित्य तत्त्व खपुष्पवत् असत् है क्योंकि वह अर्थक्रियासमर्थ नहीं है तथा उससे सृष्टि की युगपदुत्पत्ति का प्रसङ्ग आता है। कार्य यदि कारण में विद्यमान है तो वह सत् है, उत्पन्न है और उसकी पुनरुत्पत्ति व्यर्थ है। किन्तु स्वतन्त्रविज्ञानवादी भूल जाते हैं कि इन्हीं तर्कों से उनके मत का भी खण्डन किया जा सकता है। यदि नित्य तत्त्व विक्रिया-रहित होने से सृष्टि नहीं कर सकता, तो अनित्य तत्त्व भी, दूसरे क्षण में नष्ट हो जाने से, सृष्टि के योग्य नहीं हो सकता। यदि नित्य में अर्थक्रिया नहीं हो सकती तो क्षणिक भी अर्थक्रियासमर्थ नहीं हो सकता। यदि सत्कार्य से पुनरुत्पत्ति

---

१. निर्वास्याम्यनुपादानो निर्वाणं मे भविष्यति।
इति येषां ग्रहस्तेषामुपादानमहाग्रहः।। —माध्यमिक, का. १६, ९

२. अर्थक्रियासमर्थं सत् सामर्थ्यं च क्षणे हि तत्।
इति येषां ग्रहस्तेषां क्षणभङ्गो महाग्रहः।।

की व्यर्थता सिद्ध की जाती है, तो असत्कार्य से उत्पत्ति की असम्भवता और कारण की कार्योत्पादशक्ति-रहितता सिद्ध की जा सकती है। यदि भगवान बुद्ध ने शाश्वतवाद को बुद्धि की कोटि बताकर निरस्त किया है तो उन्होंने क्षणिकवाद को भी उच्छेदवाद बताकर बुद्धि की कोटि के रूप में आग्रह के साथ निरस्त किया है। यदि एकता, द्रव्यता, नित्यता भ्रान्तिरूप हैं, तो अनेकता, पर्यायता, क्षणिकता भी भ्रान्तिरूप हैं। बुद्धि के सभी विकल्प वस्तुत: मिथ्या सिद्ध होते हैं। स्वतन्त्रविज्ञानवादी स्वलक्षण नामक परमार्थ सत् को बुद्धि की सारी कल्पनाओं से अस्पृष्ट मानता है, किन्तु आश्चर्य है कि वह स्वयं इसे भूलकर अनेकत्व, क्षणिकत्व, अर्थक्रियासामर्थ्य, प्रतीत्यसमुत्पन्नत्व, उत्पाद-विनाशत्व आदि के बुद्धि-विकल्पों को परमार्थ सत् पर भी आरोपित कर रहा है। यदि नित्यवाद से लोकव्यवहार, बन्ध, मोक्ष और मोक्षसाधन का साफल्य सिद्ध नहीं होता, तो क्षणिकवाद से भी ये सिद्ध नहीं हो सकते। क्षणिकवाद से तो समस्त लोक-व्यवहार, ज्ञान, स्मृति, प्रत्यभिज्ञा, कर्मवाद, बन्धन, मोक्ष और मोक्षसाधन सब व्यर्थ हो जाते हैं।

स्वतन्त्रविज्ञानवादी ने औपनिषदिक आत्मवाद के विषय में कहा है कि इस दर्शन में नित्यत्व का छोटा-सा दोष है।[१] वेदान्ती भी स्वतन्त्रविज्ञानवाद के लिये कह सकते हैं कि इस दर्शन में क्षणिकत्व का दोष है।[२] स्वतन्त्रविज्ञानवादी विज्ञानमात्र को अद्वय, निर्विकल्प, अनिर्वचनीय, स्वप्रकाश विशुद्ध चैतन्य मानता है। अद्वैत वेदान्ती भी ब्रह्म या आत्मा के लिये इन्हीं शब्दों का प्रयोग करते हैं। शङ्कराचार्य ने इसे लक्ष्य करके कहा है—क्षणिक विज्ञान निर्विकल्प और स्वप्रकाश नहीं हो सकता क्योंकि वह उत्पत्ति-विनाशयुक्त और अनेक है। नित्य साक्षिचैतन्य ही क्षणिक विज्ञानों का ज्ञाता और गृहीता है जिसके लिये क्षणिक विज्ञान ज्ञेय मात्र है। नित्य आत्मतत्त्व ही स्वत:सिद्ध और स्वप्रकाश है। आत्मा के लिये क्षणिक विज्ञान भी, घटपटादि विषयों के समान, ज्ञेय विषय है। यह नित्य आत्मतत्त्व ही समस्त ज्ञान और अनुभव का स्वत:सिद्ध अधिष्ठान है।[३] नित्य आत्मचैतन्य को स्वीकार किये बिना बौद्धों की विज्ञानभेदप्रतिज्ञा, क्षणिकत्वप्रतिज्ञा, ग्राह्यग्राहकप्रतिज्ञा, स्वलक्षण-सामान्यलक्षणप्रतिज्ञा, अविद्योपप्लवप्रतिज्ञा तथा बन्धमोक्षप्रतिज्ञा आदि सब प्रतिज्ञायें नष्ट हो जाती हैं।[४]

---

१. तेषामल्पापराधं तु दर्शनं नित्यतोक्तित:। —तत्त्वसंग्रह, का. ३३०

२. तेषामल्पापराधं तु दर्शनं क्षणिकोक्तित:।

३. स्वयंसिद्धस्य साक्षिणोऽप्रत्याख्येयत्वात्। विज्ञानस्य चोत्पत्तिप्रध्वंसानेकत्वादिविशेषवत्त्वाभ्युपगमात्। —शाङ्करभाष्य, २, २, २८

४. शाङ्कर-भाष्य, २, २, २८

नवम अध्याय
सांख्य-दर्शन

१. भूमिका

सांख्य दर्शन निःसन्देह भारतीय दर्शन के प्राचीनतम सम्प्रदायों में परिगणित है। सांख्य-योग सिद्धान्तों के संकेत छान्दोग्य[1], प्रश्न[2], कठ[3] तथा विशेषतया श्वेताश्वतर[4] उपनिषद् में प्राप्त होते हैं; महाभारत[5] और गीता[6] में भी उपलब्ध हैं; तथा कुछ स्मृतियों और पुराणों में भी मिलते हैं। ब्रह्मसूत्र या वेदान्तसूत्र के रचयिता महर्षि बादरायण और उनके भाष्यकार शङ्कराचार्य ने तर्कपाद में सांख्य का युक्तियों द्वारा खण्डन करने के अतिरिक्त कई स्थानों पर सांख्य के श्रुतिमूलक होने का भी खण्डन किया है।[7] शङ्कराचार्य ने सांख्य को वेदान्त का 'प्रधान मल्ल' (प्रमुख प्रतिपक्षी) बताया है। उनका कथन है कि यद्यपि सांख्य महर्षि कपिल द्वारा उपदिष्ट है तथा सांख्य एवं योग को मनीषियों ने एवं शिष्ट व्यक्तियों ने स्वीकार किया है, तथापि सांख्य दर्शन को, द्वैतवादी होने के कारण, श्रुति-मूलक या उपनिषत्सम्मत नहीं माना जा सकता। श्रुति एवं स्मृति में सांख्य और योग शब्द क्रमशः ज्ञान और कर्म के अर्थ में प्रयुक्त हुये हैं। बादरायण एवं शङ्कराचार्य द्वारा सांख्य की श्रुतिमूलकता का खण्डन इस ओर संकेत करता है कि सांख्य के प्रारम्भिक आचार्य इसे श्रुतिमूलक मानते होंगे। इसकी अधिक सम्भावना है कि सांख्य अपने प्रारम्भिक रूप में, श्रुतिमूलक एवं ईश्वरवादी रहा होगा तथा कालान्तर में, जैन तथा बौद्ध प्रभाव के कारण, अनीश्वरवादी एवं वस्तुवादी बन गया होगा। बादरायण तथा शङ्कराचार्य ने इसी मध्य-युगीन सांख्य का खण्डन किया है। इससे यह भी स्पष्ट हो जाता है कि आगे चलकर उत्तर-युगीन सांख्यों ने, जिनमें विज्ञान-भिक्षु (१६वीं शती) प्रमुख हैं, सांख्य में प्राचीन ईश्वरवाद को पुनः स्थापित किया।

परम्परानुसार महर्षि कपिल सांख्य के प्रतिष्ठापक आचार्य माने जाते हैं। किन्तु 'सांख्यप्रवचनसूत्र' जिसे कपिल मुनि की रचना माना जाता है, निश्चित ही कपिल-प्रणीत नहीं हो सकता। अधिकांश विद्वान् इसे चौदहवीं शती की रचना मानते हैं। शङ्कराचार्य तथा अन्य प्राचीन आचार्यों ने सांख्यप्रवचनसूत्र का न तो उल्लेख किया है और न उसे उद्धृत किया

---

१. ६, ४, १ २. ६. २ ३. १, ३, १०-१३
४. ४-५, १० ५. १२, ३१८; शान्तिपर्व ३०३-३०८
६. २, ३९; ३, ४२; ५, ४-५
७. १, १, ५-११; १, ४, १-३; २, १, १-३

है। इसके स्थान पर ईश्वरकृष्ण (तीसरी से पाँचवीं शती) की 'सांख्यकारकिा' से ही उद्धरण दिये गये हैं। वाचस्पति मिश्र ने भी सांख्यकारिका पर अपनी प्रसिद्ध 'सांख्यतत्त्वकौमुदी' नामक टीका लिखी है। स्वयं ईश्वरकृष्ण ने कपिल, आसुरि तथा पञ्चशिख का प्राचीन सांख्याचार्यों के रूप में उल्लेख किया है। कपिल मुनि बुद्ध से पूर्व हुये हैं।[१] उन्होंने अवश्य 'सांख्य-सूत्र' की रचना की होगी, किन्तु वह दुर्भाग्यवश बहुत पहले ही विलुप्त हो गया होगा। ईश्वरकृष्ण की सांख्यकारिका सांख्य का प्राचीनतम उपलब्ध ग्रन्थ है और सर्वाधिक प्रचलित भी।

'सांख्य' शब्द 'संख्या' शब्द से व्युत्पन्न है; संख्या का अर्थ है सम्यक् ख्यान अर्थात् सम्यक् ज्ञान या विवेक ज्ञान। संख्या का अर्थ गणना की संख्या भी है। सांख्य शब्द में दोनों अर्थ समाविष्ट हैं। सांख्य सम्यक् ज्ञान का दर्शन है, प्रकृति और पुरुष के विवेक ज्ञान का दर्शन है; तथा सांख्य दर्शन तत्त्वों की संख्या पच्चीस स्वीकार करता है, यह पच्चीस संख्या वाले तत्त्वों का दर्शन है। सांख्य-योग मिलकर एक पूर्ण दर्शन बनते हैं; सांख्य बौद्धिक तत्त्वचिन्तन है और योग उसे प्राप्त करने की क्रिया या साधना है। सांख्य और योग ने प्रायः सभी भारतीय दर्शनों को किसी न किसी रूप में प्रभावित किया है।

ईश्वरकृष्ण का समय तीसरी शती से पाँचवीं शती तक माना जाता है। उनकी सांख्यकारिका उपलब्ध ग्रन्थों में प्राचीनतम तो है ही, साथ ही शास्त्रीय सांख्य की सर्वाधिक उत्कृष्ट प्रतिनिधि रचना है तथा सर्वाधिक लोकप्रिय भी है।

शास्त्रीय सांख्य प्रकृति और पुरुष के द्वैतवाद को, पुरुषबहुत्व को तथा अनीश्वरवादी वस्तुवाद को मानता है। यह ईश्वर का खण्डन तो नहीं करता, किन्तु ईश्वर के विषय में मौन रहता है तथा यह मौन अस्वीकृति का ही लक्षण माना जाता है।

२. कार्यकारणवाद

सांख्य के कार्यकारणवाद पर उसका प्रकृतिवाद निर्भर है क्योंकि प्रकृति की सिद्धि कारण के रूप में उसके कार्यों द्वारा होती है। कार्यकारणवाद के अनुसार प्रत्येक कार्य का कोई कारण अवश्य होना चाहिये क्योंकि बिना कारण के कार्य उत्पन्न नहीं हो सकता। कार्यकारणवाद का मूल प्रश्न है—क्या कार्य, उत्पत्ति के पूर्व भी, अपने कारण में विद्यमान रहता है अथवा नहीं ? जो यह मानते हैं उन्हें सत्कार्यवादी और जो यह नहीं मानते उन्हें असत्कार्यवादी कहा जाता है। असत्कार्यवाद के अनुसार कार्य, उत्पत्ति के पूर्व, 'असत्' है अर्थात् अपने कारण में विद्यमान नहीं है। कार्य की सत्ता उसकी उत्पत्ति से ही आरम्भ होती है, इस मान्यता के कारण असत्कार्यवाद को 'आरम्भवाद' भी कहते हैं। उत्पत्ति-पूर्व कार्य की सत्ता का प्रश्न ही नहीं उठता क्योंकि यदि कार्य उत्पत्ति-पूर्व ही विद्यमान है तो वह 'सत्' होने से 'उत्पन्न' है तथा उसकी उत्पत्ति का प्रश्न नहीं उठता। उसकी दुबारा उत्पत्ति पुनरुत्पत्ति होगी जो व्यर्थ है और अनावश्यक है। अतः कार्य की सत्ता उसकी उत्पत्ति से ही आरम्भ होती है। कार्य

---

१. पालि साहित्य में वर्णन आता है कि विरक्त होकर बुद्ध ने जिन गुरुओं के पास तपस्या की उनमें सांख्य के आचार्य आलार कालाम भी थे।

एक नूतन कृति है; एक नवीन सृष्टि है। यदि घट मृत्तिका में, पट तन्तुओं में तथा दही दूध में पहले से ही विद्यमान है, तो कुम्हार को मिट्टी से घड़ा बनाने के लिये परिश्रम करने की क्या आवश्यकता है ? फिर तन्तु ही पट (कपड़ा) का काम क्यों नहीं करते ? और दूध का स्वाद दही जैसा क्यों नहीं होता ? हीनयानी बौद्ध, वैशेषिक, नैयायिक तथा कुछ मीमांसक असत्कार्यवाद या आरम्भवाद को मानते हैं। हीनयानी बौद्ध मत अनित्यपरमाणुकारणवाद या क्षणभङ्गवाद है। वैशेषिक, नैयायिक और कुछ मीमांसक नित्यपरमाणुकारणवाद स्वीकार करते हैं। असत्कार्यवाद के विपरीत सत्कार्यवाद यह मानता है कि कार्य, उत्पत्ति के पूर्व भी, अपने कारण में विद्यमान रहता है। कार्य उत्पत्ति-पूर्व भी 'सत्' है, इस मान्यता के कारण इस मत का नाम सत्कार्यवाद है। कार्य कारण में बीजरूप से अन्तर्निहित रहता है तथा कारण कार्य में स्वभावरूप से विद्यमान रहता है। कार्य नई सृष्टि नहीं है। उत्पाद का अर्थ 'नवीन उत्पत्ति' तथा विनाश का अर्थ 'सर्वथा विनाश' नहीं है। उत्पत्ति का अर्थ है अभिव्यक्ति अर्थात् कारण में बीजरूप से या अव्यक्त रूप से अन्तर्निहित रहने वाले कार्य की व्यक्त रूप से प्रतीति, और विनाश का अर्थ है व्यक्त कार्य का पुनः अपने कारण में विलीन हो जाना। उत्पत्ति या सर्ग आविर्भाव है और विनाश या प्रलय तिरोभाव। सत्कार्यवाद के अनुसार कारण ही कार्य के रूप में परिवर्तित होता है। कारण और कार्य एक ही वस्तु के दो रूप हैं; कारणावस्था अव्यक्त रूप है, तथा कार्यावस्था व्यक्त रूप है। यहाँ एक प्रश्न फिर उपस्थित होता है। क्या कारण का कार्य के रूप में परिवर्तन वास्तविक या तात्त्विक परिवर्तन है अथवा अवास्तविक या अतात्त्विक परिवर्तन है ? जो इस परिवर्तन को वास्तविक या तात्त्विक मानते हैं, उन्हें 'परिणामवादी' कहा जाता है (परिणाम=तात्त्विक परिवर्तन) और जो इस परिवर्तन को अतात्त्विक या प्रातीतिक मानते हैं उन्हें 'विवर्तवादी' कहा जाता है (विवर्त=अतात्त्विक परिवर्तन)। सांख्य, योग और रामानुजवेदान्त परिणामवाद को मानते हैं; सांख्ययोग के मत का नाम प्रकृतिपरिणामवाद है तथा रामानुजवेदान्त का मत ब्रह्मपरिणामवाद है। शून्यवाद, मूल-विज्ञानवाद और अद्वैत वेदान्त (शाङ्कर वेदान्त) विवर्तवाद को मानते हैं; शून्यवाद शून्यता-विवर्तवाद है, मूलविज्ञानवाद विज्ञान-विवर्तवाद है और शाङ्करवेदान्त ब्रह्म-विवर्तवाद है। यहाँ यह ध्यान में रखना आवश्यक है कि परिणाम तथा विवर्त शब्दों का उक्त पारिभाषिक अर्थों में प्रयोग आठवीं शती से रूढ़ हुआ है एवं इससे पूर्व के दार्शनिक साहित्य में इनका प्रयोग केवल 'परिवर्तन' के अर्थ में होता था और सन्दर्भ से पता लगाना पड़ता था कि परिवर्तन वास्तविक है या काल्पनिक। अतः शङ्कराचार्य से पूर्व के दार्शनिक साहित्य में परिवर्तन, अन्यथाभाव, परिणाम और विवर्त शब्दों का प्रयोग पर्यायों के रूप में कर दिया जाता था तथा शङ्करोत्तर काल से ही परिणाम और विवर्त शब्द अपने पारिभाषिक अर्थ में रूढ हुये हैं। जैन मत तथा आचार्य कुमारिल का मीमांसा-सम्प्रदाय सदसत्कार्यवाद को मानते हैं क्योंकि उनके अनुसार कार्य, उत्पत्ति के पूर्व, अव्यक्त रूप में कारण से अभिन्न होने से 'सत्' है तथा व्यक्त रूप में न होने से 'असत्' भी है। तथापि सदसत्कार्यवाद का झुकाव परिणामवाद की ओर है। चार्वाक मत अनुमान को प्रमाण नहीं मानता अतः कार्यकारणवाद को भी नहीं मानता।

उसके अनुसार सृष्टि और उसका वैचित्र्य कारण-जन्य नहीं होकर स्वभावजन्य है। अतः चार्वाक मत को 'स्वभाववाद' कहा जाता है।

सत्कार्यवाद :—सांख्य दर्शन सत्कार्यवाद को मानता है तथा उसके मत का नाम प्रकृति-परिणामवाद है। सृष्टि के सारे तत्त्व प्रलयावस्था में बीजरूप से या अव्यक्त रूप से प्रकृति के अन्तर्गत विद्यमान रहते हैं तथा सर्गावस्था में कार्यरूप से व्यक्त होते हैं। कार्य नई सृष्टि नहीं है; वह कारण की कार्यरूप में अभिव्यक्ति है। सांख्य ने सत्कार्यवाद की सिद्धि के लिये पाँच युक्तियाँ दी हैं जो इस प्रकार हैं—

(१) यदि कार्य, उत्पत्ति के पूर्व, कारण में विद्यमान न हो, तो वह 'असत्' होगा; असत् होने से वह शशशृंग तथा खपुष्प के समान होगा और असत् की उत्पत्ति किसी प्रकार कभी नहीं हो सकती। हजारों शिल्पी मिलकर भी आकाश में महल नहीं बना सकते। (असदकरणात)।

(२) प्रत्येक कार्य अपने उपादानकारण या समवायिकारण से सम्बद्ध रहता है और इसीलिये उससे उसकी उत्पत्ति होती है। यदि कारण-व्यापार के पूर्व कार्य की सत्ता न हो तो अविद्यमान कार्य का सम्बन्ध अपने उपादानकारण से किस प्रकार सम्भव होगा? सम्बन्ध दो सत् पदार्थों के बीच ही हो सकता है। उपादानकारण के बिना कार्य नहीं हो सकता। मिट्टी के बिना मृण्मय घड़ा, तन्तुओं के बिना कपड़ा और तिलों के बिना तिल का तेल नहीं बन सकता। इससे कार्य की उपादानकारण में विद्यमानता सिद्ध है। (उपादानग्रहणात्)।

(३) कार्य को उत्पत्ति-पूर्व भी उपादानकारण में विद्यमान मानना पड़ेगा, अन्यथा किसी भी कारण से किसी भी कार्य की उत्पत्ति सम्भव माननी पड़ेगी और यह असम्भव है। सभी कारणों से सभी कार्य उत्पन्न नहीं हो सकते। (सर्वसम्भवाऽभावात्)।

(४) शक्त कारण से ही शक्य कार्य की उत्पत्ति सम्भव है। जिस कारण में जिस कार्य को उत्पन्न करने की शक्ति होती है, उस कारण से वही कार्य उत्पन्न हो सकता है। इसका अर्थ है कि जो कार्य बीजरूप से जिस कारण में विद्यमान है, वही कारण उसी कार्य को उत्पन्न करने की शक्ति रखता है। यदि ऐसा न हो, तो पानी से दही जम जायेगा, बालू से तेल निकलेगा और बैल से दूध दुहा जा सकेगा। अतः सिद्ध है कि शक्त कारण से ही शक्य कार्य की उत्पत्ति सम्भव है। (शक्तस्य शक्यकरणात्)।

(५) कारण और कार्य एक ही वस्तु के दो रूप हैं। कारण कार्य की अव्यक्तावस्था है और कार्य कारण का व्यक्त रूप है। कारण का जो स्वभाव होता है वही स्वभाव कार्य का भी होता है। मिट्टी से बने घड़े का स्वभाव भी मिट्टी जैसा होता है। कार्य कारणात्मक होता है अर्थात् तात्त्विक रूप से कार्य कारण से अभिन्न होता है तथा दोनों का भेद व्यावहारिक है। (कारणभावात्)। अतः सत्कार्यवाद सिद्ध है।[१]

---

१. असदकरणादुपादानग्रहणात् सर्वसम्भवाऽभावात्।
शक्तस्य शक्यकरणात् कारणभावाच्च सत्कार्यम्।। सांख्यकारिका, ९

३. प्रकृति

सांख्य ने दो स्वतन्त्र तत्त्व स्वीकार किये हैं। एक जड़ प्रकृति है और दूसरा चेतन पुरुष है। यहाँ हम जड़ प्रकृति का निरूपण कर रहे हैं। प्रकृति समस्त जड़ जगत् की जननी हैं। वह स्वयं अजन्मा है, अत: उसका कोई कारण नहीं है, अन्यथा अनवस्था दोष आयेगा। सृष्टि का आदि कारण होने से इसे मूलप्रकृति कहा जाता है। यह समस्त विश्व का कारणभूत प्रथम मौलिक तत्त्व है अत: इसे प्रधान भी कहा जाता है। इसमें समस्त कार्यजात अव्यक्त रूप से विद्यमान रहते हैं, अत: यह अव्यक्त कहलाती है। अतीन्द्रिय होने से प्रकृति का प्रत्यक्ष ज्ञान नहीं होता, उसके कार्यों से ही उसका कारणरूप में अनुमान किया जाता है। अत: प्रकृति की संज्ञा अनुमान भी है। यह जड़ और अचेतन है। यह विवेकशून्य है। स्वतन्त्र है। नित्य है। एक है। व्यापक है। सामान्य या अनेकपुरुषभोग्य है। विषय है अर्थात् पुरूष द्वारा ज्ञेय है। त्रिगुणात्मक है अर्थात् तत्त्व, रजस् और तमस् नामक तीन गुणों से बनी है और इसीलिये सुखदु:खमोहात्मक है, किन्तु अचेतन होने से सुखदु:खमोह का अनुभव नहीं कर सकती। प्रसवधर्मिणी है। प्रसव के दो अर्थ हैं, उत्पत्ति और परिणाम। प्रकृति समस्त जड़ जगत् की जननी है, समस्त जगत् उसी से प्रसूत है। इसलिये प्रसवधर्मिणी है, बहुविध पदार्थों की सर्जिका है। प्रकृति निरन्तर परिणामशालिनी है। उसमें विरूप या सरूप परिणाम होता रहता है; इस अर्थ में भी वह प्रसवधर्मिणी है।[१] सर्ग के समय जड़ जगत् प्रकृति के गर्भ से कार्यरूप में अभिव्यक्त होता है, तथा प्रलय के समय पुन: प्रकृति के गर्भ में विलीन हो जाता है। सांख्य के अनुसार चेतन, ब्रह्म, आत्मा या पुरुष जड़ जगत् का कारण नहीं हो सकता, अन्यथा जगत् जड़ न होकर चेतन हो जायेगा। अचेतन परमाणु भी जगत्कारण नहीं हो सकते क्योंकि उनसे बुद्धि, अहंकार और मन आदि सूक्ष्म तत्त्वों की, जो चैतन्य को प्रतिबिम्बित करते हैं, उत्पत्ति नहीं हो सकती, तथा वे अनेक हैं और जगत् में अनुस्यूत एकता केवल एक ही कारण की ओर इङ्गित करती है। अत: प्रकृति ही इस जगत् का एकमात्र कारण सिद्ध होती है।

सांख्य ने **प्रकृति की स्वतन्त्र सत्ता** सिद्ध करने के लिये निम्नलिखित पाँच युक्तियाँ दी हैं—

(१) इस जगत् के सारे पदार्थ सीमित, परिमित, परतन्त्र, अव्यापक, अनित्य और अनेक हैं। यह तर्क सिद्ध है कि सीमित असीमित की ओर, परतन्त्र स्वतन्त्र की ओर और अनित्य नित्य की ओर सङ्केत करता है। अत: जगत् के सब पदार्थों का मूलकारण अवश्य ही असीमित, अपरिमित, स्वतन्त्र, व्यापक, नित्य और एक होना चाहिये और यह कारण प्रकृति है। (भेदानां परिमाणात्)।

(२) इस जगत् के सब पदार्थ सुख-दु:ख-मोहात्मक हैं। जैसे कोई प्रेमिका अपने प्रियतम को संयोग में सुखी, विरह में दु:खी तथा विरह की तीव्रता में मोहित (मूर्छित) करती है; या जैसे कोई रूपवती युवती अपने प्रियतम को सुखी, उसमें अनुरक्त अन्य स्त्री को दु:खी तथा

---

१. त्रिगुणमविवेकि विषय: सामान्यमचेतनं प्रसवधर्मि —सांख्यकारिका, ११

अन्य कामियों को मोहित (विषण्ण) करती है, या जैसे वसन्त में कोयल की कूक प्रिया-संयुक्त पुरुष में सुख, विरही में दुःख और माली में मोह (अज्ञान) उत्पन्न करती है। सत्त्वगुण से सुख, रजोगुण से दुःख और तमोगुण से मोह उत्पन्न होता है। अतः जगत् के सभी पदार्थों में सत्त्व-रजस्तमोगुण विद्यमान हैं। इसलिये सिद्ध है कि त्रिगुणात्मक प्रकृति ही समस्त पदार्थों का मूल कारण हैं जिसमें ये तीनों गुण समन्वित रहते हैं। (समन्वयात्)।

(३) समस्त कार्य कारण की शक्ति से उत्पन्न होते हैं। अतः शक्तिमती प्रकृति ही वह मूलकारण है जिससे यह सारा जड़ जगत् उत्पन्न होता है। (शक्तितः प्रवृत्तेश्च)।

(४) व्यक्तावस्था में कार्य का कारण से विभाग या भेद अनुभवसिद्ध है। यह विभाग सिद्ध करता है कि अव्यक्त कारण से ही समस्त व्यक्त कार्य उत्पन्न होते हैं। यह अव्यक्त कारण प्रकृति है। (कारणकार्यविभागात्)।

(५) अव्यक्तावस्था में समस्त कार्य बीजरूप से अपने कारण में विलीन हो जाते हैं। अव्यक्तावस्था में कार्य और कारण में अविभाग या अभेद है। जिसमें विश्व के समस्त पदार्थ प्रलय में पुनः लीन होकर कारण से अविभक्त (अभिन्न) बन जाते हैं, वह मूल कारण प्रकृति है। अपि च, इस जगत् के समस्त पदार्थों में स्वरूपगत एकता है, वैश्वरूप्य है, सामञ्जस्य है, और यह एकता मूलकारण प्रकृति से आती है। (अविभागाद् वैश्वरूप्यस्य)[१]।

प्रकृति और गुण :—प्रकृति त्रिगुणात्मक है। प्रकृति को तीनों गुणों की साम्यावस्था बताया है।[२] ये तीन गुण हैं—सत्त्व, रजस् और तमस्। ये गुण सूक्ष्म और अतीन्द्रिय हैं, इसलिये प्रकृति के समान इनका भी प्रत्यक्ष नहीं होता तथा इनके कार्यों से इनका अनुमान किया जाता है।[३] सत्त्वगुण का कार्य सुख है; रजोगुण का कार्य दुःख है तथा तमोगुण का कार्य मोह है। यह ध्यान देने की बात है कि यद्यपि इनको 'गुण' कहा गया है, तथापि ये न्यायवैशेषिक के गुणों के अर्थ में गुण नहीं हैं। ये प्रकृतिरूपी द्रव्य के गुण या धर्म नहीं हैं; अतः प्रकृति तथा गुणों में द्रव्य-गुण सम्बन्ध नहीं है। ये गुण स्वयं द्रव्यरूप हैं। ये वे तत्त्व हैं जिनसे प्रकृति बनती है; ये प्रकृति के संघटक तत्त्व हैं। गुण या धर्म द्रव्य के ही होते हैं; धर्म के अर्थ में गुण के गुण नहीं होते। किन्तु सांख्य के त्रिगुणों के भी गुण बताये गये हैं। प्रकाशत्व, चलत्व, लघुत्व, गुरुत्व आदि इन गुणों के गुण हैं; अतः स्पष्ट है कि ये गुण द्रव्यरूप हैं। ये प्रकृति के निर्माणक तत्त्व हैं। अपने सम्मिलित साम्य रूप में ये तीनों गुण ही प्रकृति हैं; प्रकृति इनके अतिरिक्त कुछ नहीं है। इनको गुण इसलिये कहा गया है क्योंकि ये प्रकृति की अपेक्षा गौण हैं। अथवा, ये पुरुष के उपकरण हैं। अथवा, गुण का अर्थ डोरी भी होता है; अतः ये गुण वे तीन डोरियाँ हैं जिनको मिलाकर प्रकृतिरूपी रस्सी बनती है जिससे पुरुष रूपी पशु संसार में बंधता है।

---

१. भेदानां परिमाणात् समन्वयात् शक्तितः प्रवृत्तेश्च।
कारणकार्यविभागादविभागाद् वैश्वरूप्यस्य।। सांख्यकारिका, १५

२. गुणानां साम्यावस्था प्रकृतिः।

३. गुणानां परमं रूपं न दृष्टिपथमृच्छति।

सत्त्वगुण शुद्धता या स्वच्छता का प्रतीक है। यह प्रकाशक और लघु है। इन्द्रियार्थसन्निकर्ष होने पर सत्त्व से पदार्थ का प्रकाश या ज्ञान होता है। लघु होने से यह ऊर्ध्वगामी है। सत्त्व से सुख उत्पन्न होता है। सुख के अन्तर्गत सरलता, प्रीति, श्रद्धा, सन्तोष, विवेक, दया आदि सुखद भाव आ जाते हैं। यह शुक्लवर्ण है। रजोगुण अशुद्धि (धूलिधूसरता) का प्रतीक है। यह सक्रिय या चल तथा उपष्टम्भक या संश्लेषजनक होता है। समस्त क्रिया या प्रवृत्ति इसी के कारण होती है। यह दु:ख उत्पन्न करता है। दु:ख के अन्तर्गत मान, मद, द्वेष, क्रोध, मत्सर आदि दु:खद भाव आ जाते हैं। यह रक्तवर्ण है। तमोगुण अन्धकार या अज्ञान का प्रतीक है। यह गुरु (भारी) और वरणक अर्थात् आच्छादक या अवरोधक है। इसका कार्य प्रकाश तथा क्रिया का, सुख तथा दु:ख का अवरोध करना है। भारी होने से यह अधोगामी है। इससे मोह उत्पन्न होता है। मोह के अन्तर्गत प्रमाद, आलस्य, निद्रा, मूर्च्छा, अज्ञान, विषाद आदि आ जाते हैं। यह कृष्णवर्ण है। तीनों गुण सदा सम्मिलित रहते हैं एवं एक-दूसरे से अलग नहीं किये जा सकते। ये सदा-संयुक्त हैं, अत: परस्पर इनका संयोग या विभाग नहीं हो सकता। ये एक-दूसरे का तिरस्कार भी करते हैं, उपकार भी करते हैं और परस्पर सहयोग करके सारे पदार्थों को उत्पन्न करते हैं। जिस प्रकार दीपक में तेल, बत्ती और ज्वाला, परस्परविरोधी होते हुये भी, मिलकर प्रकाश करते हैं, उसी प्रकार ये तीनों गुण, परस्पर विरोधी होते हुये भी, मिलकर पुरुष के प्रयोजन की सिद्धि के लिये कार्य करते हैं। उदाहरणार्थ, सत्त्वगुण की प्रतीक पतिव्रता सुन्दरी अपने पति को सुखी, सपत्नी को दु:खी एवं अन्य कामी पुरुष को मोहित (विषण्ण) करती है; रजोगुण का प्रतीक वीर योद्धा युद्ध में अपनी वीरता से अपने लोगों को सुखी, शत्रुओं को दु:खी, तथा अन्यों को मोहित करता है; और तमोगुण का प्रतीक मेघ आकाश को आच्छादित करके निदाघ-संतप्त लोगों को सुखी, कृषकों को क्रियाशील तथा विरह-निमग्नों को विषण्ण करता है।[१] किसी वस्तु या व्यक्ति को सात्त्विक, राजस या तामस उसमें उस गुण के आधिक्य के कारण कहा जाता है।

रसलीन कवि ने अपने एक दोहे में प्रेयसी के नयनों के माध्यम से इन तीनों गुणों का अत्यन्त सुन्दर वर्णन किया है। वे कहते हैं कि प्रेयसी के नयनों में श्वेत, श्याम और लाल तीनों रंग झलक रहे हैं; उनमें अमृत, हलाहल विष और मदिरा भरी हुई है; वे जिसे एक बार देख लेते हैं, वह व्यक्ति मिलन की आशा में जीता है, निराशा में मरता है तथा विरह-वेदना में झुकझुककर तड़पता है। सत्त्वगुण श्वेत है, अमृतमय है, सुखद एवं जीवनदाता है; रजोगुण लाल है, मदिरा के समान है, प्रेम-मद में तड़पाता है; तमोगुण श्यामवर्ण है, विष के समान है, मोह, मूर्च्छा, मरण का प्रतीक है।[२]

इन गुणों में, रजोगुण की क्रियाशीलता के कारण, निरन्तर परिणाम होता रहता है। यदि प्रकृति में स्वत: परिणाम न हो तो बाहर से नहीं आ सकता। और यदि एक बार भी परिणाम

---

१. ये उदाहरण सांख्यकारिका के टीकाकारों ने दिये हैं।

२. अमी-हलाहल-मदभरे श्वेत-श्याम-रतनार।
जियत मरत झुकि झुकि परत जेहि चितवत इक बार।।

रुक जाय तो पुनः प्रारम्भ नहीं हो सकता। अतः सांख्य ने प्रकृति और उसके गुणों को प्रतिक्षण-परिणामी माना है। पुरुष कूटस्थ नित्य है; प्रकृति परिणामि-नित्य है।[१] गुणों की साम्यावस्था प्रलय की अवस्था है किन्तु इसमें गुणों में सरूप परिणाम प्रतिक्षण होता रहता है। विरूपपरिणाम गुणों की विषमावस्था में होता है। यह संघर्ष की तथा सर्ग की अवस्था है।

४. पुरुष

सांख्य द्वारा अभिमत दूसरा स्वतन्त्र तत्त्व पुरुष है। पुरुष चेतन या आत्मतत्त्व है। वह विषयी, ज्ञाता, अनुभविता है। वह शरीर, इन्द्रियाँ, बुद्धि, अहङ्कार और मन से विलक्षण या भिन्न है। वह चेतन द्रव्य नहीं है और न चैतन्य उसका गुण या धर्म है; पुरुष चैतन्यस्वरूप है, चैतन्य उसका स्वभाव है। वह परम विशुद्ध परात्पर चैतन्य है। वह परम आत्मतत्त्व है। वह पारमार्थिक ज्ञाता या द्रष्टा है जो समस्त ज्ञान और अनुभव का अधिष्ठान है। वह स्वत:सिद्ध और स्वप्रकाश है। वह विशुद्ध विषयी है जो कभी विषय या ज्ञेय नहीं बन सकता। वह साक्षी है, कूटस्थ नित्य है, निष्क्रिय और अपरिणामी है एवं सब प्रकार के परिणाम, विकार, परिवर्तन तथा क्रिया से सर्वदा तथा सर्वथा अस्पृष्ट है। वह व्यापक और विभु है। वह निर्गुण या निस्त्रैगुण्य है। वह कार्यकारणभाव से परे है; नित्य होने से वह किसी का कार्य नहीं है, किसी ने उसे उत्पन्न नहीं किया है; और न वह किसी का कारण है, वह किसी को उत्पन्न नहीं करता। वह विधिनिषेध के ऊपर है। स्वत:सिद्ध होने से उसकी सिद्धि या विधान का यत्न पुनरुक्तिमात्र है; दिन में सूर्य को दीपक के प्रकाश द्वारा प्रकाशित करने के समान व्यर्थ है; तथा उसका निषेध करना असम्भव है क्योंकि जो निषेध-कर्ता या निराकर्ता है वही उस आत्मतत्त्व का स्वरूप है। वह दिक्-कालातीत है, देश और काल से अपरिच्छिन्न है। प्रकृति से नितान्त विपरीत होने के कारण (विपर्यासात्) उसे निर्गुण, विवेकी, अविषय, आसामान्य, चेतन और अपरिणामी (अप्रसवधर्मी) कहा जाता है एवं इस प्रकार उसका साक्षी होना, केवल अर्थात् परम विशुद्ध और आत्यन्तिक दु:खरहित होना, मध्यस्थ अर्थात् तटस्थ या उदासीन या रागद्वेषशून्य होना, द्रष्टा या ज्ञाता अर्थात् शुद्धचैतन्यस्वरूप होना, तथा अकर्ता अर्थात् कर्तृत्व एवं परिणाम से सर्वथा रहित होना सिद्ध होता है।[२]

सांख्य ने **पुरुष की स्वतन्त्र सत्ता** की सिद्धि के लिये निम्नलिखित पाँच युक्तियाँ प्रस्तुत की हैं—

(१) अव्यक्त प्रकृति और उससे उत्पन्न संघातरूपी समस्त व्यक्त कार्य-समूह जड़ होने

१. प्रतिक्षणपरिणामिनो हि सर्वभावा ऋते चितिशक्तेः।

२. तस्माच्च विपर्यासात् सिद्धं साक्षित्वमस्य पुरुषस्य।
कैवल्यं माध्यस्थं द्रष्टृत्वमकर्तृभावश्च।। सांख्यकारिका, १९
त्रिगुणमविवेकि विषयः सामान्यमचेतनं प्रसवधर्मि।
व्यक्तं तथा प्रधानं, तद्विपरीतस्तथा च पुमान्।। वहीं, ११

से अपने लिये नहीं हैं, प्रत्युत उनकी सत्ता किसी अन्य के लिए है जो चेतन हो तथा जिसके प्रयोजन को साधने के लिये हो उनकी सत्ता हो। स्वयं प्रकृति तथा उससे प्रसूत समस्त कार्य-समूह चेतन पुरुष के प्रयोजन को सिद्ध करने के लिये ही प्रवृत्त होते हैं। यह प्रयोजन दो प्रकार का है—भोग और अपवर्ग या मोक्ष। प्रकृति, तीनों गुण, बुद्धि, अहङ्कार, मन, इन्द्रियाँ, शरीर आदि सब पुरुष के भोग और अपवर्ग रूपी प्रयोजन को सिद्ध करने के लिये प्रवृत्त होते हैं। अतः अव्यक्त प्रकृति तथा व्यक्त कार्यसमूह से सर्वथा भिन्न चेतन पुरुष की सत्ता सिद्ध होती है। यह प्रयोजनमूलक तर्क है। (संघातपरार्थत्वात्)।

(२) अव्यक्त प्रकृति तथा व्यक्त कार्य-समूह त्रिगुणात्मक है। सब सत्त्वरजस्तमोगुणयुक्त हैं। सगुण निर्गुण की ओर तथा त्रिगुण निस्त्रिगुण की ओर एवं अचेतन चेतन की ओर तथा परिणामी अपरिणामी की ओर अनिवार्यतया सङ्केत करता है। यह निस्त्रिगुण अपरिणामी चेतन पुरुष है। अतः अव्यक्त प्रकृति तथा व्यक्त कार्य-समूह से नितान्त विपरीत निर्गुण अपरिणामी चेतन पुरुष की सत्ता सिद्ध होती है। यह तर्कशास्त्रीय तर्क है। (त्रिगुणादिविपर्ययात्)।

(३) हमारा लौकिक ज्ञान, सुख-दुःख का अनुभव, बुद्धि, अहङ्कार या मनोमूलक हमारी सारी चित्तवृत्तियाँ ज्ञाता या अनुभविता की ओर सङ्केत करती हैं जो समस्त ज्ञान और अनुभव का अधिष्ठान है। यह ज्ञाता ही हमारे सारे ज्ञान को, सारी चित्तवृत्तियों को प्रकाशित करके एकता के सूत्र में पिरोये रखता है। सारे विधि-निषेध इसी पर निर्भर हैं। यह साक्षिचैतन्यरूप है तथा प्रमाता या जीवात्मा में भी इसी का चैतन्य प्रकाशित है। अतः ज्ञान और समस्त अनुभव के अधिष्ठान के रूप में पुरुष की सत्ता सिद्ध होती है। यह तत्त्वमीमांसीय या सत्तामूलक तर्क है। (अधिष्ठानात्)।

(४) प्रकृति तथा उसके कार्य-समूह जड़ होने से भोग्य हैं। वे स्वयं अपना उपभोग नहीं कर सकते। सब पदार्थ सुख, दुःख, और मोह उत्पन्न करते हैं। किन्तु इनका भोगने वाला भी कोई होना चाहिये। जड़ भोग्य वस्तु के भोगार्थ चेतन भोक्ता की सत्ता अनिवार्य है। यह चेतन भोक्ता पुरुष है। अतः पुरुष की सत्ता सिद्ध होती है। यह नीतिशास्त्रीय तर्क है। (भोक्तृभावात्)।

(५) कुछ आध्यात्मिक स्वभाव के ज्ञानी पुरुषों में कैवल्य या मोक्ष की प्राप्ति के लिये उत्कट इच्छा और प्रयत्न दृष्टिगत होता है। विविध दुःख की आत्यन्तिक निवृत्ति को कैवल्य कहा गया है। दुःख का अनुभव तो सभी को होता है, और सभी, किसी न किसी रूप में, दुःख मिटाने का प्रयत्न भी करते हैं, किन्तु कुछ ज्ञानी जन इस दुःख की आत्यन्तिक निवृत्ति के लिये प्रयत्नशील होते हैं। यह प्रकृति-पुरुष के विवेकज्ञान से सम्भव है। अतः पुरुष की स्वतन्त्र सत्ता सिद्ध होती है। यह आध्यात्मिक या रहस्यवादी तर्क है। (कैवल्यार्थ प्रवृत्तेश्च)।[1]

जैन, मीमांसा और रामानुज के मतों के समान सांख्य पुरुषों की अनेकता में विश्वास रखता है। सांख्य पुरुषों में संख्या-गत भेद और गुण-गत अभेद है। सभी पुरुष स्वरूपतः समान

---

१. संघातपरार्थत्वात् त्रिगुणादिविपर्ययादधिष्ठानात्।
पुरुषोऽस्ति भोक्तृभावात् कैवल्यार्थं प्रवृत्तेश्च।। सांख्यकारिका, १७

हैं; गणना में ही भिन्न हैं। सांख्य ने पुरुषों की अनेकता को सिद्ध करने के लिये पाँच युक्तियाँ दी हैं जो इस प्रकार हैं—

(१, २, ३,) पुरुषों में (१) जन्म, (२) मृत्यु, और (३) इन्द्रियों का भेद स्पष्ट रूप से प्रतीत होता है। विभिन्न पुरुषों का जन्म अलग-अलग होता है, उनकी मृत्यु भी अलग-अलग होती है; तथा उनकी ज्ञानेन्द्रियाँ अलग-अलग होती हैं। अन्यथा एक पुरुष के जन्म से सबका जन्म और एक की मृत्यु से सबकी मृत्यु हो जाती। इसी प्रकार जब कोई पुरुष किसी रूप-रस-गन्ध-शब्द-स्पर्श का अनुभव करता तो सब पुरुषों को वही अनुभव एक साथ होता। किन्तु ऐसा नहीं होता, अत: पुरुषों की अनेकता सिद्ध है। (जनन-मरण-करणानां प्रतिनियमात्)।

(४) विभिन्न पुरुषों में प्रवृत्ति भी अलग-अलग होती है। प्रवृत्ति दो प्रकार की होती है, एक तो कर्मेन्द्रियों द्वारा कृत शारीरिक तथा वाचिक कर्म और दूसरी अन्त:करण द्वारा कृत मानस कर्म। विभिन्न पुरुषों में अन्त:करण और कर्मेन्द्रियाँ अलग-अलग होती हैं। अन्यथा जब कोई व्यक्ति सुख या दु:ख का अनुभव करता तो सब उसी सुख या दु:ख का एक साथ अनुभव करते; या जब कोई व्यक्ति, चलता, खाता, पीता, या बोलता तो सभी उसी प्रकार और उसी समय चलते, खाते, पीते या बोलते। तब एक पुरुष के बन्धन से सबका बन्धन और एक की मुक्ति से सबकी मुक्ति हो जाती। किन्तु ऐसा नहीं होता। इससे पुरुषों की अनेकता सिद्ध है। (अयुगपत्प्रवृत्तेश्च)।

(५) मुक्त पुरुषों में केवल संख्या-गत भेद है तथा स्वरूपत: वे समान हैं। बद्ध पुरुषों में संख्या-गत एवं गुण-गत दोनों प्रकार के भेद हैं। किसी पुरुष में सत्त्वगुण का प्राधान्य है, किसी में रजोगुण का और किसी में तमोगुण का। अत: तीनों गुणों के अनुपात में न्यूनाधिक्य के भेद के कारण प्रति शरीर के अधिष्ठाता पुरुषों में भेद सिद्ध होता है। अत: पुरुषों की अनेकता सिद्ध है। (त्रैगुण्यविपर्ययात् चैव)।[१]

५. सर्ग

सांख्य ने प्रकृति का लक्षण 'गुणों की साम्यावस्था' (गुणानां साम्यावस्था प्रकृति:) बताया है। गुणों की साम्यावस्था प्रलय में होती है। अत: प्रकृति का स्वरूप प्रलय है। सर्ग या सृष्टि को विकृति (विकार या परिणाम-जन्य) कहा गया है। सारी सृष्टि प्रकृति के गर्भ में अव्यक्त रूप से विद्यमान है; सर्गावस्था में वह कार्य रूप में व्यक्त होती है। सर्ग नवीन सृष्टि नहीं है और प्रलय सृष्टि का विनाश नहीं है। सर्ग कार्य-समूह का आविर्भाव और प्रलय उसका तिरोभाव मात्र है। सांख्य ने प्रकृति को सदा क्रियाशील माना है। उसमें रजोगुण के रूप में क्रिया सदा विद्यमान रहती है। यदि प्रकृति स्वयं सक्रिय न हो तो बाहर से उसमें गति आना सिद्ध नहीं हो सकता। और यदि एक बार भी प्रकृति की क्रिया रुक गई तो उसका पुन: प्रारम्भ

---

१. जनन-मरण-करणानां प्रतिनियमादयुगपत् प्रवृत्तेश्च।
पुरुषबहुत्वं सिद्धं त्रैगुण्यविपर्ययाच्चैव।। सांख्यकारिका, १८

होना सम्भव नहीं होगा। सांख्य ने क्रिया या परिणाम को दो प्रकार का माना है—एक तो सरूप या सजातीय परिणाम जिसमें प्रत्येक गुण अपनी विभिन्न अवस्थाओं में परिवर्तित होता रहता है, और दूसरा विरूप या विजातीय परिणाम जिसमें रजोगुण के क्षोभ से तीनों गुणों में क्षोभ उत्पन्न होकर संघर्ष की दशा बनती है तथा परस्पर संघर्ष से गुणों में वैषम्य होकर सर्ग का प्रारम्भ होता है। प्रकृति में प्रतिक्षण परिवर्तन होता रहता है। चेतन पुरुष के अतिरिक्त सभी भाव प्रतिक्षण परिणामी हैं। सरूप परिणाम में गुणों की साम्यावस्था के कारण प्रलय की स्थिति रहती है जिसमें प्रकृति शान्त समुद्र के समान ऊपर से शान्त दिखती है किन्तु भीतर ही भीतर तीनों गुणों की अलग-अलग धारायें निरन्तर बहती रहती हैं। विरूप परिणाम में गुणों की विषमावस्था के कारण गुणों के संघर्ष से प्रकृति तूफानी समुद्र के समान विप्लवमय हो जाती है तथा सर्ग की क्रिया प्रारम्भ हो जाती है। सृष्टि का विकास सीधी रेखा में नहीं चलता; अपितु सर्ग और प्रलय चक्रवत् चलते रहते हैं। जिस प्रकार एक व्यक्ति का जन्म-मरण-चक्र चलता रहता है, उसी प्रकार इस समष्टि का भी सर्ग प्रलय-चक्र चलता रहता है। यह चक्र अनादि है। मुक्त पुरुषों के लिये इसका अन्त हो जाता है, किन्तु बद्ध पुरुषों के लिये यह चलता रहता है। सर्ग यद्यपि जड़ प्रकृति का कार्य है, तथापि इसे अन्ध या यान्त्रिक नहीं माना गया है। सर्ग प्रयोजनमूलक है। प्रकृति तथा उसके समस्त कार्य-समूह पुरुष के प्रयोजन के लिये प्रवृत्त होते हैं। सर्ग या सृष्टि पुरुष के भोग और मोक्ष के लिये होती है। भोग के लिये पुरुष को प्रकृति-प्रसूत सृष्टि की स्पष्ट ही आवश्यकता है; किन्तु मोक्ष के लिये भी पुरुष को प्रकृति की अपेक्षा रहती है क्योंकि मोक्ष प्रकृति और पुरुष के भेद-ज्ञान पर या विवेक ज्ञान पर निर्भर है। जब पुरुष प्रकृति के स्वरूप को पहचान लेता है तो प्रकृति में उसकी आसक्ति निवृत्त हो जाती है और उसे अपने स्वरूप का ज्ञान होता है।

प्रश्न है कि सर्ग क्यों और कैसे होता है? सांख्य का उत्तर है सर्ग पुरुषार्थ सिद्धि के लिये होता है और गुण-वैषम्य उत्पन्न करने वाले विरूप परिणाम से होता है। पुनः यह प्रश्न उपस्थित होता है कि सरूप परिणाम या गुणों की साम्यावस्था अचानक विरूप परिणाम में या गुणों की विषमावस्था में कैसे परिवर्तित हो जाती है? अकेली प्रकृति यह परिवर्तन नहीं कर सकती। अतः सांख्य ने इस परिवर्तन के लिये पुरुष को भी सम्बद्ध किया है। यदि प्रकृति पुरुष से विलग रहे तो प्रलय की अवस्था रहेगी। सर्ग के लिये किसी न किसी रूप में प्रकृति और पुरुष का मिलन अनिवार्य है। सांख्य स्पष्ट कहता है कि प्रकृति और पुरुष के संयोग से सर्ग होता है। प्रकृति अचेतन और अन्ध है, किन्तु सक्रिय है; पुरुष चेतन और द्रष्टा है, किन्तु पंगु और निष्क्रिय है। जिस प्रकार कोई पंगु व्यक्ति किसी अन्धे व्यक्ति के कन्धों पर बैठकर उसे मार्ग बताता रहे और अन्धा व्यक्ति चलता रहे तो वे दोनों इस परस्पर सहयोग से अपने गन्तव्य स्थल पर पहुँच सकते हैं, जहाँ उनमें से कोई भी अकेले नहीं जा सकता था, इसी प्रकार पंगु-अन्ध न्याय से पुरुष और प्रकृति परस्पर संयुक्त होकर सृष्टि करते हैं। पुरुष को प्रकृति की अपेक्षा है; वह उसे देखना चाहता है, उसका भोग करना चाहता है, और उसके स्वरूप को देख कर उससे निवृत्त होकर अपने स्वरूप का (जो प्रकृति के स्वरूप

से नितान्त विपरीत है) ज्ञान करके मोक्ष प्राप्त कर सकता है। इसी प्रकार प्रकृति को पुरुष की अपेक्षा है, वह स्वयं को पुरुष को दिखाना चाहती है, वह चाहती है कि पुरुष उसे देखे, उसका भोग करे तथा उसके स्वरूप को जानकर मोक्ष प्राप्त कर सके, इसीलिये प्रकृति पुरुष के भोग और मोक्ष के प्रयोजन को सिद्ध करने के लिये सृष्टि में प्रवृत्त होती है।[१] सांख्य प्रकृति और पुरुष की परस्पर विपरीत और स्वतन्त्र तत्त्व स्वीकार करता है। उसका यह द्वैतवाद प्रकृति और पुरुष के संयोग में बाधक है। पंगु और अन्ध व्यक्ति दोनों चेतन हैं; दोनों का एक लक्ष्य (गन्तव्य स्थल) है, दोनों उसकी प्राप्ति के लिये सहयोग कर सकते हैं। किन्तु प्रकृति अचेतन और पुरुष चेतन है, अतः दोनों विभिन्न स्तर के हैं। इसलिये दोनों का एक लक्ष्य नहीं हो सकता और न उस लक्ष्य की प्राप्ति के लिये सहयोग हो सकता है। जड़ प्रकृति का कोई लक्ष्य या प्रयोजन नहीं है; शुद्ध चैतन्य स्वरूप पुरुष का भी कोई प्रयोजन नहीं है। अतः दोनों का संयोग असम्भव है। इस कठिनाई से बचने के लिये सांख्य ने कहा कि वस्तुतः प्रकृति-पुरुष का संयोग नहीं हो सकता, किन्तु पुरुष की सन्निधि मात्र से अर्थात् सामीप्य से ही प्रकृति में गुण-क्षोभ या वैषम्य हो जाता है जो सर्ग का हेतु है। यदि ऐसा है तो पुरुष तो सदा ही प्रकृति के समीप है और निष्क्रिय होने से इधर उधर जा भी नहीं सकता, अतः सदा ही गुणक्षोभ और सर्ग चलता रहेगा। तब प्रलय नहीं होगा और गुणों की साम्यावस्था भी नहीं होगी तथा प्रकृति का लक्षण भी सिद्ध नहीं होगा। इन कठिनाइयों से बचने के लिये सांख्य ने संयोगाभास का प्रतिपादन किया। सांख्य ने स्वीकार किया कि वस्तुतः प्रकृति-पुरुष का संयोग नहीं हो सकता, किन्तु महत्-तत्त्व या बुद्धि में पुरुष का प्रतिबिम्ब पड़ता है और पुरुष इस प्रतिबिम्ब को ही अपना स्वरूप मान लेता है तथा यह संयोगाभास गुण-क्षोभ तथा सृष्टि का हेतु बन जाता है। किन्तु महत् या बुद्धि तो सर्ग का प्रथम आविर्भूत तत्त्व है, अतः सर्ग से पूर्व इसकी स्थिति नहीं है, तब पुरुष का सर्ग-पूर्व इसमें प्रतिबिम्ब कहाँ से पड़ेगा जो सर्ग का कारण बन सके ? इसके उत्तर में सांख्य ने कहा कि पुरुष का प्रतिबिम्ब प्रकृति में ही पड़ता है। यदि ऐसा है, तो यह प्रतिबिम्ब सदा ही पड़ता रहेगा और तब प्रलय नहीं होगा और न गुणों की साम्यावस्था होगी। पुनश्च, यदि संयोगाभास से सृष्टि होती है तो सृष्टि स्वयं आभासमात्र होगी; वह प्रकृति का तात्त्विक परिणाम नहीं हो सकेगी। तब प्रकृति अद्वैत वेदान्त की माया में विगलित हो जायेगी और सांख्य का द्वैतवाद नष्ट हो जायेगा।

इस प्रकार सांख्य का द्वैतवाद सर्ग के कारण की कोई सन्तोषजनक व्याख्या नहीं कर सका है।

६. सृष्टि-क्रम

सृष्टि-क्रम में सर्वप्रथम आविर्भूत तत्त्व 'महत्' है जिसे व्यष्टि में 'बुद्धि' कहते हैं। बुद्धि प्रकृतिज होने से अचेतन है; यह प्रकृति का सूक्ष्मतम तत्त्व है जो पुरुष के चैतन्य को, स्वच्छ

---

१. पुरुषस्य दर्शनार्थं कैवल्यार्थं तथा प्रधानस्य।
पङ्ग्वन्धवदुभयोरपि संयोगस्तत्कृतः सर्गः।। सांख्यकारिका, २१

दर्पण के समान, स्वयं में प्रतिबिम्बित कर लेता है। इससे अचेतन बुद्धि चेतनवत् प्रतीत होती है और निर्गुण पुरुष सीमित साकार ज्ञाता और भोक्ता जीव के रूप में प्रतीत होता है। बुद्धि का कार्य अध्यवसाय या कार्याकार्य के विषय में निश्चय है। सात्त्विक बुद्धि के धर्म, ज्ञान, वैराग्य और ऐश्वर्य, से चार गुण होते हैं; तामस बुद्धि के गुण इनके विपरीत होते हैं। स्मृति और प्रत्यभिज्ञा बुद्धि में रहती हैं।

महत् या बुद्धि से अहङ्कार उत्पन्न होता है। यह व्यक्तित्व का तत्त्व है। अहङ्कार अभिमान की भावना है। 'अहं' (मैं) और 'मम' (मेरा) की भावना है। इसमें जीव का जीवत्व स्पष्टतया प्रतीत होता है और ज्ञातृत्व तथा भोक्तृत्व के अतिरिक्त उसमें कर्तृत्व की भावना भी आ जाती है। अहङ्कार तीन प्रकार का होता है[१]—

(१) सात्विक या वैकृत जिसमें सत्त्व गुण का प्राधान्य होता है। समष्टि रूप में यह मनस्, पञ्च कर्मेन्द्रियों को उत्पन्न करता है। व्यष्टि रूप में यह शुभ कर्मों को उत्पन्न करता है।

(२) तामस या भूतादि जिसमें तमोगुण का प्राधान्य होता है। समष्टि रूप में यह पञ्च तन्मात्राओं को उत्पन्न करता है। व्यष्टि रूप में यह प्रमाद, आलस्य, विषादादि को उत्पन्न करता है।

(३) राजस या तैजस जिसमें रजोगुण का प्राधान्य रहता है। समष्टि-रूप में यह सात्त्विक और तामस अहङ्कार को शक्ति देता है जिससे वे अपने कार्यों को उत्पन्न करते हैं। व्यष्टि रूप में यह अशुभ कर्मों का जनक है।

मनस् सात्त्विक अहङ्कार से उत्पन्न अन्तरिन्द्रिय है। सांख्य के अनुसार इसका कार्य संकल्प अर्थात् सम्यक् कल्पना करना है; यह इन्द्रियों से प्राप्त निर्विकल्प सम्वेदनों को सविकल्प रूप देकर उनकी विशेषण-विशेष्यभाव से विवेचना करता है। यह उभयात्मक है क्योंकि यह ज्ञानेन्द्रिय और कर्मेन्द्रिय दोनों से सम्बद्ध रहता है।[२] मन विविध इन्द्रियों से युगपत् या क्रमशः संपृक्त हो सकता है। न्याय-वैशेषिक के अनुसार मन नित्य एवं अणुरूप है तथा एक बार में एक ही इन्द्रिय से संयोग कर सकता है। सांख्य के अनुसार मन न तो नित्य है और न अणुरूप है।

सात्त्विक अहङ्कार से ही मन के अतिरिक्त पञ्चज्ञानेन्द्रियाँ और पञ्चकर्मेन्द्रियाँ उत्पन्न होती हैं। पञ्चज्ञानेन्द्रियाँ चक्षु, रसना, घ्राण, त्वक् और श्रोत्र हैं जिनसे क्रमशः रूप, रस, गन्ध, स्पर्श और शब्द की उपलब्धि होती है। पञ्चकर्मेन्द्रियाँ वाक्, पाणि, पाद, पायु और उपस्थ हैं जिनसे क्रमशः वचन, आदान, विचरण, विसर्जन और प्रजनन के कर्म सम्पादित किये जाते हैं।

बुद्धि, अहङ्कार और मन प्रकृतिज होने से अचेतन हैं तथा पुरुष के चैतन्य के प्रकाश से चेतनवत् प्रतीत होते हैं। ये तीनो अन्तःकरण हैं। पञ्चज्ञानेन्द्रियाँ और पञ्चकर्मेन्द्रियाँ ये दस ब्राह्यकरण हैं। कुल मिलाकर ये सांख्य-सम्मत तेरह करण हैं।

---

१. सांख्यकारिका, २५

२. उभयात्मकमत्र मनः संकल्पकमिन्द्रियं च साधर्म्यात्। वहीं, २७

तामस अहङ्कार से पञ्चतन्मात्रायें उत्पन्न होती हैं। ये सूक्ष्म तत्त्व हैं। इनके नाम रूप, रस, गन्ध, स्पर्श और शब्द तन्मात्रा हैं। ये पञ्चमहाभूतों को—पृथ्वी, जल, अग्नि, वायु और आकाश को—उत्पन्न करती हैं और साथ ही उनके विशिष्ट गुणों को भी अर्थात् गन्ध, रस, रूप, स्पर्श और शब्द नामक गुणों को भी उत्पन्न करती हैं। तन्मात्राओं के और गुणों के नाम एक ही हैं, अतः इससे भ्रान्ति नहीं होनी चाहिए। शब्दतन्मात्रा से आकाश नामक महाभूत तथा उसका शब्द नामक गुण दोनों उत्पन्न होते हैं। शब्दतन्मात्रसहित-स्पर्शतन्मात्रा से वायु नामक महाभूत और उसके शब्द तथा स्पर्श नामक गुण उत्पन्न होते हैं। शब्दस्पर्शतन्मात्र-सहित-रूपतन्मात्रा से अग्नि या तेजस् नामक महाभूत और उसके शब्द-स्पर्श-रूप नामक गुण उत्पन्न होते हैं। शब्दस्पर्शरूपतन्मात्रसहित-रसतन्मात्रा से जल नामक महाभूत और उसके शब्द-स्पर्श-रूप-रस नामक गुण उत्पन्न होते हैं। शब्दस्पर्शरूपरसतन्मात्रसहित-गन्धतन्मात्रा से पृथ्वी नामक महाभूत और उसके शब्द-स्पर्श-रूप-रस-गन्ध नामक गुण उत्पन्न होते हैं।

इस प्रकार सृष्टि-क्रम प्रकृति एवं तत्प्रसूत तेईस तत्त्वों को मिलाकर चौबीस तत्त्वों का व्यापार है। सांख्य का पच्चीसवाँ तत्त्व पुरुष है जो प्रकृति से सर्वथा विपरीत और स्वतन्त्र है तथा इस सृष्टि-व्यापार से अलिप्त है। सांख्य-सम्मत इन पच्चीस तत्त्वों में पुरुष कार्यकारणभाव से सर्वथा अलग है। वह न 'प्रकृति (कारण) है और न विकृति (कार्य)।' मूलप्रकृति केवल प्रकृति (कारण) है, विकृति (कार्य) नहीं है। महत् (बुद्धि), अहङ्कार और पञ्चतन्मात्रायें, ये सात तत्त्व 'प्रकृति-विकृति' दोनों हैं (कारण और कार्य दोनों हैं)। मनस्, पञ्चज्ञानेन्द्रियाँ, पञ्चकर्मेन्द्रियाँ और पञ्चमहाभूत, ये सोलह तत्त्व केवल 'विकृति' (कार्य) हैं।[1] सृष्टि-क्रम इस प्रकार है :—

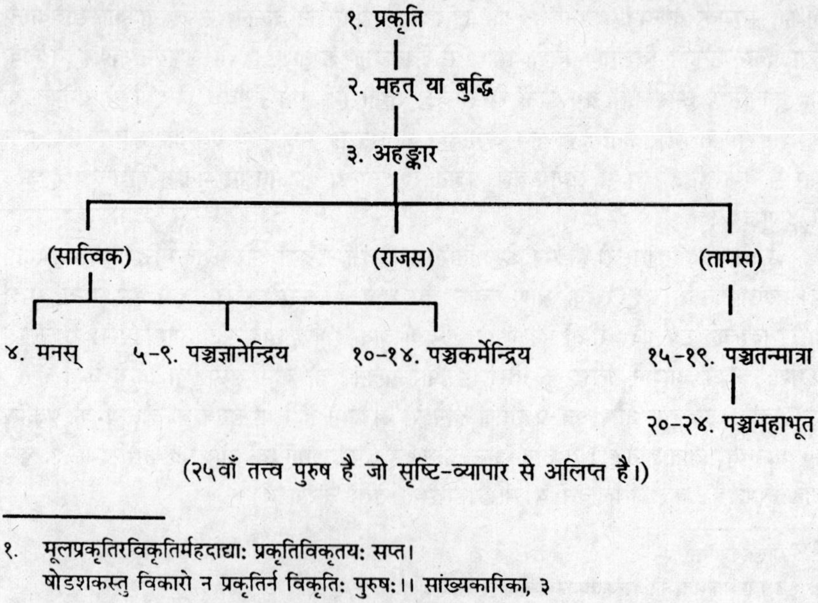

(२५वाँ तत्त्व पुरुष है जो सृष्टि-व्यापार से अलिप्त है।)

---

१. मूलप्रकृतिरविकृतिर्महदाद्याः प्रकृतिविकृतयः सप्त।
षोडशकस्तु विकारो न प्रकृतिर्न विकृतिः पुरुषः।। सांख्यकारिका, ३

सांख्य के अनुसार सृष्टि का विकास प्रयोजनमूलक है। प्रकृति सहित समस्त चौबीस तत्त्व स्वयं अचेतन होते हुये भी चेतन पुरुष के प्रयोजन की सिद्धि के लिये प्रवृत्त होते हैं, चाहे वह प्रयोजन भोग हो, चाहे अपवर्ग (मोक्ष)। सांख्य कहता है कि अचेतन तत्त्व भी चेतन प्राणियों के उपभोग के लिये प्रवृत्त होते हैं; जैसे अचेतन वृक्षों में चेतन प्राणियों के उपभोगार्थ फल लगते हैं, जल परोपभोगार्थ स्रोतों और नदियों के रूप में बहता है, तथा गाय के थनों से बछड़े के पोषणार्थ तथा अन्य जनों के उपभोगार्थ दूध निकलता है।[१] अचेतन में भी आकर्षण-क्रिया होती है, जैसे लोहा चुम्बक की ओर आकृष्ट होता है। सांख्यपुरुष, जिसे कारण और कार्य से परे माना गया है, वस्तुतः इस सृष्टि-विकास का निमित्तकारण और प्रयोजनकारण दोनों है। उसके प्रकृति के साथ संयोग या संयोगाभास के बिना सृष्टि नहीं होती और उसके प्रयोजन को सिद्ध करने के लिये ही सृष्टि होती है। अरस्तू के ईश्वर के समान सांख्य-पुरुष, स्वयं निष्क्रिय होते हुये भी सारी सृष्टि-क्रिया का अधिष्ठान है; वही सारी सृष्टि का परम 'अर्थ' है जिसकी ओर सारी सृष्टि गतिशील है। प्रकृति गुणवती, उपकारिणी और सक्रिय है जो गुणहीन, अनुपकारी, उदासीन और निष्क्रिय पुरुष के प्रयोजन को सिद्ध करने के लिये अपने समस्त कार्य-समूह सहित नाना प्रकार के उपायों से निःस्वार्थ भाव से सदा प्रवृत्त रहती है।[२] प्रकृति सदा पुरुष के भोग और मोक्ष के लिये कार्यरत रहती है।[३] प्रकृति के तीन गुण, प्रदीप के तेल, बत्ती और ज्वाला के समान, परस्पर विरुद्ध होते हुये भी परस्पर सहयोगी बनकर समस्त पुरुषार्थ को प्रकाशित करके उसे बुद्धि को समर्पित करते हैं।[४] सारे अन्तःकरण और बाह्यकरण पुरुषार्थ-सिद्धि हेतु कार्य करते हैं, उनका अन्य कोई हेतु नहीं है।[५] यह सूक्ष्म शरीर भी नट के समान नाना प्रकार की योनियों में अभिनय करता हुआ पुरुषार्थ-सिद्धि हेतु कार्य करता रहता है।[६] प्रथम महत्तत्त्व से प्रारम्भ होकर अन्तिम पञ्चमहाभूतों तक का यह सारा प्रकृति-कृत सृष्टि-क्रम प्रत्येक पुरुष को मुक्त कराने के लिये प्रवृत्त होता है।[७] अतः प्रकृति का सारा सृष्टि-व्यापार पुरुष के भोग और मोक्ष रूपी प्रयोजन की सिद्धि के लिये प्रवृत्त होता है। प्रकृति से अधिक गुणवती और उपकारिणी अन्य कोई नहीं है।

---

१. वत्सविवृद्धिनिमित्तं क्षीरस्य यथा प्रवृत्तिरज्ञस्य।।
पुरुषविमोक्षनिमित्तं तथा प्रवृत्तिः प्रधानस्य।। सांख्यकारिका, ५७

२. नानाविधैरुपायैरुपकारिण्यनुपकारिणः पुंसः।
गुणवत्यगुणस्य सतस्तस्यार्थमपार्थकं चरति।। वहीं, ६०

३. पुरुषस्य दर्शनार्थं कैवल्यार्थं तथा प्रधानस्य। वहीं, २१

४. एते प्रदीपकल्पाः परस्परविलक्षणगुणविशेषाः।
कृत्स्नं पुरुषस्यार्थं प्रकाश्य बुद्धौ प्रयच्छन्ति।। वहीं, ३६

५. पुरुषार्थ एव हेतुर्न केनचित् कार्यते करणम्।। वहीं, ३१

६. पुरुषार्थहेतुकमिदं ... नटवद् व्यवतिष्ठते लिङ्गम्। वहीं, ४२

७. इत्येष प्रकृतिकृतो महादादिविशेषभूतपर्यन्तः।
प्रतिपुरुषविमोक्षार्थं स्वार्थ इव परार्थ आरम्भः।। वहीं, ४६

७. बन्धन और मोक्ष

सांसारिक जीवन आध्यात्मिक, आधिभौतिक और आधिदैविक दु:खों से भरा है। त्रिविध दु:ख की आत्यन्तिक निवृत्ति को सांख्य ने मोक्ष, मुक्ति, अपवर्ग की संज्ञा दी है। यही परम पुरुषार्थ है। यही जीवन का चरम लक्ष्य है। मोक्ष में पुरुष अपने नित्य शुद्ध चैतन्य रूप में प्रकाशित रहता है। सांख्य ने मोक्ष में आनन्द या सुख की स्थिति स्वीकार नहीं की है क्योंकि प्रथम तो सुख-दु:ख-सापेक्ष हैं एवं दूसरे, सुख सत्त्वगुण का कार्य है और पुरुष स्वभावत: त्रिगुणातीत है।

पुरुष विशुद्ध चैतन्यरूप होने से वस्तुत: नित्यमुक्त है। वह परिणामातीत तथा बन्धनमोक्षरहित है। वह बुद्धि में प्रकाशित अपने प्रतिबिम्ब के साथ तादात्म्य स्थापित कर लेने के कारण अन्त:करणावच्छिन्न चैतन्य के रूप में अर्थात् जीव के रूप में प्रतीत होने लगता है। बन्धन इस जीव का होता है, शुद्ध पुरुष का नहीं। जब पुरुष को अपने शुद्ध स्वरूप का ज्ञान हो जाता है तब वह मुक्त हो जाता है जो वस्तुत: वह सदा ही है। पुरुष के स्वरूप का अज्ञान बन्धन है और स्वरूप का ज्ञान मोक्ष है। पुरुष को अपने स्वरूप का ज्ञान स्वयं को अचेतन प्रकृति तथा अन्त:करणादि से सर्वथा भिन्न जान लेने पर होता है। यह विवेकज्ञान है, पुरुष और प्रकृति के भेद का ज्ञान है। कर्म गुणों से सम्भव है, अत: कर्म से मोक्ष नहीं मिल सकता क्योंकि मोक्ष निस्त्रैगुण्य है। शुभ कर्मों से (धर्म से) स्वर्गादि और अशुभ कर्मों से (अधर्म से) नरकादि की प्राप्ति होती है; ज्ञान से मोक्ष और अज्ञान से बन्धन होता है। पुरुष को जब इस प्रकार ज्ञान होता है कि 'मैं (यह) नहीं हूँ, (नाऽस्मि) अर्थात् मैं अचेतन विषय या ज्ञेय नहीं हूँ, मैं जड़ प्रकृति या अन्त:करण नहीं हूँ , मैं बुद्धि में प्रतिबिम्बित चैतन्य नहीं हूँ, कि '(यह) मेरा नहीं है' (न मे) अर्थात् जो भी ज्ञेय विषय है वह सब मेरा नहीं है, मेरा कुछ नहीं है; मैं 'ममकार' से रहित हूँ; कि '(यह) मैं भी मैं नहीं हूँ' (नाऽहम्) अर्थात् मैं 'अहङ्कार' भी नहीं हूं; और जब यह ज्ञान तत्त्वाभ्यास से सुदृढ़ हो जाता है एवं निर्विकल्प अनुभव का रूप ले लेता है जहाँ ज्ञातव्य शेष नहीं रहता, तब इसे 'केवल' या विशुद्ध ज्ञान कहते हैं।[१] यह विशुद्ध चैतन्य पुरुष का स्वरूप है और यह स्वरूप-ज्ञान ही मोक्ष है। सांख्य जीवन्मुक्ति और विदेहमुक्ति दोनों को मानता है। सम्यक्ज्ञान होते ही पुरुष मुक्त हो जाता है, भले ही प्रारब्ध कर्मों के कारण वह सदेह बना रहे। यह जीवन्मुक्ति की अवस्था है; इसमें देह रहने पर भी देह के साथ 'सम्बन्ध' नहीं रहता; कर्म का बन्धन नहीं होता,[२] केवल प्रारब्ध कर्मों का भोग शरीर में होता रहता है, यद्यपि जीवन्मुक्त इसमें लिप्त नहीं होता। जैसे कुम्हार का चाक, कुम्हार के हाथ हटा लेने पर भी, पूर्व वेग के कारण थोड़ी देर घूमता रहता है और फिर वेग समाप्त हो जाने पर बन्द हो जाता है, उसी प्रकार जीवन्मुक्त का शरीर प्रारब्ध

---

१. एवं तत्त्वाभ्यासान्नास्मि न मे नाऽहमित्यपरिशेषम्।
अविपर्ययाद् विशुद्धं केवलमुत्पद्यते ज्ञानम्।। वहीं, ६४

२. तिष्ठति संस्कारवशाच्चक्रभ्रमिवद् धृतशरीर:। वहीं, ६७
प्राप्ते शरीरभेदे ... उभयं कैवल्यमाप्नोति। वहीं, ६८

कर्मों के कारणं चलता रहता है और उनके समाप्त होने पर शरीरपात होकर विदेहमुक्ति हो जाती है।

सांख्य के अनुसार पुरुष बन्धन और मोक्ष से असंपृक्त है। अन्तःकरणावच्छिन्न जीव का लिङ्ग-शरीर के रूप में बन्धन होता है और उसी का मोक्ष होता है। इस प्रकार प्रकृति ही बँधती है और प्रकृति ही मुक्त होती है। अतः पुरुष का न तो बन्धन होता है, न वह जन्म-मरण रूपी संसारचक्र में फँसता है, और न वह मुक्त होता है; यह तो प्रकृति ही है, जो लिङ्ग-शरीर के रूप में, नाना पुरुषों के आश्रय से, बँधती है, संसरण करती है और मुक्त होती है।[१] जिस प्रकार एक नर्तकी रंगमंच पर अपना नृत्य दिखाकर दर्शकों का मनोरंजन करके रंगमंच से चली जाती है उसी प्रकार प्रकृति भी पुरुष के समक्ष अपना प्रदर्शन करके निवृत्त हो जाती है। (कारिका ५९)। जब पुरुष प्रकृति के स्वरूप को देख लेता है तब विवेकज्ञान द्वारा वह मुक्त हो जाता है और प्रकृति भी पुरुष का भोग तथा अपवर्ग रूपी प्रयोजन सिद्ध करके निवृत्त हो जाती है। ईश्वरकृष्ण ने इसी को लक्ष्य करके कहा है—प्रकृति से अधिक सुकुमार कोई नहीं है। वह इतनी लज्जाशील है कि एक बार पुरुष द्वारा देख लिये जाने पर दुबारा उस पुरुष के सम्मुख कभी नहीं आती।[२]

८. ईश्वर

मूल सांख्य सेश्वर रहा होगा, किन्तु शास्त्रीय सांख्य ईश्वर-कृष्ण के समय में निरीश्वरवादी हो गया। सम्भव है यह जैन और बौद्ध दर्शन के प्रभाव के कारण हुआ हो। बाद के सांख्याचार्यों ने जिनमें विज्ञानभिक्षु प्रमुख हैं, ईश्वर को पुनः स्थापित किया है। कुछ टीकाकारों ने ईश्वर की सत्ता का निषेध किया है। उनके तर्क इस प्रकार है—ईश्वर चेतन है, अतः इस जड़ जगत् का कारण नहीं हो सकता। पुनः, ईश्वर की सत्ता किसी प्रमाण से सिद्ध नहीं हो सकती। या तो ईश्वर स्वतन्त्र और सर्वशक्तिमान् नहीं है, या फिर वह उदार और दयालु नहीं है, अन्यथा दुःख, शोक, वैषम्यादि से युक्त इस जगत् को क्यों उत्पन्न करता ? यदि ईश्वर कर्म-सिद्धान्त से नियन्त्रित है, तो स्वतन्त्र नहीं है, और कर्मसिद्धान्त को न मानने पर सृष्टिवैचित्र्य सिद्ध नहीं हो सकता। पुरुष और प्रकृति के अतिरिक्त किसी ईश्वर की कल्पना करना युक्तियुक्त नहीं है।

९. समीक्षा

सांख्य का प्रमुख दोष उसका द्वैतवाद है। पुरुष और प्रकृति को दो नितान्त भिन्न और स्वतंत्र तत्त्व मानना सांख्य की प्रमुख भूल है। विषयी और विषय, प्रमाता और प्रमेय परस्पर

१. तस्मान् न बध्यतेऽद्धा न मुच्यते नापि संसरति कश्चित्।
संसरति बध्यते मुच्यते च नानाश्रया प्रकृतिः।। वहीं, ६२

२. प्रकृतेः सुकुमारतरं न किंचिदस्तीति मे मतिर्भवति।
या दृष्टाऽस्मीति न पुनर्दर्शनमुपैति पुरुषस्य।। वहीं, ६१

सापेक्ष हैं तथा एक पारमार्थिक तत्त्व के दो रूप हैं। सांख्य दर्शन में अन्तर्निहित तर्क उसे अद्वैतवाद की ओर प्रेरित कर रहा है, किन्तु सांख्य उस पर ध्यान न देकर द्वैतवाद से ही चिपक रहा है। यदि पुरुष और प्रकृति दो स्वतन्त्र और निरपेक्ष तत्त्व हैं, तो उनका किसी प्रकार संयोग नहीं हो सकता और संयोग के अभाव में सर्ग नहीं हो सकता। प्रकृति अचेतन है, पुरुष उदासीन है, और इन दोनों को मिलाने वाला कोई तीसरा तत्त्व नहीं है, अतः दोनों का मिलन असम्भव है। हम ऊपर बता चुके हैं कि न तो पुरुष-प्रकृति का संयोग और न संयोगाभास और न पुरुषसन्निधिमात्र सृष्टि के विकासक्रम का समाधान कर सकते हैं। यदि प्रकृति जड़, अचेतन और अन्ध है, तो सृष्टि-विकास यान्त्रिक होना चाहिये, यदि प्रकृति और महत् से लेकर महाभूत तक की सारी सृष्टि पुरुष के भोग और अपवर्ग रूपी प्रयोजन की सिद्धि के लिये हैं, जैसा सांख्य बारम्बार साग्रह प्रतिपादन कर रहा है, तो प्रकृति की अचेतनता और स्वतन्त्रता सिद्ध नहीं हो सकती क्योंकि अचेतन का कोई प्रयोजन नहीं हो सकता और स्वतन्त्र तत्त्व परार्थ-साधन नहीं बन सकता। सांख्य ने कहा है कि अचेतन दूध बछड़े के पोषण के लिये प्रवृत्त होता है। यह दृष्टान्त सही नहीं है क्योंकि गाय और बछड़ा दोनों चेतन प्राणी हैं और गाय के थनों में दूध मातृस्नेह के कारण उतरता है। पंगु-अन्ध न्याय भी पुरुष और प्रकृति पर नहीं लगता, क्योंकि पंगु और अन्ध दोनों चेतन व्यक्ति हैं, समान स्तर के हैं, उनका एक लक्ष्य है जिसकी प्राप्ति के लिये वे सहयोग करते हैं। किन्तु पुरुष चेतन और प्रकृति अचेतन है, अतः दोनों समान स्तर के नहीं हैं और न दोनों का कोई प्रयोजन हो सकता है। कर्म सिद्धान्त के अनुसार कर्ता को ही कर्मफल का भोग करना पड़ता है। सांख्य ने प्रकृति में कर्तृत्व और पुरुष में भोक्तृत्व का आरोप करके कर्मवाद को ठुकरा दिया है एवं कृतनाश तथा अकृतागम के दोषों को निमन्त्रण दिया है। प्रकृति विविध व्यञ्जन बनाना जानती है, किन्तु उनका उपभोग करना नहीं जानती! और पुरुष बिना किये कर्मों का फल भोगता है ! पुनश्च, यद्यपि सांख्य प्रकृति को स्वतन्त्र और निरपेक्ष तत्त्व स्वीकार करता है, तथापि सांख्यदर्शन में प्रकृति की पुरुष-सापेक्षता पदे पदे परिलक्षित होती है। पुरुष के संसर्ग के बिना प्रकृति सृष्टि नहीं कर सकती। चेतन द्वारा अधिष्ठित हुये बिना प्रकृति में विक्रिया नहीं हो सकती। तब प्रकृति स्वतन्त्र कैसे मानी जा सकती है? यदि वह स्वतन्त्र है तो पुरुष का प्रयोजन सिद्ध कैसे कर सकती है ? यद्यपि सांख्य ने प्रकृति को निर्वैयक्तिक बताया है, तथापि प्रकृति के वर्णन में उसके व्यक्तित्व की झलक बराबर मिलती है। प्रकृति स्त्री है। प्रसव-धर्मिणी है। नर्तकी के समान प्रदर्शन करती है। गुणवती है। उपकारिणी है। अत्यन्त सुकुमारी है। लज्जाशीला है। जो पुरुष उसे देख लेता है, उसके सामने फिर कभी नहीं आती। सदा पुरुषार्थसिद्धिहेतु प्रयत्नशील रहती है। पुरुष के लिये बँधती है, संसरण करती है और मुक्त होती है। क्या ऐसी प्रकृति अचेतन, स्वतन्त्र, निरपेक्ष तथा निर्वैयक्तिक मानी जा सकती है ? सांख्य में वेदान्त अन्तर्निहित है। प्रकृति को पुरुष की शक्ति मानने से सांख्य के अन्तर्विरोध दूर किये जा सकते हैं।

सांख्य को विशुद्ध चैतन्यस्वरूप पुरुष में तथा अन्तःकरण-प्रतिबिम्बितचैतन्यरूप जीव में भेद करना चाहिये, किन्तु सांख्य इस भेद को भूल कर दोनों को एक ही मान लेता है।

यह सांख्यदर्शन का एक बड़ा दोष है। सांख्य पुरुष को शुद्धचैतन्य-स्वरूप, स्वप्रकाश, नित्य, साक्षी, द्रष्टा, निर्गुण, निर्विकार तथा ज्ञान एवं अनुभव का अधिष्ठान मानता है। यह पुरुष का पारमार्थिक या वास्तविक स्वरूप है जो बन्धन, संसरण और मोक्ष की कल्पनाओं से सर्वदा अस्पृष्ट है। जब पुरुष बुद्धि में प्रकाशित अपने प्रतिबिम्ब को ही अपना असली स्वरूप मान लेता है तब वह बद्ध जीव प्रतीत होने लगता है। यह जीव प्रमाता और भोक्ता है। जन्म, मृत्यु, इन्द्रिय आदि का प्रतिनियम जीवों में सिद्ध होता है और जीव अनेक माने जाते हैं। बन्धन, संसरण और मोक्ष भी जीवों के होते हैं। किन्तु सांख्य पुरुष और जीव के भेद को भूल कर पुरुष को अनेक मानता है, निर्गुण पुरुष में गुणों के न्यूनाधिक्य का प्रतिपादन करता है, नित्य पुरुष को जन्म-मरण-शील मानता है, विभिन्न पुरुषों में अन्तःकरण तथा बाह्यकरण का भेद स्वीकार करता है, तथा साक्षी एवं निर्विकार पुरुष में भोक्तृत्व की कल्पना करता है। पुरुष के वास्तविक स्वरूप के प्रतिपादन में भी वेदान्त अन्तर्निहित है। यदि सांख्य पुरुष को एक, और अनेक जीवों को पुरुष के विभिन्न आभासों के रूप में मान ले तो उसके अन्तर्विरोध मिटाये जा सकते हैं। अन्यथा द्वैतवाद तथा वस्तुवाद के प्रबल मोह ने सांख्य को अन्तर्विरोधों की परम्परा में जकड़ दिया है।

सांख्य ने मोक्ष या कैवल्य को दुःख की आत्यन्तिक निवृत्ति मात्र माना है। उसे अखण्ड आनन्दरूप नहीं माना है। यह भी सांख्यदर्शन का एक दोष है। सांख्य के अनुसार सुख सत्त्वगुण का कार्य है और मोक्ष निर्गुण स्थिति है, अतः मोक्ष में सुख नहीं हो सकता। सुख दुःख-सापेक्ष हैं, अतः सुख के साथ दुःख भी रहेगा। मोक्ष सुख-दुःखातीत है; वहाँ सुख, दुःख और मोह की कल्पना नहीं की जा सकती। जिस प्रकार सांख्य ने पुरुष और जीव का भेद भुला दिया है, उसी प्रकार उसने अखण्ड आनन्द और लौकिक सुख का भेद भी भुला दिया है। मोक्ष का आनन्द विशुद्ध चैतन्य का ही स्वरूप है; मोक्ष में सत् चित् और आनन्द का भेद नहीं है; जो विशुद्ध सत् है वही विशुद्ध चित् है और वही विशुद्ध आनन्द है। यह नित्य आनन्द अनित्य तथा लौकिक विषय-सुख से सर्वथा भिन्न है। यह आनन्द सुख और दुःख दोनों से रहित है और दोनों के ऊपर है। अतः मोक्ष को दुःख की आत्यन्तिक निवृत्ति के साथ अखण्डानन्दस्वरूप मानना आवश्यक है। विशुद्ध पुरुष को आत्मा या ब्रह्म के समान अद्वितीय तत्त्व के रूप में अङ्गीकार करना, प्रकृति को पुरुष की मायाशक्ति के समान स्वीकार करना, पुरुष की मायाशक्ति से, विविध जीवों तथा विविध जगत्-पदार्थों के रूप में प्रतीति मानना; प्रकृति-परिणामवाद के स्थान पर पुरुष-विवर्तवाद स्वीकार करना; तथा मोक्ष को दुःख की आत्यन्तिक निवृत्ति के साथ नित्यानन्द-स्वरूप मानना सांख्य को अन्तर्विरोधों से मुक्त करके उसे श्रुति-सम्मत दर्शन के रूप में अद्वैत वेदान्त की पूर्वभूमि बना सकता है।

दशम अध्याय

योग-दर्शन

१. भूमिका

भारतीय दर्शन में योग का अत्यधिक महत्त्व है। तत्त्व-साक्षात्कार या आत्म-साक्षात्कार के लिये योग-साधना की आवश्यकता प्रायः सभी दर्शनों एवं भारतीय धार्मिक सम्प्रदायों ने मुक्तकण्ठ से स्वीकार की है। वैदिक एवं अवैदिक (जैन एवं बौद्ध) दर्शनों में योग की उपादेयता सर्वमान्य है। सविकल्प बुद्धि को निर्विकल्प प्रज्ञा में परिणत करने हेतु योग-साधना की उपादेयता निर्विवाद रूप से स्वीकृत है। संहिता, आरण्यक और उपनिषद् में योग की महनीयता का वर्णन उपलब्ध है। योग के कई प्रकार हैं। गीता में ज्ञानयोग, भक्तियोग और कर्मयोग तथा ध्यानयोग का वर्णन है। राजयोग एवं हठयोग भी प्रसिद्ध हैं। यहाँ हम महर्षि पतञ्जलि के राजयोग का ही वर्णन करेंगे क्योंकि वही योग-दर्शन के नाम से प्रसिद्ध है तथा सांख्य-दर्शन से सम्बद्ध है। वैसे तो योग पतञ्जलि मुनि से बहुत प्राचीन है, किन्तु योग-सूत्र के रचयिता महर्षि पतञ्जलि ने इसे सुसम्बद्ध दार्शनिक रूप दिया है। सांख्य-योग सम्बद्ध दार्शनिक सम्प्रदाय है। इन्हें एक ही सम्प्रदाय के दो रूप माना जाता है। सांख्य सिद्धान्तों का या तत्त्वों का वर्णन करता है; योग उस तत्त्व-ज्ञान की प्राप्ति हेतु प्रायोगिक साधना का विवेचन करता है। सांख्य की तत्त्वमीमांसा तथा ज्ञानमीमांसा को योग प्रायः उसी रूप में स्वीकार कर लेता है; सांख्य के पच्चीस तत्त्वों को तथा प्रत्यक्ष, अनुमान और शब्द रूपी प्रमाण-त्रयी को योग ने स्वीकार किया है। योग ने ईश्वर की सत्ता स्वीकार की है; अतः इसे सेश्वर सांख्य भी कहा जाता है। गीता में सांख्य को ज्ञान और योग्य को कर्म माना गया है तथा वस्तुतः दोनों मिल कर एक हो जाते हैं।

योग शब्द का प्रचलित अर्थ मिलन है अर्थात् जीवात्मा का परमात्मा से मिलन। गीता में योग को 'दुःख-संयोग का वियोग' बताया गया है जो सांख्यसम्मत 'दुःख की आत्यन्तिक निवृत्ति' की ओर संकेत करता है, किन्तु साथ ही उसे, सांख्य के विपरीत, अनन्त आनन्द या 'आत्यन्तिक सुख' भी बताया है। योग वह स्थिति है जहाँ योगी बड़े से बड़े दुःख से भी विचलित नहीं होता; जिस स्थिति से बढ़कर अन्य कोई लाभ नहीं मानता; और जिस स्थिति में वह आत्यन्तिक सुख का अनुभव करता है। गीता में ही योग को 'चित्त-निरोध' एवं 'समत्व' तथा 'ब्रह्म-भाव' भी बताया गया है। गीता के अनुसार योग में ज्ञान, कर्म और भक्ति का समन्वय हो जाता है। इस प्रकार गीता में योग का सम्पूर्ण वर्णन उपलब्ध है।

पातञ्जल योग-सूत्र में चार पाद हैं। प्रथम समाधिपाद है जिसमें समाधि के रूप एवं भेदों का और चित्त तथा उसकी वृत्तियों का वर्णन है। द्वितीय साधनापाद में क्रियायोग, क्लेश,

क्लेश दूर करने के साधन, योग के बहिरङ्गों आदि का वर्णन है। तृतीय विभूतिपाद में योग के अन्तरङ्गों का एवं योगशक्ति से उत्पन्न विभूतियों का वर्णन है। और अन्तिम चतुर्थ कैवल्यपाद में समाधिसिद्धि तथा कैवल्य आदि का निरूपण है।

२. चित्त तथा उसकी वृत्तियाँ

योग शब्द 'युज्' धातु से बनता है जिसका अर्थ है समाधि। पतञ्जलि ने योग को चित्तवृत्तिनिरोध बताया है।[१] चित्तवृत्तियों का निरोध समाधि में होता है, अतः योग को समाधि भी कहा गया है।[२] चित्त का अर्थ है अन्तःकरण। इसमें सांख्यसम्मत बुद्धि, अहङ्कार और मन तीनों आ जाते हैं। योग में बुद्धि, अहङ्कार और मन इन तीनों को मिलाकर 'चित्त' नाम दिया गया है। चित्त (बुद्धि रूप में जिसके अन्तर्गत अहङ्कार और मन भी आ जाते हैं) प्रकृति का प्रथम प्रसूत तत्त्व है तथा इसमें सत्त्व गुण का प्राधान्य है। चित्त अचेतन होते हुये भी अत्यन्त सूक्ष्म है और पुरुष के प्रतिबिम्ब को ग्रहण करता है। पुरुष अपने चैतन्य से प्रकाशित अपने प्रतिबिम्ब को ही अपना वास्तविक स्वरूप समझ लेता है। पुरुष के चैतन्य से प्रकाशित होने पर जड़ चित्त चेतनवत् प्रतीत होता है और निराकार तथा विभु पुरुष साकार तथा सीमित जीव के रूप में, अन्तःकरणावच्छिन्न चैतन्य के रूप में, प्रतीत होता है। चित्त संसार में शुद्धचैतन्यस्वरूप पुरुष की अभिव्यक्ति का माध्यम है। आग में खूब तपा हुआ लोहे का गोला अग्नि का गोला लगने लगता है। ठंडा लोहे का गोला प्रतप्त अग्नि-गोलक बना जाता है, और निराकार अग्नि साकार तथा सीमित गोलक का रूप ले लेती है। इसी प्रकार चेतन पुरुष के संसर्ग से अचेतन चित्त चेतनवत् प्रतीत होता है, तथा नित्य निराकार पुरुष-चैतन्य चित्त के संसर्ग से साकार, सीमित और अनित्य जीवचैतन्य के रूप में प्रतीत होता है। यही पुरुष का बन्धन और संसरण है। जब पुरुष सम्यक् ज्ञान द्वारा चित्त में अपने प्रतिबिम्ब से अपना तादात्म्य हटा लेता है और चित्त को प्रकृतिजन्य अचेतन एवं अपने से सर्वथा विपरीत जान लेता है तब पुरुष-चैतन्य का प्रकाश चित्त से हट जाता है। उस दशा में चित्तवृत्तियों का आत्यन्तिक निरोध हो जाता है तथा चित्त अपनी जननी प्रकृति में विलीन हो जाता है, एवं पुरुष अपने विशुद्धचैतन्यस्वरूप में प्रकाशित होता है। यह पुरुष का स्वरूपावस्थान अर्थात् मोक्ष है।

जब चित्त इन्द्रियों द्वारा बाह्य विषयों के सम्पर्क में आता है अथवा स्वयं ही मानस विषयों के सम्पर्क में आता है, तब वह विषय का 'आकार' ग्रहण कर लेता है। इस 'आकार' को ही **'वृत्ति'** कहते हैं। जब पुरुष-चैतन्य के प्रकाश से यह चित्त-वृत्ति प्रकाशित होती है तब हमें उस विषय का ज्ञान होता है। इन अनित्य वृत्तियों का प्रवाह चित्त में चलता रहता है। वृत्तियाँ क्षीण होकर चित्त में अपने संस्कारों का आधान करती हैं तथा ये संस्कार परिपक्व

---

१. योगश्चित्तवृत्तिनिरोधः।

२. योगः समाधिः।

होकर पुनः अन्य वृत्तियों का रूप धारण कर लेते हैं। इस प्रकार वृत्तियों से संस्कारों की एवं संस्कारों से वृत्तियों की उत्पत्ति का चक्र चलता रहता है।

चित्तवृत्तियाँ पाँच प्रकार की होती हैं—(१) प्रमाण, (२) विपर्यय, (३) विकल्प, (४) निद्रा और (५) स्मृति। प्रमाण सत्यज्ञान है। यह तीन प्रकार का है—प्रत्यक्ष, अनुमान और शब्द। विपर्यय मिथ्याज्ञान है जैसे रज्जुसर्प का ज्ञान; संशय भी इसी के अन्तर्गत मान लिया गया है। विकल्प शब्दज्ञान से उत्पन्न होने वाला सत्यवस्तुशून्य ज्ञान है, यह कल्पना मात्र है, जैसे शशशृङ्ग। निद्रा ज्ञान का अभाव मानी जाती है, किन्तु इसके वृत्तित्व में सन्देह नहीं किया जा सकता क्योंकि जागने पर व्यक्ति को भान होता है कि उसे खूब गहरी नींद आई। स्मृति संस्कारजन्य ज्ञान है।

पुरुष जब बुद्धि में प्रकाशित अपने प्रतिबिम्ब से तादात्म्य कर लेता है तो वह बद्ध जीव के रूप में प्रतीत होता है जो जन्म-मरण चक्र में संसरण करता है तथा नाना प्रकार के क्लेश भोगता है। कर्मों से क्लेश और क्लेशों से कर्म उत्पन्न होते रहते हैं। क्लेश पाँच प्रकार के होते हैं—अविद्या, अस्मिता, राग, द्वेष और अभिनिवेश। अनित्य, अशुचि, दुःख तथा अनात्म में नित्य, शुचि, सुख और आत्मबुद्धि रखना 'अविद्या' है; यह विपर्यय या मिथ्याज्ञान हैं पुरुष और चित्त नितान्त भिन्न हैं; दोनों को एक मान लेना 'अस्मिता' है। यह अहङ्कारममकार है। इसी से भोक्ता-भोग्य-भोग की भावना होती है। विषयसुखों की तृष्णा या आसक्ति 'राग' है। सुख के अवरोधक और दुःख के उत्पादक के प्रति जो क्रोध एवं हिंसा का भाव है उसे 'द्वेष' कहते हैं। प्रत्येक प्राणी में जीवन की आसक्ति और मृत्यु का भय स्वाभाविक रूप से विद्यमान रहता है, इसी को 'अभिनिवेश' कहते हैं। अविद्या-निवृत्ति तथा चित्तवृत्तिनिरोध के द्वारा इन क्लेशों एवं कर्मों से मुक्ति मिल सकती है। योग इसी चित्तवृत्तिनिरोध का पर्याय है।

चित्त की पाँच भूमियाँ या अवस्थायें होती हैं—क्षिप्त, मूढ, विक्षिप्त, एकाग्र और निरुद्ध। क्षिप्त चित्त में रजोगुण का आधिक्य होता है जिससे वह अस्थिर, चञ्चल और विषयोन्मुख बन कर सुख-दुःख भोगता है तथा तूफान में घिरी नाव के समान दोलायमान रहता है। मूढ चित्त में तमोगुण का आधिक्य होता है जिससे वह विवेकशून्य, कर्तव्याकर्तव्यबोधरहित बनकर प्रमाद, आलस्य, निद्रा में पड़ा रहता है या विवेकहीन कार्यों में प्रवृत्त होता है। विक्षिप्त चित्त में सत्त्वगुण की अधिकता रहती है, किन्तु कभी-कभी रजोगुण भी जोर मारता है। 'विक्षिप्त' का अर्थ 'विशेष रूप से क्षिप्त' अर्थात् अधिक क्षिप्त नहीं है, अपितु क्षिप्त से उत्तम (क्षिप्ताद् विशिष्टम्) है अर्थात् राजस क्षिप्त चित्त से सात्त्विक विक्षिप्त चित्त उत्तम है क्योंकि इसमें सत्त्वगुण के कारण कभी-कभी स्थिरता आ जाती है, जब कि राजस क्षिप्त चित्त सदा चञ्चल रहता है। चित्त की चौथी भूमि में चित्त 'एकाग्र' होता है। यहाँ सत्त्व का अत्यन्त उत्कर्ष रहता है तथा रजोगुण और तमोगुण दबे रहते हैं। चित्त बाह्यवृत्तियों से रहित होकर ध्येयवृत्ति पर एकाग्र रहता है। चित्त की पाँचवीं और अन्तिम भूमि में चित्त 'निरुद्ध' कहलाता है। यहाँ वृत्तियों का कुछ काल तक निरोध हो जाता है, किन्तु उनके संस्कार बने रहते हैं। जब सारी वृत्तियों और सारे संस्कारों का सर्वथा निरोध होकर अविद्यानिवृत्ति हो जाती है तो चित्त निरुद्ध होकर

अविद्या में विलीन हो जाता है। यह मोक्ष की अवस्था है। इन पाँच चित्तभूमियों में प्रथम तीन योग के लिये सर्वथा अनुपयुक्त हैं, केवल अन्तिम दो भूमियाँ ही, एकाग्र और निरुद्ध समाधि के लिए उपयोगी हैं।

३. अष्टाङ्ग योग

योग शरीर, इन्द्रियाँ और चित्त की शुद्धि के लिये आठ अङ्गों का वर्णन करता है जो इस प्रकार हैं—

(१) **यम :** यह पाँच प्रकार का संयम है—अहिंसा अर्थात् मन, वचन और कर्म से किसी प्राणी की हिंसा न करना; सत्य अर्थात् मन, वचन और कर्म से सत्य का पालन करना; अस्तेय अर्थात् मन, वचन और कर्म से किसी अन्य की वस्तु का अपहरण न करना और किसी को भी उसके अधिकार या प्राप्य वस्तु से वञ्चित न करना; ब्रह्मचर्य अर्थात् मन, वचन और कर्म से यौन संयम करना; और अपरिग्रह अर्थात् मन, वचन और कर्म से विषयभोगार्थ पदार्थों का संग्रह न करना।

(२) **नियम :** ये भी पाँच प्रकार के हैं—शौच अर्थात् शरीर और चित्त के मलों की शुद्धि; सन्तोष अर्थात् आवश्यकता से अधिक वस्तुओं के संग्रह की इच्छा न करना; तप अर्थात् भूख-प्यास, सर्दी-गर्मी, सुख-दुःखादि द्वन्द्वों का सहन करना; स्वाध्याय अर्थात् मोक्षशास्त्रों का अध्ययन और मन्त्र-जाप; और ईश्वर-प्रणिधान या ईश्वर का ध्यान एवं स्मरण।

(३) **आसन :** यह शरीर का संयम है। ध्यान के लिये वही आसन उत्तम है जिससे शरीर का सुख और चित्त की स्थिरता बनी रहे (स्थिरसुखमासनम्)।

(४) **प्राणायाम :** यह प्राणवायु का, श्वास-प्रश्वास का संयम है। पूरक, कुम्भक, रेचक इसके प्रकार हैं।

(५) **प्रत्याहार :** यह इन्द्रियों का संयम है। इन्द्रियाँ स्वभाव से ही विषयोन्मुख होती हैं। बाह्य विषयों की ओर प्रवृत्त होना उनका स्वभाव है। उनकी बहिर्मुखवृत्ति को अन्तर्मुख बनाना, उन्हें बाह्य विषयों से हटाकर भीतर मन के वश में रखना, प्रत्याहार कहलाता है।

उपर्युक्त पाँच अङ्ग योग के बहिरङ्ग साधन हैं। निम्नलिखित तीन अङ्ग योग के अन्तरङ्ग साधन माने गये हैं—

(६) **धारणा :** किसी देश में जैसे नासाग्र में, भ्रूमध्य में, हृत्कमल में, या किसी बाह्य वस्तु में जैसे इष्टदेवता की मूर्ति आदि में चित्त को लगाना 'धारणा' है। (देशबन्धश्चित्तस्य धारणा)।

(७) **ध्यान :** ध्येय वस्तु विषयक चित्तवृतियाँ जब निरन्तर एकाकार रूप से प्रवाहित हों तब इसे ध्यान कहते हैं। ध्येय वस्तु के ज्ञान की एकतानता का नाम ध्यान है। (तत्रप्रत्ययैकतानता ध्यानम्) ध्यान में ध्याता, ध्येय और ध्यान की अलग-अलग प्रतीति होती है।

(८) **समाधि :** समाधि का अर्थ है ध्येय वस्तु में चित्त की विक्षेपरहित एकाग्रता। समाधि में ध्यान ध्येय वस्तु का आकार ग्रहण कर लेता है। ध्यान और ध्येय की एकता होने पर

ध्याता भी ध्येयाकार हो जाता है। समाधि में ध्याता, ध्यान और ध्येय की त्रिपुटी में ध्येय ही शेष रह जाता है तथा ध्याता एवं ध्यान ध्येयाकार हो जाते हैं।

समाधि दो प्रकार की होती है, संप्रज्ञात और असंप्रज्ञात। संप्रज्ञात समाधि में ध्येय वस्तु का ज्ञान बना रहता है। ध्याता तथा ध्यान दोनों ध्येयाकार हो जाते हैं; इनकी ध्येय से पृथक् अनुभूति नहीं होती। असंप्रज्ञात समाधि में चित्त सर्वथा निरुद्ध हो जाता है। ध्येय वस्तु का ज्ञान भी नहीं रहता। ध्याता, ध्यान, ध्येय की त्रिपुटी का अनिर्वचनीय अद्वैत में विलय हो जाता है।

संप्रज्ञात समाधि चार प्रकार की होती है—

(१) **सवितर्क :** चित्त पदार्थ के सम्पर्क में आकर उसका आकार ग्रहण कर लेता है एवं इस प्रकार वस्तु के स्वरूप का साक्षात्कार करता है; इस साक्षात्कार को चित्त का 'आभोग' कहते हैं। स्थूल आलम्बन (विषय) में चित्त के आभोग की 'वितर्क' संज्ञा है। अत: सवितर्क समाधि में स्थूल वस्तु की भावना की जाती है।

(२) **सविचार :** जहाँ तन्मात्रा आदि सूक्ष्म वस्तु की भावना की जाती है उसे सविचारसमाधि कहते हैं।

(३) **सानन्द :** सानन्द समाधि में सूक्ष्म सुखात्मक इन्द्रियों की भावना की जाती है।

(४) **सास्मित :** सास्मित समाधि में नितान्त सूक्ष्म 'अस्मिता' या चित्प्रकाशित बुद्धि की भावना की जाती है।

असंप्रज्ञात समाधि दो प्रकार की होती है, भवप्रत्यय एवं उपायप्रत्यय। असंप्रज्ञात समाधि में चित्तनिरोध होता है। वृत्तिनिरोध होने पर यदि चित्त अविद्या में लीन हो जाय तो यह अज्ञानावस्था जड़समाधि, प्रकृति-लय या भवप्रत्यय कहलाती है। वस्तुत: यह अज्ञानावस्था है, समाधि नहीं है। वृत्ति-निरोध के कारण इसे उपचारवश असंप्रज्ञात समाधि कह दिया जाता है। उपायप्रत्यय ही वास्तविक असंप्रज्ञात समाधि है। शुद्ध ज्ञान या प्रज्ञा को 'उपाय' कहते हैं। प्रज्ञा के उदय होने पर अविद्या-नाश से वृत्तियों एवं संस्कारों का सर्वथा निरोध हो जाता है एवं द्रष्टा की अपने स्वरूप से अर्थात् नित्य विशुद्ध चैतन्य में प्रतिष्ठा हो जाती है। श्रद्धा, वीर्य, स्मृति और समाधि प्रज्ञा के साधक हैं। जैसे अग्नि ईंधन को जलाकर स्वयं भी शान्त हो जाती है, उसी प्रकार प्रज्ञा उदय होकर अविद्या, वृत्ति एवं संस्कार को भस्म करके चरमावृत्ति के रूप में स्वयं भी उपशान्त हो जाती है। उस समय विशुद्ध चैतन्यमात्र रहता है जो द्रष्टा पुरुष का 'स्वरूप' है। चित्तवृत्तिनिरोध एवं स्वरूपावस्थान कैवल्य या मोक्ष है। यही योग का चरम लक्ष्य है।

४. ईश्वर

योग सांख्य के पच्चीस तत्त्वों के अतिरिक्त ईश्वर की सत्ता भी स्वीकार करता है। पतञ्जलि मुनि ने ईश्वर का लक्षण इस प्रकार बताया है—क्लेश, कर्म, विपाक (कर्मफल)

और आशय (कर्म-संस्कार) से सर्वथा अस्पृष्ट पुरुष-विशेष ईश्वर है।[1] ईश्वर नित्य मुक्त है। मुक्त पुरुष पूर्वकाल में बद्ध था; प्रकृतिलीन पुरुष की भविष्य में बन्ध की सम्भावना बनी रहती है। किन्तु ईश्वर सदैव मुक्त और सदैव ईश्वर है। वह नित्य एवं दिक्-कालातीत है। ईश्वर में ज्ञान और ऐश्वर्य की पूर्णता है। वह गुरुओं का भी गुरु है; प्राचीन ऋषियों का भी गुरु है।[2] वही वेद का प्रथम उपदेष्टा है। प्रणव उसका वाचक है। योग-सूत्र में ईश्वर का उल्लेख अनेक बार हुआ है। ईश्वर-प्रणिधान से भी सिद्धि होती है।[3] तप, स्वाध्याय और ईश्वर-प्रणिधान को क्रियायोग कहते हैं।[4] ईश्वर-प्रणिधान से समाधि में सिद्धि प्राप्त होती है।[5] ईश्वर-प्रणिधान का अर्थ है चित्त को भक्तिपूर्वक दृढ़ता से ईश्वर में लगाना अर्थात् ईश्वर के ध्यान की एकतानता। जो समाधि-सिद्धि अभ्यास तथा वैराग्य रूपी कठिन साधनों से प्राप्त होती है उसे ईश्वर-प्रणिधान द्वारा सरलता से प्राप्त किया जा सकता है। ईश्वर प्रसन्न होकर समाधि के विघ्नों और क्लेशों को दूर करके समाधि में सिद्धि प्राप्त करा देते हैं। अतः ईश्वर-प्रणिधान समाधि, प्रज्ञा तथा कैवल्य का सरलतम उपाय है।

किन्तु योग-प्रतिपादित ईश्वर एक विशेष पुरुष है; वह जगत् का कर्ता, धर्ता, संहर्ता, नियन्ता नहीं है। असंख्य नित्य पुरुष तथा नित्य अचेतन प्रकृति स्वतन्त्र तत्त्वों के रूप में ईश्वर के साथ-साथ विद्यमान हैं। साक्षात् रूप में ईश्वर का प्रकृति से या पुरुष के बन्धन और मोक्ष से कोई लेना देना नहीं है। उनका कार्य अपने भक्तों के समाधि-पथ में आने वाले विघ्नों को दूर करके समाधि-सिद्धि को सम्भव बना देना है। मुक्त पुरुषों से भी ईश्वर का कोई सहज घनिष्ठ सम्बन्ध नहीं है। मोक्ष कैवल्य है जिसमें सामीप्य, सारूप्य, सायुज्य की कोई प्रतिष्ठा नहीं है।

---

१. क्लेशकर्मविपाश्यैरपरामृष्टः पुरुषविशेष ईश्वरः। –योगसूत्र १, २४

२. स पूर्वेषामपि गुरुः।

३. ईश्वरप्रणिधानाद् वा। वहीं, १, २३

४. तपः स्वाध्यायेश्वरप्रणिधानानि क्रियायोगः। –वहीं, २, १

५. समाधिसिद्धिरीश्वरप्रणिधानात्। –वहीं, २, ४५

एकादश अध्याय
वैशेषिक दर्शन

१. भूमिका

सांख्य के बाद वैशेषिक दर्शन सर्वाधिक प्राचीन प्रतीत होता है। यह जैन तथा बौद्धमत से प्राचीन है, तथा न्याय से तो प्राचीन है ही। 'विशेष' नामक पदार्थ का विवेचन करने के कारण इसका नाम वैशेषिक रखा गया। यह बहुत्ववादी वस्तुवाद है जो वस्तुओं के भेद पर बल देता है। इसके प्रवर्तक आचार्य महर्षि कणाद हैं जिन्हें कणभुक्, काश्यप और औलूक भी कहा जाता है। कटाई के बाद खेतों में जो बचे हुये अनाज के कण बिखरे पड़े रहते हैं उन्हीं कणों को बीन कर भोजनार्थ प्रयोग करने के कारण इन महर्षि का नाम कणाद या कणभुक् हो गया। पाणिनीय व्याकरण और वैशेषिक दर्शन को सर्वशास्त्रोपकारक माना जाता है।[1] व्याकरण शब्द-निर्णय के लिये तथा वैशेषिक पदार्थ-निर्णय के लिये सक्षम माने गये हैं। कणादरचित वैशेषिक-सूत्र पर प्रशस्तपाद का 'पदार्थधर्मसङ्ग्रह' नामक भाष्य है जो वैशेषिक दर्शन पर अत्यन्त महत्त्वपूर्ण ग्रन्थ है। उदयन की 'किरणावली' तथा श्रीधर की 'न्यायकन्दली' इस पर प्रसिद्ध टीकायें हैं। आगे चलकर न्याय ने वैशेषिक की तत्त्वमीमांसा स्वीकार कर ली तथा अपनी ज्ञानमीमांसा को विकसित किया और ये दोनों न्याय-वैशेषिक के नाम से संयुक्त दर्शन बन गये।

२. पदार्थ

पदार्थ-निरूपण एवं परमाणुकारणवाद की स्थापना, ये दो वैशेषिक दर्शन के प्रमुख विषय हैं। यहाँ हम वैशेषिकसम्मत पदार्थ-निरूपण प्रस्तुत कर रहे हैं। पदार्थ का व्युत्पत्तिलभ्य अर्थ है 'पद का अर्थ' अर्थात् किसी पद द्वारा सङ्केतित वस्तु। पदार्थ का सामान्य लक्षण है 'अभिधेयत्व' अर्थात् नाम से अभिहित होने की योग्यता वाली वस्तु और 'ज्ञेयत्व' अर्थात् ज्ञान का विषय बनने की योग्यता वाली वस्तु। पदार्थ वह है जो अभिधेय और ज्ञेय हो। कोई भी वस्तु जिसे नाम से अभिहित किया जा सके और जिसे ज्ञान का विषय बनाया जा सके 'पदार्थ' कहलाती है। अरस्तू के अनुसार 'पदार्थ' तर्कशास्त्र के विधेय हैं। कान्ट के अनुसार धारणायें बुद्धि-विकल्प रूपी साँचे हैं जिनमें ढलकर वस्तुयें 'ज्ञेय' बनती हैं। हेगल के अनुसार धारणायें ज्ञान के विकास-क्रम की विविध अवस्थायें हैं। वैशेषिक-पदार्थ इन सबसे भिन्न है। वैशेषिक ने ज्ञेय

---

१. काणादं पाणिनीयं च सर्वशास्त्रोपकारकम्।

पदार्थों या वस्तुओं का वर्गीकरण प्रस्तुत किया है, उनमें समन्वय स्थापित करने का प्रयत्न नहीं किया। वैशेषिक भेदमूलक बहुत्ववादी वस्तुवाद है।

वैशेषिक-सूत्र में छह भाव-पदार्थों के ही नाम परिगणित हैं। कणाद ने अभाव का भी वर्णन किया है, किन्तु उसे पदार्थ के रूप में स्वीकार नहीं किया। बाद के वैशेषिकों ने अभाव को भी पदार्थ रूप में मान्यता दे दी। पदार्थ दो प्रकार के हैं—भावात्मक और अभावात्मक। भावात्मक पदार्थ छह हैं—द्रव्य, गुण, कर्म, सामान्य, विशेष और समवाय। अभाव पदार्थ चार प्रकार का है—प्रागभाव, प्रध्वंसाभाव, अन्योन्याभाव और अत्यन्ताभाव।

३. द्रव्य

द्रव्य वह है जो गुण तथा कर्म का आश्रय हो और अपने कार्य का समवायी कारण हो।[1] द्रव्य की स्वतन्त्र सत्ता है। वह गुण और कर्म का आश्रयभूत तत्त्व है। वह अपने कार्यों का समवायी या उपादान कारण है। द्रव्य स्वरूपतः नित्य, स्वतन्त्र एवं विशेष-युक्त होता है और या तो विभु होता है या अणुरूप। नित्य द्रव्यों से बने अवयविद्रव्य अनित्य और उत्पादविनाशशील होते हैं। द्रव्य नौ प्रकार के हैं जिनमें जड़ और चेतन द्रव्य सम्मिलित हैं। वैशेषिक दर्शन वस्तुवादी है, जड़वादी या भौतिकवादी नहीं, क्योंकि यह चेतन आत्मतत्त्व की स्वतन्त्र सत्ता मानता है। नौ द्रव्य ये हैं—पृथिवी, जल, वायु और आकाश नामक पञ्चमहाभूत तथा काल, दिक्, आत्मा और मन।

पृथिवी, जल, तेज और वायु अपने मूल रूप में नित्य परमाणुरूप हैं। प्रत्येक महाभूत के परमाणु अनेक हैं। इन परमाणुओं के संयोग से स्थूल भौतिक पदार्थ उत्पन्न होते हैं जो इनके कार्यभूत अनित्य सावयव द्रव्य हैं। यह इन महाभूतों का स्थूल या मूर्त रूप है। पाँचवाँ महाभूत आकाश है जो परमाणुरूप नहीं है, किन्तु विभु या व्यापक है और एक है। पाँचों महाभूत भौतिक द्रव्य हैं। प्रत्येक का अपना विशेष गुण है। आकाश का गुण शब्द है। वायु का गुण स्पर्श है। तेज का गुण रूप है किन्तु उसमें स्पर्श भी रहता है। जल का गुण रस है, किन्तु उसमें रूप और स्पर्श भी रहते हैं। पृथिवी का गुण गन्ध है, किन्तु उसमें रस, रूप और स्पर्श भी रहते हैं। इन पाँचों गुणों का ग्रहण अलग-अलग पाँच ज्ञानेन्द्रियों द्वारा होता है—चक्षु से रूप का, श्रोत्र से शब्द का, रसना से रस का, त्वक् से स्पर्श का और घ्राण से गन्ध का ग्रहण होता है क्योंकि चक्षुरिन्द्रिय तेजोभूत से, श्रोत्रेन्द्रिय आकाश से, रसनेन्द्रिय जल से, त्वगिन्द्रिय वायु से और घ्राणेन्द्रिय पृथिवी महाभूत से निर्मित होती है। काल और दिक्, आकाश के समान, एक-एक हैं, नित्य हैं और विभु हैं। वस्तुतः ये अखण्ड हैं, किन्तु व्यवहार में इनके खण्डों की कल्पना कर ली जाती है। काल के कारण भूत, वर्तमान और भविष्य का ज्ञान होता है, ज्येष्ठ और कनिष्ठ का व्यवहार होता है तथा वस्तुओं की एककालता, भिन्नकालता, दीर्घकालता तथा अल्पकालता सिद्ध होती है। दिक् भी एक और नित्य है तथा

---

१. क्रियागुणवत् समवायिकारणं द्रव्यम्। द्रष्टव्य, वैशेषिकसूत्र १, १, १५

उपाधि भेद से अनेक है। यह पूर्व, पश्चिम, उत्तर, दक्षिण, तथा ऊपर-नीचे, यहाँ-वहाँ, दूर-पास आदि व्यवहार का कारण है। आत्मा अनेक हैं और प्रत्येक नित्य, स्वतन्त्र और विभु है। आत्मद्रव्य ज्ञान-गुण का आश्रय है। आत्मा ज्ञान-स्वरूप नहीं है, अपितु ज्ञान नामक गुण का आश्रयभूत द्रव्य है। ज्ञान आत्मा का आगन्तुक धर्म है। आत्मा के अन्य गुणों में इच्छा, सुख, दुःख, यत्न आदि हैं। मन अन्तरिन्द्रिय है। यह भी नित्य द्रव्य है और अणु रूप है तथा अनेक हैं। अणुरूप होने पर भी यह, पृथिवी आदि चार महाभूतों के परमाणुओं के समान, संघात का निर्माण नहीं करता। प्रत्येक बद्ध आत्मा के साथ एक मन संयुक्त रहता है जिसके द्वारा उसे विषयों का ज्ञान होता है। अणुरूप होने से मन एक बार में एक ही इन्द्रिय या एक ही मनोभाव से सम्पर्क कर सकता है। बाह्य प्रत्यक्षज्ञान में पहले इन्द्रिय और पदार्थ का सन्निकर्ष होता है और फिर मन तथा इन्द्रिय का सन्निकर्ष होता है; मनोभाव के अनुभव में मन का मनोभाव से सीधा सम्पर्क होता है। मन का प्रत्यक्ष नहीं होता। उसके कार्यों से उसका अनुमान किया जाता है।

पृथिवी, जल, तेज, वायु और आकाश पञ्चमहाभूत हैं। ये और मन भौतिक हैं। पृथिवी, जल, तेज और वायु तथा मन अणुरूप हैं। भूत-परमाणु संघात बनाते हैं, मन-परमाणु अकेला ही रहता है, अन्य मनों के साथ संहत नहीं होता। आत्मा अभौतिक और ज्ञानाश्रय है। काल और दिक् द्रव्यरूप हैं, व्यक्ति-गत नहीं हैं। आकाश, दिक्, काल और आत्मा विभु और नित्य हैं। परमाणु, मन और आत्मा अनेक हैं। आकाश, दिक् और काल एक-एक हैं।

४. गुण

गुण द्रव्य के समान स्वतन्त्र पदार्थ नहीं हैं। गुण द्रव्य पर आश्रित रहते हैं। गुण के गुण या कर्म नहीं होते। अभिधेय और ज्ञेय होने के कारण गुण को पदार्थ माना गया है। गुण के अन्तर्गत भौतिक एवं मानस दोनों प्रकार के गुण आ जाते हैं। कुछ गुण द्रव्य के आवश्यक धर्म होते हैं। कणाद ने सत्रह गुणों का उल्लेख किया है जिनमें प्रशस्तपाद ने सात और जोड़ कर गुणों की संख्या चौबीस कर दी है। रूप, रस, गन्ध, स्पर्श, शब्द, संयोग, विभाग, बुद्धि, सुख, दुःख, इच्छा, द्वेष और प्रयत्न कुछ प्रमुख गुण हैं।

५. कर्म

गुण के समान कर्म भी द्रव्य पर आश्रित रहने वाला धर्म है। यह गुण से भिन्न है। यह वस्तुओं के संयोग एवं विभाग का कारण है। कर्म मूर्त द्रव्यों में ही रहता है, विभु द्रव्यों में नहीं। कर्म पाँच प्रकार के होते हैं—उत्क्षेपण (ऊपर फेंकना), अपक्षेपण (नीचे फेंकना), आकुञ्चन (सिकोड़ना), प्रसारण (फैलाना), औन गमन (चलना)।

६. सामान्य

सामान्य को जाति भी कहते हैं। सामान्य को नित्य, एक और अनेकानुगत माना गया

है।[१] अनेकानुगत का अर्थ है कि किसी वर्ग के सभी व्यक्तियों में अनुगत रहना अर्थात् समवाय सम्बन्ध से विद्यमान रहना। अलग-अलग मनुष्य व्यक्ति हैं, किन्तु सभी मनुष्यों में अनुगत रहने वाला 'मनुष्यत्व' सामान्य है। वैशेषिक कट्टर वस्तुवाद है अतः वह सामान्य की वस्तुगत सत्ता स्वीकार करता है। सामान्य किसी वर्ग के सभी व्यक्तियों में पाये जाने वाले सामान्य धर्मों की कल्पनामात्र नहीं है; यह मानस धर्म नहीं है, अपितु इसकी वस्तुतः सत्ता है। सामान्य के कारण ही एक व्यक्ति अपनी जाति का सदस्य बनता है। मनुष्यत्व ही मनुष्य को मनुष्य जाति का सदस्य बनाता है। सबसे बड़ा सामान्य या पर-सामान्य सत्ता-सामान्य है क्योंकि यह सबसे अधिक व्यक्तियों में रहने वाली जाति है। सामान्य एक है, यद्यपि जिन व्यक्तियों में यह रहता है वे अनेक हैं। सामान्य नित्य है, यद्यपि जिन व्यक्तियों में यह रहता है वे अनित्य तथा उत्पादविनाशशील हैं। एक वर्ग के व्यक्तियों में एक ही सामान्य रहता है। सामान्य द्रव्य, गुण और कर्म में रहता है।[२] एक सामान्य दूसरे सामान्य में नहीं रह सकता, अन्यथा एक व्यक्ति एक साथ ही मनुष्य, घोड़ा या बैल बन सकता है। जो अनेकानुगत न हो, अपितु एक ही व्यक्ति में रहे वह सामान्य नहीं हो सकता जैसे आकाश में ही रहने वाला आकाशत्व सामान्य नहीं है। संयोग जिन वस्तुओं को जोड़ता है उन सब में एक साथ रहता है, किन्तु वह सामान्य नहीं है क्योंकि वह नित्य नहीं है। अभाव नित्य है और कई वस्तुओं का हो सकता है, किन्तु वह सामान्य नहीं है क्योंकि वह उन वस्तुओं में समवाय सम्बन्ध से नहीं रहता।

न्यायवैशेषिक वस्तुवाद सामान्य की वस्तु-गत सत्ता स्वीकार करता है। बौद्ध अपोहवाद सामान्य को कल्पनामात्र या नाममात्र मानता है और उसकी कोई सत्ता नहीं मानता। वेदान्त सामान्य को कल्पनामात्र तो नहीं मानता, किन्तु व्यक्तियों के अतिरिक्त और उनसे भिन्न सामान्य की सत्ता नहीं मानता। सामान्य के विषय में ये तीन मत सम्भव हैं।

७. विशेष

जगत् के जितने भी दृश्य पदार्थ हैं चाहे भौतिक हों या चेतन, वे सब संघात रूप हैं। इन अलग-अलग पदार्थों को 'व्यक्ति' कहा जाता है। ये 'विशेष' नहीं हैं। यह ध्यान देने की बात है कि वैशेषिक दर्शन में 'विशेष' नामक पदार्थ एक विशेष अर्थ में प्रयुक्त हुआ है। जागतिक पदार्थों में भेद उनके अवयव-संस्थान के भेद से, उनके गुण-भेद से और कर्म-भेद से स्पष्ट प्रतीत होता है। किन्तु जिन नित्य द्रव्यों में किसी प्रकार भेद करना सम्भव नहीं हो उन द्रव्यों में भेद करने के लिये 'विशेष' नामक पदार्थ की कल्पना की गई है। पृथिवी, जल, तेज और वायु के परमाणुओं में परस्पर भेद उनके गुण-भेद के आधार पर किया जा सकता है, किन्तु पृथिवी का एक परमाणु पृथिवी के ही दूसरे परमाणु से किस प्रकार भिन्न है? इसी प्रकार जल, तेज और वायु का परमाणु उसी द्रव्य के अन्य परमाणु से किस प्रकार भिन्न है?

---

१. नित्यमेकमनेकानुगतं सामान्यम्।

२. द्रव्यगुणकर्मवृत्ति।

एक मुक्त आत्मा दूसरी मुक्त आत्मा से और एक मन दूसरे मन से किस प्रकार भिन्न सिद्ध किया जा सकता है ? अतः उन नित्य द्रव्यों में जो सर्वथा समान हैं और जिनमें संख्या के अतिरिक्त किसी प्रकार भेद नहीं किया जा सकता, भेद करने के लिये 'विशेष' स्वीकार किया गया है। प्रत्येक नित्य द्रव्य में, परमाणु, आत्मा और मन में, आकाश, दिक् और काल में, अपना 'विशेष' होता है जो उसे अन्य द्रव्यों से भिन्न करता है। नित्य द्रव्यों में रहने वाले ये विशेष भी नित्य होते हैं; नित्य द्रव्य अनन्त हैं, अतः उनके विशेष भी अनन्त हैं; एवं प्रत्येक विशेष स्वभावतः व्यावर्तक होता है अर्थात् एक नित्य द्रव्य में रहने वाला विशेष उसे अन्य नित्य द्रव्यों से भिन्न करता है और एक विशेष दूसरे विशेष से स्वतः भिन्न होता है। यदि विशेष को स्वतोव्यावर्तक नहीं माना जाय तो अनवस्था दोष आ जायेगा।[१]

८. समवाय

समवाय नित्य एवं अपृथक् सम्बन्ध है। संयोग अनित्य तथा पृथक्करणीय सम्बन्ध है। अतः समवाय को पदार्थ और संयोग का गुण माना गया है। समवाय नामक नित्य सम्बन्ध दो अयुतसिद्ध वस्तुओं में होता है। अयुतसिद्ध वस्तुयुगल में एक को दूसरी से पृथक् नहीं किया जा सकता तथा उनमें एक वस्तु आधार या आश्रय होती है एवं दूसरी आधार्य या आश्रित। द्रव्य और गुण में, द्रव्य और कर्म में, सामान्य और व्यक्ति में, नित्य द्रव्य और विशेष में, तथा अवयव और अवयवी में, इस अयुतसिद्ध युगलपञ्चक में, समवाय सम्बन्ध होता है।[२]

९. अभाव

वैशेषिक-सूत्र और भाष्य में छह भावात्मक पदार्थों का वर्णन उपलब्ध है। स्वयं कणाद ने अभाव का वर्णन किया है, किन्तु उसे पदार्थ नहीं माना। बाद के वैशेषिकों ने उसे पदार्थ के रूप में मान्यता दी। अभाव दो प्रकार का होता है—संसर्गाभाव (जिसमें दो वस्तुओं के सम्बन्ध का निषेध किया जाता है, जैसे क ख में नहीं है) और अन्योन्याभाव (दो वस्तुओं का परस्पर भेद, जैसे क ख नहीं है)। संसर्गाभाव तीन प्रकार का होता है—प्रागभाव, प्रध्वंसाभाव और अत्यन्ताभाव। अन्योन्याभाव एक ही प्रकार का होता है। इस प्रकार अभाव चार प्रकार का सिद्ध हुआ। प्रागभाव का अर्थ है उत्पत्ति के पूर्व कारण में कार्य का अभाव, जैसे उत्पत्ति के पूर्व घट का अभाव। यह अनादि और सान्त है। प्रध्वंसाभाव का अर्थ है विनाश के बाद उस वस्तु का अभाव, जैसे ध्वंस हो जाने के बाद घट का अभाव। यह सादि और अनन्त है। अत्यन्ताभाव त्रिकाल में अभाव है, जैसे शशशृङ्ग, आकाशकुसुम आदि का अभाव। यह अनादि और अनन्त है। अन्योन्याभाव का अर्थ है दो वस्तुओं का परस्पर भेद, जैसे घट पट

---

१. नित्यद्रव्यवृत्तयो व्यावर्तका विशेषास्त्वनन्ता एव।

२. अयुतसिद्धानामाधार्याधारभूतानां यः सम्बन्ध इह प्रत्ययहेतुः स समवायः। –प्रशस्तपादभाष्य। ययोर्द्वयोर्मध्ये एकमविनश्यद् अपराश्रितमेवावतिष्ठते तावयुतसिद्धौ; अवयवावयविनौ, गुणगुणिनौ, क्रियाक्रियावन्तौ, जातिव्यक्ती, विशेषनित्यद्रव्ये चेति। –तर्कसंग्रह

नहीं है; घट में पटाभाव और पट में घटाभाव है। यह दो वस्तुओं के तादात्म्य का अभाव है। यह भी अनादि और अनन्त है। यदि प्रागभाव न हो तो सभी वस्तुयें अनादि हो जावेंगी। यदि प्रध्वंसाभाव न हो तो सभी वस्तुयें नित्य हो जावेंगी। यदि अत्यन्ताभाव न हो तो सभी वस्तुयें सदा और सर्वत्र विद्यमान रहेंगी। यदि अन्योन्याभाव न हो तो सब वस्तुयें अभिन्न हो जावेंगी।

१०. परमाणुकारणवाद

सांख्य के सत्कार्यवाद के विपरीत न्याय-वैशेषिक असत्-कार्यवाद को मानते हैं। कार्य उत्पत्ति-पूर्व असत् है, वह अपने कारण में विद्यमान नहीं रहता। कार्य नई उत्पत्ति है, नूतन सृष्टि है और उत्पत्ति से ही उसकी सत्ता का आरम्भ होता है। अत: असत्कार्यवाद को आरम्भवाद भी कहते हैं। वैशेषिक परमाणुओं को जगत्कारण मानते हैं। इस जगत् के सारे भौतिक पदार्थ सावयव और उत्पत्ति-विनाशशील हैं तथा नित्य परमाणुओं के विभिन्न संयोगों से बनते हैं। अत: पदार्थ की उत्पत्ति का अर्थ है परमाणु-संयोग और विनाश का अर्थ है परमाणु-संयोग-विभाग। सृष्टि के मूल तत्त्व परमाणु नित्य हैं। भौतिक पदार्थों के अवयवों का विभाजन किया जा सकता है और इन विभक्त अवयवों को पुन: अन्य अवयवों में विभक्त किया जा सकता है एवं अनवस्था दोष से बचने के लिये अन्तिम अवयवों को स्वयं में निरवयव और अविभाज्य मानना पड़ेगा। अतीन्द्रिय, निरवयव, अविभाज्य और नित्य भौतिक द्रव्य परमाणु हैं।

परमाणु चार प्रकार के हैं—पार्थिव, जलीय, तैजस और वायवीय। आकाश विभु, एक और नित्य है तथा परमाणुओं के संयोग और विभाग के लिये अवकाश प्रदान करता है। प्रत्येक नित्य परमाणु में अपना 'विशेष' होता है जो उसका नित्य और व्यावर्तक पदार्थ है। इसके अतिरिक्त परमाणुओं में गुण-भेद और संख्या-भेद भी होते हैं। वायु के परमाणु सूक्ष्मतम हैं जिनमें स्पर्शगुण रहता है। तैजस परमाणुओं में रूप और स्पर्श रहते हैं। जल के परमाणुओं में रस, रूप और स्पर्श गुण होते हैं। तथा पार्थिव परमाणुओं में गन्ध, रस, रूप और स्पर्श ये चारों गुण पाये जाते हैं। सावयव पदार्थों के गुण उनके निर्माणक परमाणुओं के गुणों से आते हैं। परमाणु अतीन्द्रिय, निरवयव, अविभाज्य और नित्य होते हैं। ये गोल या परिमण्डल होते हैं। ये स्वभावत: क्रियाशून्य और नि:स्पन्द होते हैं। इनमें आद्यस्पन्दन या गति (जिससे भौतिक सृष्टि प्रारम्भ होती है) ईश्वर सञ्चालित 'अदृष्ट' से आती है। प्रत्येक संसारी आत्मा का अपना 'अदृष्ट' होता है जो उससे संयुक्त रहता है एवं जिसमें उसके धर्माधर्मरूप (शुभाशुभ रूप) कर्मसंस्कार सञ्चित रहते हैं। आत्मा के कर्मफल-भोग के लिये सृष्टि होती है क्योंकि आत्मा बिना शरीर, इन्द्रिय और मन के भोग नहीं कर सकता। प्रत्येक संसारी आत्मा के साथ मन संयुक्त रहता है। किन्तु भोगायतन शरीर और भोगसाधन इन्द्रियों के उत्पादार्थ भौतिक सृष्टि की आवश्यकता होती है। परमाणुओं में आद्य स्पन्दन होते ही एक परमाणु दूसरे परमाणु से जुड़ कर द्व्यणुक बन जाता है; सर्वप्रथम सारे परमाणु द्व्यणुकों में परिवर्तित हो जाते हैं

और फिर इन द्व्यणुकों से सृष्टि-रचना होती है। तीन द्व्यणुकों से त्र्यणुक और चार त्र्यणुकों से चतुरणुक बनते हैं और इस प्रकार यह क्रम चलता है एवं स्थूल महाभूत आदि की उत्पत्ति होती है।

वैशेषिक परमाणुवाद जड़वाद या भौतिकवाद नहीं है, अपितु आध्यात्मिक वस्तुवाद है क्योंकि वैशेषिक को जड़ परमाणुओं के साथ, उनसे स्वतन्त्र आत्मद्रव्यों की सत्ता भी स्वीकार है तथा वैशेषिक कर्मवाद को, अदृष्ट को, ईश्वर को एवं सृष्टि में अन्तर्निहित नैतिक नियम को भी मानता है।

वैशेषिक परमाणुवाद का ल्यूसिपस और डिमॉक्रिटस के ग्रीक परमाणुवाद से इस बात में साम्य है कि दोनों के अनुसार परमाणु निरवयव, अविभाज्य, अतीन्द्रिय और नित्य भौतिक द्रव्य हैं तथा इस जड़ जगत् के उपादान कारण हैं। किन्तु इसके आगे दोनों में कोई साम्य नहीं है। ग्रीक परमाणुवादी परमाणुओं में केवल संख्याभेद मानते हैं, गुणभेद नहीं, जबकि वैशेषिक परमाणुओं में संख्याभेद और गुणभेद दोनों मानते हैं। ग्रीक मत में परमाणु स्वरूपतः सक्रिय एवं चल हैं; वैशेषिक मत में वे स्वतः निःस्पन्द या निष्क्रिय हैं तथा उनमें स्पन्द अदृष्ट से आता है। ग्रीक मत में आत्मा भी अणुओं से निर्मित है; वैशेषिक मत से आत्म-द्रव्य का स्वतन्त्र अस्तित्व है एवं वह अणुरूप न होकर विभु तथा नित्य है। ग्रीक मत जड़वाद या भौतिकवाद है; वैशेषिक मत आध्यात्मिक वस्तुवाद है।

११. ईश्वर

कणाद सूत्रों में ईश्वर का स्पष्ट उल्लेख नहीं हुआ है। 'तद्वचन होने से वेद का प्रामाण्य है'।[१] इस वैशेषिक सूत्र में 'तद्वचन' का अर्थ कुछ विद्वानों ने 'ईश्वरवचन' किया है। किन्तु 'तद्वचन' का अर्थ 'ऋषिवचन' भी हो सकता है। तथापि प्रशस्तपाद से लेकर बाद के सभी ग्रन्थकारों ने ईश्वर की सत्ता स्पष्ट रूप से स्वीकार की है एवं कुछ ने ईश्वर-सिद्धि के लिये प्रमाण भी प्रस्तुत किये हैं। अतः वैशेषिक दर्शन के संस्थापक कणाद मुनि को अनीश्वरवादी नहीं कहा जा सकता। वैशेषिक के अनुसार वेद ईश्वर-वाक्य है। ईश्वर नित्य, सर्वज्ञ और पूर्ण हैं। ईश्वर अचेतन अदृष्ट के सञ्चालक हैं। ईश्वर इस जगत् के निमित्तकारण और परमाणु उपादानकारण हैं। अनेक परमाणु और अनेक आत्मद्रव्य नित्य एवं स्वतन्त्र द्रव्यों के रूप में ईश्वर के साथ विराजमान हैं; ईश्वर इनको उत्पन्न नहीं करते क्योंकि नित्य होने से ये उत्पत्ति-विनाश-रहित हैं तथा ईश्वर के साथ आत्मद्रव्यों का भी कोई घनिष्ठ सम्बन्ध नहीं है। ईश्वर का कार्य, सर्ग के समय, अदृष्ट से गति लेकर परमाणुओं में आद्यस्पन्दन के रूप में सञ्चरित कर देना; और प्रलय के समय, इस गति का अवरोध करके वापस अदृष्ट में संक्रमित कर देना है।

१. तद्वचनादाम्नायस्य प्रामाण्यम्। वैशेषिकसूत्र १, १, ३, और १०, २, ९

१२. बन्धन और मोक्ष

बन्धन अविद्या से और मोक्ष विद्या से होता है। आत्मा, अविद्यावश, कर्म करता है; कर्म से धर्माधर्म-संस्कार अदृष्ट में सञ्चित होते रहते हैं तथा फलोन्मुख होने पर आत्मा के कर्मफलभोगार्थ सृष्टि उत्पन्न होती है। ईश्वर अदृष्ट से गति लेकर परमाणुओं में आद्यस्पन्दन के रूप में सञ्चरित कर देते हैं और सृष्टि-प्रक्रिया प्रारम्भ हो जाती है। आत्मा जब तक कर्म-जाल में फँसा है तब तक उसका बन्धन बना रहता है। ज्ञान द्वारा कर्म का विनाश कर देने पर नये कर्म उत्पन्न नहीं होते, तथा सञ्चित एवं प्रारब्ध कर्मों का क्षय होने पर आत्मा का शरीर, इन्द्रियाँ और मन से आत्यन्तिक वियोग हो जाता है तथा आत्मा अपने शुद्ध रूप में स्थित हो जाता है। यह मोक्ष है जहाँ समस्त दुःखों की आत्यन्तिक निवृत्ति हो जाती है। वैशेषिक के अनुसार आत्मा अन्य द्रव्यों के समान एक द्रव्य है और ज्ञान, सुख, दुःख आदि उसके आगन्तुक गुण हैं जो विषयों से सम्पर्क होने पर आत्मा में उत्पन्न होते हैं। आत्मा का बाह्य पदार्थों या मानस भावों से सम्पर्क मन और इन्द्रियों के द्वारा या केवल मन द्वारा होता है। इन्द्रियाँ स्थूल शरीर में रहती हैं। अतः आत्मा शरीरेन्द्रियमनःसंयुक्त होने पर ही बाह्य विषयों के सम्पर्क में आ सकता है। मोक्ष में आत्मा शरीर, इन्द्रिय और मन से सर्वथा वियुक्त हो जाता है, अतः मोक्ष में, विषय-सम्पर्क के अभाव में, आत्मा में ज्ञान, सुख, दुःख आदि कोई गुण उत्पन्न नहीं हो सकता। मोक्ष में दुःख की आत्यन्तिक निवृत्ति के साथ ही ज्ञान और सुख की भी निवृत्ति हो जाती है। मोक्ष में आत्मा अपने 'विशेष' सहित नित्य द्रव्य के रूप में स्थित रहता है, जहाँ न ज्ञान है, न सुख है, न इच्छा है, न संकल्प है। मुक्त आत्मा में और अचेतन शिलाखण्ड या शुष्क काष्ठफलक में कोई अन्तर नहीं प्रतीत होता। यह आत्मा को भौतिक द्रव्य के स्तर पर, ज्ञेय और विषय के स्तर पर, उतार देने का सहज परिणाम है।

१३. समीक्षा

वैशेषिक-दर्शन में पदार्थों का वर्गीकरण प्रस्तुत हुआ है। उनमें समन्वय स्थापित करने का प्रयत्न दृष्टिगोचर नहीं होता। वैशेषिक बहुत्ववादी तथा अध्यात्मवादी वस्तुवाद है जिसमें कई अन्तर्विरोध हैं। वैशेषिक का पदार्थ-वर्गीकरण तथा परमाणुकारणवाद भौतिकवाद एवं क्षणिकवाद से श्रेष्ठ है तथा भारतीय दर्शन के विकास-क्रम में एक महत्त्वपूर्ण स्तर है, यद्यपि यह चरम विकास से काफी दूर है।

वैशेषिक सात पदार्थों को वस्तु-सत् मानता है। गुण और कर्म द्रव्य पर आश्रित होने से स्वतन्त्र सत् नहीं हो सकते। सामान्य व्यक्ति-सापेक्ष है; विशेष नित्य-द्रव्य-सापेक्ष है; समवाय सम्बन्ध होने से वस्तु-द्वय-सापेक्ष है। अतः सामान्य, विशेष और समवाय, सापेक्ष तथा प्रत्ययाधीन होने के कारण, वस्तु-सत् नहीं हो सकते। अभाव तो स्पष्ट ही भाव-सापेक्ष है। अतः स्वतन्त्र और वस्तु-सत् पदार्थ के रूप में केवल द्रव्य ही रह जाता है। यह द्रव्य भी गुण तथा सम्बन्ध के कारण सत् प्रतीत होता है, निर्गुण तथा सम्बन्धशून्य द्रव्य की प्रतीति नहीं होती। यह भी वस्तु-सत् नहीं है। पुनः, वैशेषिक नौ द्रव्यों को मानता है। इनमें आकाश

की कल्पना परमाणुओं के परस्पर संयोग-विभाग का माध्यम बनने के लिए एवं शब्दगुण का आश्रय बनने के लिये की गई है। दिक् और काल बाह्य वस्तु नहीं हैं। ये इन्द्रिय-सम्वेदन और बुद्धि-विकल्प भी नहीं हैं। शुद्ध निर्विकल्प सम्वेदन हैं एवं हमारे लौकिक अनुभव के द्वार हैं। ये व्यक्तिगत नहीं हैं, किन्तु वस्तु-सत् भी नहीं हैं। मन अन्तरिन्द्रिय है। इस प्रकार द्रव्यों में चार भूतों के परमाणु और आत्मा बच रहते हैं। परमाणुओं में गुणभेद करना उचित नहीं है। अत: तत्त्वों का विभाग भौतिक परमाणु तथा आध्यात्मिक आत्मतत्त्व के रूप में करना चाहिये था। इस अर्थ में जैन मत तथा सांख्य मत वैशेषिक मत से श्रेष्ठ हैं क्योंकि उन्होंने समस्त भौतिक पदार्थों को 'पुद्गल' या 'प्रकृति' में समाविष्ट कर दिया है एवं उनका आत्मस्वरूपनिरूपण भी वैशेषिक के निरूपण से कहीं श्रेष्ठ है।

वैशेषिक के अनुसार समवाय को नित्य अपृथक् सम्बन्ध माना गया है। किन्तु यह सम्बन्ध एकाङ्गी है। द्रव्य-गुणसम्बन्ध में गुण द्रव्य के बिना नहीं रह सकते, किन्तु द्रव्य गुणों के बिना रह सकता है। अयुतसिद्ध में आश्रितवस्तु आश्रयवस्तु से पृथक् नहीं हो सकती, किन्तु आश्रयवस्तु आश्रितवस्तु के बिना भी रह सकती है। पुनश्च, संयोग को गुण और समवाय को पदार्थ मानना भी उचित नहीं है। और फिर समवाय सम्बन्ध ही सिद्ध नहीं हो सकता। समवाय जिन दो वस्तुओं को जोड़ता है उनमें से किस वस्तु में रहता है ? यदि प्रथम वस्तु में रहे तो वह इसे द्वितीय वस्तु से नहीं जोड़ सकता, यदि द्वितीय वस्तु में रहे तो वह इसे प्रथम वस्तु से नहीं जोड़ सकता। समवाय एक है अत: वह दोनों वस्तुओं में एक साथ नहीं रह सकता। और यदि समवाय को वस्तु-युगल से भिन्न माना जाय, तो वह सम्बन्ध न रहकर स्वयं तीसरी वस्तु बन जायेगा और इस तीसरी वस्तु रूप समवाय को दोनों वस्तुओं से सम्बद्ध करने के लिये एक अन्य समवाय की आवश्यकता होगी एवं इस प्रकार अनवस्था दोष आयेगा। अत: समवायसम्बन्ध सिद्ध नहीं होता।

वैशेषिक का परमाणुवाद भी दोषपूर्ण है। परमाणुओं में गुणभेद सिद्ध नहीं होता। यदि परमाणुओं के गन्ध, रस, रूप, स्पर्श गुण नित्य हैं तो आत्मा के ज्ञान, सुख आदि गुण नित्य क्यों नहीं हो सकते ? यदि कारण अपने गुणों को कार्य में सञ्चरित करता है तो परमाणु अपने परमाणुत्व को द्व्यणुक, त्र्यणुक आदि में क्यों नहीं सञ्चरित करता ? और यदि सञ्चरित करे तो संघात भी परमाणुवत् अतीन्द्रिय और नित्य होगा। पुनश्च परमाणुओं से सृष्टि नहीं हो सकती। यदि परमाणु स्वभाव से निष्क्रिय हैं तो सर्ग सम्भव नहीं; यदि सक्रिय हैं तो प्रलय सम्भव नहीं। और यदि परमाणुओं में क्रिया अदृष्ट से आती है तो अदृष्ट सदा विद्यमान रहने से सृष्टि सदा ही होनी चाहिये और तब प्रलय नहीं होगा तथा परमाणु अपने स्वरूप में स्थित नहीं रह सकेंगे। यदि सृष्टि ईश्वरेच्छा से हो तो वह कर्मसंस्कारों से नियन्त्रित नहीं रहेगी और तब, आत्मा के कर्मफलभोगार्थ सृष्टि होती है, इस सिद्धान्त पर आँच आयेगी। अत: परमाणुकारणवाद सिद्ध नहीं होता।

आत्मा को भौतिक द्रव्यों के समान द्रव्य मानना और ज्ञान को उसका आगन्तुक गुण मानना अत्यन्त दोषपूर्ण तथा हेय कल्पना है। यह आत्मा को भौतिक द्रव्य के धरातल पर

उतार देना है और उसे ज्ञेय और विषय बना देना है। आत्मा स्वरूपत: अचेतन द्रव्य है और मन, इन्द्रिय, शरीर से संयुक्त होने पर विषयों के सम्पर्क में आने पर ही उसमें ज्ञान, सुख, दु:ख, इच्छा, यत्न आदि गुण उत्पन्न होते हैं। चार्वाक मत को छोड़कर जो आत्मा को जीवित शरीर से भिन्न तत्त्व नहीं मानता तथा चैतन्य को महाभूतजन्य स्वीकार करता है, वैशेषिक मत की आत्मद्रव्यकल्पना भारतीय दर्शन में आत्मा के स्वरूप की निकृष्टतम कल्पना है। हीनयान बौद्ध मत ने भी जिसने आत्मा को क्षणिक विज्ञानप्रवाह मात्र माना है, स्वप्रकाश ज्ञान के स्पन्दन को स्वीकार किया है।

वैशेषिक मत में ईश्वर की कल्पना भी दोषपूर्ण है। ईश्वर इस विश्व का कर्ता, धर्ता, हर्ता, नियन्ता नहीं है। असंख्य नित्य परमाणु एवं असंख्य नित्य आत्मद्रव्य सदा स्वतन्त्र रूप से नित्य ईश्वर के साथ विराजमान रहते हैं। यद्यपि ईश्वर को सृष्टि का निमित्तकारण माना गया है, तथापि वस्तुत: यह निमित्त कारण अदृष्ट ही है। बिना अदृष्ट की सहायता के ईश्वर परमाणुओं में गतिसञ्चार नहीं कर सकता। ईश्वर का स्तर अदृष्ट के सञ्चालक का है। उनका कार्य, सृष्टि के समय, अदृष्ट से गति लेकर परमाणुओं में सञ्चरित कर देना, और प्रलय के समय, उस गति को अवरुद्ध करके पुन: अदृष्ट में स्थानान्तरित कर देना है। वैशेषिक दर्शन ने परमाणुओं, आत्माओं और ईश्वर में केवल बाह्य सम्बन्ध माना है। मुक्त आत्माओं का भी ईश्वर से कोई सम्पर्क नहीं है; सम्पर्क का प्रश्न भी नहीं उठता क्योंकि मुक्त आत्मा तो स्वयं ही जड़वत् है। ईश्वर को परम आत्मा माना है। यदि आत्मा स्वरूपत: अचेतन है और विषय-सम्पर्क से ही उसमें ज्ञानादि गुणों का उदय होता है, तो ईश्वर को भी अचेतन होना चाहिए और तब वे अदृष्ट के सञ्चालक भी नहीं हो सकते। और यदि ईश्वर में ज्ञानादिगुण हैं तो उनको बद्ध मानना पड़ेगा और मन, इन्द्रिय, शरीर से सम्पृक्त स्वीकार करना होगा। और यदि ईश्वर को, परम आत्मतत्त्व के रूप में, स्वरूपत: सर्वज्ञ और इच्छाशक्तिसम्पन्न एवं ऐश्वर्यसम्पन्न माना जाय, तो मुक्त आत्माओं ने क्या अपराध किया है कि उन्हें ज्ञान से भी वञ्चित किया जाय !

वैशेषिक सम्मत मोक्ष की कल्पना के दोष हम ऊपर बता चुके हैं। यदि मुक्त आत्मा में ज्ञान एवं आनन्द का सर्वथा अभाव है और वह अचेतन द्रव्य के समान है तो ऐसी मुक्ति किसे अभीष्ट होगी ? कौन शिलाखण्ड या शुष्ककाष्ठफलक बनने के लिये मुक्त होना चाहेगा ? एक वैष्णव भक्त का कथन है कि वैशेषिक की मुक्ति की अपेक्षा भगवान् कृष्ण की पदरज से पवित्र रम्य वृन्दावन में शृगाल बनकर जीना अधिक अच्छा है।[1] श्रीहर्ष ने वैशेषिक दर्शन को 'औलूक दर्शन' कहा है; औलूक कणाद का नाम भी है और इसका अर्थ उल्लुओं का दर्शन भी है।

---

१. वरं वृन्दावने रम्ये शृगालत्वं वृणोम्यहम्।
न च वैशेषिकीं मुक्तिं प्रार्थयामि कदाचन।।

द्वादश अध्याय
न्याय-दर्शन

१. भूमिका

गोतम या गौतम मुनि जो अक्षपाद नाम से भी जाने जाते हैं प्राचीन न्याय के प्रवर्तक आचार्य हैं एवं न्याय-सूत्र के रचयिता हैं। न्याय का अर्थ है प्रमाणों द्वारा तत्त्व-परीक्षण। यह प्रमुख रूप से तर्कशास्त्र और ज्ञानमीमांसा है। इसे तर्कशास्त्र, प्रमाणशास्त्र, हेतुविद्या, वाद-विद्या तथा आन्वीक्षकी अर्थात् समीक्षात्मक परीक्षण भी कहा जाता है।

न्याय दर्शन की ग्रन्थ-सम्पत्ति विपुल है, गहन भी और विस्तृत भी। लगभग दो हजार वर्षों तक, चतुर्थ शताब्दी ई. पू. से लेकर सतरहवीं शती तक न्याय में ग्रन्थ-निर्माण होता रहा। गौतम के न्यायसूत्र पर वात्स्यायन का न्यायभाष्य है जिस पर उद्योतकर का वार्तिक है। वार्तिक पर वाचस्पति मिश्र की तात्पर्यटीका है। उदयन के ग्रन्थों में न्यायकुसुमाञ्जलि और आत्मतत्त्वविवेक (बौद्ध-धिक्कार) अत्यन्त प्रसिद्ध मौलिक ग्रन्थ हैं। जयन्त भट्ट की न्याय-मञ्जरी भी प्रसिद्ध एवं महत्त्वपूर्ण ग्रन्थ है। नव्य-न्याय का प्रवर्तन मिथिला के आचार्य गङ्गेश उपाध्याय की युग-प्रवर्तक कृति तत्त्वचिन्तामणि से आरम्भ हुआ एवं इसके संवर्धन के लिये बंगाल के नवद्वीप के नैयायिक वासुदेव सार्वभौम, दीधितिकार रघुनाथ शिरोमणि तथा मथुरानाथ, जगदीश एवं गदाधर भट्टाचार्य सुप्रसिद्ध हैं।

२. न्याय और वैशेषिक

न्याय तथा वैशेषिक दर्शन परस्पर सम्बद्ध हैं तथा 'समान-तन्त्र' कहे जाते हैं। वैशेषिक में तत्त्वमीमांसा प्रधान है; न्याय में तर्कशास्त्र और ज्ञानमीमांसा का प्राधान्य है। वैशेषिक में सप्त पदार्थ तथा परमाणुवाद के विवरण द्वारा तत्त्व-निरूपण किया गया है; न्याय में प्रमा तथा प्रमाण की मीमांसा द्वारा तत्त्व-विषयक सम्यक् ज्ञान का निरूपण किया गया है। दोनों मानते हैं कि बन्धन अविद्या के कारण होता है तथा दुःखरूप है एवं मोक्ष तत्त्व-ज्ञान से सम्भव है जिसमें दुःख की आत्यन्तिक निवृति हो जाती है। न्याय ने वैशेषिक की तत्त्वमीमांसा प्रायः स्वीकार कर ली है। दोनों में दो भेद मुख्य हैं जिन्हें जान लेना चाहिये। प्रथम, वैशेषिक सात पदार्थों को मानता है तथा समस्त वस्तुओं का इन्हीं सात में वर्गीकरण करता है; किन्तु न्याय सोलह पदार्थों को स्वीकार करता है और वैशेषिक के सातों पदार्थों का अन्तर्भाव अपने प्रमेय नामक द्वितीय पदार्थ में कर देता है। न्याय का प्रथम पदार्थ प्रमाण है तथा द्वितीय प्रमेय। इससे

न्याय का तार्किक तथा ज्ञानमीमांसीय स्वरूप स्पष्ट हो जाता है। दोनों में द्वितीय भेद प्रमाण-संख्या को लेकर है। वैशेषिक केवल दो प्रमाणों को स्वीकार करता है, प्रत्यक्ष और अनुमान; तथा शब्द एवं उपमान को अनुमान के अन्तर्गत मानता है। न्याय ने प्रत्यक्ष, अनुमान, शब्द और उपमान इन चारों को प्रमाण कोटि में स्वीकार किया है।

३. ज्ञान-मीमांसा

बुद्धि, उपलब्धि, अनुभव, ये शब्द ज्ञान के पर्याय हैं। न्याय कट्टर वस्तुवाद है। वह ज्ञान को ज्ञाता और ज्ञेय का सम्बन्ध मानता है। बिना ज्ञाता और ज्ञेय के ज्ञान उत्पन्न नहीं हो सकता। जब आत्मा या ज्ञाता ज्ञेय के सम्पर्क में आता है तो उसमें ज्ञान नामक गुण उत्पन्न होता है। आत्मा ज्ञान का आश्रय है। ज्ञान आत्मा का आगन्तुक धर्म है। ज्ञान का कार्य ज्ञेय पदार्थों को प्रकाशित करना है।[1] जिस प्रकार दीपक समीपस्थ वस्तुओं को प्रकाशित करता है, उसी प्रकार ज्ञान अपने सम्मुख उपस्थित पदार्थों को प्रकाशित करता है। जब ज्ञाता ज्ञेय पदार्थ के सम्पर्क में आता है तब ज्ञेय पदार्थ द्वारा ही ज्ञाता में ज्ञान नामक गुण उत्पन्न किया जाता है जिससे ज्ञेय पदार्थ ज्ञेय के रूप में प्रकाशित होता है। अत: बिना ज्ञेय पदार्थ या विषय के ज्ञान उत्पन्न नहीं हो सकता।[2] यदि ज्ञान को उत्पन्न करने वाली सामग्री दोषहीन है तो ज्ञान सम्यक् होगा; यदि उसमें कुछ दोष हो तो ज्ञान भी असम्यक् होगा। पीलिया-रोगी को शुभ्र शंख भी पीला दीखेगा। ज्ञान का कार्य ज्ञेय को प्रकाशित करना है। ज्ञान स्वप्रकाशक नहीं है; वह केवल अर्थप्रकाशक है। अत: ज्ञान आत्मा को भी ज्ञाता के रूप में प्रकाशित नहीं करता। न आत्मा या ज्ञाता स्वप्रकाश है और न ज्ञान स्वप्रकाश है। अत: प्राचीन नैयायिकों का मत है कि आत्मा का अनुमान किया जाता है। किन्तु बाद के नैयायिकों ने आत्मा का मानस प्रत्यक्ष स्वीकार किया है जो अनुव्यवसाय में होता है। व्यवसाय का अर्थ है ज्ञान और अनुव्यवसाय का अर्थ है 'ज्ञान के बाद का ज्ञान' अर्थात् 'ज्ञान का ज्ञान'। 'यह घट है', यह घट का ज्ञान है। 'मैं जानता हूँ कि यह घट है', यह अनुव्यवसाय है क्योंकि यह घट-ज्ञान का ज्ञान है। यह अनुव्यवसायात्मक ज्ञान पूर्व घट-ज्ञान को अपना विषय बनाकर प्रकाशित करता है और साथ ही ज्ञाता को भी अपना विषय बनाकर प्रकाशित करता है। आत्मा को मन के द्वारा ही ज्ञान होता है, अत: यह अनुव्यवसायात्मक ज्ञान भी मन के द्वारा ही होता है और मानस प्रत्यक्ष कहा जाता है। ज्ञान भी, प्रमेय होने के कारण घट पटादि के समान, ज्ञानान्तरवेद्य है।[3] तथा आत्मा भी ज्ञेय विषय बनकर ही प्रकाशित हो सकता है।

स्मृतिभिन्न ज्ञान को अनुभव कहते हैं। अनुभव दो प्रकार का है, यथार्थ और अयथार्थ। किसी वस्तु का जो वह है उसी रूप में ज्ञान यथार्थ अनुभव है।[4] और किसी वस्तु का जो

---

१. अर्थप्रकाशो बुद्धि:।

२. न चाविषया काचिदुपलब्धि:।

३. ज्ञानमपि ज्ञानान्तरवेद्यं प्रमेयत्वात् पटादिवत्।

४. तद्वति तत्प्रकारकोऽनुभवो यथार्थ:। तर्कसंग्रह, पृ. ५८

वह नहीं है उस रूप में ज्ञान अयथार्थ अनुभव है।[1] यथार्थज्ञान या प्रमा चार प्रकार की होती है—प्रत्यक्ष, अनुमिति, उपमिति, और शब्द ज्ञान। यह चार प्रमाणों से उत्पन्न होती है जिन्हें क्रमशः प्रत्यक्ष, अनुमान, उपमान और शब्द प्रमाण कहते हैं। अयथार्थ ज्ञान या अप्रमा तीन प्रकार की होती है—संशय, विपर्यय और तर्क। एक धर्मी में विरुद्ध-नानाधर्म-विशिष्टज्ञान को संशय कहते हैं, यथा स्थाणुत्वविशिष्ट स्थाणु को देखकर 'यह स्थाणु है या पुरुष', यह संदिग्ध ज्ञान संशय है। विपर्यय मिथ्याज्ञान है। इसी को भ्रम कहते हैं; यथा स्थाणु में पुरुष का ज्ञान, शुक्ति में रजत का ज्ञान, या रज्जु में सर्प का ज्ञान। व्याप्यारोप से व्यापकारोप तर्क है, यथा यदि वह्नि न हो तो धूम भी न हो। स्मृति संस्कारमात्रजन्य ज्ञान है। किसी वस्तु का अनुभव होने पर उसके संस्कार आत्मा में रह जाते हैं। कालान्तर में ये सुप्त संस्कार प्रबुद्ध होकर द्रष्टा के मन में पूर्वानुभूत वस्तु को उपस्थित कर देते हैं। इसे स्मृति कहते हैं। स्मृति भी यथार्थ और अयथार्थ हो सकती है। प्रमाजन्य संस्कार से उत्पन्न स्मृति यथार्थ है और अप्रमाजन्य संस्कार से उत्पन्न स्मृति अयथार्थ होती है। किन्तु यह ध्यान में रखना आवश्यक है कि न्याय के अनुसार स्मृति यथार्थानुभव या प्रमा नहीं है; वस्तुतः स्मृति अनुभव ही नहीं है क्योंकि अनुभव को स्मृतिभिन्न ज्ञान माना है। संस्कारमात्रजन्य होने के कारण स्मृतिज्ञान अनुभव की कोटि में नहीं आता एवं उसके यथार्थानुभव या प्रमा होने का प्रश्न नहीं उठता।

प्रमा या सम्यक्ज्ञान सदा 'यथा अर्थ' अर्थात् पदार्थ के अनुरूप—यथार्थ होता है एवं अविरुद्ध अर्थात् सम्वादि होता है तथा उसमें सफल प्रवृत्तिसामर्थ्य होता है। न्याय परतः प्रामाण्यवाद को मानता है। इसके अनुसार पहले ज्ञान उत्पन्न होता है। तदनन्तर ज्ञान में प्रामाण्य एवं अप्रामाण्य दोनों बाहर से आते हैं (परतः)। प्रामाण्य ज्ञान का स्वभाव या अन्तरङ्ग आवश्यक गुण नहीं है, अपितु बाहर से आता है। ज्ञान का प्रामाण्य और अप्रामाण्य ज्ञान की उत्पत्ति के बाद उत्पन्न होते हैं तथा उत्पन्न होने के बाद उनका ज्ञान होता है।[2] यथार्थ तथा सम्वादि होना सम्यक्ज्ञान या प्रमा का स्वभाव है। यदि ज्ञान यथार्थ और सम्वादि है तो प्रमा है; यदि अयथार्थ और विसम्वादि है तो अप्रमा है। किन्तु इसका पता कैसे चले कि ज्ञान यथार्थ है या नहीं ? इन्द्रियार्थसन्निकर्ष होने पर पदार्थ इन्द्रिय-सम्वेदन द्वारा हमारे अन्दर अपनी छाप छोड़ते हैं और मन इन निर्विकल्प सम्वेदनों को सविकल्प ज्ञान का रूप देता है। जब हम मूल पदार्थ को नहीं जानते, केवल उनकी प्रतिकृति या प्रतिबिम्ब को जानते हैं तो हम कैसे कह सकते हैं कि ये प्रतिबिम्ब या छाप मूल बिम्बों की ही है ? जैसा पदार्थ है उसका ज्ञान हमें उसी रूप में हो रहा है, इसे जानने का हमारे पास कोई साधन नहीं है। तब हम कैसे कहें कि हमारा ज्ञान यथार्थ है या नहीं। वस्तुवाद के सम्मुख यह विकट समस्या है। न्याय ने इसका समाधान सफलप्रवृत्ति, प्रवृत्ति-सम्वाद या अर्थक्रियासामर्थ्य में बताया है। पहले हम जानते हैं, फिर इच्छा करते हैं, फिर यत्न करते हैं।[3] यदि हमारा यत्न सफल और चरितार्थ

---

१. तदभाववति तत्प्रकारकश्चायथार्थः। वही, पृ. ६१

२. उत्पत्तौ ज्ञप्तौ च परतः प्रामाण्यम्।

३. जानाति, इच्छति, यतते।

होता है तो हमारा ज्ञान यथार्थ है। अग्नि में दाह, पाक और प्रकाश की शक्ति है; जिसमें यह शक्ति नहीं है वह अग्नि नहीं हो सकती। यदि हमें किसी वस्तु का ज्ञान जल के रूप में होता है और यदि उसे पीने से हमारी प्यास बुझती है तो वह जल-ज्ञान यथार्थ है, अन्यथा नहीं। यह ध्यान में रखने योग्य है कि न्याय वस्तुवाद है और उसके अनुसार प्रमा का स्वभाव या स्वरूप यथार्थता है, उपयोगिता या सफलप्रवृत्ति नहीं। सम्यक् ज्ञान वह नहीं है जिससे व्यवहार में हमारा काम चले; सम्यक् ज्ञान वह है जो यथार्थ हो। अब चूँकि हमारे पास यथार्थता को जानने का साधन नहीं है, अतः न्याय ने प्रमा की यथार्थता की व्यावहारिक कसौटी के रूप में सफलप्रवृत्ति या अर्थक्रियासामर्थ्य को अपनाया है। अतः न्याय प्रमा के स्वभाव (यथार्थता) के विषय में वस्तुवादी एवं यथार्थता के व्यावहारिक परीक्षण के विषय में उपयोगितावादी या प्रवृत्तिसाफल्यवादी है। न्याय परतःप्रामाण्यवादी है। प्रामाण्य और अप्रामाण्य दोनों परतः हैं, बाहर से आते हैं। ज्ञान की उत्पत्ति के बाद उसके प्रामाणिक या अप्रामाणिक होने का प्रश्न उठता है। यथार्थता, सम्वाद और सफलप्रवृत्ति-सामर्थ्य से ज्ञान में प्रामाण्य आता है और अयथार्थता, विसम्वाद तथा प्रवृत्ति की असफलता से ज्ञान में अप्रामाण्य आता है। ज्ञान की उत्पत्ति के बाद प्रामाण्य तथा अप्रामाण्य की उत्पत्ति होती है एवं उनका ज्ञान होता है।

न्याय के भ्रम के व्याख्यान का नाम 'अन्यथाख्याति' है। इसका विवेचन हम अगले अध्याय में ख्यातिवाद के अन्तर्गत करेंगे।

अब हम न्याय के अनुसार प्रत्यक्ष, अनुमान, उपमान तथा शब्द, इन चारों प्रमाणों का क्रमशः निरूपण करेंगे।

४. प्रत्यक्ष

गौतम ने न्यायसूत्र में प्रत्यक्ष का लक्षण इस प्रकार किया है—प्रत्यक्ष इन्द्रियार्थसन्निकर्षोत्पन्न ज्ञान है जो अव्यपदेश्य, अव्यभिचारी और व्यवसायात्मक होता है।[१] वाचस्पति मिश्र ने 'अव्यपदेश्य' पद से नामजात्यादिकल्पनारहित निर्विकल्प प्रत्यक्ष का एवं 'व्यवसायात्मक' पद से नामजात्यादिविशिष्ट सविकल्पक प्रत्यक्ष का ग्रहण किया है; 'अव्यभिचारि' पद अभ्रान्त ज्ञान का सूचक है। इस लक्षण में योगज प्रत्यक्ष नहीं आता क्योंकि उसमें इन्द्रियसन्निकर्ष नहीं होता। अतः विश्वनाथ ने प्रत्यक्ष का लक्षण इस प्रकार किया है—प्रत्यक्ष वह अपरोक्ष ज्ञान है जो ज्ञानान्तरजन्य नहीं है।[२] इस लक्षण में साधारण एवं असाधारण दोनों प्रकार के प्रत्यक्ष आ जाते हैं तथा अनुमान, उपमान और शब्द की व्यावृत्ति भी हो जाती है। अन्नंभट्ट ने प्रत्यक्ष को इन्द्रिय और अर्थ के सन्निकर्ष से उत्पन्न ज्ञान बताया है।[३] इन्द्रिय पद में बाह्य

---

१. इन्द्रियार्थसन्निकर्षोत्पन्नं ज्ञानम् अव्यपदेश्यम् अव्यभिचारि व्यवसायात्मकं प्रत्यक्षम्। न्यायसूत्र १, १, ४

२. ज्ञानाकरणकं ज्ञानं प्रत्यक्षम्।

३. इन्द्रियार्थसन्निकर्षजन्यं ज्ञानं प्रत्यक्षम्। तर्कसंग्रह, पृ. ७०

ज्ञानेन्द्रियों के अतिरिक्त मन नामक अन्तरिन्द्रिय भी सम्मिलित है, अत: असाधारण प्रत्यक्ष में 'इन्द्रिय' पद से केवल मन नामक अन्तरिन्द्रिय विवक्षित है। मनोभावों के साधारण प्रत्यक्ष में भी इन्द्रिय पद से मन का ही ग्रहण होता है। 'अर्थ' पद में बाह्य पदार्थ एवं आन्तर मनोभाव दोनों आ जाते हैं। साधारण बाह्य प्रत्यक्ष में त्रिविध सन्निकर्ष होता है—आत्मा का मन से सन्निकर्ष, मन का ज्ञानेन्द्रिय से सन्निकर्ष तथा ज्ञानेन्द्रिय का बाह्य पदार्थ से सन्निकर्ष। साधारण मानस प्रत्यक्ष में द्विविध सन्निकर्ष होता है—आत्मा का मन से सन्निकर्ष तथा मन का मनोभाव से सन्निकर्ष। असाधारण प्रत्यक्ष में भी यही द्विविध सन्निकर्ष होता है। आत्मा का मन से संयोग बन्धन-दशा में बना रहता है।

प्रत्यक्ष के दो भेद हैं—निर्विकल्पक और सविकल्पक। वस्तुत: ये प्रत्यक्ष के दो प्रकार या भेद नही हैं, अपितु ये प्रत्यक्ष की दो अवस्थायें हैं। न्याय के अनुसार प्रत्यक्ष ज्ञान है और ज्ञान सदा सविकल्पक होता है, अत: प्रत्यक्ष ज्ञान भी सविकल्पक ही होता है। किन्तु सविकल्पक बनने के पूर्व यह ज्ञान निर्विकल्पक अवस्था में रहता है। अत: निर्विकल्पक प्रत्यक्ष ज्ञान की पूर्वावस्था है। स्वयं गौतम मुनि ने इन दो अवस्थाओं को अपने प्रत्यक्ष के लक्षण में स्वीकार किया है, जिसका हम अभी ऊपर उल्लेख कर चुके हैं। प्रत्यक्ष के लक्षण में प्रयुक्त 'अव्यपदेश्य' पद नामजात्यादिरहित निर्विकल्पक अवस्था का एवं 'व्यवसायात्मक' पद नामजात्यादिविशिष्ट सविकल्पक अवस्था का सूचक है। निर्विकल्पक या निष्प्रकारक अवस्था इन्द्रिय-सम्वेदन या आलोचनमात्र की अवस्था है जिसमें नाम, जाति, संज्ञा आदि विशेषण-विशेष्यसम्बन्ध का ज्ञान नहीं होता। सविकल्पक या सप्रकारक प्रत्यक्ष में नामजात्यादि-विशेषण-विशेष्यसम्बन्ध का ज्ञान होता है। जर्मन दार्शनिक कान्ट के अनुसार हमारा लौकिक ज्ञान इन्द्रिय-सम्वेदनों और बुद्धि-विकल्पों से निर्मित होता है; यह कान्ट की पाश्चात्य दर्शन को एक महत्त्वपूर्ण देन मानी जाती है। किन्तु कान्ट से सहस्राधिक वर्ष पूर्व भारतीय नैयायिकों ने प्रत्यक्ष ज्ञान के विवेचन में इस सिद्धान्त का सम्यक् प्रतिपादन कर दिया था कि प्रत्यक्ष ज्ञान निर्विकल्प सम्वेदन और विशेषण-विशेष्य सम्बन्धात्मक विकल्पों द्वारा निर्मित होता है। निर्विकल्प और सविकल्प अवस्थायें घुली-मिली रहती हैं। ये वस्तुत: अविभाज्य हैं और इनका विभाग केवल बुद्धि-कृत है। द्रव्य का ज्ञान गुण के बिना और 'इदम्' का ज्ञान 'इत्थम्' के बिना नहीं हो सकता। हमें दूर पर एक 'सफेद वस्तु' हमारी ओर आती हुई दिखाई देती है, पास आने पर हमें उसका 'सफेद गाय' के रूप में प्रत्यक्ष ज्ञान होता है। हमें सड़क पर एक मटमैली वस्तु दिखाई देती है, पास जाने पर उसका ज्ञान 'एक मैली सी रस्सी' के रूप में होता है। पूर्व ज्ञान निर्विकल्पक सम्वेदन है तथा उत्तर ज्ञान सविकल्पक प्रत्यक्ष है। निर्विकल्पक प्रत्यक्ष में द्रव्य, गुण, कर्म, जाति का पृथक् निष्प्रकारक सम्वेदन होता है, किन्तु उनके विशेषणविशेष्यसम्बन्ध का ज्ञान नहीं होता। यह विशेषणविशेष्यसम्बन्धज्ञान सविकल्पक प्रत्यक्ष में होता है। सभी नैयायिकों ने इसे स्वीकार किया है।

प्रत्यक्षज्ञान का जनक इन्द्रियार्थसन्निकर्ष छह प्रकार का होता है—संयोग, संयुक्तसमवाय, संयुक्तसमवेतसमवाय, समवाय, समवेतसमवाय तथा विशेषणविशेष्यभाव । इस सन्निकर्ष का

करण अर्थात् असाधारण कारण इन्द्रिय है। अतः प्रत्यक्ष इन्द्रियजन्य ज्ञान है। घट के प्रत्यक्ष में संयोग, घटरूप (वर्ण) के प्रत्यक्ष में संयुक्तसमवाय, घटरूपत्व के प्रत्यक्ष में संयुक्तसमवेतसमवाय, शब्द के प्रत्यक्ष में समवाय, शब्दत्व के प्रत्यक्ष में समवेतसमवाय एवं अभाव के प्रत्यक्ष में विशेषणविशेष्यभाव सन्निकर्ष होते हैं।

प्रत्यक्ष को पुनः दो प्रकार का माना है—लौकिक या साधारण और अलौकिक या असाधारण प्रत्यक्ष। लौकिक प्रत्यक्ष भी दो प्रकार का है, बाह्य और मानस। बाह्य प्रत्यक्ष पञ्चविध है जो पञ्चज्ञानेन्द्रियों द्वारा साध्य है। मानव प्रत्यक्ष एक प्रकार का ही है। बाह्य प्रत्यक्ष में चक्षु, रसना, घ्राण, त्वक् और श्रोत्र, ये पाँच ज्ञानेन्द्रियाँ बाह्य पदार्थों के सन्निकर्ष में आती हैं तथा मन और इन्द्रिय का सन्निकर्ष होता है एवं आत्मा तथा मन का संयोग बना ही रहता है, तब रूप, रस, गन्ध, स्पर्श और शब्द का प्रत्यक्ष होता है। मानव प्रत्यक्ष में मन या अन्तरिन्द्रिय का मनोभावों से सन्निकर्ष होता है एवं आत्ममनःसंयोग बना ही रहता है, तब ज्ञान, सुख, दुःख, इच्छा, यत्न आदि का प्रत्यक्ष होता है।

अलौकिक प्रत्यक्ष तीन प्रकार का है—सामान्यलक्षण, ज्ञानलक्षण और योगज। सामान्यलक्षणप्रत्यासत्ति 'सामान्यों' का प्रत्यक्ष है। साधारणतया हमें व्यक्तियों का ही प्रत्यक्ष होता है, उनमें समवाय सम्बन्ध से विद्यमान सामान्य का नहीं होता। हम विविध गायों को या मनुष्यों को तो देखते हैं, किन्तु 'गोत्व' या 'मनुष्यत्व' को नहीं देखते। न्याय वस्तुवादी है। अतः वह सामान्यों को भी वस्तु-सत् मानता है और जो वस्तु-सत् है उसका प्रत्यक्ष अवश्य होना चाहिये। सामान्य का साधारणतया प्रत्यक्ष नहीं होता, अतः उसका अलौकिक प्रत्यक्ष होता है, यह न्याय की मान्यता है। जब हम किसी गाय को देखते हैं पहले हमें सामान्यलक्षणप्रत्यासत्ति द्वारा गोत्व का अलौकिक प्रत्यक्ष होता है और तदनन्तर उस गाय का लौकिक प्रत्यक्ष होता है। दूसरे अलौकिक प्रत्यक्ष का नाम ज्ञानलक्षणप्रत्यासत्ति है। जब एक ज्ञानेन्द्रिय किसी वस्तु के लौकिक सन्निकर्ष में आकर उसके स्वाभाविक गुण को ग्रहण करती है, और साथ ही उसी ज्ञानेन्द्रिय द्वारा उसी वस्तु के अन्यगुण का, जिसे ग्रहण करने के लिये वह ज्ञानेन्द्रिय सक्षम नहीं है, ग्रहण करने की कल्पना की जाती है तो यह दूसरा ग्रहण अलौकिक ज्ञानलक्षण प्रत्यक्ष कहा जाता है। मान लीजिये, मैं कुछ दूर एक खिला हुआ गुलाब का पुष्प देखकर कहता हूँ, 'मैं यह सुगन्धित गुलाब का पुष्प देख रहा हूँ।' यहाँ मेरी चक्षुरिन्द्रिय का गुलाब-पुष्प से सन्निकर्ष हो रहा है तथा मुझे उस पुष्प के रूप का लौकिक प्रत्यक्ष हो रहा है। किन्तु चक्षुरिन्द्रिय से गन्ध का ग्रहण तो नहीं हो सकता। गन्ध का ग्रहण घ्राणेन्द्रिय से ही हो सकता है और गुलाब-पुष्प का, कुछ दूर होने के कारण, घ्राणेन्द्रिय से सन्निकर्ष नहीं हो रहा है। तब मैं कैसे कह सकता हूँ कि मैं गुलाब की सुगन्ध देख रहा हूँ ? यहाँ पर गुलाब के सुन्दर रूप का प्रत्यक्ष, घ्राणेन्द्रिय से पूर्व में अनुभूत गुलाब पुष्प की सुगन्ध द्वारा आत्मा में छोड़े गये संस्कार को उद्बुद्ध करके उस सुगन्ध की स्फूर्ति करा देता है तथा मन स्मृति में विद्यमान सुगन्ध के संस्कार को दृश्य गुलाब पुष्प पर आरोपित कर देता है। इसलिये मैं कह देता हूँ कि मैं गुलाब की सुगन्ध देख रहा हूँ। यहाँ पर चक्षुरिन्द्रिय द्वारा गन्ध का

ग्रहण अलौकिक-ज्ञानलक्षण प्रत्यक्ष है। न्याय अन्यथाख्याति के अनुरूप भ्रम का निरूपण करते समय यह मानता है कि भ्रम में आरोपित पदार्थ का प्रत्यक्ष इसी अलौकिक ज्ञानलक्षणप्रत्यासत्ति द्वारा होता है। रज्जु के स्थान पर सर्प की और शुक्ति के स्थान पर रजत की प्रतीति अलौकिक ज्ञानलक्षण प्रत्यक्ष से होती है। पूर्व में अन्यत्र अनुभूत सर्प या रजत के स्मृत संस्कार को दृश्य रज्जु या शुक्ति पर आरोपित कर दिया जाता है और उनका अलौकिक प्रत्यक्ष होता है। तीसरा अलौकिक प्रत्यक्ष योगज प्रत्यक्ष है। यह समाधि में योगियों द्वारा प्राप्त भूत, भविष्य और वर्तमान का ज्ञान है। यह सूक्ष्म वस्तुओं का (परमाणुओं आदि का), व्यवहित (दीवार आदि के व्यवधान वाली) और विप्रकृष्ट (काल और देश में अतिदूरस्थ) पदार्थों का प्रत्यक्ष है। यह अलौकिक योगज प्रत्यक्ष है।

५. अनुमान

एक ज्ञान के बाद और उसके कारण उत्पन्न होने वाला दूसरा ज्ञान अनुमान है जैसे धूम से वह्नि का ज्ञान। किसी हेतु या लिङ्ग के ज्ञान से उस लिङ्ग को धारण करने वाले लिङ्गी का ज्ञान अनुमान है।[१] यह परोक्ष ज्ञान है जो हेतु से उत्पन्न होता है। हेतु का साध्य के साथ नियत सम्बन्ध है। हेतु की पक्ष में स्थिति को पक्ष-धर्मता कहा जाता है। हेतु को लिङ्ग, साधन या व्याप्य कहते हैं (मिडिल टर्म)। साध्य (मेजर टर्म) को व्यापक भी कहते हैं। पक्ष (माइनर टर्म) को कुछ नैयायिकों ने साध्य की संदिग्ध सत्तावाला[२] माना है। किन्तु नव्य नैयायिक इसे नहीं मानते। उनके अनुसार सिसाधयिषा अर्थात् वस्तु को सिद्ध करने की अभिलाषा की सत्ता पक्षता का लक्षण है। जिस वस्तु को सिद्ध करना है उसे साध्य कहते हैं। जिसके द्वारा सिद्ध करना है उसे हेतु कहते हैं। जिसमें सिद्ध करना है उसे पक्ष कहते हैं। अनुमान का प्राण व्याप्ति है। व्याप्ति को अविनाभावनियम या नियतसाहचर्यनियम भी कहते हैं। यह कार्यकारणसम्बन्ध पर आश्रित है। कारण कार्य का नियतपूर्ववृत्ति है; कार्य कारण के बिना नहीं रह सकता। धूम और वह्नि में व्याप्ति सम्बन्ध है। कारण वह्नि कार्यभूत धूम का नियतपूर्ववृत्ति है। धूम बिना वह्नि के नहीं हो सकता। जहाँ-जहाँ धूम है वहाँ-वहाँ वह्नि है, इस अविनाभाव या नियतसाहचर्य नियम को व्याप्ति कहते हैं।[३] हेतु की पक्ष में स्थिति पक्षधर्मता है। व्याप्तिविशिष्टपक्षधर्मता के ज्ञान को परामर्श कहते हैं।[४] अनुमान या अनुमिति को परामर्शजन्य ज्ञान कहा गया है।[५] अनुमिति का करण अनुमान प्रमाण है। अतः अनुमान हेतु के द्वारा पक्ष में साध्य की सिद्धि का ज्ञान है जो हेतु और साध्य के व्याप्तिसम्बन्धज्ञान से तथा हेतु की पक्ष में विद्यमानता के ज्ञान से सिद्ध होता है। पर्वत (पक्ष) में धूम (हेतु) के

---

१. तल्लिङ्गिलिङ्गपूर्वकम्।

२. संदिग्धसाध्यवान् पक्षः।

३. यत्र यत्र धूमस्तत्र तत्र वह्निरिति साहचर्यनियमो व्याप्तिः। तर्कसंग्रह, पृ. ८३

४. व्याप्तिविशिष्टपक्षधर्मताज्ञानं परामर्शः। वहीं, पृ. ८०

५. परामर्शजन्यं ज्ञानमनुमितिः। वहीं, पृ. ७६

ज्ञान से पर्वत में वह्नि (साध्य) का ज्ञान सिद्ध होता है क्योंकि धूम और वह्नि में व्याप्ति सम्बन्ध है। न्याय ने आगमन और निगमन तर्क को विभक्त नहीं किया है। अनुमान में दोनों का समावेश है। न्याय में आकारात्मक (फ़ॉर्मल) और द्रव्यात्मक (मेटीरियल) तर्क का भी समन्वय है। अनुमान का स्वार्थानुमान एवं परार्थानुमान में विभाजन इसे सिद्ध करता है। स्वार्थनुमान में पञ्चावयव-वाक्य की आवश्यकता नहीं है क्योंकि यह अनुमान अपने लिये ही है तथा एक मनोवैज्ञानिक प्रक्रिया है। परार्थानुमान दूसरों को समझाने के लिये हैं, अत: उसमें पञ्चावयववाक्य आवश्यक है।

परार्थानुमान पञ्चावयववाक्य द्वारा प्रकट किया जाता है। अनुमान में पद तो तीन ही होते हैं—साध्य, हेतु और पक्ष, किन्तु वाक्य पाँच होते हैं जिन्हें प्रतिज्ञा, हेतु, उदाहरण, उपनय और निगमन कहते हैं। प्रतिज्ञावाक्य में पक्ष में साध्य अर्थात् सिद्ध की जाने वाली वस्तु का निर्देश होता है। हेतुवाक्य में अनुमान को सिद्ध करने वाले कारण का या साधन का निर्देश होता है। उदाहरण वाक्य में हेतु और साध्य के व्याप्तिसम्बन्ध का अर्थात् उनके नियतसाहचर्यनियम का उदाहरण सहित उल्लेख होता है। उपनय वाक्य में व्याप्ति-विशिष्ट पक्षधर्मता का ज्ञान होता है। पञ्चम वाक्य निगमन या निष्कर्ष है। जिसमें प्रतिज्ञा की सिद्धि होती है। इस पञ्चावयववाक्य का प्रयोग इस प्रकार किया जाता है—

(१) पर्वत वह्निमान् है (प्रतिज्ञा)।
(२) क्योंकि वह धूमवान् है (हेतु)।
(३) जो धूमवान् है वह नियतरूप से वह्निमान् है, जैसे—रसोईघर, भट्टी आदि (उदाहरण)।
(४) पर्वत धूमवान् है जिसका वह्निमान् के साथ नियत साहचर्य है (उपनय)।
(५) अत: पर्वत वह्निमान् है (निगमन)।

न्याय के अनुमान-वाक्यों की अरस्तू के निगमनात्मक तर्क के अनुमान-वाक्यों से तुलना की जा सकती है। दोनों में पदों की संख्या तीन ही है—साध्य (मेजर टर्म), हेतु (मिडिल टर्म) और पक्ष (माइनर टर्म)। किन्तु न्याय में पाँच वाक्य होते हैं, जबकि अरस्तू के न्याय-वाक्यों की संख्या तीन है। यदि न्याय के पञ्चावयवों में से प्रथम दो या अन्तिम दो हटा लिये जायें तो न्याय में भी तीन अवयववाक्य हो जायेंगे। पञ्चावयववाक्य में प्रथम और पञ्चम एवं द्वितीय और चतुर्थ समान हैं, अत: प्रथम और द्वितीय को या चतुर्थ और पञ्चम को हटाया जा सकता है। यदि आदिम दो वाक्यों को हटा लिया जाय तो न्याय के तीन वाक्य अरस्तू के तीन वाक्यों के समान हो जायेंगे। तब न्याय के अनुमान-वाक्य अरस्तू के प्रथम आकृति (फ़र्स्ट फ़िगर) के प्रथम भाव (फ़र्स्ट मूड AAA) के समान होंगे जो प्रबलतम आकृति का प्रबलतम भाव है। यह इस प्रकार होगा—

(१) सभी धूमवान् पदार्थ वह्निमान् हैं। (मेजर प्रेमिस/व्याप्ति)
(२) यह पर्वत धूमवान् है। (माइनर प्रेमिस/हेतु सहित उपनय)
(३) अत: यह पर्वत वह्निमान् है। (कन्क्लूज़न/निगमन)

और अरस्तू के न्याय-वाक्य को न्याय के पञ्चावयव-वाक्य में इस प्रकार परिणत किया

जा सकता है—

(१) सुकरात मरणशील है। (प्रतिज्ञा)

(२) क्योंकि वह मनुष्य है। (हेतु)

(३) जो मनुष्य है वह नियतरूप से मरणशील है, जैसे—पाइथेगोरस, हेरेक्लाइटस आदि। (सोदाहरण व्याप्ति)

(४) सुकरात मनुष्य है जो नियतरूप से मरणशील है। (उपनय)

(५) अतः सुकरात मरणशील है। (निगमन)

किन्तु न्याय और अरस्तू के अनुमान-निरूपण में तात्त्विक भेद भी हैं। अरस्तू का न्याय-वाक्य निगमनात्मक तथा आकारात्मक है, किन्तु न्याय का अनुमान निगमनागमनात्मक तथा आकार-द्रव्यात्मक है। न्याय में निगमन और आगमन का सुन्दर सम्मिलन है। न्याय के अनुसार अनुमान न तो सामान्य से विशेष की ओर, और न विशेष से सामान्य की ओर होता है, अपितु विशेष से सामान्य द्वारा विशेष की ओर होता है। उदाहरण-सहित व्याप्ति के निर्देश से सूचित होता है कि सामान्य साध्यवाक्य (यूनिवर्सल मेजर प्रेमिस) आगमन प्रणाली द्वारा प्राप्य है जो व्याप्ति या कार्यकारणनियम पर आधारित है। इस प्रकार निगमन एवं आगमन प्रणाली एक ही तर्कशास्त्र के दो रूप हैं जो अपृथक् रूप से समन्वित हैं। न्याय में आकार और द्रव्य प्रणाली का भी समन्वय है। अनुमान की पञ्चावयववाक्य में अभिव्यक्ति केवल परार्थानुमान के लिये आवश्यक है। अरस्तू में साध्य (मेजर टर्म) और पक्ष (माइनर टर्म) वाक्यों में अलग-अलग रहते हैं और हेतु (मिडिल टर्म) द्वारा परस्पर संयुक्त होते हैं; न्याय में उपनय में तीनों पद (साध्य, पक्ष और हेतु) समन्वित रहते हैं। कुछ विद्वानों ने न्याय के अनुमान पर ग्रीक प्रभाव की कल्पना की है; किन्तु यह कल्पना सर्वथा निराधार है। न्याय ने तर्कशास्त्र तथा ज्ञानमीमांसा का स्वतन्त्ररूप से भारतीय दर्शन शास्त्र के परिप्रेक्ष्य में विकास किया है।

हेतु में निम्नलिखित पाँच गुण होने पर वह सत् हेतु होता है—

(१) पक्षधर्मता अर्थात् हेतु की पक्ष में सत्ता, यथा धूम की पर्वत में सत्ता।

(२) सपक्षसत्त्व अर्थात् हेतु की सपक्ष में सत्ता, धूम की रसोईघर आदि में सत्ता।

(३) विपक्षाऽसत्त्व अर्थात् हेतु की विपक्ष में असत्ता, यथा धूम की कूप, तालाब आदि में असत्ता।

(४) असत्प्रतिपक्षत्व अर्थात् साध्य से विपरीत वस्तु की सिद्धि के लिये अन्य हेतु का अभाव।

(५) अबाधितत्त्व अर्थात् हेतु का प्रत्यक्षादि प्रमाणों द्वारा बाधित न होना।

यदि हेतु में इनमें से किसी गुण की भी त्रुटि हो तो वह हेतु न रहकर 'हेत्वाभास' बन जाता है ।

हम अनुमान के दो रूपों का, स्वार्थानुमान और परार्थानुमान का, निरूपण कर चुके हैं। गौतम मुनि ने न्यायसूत्र में तीन प्रकार के अनुमान का उल्लेख किया है—पूर्ववत्, शेषवत् और सामान्यतोदृष्ट। 'पूर्व' और 'शेष' मीमांसा के पारिभाषिक शब्द हैं जिनका अर्थ क्रमशः प्रधान और अङ्ग होता है, किन्तु न्याय ने इन्हें मीमांसा से ग्रहण करके इनके अर्थ भी बदल

दिये हैं। न्याय ने इनका प्रयोग कारण-कार्य-भाव के रूप में किया है। भाष्यकार वात्स्यायन के अनुसार पूर्ववत् अनुमान में दृष्ट कारण से अदृष्ट कार्य का अनुमान किया जाता है, जैसे आकाश में छाये गहरे काले मेघों को देखकर उनके कारण निकट भविष्य में होने वाली वर्षा का अनुमान करना; और शेषवत् अनुमान में दृष्ट कार्य से अदृष्ट कारण का अनुमान किया जाता है, जैसे नदी के मटमैले बाढ़ के पानी को देखकर उसके कारण अतीत में हुई वर्षा का अनुमान करना। सामान्यतोदृष्ट में वस्तु विशेष की सत्ता का अनुभव न होकर उसके सामान्य रूप का ही परिचय मिलता है, जैसे वस्तुग्रहण कार्य से उसके साधन के रूप में इन्द्रियों का अनुमान, अथवा लेखनकार्य से उसके साधन के रूप में लेखनी का अनुमान। यह अनुमान सामान्यतया नियत सहभाव के आधार पर किया जाता है। किसी पशु के सींगों के आधार पर उसके फटे हुये खुरों का अनुमान करना भी सामान्यतोदृष्ट है। एक अन्य व्याख्या के अनुसार पूर्ववत् अनुमान व्याप्ति के आधार पर अन्वयमुख से प्रवृत होता है, जैसे धूम से वह्नि का अनुमान; शेषवत् अनुमान व्यतिरेकमुख से पारिशेष्य द्वारा प्रवृत्त होता है, जैसे शब्द सत् और अनित्य होने से सामान्य, विशेष तथा समवाय से भिन्न है तथा द्रव्याश्रित होने से द्रव्य से भिन्न है एवं शब्दान्तर हेतु से कर्म से भी भिन्न है, अत: परिशेष से शब्द का गुणरूप से अनुमान करना।

हम ऊपर बता चुके हैं कि अनुमान का प्राण 'व्याप्ति' है। दो वस्तुओं के अविनाभाव या नियतसाहचर्यसम्बन्ध को व्याप्ति कहते हैं। यह सम्बन्ध कार्यकारणभाव पर आश्रित है। धूम (कार्य) और वह्नि (कारण) में व्याप्ति सम्बन्ध है। धूम (कार्य) बिना वह्नि (कारण) के विद्यमान नहीं रह सकता। कारण कार्य का नियतपूर्ववृत्ति होता है। अत: व्याप्ति धूम और वह्नि का नियत साहचर्यसम्बन्ध है। इस सम्बन्ध में कोई व्यभिचार या वैपरीत्य नहीं होना चाहिये अर्थात् इसके विपरीत ऐसा कोई दृष्टांत हमारे अनुभव में नहीं आना चाहिये जहाँ धूम हो और वह्नि न हो। पुनश्च, यह सम्बन्ध अनौपाधिक अर्थात् उपाधिरहित होना चाहिये। धूम और वह्नि में व्याप्तिसम्बन्ध है; किन्तु वह्नि और धूम में व्याप्ति सम्बन्ध नहीं है क्योंकि इनका नियत साहचर्य नहीं है, लोहे के जलते हुये गोले में वह्नि है किन्तु धूम नहीं है। वह्नि का धूम के साथ सम्बन्ध आर्द्रेन्धनसंयोग के कारण या गीली लकड़ी जलाने के कारण होता है। इस आर्द्रेन्धन संयोग को 'उपाधि' कहते हैं। अत: वह्नि और धूम का सोपाधिक सम्बन्ध होने से व्याप्ति सम्बन्ध नहीं हो सकता। इसलिये हेतु (धूम) और साध्य (वह्नि) के अनौपाधिक एवं नियत साहचर्य सम्बन्ध को व्याप्ति कहते हैं।[१] व्याप्ति का ग्रहण व्यभिचाररहित साहचर्यदर्शन से होता है।[२] हेतु और साध्य के साहचर्य के त्रिकाल के सारे उदाहरणों का निरीक्षण न तो सम्भव है और न अभिप्रेत ही है। अत: कार्यकारणभाव द्वारा इनका सम्बन्ध सामान्य, नियत, सार्वभौम तथा सार्वकालिक माना जाता है। पुनश्च, व्याप्तिसम्बन्ध अन्वय और व्यतिरेक दोनों से सिद्ध होना चाहिये। एक वस्तु (हेतु) की सत्ता होने पर दूसरी वस्तु

---

१. हेतुसाध्ययोरनौपाधिको नियत: साहचर्यसम्बन्धो व्याप्ति:। मुक्तावली, का. ६६ पर।

२. व्यभिचारादशने सति सहचारदशनेन गृह्यते व्याप्ति:। वेदान्तपरिभाषा, पृ. ८३

(साध्य) की सत्ता होना अन्वय कहलाता है, जैसे धूम (कार्य) की सत्ता होने पर वह्नि (कारण) की सत्ता।[१] एक वस्तु (साध्य) के अभाव में दूसरी वस्तु (हेतु) का अभाव होना व्यतिरेक कहलाता है, जैसे वह्नि (कारण) के अभाव में धूम (कार्य) का अभाव।[२] अत: दो वस्तुओं में व्याप्तिसम्बन्ध सिद्ध करने के लिये उनके साहचर्य को कार्यकारणभाव द्वारा नियत, अनौपाधिक, अव्यभिचारी, अन्वयसिद्ध तथा व्यतिरेकसिद्ध होना चाहिये।

व्याप्ति के प्रकार-भेद से अनुमान भी त्रिविध होता है। जहाँ केवल अन्वयव्याप्ति हो उसे 'केवलान्वयि'; जहाँ केवल व्यतिरेकव्याप्ति हो उसे 'केवलव्यतिरेकि'; और जहाँ अन्वय से तथा व्यतिरेक से दोनों प्रकार से व्याप्ति हो उसे 'अन्वयव्यतिरेकि' अनुमान कहते हैं। मिल ने अपने आगमनात्मक तर्कशास्त्र में जो अन्वय प्रणाली (मेथड ऑफ़ एग्रीमेण्ट), व्यतिरेक प्रणाली (मेथड ऑफ़ डिफ़रेन्स) और अन्वय-व्यतिरेक प्रणाली (जॉइण्ट मेथड ऑफ़ एग्रीमेण्ट एण्ड डिफ़रेन्स) विवेचित की है, उनका त्रिविध अनुमान से साम्य है।

केवलान्वयि अनुमान का उदाहरण है—

जो प्रमेय है वह अभिधेय है, जैसे पट।
घट प्रमेय है।
अत: घट अभिधेय है।

यहाँ केवल अन्वयव्याप्ति ही सम्भव है। सभी वस्तुओं के प्रमेय और अभिधेय होने के कारण यहाँ व्यतिरेकव्याप्ति सम्भव नहीं है।

केवलव्यतिरेकि अनुमान का उदाहरण है—

जो द्रव्य पृथिवीतर (पृथिवी से भिन्न) द्रव्यों से भिन्न नहीं है उसमें गन्ध नहीं है, जैसे जल में ।
पृथिवी में गन्ध है।
अत: पृथिवी अन्य द्रव्यों से भिन्न है।

यहाँ केवल पृथिवी के ही गन्धवती होने के कारण हेतु की केवल पक्ष में ही विद्यमानता है, अत: अन्वय का दृष्टान्त सम्भव नहीं है।

अन्वयव्यतिरेकि अनुमान का उदाहरण है—

जो धूमवान् है वह वह्निमान् है, जैसे रसोईघर।
पर्वत धूमवान् है।
अत: पर्वत वह्निमान् है। यह अन्वयव्याप्ति है।
और, जो वह्निमान् नहीं है वह धूमवान् नहीं है, जैसे जलाशय।
पर्वत धूमवान् है।
अत: पर्वत वह्निमान् है। यह व्यतिरेकव्याप्ति है।

अन्वय और व्यतिरेक दोनों प्रकार से व्याप्ति-सिद्ध होने के कारण यह अन्वयव्यतिरेकि अनुमान है।

---

१. तत्संत्त्वे तत्सत्ता अन्वय:।
२. तदभावे तदभावो व्यतिरेक:।

हम बता चुके हैं कि सत् हेतु में पाँच गुण होते हैं—पक्षसत्त्व, सपक्षसत्त्व, विपक्षाऽसत्त्व, असत्प्रतिपक्षत्व और अबाधितत्व। इनमें से किसी भी गुण की त्रुटि होने पर वह हेतु हेतु न रहकर **'हेत्वाभास'** बन जाता है। हेत्वाभास भी पञ्चविध हैं—सव्यभिचार, विरुद्ध, सत्प्रतिपक्ष, असिद्ध और बाधित। अब हम इनका क्रमशः वर्णन करेंगे।

(१) **सव्यभिचार**—इसे अनैकान्तिक भी कहते हैं। यह त्रिविध है :

(क) साधारण : इसमें हेतु विपक्ष में भी विद्यमान रहता है। अतः यहाँ हेतु के 'विपक्षाऽसत्त्व' गुण का अतिक्रमण होता है। जैसे, पर्वत प्रमेय होने के कारण वह्निमान् है; यहाँ प्रमेयत्व (हेतु) वह्नि के अभाव वाले जलाशय (विपक्ष) में भी विद्यमान रहता है। यहाँ हेतु की विपक्ष में अतिव्याप्ति है।

(ख) असाधारण : यहाँ हेतु के 'सपक्षसत्त्व' गुण का उल्लंघन है क्योंकि यहाँ हेतु केवल पक्ष में ही रहता है तथा सपक्ष और विपक्ष दोनों में ही उसकी विद्यमानता नहीं है। जैसे, शब्द शब्द होने के कारण अनित्य है; यहाँ शब्दत्व (हेतु) पक्षमात्रवृत्ति है। यहाँ हेतु की सपक्ष में अव्याप्ति है।

(ग) अनुपसंहारी : यहाँ हेतु अन्वय और व्यतिरेक दृष्टान्त रहित है। यहाँ पक्ष ही सर्वव्यापी है, अतः सपक्ष और विपक्ष दोनों का अभाव होने से हेतु का 'सपक्षसत्त्व' और 'विपक्षासत्त्व' सिद्ध नहीं होता। जैसे, सब प्रमेय होने के कारण अनित्य है। यहाँ सबके प्रमेय होने के कारण अन्वय या व्यतिरेक का दृष्टांत नहीं है।

(२) **विरुद्ध**—यहाँ हेतु साध्य को सिद्ध करने के स्थान पर साध्य के अभाव को सिद्ध करता है अतः विरुद्ध है। यहाँ हेतु साध्य द्वारा व्याप्त होने के स्थान पर साध्याभाव द्वारा व्याप्त है। जैसे, शब्द उत्पन्न होने के कारण नित्य है; यहाँ उत्पन्न होना (हेतु) नित्यता के स्थान पर अनित्यता को सिद्ध करना है। यहाँ स्वयं हेतु ही साध्य को असिद्ध करके साध्याभाव को सिद्ध करता है।

(३) **सत्प्रतिपक्ष**—जिस हेतु के साध्य का अभाव दूसरे हेतु द्वारा सिद्ध किया जा सके उसे सत्प्रतिपक्ष कहते हैं। जैसे, शब्द श्रव्य होने के कारण नित्य है; किन्तु यहाँ शब्द की अनित्यता सिद्ध करने के लिये दूसरा हेतु भी इस प्रकार है, शब्द कार्य होने के कारण अनित्य है।

(४) **असिद्ध**—जब हेतु की पक्ष में विद्यमानता न हो तो वह हेतु असिद्ध है। यहाँ हेतु के 'पक्ष-सत्त्व' या 'पक्षधर्मता' गुण का उल्लघंन है। असिद्ध तीन प्रकार का होता है :

(क) आश्रयासिद्ध : पक्ष हेतु का आश्रय होता है। जब पक्ष ही असत् हो तो हेतु उसमें नहीं रह सकता। जैसे, गगनारविन्द अरविन्द होने के कारण सुगन्धित है; यहाँ गगनारविन्द आश्रय है और वह सर्वथा असत् है।

(ख) स्वरूपासिद्ध : यहाँ पक्ष तो असत् नहीं है, किन्तु हेतु का स्वरूप ही ऐसा है कि वह पक्ष में नहीं रह सकता। जैसे, शब्द दृश्य होने के कारण अनित्य है; यहाँ शब्द दृश्य नहीं हो सकता क्योंकि वह श्रव्य है।

(ग) व्याप्यत्वासिद्ध : यहाँ हेतु सोपाधिक होता है। जैसे, पर्वत वह्निमान् होने के कारण धूमवान् है; यहाँ वह्नि और धूम की व्याप्ति नियत नहीं है क्योंकि लोहे के जलते गोले में वह्नि है किन्तु धूम नहीं है; वह्नि और धूम की व्याप्ति आर्द्रेन्धनसंयोग रूपी उपाधि के कारण सोपाधिक है क्योंकि गीली लकड़ी के जलने पर ही अग्नि से धूम उत्पन्न होता है। अतः हेतु सोपाधिक होने से व्याप्यत्वासिद्ध है।

(५) **बाधित**—जिस हेतु के साध्य का अभाव अन्य प्रमाण द्वारा सिद्ध हो वह बाधित है। जैसे, वह्नि द्रव्य होने के कारण शीतल है; यहाँ शीतलता का अभाव अग्नि के उष्ण स्पर्श से प्रत्यक्ष द्वारा सिद्ध है। अतः यह हेतु बाधित है। बाधित में साध्याभाव अन्य प्रमाण द्वारा सिद्ध होता है। विरुद्ध में स्वयं हेतु ही साध्याभाव को सिद्ध करता है। सत्प्रतिपक्ष में साध्याभाव अन्य हेतु द्वारा सिद्ध होता है।

६. उपमान

पूर्वानुभूत वस्तु के सदृश होने के कारण जहाँ किसी नई वस्तु का ज्ञान हो उसे उपमिति कहते हैं और उसके करण को उपमान प्रमाण कहते हैं। कोई व्यक्ति जिसने गवय (नील गाय) नहीं देखा हो किन्तु यह सुना हो कि गवय गाय के सदृश होता है, जब वन में जाकर गो-सदृश पशु को देखता है और उसे यह ज्ञान होता है कि यह गो-सदृश पशु गवय है अर्थात् 'गव्य' पद का वाच्य है, तब उसे यह ज्ञान उपमान प्रमाण द्वारा होता है। उपमान में गो और गवय का सादृश्यज्ञान करण है और 'गवय' गो-सदृश होता है' इस वाक्य का स्मरण सहकारी कारण है।

बौद्ध उपमान का अन्तर्भाव प्रत्यक्ष में करते हैं, सांख्य और वैशेषिक इसे अनुमान में अन्तर्भुक्त मानते हैं, जैन इसे प्रत्यभिज्ञा के अन्तर्गत स्वीकार करते हैं। मीमांसक इसे प्रमाण मानते हैं किन्तु उनकी उपमान की व्याख्या न्यायकृत व्याख्या से भिन्न है।

नैयायिकों के अनुसार उपमान एक मिश्रित प्रक्रिया है। 'गवय गो-सदृश पशु है' इस उपदेश में शब्द की सत्ता है; गवय को देखकर उसमें गो-सादृश्य का अनुभव प्रत्यक्ष के अन्तर्गत है; 'यह गवय है' इसमें पूर्वोपदेश की स्मृति की और अनुमान की सत्ता है; किन्तु 'गवय पद का वाच्य यही गवय पशु है', यह स्वतन्त्र उपमान प्रमाण से ही सिद्ध होता है। इसीलिये उपमान को 'संज्ञा-संज्ञि-सम्बन्धज्ञान' कहा गया है।

७. शब्द

यह न्याय-सम्मत चतुर्थ प्रमाण है। शब्द को 'आप्त-वाक्य' माना गया है। आप्त यथार्थवक्ता को कहते हैं। वाक्य पदसमूह है। पद को 'शक्त' कहा गया है। 'इस पद से यह अर्थ जानना चाहिये', यह ईश्वर-सङ्केत शक्ति है; नव्य नैयायिकों के अनुसार यह शक्ति लम्बी रूढ़ परम्परा (वृद्ध-व्यवहार) से आती है। आप्त वाक्य आप्त पुरुष द्वारा सम्भव है। आप्त पुरुष परमात्मा या ईश्वर और जीवात्मा रूप से द्विविध है। शब्द प्रमाण दो प्रकार का है,

वैदिक और लौकिक। वेद ईश्वर द्वारा उच्चरित हैं; अतः उनकी प्रामाणिकता पूर्ण, निश्चित एवं असंदिग्ध है। जीवात्माओं में यथार्थवक्ता दयालु महापुरुषों के वाक्य ही प्रामाणिक हैं। पदसमूहात्मक वाक्यों से अर्थबोध होता है। पदों में शक्ति दो प्रकार की मानी है—अभिधा और लक्षणा। वाक्यार्थबोध के लिये आकांक्षा, योग्यता, सन्निधि और तात्पर्य आवश्यक हेतु हैं। वाक्य के पदों में अर्थबोध के लिये अन्वयात्मक परस्पर सम्बन्ध होता है जिसके कारण वाक्य का समग्र अर्थबोध होता है। इसे 'आकांक्षा' कहते हैं। परस्पर असम्बद्ध पदसमूह से सार्थक वाक्य नहीं बनता क्योंकि उसमें वाक्य के समग्र अर्थबोध की आकांक्षा नहीं है। जैसे 'गाय घोड़ा आदमी हाथी' यह वाक्य आकांक्षाविहीन होने से सार्थक वाक्य नहीं है। दूसरी आवश्यकता 'योग्यता' है जिसका अर्थ है कि पदसमूह में अर्थ को अभिव्यक्त करने की योग्यता होनी चाहिये जिससे अर्थ का बाध न हो सके। जैसे, 'इन पौधों को आग से सींचो', यह वाक्य सार्थक नहीं है क्योंकि सिंचाई पानी से होती है, आग से नहीं; आग से पौधे जल जाते हैं। इस वाक्य में अर्थ का बाध हो रहा है, अतः यह योग्यता-विहीन है। तीसरी आवश्यकता 'सन्निधि' है जिसका अर्थ है वाक्य में पदों का अविलम्ब से उच्चारण (या पास पास लेखन)। एक-एक घंटे के अन्तराल से बोले गये (या कई पृष्ठों के अन्तराल से लिखे गये) 'देवदत्त ! गाय को यहाँ ले आओ', इन शब्दों से वाक्य का अर्थबोध नहीं हो सकता। चौथी आवश्यकता 'तात्पर्य' है जिसका अर्थ है वक्ता की इच्छा या अभिप्राय। जैसे 'सैन्धव' शब्द का अर्थ है 'सिन्धु प्रदेश का घोड़ा' और 'नमक'। यदि कोई भोजन करते समय 'सैन्धव लाओ', यह वाक्य बोले तो उसके सम्मुख नमक लाना चाहिये, घोड़ा नहीं।

न्याय प्रत्यक्ष, अनुमान, उपमान और शब्द, इन चार प्रमाणों को ही मानता है। न्याय ने अर्थापत्ति का अन्तर्भाव अनुमान में किया है—

सभी मोटे व्यक्ति जो दिन में नहीं खाते वे रात्रि में खाते हैं।

मोटा देवदत्त दिन में नहीं खाता।

अतः मोटा देवदत्त रात्रि में खाता है।

इसलिये, 'मोटा देवदत्त दिन में नहीं खाता' इससे 'वह रात्रि में खाता है' (अन्यथा मोटा कैसे होता ?) इसे जानने के लिये अर्थापत्ति नामक स्वतन्त्र प्रमाण मानने की आवश्यकता नहीं है।

न्याय ने अभाव को भी स्वतन्त्र प्रमाण नहीं माना है। यदि भाव प्रत्यक्षसिद्ध है तो उसका अभाव भी प्रत्यक्ष से ही ज्ञात हो जायेगा; और यदि भाव अनुमानसिद्ध है तो उसका अभाव भी अनुमान से ज्ञात हो जायेगा।

८. कारणवाद

कारण-कार्य में आनन्तर्य सम्बन्ध होता है; कारण कार्य का पूर्ववृत्ति और कार्य कारण का उत्तरवृत्ति होता है। किन्तु कारणकार्यभाव के लिये यह आनन्तर्य नियत और निश्चित होना चाहिये। पुनः यह निरुपाधिक या अनन्यथासिद्ध होना चाहिये। अतः कारण का लक्षण इस

प्रकार बताया जाता है—कारण कार्य का अनन्यथासिद्ध नियतपूर्ववृत्ति होता है।[१] न्याय ने पाँच प्रकार के अन्यथासिद्ध पूर्ववृत्ति माने हैं—(१) कारण के गुण अन्यथासिद्ध होते हैं क्योंकि कुम्हार के दण्ड का रंग घट का कारण नहीं होता; (२) कारण का कारण अन्यथासिद्ध है क्योंकि कुम्हार का पिता घट का कारण नहीं है; (३) सहोत्पन्न कार्यों में कारणकार्य-सम्बन्ध नहीं होता; कुम्हार के दण्ड की ध्वनि घट का कारण नहीं है; इसी प्रकार दिन और रात परस्पर कार्यकारण नहीं हैं; (४) आकाशादि नित्य द्रव्य जो घटपूर्ववृत्ति है, घट के कारण नहीं हैं; तथा (५) कुम्हार का गधा अन्यथासिद्ध है, भले ही वह घटोत्पत्ति के पूर्व वहाँ खड़ा रहे, किन्तु वह घट का कारण नहीं है।

कारण--कार्य में आनन्तर्य होता है; दोनों युगपत् नहीं हो सकते। एक कार्य की उत्पत्ति के लिये अनेक कारण नहीं माने जा सकते। वही कार्य, अपने कारण के अतिरिक्त, किसी अन्य कारण से उत्पन्न नहीं हो सकता। कारण के अन्तर्गत उन सभी भावात्मक तथा अभावात्मक नियतपूर्ववृत्ति स्थितियों का समुच्चय आ जाता है जिसे अपने समग्र रूप में 'कारण-सामग्री' का नाम दिया गया है। कार्योत्पाद में प्रतिबन्ध रूप स्थितियों का अभाव प्रतिबन्धकाभाव कहलाता है। कार्य अपने प्रागभाव का प्रतियोगी होता है। कार्य अपने प्रागभाव का अभाव है। कार्य उत्पत्ति से पूर्व कारण में विद्यमान नहीं रहता। कार्य नई सृष्टि है। उसकी सत्ता का आरम्भ उसकी उत्पत्ति के साथ ही होता है। यह असत्कार्यवाद या आरम्भवाद है।

कारण तीन प्रकार के होते हैं—समवायि, असमवायि और निमित्त कारण। समवायिकारण को उपादानकारण भी कहते हैं। यह द्रव्यरूप होता है। समवायिकारण वह द्रव्य है जिससे कार्य उत्पन्न होता है। कार्य अपने समवायिकारण में समवाय सम्बन्ध से रहता है और उससे पृथक् नहीं किया जा सकता। घड़े का समवायिकारण मिट्टी है। कपड़े का समवायिकारण तन्तु है। असमवायिकारण समवायिकारण (उपादानकारण) में समवाय सम्बन्ध से रहते हुये कार्योत्पत्ति में सहायक होने से कारण कहा जाता है। यह सदा गुण या कर्म होता है। तन्तुसंयोग जो तन्तुओं में (समवायिकारण में) समवाय सम्बन्ध से रहता है पट का असमवायिकारण है और तन्तु इस पट के समवायिकारण हैं। तन्तुरूप पटरूप का असमवायिकारण है। कार्य और उसका असमवायिकारण दोनों ही समवायिकारण में समवाय सम्बन्ध से रहते हैं। निमित्त कारण उक्त दोनों कारणों से भिन्न होता है। यह शक्तिमान् होता है जो अपनी शक्ति से उपादानकारण (समवायिकारण) से कार्य उत्पन्न करता है। निमित्तकारण में सहकारिकारण भी सम्मिलित हैं। घट का निमित्तकारण कुम्हार है तथा उसका चक्र एवं दण्ड भी निमित्त कारण हैं। सहकारिकारण (जो निमित्तकारणान्तर्गत है) को असाधारण कारण या करण भी कहते हैं। निमित्तकारण द्रव्य, गुण या कर्म, कोई भी हो सकता है।

---

१. अनन्यथासिद्धनियतपूर्ववृत्तित्वं कारणत्वम्। तर्कसंग्रहदीपिका, पृ. ६९

९. ईश्वर

उत्तरकालीन वैशेषिकों ने तथा नैयायिकों ने ईश्वर की सत्ता मुक्तकण्ठ से स्वीकार की है एवं उनकी सिद्धि के लिये तर्क भी दिये हैं। वे ईश्वर को कर्ता, धर्ता, हर्ता और नियन्ता बताते हैं। ईश्वर सर्वज्ञ हैं; नित्यज्ञानाधिकरण हैं। उनमें ऐश्वर्यादि गुण हैं। वे भक्तों पर कृपा करके तत्त्वज्ञानप्राप्ति में उनकी सहायता करते हैं। सृष्टि और प्रलय उनकी इच्छा से होते हैं। उदयनाचार्य ने अपनी न्यायकुसुमाञ्जलि में ईश्वर-सिद्धि के लिये निम्नलिखित युक्तियाँ दी हैं—

(१) **कार्यात्** यह जगत् कार्य है अतः इसका निमित्त कारण अवश्य होना चाहिये। जगत् में सामञ्जस्य एवं समन्वय इसके चेतन कर्ता से आता है। अतः सर्वज्ञ चेतन ईश्वर इस जगत् के निमित्त कारण एवं प्रायोजक कर्ता हैं।

(२) **आयोजनात्** जड़ होने से परमाणुओं में आद्य स्पन्दन नहीं हो सकता और बिना स्पन्दन के परमाणु द्वयणुक आदि नहीं बना सकते। जड़ होने से अदृष्ट भी स्वयं परमाणुओं में गतिसञ्चार नहीं कर सकता। अतः परमाणुओं में आद्य स्पन्दन का सञ्चार करने के लिये तथा उन्हें द्वयणुकादि बनाने के लिये चेतन ईश्वर की सत्ता आवश्यक है।

(३) **धृत्यादेः** जिस प्रकार इस जगत् की सृष्टि के लिये चेतन सृष्टिकर्ता आवश्यक है, उसी प्रकार इस जगत् को धारण करने के लिये एवं इसका प्रलय में संहार करने के लिये चेतन धर्ता एवं संहर्ता की आवश्यकता है। और यह कर्ता-धर्ता-संहर्ता ईश्वर है।

(४) **पदात्** पदों में अपने अर्थों को अभिव्यक्त करने की शक्ति ईश्वर से आती है। 'इस पद से यह अर्थ बोद्धव्य है', यह ईश्वर-सङ्केत पद-शक्ति है।

(५) **प्रत्ययतः** वेद ईश्वर द्वारा उच्चरित वचन हैं, अतः उनका प्रामाण्य पूर्ण और असंदिग्ध है। इससे भी सर्वज्ञ ईश्वर की सत्ता सिद्ध होती है।

(६) **श्रुतेः** वेद ईश्वर की सत्ता का प्रतिपादन करते हैं।

(७) **वाक्यात्** वेद विधिनिषेधात्मक वाक्यों द्वारा कर्त्तव्याऽकर्त्तव्य का निरूपण करते हैं। वेद ईश्वर-वाक्य हैं। अतः ईश्वर नैतिक नियम के संस्थापक एवं संरक्षक हैं। वे जगत् के नियन्ता हैं।

(८) **संख्याविशेषात्** न्यायवैशेषिक के अनुसार द्वयणुक का परिणाम उसके घटक दो अणुओं के पारिमाण्डल्य से उत्पन्न नहीं होता, अपितु दो अणुओं की संख्या से उत्पन्न होता है। संख्या का प्रत्यय चेतन द्रष्टा से सम्बद्ध है सृष्टि के समय जीवात्मायें जड़ द्रव्य रूप में स्थित हैं एवं अदृष्ट, परमाणु, काल, दिक्, मन आदि सब जड़ हैं। अतः दो की संख्या के प्रत्यय के लिये चेतन ईश्वर की सत्ता आवश्यक है।

(९) **अदृष्टात्** अदृष्ट जीवों के शुभाशुभ कर्मसंस्कारों का आगार है। ये सञ्चित संस्कार फलोन्मुख होकर जीवों को कर्मफल भोग कराने के प्रयोजन से सृष्टि के हेतु बनते हैं। किन्तु अदृष्ट जड़ है, अतः उसे सर्वज्ञ ईश्वर के निर्देशन तथा सञ्चालन की आवश्यकता

है। अतः अदृष्ट के सञ्चालक के रूप में सर्वज्ञ ईश्वर की सत्ता सिद्ध होती है।[१]

वेदान्तियों के अनुसार ईश्वर की सत्ता तर्क से सिद्ध नहीं की जा सकती। ईश्वर के पक्ष में जितने प्रबल तर्क दिये जा सकते हैं उतने ही प्रबल तर्क उनके विपक्ष में भी दिये जा सकते हैं। तथा, बुद्धि पक्ष-विपक्ष के तुल्य-बल तर्कों से ईश्वर की सिद्धि या असिद्धि नहीं कर सकती। जर्मन दार्शनिक कान्ट ने भी पाश्चात्य बुद्धिवादी दार्शनिकों के ईश्वर-सिद्धि हेतु प्रदत्त तर्कों को इसी कारण प्रभावहीन बताया है। वेदान्तियों के अनुसार ईश्वर केवल श्रुति-प्रमाण से सिद्ध होता है; अनुमान की गति ईश्वर तक नहीं है।

१०. समीक्षा

न्याय ने वैशेषिक की तत्त्वमीमांसा प्रायः समग्र रूप में स्वीकार की है। दोनों समानतन्त्र हैं। वैशेषिक के सप्तपदार्थ, असत्कार्यवाद, सृष्टि एवं प्रलय का व्याख्यान, परमाणु, आत्मा, मन, अदृष्ट, ईश्वर तथा जीवों के बन्धन एवं मोक्ष की कल्पना आदि को न्याय ने स्वीकार किया है। हम विगत अध्याय में वैशेषिक दर्शन के अन्तर्गत इनका विस्तृत विवेचन कर चुके हैं। अतः यहाँ उनकी पुनरुक्ति आवश्यक नहीं है। वैशेषिक दर्शन की समीक्षा में हमने जो दोष बताये हैं वे सब न्याय पर भी लागू हैं। आत्मा को जड़ द्रव्य के समान ज्ञेय या विषय के रूप में मानना; ज्ञान को उसका आगन्तुक गुण मानना; आत्मा की अनेकता स्वीकार करना; मोक्ष में आत्मा को शिलाखण्ड के समान नितान्त जड़ तथा ज्ञान एवं सुख आदि से सर्वथा विरहित मानना; ईश्वर के साथ मुक्त जीवों का कोई सम्बन्ध स्थापित न करना; ईश्वर को अदृष्ट का सञ्चालक मात्र बना देना; ईश्वर के साथ-साथ अनेक और अनन्त नित्य परमाणुओं, नित्य जीवात्माओं, एवं अन्य अनेक नित्य तत्त्वों की कल्पना करना आदि अनेक दोष वैशेषिक के समान न्याय में भी विद्यमान हैं। इनको वैशेषिक दर्शन की समीक्षा में पुनः देख लेना चाहिये।

यद्यपि न्याय ईश्वर को जगत् का कर्ता, धर्ता, हर्ता, नियन्ता मानता है, तथापि ये सब कल्पनायें, ईश्वर के सदा नित्य परमाणुओं एवं नित्य जीवों से घिरे रहने के कारण कुण्ठित एवं निष्प्रभाव हो जाती हैं। यदि ईश्वर सर्वज्ञ, नित्यज्ञानसम्पन्न एवं ऐश्वर्यादिगुणविभूषित हैं, तो मुक्त जीवों ने क्या अपराध किया है जो उनको नितान्त निर्गुण और काष्ठ-लोष्ठ शिला-खण्डवत् जड़ माना गया है ? यदि मुक्त जीवों को ज्ञान एवं सुख आदि से इसलिये वञ्चित कर दिया है कि ये बन्धन-हेतु हैं, तो फिर ईश्वर में ये गुण बन्धन-हेतु क्यों नहीं हैं ? श्रीहर्ष ने गौतम मुनि पर कटाक्ष करते हुये कहा है—जिसने सचेतन प्राणियों को अचेतन शिलाखण्ड बना देने के लिये अपने शास्त्र में मुक्ति का उपदेश दिया है, उसने निश्चित रूप से अपने 'गोतम' नाम को सार्थक किया है, वह निश्चय ही, 'गो-तम' अर्थात् 'पक्का बैल' है।[२]

---

१. कार्यायोजनधृत्यादेः पदात् प्रत्ययतः श्रुतेः।
वाक्यात् संख्याविशेषाच्च साध्यो विश्वविदव्ययः।। —न्यायकुसुमाञ्जलि, ५, १

२. मुक्तये यः शिलात्वाय शास्त्रमूचे सचेतसाम्।
गोतमं तमवेक्ष्यैव यथा वित्थ तथैव सः।। —नैषधचरित १७, ७५

त्रयोदश अध्याय
पूर्व-मीमांसा-दर्शन

१. भूमिका

'मीमांसा' शब्द का अर्थ है 'पूजित विचार' या 'पूजित जिज्ञासा'। सर्वप्रथम यह शब्द वैदिक कर्मकाण्ड विषयक जिज्ञासा के लिये प्रयुक्त होता था। श्रुतियों के पारस्परिक विरोध का परिहार करके उनमें एक-वाक्यता स्थापित करने के लिये जो विचार-विमर्श किया जाता था उसे मीमांसा कहते थे। कालान्तर में इस शब्द का प्रयोग किसी भी विषय के समीक्षात्मक विवेचन के लिये होने लगा एवं जिज्ञासा, मीमांसा तथा समीक्षा पर्यायवाची शब्द हो गये। जिस प्रकार सांख्ययोग और न्याय-वैशेषिक समानतन्त्र माने जाते हैं, उसी प्रकार मीमांसा-वेदान्त भी सम्बद्धतन्त्र माने जाते हैं। दोनों वेदाश्रित हैं। मीमांसा वेद के मन्त्र-ब्राह्मणरूपी पूर्वभाग या कर्मकाण्ड पर आधरित है, अतः इसे पूर्वमीमांसा, कर्ममीमांसा या धर्ममीमांसा कहते हैं; वेदान्त वेद के उत्तर भाग अर्थात् उपनिषद्-भाग या ज्ञानकाण्ड पर आधारित है, अतः इसे उत्तरमीमांसा, ज्ञानमीमांसा या ब्रह्ममीमांसा कहते हैं। पूर्वमीमांसा के लिये मीमांसा तथा उत्तरमीमांसा के लिये वेदान्त शब्द प्रचलित हो गये हैं। मीमांसा-सूत्र का प्रथम सूत्र है—अथातो धर्मजिज्ञासा (अब इसलिये धर्म की जिज्ञासा करनी चाहिये) और वेदान्त-सूत्र का प्रथम सूत्र है—अथातो ब्रह्मजिज्ञासा (अब इसलिये ब्रह्म की जिज्ञासा करनी चाहिये)। रामानुजाचार्य ने मीमांसासूत्र और वेदान्तसूत्र को एक ही शास्त्र के पूर्व तथा उत्तर खण्डों के रूप में स्वीकार किया है, उनका कथन है कि मीमांसा-सूत्र के प्रथम सूत्र अथातो धर्मजिज्ञासा से लेकर वेदान्त-सूत्र के अन्तिम सूत्र, अनावृत्तिः शब्दादनावृत्तिः शब्दात् तक एक ही शास्त्र है। शङ्कराचार्य के पूर्वकालिक आचार्यों की एक लम्बी परम्परा रही है, जिसके मण्डन मिश्र सम्भवतः अन्तिम आचार्य थे, जो मीमांसा एवं वेदान्त को एक ही शास्त्र मानती थी और कर्मज्ञानसमुच्चय का प्रतिपादन करती थी। शङ्कराचार्य ने भी, जिनके अनुसार कर्म तथा ज्ञान अन्धकार तथा प्रकाश के समान विपरीत है, कर्म एवं उपासना (ध्यान) को चित्तशुद्धि के लिये उपादेय बताया है। मीमांसा के प्रखर एवं उद्‌भट आचार्य कुमारिल भट्ट को, जिनकी गणना भारतीय दर्शन के मूर्धन्य आचार्यों में की जाती है और जिन्होंने अपने प्रमुख तर्कों से बौद्ध धर्म तथा दर्शन का खण्डन करके वैदिक धर्म तथा दर्शन की पुनः प्रतिष्ठा की, पूर्वमीमांसा और वेदान्त के बीच की शृंखला माना जा सकता है।

मीमांसा का लक्ष्य वैदिक कर्मकाण्ड का सङ्गत व्याख्यान करना रहा है। यह कार्य स्वयं ब्राह्मण-ग्रन्थों ने प्रारम्भ किया और श्रौत सूत्रों ने आगे बढ़ाया। मीमांसा ने इस कार्य के निष्पादन

में पूर्ण योगदान किया। किन्तु यदि मीमांसा इसी कार्य तक सीमित रहती तो वह वैदिक कर्मकाण्ड की व्याख्या-मात्र रह जाती और उसे भारतीय दर्शनों में मान्य स्थान नहीं मिलता। मीमांसा ने वैदिक कर्मकाण्ड को दार्शनिक आधार पर प्रतिष्ठित करने का श्लाघनीय कार्य किया है। स्वर्ग के स्थान पर मोक्ष को परम पुरुषार्थ माना है। तत्त्वमीमांसा एवं विशेषतः ज्ञान-मीमांसा का विस्तृत और विशद विवेचन किया है। प्राचीन काल में न्याय शब्द का प्रयोग पूर्वमीमांसा के लिये किया जाता था। मीमांसा ने, विशेषतः अपनी ज्ञानमीमांसा तथा प्रमाणमीमांसा के प्रसङ्ग में, पुनः न्याय-दर्शन के साथ सम्बन्ध जोड़ा और न्याय-दर्शन के कुछ सिद्धान्तों को स्वीकार किया तथा कुछ का प्रखर खण्डन किया।

महर्षि जैमिनि मीमांसा-सूत्र के रचयिता हैं, किन्तु मीमांसा के प्रवर्तक नहीं हैं। उन्होंने स्वयं कई पूर्व मीमांसक आचार्यों का उल्लेख किया है; किन्तु इनकी कृतियाँ उपलब्ध नहीं हैं। मीमांसा-सूत्र दार्शनिक सूत्रों में सबसे विपुल-काय है। मीमांसा-सूत्र पर शबर स्वामी का भाष्य है। शाबर भाष्य पर प्रभाकर मिश्र की 'बृहती' टीका है; जिस पर शालिकनाथ ने 'ऋजुविमला' टीका लिखी है एवं उनका 'प्रकरण-पञ्चिका' नामक मौलिक ग्रन्थ भी विख्यात है। शाबर भाष्य पर कुमारिल भट्ट के तीन विशालकाय वृत्तिग्रन्थ हैं—श्लोकवार्तिक, तन्त्रवार्तिक और टुप्टीका। पार्थसारथि मिश्र ने श्लोकवार्तिक पर 'न्यायरत्नाकर' टीका लिखी है; उनका प्रकरण-ग्रन्थ 'शास्त्र-दीपिका' सुप्रसिद्ध है।

पूर्वमीमांसा के दो मत प्रसिद्ध हैं—एक तो प्रभाकर मिश्र का 'गुरु-मत' और दूसरा कुमारिल भट्ट का 'भाट्ट मत'। परम्परा के अनुसार प्रभाकर कुमारिल के शिष्य थे और उनकी प्रखर बुद्धि को देखकर कुमारिल ने उनका नाम 'गुरु' रख दिया था। किन्तु कई आधुनिक विद्वानों का, जिनमें डॉ० गङ्गानाथ झा भी हैं, मत है कि प्रभाकर-मत प्राचीन है।

२. प्रामाण्यवाद

प्रभाकर के अनुसार प्रमा अनुभूति है। अनुभूति स्वतःप्रकाश होती है। अर्थ की अनुभूति सदा यथार्थ होती है और स्वतः प्रमाण होती है। कुमारिल के अनुसार प्रमा दोषरहित कारण-सामग्री से उत्पन्न अबाधित अर्थज्ञान है। प्रमा अज्ञात तथा सत्य पदार्थ का ज्ञान है।[१] 'अज्ञात' पद से स्मृति की व्यावृत्ति और 'सत्य' पद से भ्रम तथा संशय की व्यावृत्ति हो जाती है। इस प्रमा के कारण को प्रमाण कहते हैं। पार्थसारथि मिश्र के अनुसार प्रमा को कारणदोषरहित, बाधकज्ञानरहित, अगृहीतग्राहि और यथार्थ होना चाहिये। जिस ज्ञान को उत्पन्न करने वाली कारणसामग्री में कोई दोष न हो, जो ज्ञान अन्य ज्ञान द्वारा बाधित न हो, जिस ज्ञान में पूर्व में अज्ञात वस्तु की अनुभूति हो, और जो ज्ञान सत्य वस्तु का यथार्थ ज्ञान हो, वह ज्ञान प्रमा है और उसका कारण प्रमाण है।[२] स्मृति संस्कारजन्य होने से तथा भ्रम और संशय अयथार्थ होने से प्रमा के अन्तर्गत नहीं आते।

---

१. प्रमा चाऽज्ञाततत्त्वार्थज्ञानम्। —मानमेयोदय, १, २,

२. कारणदोष-बाधकज्ञान-रहितमगृहीतग्राहि ज्ञानं प्रमाणम्। —शास्त्रदीपिका, १, १, ५

मीमांसक स्वत:प्रामाण्यवाद को मानते हैं। ज्ञान स्वत:प्रमाण होता है। प्रभाकर और कुमारिल दोनों स्वत:प्रामाण्यवादी हैं। ज्ञान का प्रामाण्य बाहर से नहीं आता। ज्ञान की प्रामाणिकता अन्य ज्ञान से सिद्ध नहीं होती। प्रभाकर के अनुसार 'स्वत:' का अर्थ है 'ज्ञान-जनक सामग्री से'। जो दोषरहित कारणसामग्री ज्ञान को उत्पन्न करती है वही सामग्री उस ज्ञान के प्रामाण्य को भी साथ ही उत्पन्न करती है। कुमारिल के अनुसार भी ज्ञान कारणदोषरहित एवं बाधकज्ञानरहित सत्य वस्तु का ज्ञान होता है और जो सामग्री इस ज्ञान को उत्पन्न करती है वही सामग्री साथ ही इस ज्ञान के प्रामाण्य को भी उत्पन्न करती है। मीमांसकों के अनुसार प्रामाण्य की उत्पत्ति और प्रामाण्य का ज्ञान (ज्ञप्ति) दोनों 'स्वत:' होते हैं। ज्ञान का प्रामाण्य और इस प्रामाण्य का ज्ञान दोनों ज्ञान के साथ ही उदित होते हैं और उसी सामग्री से उत्पन्न होते हैं जिससे ज्ञान उत्पन्न होता है।[१] किन्तु मीमांसकों के अनुसार ज्ञान का अप्रामाण्य 'परत:' होता है, बाहर से आता है। अप्रामाण्य का अनुमान किया जाता है। यह अनुमान कारण-सामग्री के किसी दोष के कारण अथवा अन्य बाधक ज्ञान के कारण किया जाता है। लोक-व्यवहार ज्ञान को स्वत:प्रमाण और यथार्थ मान कर ही चलता है। किन्तु कभी-कभी ज्ञान यथार्थ नहीं हो पाता और उसमें सफलप्रवृत्ति-सामर्थ्य नहीं रहता, तब हमें सोचने के लिये विवश होना पड़ता है और ज्ञान के अप्रामाण्य का परत: अनुमान किया जाता है। सत्य सामान्यव्यवहार है, भ्रम असामान्य है। प्रामाण्य स्वाभाविक है, अप्रामाण्य अपवाद है। यदि पीलिया का रोगी शुक्ल शंख को पीत देखता है तो ऐसा कारण-दोष से होता है, चक्षुरिन्द्रिय में पित्त दोष के कारण होता है। इसके अप्रामाण्य का अनुमान कारण-दोष के कारण किया जाता है। रज्जु में सर्प का ज्ञान बाद में रज्जु-ज्ञान से बाधित हो जाता है। इसके अप्रामाण्य का अनुमान बाधक-ज्ञान के कारण किया जाता है।

प्रामाण्यवाद के विषय में मीमांसकों और नैयायिकों में प्रबल संघर्ष है। मीमांसक स्वत: प्रामाण्यवादी हैं और नैयायिक परत: प्रामाण्यवादी। अप्रामाण्य के विषय में दोनों एकमत हैं क्योंकि दोनों ही अप्रामाण्य को परत: स्वीकार करते हैं। नैयायिकों के अनुसार उत्पत्ति के समय ज्ञान ज्ञान के रूप ही में उत्पन्न होता है। उस समय वह प्रामाण्य और अप्रामाण्य से विरहित तटस्थ रूप में होता है। इन्द्रियार्थ-सन्निकर्ष होने पर 'यह घट है', इस प्रकार का ज्ञान होता है। यह व्यवसायात्मक ज्ञान है। अनन्तर, 'मैं घट को जानता हूँ', इस प्रकार अनुव्यवसायात्मक ज्ञान होता है। तदनन्तर प्रश्न उठता है कि यह घट-ज्ञान प्रामाणिक है (सत्य है) अथवा अप्रामाणिक (असत्य) है। न्याय के अनुसार 'यथार्थता' ज्ञान का स्वरूप है। अत: यदि ज्ञान यथार्थ है तो उसमें प्रामाण्य है और यदि ज्ञान अयथार्थ है तो उसमें अप्रामाण्य है। किन्तु ज्ञान की यथार्थता या अयथार्थता का पता कैसे चले ? न्याय के अनुसार इस परीक्षण का साधन सफलप्रवृत्तिसामर्थ्य है। यदि ज्ञान में सफलप्रवृत्तिसामर्थ्य है तो उसमें प्रामाण्य है और यदि यह सामर्थ्य नहीं है तो उसमें अप्रामाण्य है। घट-ज्ञान के परीक्षण के लिये यदि

---

१. प्रामाण्यं स्वत: उत्पद्यते स्वत: ज्ञायते च।
उत्पत्तौ स्वत:प्रामाण्यं ज्ञप्तौ च स्वत:प्रामाण्यम्।

उसमें पानी भर जाय तो वह घट है अन्यथा घट नहीं है। सफल-प्रवृत्ति-सामर्थ्य से ज्ञान में प्रामाण्य का अनुमान और असामर्थ्य से अप्रामाण्य का अनुमान किया जाता है। ज्ञान को उत्पन्न करने वाली कारण-सामग्री के गुण के कारण ज्ञान में प्रामाण्य और कारण-सामग्री के दोष के कारण ज्ञान में अप्रामाण्य उत्पन्न होता है तथा इसका अनुमान प्रवृत्ति-सामर्थ्य या प्रवृत्ति-असामर्थ्य से किया जाता है। अतः ज्ञान का प्रामाण्य और अप्रामाण्य दोनों परतः (अनुमान से) सिद्ध होते हैं।

मीमांसक ज्ञान के अप्रामाण्य को, नैयायिक के समान परतः मानते हैं क्योंकि इसका अनुमान कारण-दोष के आधार पर या बाधक ज्ञान के आधार पर किया जाता है। किन्तु प्रामाण्य को भी परतः मानने पर उनकी घोर आपत्ति है और उन्होंने न्याय के परतःप्रामाण्य का प्रबल खण्डन किया है। मीमांसकों के अनुसार यदि ज्ञान में स्वतःप्रामाण्य न हो तो ज्ञान कभी भी प्रामाणिक नहीं हो सकता। नैयायिक का यह कथन कि ज्ञान उत्पत्ति के समय तटस्थ होता है और उसमें प्रामाण्य या अप्रामाण्य बाद में आता है, सर्वथा असत्य है। तटस्थ ज्ञान अर्थात् प्रामाण्य और अप्रामाण्य से विरहित ज्ञान असम्भव है क्योंकि ज्ञान सदा या तो प्रामाणिक होता है या अप्रामाणिक। यहाँ तीसरा विकल्प नहीं है। पुनश्च, ज्ञान में यदि प्रामाण्य स्वतः नहीं है, तो बाहर से कभी नहीं आ सकता। ज्ञान को उत्पन्न करने वाली कारण-सामग्री में किसी गुण की कल्पना करना अनावश्यक है। कारणदोषरहितता और बाधकज्ञानरहितता ज्ञान में प्रामाण्य उत्पन्न करने के लिए पर्याप्त है। जिसे न्याय 'गुण' की संज्ञा दे रहा है, वह वस्तुतः 'दोषरहितता' है। पुनश्च, यदि ज्ञान स्वतः प्रामाण्यशून्य है और उसमें प्रामाण्य उत्पन्न करने के लिये किसी अन्य ज्ञान की जैसे कारण-गुण के ज्ञान की, या यथार्थता के ज्ञान की, या सफलप्रवृत्ति के ज्ञान की, आवश्यकता स्वीकार की जाय, तो प्रथम ज्ञान में प्रामाण्य उत्पन्न करने वाला यह दूसरा ज्ञान भी, ज्ञान होने के कारण, स्वतः प्रामाण्यशून्य होगा, और इस दूसरे ज्ञान में प्रामाण्य उत्पन्न करने के लिये तीसरे ज्ञान की आवश्यकता होगी एवं इस प्रकार अनवस्था दोष आयेगा। अतः ज्ञान में स्वतःप्रामाण्य स्वीकार करना अनिवार्य है। कारण-गुण, यथार्थता एवं सफलप्रवृत्ति जिन्हें न्याय ने प्रामाण्य की उत्पत्ति या अनुमिति का कारण माना है, वस्तुतः ज्ञान की कारण-सामग्री में अन्तर्भुक्त हैं। कारण-गुण वस्तुतः कारण-दोष-रहितता है। यथार्थता ज्ञान का स्वरूप है। सफलप्रवृत्ति बाधकज्ञानरहितता है। ये तीनों प्रमा को उत्पन्न करने वाली कारण-सामग्री हैं। यह कारण-सामग्री ज्ञान को उत्पन्न करती है और उसके साथ ही उसके प्रामाण्य को तथा उस प्रामाण्य के ज्ञान को भी उत्पन्न करती है।

न्याय के परतःप्रामाण्यवाद की और मीमांसा के स्वतःप्रामाण्यवाद की क्रमशः पाश्चात्य तर्कशास्त्र के ज्ञान के 'यथार्थता-सिद्धान्त' से और 'सम्वाद-सिद्धान्त' से तुलना की जाती है। यह तुलना आंशिक हो सकती है। पाश्चात्य वस्तुवादी दार्शनिक ज्ञान-विषयक 'यथार्थता-सिद्धान्त' (कॉरस्पॉन्डेन्स थ्योरी) को मानते हैं। वस्तुवाद के अनुसार बाह्यपदार्थ सत् हैं। इन्द्रियार्थसन्निकर्ष होने पर वस्तुयें अपना प्रतिबिम्ब इन्द्रिय-सम्वेदनों के माध्यम से मन पर अंकित करती हैं और इन प्रतिबिम्बों को हम वस्तुओं के रूप में देखते हैं। यदि ये प्रतिबिम्ब

वस्तुओं को सही रूप में प्रस्तुत करते हैं, यदि ये यथा अर्थ हैं, तो हमारा ज्ञान सत्य है, अन्यथा असत्य है। इस सिद्धान्त में कई दोष हैं। प्रथम तो यह बाह्यप्रत्यक्षवाद न रहकर बाह्यानुमेयवाद बन जाता है। वस्तु हमारे लिये अज्ञात और अज्ञेय हो जाती है क्योंकि हम उसके प्रतिबिम्ब को ही देखते हैं। द्वितीय, जब हम मूल वस्तु को या बिम्ब को नहीं देख सकते, तो हम प्रतिबिम्ब की तुलना उसके मूल बिम्ब से नहीं कर सकते और न यह जान सकते हैं कि प्रतिबिम्ब सही है या गलत। इस दशा में ज्ञान की यथार्थता या अयथार्थता को जानने का कोई साधन हमारे पास नहीं है। तृतीय, ज्ञान की यथार्थता का ज्ञान भी दूसरा ज्ञान है तथा इस ज्ञान की यथार्थता के लिये तीसरा ज्ञान चाहिये और इस प्रकार अनवस्था दोष आयेगा; अथवा 'यथार्थता' पूर्व ज्ञान तथा उत्तर ज्ञान की सङ्गति या 'सम्वाद' बनकर 'सम्वाद-सिद्धान्त' में विलीन हो जायेगी। न्याय ने इस कठिनाई को जानकर ज्ञान के स्वरूप के विषय में 'यथार्थता' को एवं यथार्थता को जानने के साधन के रूप में 'प्रवृत्ति सामर्थ्य' को अपनाया है। अतः न्याय ज्ञान के स्वरूप के विषय में वस्तुवादी तथा उसके परीक्षण के विषय में उपयोगितावादी है। पाश्चात्य 'यथार्थता-सिद्धान्त' में जो उपर्युक्त दोष हमने उल्लिखित किये हैं, उन दोषों का उद्भावन मीमांसकों ने न्याय के परतःप्रामाण्यवाद में किया है। पाश्चात्य प्रत्ययवादी (विज्ञानवादी) दार्शनिकों का ज्ञानविषयक सिद्धान्त 'सम्वाद-सिद्धान्त' (कोहियरेन्स थ्योरी) कहलाता है। इसके अनुसार तत्त्व का स्वरूप विशिष्टाद्वैत या भेद-विशिष्ट-अभेद है जिसमें विभिन्न अङ्ग परस्पर भिन्न होते हुये भी एकता के सूत्र में समन्वित रहते हैं। अङ्गी तत्त्व के इन विभिन्न अङ्गों में जितना अधिक 'सम्वाद', सङ्गति या समन्वय हो वे अङ्ग उतने ही अधिक सत्य हैं। इस 'सम्वाद-सिद्धान्त' में तत्त्व और सत्य के विविध स्तरों (डिग्रीज़ ऑफ़ रियलिटी एण्ड ट्रूथ) की कल्पना की गई है। इस सिद्धान्त में यह दोष है कि 'सम्वाद' सविकल्प बुद्धि के विज्ञानों में ही सम्भव होने से सापेक्षवाद बन गया है; तत्त्व का कोई अंग न तो पूर्णतया असत्य है और न पूर्णतया सत्य है। शुद्ध निर्विकल्प अनुभूति ही इन 'सम्वादों' का आधार बन सकती है जिसके बिना 'सम्वाद-सिद्धान्त' का भवन बिना ठोस जमीन को छुये हवाई भवन बनकर ढह जायगा। इस पाश्चात्य 'सम्वाद-सिद्धान्त' में और मीमांसा के स्वतःप्रामाण्यवाद में इतना ही साम्य है कि दोनों प्रामाण्य को स्वतः मानते हैं; दोनों के अनुसार प्रामाण्य ज्ञान से अपृथक् है और बाहर से नहीं आता, यदि ज्ञान स्वतः प्रमाणित न हो तो कोई अन्य ज्ञान उसे प्रमाणित नहीं कर सकता, और दोनों इस बात में भी सहमत हैं कि ज्ञान सम्वादी या विसङ्गतिरहित होना चाहिये। किन्तु इसके अतिरिक्त दोनों में कोई साम्य नहीं है। मीमांसा, न्याय के समान, कट्टर वस्तुवादी है तथा पाश्चात्य सम्वाद-सिद्धान्तवादी प्रत्ययवादी या विज्ञानवादी है। मीमांसा भी, न्याय के समान, यथार्थता को ज्ञान का स्वरूप मानती है; यह भी मानती है कि ज्ञान बाह्य सत्य पदार्थ का ज्ञान है। अतः मीमांसा में, पाश्चात्य विज्ञानवाद के अर्थ में, 'सम्वाद' का तात्पर्य अङ्गी तत्त्व के विविध अङ्गों के सम्वाद से नहीं है और न मीमांसा में तत्त्व या सत्य के विविध स्तरों की कल्पना सम्भव है। तथापि, वस्तुवादी होते हुये भी यह मीमांसा की श्रेष्ठता है कि उसने ज्ञान में यथार्थता और सम्वाद का सुन्दर समन्वय किया है तथा ज्ञान

को स्वत:प्रमाण माना है एवं ज्ञान को अपरोक्ष अनुभूति स्वीकार किया है। ज्ञान को अपरोक्ष अनुभूति मानने से मीमांसा पाश्चात्य सम्वाद-सिद्धान्त के मूल दोष से बच गई है।

३. प्रत्यक्ष

जैमिनि ने प्रत्यक्ष, अनुमान और शब्द, ये तीन प्रमाण माने हैं। प्रभाकर ने उपमान और अर्थापत्ति को प्रमाण मानकर इनकी संख्या पाँच कर दी है। कुमारिल ने अनुपलब्धि को भी प्रमाण मानकर छह प्रमाण स्वीकार किये हैं। हम इनका क्रमशः वर्णन कर रहे हैं।

प्रभाकर और कुमारिल दोनों ने दो प्रकार का ज्ञान, अपरोक्ष और परोक्ष, स्वीकार किया है। दोनों ही प्रत्यक्ष को अपरोक्ष ज्ञान मानते हैं और दोनों ने ही प्रत्यक्ष की निर्विकल्पक तथा सविकल्पक अवस्थाओं को स्वीकार किया है। प्रभाकर के अनुसार प्रत्यक्ष साक्षात् प्रतीति है (साक्षात् प्रतीतिः प्रत्यक्षम्)। कुमारिल के अनुसार कारण-दोषरहित और अबाधित इंन्द्रियार्थसन्निकर्षजन्य ज्ञान प्रत्यक्ष है। मीमांसा भी, न्याय के समान, बाह्यार्थप्रत्यक्ष में त्रिविध सन्निकर्ष स्वीकार करती है—आत्मा और मन का, मन और इन्द्रिय का, तथा इन्द्रिय और पदार्थ का सन्निकर्ष। मीमांसा प्रत्यक्ष-निरूपण में प्रायः न्याय से सहमत है। हम न्याय के अनुसार प्रत्यक्ष का विवेचन कर चुके हैं, अत: यहाँ उसकी पुनरुक्ति आवश्यक नहीं है। प्रत्यक्ष-निरूपण में मीमांसा और न्याय में जो प्रमुख भेद हैं उनका विवरण हम यहाँ दे रहे हैं। न्याय के अनुसार प्रत्यक्षज्ञान सविकल्पक ही होता है; निर्विकल्पक प्रत्यक्ष सविकल्पक प्रत्यक्ष की पूर्वावस्थामात्र है। मीमांसा के अनुसार निर्विकल्पक प्रत्यक्ष आलोचनमात्र है। यह प्रत्यक्ष का अस्पष्ट, अस्फुट पूर्व रूप है जिसमें वस्तु के सभी गुण विद्यमान रहते हैं, किन्तु उनके पारस्परिक सम्बन्ध का ज्ञान नहीं होता। मीमांसा, न्याय के विपरीत, यह मानती है कि निर्विकल्पक प्रत्यक्ष में भी प्रवृति-सामर्थ्य होता है। बालकों की, पशुओं की तथा अविकसित मस्तिष्क वाले मन्दबुद्धि वयस्कों की बहुत-सी क्रियायें निर्विकल्पक प्रत्यक्ष के आधार पर होती हैं। और कभी-कभी सामान्य व्यक्ति भी जल्दी में और अस्थिर मनोदशा में निर्विकल्पक प्रत्यक्ष के आधार पर क्रियाशील हो जाते हैं।

४. अनुमान

मीमांसा के अनुसार अनुमान का विवेचन भी प्रायः न्याय के विवेचन के समान है। अत: यहाँ उसका विवरण आवश्यक नहीं है। मीमांसा ने परार्थानुमान में पञ्चावयवों के स्थान पर तीन अवयव ही माने हैं—प्रथम तीन या अन्तिम तीन। इस विषय में मीमांसा की अरस्तू के न्यायवाक्य से समानता है। हेत्वाभास के विषय में भी कुमारिल और न्याय में कुछ अंश में कुछ भेद हैं। यहाँ उनका वर्णन आवश्यक नहीं है।

५. उपमान

उपमान के विषय में मीमांसा-मत न्याय-मत से भिन्न है। न्याय के अनुसार उपमान

'संज्ञा-संज्ञि-सम्बन्धज्ञान' है; यह इस प्रकार है—गोसदृश 'गवय' पद का वाच्य यही गवय पशु है। उपमान में दृश्यमान 'गवय' का स्मृत 'गो' से सादृश्य का ज्ञान होता है—गोसदृशो गवयः (नीलगाय गाय के समान होती है)। मीमांसा ने उपमान के इस न्यायकृत निरूपण का खण्डन किया है। मीमांसा के अनुसार 'संज्ञा-संज्ञि-सम्बन्धज्ञान' शब्द प्रमाण से होता है, उपमान से नहीं। और गवय का ज्ञान प्रत्यक्ष से होता है, उपमान से नहीं। गवय के गोसादृश्यवान् होने का ज्ञान 'गोसदृशो गवयः' इस आप्तवाक्य से होता है। तदनन्तर वन में गोसदृश पशु को देखकर उसके प्रत्यक्ष से इस आप्तवाक्य की स्मृति होती है। अतः मीमांसा के अनुसार न्याय का उपमान स्वतन्त्रप्रमाण न होकर शब्द, स्मृति और प्रत्यक्ष का मिश्रण मात्र है। मीमांसा के अनुसार उपमान प्रमाण का स्वरूप इस प्रकार है—उपमान में स्मृत 'गो' का दृश्यमान 'गवय' से सादृश्य का ज्ञान होता है—गवयसदृशी गौः (गाय नीलगाय के समान होती है)। उपमान से गवयसादृश्यवती गाय का ज्ञान होता है। मीमांसा के अनुसार किसी व्यक्ति को किसी आप्त पुरुष द्वारा यह बताना आवश्यक नहीं है कि नीलगाय गाय के समान होती है। कोई भी व्यक्ति जिसने गाय देखी है जब वन में जाकर नीलगाय को देखता है तो सादृश्य के कारण उसे गाय का स्मरण होकर इस प्रकार का ज्ञान होता है—स्मृत गाय इस दृश्यमान पशु के सदृश है। अतः मीमांसा के अनुसार स्मृत 'गो' का दृश्य 'गवय' से सादृश्य का ज्ञान उपमान है। यहाँ नीलगाय का प्रत्यक्ष और गाय का स्मरण होता है, किन्तु गाय का नीलगाय से सादृश्य का ज्ञान उपमान से होता है। उपमान व्याप्तिजन्य ज्ञान नहीं है, अतः अनुमान से भिन्न है। यह प्रत्यक्ष से भी भिन्न है क्योंकि सादृश्यवती वस्तु (गाय) का प्रत्यक्ष नहीं होता। यह स्मृति से भी भिन्न है क्योंकि स्मृति के अन्तर्गत सादृश्य-ज्ञान नहीं आता। अतः उपमान स्वतन्त्र प्रमाण है।

६. शब्द

शब्द प्रमाण पौरुषेय और अपौरुषेय भेद से दो प्रकार का होता है। पौरुषेय आप्तवाक्य है; अपौरुषेय वेदवाक्य है। पौरुषेय वाक्य में प्रामाण्य वक्ता की आप्तता के कारण अनुमित होता है। इसमें संशय और विपर्यय की सम्भावना रहती है तथा अन्य ज्ञान से कभी इसका बाध भी हो सकता है। किन्तु अपौरुषेय वेदवाक्य स्वतः प्रमाण है; नित्य और अपौरुषेय हैं। वेद किसी पुरुष की कृति नहीं है; इनका रचयिता कोई नहीं है, न जीव और न ईश्वर। वेद में न तो आन्तर विरोध हो सकते हैं और न अन्य ज्ञान से इसके बाधित होने की सम्भावना हो सकती है। प्रभाकर ने केवल अपौरुषेय वेद को शब्द प्रमाण माना है तथा आप्तवाक्य का अनुमान में अन्तर्भाव कर दिया है। पुनश्च, शब्द या तो सिद्धार्थवाक्य हो सकते हैं जो हमें सत्य पदार्थों का ज्ञान कराते हैं; या विधायक वाक्य हो सकते हैं जो हमें किसी कर्म को करने का या न करने का आदेश देते हैं। कुमारिल के अनुसार वेदवाक्य विधायकवाक्य हैं। वेद हमें कर्म करने या न करने का आदेश देता है (अभिहितान्वयवाद)। वेद के विधिवाद तथा अर्थवाद नामक दो भाग किये जा सकते हैं। इनमें मुख्य भाग विधिवाद है जो कर्मपरक

आदेश देता है। अर्थवाद वर्णनात्मक है। प्रभाकर के अनुसार अर्थवाद भी कर्म का सहायक बनकर ही प्रामाणिक हो सकता है (अन्विताभिधानवाद)।

वेद की नित्यता और अपौरुषेयता सिद्ध करने के लिये मीमांसा ने शब्द, अर्थ और शब्दार्थसम्बन्ध, इन तीनों को नित्य माना है। शब्द दो या अधिक वर्णों का समूह होता है। वर्ण को नित्य, सर्वगत और निरवयव स्वीकार किया गया है। उच्चरित वर्ण उसकी ध्वनि से भिन्न है और लिखित वर्ण उसके रूप से भिन्न है। वर्ण नित्य और अपरिणामी है; किन्तु उसकी उच्चरित ध्वनि या लिखित रूप अनित्य तथा परिवर्तनशील होते हैं। एक ही वर्ण का यदि दस व्यक्ति उच्चारण करें या उसे लिखें, तो उसकी प्रत्येक ध्वनि और लेख में भेद होगा, किन्तु इन दस ध्वनियों या दस लेखन-रूपों के भेद से वर्ण दस प्रकार का नहीं बन जाता। किसी वर्ण की अनित्य एवं विभिन्न ध्वनियाँ या लेखन-रूप उस नित्य तथा अपरिणामी वर्ण की अभिव्यक्ति के साधन हैं। नित्य वर्णों का समूह होने के कारण शब्द भी नित्य है। शब्द का अर्थ भी नित्य होता है क्योंकि शब्द का वाच्य अनित्य तथा परिणामी व्यक्ति-पदार्थ नहीं होता, अपितु नित्य सामान्य होता है जो व्यक्तियों में अनुगत रहता है। शब्द और अर्थ का सम्बन्ध भी नित्य होता है; यह न ईश्वर-सङ्केत से आता है और न रूढ़िगत वृद्ध-व्यवहार से। मीमांसा के अनुसार जब सभी शब्द, अर्थ और शब्दार्थ-सम्बन्ध नित्य हैं, तो फिर सभी साहित्यिक या सार्थक ग्रन्थ 'नित्य' हो जायेंगे। तब केवल वेद को ही नित्य मानने का क्या कारण है ? इसका उत्तर मीमांसक इस प्रकार देते हैं—अन्य ग्रन्थों या प्रबन्धों में या भाषणों में शब्दों के प्रयोग का क्रम या आनुपूर्वी रचयिता या वक्ता के ऊपर निर्भर रहती है, अत: ग्रन्थों आदि का भेद प्रसिद्ध है। इसलिये ये ग्रन्थादि पौरुषेय होते हैं और इनमें संशय विपर्यय आदि दोषों की सम्भावना रहती है। किन्तु वेद अपौरुषेय हैं, और उनमें शब्दों का क्रम या आनुपूर्वी भी नित्य तथा स्वत: निर्धारित है। अत: वेद की नित्यता, अपौरुषेयता और स्वत:प्रामाण्य स्वत: सिद्ध हैं।

७. अर्थापत्ति

दृष्ट या श्रुत अर्थ की उपपत्ति जिस अर्थ के अभाव में न हो सके, उस अर्थ की कल्पना को अर्थापत्ति कहते हैं।[१] किसी अर्थ की उपपत्ति के लिये जो अर्थान्तर की कल्पना की जाती है उसे अर्थापत्ति कहते हैं। दो तथ्यों के विरोधाभास को दूर करने के लिये जिस अर्थ की कल्पना की जाय वह अर्थापत्ति कहलाती है। प्रभाकर और कुमारिल दोनों ने इसे स्वतन्त्र प्रमाण माना है। 'जीवित देवदत्त घर में नहीं है', इस वाक्य के दो तथ्यों में अर्थात् देवदत्त के जीवित होने में और उसके घर में न होने में असङ्गति या विरोधाभास प्रतीत हो रहा है उसका निराकरण देवदत्त के घर से बाहर होने की अर्थ-कल्पना से हो जाता है। यह अर्थापत्ति है। इसी प्रकार 'मोटा देवदत्त दिन में नहीं खाता', यहाँ 'मोटा होने' और 'दिन में न खाने'

१ अर्थापत्तिरपि दृष्टः श्रुतो वार्थोऽन्यथा नोपपद्यते इत्यर्थकल्पना। —शाबरभाष्य, १, १, ५

की असङ्गति या विरोधाभास को दूर करने के लिये देवदत्त के रात में खाने की अर्थ-कल्पना करना अर्थापत्ति है। अर्थापत्ति में दो दृष्ट या श्रुत तथ्यों की सत्यता में प्रभाकर के अनुसार सन्देह और कुमारिल के अनुसार असंगति या विरोधाभास होता है और इस सन्देह या विरोधाभास का परिहार अर्थापत्ति द्वारा किया जाता है, किन्तु अनुमान में ऐसा कोई सन्देह या विसङ्गति या विरोधाभास नहीं प्रतीत होता, अतः अर्थापत्ति अनुमान से भिन्न है। प्रभाकर और कुमारिल दोनों इस बात में सहमत हैं कि अर्थापत्ति में कोई लिंग या हेतु नहीं होता। दृष्ट या श्रुत दो परस्पर-विसङ्गत तथ्यों में से कोई भी तथ्य अकेला हेतु नहीं हो सकता। दोनों तथ्य सम्मिलित रूप में हेतुवत् प्रतीत होते हैं किन्तु इस सम्मिलित रूप में निगमन (निष्कर्ष) भी उनमें अन्तर्भुक्त हो जाता है, जो हेतु में नहीं होना चाहिये। अतः अर्थापत्ति अनुमान से भिन्न है। किन्तु नैयायिक अर्थापत्ति का अन्तर्भाव अनुमान में कर देते हैं और उसे स्वतन्त्र प्रमाण नहीं मानते। नैयायिकों के अनुसार अर्थापत्ति अनुमान ही है जिसे वियोजक तर्कवाक्य और विधायक तर्कवाक्य दोनों रूपों में व्यक्त किया जा सकता है। इसका वियोजक रूप इस प्रकार है :

मोटा देवदत्त या तो दिन में खाता है या रात में खाता है,
मोटा देवदत्त दिन में नहीं खाता,
अतः मोटा देवदत्त रात में खाता है।

इसी का विधायक रूप इस प्रकार है :

सब मोटे व्यक्ति जो दिन में नहीं खाते, वे व्यक्ति हैं जो रात में खाते हैं,
देवदत्त मोटा व्यक्ति है जो दिन में नहीं खाता,
अतः देवदत्त मोटा व्यक्ति है जो रात में खाता है।

८. अनुपलब्धि

नैयायिक और प्रभाकर अनुपलब्धि को प्रमाण नहीं मानते, किन्तु कुमारिल ने इसे स्वतन्त्र प्रमाण माना है। नैयायिक और कुमारिल अभाव को स्वतन्त्र पदार्थ मानते हैं, किन्तु प्रभाकर अभाव को अधिकरणरूप मानकर उसे स्वतन्त्र पदार्थ नहीं मानते। अतः प्रभाकर न तो अभाव को स्वतन्त्र पदार्थ मानते हैं और न अभाव को ग्रहण करने के लिये अनुपलब्धि को स्वतन्त्र प्रमाण मानते हैं। नैयायिक अभाव को तो स्वतन्त्र पदार्थ स्वीकार करते हैं, किन्तु उसके ग्रहण के लिये अनुपलब्धि को स्वतन्त्र प्रमाण नहीं मानते। नैयायिक के अनुसार जो इन्द्रिय जिस भाव पदार्थ का प्रत्यक्ष करती है वही इन्द्रिय उसके अभाव का भी प्रत्यक्ष करती है तथा जिस अनुमान से जिस भाव पदार्थ का ज्ञान होता है, उसी अनुमान से उसके अभाव का भी ज्ञान होता है। अतः प्रत्यक्ष और अनुमान द्वारा ज्ञात होने के कारण अभाव के ग्रहण के लिये किसी अन्य अनुपलब्धि नामक प्रमाण की आवश्यकता नहीं है। कुमारिल इस न्याय-मत का खण्डन करते हुये कहते हैं कि अभाव से किसी इन्द्रिय का सन्निकर्ष नहीं हो सकता, अतः अभाव प्रत्यक्ष का विषय नहीं है; और अभाव का अनुमान भी नहीं हो सकता क्योंकि यहाँ व्याप्ति ज्ञान

नहीं होता। इसी प्रकार अभाव का ज्ञान उपमान, शब्द या अर्थापत्ति से भी नहीं हो सकता। अतः अभाव के ज्ञान के लिये अनुपलब्धि नामक प्रमाण मानना आवश्यक है। प्रभाकर का कथन है कि अभाव 'अधिकरण' से भिन्न नहीं है। यदि भूतल पर घट नहीं है, तो यह 'घटाभाव' का ज्ञान नहीं है, अपितु केवल 'भूतल' का ज्ञान है। घट का प्रागभाव वस्तुतः मृत्तिका ही है। कुमारिल, नैयायिक के समान, प्रभाकर के इस मत का खण्डन करते हैं। अभाव अधिकरण-मात्र नहीं है, अपितु एक अलग पदार्थ है। घट-प्रत्यक्ष और घटाभाव का ज्ञान, दोनों ही भूतलमात्र के प्रत्यक्ष से भिन्न है। अतः अभाव का ज्ञान अनुपलब्धि नामक स्वतन्त्र प्रमाण से ही होता है।

९. आत्मा और ज्ञान

प्रभाकर और कुमारिल दोनों के अनुसार आत्मा अनेक हैं। दोनों ही आत्मा को नित्य, सर्वगत, विभु, व्यापक द्रव्य मानते हैं जो ज्ञान का आश्रय है। आत्मा ज्ञाता, कर्ता और भोक्ता है। आत्मा शरीर, इन्द्रियाँ, मन और बुद्धि से भिन्न है। आत्मा भोक्ता है; शरीर भोगायतन है; इन्द्रियाँ भोग-साधन हैं; और बाह्य पदार्थ तथा मनोभाव भोग्य विषय हैं। ज्ञान आत्मा का स्वरूप नहीं है; ज्ञान आत्मा का अपृथक् धर्म भी नहीं है। न्याय-वैशेषिक के समान प्रभाकर भी आत्मा को जड़ द्रव्य मानते हैं जो ज्ञान नामक गुण का आश्रय है; ज्ञान आत्मा का आगन्तुक गुण है। मोक्षावस्था में धर्माधर्म की समाप्ति के कारण शरीरेन्द्रियादिसम्बन्ध का आत्यन्तिक विलय हो जाता है। अतः मोक्ष में आत्मा में ज्ञान, सुख, दुःख, प्रयत्न, इच्छा आदि गुण उत्पन्न नहीं हो सकते। कुमारिल का मत नैयायिक और प्रभाकर के मतों से भिन्न है। कुमारिल ज्ञान को आत्मा का परिणाम या क्रिया मानते हैं जिसके द्वारा आत्मा पदार्थों को जानता है। जैन-मत के समान कुमारिल भी आत्मा को नित्यानित्य, भेदाभेदरूप, चिदचिद्रूप और द्रव्य एवं गुण-कर्म रूप मानते हैं। द्रव्य के रूप में आत्मा नित्य, अभेदात्मक, अचिद्रूप तथा गुण-कर्म के रूप में अनित्य, भेदात्मक एवं चिद्रूप है। अतः कुमारिल आत्मा को चिदचिद्रूप या जड़बोधात्मक मानते हैं। आत्मा ज्ञानशक्तिस्वभाव है। नैयायिक और प्रभाकर के समान कुमारिल भी मोक्षावस्था में, सुषुप्ति के समान, आत्मा में ज्ञानसुखादि की स्थिति नहीं मानते क्योंकि उस समय आत्मा शुद्ध द्रव्य के रूप में रहता है एवं शरीरेन्द्रयादिसम्बन्धविलय के कारण गुण और क्रिया से उसका सम्बन्धविच्छेद हो जाता है, यद्यपि उसका ज्ञानशक्तिस्वभाव बना रहता है।

प्रभाकर का ज्ञानविषयक मत त्रिपुटीप्रत्यक्षवाद कहलाता है। प्रभाकर के अनुसार ज्ञान स्वप्रकाश है; उसे अपनी अभिव्यक्ति के लिये किसी अन्य ज्ञान की आवश्यकता नहीं है। ज्ञान के ज्ञान के लिये ज्ञानान्तर की कल्पना से अनवस्थादोष आता है। ज्ञान स्वप्रकाश तो है किन्तु नित्य नहीं है। आत्मा का आगन्तुक गुण होने से ज्ञान अनित्य और उत्पत्ति-विनाशशील है। विषय-सम्पर्क से आत्मा में ज्ञान उत्पन्न होता है। ज्ञान का कार्य विषय, पदार्थ या ज्ञेय को प्रकाशित करना है। किन्तु स्वप्रकाशरूप होने से ज्ञान ज्ञेय को प्रकाशित करते ही स्वयं भी प्रकाशित होता है और साथ ही आत्मा को भी ज्ञाता के रूप में प्रकाशित करता है। अतः

प्रत्येक ज्ञान में ज्ञेय, ज्ञान और ज्ञाता की त्रिपुटी का प्रत्यक्ष होता है। जिस प्रकार दीपक का प्रकाश घटपटादि पदार्थों को, स्वयं को और अपने आश्रयभूत दीपक को प्रकाशित करता है, उसी प्रकार ज्ञान इन्द्रिय-सन्निहित पदार्थ को ज्ञेय के रूप में, स्वयं को ज्ञान के रूप में और अपने आश्रयभूत आत्मा को ज्ञाता के रूप में प्रकाशित करता है। प्रत्येक ज्ञान में ज्ञेय-ज्ञान-ज्ञाता की त्रिपुटी के प्रत्यक्ष होने के कारण प्रभाकर का मत त्रिपुटीप्रत्यक्षवाद कहलाता है। ज्ञेय और ज्ञाता, पदार्थ और आत्मा, विषय और विषयी अपनी अभिव्यक्ति के लिये स्वप्रकाश ज्ञान पर निर्भर रहते हैं। ज्ञान स्वप्रकाश है, किन्तु आत्मा या ज्ञाता स्वप्रकाश नहीं है। आत्मा पदार्थ के समान जड़ द्रव्य है जो अपनी अभिव्यक्ति के लिये ज्ञान पर निर्भर है। आत्मा ज्ञान का आश्रय है, किन्तु अपनी अभिव्यक्ति के लिये स्वयं ज्ञान पर आश्रित है। सुषुप्ति में ज्ञान के अभाव में, आत्मा प्रकाशित नहीं होता। आत्मा या ज्ञाता के बिना ज्ञान सम्भव नहीं है। प्रत्येक ज्ञान में आत्मा ज्ञाता के रूप में प्रकाशित होता है। ज्ञाता का ज्ञान ज्ञेय के रूप में कभी नहीं हो सकता। यद्यपि ज्ञाता और ज्ञेय दोनों ही प्रकाश के लिये ज्ञान पर निर्भर हैं, तथापि ज्ञेय का प्रकाश ज्ञेय पदार्थ के रूप में और ज्ञाता का प्रकाश सदा ज्ञाता के रूप में ही होता है। प्रत्येक ज्ञान में आत्मा ज्ञाता के रूप में (अहंवित्ति), पदार्थ ज्ञेय विषय के रूप में (विषयवित्ति) और ज्ञान स्वप्रकाश ज्ञान के रूप में (स्वसंवित्ति) प्रकाशित होता है।

कुमारिल का ज्ञानविषयक मत ज्ञाततावाद कहलाता है। यह प्रभाकर के मत से भिन्न है। कुमारिल के अनुसार ज्ञान स्वप्रकाश नहीं होता। ज्ञान न तो स्वयं प्रकाशित होता है और न आत्मा को ज्ञाता के रूप में प्रकाशित कर सकता है। ज्ञान केवल ज्ञेय विषय को ही प्रकाशित करता है। ज्ञान की साक्षात् अनुभूति नहीं होती। ज्ञान अन्य ज्ञान द्वारा भी प्रकाशित नहीं होता। नैयायिक के अनुसार अनुव्यवसाय में ज्ञान का ज्ञान और साथ ही ज्ञाता का ज्ञान होता है। किन्तु कुमारिल के अनुसार अनुव्यवसाय में ज्ञाता का ज्ञान होता है, लेकिन ज्ञान का ज्ञान नहीं हो सकता। नैयायिक के समान कुमारिल भी मानते हैं कि ज्ञान स्वप्रकाशक न होकर केवल अर्थप्रकाशक है और न ज्ञान ज्ञाता को ज्ञाता के रूप में प्रकाशित कर सकता है, किन्तु नैयायिक के विपरीत कुमारिल यह मानते हैं कि स्वप्रकाशक न होने से ज्ञान, अनुव्यवसाय में भी, ज्ञान को प्रकाशित नहीं कर सकता। अतः ज्ञान का प्रत्यक्ष ज्ञान नहीं होता; ज्ञान का केवल अनुमान होता है। कुमारिल के अनुसार आत्मा का ज्ञान अनुव्यवसाय में होता है। आत्मा 'अहंप्रत्यय' रूप है और स्वयं को अपना विषय बनाकर जानता है; आत्मा 'अहंप्रत्ययवेद्य' है। ज्ञान ज्ञेय को ही प्रकाशित कर सकता है, अतः ज्ञाता भी, अपना ही ज्ञेय बनकर, ज्ञान द्वारा प्रकाशित होता है। अन्य पदार्थ आत्मा द्वारा ज्ञेय होते हैं, किन्तु आत्मा स्वयं अपना ही ज्ञेय बनता है, किसी अन्य का नहीं। कुमारिल के सामने समस्या यह है कि जब ज्ञान का प्रत्यक्ष नहीं हो सकता तो उसका अनुमान किस आधार पर होता है ? कुमारिल का उत्तर है कि ज्ञान का अनुमान 'ज्ञातता' के आधार पर किया जाता है। किसी पदार्थ का ज्ञान होने पर उस पदार्थ में 'ज्ञातता' नामक धर्म का उदय होता है अर्थात् वह पदार्थ ज्ञाता द्वारा ज्ञात हो चुका है, इसकी प्रतीति होती है। इस ज्ञातता के कारण ज्ञान का अनुमान किया जाता है

कि आत्मा में ज्ञान अवश्य उत्पन्न हुआ जिसने ज्ञेय पदार्थ को प्रकाशित करके आत्मा द्वारा 'ज्ञात' बना दिया; यदि ज्ञान न होता तो पदार्थ ज्ञात नहीं होता। अत: पदार्थ के ज्ञात होने पर उसकी 'ज्ञातता' के कारण ज्ञान का अनुमान किया जाता है। यह कुमारिल का 'ज्ञाततावाद' है। कुमारिल के अनुसार ज्ञान आत्मा का स्थिर धर्म नहीं है, अपितु क्रिया या व्यापार है। क्रिया का सम्बन्ध उसके कर्ता, कर्म-विषय, करण और फल से होता है। उदाहरणार्थ, चावल पकाने की क्रिया को लें। पाचक (पकानेवाला व्यक्ति) कर्ता है, चावल पाच्य या कर्म-विषय है; अग्नि करण है; और पक्वता या विक्लेद (पक कर फूलना और नरम हो जाना) फल है। पकाने की क्रिया पाचक (कर्ता) में है, किन्तु उस क्रिया का फल (विक्लेद) पाच्य पदार्थ (चावल) में होता है। इसी प्रकार ज्ञान की क्रिया कर्ता अर्थात् आत्मा या ज्ञाता में होती है, किन्तु उसका 'ज्ञातता' नामक फल ज्ञेय पदार्थ में होता है। कोई भी व्यक्ति जिसने चावल पकते हुये नहीं देखे, उन पके चावलों की पक्वता या विक्लेद के आधार पर अनुमान कर लेता है कि चावलों में पकाने की क्रिया हो चुकी है। इसी प्रकार ज्ञेय वस्तु की ज्ञातता के आधार पर ज्ञान-क्रिया का अनुमान कर लिया जाता है।

प्रभाकर और कुमारिल दोनों ही ज्ञाता और ज्ञान के स्वरूप को ठीक से नहीं समझ सके हैं। प्रभाकर का यह कथन सही है कि ज्ञान स्वप्रकाश है, आत्मा ज्ञाता है, और ज्ञाता कभी ज्ञेय नहीं हो सकता। किन्तु ज्ञान को शुद्ध नित्य ज्ञान के अर्थ में न लेकर उसे अनित्य वृत्तियों के रूप में लेना तथा ज्ञान को ज्ञाता का स्वरूप न मानकर केवल आगन्तुक धर्म मानना ज्ञान के स्वरूप का अज्ञान है। इसी प्रकार ज्ञाता को समस्त ज्ञान और अनुभव का स्वप्रकाश और स्वत:सिद्ध अधिष्ठान न मानना एवं उसे जड़ द्रव्य मानना आत्म-स्वरूप का अज्ञान है। कुमारिल का मत भी इन्हीं दोषों से ग्रस्त है। ज्ञान को स्वप्रकाश न मानना, उसे आत्मा की आगन्तुक क्रिया मानना, ज्ञान की प्रत्यक्ष अनुभूति न मानकर उसे ज्ञातता के कारण अनुमेय मानना, आत्मा को जड़बोधात्मक या चिदचिद्रूप मानना, उसे जड़ द्रव्यवत् ज्ञेय मानना आदि दोष कुमारिल-मत में स्फुट हैं। प्रभाकर और कुमारिल दोनों ही आत्मा को जीव के अर्थ में लेते हैं और मानते हैं; दोनों में ही आत्मा 'ज्ञाता' न रहकर द्रव्यवत् जड़ बन गया है।

१०. ख्यातिवाद

प्रत्येक दार्शनिक सम्प्रदाय ने प्रमा (सम्यक् ज्ञान) के साथ भ्रम (मिथ्याज्ञान) का भी निरूपण किया है। किसी भी दार्शनिक सम्प्रदाय के तात्त्विक स्वरूप का पता उसके भ्रम के विवेचन के आधार पर सरलता से लग जाता है। यहाँ हम प्रभाकर और कुमारिल की ख्याति-मीमांसा के साथ तुलनार्थ अन्य दर्शनों की ख्याति-मीमांसा भी प्रस्तुत कर रहे हैं। भ्रम, भ्रान्ति या मिथ्याज्ञान के विवेचन को ख्यातिवाद कहते हैं।

(१) प्रभाकर का अख्यातिवाद

यदि ज्ञान स्वत:प्रमाण और यथार्थ होता है तो अप्रामाणिक और अयथार्थ ज्ञान नहीं होना चाहिये। वस्तुवाद के अनुसार ज्ञान कभी अयथार्थ नहीं हो सकता। किन्तु भ्रम होता है और

भ्रम अयथार्थ ज्ञान है। वस्तुवाद के लिये भ्रम एक समस्या है और कोई भी वस्तुवादी सम्प्रदाय भ्रम का सन्तोषजनक समाधान नहीं कर सका है क्योंकि भ्रम वस्तुवादी के मूल आधार पर ही, कि सारा ज्ञान यथार्थ होता है, कुठाराघात करता है।

प्रभाकर कट्टर वस्तुवादी हैं। वे स्पष्ट स्वीकार करते हैं कि अयथार्थ या मिथ्याज्ञान से रूप में भ्रम सम्भव नहीं है। जिसे हम भ्रम कहते हैं वह आंशिक और अपूर्ण ज्ञान है। सारा ज्ञान यथार्थ होता है, किन्तु सारा ज्ञान पूर्ण नहीं होता। अतः प्रमा और भ्रम का भेद तात्विक भेद नहीं है, अपितु मात्रा-भेद है। प्रमा समग्र ज्ञान है और भ्रम आंशिक तथा अपूर्ण ज्ञान है। भ्रम अज्ञान है, अन्यथा ज्ञान नहीं है। भ्रम समग्रज्ञान का अभाव है, मिथ्याज्ञान नहीं है। भ्रम आंशिक ज्ञान है, अयथार्थ ज्ञान नहीं है। भ्रम अग्रहण है, अन्यथाग्रहण नहीं है। प्रभाकर के इस मत को अख्यातिवाद कहते हैं जिसका अर्थ है कि ख्याति (भ्रम) अन्यथाज्ञान के अर्थ में सम्भव नहीं है। प्रभाकर के अनुसार सविकल्पक प्रत्यक्ष में नामजात्यादिविशेषणविशेष्य-सम्बन्ध का ज्ञान होता है। वस्तु में उसके धर्म या गुण रहते हैं; वस्तु विशेष्य है और उसके धर्म उसके विशेषण हैं। किसी वस्तु का समग्र ज्ञान उस वस्तु के द्रव्य या विशेष्य का ज्ञान तथा उस वस्तु के धर्म या विशेषण का ज्ञान और विशेषण-विशेष्यसम्बन्ध का ज्ञान होता है। जब हम किसी वस्तु के द्रव्यांश या इदमंश को तथा उसके धर्मों या गुणों को अर्थात् उसके धर्मांश को तथा दोनों के सम्बन्ध को जान लेते हैं तो हमें उस वस्तु का ज्ञान होता है। यदि हमें वस्तु के द्रव्यांश का या धर्मांश का ही ज्ञान हो तो यह ज्ञान आंशिक और अपूर्ण ज्ञान है।

प्रभाकर के अनुसार भ्रम एक ज्ञान नहीं है; भ्रम में दो भिन्न ज्ञान होते हैं जिनके दो अलग-अलग विषय होते हैं। ये दोनों ज्ञान आंशिक होते हैं और इनके विषय भी अंशतः ही प्रकाशित होते हैं। भ्रम का अर्थ है इन दोनों परस्पर भिन्न ज्ञानों के भेद का तथा इनके दोनों अलग-अलग विषयों के भेद का अज्ञान या अग्रहण।[१] भ्रम भेदाग्रह या विवेकाख्याति है। भ्रम में दोनों ज्ञानों और उनके विषयों के भेद का ग्रहण नहीं होता, अतः भेदाग्रह है। इस भेद का विवेक या ज्ञान न होना विवेकाख्याति है। भ्रम का एक घटक भावात्मक और दूसरा अभावात्मक है। भावात्मक घटक दो विभिन्न आंशिक ज्ञानों और उनके अंशतः प्रकाशित दो निभिन्न विषयों की उपस्थिति है। अभावात्मक घटक इन दोनों आंशिक ज्ञानों और उनके विषयों के भेद का अज्ञान है। ये दोनों आंशिक ज्ञान प्रत्यक्ष हो सकते हैं या इनमें एक प्रत्यक्ष और दूसरा स्मरण हो सकता है। उदाहरणार्थ, पीलिया रोग से ग्रस्त व्यक्ति शुभ्र शङ्ख को पीला देखता है। यहाँ शङ्ख के 'इदमंश' या द्रव्यांश का ज्ञान होता है, किन्तु उसके शुभ्रत्व-धर्म का ज्ञान नहीं होता; तथा पित्त के द्रव्यांश का ज्ञान नहीं होता केवल उसके पीतत्व धर्म का ज्ञान होता है। शङ्ख के द्रव्यांश ज्ञान का और पित्त के पीतधर्मांश ज्ञान का पारस्परिक भेद गृहीत नहीं होता। जहाँ तक दोनों आंशिक ज्ञानों का प्रश्न है दोनों ही अपने अपने अंश में सत्य हैं; शङ्ख का इदमंश और पित्त का पीलापन दोनों सत्य हैं। यहाँ दोनों ज्ञान प्रत्यक्ष हैं। भ्रम इन दो आंशिक प्रत्यक्षज्ञानों और उनके विषयों में परस्पर-भेद का अग्रहण है। जब

---

१. रजतमिदमिति नैकं ज्ञानं किन्तु द्वे विज्ञाने। प्रकरणपञ्चिका, पृ० ४३ ज्ञानयोः विषययोश्च विवेकाग्रहाद् भ्रमः।

कोई व्यक्ति शुक्ति के स्थान पर रजत देखे और कहे—'इदं रजतम्' (यह चाँदी है) तो यहाँ भी भ्रम एक ज्ञान नहीं है। यहाँ भी दो आंशिक ज्ञान हैं जिनके विषय अलग-अलग हैं। एक आंशिक ज्ञान तो शुक्ति (सीप) के केवल 'इदमंश' (द्रव्यांश) का ज्ञान है जिसमें उसके शुक्तित्व धर्म का ज्ञान प्रकाशित नहीं हो रहा है; और दूसरा आंशिक ज्ञान रजतत्व धर्म का ज्ञान है जिसमें रजत का इदमंश या द्रव्यांश प्रकाशित नहीं हो रहा है। ये दोनों ज्ञान आंशिक हैं, दोनों भिन्न हैं और दोनों के विषय भी भिन्न हैं, एक का विषय शुक्ति है दूसरे का रजत है। शुक्ति के केवल द्रव्यांश का ज्ञान है, शुक्तित्व धर्मांश का नहीं; और रजत के केवल धर्मांश का ज्ञान है, द्रव्यांश का नहीं। दोनों ज्ञान अपने-अपने अंश में सत्य हैं, किन्तु दोनों अपूर्ण हैं। शुक्ति के इदमंश का प्रत्यक्ष होता है, शुक्तित्व धर्म का नहीं, साथ ही सफेदी और चमक इन धर्मों का भी प्रत्यक्ष होता है जो शुक्ति और रजत दोनों में समान हैं; इन समान धर्मों के प्रत्यक्ष के कारण पूर्वकाल में अन्यत्र (बाजार आदि में) अनुभूत रजत का स्मरण होता है, पूर्वदृष्ट रजत का संस्कार स्मृति में रजतरूप को उसके द्रव्यांश के बिना ही उपस्थित कर देता है (प्रमुष्टतत्ताकस्मरण)। एवं मनोदोष के कारण स्मृति का प्रमोष हो जाता है अर्थात् रजत केवल स्मृति-रूप है इसकी विस्मृति हो जाती है। यहाँ शुक्ति के इदमंश का प्रत्यक्ष और रजत का स्मरण होता है। भ्रम दोनों आंशिक ज्ञानों और उनके विषयों के भेद का अग्रहण या अज्ञान है। अतः भ्रम भेदाग्रह या भेदाज्ञान है, अन्यथाज्ञान या मिथ्याज्ञान नहीं है।

(२) कुमारिल का विपरीतख्यातिवाद

कुमारिल का मत विपरीतख्याति कहलाता है जो प्रभाकर के अख्यातिवाद से भिन्न है। कुमारिल के अनुसार भ्रम भेदाग्रह या अज्ञानमात्र नहीं है, अपितु विपरीतग्रह या अन्यथाग्रहण या मिथ्याज्ञान है। भ्रम एक ज्ञान है, दो भिन्न अपूर्ण ज्ञान नहीं। प्रभाकर के समान कुमारिल यह तो स्वीकार करते हैं कि शुक्ति-रजत के भ्रम में शुक्ति के शुक्तित्वधर्मरहित इदमंश की प्रत्यक्ष अनुभूति होती है और द्रव्यांशरहित रजत का स्मरण होता है, किन्तु वे यह नहीं मानते कि भ्रम दृश्यमान और स्मर्यमाण वस्तुओं के भेद का अग्रहणमात्र है। कुमारिल के अनुसार भी वस्तुतः ये दोनों आंशिक ज्ञान और उनके विषय अलग-अलग हैं, किन्तु भ्रम में ये दोनों मिलाकर एक कर दिये जाते हैं। भ्रम में शुक्ति का रजत के रूप में अन्यथाज्ञान होता है। भ्रम विपरीतज्ञान है जिसमें एक वस्तु (शुक्ति) विपरीत वस्तु (रजत) के रूप में प्रतीत होती है। अतः कुमारिल का मत विपरीतख्याति कहलाता है। भ्रम ज्ञान की कारण-सामग्री के दोष से उत्पन्न होता है और बाद में होने वाले सम्यक्ज्ञान से उसका बाध हो जाता है। कुमारिल ने भ्रम को विषयीमूलक या पुरुषतन्त्र मानकर वस्तुवाद को, कम से कम भ्रम के विवेचन में, त्याग दिया है।

(३) न्याय का अन्यथाख्यातिवाद

न्यायवैशेषिक की अन्यथाख्याति में और कुमारिल की विपरीतख्याति में बहुत समानता है। 'अन्यथा' का अर्थ है 'अन्यत्र' और 'अन्य रूप में', और ये दोनों अर्थ अन्यथाख्याति में चरितार्थ होते हैं। दृश्यमान वस्तु (शुक्ति) का अन्य रूप में (रजत रूप में) प्रत्यक्ष होता और स्मर्यमाण वस्तु (रजत) की सत्ता अन्यत्र (बाजार आदि में) होती है। शुक्ति का रजत के रूप

में अन्यथाग्रहण होता है और रजत की सत्ता अन्यत्र होती है। शुक्ति और रजत दोनों की अलग-अलग सत्ता है, केवल उनका शुक्ति-रजत रूप में सम्बन्ध असत् है। कुमारिल और नैयायिक दोनों ही भ्रम को अन्यथाज्ञान या मिथ्याज्ञान मानते हैं जिसमें एक वस्तु किसी अन्य वस्तु के रूप में, जो वह नहीं है, प्रतीत होती है। भ्रम में विषयीमूलकता या पुरुषतन्त्रता होती है जिसके कारण बुद्धि-दोष से एक वस्तु का किसी अन्य वस्तु के रूप में अन्यथाग्रहण होता है, जैसे शुक्ति का रजत के रूप में या रज्जु का सर्प के रूप में ग्रहण। दोनों वस्तुयें अलग-अलग सत्य हैं, केवल उनका सम्बन्ध मिथ्या है। सम्यक्ज्ञान से मिथ्याज्ञान का ही बाध होता है, वस्तु का नहीं। कुमारिल स्पष्ट रूप से भ्रम में पुरुषतन्त्रता स्वीकार करते हैं और यहाँ अपने वस्तुवाद को त्याग देते हैं। किन्तु नैयायिक वस्तुवाद की रक्षा करने के लिये भ्रम में रजत के वास्तविक प्रत्यक्ष की कल्पना करते हैं और इसके लिये ज्ञानलक्षण नामक असाधारण प्रत्यक्ष का सहारा लेते हैं। शुक्ति और रजत के समान धर्मों (सफेदी, चमक आदि) के कारण पूर्वदृष्ट रजत का स्मरण होता है और स्मृति में विद्यमान रजत-रूप का बाहर शुक्ति के स्थान पर ज्ञानलक्षणप्रत्यासत्ति द्वारा असाधारण प्रत्यक्ष होता है। किन्तु यह वस्तुवाद की रक्षा करने का प्रयत्न है। कुमारिल भ्रम में ऐसा कोई असाधारण प्रत्यक्ष स्वीकार नहीं करते। नैयायिक यथार्थता को ज्ञान का स्वरूप और सम्वादिप्रवृत्ति या सफलप्रवृत्ति को यथार्थता के परीक्षण का साधन मानते हैं। कुमारिल यथार्थता को ज्ञान का स्वरूप मानते हैं, किन्तु ज्ञान को स्वत:प्रमाण मानकर कारणदोषरहितता एवं बाधकज्ञानरहितता या सम्वाद को प्रामाण्य-स्वरूप मानते हैं। कुमारिल प्रमा और भ्रम के विवेचन में तटस्थ और वैज्ञानिक दृष्टि अपनाते हैं।

(४) प्राचीन सांख्य और रामानुज का सत्ख्यातिवाद

प्राचीन सांख्य और रामानुज यथार्थख्याति या सत्ख्याति को मानते हैं। यह मत प्रभाकर की अख्याति के समान है। भ्रम अज्ञान या अपूर्ण, किन्तु सत्य, ज्ञान है। भ्रम अन्यथा-ज्ञान नहीं है। प्रमा से भ्रम का बाध नहीं होता, अपितु भ्रम के आंशिक ज्ञान की समग्रज्ञान के रूप में पुष्टि होती है। समस्त ज्ञान यथार्थ होता है। भ्रम भी आंशिक ज्ञान के रूप में अंशत: सत्य है। वेदान्त के त्रिवृत्-करण या पञ्चीकरण सिद्धान्त के अनुसार सभी पाञ्चभौतिक पदार्थों में पाँचों महाभूतों के अंश घुले-मिले रहते हैं। अत: शुक्ति में भी रजत का कुछ अंश विद्यमान रहता है जिसके कारण उनमें सफ़ेदी, चमक आदि समानधर्म होते हैं। अत: रामानुज के अनुसार भ्रम में रजत का आंशिक प्रत्यक्ष होता है। प्रभाकर रजत का स्मरण मानते हैं और मनोदोष से स्मृति-प्रमोष अर्थात् स्मृति की विस्मृति होना मानते हैं, किन्तु रामानुज के समान रजत का आंशिक प्रत्यक्ष नहीं मानते। प्रभाकर ज्ञान की उपयोगिता या सम्वादिप्रवृत्ति पर बल देते हैं, रामानुज ज्ञान को प्रकाशक होने के कारण अपने आपमें महत्त्वपूर्ण मानते हैं।

(५) उत्तर-सांख्य और जैन-मत का सदसत्ख्यातिवाद

सांख्य-सूत्र तथा उत्तर-सांख्य और जैन-दर्शन सदसत्ख्याति को मानते हैं। नैयायिक और कुमारिल के समान ये भ्रम को अन्यथाज्ञान मानते हैं जिसमें बुद्धि-दोष से दो भिन्न ज्ञानों और उनके विषयों को मिलाकर एक ज्ञान के रूप में प्रस्तुत किया जाता है। भ्रम मिथ्याज्ञान है और सम्यक्ज्ञान से मिथ्याज्ञान का बाध होता है, वस्तुओं का नहीं। शुक्ति और रजत विभिन्न

वस्तुओं के रूप में तथा शुक्ति ज्ञान और रजत-ज्ञान विभिन्न ज्ञानों के रूप में सत्य हैं। किन्तु शुक्ति और रजत को मिलाकर शुक्ति के स्थान पर रजत का ज्ञान मिथ्याज्ञान है जो इन दो सत्य वस्तुओं के मिथ्या सम्बन्ध से उत्पन्न होता है। शुक्ति और रजत दोनों विषय तथा इनके अलग-अलग ज्ञान 'सत्' हैं, अत: 'सत्‌ख्याति' है; और इन सत्य वस्तुओं तथा ज्ञानों का सम्बन्ध मिथ्या है, 'असत्' है, अत: 'असत्‌ख्याति' है। दोनों को एक साथ मानने के कारण यह सदसत्‌ख्यातिवाद है।

(६) बौद्ध विज्ञानवाद का विज्ञानख्यातिवाद

परम्परा के अनुसार विज्ञानवाद के ख्यातिवाद को 'आत्मख्याति' कहा जाता है। किन्तु विज्ञानवादी 'आत्मतत्त्व' को नहीं मानते अत: उनकी ख्याति को 'विज्ञानख्याति' कहना उचित है। विज्ञानवाद के अनुसार बाह्य पदार्थ शशशृंग और खपुष्प के समान नितान्त असत् हैं। विज्ञान ही बाह्य पदार्थों का आकार लेकर बहिर्वत् प्रतीत होते हैं। शुक्ति-रजत भ्रम में रजत नामक बाह्यपदार्थ नहीं है, अपितु रजताकार-विज्ञान रजत-पदार्थ के रूप में प्रतीत होता है। रजताकार विज्ञान को रजत नामक बाह्य पदार्थ समझना भ्रम है; तथा उसे रजताकार विज्ञान समझना सम्यक्‌ज्ञान है। लौकिक पदार्थ भी समष्टिगत भ्रम के अन्तर्गत आते हैं। रज्जु को रज्जु नामक बाह्य पदार्थ के रूप में देखना भ्रम है; उसे रज्जु का आकार लेकर प्रतीत होने वाले विज्ञान के रूप में देखना सम्यक्‌ज्ञान है। विज्ञानवाद के अनुसार अर्थाकार विज्ञानों पर पदार्थों का आरोप कर दिया जाता है; आरोपित पदार्थ नितान्त असत् हैं। विज्ञान ही सत् है। लौकिक व्यवहार के पदार्थ समष्टिगत आलयविज्ञान के 'आकार' हैं और व्यक्तिगत भ्रम के पदार्थ (शुक्ति-रजत, रज्जु-सर्प, स्वप्न-पदार्थ आदि) वैयक्तिक क्लिष्ट मनोविज्ञान के 'आकार' हैं। बाह्य जड़ पदार्थ तथा आत्मा नामक चेतन पदार्थ सर्वथा असत् और परिकल्पित हैं जिनका अर्थाकार विज्ञानों पर आरोप किया जाता है। अर्थाकार विज्ञान परतन्त्र सत् हैं क्योंकि अनादि ग्राह्यग्राहकवासना के कारण विज्ञान अर्थों का आकार ग्रहण करते रहते हैं। शुद्ध विज्ञानमात्र द्वयवासनाशून्य निराकार नित्य विज्ञान है और इसी की पारमार्थिक सत्ता है। स्वतन्त्रविज्ञानवाद ने नित्य विज्ञानमात्र तत्त्व की तथा आलयविज्ञान की उपेक्षा करके क्षणिक विज्ञानप्रवाह को ही स्वीकार किया है। अत: स्वतन्त्रविज्ञानवाद के अनुसार समस्त पदार्थ क्षणिक अर्थाकार विज्ञानों पर आरोपित हैं तथा समस्त पदार्थ भ्रम हैं, क्षणिक अर्थाकार विज्ञान सत् हैं। यह विज्ञानख्यातिवाद है।

(७) शून्यवाद का शून्यताख्यातिवाद

परम्परानुसार शून्यवाद को 'असत्‌ख्यातिवाद' माना जाता है। 'शून्य' का अर्थ 'सर्वशून्यवाद' या 'सर्वनिषेधवाद' करके शून्यवाद को 'सब कुछ असत् है', इस स्वव्याघाती अर्थ में 'असत्‌ख्यातिवाद' कहा जाता है। किन्तु शून्यवाद न तो सर्वनिषेधवाद है और न असत्‌ख्याति का पोषक है। शून्यवाद अद्वैत वेदान्त के समान निरपेक्षतत्त्ववाद है और अनिर्वचनीयख्याति को मानता है। 'शून्यता' का पारमार्थिक अर्थ है 'प्रपञ्चशून्य निरपेक्ष तत्त्व', और व्यावहारिक अर्थ है 'स्वभावशून्य सापेक्ष व्यवहार'। समस्त बुद्धिग्राह्य पदार्थ सापेक्ष और सांवृत (व्यावहारिक) हैं। वे न सत् हैं, न असत् हैं और न सदसत् हैं। उन्हें यदि 'सत्' या

'अस्ति' कहा जाये तो वे शाश्वत एवं नित्य हो जायेंगे जो वे नहीं है। उन्हें यदि 'असत् या 'नास्ति' कहा जाये तो वे शशशृंग और खपुष्प के समान हो जायेंगे और इस प्रकार समस्त लोग व्यवहार का उच्छेद हो जायेगा। सत् और असत्, प्रकाश और अन्धकार के समान, परस्पर विरुद्ध होने से, मिल नहीं सकते। अत: पदार्थों को सदसत् भी नहीं माना जा सकता। अस्ति-नास्ति-शून्य या सदसद्भिन्न होने से सब बुद्धिग्राह्य पदार्थ सापेक्ष हैं, व्यावहारिक हैं, और वस्तुत: मिथ्या हैं। शुक्तिरजत भी सदसद्विलक्षण या अस्ति-नास्ति-शून्य होने से मिथ्या है। शुक्ति-रजत, रज्जु-सर्प आदि व्यक्ति-गत भ्रम-पदार्थ 'मिथ्या संवृति' हैं क्योंकि लौकिक ज्ञान से बाधित हो जाते हैं। लौकिक पदार्थ 'लोक संवृति' हैं जिनका बाध निर्विकल्प प्रज्ञा या अपरोक्षानुभूति से होता है। यह शून्यवाद का 'शून्यताख्यातिवाद' या 'अनिर्वचनीय-ख्यातिवाद' है जो अद्वैत वेदान्त के ख्यातिवाद के समान है।

(८) अद्वैत वेदान्त का अनिर्वचनीयख्यातिवाद

शङ्कराचार्य के अद्वैत वेदान्त के अनुसार भ्रम मिथ्याज्ञान, अन्यथाज्ञान, अध्यारोप या अध्यास है। भ्रम अविद्या है। अविद्या के दो रूप होते हैं—आवरण और विक्षेप। आवरणशक्ति से अविद्या 'शुक्ति' पर आवरण डाल देती है; आवृत रहने से शुक्ति का 'अज्ञान' (ज्ञानाभाव) होता है; यद्यपि शुक्ति से इन्द्रिय सम्पर्क हो रहा है, तथापि आवृत्त होने से उसका ज्ञान नहीं होता। विक्षेप शक्ति से अविद्या शुक्ति पर रजत का आरोप करके उसकी प्रतीति रजत के रूप में कराती है; यह शुक्ति का रजत के रूप में अन्यथाज्ञान या मिथ्याज्ञान है। इस विक्षेप को आरोप, अध्यारोप या अध्यास कहते हैं। यद्यपि भ्रम में अज्ञान और मिथ्याज्ञान दोनों होते हैं—शुक्ति का अज्ञान और रजत का मिथ्याज्ञान, तथापि विक्षेप या अध्यास को ही भ्रम कहते हैं। शुक्ति का अज्ञान भ्रम नहीं है, शुक्ति की रजतरूप में प्रतीति भ्रम है। भ्रम या अध्यास के तीन घटक होते हैं—अधिष्ठान जो सत् होता है; अध्यस्त पदार्थ जो असत् होता है; और अध्यस्त का अधिष्ठान पर आरोप या अध्यास। शुक्तिरजत के उदाहरण में शुक्ति अधिष्ठान है, सत् वस्तु है, दृश्यमान है; 'रजत' (शुक्ति पर आरोपित रजत) अध्यस्त पदार्थ है, असत् है (अन्यत्र भले ही सत् हो); और इस रजत का शुक्ति पर आरोप अध्यास है। यह आरोप इतना प्रबल होता है कि अध्यस्त और अधिष्ठान का तादात्म्य कर देता है, इतना पूर्ण तादात्म्य कि भ्रमदशा में और ज्ञान-दशा में दोनों में से एक की ही प्रतीति होती है, दोनों की कभी नहीं; भ्रम में केवल अध्यस्त की प्रतीति और ज्ञान से भ्रम का बाध होने पर केवल अधिष्ठान का ज्ञान। अध्यस्त रजत वस्तुत: असत् है, किन्तु भ्रम-दशा में सत् के रूप में प्रतीत होती है। उसमें प्रतीति-सामर्थ्य है। अत: वह शशशृङ्ग, खपुष्प आदि नितान्त असत् पदार्थों से भिन्न है क्योंकि इन पदार्थों में प्रतीति-सामर्थ्य नहीं है। अध्यस्त पदार्थ को सदसदनिर्वचनीय कहा गया है। शुक्ति-रजत या रज्जु-सर्प 'सत्' नहीं है क्योंकि ज्ञान से उसका बाध हो जाता है; वह 'असत्' भी नहीं है क्योंकि भ्रम-दशा में उसकी सत् के रूप में प्रतीति होती है। उसे 'सदसत्' भी नहीं कह सकते क्योंकि सत् और असत् प्रकाश और अन्धकार के समान, एक साथ नहीं रह सकते। अत: अध्यस्त पदार्थ सदसत्सदसदनिर्वचनीय है जिसे सदसदनिर्वचनीय या संक्षेप में केवल अनिर्वचनीय कहते हैं। अनिर्वचनीय होने से अध्यस्त पदार्थ मिथ्या है।

शुक्ति-रजतादि व्यक्ति-गत भ्रम को 'प्रतिभास' कहते हैं। लौकिक पदार्थ भी समष्टिगत भ्रम हैं जिनको 'व्यवहार' कहते हैं। प्रतिभास के स्तर पर प्रतिभास भी सत्य मान लिया जाता है क्योंकि जब तक भ्रम है तब तक उसे सत् के रूप में ही ग्रहण किया जाता है; भ्रम-दशा में भ्रम का ज्ञान नहीं होता। प्रतिभास का बाध व्यवहार से, लौकिक ज्ञान से, अधिष्ठान के ज्ञान से होता है। इसी प्रकार व्यवहार का बाध व्यवहार से नहीं हो सकता। वह परमार्थ से ही हो सकता है। प्रतिभास और व्यवहार, दोनों प्रकार के भ्रम, अनिर्वचनीय और मिथ्या हैं। यह अद्वैत वेदान्त का अनिर्वचनीयख्यातिवाद है।

(९) ख्यातिवाद की समीक्षा

उपर्युक्त दार्शनिक मत, जिनके ख्यातिवाद की हमने विवेचना की है, तीन प्रकार के हैं—वस्तुवाद, विज्ञानवाद और अनिर्वचनीयवाद। वस्तुवाद का मूल सिद्धान्त है कि जगत् के पदार्थ या वस्तुयें सत् हैं और इन्द्रिय-सन्निकर्ष होने पर ज्ञान उत्पन्न करती हैं जो यथार्थ होता है। विज्ञानवाद के अनुसार ज्ञान सत् है, पदार्थ या वस्तुयें असत् हैं और ज्ञान ही अर्थ का आकार लेकर बहिर्वत् प्रतीत होता है। अनिर्वचनीयवाद के अनुसार बुद्धि-ग्राह्य समस्त पदार्थ, जीव और जगत्, सापेक्ष तथा सदसदनिर्वचनीय हैं; व्यवहार में इनकी सत्ता है, किन्तु परमार्थतः ये सब मिथ्या हैं। परमार्थ नित्य निरपेक्ष अद्वैत शुद्ध चैतन्य है। वस्तुवाद परमार्थ और व्यवहार का भेद नहीं मानता, अतः उसके लिये व्यवहार ही परमार्थ है। विज्ञानवाद परमार्थ और व्यवहार दोनों में विज्ञानवाद है। अनिर्वचनीयवाद परमार्थ में विज्ञानवाद और व्यवहार में वस्तुवाद है।

वस्तुवादियों के ख्यातिवाद को दो प्रकारों में विभाजित किया जा सकता है। एक तो वे जो भ्रम को अज्ञान या अपूर्ण ज्ञान मानते हैं; इनमें प्रभाकर की अख्याति तथा प्राचीन सांख्य एवं रामानुज की सत्ख्याति या यथार्थख्याति सम्मिलित है। दूसरे वे जो भ्रम को अन्यथाज्ञान या मिथ्याज्ञान मानते हैं; इनमें न्याय की अन्यथाख्याति, कुमारिल की विपरीतख्याति, उत्तर-सांख्य एवं जैन मत की सदसत्ख्याति सम्मिलित है। बौद्ध विज्ञानवाद की विज्ञानख्याति है। अनिर्वचनीयवाद में शून्यवाद की शून्यताख्याति और अद्वैत वेदान्त की अनिवर्चनीयख्याति आती है।

भ्रम को अपूर्णज्ञान या अज्ञानमात्र नहीं माना जा सकता। भ्रम अध्यास है और अन्यथाज्ञान है। भ्रम में दो ज्ञान और उसके विषय अलग-अलग नहीं रहते; भ्रम में दोनों ज्ञान मिलकर एक बन जाते हैं और एक ही ज्ञान रहता है। यदि भ्रम में दोनों ज्ञान अलग-अलग और आंशिक रूप में रहते हैं, तो ज्ञान होने के कारण इन दोनों ज्ञानों के भेद का भी ज्ञान होना चाहिये। यदि एक ज्ञान दृश्यमान वस्तु (शुक्ति) का और दूसरा ज्ञान स्मर्यमाण वस्तु का है तो स्मर्यमाण वस्तु (रजत) का ज्ञान स्मृति रूप में होना चाहिये तथा स्मृति का प्रमोष या विस्मृति होने का प्रश्न नहीं उठता। तब ज्ञान इस प्रकार होगा—इस पदार्थ (शुक्ति) की सफ़ेदी और चमक को देखकर पूर्वदृष्ट रजत की स्मृति हो रही है। किन्तु यह तो भ्रम नहीं हुआ। भ्रम में तो ज्ञान का प्रकार है—यह रजत है, अर्थात् रजत की स्मृति नहीं, प्रत्यक्ष हो रहा है। जो वस्तुवादी भ्रम को अन्यथाज्ञान या मिथ्याज्ञान मानते हैं वे, कम से कम भ्रम के विषय में, अपने वस्तुवाद को तिलाञ्जलि दे देते हैं। न्याय की ज्ञानलक्षणप्रत्यक्ष नामक कल्पना अलौकिक प्रत्यक्ष की

कल्पनामात्र है। भ्रम में इन्द्रिय-सन्निकर्ष शुक्ति से हो रहा है और ज्ञान रजत का हो रहा है। इससे वस्तुवाद का मूल सिद्धान्त ही ध्वस्त हो जाता है कि सब ज्ञान यथार्थ होता है और वस्तु द्वारा उत्पन्न होता है। वस्तुवाद का यह कथन कि भ्रम की दोनों वस्तुयें अलग-अलग सत्य हैं, केवल उनका सम्बन्ध मिथ्या है, सही नहीं है क्योंकि भ्रम में प्रश्न अन्यत्र स्थित पूर्वदृष्ट रजत का नहीं है, अपितु प्रतीयमान रजत का है और यह रजत केवल सम्बन्ध से ही नहीं, स्वरूप से भी मिथ्या है क्योंकि इस रजत का बाध होता है।

विज्ञानवाद की विज्ञानख्याति भी दोषपूर्ण है। व्यवहार में भी विज्ञानवाद स्वीकार करना सारे व्यवहार का व्यर्थ में निषेध करना है। विज्ञानवाद ने अध्यस्त पदार्थ के (रजत के) द्रव्य और आकार में भेद करके द्रव्य को अर्थात् रजत-पदार्थ को नितान्त असत् तथा उसके आकार को अर्थात् अर्थाकार विज्ञान को सत् माना है। किन्तु किसी पदार्थ के द्रव्य और आकार अविभाज्य रूप से संयुक्त रहते हैं जिनका विभाग असम्भव है। भ्रम में पदार्थ की प्रतीति होती है, उसके आकार की नहीं। भ्रम में रजत-पदार्थ का प्रत्यक्ष होता है, रजताकार विज्ञान का नहीं। और जब रजत का बाध होता है तो उसके साथ ही रजताकार विज्ञान का भी बाध हो जाता है। विज्ञानख्याति नितान्त असङ्गत और निरर्थक कल्पना है जो व्यर्थ में व्यवहार का निषेध करती है।

ख्यातिवाद में अनिर्वचनीयख्याति ही भ्रम का सन्तोषजनक विश्लेषण करती है तथा व्यवहार और परमार्थ दोनों का निर्वाह करती है।

११. मीमांसा की तत्त्व-मीमांसा

मीमांसा बहुत्ववादी वस्तुवाद है। इस जगत् के जड़ पदार्थ तथा अनेक जीवात्मा, बद्ध और मुक्त, सब सत्य हैं। इस जगत् की न तो सृष्टि हुई है और न इसका प्रलय होगा। जगत् के विभिन्न पदार्थ और व्यक्ति आते-जाते और बदलते रहते हैं, किन्तु यह जगत् सदा वैसे ही चलता रहता है।[१] मीमांसा में नित्य तथा अपौरुषेय वेद का महत्त्व है। ईश्वर के लिये मीमांसा में कोई स्थान नहीं है, यद्यपि आपदेव और लौगाक्षि भास्कर जैसे बाद के मीमांसकों ने ईश्वर की सत्ता मानी है। कुछ मीमांसक परमाणुवाद को मानते हैं और जगत् को परमाणुसंघात-निर्मित स्वीकार करते हैं। कुमारिल का कथन है कि मीमांसकों के लिये परमाणुवाद मानना आवश्यक नहीं है।[२] मीमांसा में धर्म का, कर्मवाद का, अपूर्व का, स्वर्ग का और मोक्ष का विवचेन उपलब्ध है।

प्रभाकर आठ पदार्थ मानते हैं—द्रव्य, गुण, कर्म, सामान्य, परतन्त्रता, शक्ति, सादृश्य और संख्या। द्रव्य, गुण और कर्म का वर्णन वैशेषिक के समान है। सामान्य की सत्ता व्यक्तियों से अलग नहीं मानी है; सामान्य व्यक्तियों में ही रहता है। परतन्त्रता समवाय के समान सामान्य और व्यक्ति का सम्बन्ध है, किन्तु प्रभाकर इसे नित्य नहीं मानते। वैशेषिक के 'विशेष' पदार्थ को पृथक्त्व गुण के अन्तर्गत मान लिया है और 'अभाव' पदार्थ को अस्वीकृत कर दिया है। इनके स्थान पर शक्ति, सादृश्य और संख्या को पदार्थ माना है। न्याय-वैशेषिक के अनुसार

---

१. न कदाचिदनीदृशं जगत्। २. मीमांसकैश्च नावश्यमिष्यन्ते परमाणवः। —श्लोकवार्तिक, पृ० ४०४

शक्ति प्रतिबन्धकाभाव है; सादृश्य और संख्या गुण हैं। कुमारिल ने पाँच पदार्थ स्वीकार किये हैं जिनमें द्रव्य, गुण, कर्म और सामान्य भावात्मक है और पाँचवाँ अभाव है जो चार प्रकार का है। कुमारिल ने अन्धकार और शब्द दो नये द्रव्य और माने हैं। पदार्थों की कल्पना प्रायः न्यायवैशेषिक के समान है। विशेष को, प्रभाकर के समान, पृथक्त्व गुण के अन्तर्गत मान लिया है। कुमारिल समवाय सम्बन्ध नहीं मानते; इसको उन्होंने भेदाभेद या तादात्म्य सम्बन्ध के अन्तर्गत माना है। शक्ति और सादृश्य का अन्तर्भाव द्रव्य में और संख्या का गुण में कर दिया है।

आत्मा के स्वरूप का वर्णन हम ऊपर कर चुके हैं।

१२. धर्म

धर्म मीमांसा का जिज्ञास्य विषय है। जैमिनि के प्रथम सूत्र में ही धर्म-जिज्ञासा प्रतिपाद्य विषय के रूप में प्रस्तुत है।[१] तथा द्वितीय सूत्र में धर्म का लक्षण बताया है कि धर्म 'चोदना' अर्थात् क्रियात्मक वचन या विधिवाक्य द्वारा लक्षित अर्थ है।[२] वेद क्रियापरक विधिवाक्य हैं। जो वेदभाग स्पष्टतः क्रियापरक नहीं है वह 'अर्थवाद' है और उसकी सार्थकता परम्परया क्रिया का अङ्ग बनकर ही है।[३] धर्म वेदविहित कर्म है। कर्म में 'अपूर्व' नामक फलोत्पादक शक्ति होती है जो कर्म और फल के बीच की कड़ी है। अपूर्व कर्ता में रहता है और अवसर आने पर फलोन्मुख होकर फल उत्पन्न करता है। शुभ कर्म अपनी पुण्यशक्ति से सुखरूपी फल देता है और अशुभ कर्म अपनी पापशक्ति से दुःखरूपी फल देता है।

कर्म तीन प्रकार के माने गये हैं। प्रथम, कर्त्तव्य कर्म जिनके नित्यकर्म और नैमित्तिककर्म के रूप में दो भेद हैं। वेदविहित होने से ये कर्त्तव्य या करणीय कर्म हैं। नित्य कर्म सन्ध्यावन्दनादि हैं और नैमित्तिक कर्म अवसरविशेष पर करणीय व्रतादि या श्राद्धादि कर्म हैं। कुमारिल के अनुसार इन कर्मों के करने से पाप-क्षय होता है और न करने से पाप लगता है। प्रभाकर के अनुसार इन कर्मों को भगवती श्रुति द्वारा विहित कर्त्तव्य कर्म मानकर निष्काम भाव से करना चाहिये। द्वितीय प्रकार के कर्म काम्य कर्म हैं जो किसी कामना की सिद्धि के लिये करणीय हैं। ये कर्म वैकल्पिक हैं और इनका करना या न करना व्यक्ति की इच्छा पर है। इनको करने से पुण्य होता है जिससे कामना-सिद्धि होती है और न करने से कोई दोष नहीं होता। काम्यकर्म का उदाहरण है—स्वर्ग की प्राप्ति के लिये यज्ञ करना (स्वर्गकामो यजेत)। जिसे स्वर्ग की कामना हो, वह यज्ञ करे। तृतीय प्रकार के कर्म प्रतिषिद्ध कर्म हैं। इन कर्मों का निषेध किया गया है; ये कर्म अशुभ और अकरणीय हैं; इनके करने पर पाप होता है। इन तीन प्रकार के कर्मों के अतिरिक्त चतुर्थ प्रकार के 'प्रायश्चित्त' नामक कर्म का भी विधान, विशेषतः स्मृतियों में, किया गया है। प्रमादवश प्रतिषिद्ध कर्म करने पर प्रायश्चित्त कर्म द्वारा उसका पापोत्पादक वेग शमित किया जाता है या कम कर दिया जाता है।

प्रारम्भ में मीमांसा का आग्रह धर्म पर था और लक्ष्य था उससे प्राप्य स्वर्ग। बाद में स्वर्ग के स्थान पर मोक्ष या अपवर्ग को जीवन का चरम पुरुषार्थ स्वीकार किया गया। प्रभाकर

---

१. अथातो धर्मजिज्ञासा। —मीमांसासूत्र, १, १, १ २. चोदनालक्षणोऽर्थो धर्मः। —वहीं, १, १, २

३. आम्नायस्य क्रियार्थत्वादानर्थक्यमतदर्थानाम्। वहीं, १, २, १

और कुमारिल दोनों ने मोक्ष को चरम पुरुषार्थ माना है तथा, न्यायवैशेषिक के समान, उसकी कल्पना दुःख के आत्यन्तिक अभाव के रूप में की है। दोनों के अनुसार आत्मा द्रव्य है और ज्ञान उसका गुण (प्रभाकर के अनुसार) या क्रिया (कुमारिल के अनुसार) है। देहेन्द्रियस् योग होने पर बद्ध आत्मा में विषय-सम्पर्क से ज्ञान, सुख, दुःख, इच्छा, प्रयत्न आदि धर्म उत्पन्न होते हैं। मोक्षावस्था में देहेन्द्रियविषयसंयोग के विलय के कारण आत्मा में ज्ञान और आनन्द उत्पन्न नहीं हो सकते। प्रभाकर, नैयायिक के समान, आत्मा को जड़ द्रव्य और कुमारिल जड़बोधात्मक द्रव्य मानते हैं। कुमारिल के अनुसार मोक्षावस्था में, सुषुप्ति के समान, आत्मा में ज्ञान और आनन्द नहीं रहते, किन्तु उस समय भी आत्मा ज्ञानशक्तिसम्पन्न अवश्य रहता है। पार्थसारथि मिश्र के अनुसार कुमारिल-सम्मत मोक्ष में प्रपञ्च-सम्बन्ध अर्थात् देहेन्द्रियविषयसम्बन्ध के आत्यन्तिक विलय के कारण ज्ञान और आनन्द सम्भव नहीं हैं। किन्तु नारायणभट्ट के अनुसार कुमारिल-सम्मत मोक्ष में केवल विषय-सुख का अभाव होता है तथा आत्मा के स्वरूप का आविर्भाव होने के आत्म-सुख का उपभोग बना रहता है।[१] कुमारिल कर्मज्ञानसमुच्चयवाद के पोषक हैं। वे उपासना या ध्यान पर बल देते हैं। कर्म और उपासना शुद्ध ज्ञान के आविर्भाव में सहायक हैं जिससे मोक्ष-प्राप्ति होती है। कुमारिल पूर्व-मीमांसा के आचार्य होते हुये भी उत्तरमीमांसा या वेदान्त का मार्ग प्रशस्त करते हैं। उन्हें पूर्व और उत्तर मीमांसा को जोड़ने वाला सूत्र माना जा सकता है। कुमारिल ने बौद्ध धर्म और दर्शन का अपने प्रखर तर्कों से खण्डन किया तथा वैदिक धर्म और दर्शन की पुनः प्रतिष्ठा की। कुमारिल ने शङ्कराचार्य का कार्य इस विषय में सरल बना दिया। कुमारिल ने स्वयं कहा है कि उनके पूर्व के कुछ मीमांसकों ने मीमांसा को लोकायत (चार्वाक) के समान भौतिकवादी बना दिया था जिसे उन्होंने पुनः आस्तिक-पथ पर लाने का प्रयत्न किया है।[२] कुमारिल ने स्वीकार किया है कि आत्म-ज्ञान को सुदृढ़ बनाने के लिये वेदान्त के श्रवण, मनन और निदिध्यासन का सेवन आवश्यक है।[३] कुमारिल के अनुसार शब्द-ब्रह्मरूपी वेद-शास्त्र एक ही परमात्मा द्वारा अनुस्यूत है और वही इसका अधिष्ठान है।[४] आचार्य कुमारिल भट्ट ने अपने श्लोकवार्तिक के मङ्गलाचरण में वैदिक यज्ञ-पुरुष के रूप में भगवान् शिव की वन्दना की है—जिनकी देह विशुद्ध ज्ञानमय है, वेद-त्रयी जिनके तीन दिव्य नेत्र हैं, जो सोम-रस के पात्र से विभूषित हैं, जिनका मस्तक अर्धचन्द्र से सुशोभित है, जो लोक-कल्याण और निःश्रेयसरूप मोक्ष की प्राप्ति के कारण हैं, उन वैदिक यज्ञ-पुरुष रूप भगवान् शिव को नमस्कार है।[५]

उपर्युक्त उद्धरणों से सिद्ध होता है कि कुमारिल उन आचार्यों में हैं, जो पूर्वमीमांसा और उत्तरमीमांसा को एक ही शास्त्र के दो खण्ड मानते हैं और जिनके अनुसार पूर्वमीमांसा की परिणति उत्तरमीमांसा में होती है।

---

१. दुःखात्यन्तसमुच्छेदे सति प्रागात्मवर्तिनः। सुखस्य मनसा भुक्तिर्मुक्तिरुक्ता कुमारिलैः।।—मानमेयोदय, पृ. २१२
२. प्रायेणैव हि मीमांसा लोके लोकायतीकृता। तामास्तिकपथे कर्तुमयं यत्नः कृतो मया।।—श्लोकवार्तिक, १, १०
३. दृढ़त्वमेतद्विषयश्च बोधः प्रयाति वेदान्तनिषेवणेन। —वहीं, पृ. ७२८
४. शब्दब्रह्मेति यच्चेदं शास्त्रं वेदाख्यमुच्यते। तदप्यधिष्ठितं सर्वमेकेन परमात्मना।। —वहीं, पृ. ७१९
५. विशुद्धज्ञानदेहाय त्रिवेदीदिव्यचक्षुषे। श्रेयःप्राप्तिनिमित्ताय नमः सोमार्धधारिणे।। —वहीं, १, १

चतुर्दश अध्याय

शङ्कराचार्य के पूर्व का अद्वैत वेदान्त दर्शन

गौडपादाचार्य

१. गौडपाद-कारिका

उपनिषद्, ब्रह्मसूत्र और भगवद्गीता को वेदान्त की 'प्रस्थान-त्रयी' कहा जाता है क्योंकि ये वेदान्त के सर्वमान्य प्रमुख ग्रन्थ हैं। इनमें भी उपनिषद् मूलप्रस्थान है और शेष दो उन पर आधारित माने जाते हैं। वेदान्त के आचार्यों में, जिन्होंने ब्रह्मसूत्र पर भाष्य लिखकर, अपने-अपने वेदान्त-सम्प्रदायों की प्रतिष्ठा की है, शङ्कराचार्य सबसे प्राचीन हैं। उनके बाद, कालक्रम की दृष्टि से, रामानुजाचार्य, मध्वाचार्य, निम्बार्काचार्य और वल्लभाचार्य आते हैं। इनमें केवल शङ्कराचार्य ही ऐसे आचार्य हैं जिन्होंने सारे प्रामाणिक ग्यारह उपनिषदों पर भाष्य-रचना की है। अत: सम्पूर्ण प्रस्थान-त्रयी पर भाष्य लिखने वाले एकमात्र आचार्य श्रीशङ्कराचार्य ही हैं। हम इस ग्रन्थ के प्रारम्भ में ही उपनिषद् और गीता के दर्शन का विवेचन कर चुके हैं। अत: यहाँ उनकी पुनरावृत्ति आवश्यक नहीं है।

शङ्कराचार्य का समय प्राय: आठवीं शती माना जाता है। उससे पूर्व वेदान्त के अनेक आचार्य हुए हैं जिनके नामों का उल्लेख तो मिलता है, किन्तु जिनकी कृतियाँ, यदि निर्मित हुई हों, अब उपलब्ध नहीं हैं। महर्षि बादरायण ने अपने ब्रह्मसूत्र में जैमिनि, आश्मरथ्य, बादरि, औडुलोमि, काशकृत्स्न, कार्ष्णाजिनि और आत्रेय, इन पूर्वाचार्यों का नामोल्लेख किया है। इनमें काशकृत्स्न अद्वैतवादी थे क्योंकि शङ्कराचार्य ने उनके मत को श्रुत्यनुकूल और मान्य बताया है। जैमिनि मीमांसासूत्रकार हैं। आश्मरथ्य और औडुलोमि सम्भवत: भेदाभेदवादी थे। शङ्कराचार्य ने भर्तृप्रपञ्च का उल्लेख ज्ञानकर्मसमुच्चयवादी और भेदाभेदवादी के रूप में किया है। शङ्कराचार्य ने ही द्रविडाचार्य के नाम का उल्लेख 'आगमवित्' के रूप में किया है। अत: सम्भवत: ये अद्वैती थे। आचार्य शङ्कर ने ही उपवर्ष का नामोल्लेख वृत्तिकार के रूप में किया है; यह कहना कठिन है कि ये अद्वैती थे या विशिष्टाद्वैती। रामानुज ने अपने भाष्य में विशिष्टाद्वैत के पूर्वाचार्य के रूप में वृत्तिकार बोधायन के नाम का उल्लेख किया है। ब्रह्मदत्त और सुन्दरपाण्ड्य भी शङ्कर-पूर्व के प्रसिद्ध वेदान्ती थे और दोनों सम्भवत: अद्वैती थे। व्याकरण-दर्शन के सुप्रसिद्ध आचार्य भर्तृहरि, जिनका प्रसिद्ध ग्रन्थ वाक्यपदीय उपलब्ध है, अद्वैतवाद और विवर्तवाद के पोषक थे, किन्तु इनका शब्द-ब्रह्मवाद शङ्कराचार्य के अद्वैतवाद से भिन्न है। आदिशेष का परमार्थसार नामक ग्रन्थ, जिसे बाद में अभिनवगुप्त ने इसी नाम

से विस्तृत किया, प्रत्यभिज्ञादर्शन का ग्रन्थ है। योगवासिष्ठ नामक प्रसिद्ध ग्रन्थ महर्षि वसिष्ठ की कृति मानी जाती है। कुछ विद्वानों का मत है कि उक्त दोनों ग्रन्थ गौडपाद-कारिका से पूर्व की रचना हैं, किन्तु यह मत मान्य नहीं है और अधिक सम्भावना इनके गौडपाद-कारिका के उत्तर-कालीन होने की है।

गौडपादाचार्य की माण्डूक्य-उपनिषत् पर कारिका जिसे माण्डूक्य-कारिका, गौडपाद-कारिका या आगमशास्त्र भी कहते हैं अद्वैत वेदान्त का प्रथम उपलब्ध दार्शनिक ग्रन्थ है। यह गौरवमय मान्य ग्रन्थ उपनिषत्-सारभूत अद्वैत तत्त्व का अपनी मार्मिक और प्राञ्जल कारिकाओं में सुसंगत प्रतिपादन करता है और मुमुक्षुओं का सर्वस्व माना जाता है। गौडपादाचार्य का समय छठी शती मान्य है। गौडपादाचार्य शङ्कराचार्य के गुरु गोविन्दपादाचार्य के गुरु थे। स्वयं शङ्कराचार्य गौडपादाचार्य को 'पूज्याभिपूज्य परमगुरु' कहकर अत्यन्त आदरपूर्वक प्रणाम करते हैं।[१] ब्रह्मसूत्रभाष्य में भी वे उन्हें 'वेदान्तसम्प्रदायवित् आचार्य' कहकर उनकी कारिका उद्धृत करते हैं।[२] शङ्कराचार्य के शिष्य सुरेश्वराचार्य भी उन्हें 'पूज्य गौड' कहकर उनका सम्प्रदायाचार्य के रूप में स्मरण करते हैं।[३]

गौडपादीय माण्डूक्य-कारिका में चार प्रकरण हैं जिनके नाम क्रमशः आगम, वैतथ्य, अद्वैत और अलातशान्ति प्रकरण हैं। प्रथम आगमप्रकरण में माण्डूक्य-उपनिषद् के कुल १२ मन्त्रों की विस्तृत व्याख्या २९ कारिकाओं में की गई है। ओङ्कार को ब्रह्म या परमात्मतत्त्व बताया है। ओङ्कार के अ, उ, म् के द्वारा प्रतिपाद्य आत्मतत्त्व जाग्रत् में बहिष्प्रज्ञ, स्वप्न में अन्तःप्रज्ञ और सुषुप्ति में घनप्रज्ञ होता है जो क्रमशः व्यष्टि में विश्व, तैजस और प्राज्ञ तथा समष्टि में वैश्वानर, हिरण्यगर्भ और ईश्वर कहलाता है। यह परमात्मतत्त्व इन तीनों में अन्तर्यामी है तथा तीनों के पारगामी भी है; पारगामी रूप में यह ओङ्कार के चतुर्थपादस्वरूप अमात्र या तुरीय के नाम से निरूपित हैं। यह ओङ्काररूप परमात्मतत्त्व अपर ब्रह्म और परब्रह्म दोनों है; अनन्तमात्र है और अमात्र है; यही प्रपञ्चोपशम शिव अद्वैत तत्त्व है। द्वितीय वैतथ्यप्रकरण की ३८ कारिकाओं में मायाकल्पित समस्त जगत्-प्रपञ्च का वैतथ्य या मिथ्यात्व प्रबल युक्तियों द्वारा सिद्ध किया गया है। स्वप्नपदार्थ एवं रज्जुसर्प के समान जागतिक पदार्थ भी असत्य हैं। वेदान्त के अनुसार यह विश्व स्वप्न, माया तथा गन्धर्वनगर के समान मिथ्या है। इसका अधिष्ठान परमात्मतत्त्व ही सत्य है। तृतीय अद्वैतप्रकरण में आचार्य ने ४८ कारिकाओं में अद्वैत आत्मतत्त्व का श्रुतियों और सबल युक्तियों के आधार पर प्रतिपादन किया है। इस प्रकरण में आचार्य ने अपने प्रसिद्ध अजातिवाद का तथा अस्पर्शयोग का निरूपण किया है। आत्मा अमृत होने से अज, नित्य, अपरिणामी है, जन्ममृत्युरहित है। विश्व के समस्त पदार्थ बुद्धिग्राह्य होने से सापेक्ष और सदसदनिर्वचनीय हैं, अतः मिथ्या हैं। जो परमार्थतः वितथ है, उसकी

---

१. यस्तं पूज्याभिपूज्यं परमगुरुममुं पादपातैर्नतोऽस्मि । माण्डूक्य-कारिकाभाष्य, अन्तिम पद्य से पूर्व का पद्य।

२. वेदान्तसम्प्रदायविद्भिराचार्यैः। शारीरकभाष्य २, १, ९
सम्प्रदायविदो वदन्ति। वहीं १, ४, १४

३. एवं गौडैर्द्राविडैर्नः पूज्यैरर्थः प्रभाषितः। नैष्कर्म्यसिद्धि ४, ४४

भी वस्तुतः उत्पत्ति नहीं है। अतः वह भी अजात है। आत्मतत्त्व अस्पर्शयोग द्वारा अपरोक्षानुभूतिगम्य है। चतुर्थ अलातशान्ति प्रकरण की १०० कारिकाओं में आचार्य ने विस्तार से अपने अद्वैत वेदान्त की महायान बौद्ध दर्शन के माध्यमिक एवं विज्ञानवाद सम्प्रदायों से तुलना की है तथा साम्य-वैषम्य का निर्देश करते हुए यह बताया है कि उपनिषद् के अद्वैतवाद को स्वयं बुद्धदेव ने ग्रहण करके अपने अनुयायियों को उपदिष्ट किया और उन्होंने उसे अपने दर्शन में विकसित किया। अतः वेदान्त से कुछ बातों में बौद्ध दर्शन का जो साम्य है वह औपनिषद सिद्धान्तों को स्वीकार करने के कारण है और उसका आचार्य ने अनुमोदन किया है। जिन विषयों में दोनों दर्शनों में भेद है उनका आचार्य ने खण्डन किया है। अन्त में अपने औपनिषद अद्वैत आत्मतत्त्व की महत्ता बताते हुए आचार्य ने ग्रन्थ का समापन किया है।

महामहोपाध्याय पं॰ विधुशेखर भट्टाचार्य का 'दि आगमशास्त्र ऑफ गौडपाद' गौडपाद पर अत्यन्त महत्वपूर्ण ग्रन्थ है जिसमें गौडपाद और महायान बौद्धदर्शन के सम्बन्ध का विस्तृत एवं विशद निरूपण किया गया है। किन्तु विद्वान् लेखक के कुछ निष्कर्ष बड़े विचित्र हैं जिनसे सहमत होना सम्भव नहीं है एवं जो युक्तियों द्वारा पुष्ट भी नहीं है। पं॰ भट्टाचार्य के अनुसार गौडपाद-कारिका माण्डूक्य-उपनिषद् की कारिका नहीं है, अपितु माण्डूक्य-उपनिषद् इन कारिकाओं पर निर्भर है एवं अन्य उपनिषदों पर आधारित है।[१] पं॰ भट्टाचार्य का तर्क है कि मध्वाचार्य ने केवल आगमप्रकरण को मान्य समझा है तथा अन्य प्रकरणों को भिन्न कृतियाँ मानकर उन पर भाष्य नहीं लिखा। किन्तु अद्वैत के आचार्य चारों प्रकरणों को एक कृति मानते हैं और शङ्कराचार्य ने पूरे ग्रन्थ पर भाष्य लिखा है। अतः अद्वैत के इस प्रसिद्ध ग्रन्थ के विषय में हम अद्वैत के आचार्यों के विरुद्ध द्वैत के आचार्य मध्व के कथन को मान्य क्यों समझे ? इसी प्रकार यदि माण्डूक्य-उपनिषद् अन्य उपनिषदों से साम्य रखता है तो इसमें क्या आपत्ति हो सकती है ? और यदि यह मान भी लिया जाय कि माण्डूक्य अन्य उपनिषदों पर निर्भर है, तो भी यह कैसे सिद्ध होता है कि वह माण्डूक्य-कारिका पर भी निर्भर है ? पं॰ भट्टाचार्य का दूसरा निष्कर्ष भी विचित्र है। वे मानते हैं कि गौडपाद-कारिका के चारों प्रकरण चार भिन्न और स्वतन्त्र कृतियाँ है जिन्हें बाद में किसी ने माण्डूक्यकारिका या आगमशास्त्र के नाम से एक ग्रन्थ के रूप में एक साथ जोड़ दिया है।[२] किन्तु इस विषय में भी पं॰ भट्टाचार्य के तर्क युक्तियुक्त प्रतीत नहीं होते। पं॰ भट्टाचार्य के ग्रन्थ का महत्त्व गौडपाद और महायान में समानता का विस्तृत प्रदर्शन और विवेचन करने में है। पं॰ भट्टाचार्य का यह कथन सत्य है कि गौडपाद ने अपने विज्ञानवाद को उपनिषद् से ग्रहण किया है; उनका यह कथन भी सत्य है कि उपनिषद् के विज्ञानवाद का बौद्ध विज्ञानवादी आचार्यों ने, जो गौडपादाचार्य के पूर्व-कालिक थे, अपने दर्शन में पर्याप्त विकास किया जिसका गौडपादाचार्य को ज्ञान था और जिससे वे प्रभावित थे।[३] किन्तु पं॰ भट्टाचार्य ने इस कथन

---

१. दि आगमशास्त्र ऑफ गौडपाद, इंट्रोडक्शन, पृ. XLVI
२. वहीं, पृ. LVII
३. वहीं, पृ. CXXXII

को विकसित नहीं किया। गौडपादाचार्य और महायान के आचार्यों में समानता बताकर पं० भट्टाचार्य यह सिद्ध करना चाहते हैं कि गौडपाद प्रच्छन्न बौद्ध थे और महायान के अत्यन्त ऋणी थे जिससे उन्होंने महायान में प्रयुक्त पारिभाषिक शब्द, दार्शनिक पदावली, तर्कपद्धति और सिद्धान्तों का विकसित रूप ग्रहण किया। हम इसे स्वीकार नहीं करते। हमारे मत में गौडपादाचार्य अद्वैत वेदान्त के अत्यन्त आदरणीय आचार्य हैं। उनके सिद्धान्त उपनिषद् पर आधारित हैं। उन्होंने औपनिषद अद्वैतवाद का, निष्प्रपञ्च शुद्ध चैतन्य रूप आत्मतत्त्व का, उपनिषद् के नित्य निर्विकल्प विज्ञानवाद का विकास करके उसे अपनी कारिका में सुसङ्गत दार्शनिक सम्प्रदाय के रूप में प्रतिष्ठित किया है। महायान के माध्यमिक और मूलविज्ञानवादी दर्शन का उन्हें बहुत अच्छा ज्ञान था। वे जानते थे कि वेदान्त और महायान की समानता का कारण बुद्धदेव तथा महायान के आचार्यों द्वारा औपनिषद निरपेक्ष अद्वैतवाद और नित्यविज्ञानवाद को स्वीकार करके उसका विकास करना है। महायान के जो सिद्धान्त श्रुतिसम्मत हैं उनका गौडापादाचार्य ने मुक्तकण्ठ से अनुमोदन किया है, और जो सिद्धान्त श्रुति-प्रतिकूल हैं उनका खण्डन किया है। जहाँ साम्य है, वे सिद्धान्त महायानी बौद्धों के मौलिक सिद्धान्त नहीं है, अपितु उपनिषद् से लिये गये हैं। इस प्रकार गौडपादाचार्य ने अपने चतुर्थ अलातशान्तिप्रकरण में अद्वैतवेदान्त के साथ माध्यमिक और विज्ञानवाद के मतों की तुलना करते हुए साम्य-वैषम्य का निर्देश करके अद्वैतवेदान्त की श्रेष्ठता का प्रतिपादन किया है। गौडापादाचार्य पक्के वेदान्ती हैं। उनके प्रच्छन्न बौद्ध होने का प्रश्न ही नहीं उठता।

२. अजातिवाद

आचार्य गौडपाद अजातिवाद के समर्थक हैं। अजाति का अर्थ है अनुत्पत्ति। जाति या उत्पत्ति वस्तुतः असम्भव है। परमात्मतत्त्व नित्य निरपेक्ष है; अतः उसकी उत्पत्ति का प्रश्न नहीं उठता। नित्य का अर्थ है त्रिकाल में सदा सर्वदा एक-सा रहने वाला अर्थात् अपरिणामी, उत्पत्ति-विनाश-विक्रिया-रहित कूटस्थ नित्य। अद्वैत आत्मतत्त्व ही कूटस्थ नित्य है। यह जाग्रत्, स्वप्न, सुषुप्ति तीनों अवस्थाओं में अन्तर्यामी है और स्वयं इन तीनों के पार निद्रा (आवरण) और स्वप्न (विक्षेप) रहित अमात्र या तुरीय है। यह विश्वात्मक और विश्वोत्तीर्ण है। यह निर्विकल्प शुद्ध चैतन्यस्वरूप है और समस्त ज्ञान तथा अनुभव का अधिष्ठान होने के कारण स्वतः सिद्ध एवं स्वप्रकाश है। यह स्वभाव से ही अज या अजात है, किन्तु अपनी मायाशक्ति के कारण यह आत्मतत्त्व विश्व के नाना रूपों में, जड़ जगत् के विभिन्न पदार्थों एवं बद्ध जीवात्माओं के रूप में भासित होता है। जन्ममरणचक्र में फँसे संसारी जीव और जगत् के उत्पत्ति-विक्रिया-विनाशशील अनित्य पदार्थ भी वस्तुतः आत्मतत्त्व के मायाकृत आभासमात्र हैं जो अपने अधिष्ठानभूत आत्मतत्त्व से अभिन्न हैं। इनकी वास्तविक उत्पत्ति नहीं होती; माया के कारण इनकी उत्पत्ति की प्रतीतिमात्र होती है। विश्व के सारे बुद्धि-ग्राह्य उत्पत्ति-विनाशशील, परिवर्तन-पतित पदार्थ या जीव अनित्य, कार्यरूप और सापेक्ष हैं। यह न सत् हैं, न असत् हैं, न सदसत् हैं। अनित्य होने से ये सत् नहीं हैं; प्रतीति होने से ये असत् भी नहीं है; सदसत्

की कल्पना विरोधयुक्त है। अतः सदसदनिर्वचनीय होने के कारण, सदसदचिन्त्य होने के कारण मायिक या मिथ्या या वितथ हैं। जो माया-भासित हैं वे वस्तुतः अनुत्पन्न हैं। अतः न तो आत्मतत्त्व की और न जड़ पदार्थ तथा चेतन जीवरूपी जगत्प्रपञ्च की उत्पत्ति या जाति सिद्ध होती है। जाति सर्वथा असिद्ध होने के कारण अजातिवाद सिद्ध होता है।

आचार्य गौडपाद का कथन है कि कुछ लोग सृष्टि को ईश्वर की विभूति मानते हैं; कुछ उसे स्वप्न और माया के समान बताते हैं; कुछ उसे ईश्वर की इच्छा मानते हैं, अन्य लोग उसे कालसृष्ट कहते हैं, कुछ अन्य उसे भोग के लिये बतलाते हैं; और कुछ का मत है कि सृष्टि ईश्वर की क्रीड़ा है। किन्तु आचार्य गौडपाद के अनुसार आप्तकाम ईश्वर को क्या इच्छा हो सकती है ? अतः सृष्टि आत्मदेव का स्वभाव है अर्थात् उनसे भिन्न नहीं है। सृष्टि वास्तविक नहीं है, प्रातीतिक है; मायाजनित भ्रान्ति है।[1] भेद असत् है, अभेद सत् है। द्वैत माया है, अद्वैत परमार्थ है।

आचार्य गौडपाद के अनुसार जगत् के बाह्य पदार्थ भी स्वप्नदृश्य पदार्थों के समान मिथ्या हैं। दोनों वस्तुतः समान रूप से मिथ्या हैं।[2] स्वप्नद्रष्टा को स्वप्न-पदार्थों की 'पदार्थ' के रूप में उपलब्धि होती है और उनसे स्वप्न में अर्थक्रिया या प्रवृत्ति-साफल्य भी होता है। स्वप्न का पानी स्वप्न की प्यास बुझाता है। स्वप्न के सिंह की गर्जना से भय, रोमाञ्च, कम्प की अनुभूति होती है जो भय से जाग जाने पर भी थोड़ी देर बनी रहती है। स्वप्नपदार्थ स्वप्न के स्तर पर उतने ही सत्य प्रतीत होते हैं जितने जाग्रत् अवस्था में बाह्य पदार्थ। स्वप्नपदार्थों का मिथ्यात्व जाग्रत् अवस्था में आने पर ही विदित होता है। इसी प्रकार लौकिक पदार्थों का मिथ्यात्व भी परमार्थ-ज्ञान हो जाने पर ही ज्ञात होता है। स्वप्न-पदार्थ और लौकिक पदार्थ अपने-अपने स्तर पर सत्य प्रतीत होते हैं और अपने से उच्च स्तर से उनका बाध हो जाता है—स्वप्न का बाध जाग्रत् से और जाग्रत् का बाध तुरीय परमार्थ से। दोनों ही सदसदनिर्वचनीय होने से मायिक और मिथ्या हैं।[3] जिस प्रकार रज्जु के अज्ञान के कारण उसमें सर्प की भ्रान्ति हो जाती है, उसी प्रकार आत्मतत्त्व रूपी अधिष्ठान पर विश्व-प्रपञ्च की भ्रान्ति हो रही है। रज्जु-सर्प का, प्रतीति के समय, सर्प रूप में ही ग्रहण होता है, अतः उसे असत् नहीं कह सकते; रज्जु-ज्ञान से सर्प का बाध हो जाता है, अतः उसे सत् भी नहीं कह सकते। सदसदनिर्वचनीय होने के कारण रज्जुसर्प मिथ्या या वितथ है, माया-कल्पित है।[4] स्वप्न पदार्थ या रज्जु-सर्प स्वप्न या भ्रम के पूर्व नहीं होता; स्वप्न या भ्रम का बाध हो जाने पर भी नहीं रहता; स्वप्न या भ्रम के समय उसकी सद्रूप में प्रतीति होती है, किन्तु वस्तुतः उस समय भी उसकी सत्ता नहीं होती। अतः स्वप्न-पदार्थ या भ्रम-पदार्थ वस्तुतः शशशृङ्ग के समान

---

१. गौडपाद-कारिका १, ७-९; देवस्यैष स्वभावोऽयमाप्तकामस्य का स्पृहा ?

२. स्वप्नजागरितस्थाने ह्येकमाहुर्मनीषिणः।
भेदानां हि समत्वेन प्रसिद्धेनैव हेतुना।। वहीं २, ५

३. अतोऽचिन्त्याः सदैव ते। वहीं ४, ५२; ४, ४१

४. वहीं २, १७-१८

त्रिकाल में असत् हैं, तथापि प्रतीति-सामर्थ्य के कारण उन्हें सदसदनिर्वचनीय या सदसदचिन्त्य और वितथ या मिथ्या कहा जाता है तथा शशशृङ्ग को प्रतीतिसामर्थ्यहीन होने के कारण नितान्त असत् कहा जाता है। आचार्य के अनुसार जगत् के पदार्थ भी, स्वप्न और भ्रम के पदार्थों के समान माया-कल्पित हैं, सदसदनिर्वचनीय और मिथ्या हैं क्योंकि परमार्थ में इनका बाध हो जाता है। आचार्य के अनुसार समस्त भेद-प्रपञ्च, जिसके अन्तर्गत स्वप्न-पदार्थ, भ्रम-पदार्थ, और जागतिक पदार्थ आते हैं, मायिक और मिथ्या हैं। ये आदि में (प्रतीति के पूर्व) नहीं हैं और अन्त में (बाध के बाद) नहीं हैं, अत: वर्तमान में (प्रतीति के समय) भी नहीं हैं। असत् होते हुए ये सद्-रूप में प्रतीत होते हैं; वितथ होते हुए भी ये अवितथवत् भासित होते हैं; अत: ये सब मिथ्या हैं।[१] वेदान्त-पारङ्गत तत्त्वदर्शी विद्वान इस विश्व को स्वप्न, माया (भ्रान्ति) और गन्धर्वनगर के समान देखते हैं।[२] स्वप्रकाश आत्मतत्त्व ही समस्त भेद-प्रपञ्च का तथा समस्त ज्ञान और अनुभव का अधिष्ठान है; वही अपनी माया से स्वयं को प्रपञ्च के रूप में कल्पित करता है और वही साक्षिचैतन्यरूप से सारे भेदों का ज्ञाता या द्रष्टा है—यही वेदान्त का निश्चय है।[३] यही अभय उत्पत्तिविनाशरहित अजाति है जिसके अनुसार उत्पन्न होने की प्रतीति होते हुये भी वस्तुत: कुछ उत्पन्न नहीं होता।[४] यही उत्तम सत्य है जहाँ कुछ भी उत्पन्न नहीं होता।[५] न उत्पत्ति है, न विनाश है, न बद्ध है, न साधक है, न मुमुक्षु है और न मुक्त ही है—यही परमार्थता है।[६] आचार्य ने घटाकाश और महाकाश के दृष्टान्त से जीव और ब्रह्म के अद्वैत का प्रतिपादन किया है। जब किसी घट की उत्पत्ति होती है तो लगता है कि महाकाश का एक खण्ड घटाकाश के रूप में सीमित होकर उत्पन्न हुआ है। जब किसी घट का विनाश हो जाता है तो लगता है कि घटाकाश नष्ट होकर महाकाश में विलीन हो गया है। जब एक घट एक स्थान से दूसरे स्थान पर ले जाया जाता है तो लगता है कि घटाकाश भी एक स्थान से दूसरे स्थान पर जाता है। जैसा घट का रूप है (गोल, छोटा, बड़ा आदि) वैसा ही

---

१. आदावन्ते च यन्नास्ति वर्तमानेऽपि तत् तथा।
वितथै: सदृशा: सन्तोऽवितथा इव लक्षिता:।। वहीं २, ६
मिथ्यैव खलु ते स्मृता:।। वहीं २, ७। प्रतीयमानत्वे सति सद्विविक्तत्वं मिथ्यात्वम्।

२. स्वप्नमाये यथा दृष्टे गन्धर्वनगरं यथा।
तथा विश्वमिदं दृष्टं वेदान्तेषु विचक्षणै:।। २, ३१
तुलनार्थ द्रष्टव्य, माध्यमिक-कारिका, १७, ३३

३. कल्पयत्यात्मनात्मानमात्मा देव: स्वमायया।
स एव बुध्यते भेदानिति वेदान्तनिश्चय:। वहीं २, १२
मायैषा तस्य देवस्य यया सम्मोहित: स्वयम्। वहीं २, १९

४. अतो वक्ष्याम्यकार्पण्यमजातिसमतां गतम्।
यथा न जायते किंचिज्जायमानं समन्तत:।। वहीं ३, २

५. एतत् तदुत्तमं सत्यं यत्र किंचिन्न जायते। वहीं ४, ७१

६. न निरोधो न चोत्पात्तिर्न बद्धो न च साधक:।
न मुमुक्षुर्न वै मुक्त इत्येषा परमार्थता।। वहीं २, ३२
तुलनार्थ द्रष्टव्य, माध्यमिक-कारिका, मंगलाचरण; एवं १६, १०

रूप घटाकाश का लगता है। यदि घट स्वच्छ या मलिन हो तो घटाकाश भी स्वच्छ या मलिन लगता है। किन्तु वास्तव में घट की उपाधि के कारण ही घटाकश की विविध रूपों में प्रतीति होती है। घटाकाश त्रिकाल में महाकाश ही है, उससे भिन्न या पृथक् नहीं। घटाकाश महाकाश का विकार या अवयव (खण्ड) नहीं है। जीवों और आत्मतत्त्व का सम्बन्ध भी इसी प्रकार है। दोनों का, जीव और आत्मतत्त्व का, पूर्ण तादात्म्य है; उनमें कोई सम्बन्ध नहीं हो सकता क्योंकि दोनों दो न होकर सर्वदा और सर्वथा एक हैं।[१] अत: जीव की न उत्पत्ति है, न विनाश; न जन्म है, न मृत्यु; न बन्धन है, न मोक्ष। ये सब माया के कारण प्रतीत होते हैं। अत: अजाति ही परम सत्य है।

यद्यपि आचार्य गौडपाद के अनुसार स्वप्न-पदार्थ और लौकिक पदार्थ में कोई तात्त्विक भेद नहीं है, दोनों के पारमार्थिक 'मिथ्यात्व' में कोई अन्तर नहीं है, तथापि दोनों का व्यावहारिक या सांवृत भेद, जो केवल मात्राभेद है, आचार्य को मान्य है। यह कथन सत्य नहीं है कि आचार्य ने दोनों को 'एक ही स्तर' पर रखा है, यद्यपि आचार्य ने दोनों के तात्त्विक मिथ्यात्व को समान माना है। स्वप्न का स्तर प्रतिभास का स्तर है जिसका बाध जाग्रत् के व्यवहार से हो जाता है; किन्तु लौकिक वस्तुओं का स्तर 'व्यवहार' का स्तर है जिसका बाध लौकिक ज्ञान से नहीं हो सकता; व्यवहार का बाध परमार्थ से ही सम्भव है। स्वयं आचार्य ने स्वप्न-पदार्थ और लौकिक पदार्थ में चार भेद बताये हैं। प्रथम, स्वप्न के पदार्थ 'अन्त:स्थान' (मानस) होते हैं; लौकिक पदार्थ 'बहि:स्थान' (बाह्य) होते हैं।[२] द्वितीय, स्वप्न के पदार्थ मन:कल्पित हैं जिनमें इन्द्रिय-सन्निकर्ष होता है; लौकिक पदार्थों में इन्द्रियार्थ-सन्निकर्ष और इन्द्रिय-मन:सन्निकर्ष होता है।[३] तृतीय, स्वप्न-पदार्थ (और रज्जुसर्पादि भ्रम-पदार्थ भी) 'चित्तकाल' होते हैं अर्थात् जब तक उनकी प्रतीति है तभी तक उनकी 'सत्ता' (अर्थात् सद्रूप में ग्रहण) है, वे 'प्रतिभासमात्रशरीर' हैं; किन्तु लौकिक पदार्थ 'द्वयकाल' होते हैं अर्थात् प्रतीति या प्रत्यक्ष के बाद भी उनकी सत्ता बनी रहती है।[४] चतुर्थ, इन सब भेदों की कल्पना करने वाला और इनका अनुभव करने वाला वस्तुत: आत्मतत्त्व या साक्षिचैतन्य ही है, तथापि स्वप्न-पदार्थों की (और रज्जुसर्पादि भ्रम-पदार्थों की) कल्पना जीव के माध्यम से की जाती है, इसलिये इन्हें 'जीवसृष्ट' कह दिया जाता है, और लौकिक पदार्थों की कल्पना ईश्वर के माध्यम से की जाती है, इसलिये इन्हें 'ईश्वर-सृष्ट' कह दिया जाता है। वस्तुत: जीव और ईश्वर दोनों ही परमात्मतत्त्व के आभास हैं। अत: समस्त भेदों का अधिष्ठान और ज्ञाता परमात्मतत्त्व ही है। स्वप्न और भ्रम पदार्थ भी क्षणिक विज्ञानों

---

१. वहीं ३, ३-९; आकाशस्य न भेदोऽस्ति तद्वज्जीवेषु निर्णय:। ३, ६

२. अन्त:स्थानात् तु भेदानां संवृतत्वेन भिद्यते । वहीं २, ४,

३. विशेषस्त्विन्द्रियान्तरे। वहीं २, १५

४. चित्तकाला हि येऽन्तस्तु द्वयकालाश्च ये बहि:। वहीं २, ९४
गौडपाद ने जिन्हें 'चित्तकाल' कहा है, बाद के अद्वैतवेदान्त ने उन्हें 'प्रतिभासमात्रशरीर' कहा है। विज्ञानवाद इसे 'सहोपलम्भनियम' बताता है। पाश्चात्य दार्शनिक बर्कले ने इसे 'प्रत्यक्षकालिक सत्ता (एसे एस्त पर्सिपाई) कहा है।

की कल्पना नहीं हैं। इनका और लौकिक पदार्थों का मिथ्यात्व 'विज्ञान-बाह्य' न होने के कारण नहीं है, अपितु इनके सदसदनिर्वचनीय और कल्पित होने के कारण है। यही वेदान्त का निश्चय है।

गौडपादाचार्य के अनुसार यह अजातिवाद का सिद्धान्त (जिसे स्वयं बुद्धदेव ने उपनिषद् से ग्रहण किया और जिसका विकास बुद्धोपदेश के रूप में माध्यमिक दर्शन में हुआ) श्रुतिसिद्धान्त है। श्रुतियाँ एक स्वर से परमात्मतत्त्व को निर्विकल्प, निष्प्रपञ्च, अतीन्द्रिय, अनिर्वचनीय, विशुद्ध चैतन्य स्वरूप, अज, अद्वय, अद्वैत, एकरस, एकरूप, त्रिकालाबाध और कूटस्थ नित्य घोषित करती हैं तथा जाति का, सम्भूति का, द्वैत का, भेद का और प्रपञ्च का निषेध करती हैं एवं उसे माया-कल्पित भ्रान्ति बताती हैं। नानात्व न तो आत्मा में है और न प्रपञ्च में, क्योंकि प्रपञ्च आत्मा से न तो भिन्न है और न अभिन्न।[१] तैत्तिरीय श्रुति में जिन अन्नमयादि कोशों की व्याख्या की गई है उनके आत्मा के रूप में आकाश के समान निर्मल और विभु परमात्मतत्त्व को ही प्रकाशित किया गया है।[२] बृहदारण्यक श्रुति के मधु ब्राह्मण में (द्वितीयाध्याय के पञ्चम ब्राह्मण में) मधुविद्या के रूप में सर्वत्र अधिभूत, अधिदैव तथा अध्यात्म भेद से सबके आत्मा के रूप में उसी एक स्वप्रकाश अमृत एवं आनन्दस्वरूप परब्रह्म को ही प्रकाशित किया गया है।[३] श्रुतियाँ जीव और आत्मा के अभेद से अद्वैत की प्रशंसा तथा भेद और नानात्व की निन्दा करती हैं, अतः अद्वैत में ही श्रुतियों का सामञ्जस्य और एकवाक्यता है।[४] 'ब्रह्म से भिन्न कोई दूसरा नहीं है' (न तु तद्द्वितीयमस्ति। बृ० उ० ४ ,३, २३), 'दूसरे से ही भय होता है' (द्वितीयाद् वै भयं भवति। बृ० उ० १, ४, २), 'यह सब कुछ आत्मा ही है' (इदं सर्वं यदयमात्मा। बृ० उ० २, ४, ६,), 'ब्रह्म एक और अद्वितीय है' (एकमेवाद्वितीयम्। छा० उ० ६, २, २), 'वह आत्मा तू ही है' (स आत्मा तत्-त्वमसि। छा० उ० ६, ८, १६), 'यह आत्मा ही ब्रह्म है' (अयमात्मा बह्म। बृ० उ० २, ५, १९) जो सर्वत्र आत्मैकत्व को देखता है उस तत्त्वदर्शी के लिये कैसा मोह और कैसा शोक ? (तत्र को मोहः कः शोक एकत्वमनुपश्चतः। ईश० उ० ७), 'आत्म-ज्ञानी शोक के पार तर जाता है' (तरति शोकमात्मवित्। छा० उ० ७, १, ३), 'हे जनक ! तुमने अभय पद पा लिया है' (अभयं वै जनक! प्राप्तोऽसि। बृ० उ० ४, २, ४), 'जो ब्रह्म को जानता है वह ब्रह्म हो जाता है' (ब्रह्मवेद ब्रह्मैव भवति। मुण्डक ३, २, ९, 'यहाँ कोई भेद या नानात्व नहीं है' (नेह नानास्ति किञ्चन। बृ० उ० ४, ४, १९; कठ० उ० २, १, ११), जो भेद देखता है, जो इस प्रकार देखता है मानों यहाँ नानात्व हो, वह जन्म-मरणच्रक में फँसा रहता है और बार-बार मरता है' (मृत्योः स मृत्युमाप्नोति य इह नानेव पश्यति । कठ० उ० २, १, १०,) इत्यादि श्रुतियाँ स्पष्ट रूप से अद्वैत का प्रतिपादन और द्वैत या भेद

---

१. वहीं २, ३४
२. वहीं ३, ११
३. वहीं ३, १२
४. जीवात्मनोरनन्यत्वमभेदेन प्रशस्यते।
नानात्वं निन्द्यते यच्च तदेवं हि समञ्जसम् ।। वहीं, ३, १३

का निषेध करती हैं। जब उपनिषद् सृष्टि को कारण से भिन्न बताकर मृत्तिका, सुवर्ण, लौह-खण्ड, अग्निविस्फुलिङ्ग आदि के दृष्टान्त देते हैं तो इसका अर्थ यह नहीं है कि सृष्टि वास्तविक है। ये दृष्टान्त तो अद्वैत को समझाने के साधन हैं, उपायमात्र हैं; वास्तव में किसी प्रकार का कोई भेद नहीं है।[१] अद्वैत आत्मतत्त्व अपनी माया या अविद्याशक्ति के कारण अनेकवत् प्रतीत होता है। वह परमतत्त्व अपनी मायाशक्ति से विविध रूपों में प्रतीत होता है; किन्तु वस्तुतः यहाँ कोई भेद या नानात्व नहीं है। (इन्द्रो मायाभिः पुरुरूप ईयते। बृ॰ उ॰ २, ५, १९; और नेह नानास्ति किंचन। बृ॰ उ॰ ४, ४, १९)। जो वस्तुतः अजन्मा या अजात है, वह माया से ही अनेक रूपों में जायमान के समान प्रतीत होता है। (अजायमानो बहुधा विजायते। बृ॰ उ॰ २, ५, १९)। आचार्य का कथन है कि उक्त श्रुति-वाक्य उत्पत्ति एवं भेद को मायिक प्रतीति बताकर तात्त्विक उत्पत्ति और भेद का निषेध करते हैं।[२] जो सम्भूति या सृष्टि के उपासक हैं वे घोर अंधकार (अज्ञान) में प्रवेश करते हैं (अन्धं तमः प्रविशन्ति ये सम्भूतिमुपासते। ईश॰ उ॰ १२), यह कहकर श्रुति जगत् की उत्पत्ति का निषेध करती है; और यह कहकर कि इसे कौन उत्पन्न कर सकता है ? (को न्वेनं जनयेत् । बृ॰ उ॰ ३, ९, २८) श्रुति सृष्टि-कारण का निषेध करती है।[३] अतः अजातिवाद श्रुति-सिद्धान्त के रूप में सिद्ध है।

आचार्य गौडपाद का कथन है कि श्रुति से ही नहीं, युक्ति से भी अजातिवाद की सिद्धि होती है। आचार्य ने वास्तविक कारणकार्यवाद का खण्डन किया है तथा इसे अविद्या-प्रसूत माना है। सांख्य के सत्कार्यवाद का और न्याय-वैशेषिक के असत्कार्यवाद का खण्डन आचार्य ने किया है। यदि कार्य 'सत्' है तो वह पूर्व में ही 'उत्पन्न' है और उत्पन्न की पुनरुत्पत्ति व्यर्थ है। यदि कार्य 'असत्' है तो वह खपुष्प और वन्ध्यापुत्र के समान है और उसकी उत्पत्ति असम्भव है। सदसत्कार्यवाद विरोधयुक्त कल्पना है क्योंकि सत् और असत्, प्रकाश और अन्धकार के समान, एक साथ नहीं रह सकते। जो सत् है, वह अजात और अमृत है। यदि इसकी उत्पत्ति मानी जाय तो इसमें विकार मानना पड़ेगा । तब यह मर्त्य हो जायेगा। किन्तु अजात और अमृत (जन्म-मरण-रहित) तो कभी मर्त्य (मरणशील) नहीं हो सकता क्योंकि सत् का, स्व-भाव का, कभी परिणाम या अन्यथाभाव सम्भव नहीं है।[४] असत् की उत्पत्ति तो सर्वथा असम्भव है क्योंकि वन्ध्या का पुत्र न तो वस्तुतः और न माया से उत्पन्न हो सकता है। सत् की वास्तविक उत्पत्ति भी असम्भव है क्योंकि उसका तात्त्विक अन्यथाभाव नहीं हो सकता। अतः सत् की माया से ही उत्पत्ति मानी जा सकती है जो भ्रान्ति होने के कारण वस्तुतः अनुत्पत्ति है।[५]

---

१. उपायः सोऽवताराय नास्ति भेदः कथञ्चन। वहीं ३, १५

२. वहीं ३, २४, अजायमानो बहुधा मायया जायते तु सः।

३. वहीं ३, २५

४. वहीं ३, २०-२१; प्रकृतेरन्यथाभावो न कथंचिद् भविष्यति । ३, २१
तुलनार्थ द्रष्टव्य, माध्यमिक कारिका १३, ४

५. वहीं ३, २७-२८; सतो हि मायया जन्म युज्यते न तु तत्त्वतः । ३, २७
तुलनार्थ द्रष्टव्य, मा. कारिका एवं वृत्ति पृ. १३-३८; मा. कारिका १, १; १ और ७

कारण में कार्योत्पाद की शक्ति नहीं मानी जा सकती (अशक्तिः)। सत् को कार्योत्पाद के लिये परिणामी बनना होगा क्योंकि कार्य को कारण का परिणाम माना जाता है। किन्तु कोई शक्ति सत् को परिणामी अर्थात् अन्यथा एवं अनित्य नहीं बना सकती। और असत् वन्ध्यापुत्र के समान है। अतः उसमें भी कार्योत्पाद की शक्ति नहीं हो सकती। पुनः कार्य की सत्ता का ज्ञान उसकी उत्पत्ति के पूर्व और विनाश के बाद नहीं होता, केवल उसकी 'स्थिति' के समय ही उसकी सत्ता का ज्ञान होता है। किन्तु जो आदि तथा अन्त में नहीं है, वह वर्तमान में भी नहीं हो सकता। अतः कार्य का ज्ञान त्रिकाल में भी सम्भव नहीं है (अपरिज्ञानम्)। पुनश्च, कारण और कार्य में क्रम सिद्ध नहीं होता (क्रमकोपः)। कारण का पूर्वकालभावित्व और कार्य का आनन्तर्य नियम सिद्ध नहीं होता। दोनों में कौन-सा कारण है और कौन-सा कार्य है, यह कहना कठिन है। अतः उक्त अशक्ति, अपरिज्ञान और क्रमकोप के कारण कारण-कार्यभाव या जाति सिद्ध नहीं होती।[१]

अतः युक्तियों के आधार पर भी अजातिवाद सिद्ध है।

३. आत्मतत्त्ववाद

आचार्य गौडपाद के अनुसार परमतत्त्व ब्रह्म या आत्मा है। आत्मतत्त्व नित्य विशुद्ध-चैतन्यस्वरूप, नित्य विज्ञानस्वरूप, नित्य एवं अखण्ड आनन्दस्वरूप है। यह अतीन्द्रिय, बुद्धि-विकल्पातीत या निर्विकल्प, अनिर्वचनीय, अवाङ्मनोगोचर, अपरोक्षानुभूतिस्वरूप है। यह भेदप्रपञ्चातीत या निष्प्रपञ्च है। यह अविकारी, अपरिणामी और कूटस्थ नित्य है। यह अमात्र और तुरीय है। यह समस्त प्रपञ्च का अधिष्ठान है एवं समस्त ज्ञान का अधिष्ठान होने से स्वतःसिद्ध तथा स्वप्रकाश है। यह विशुद्ध साक्षिचैतन्य है। यह अपनी मायाशक्ति से जगत्प्रपञ्च तथा बुद्ध जीवों के रूप में प्रतीत होता है। विषयी और विषय, ज्ञाता और ज्ञेय, चेतन जीव और जड़ जगत् इसी आत्म-तत्त्व के माया-कल्पित आभास हैं। ये सब सदसदनिर्वचनीय और मिथ्या हैं। परमार्थ में प्रपञ्चोपशम शिव अद्वैत आत्मतत्त्व ही सत् है। प्रणव या ओङ्कार इसका प्रतीक है और स्वयं ब्रह्मस्वरूप है। जाग्रत्, स्वप्न और सुषुप्ति इसी आत्मा से प्रकाशित हैं और आत्मा उनके पार तुरीय एवं अमात्र है। जाग्रत् में बाह्य विषयों का तथा मनोभावों का अनुभव होता है। स्वप्न में मनःकल्पित पदार्थों का अनुभव होता है। सुषुप्ति में कोई विषय नहीं रहता, न बाह्य और न मानस, अतः मन अविद्या में लीन हो जाता है; इसलिये सुषुप्ति में सुख-दुःख का अनुभव नहीं होता। किन्तु यह अज्ञान या आवरण की अवस्था है। जाग्रत् और स्वप्न में आवरण और विक्षेप दोनों रहते हैं। तुरीय में शुद्ध ज्ञान और आनन्द प्रकाशित होता है। तुरीय में सब प्रकार के दुःखों की निवृत्ति हो जाती है एवं (अखंड ज्ञानानन्द स्वरूप) अविकारी, सब भावों का अद्वैतरूप, स्वप्रकाश, विभु, सबका प्रभु, आत्मदेव प्रकाशित होता

---

१. अशक्तिरपरिज्ञानं क्रमकोपोऽथवा पुनः।
एवं हि सर्वथा बुद्धैरजातिः परिदीपिता।। वहीं ४, १९

है।[१] तुरीय में निद्रा, आवरण, अज्ञान एवं स्वप्न, विक्षेप और अन्यथाज्ञान सब नष्ट हो जाते हैं तथा स्वप्रकाश आत्मतत्त्व की अनुभूति होती है।[२] अनादि माया से सोया हुआ जीव जब परमार्थानुभूति में जागता है तब उसे अज, अनिद्र (अज्ञान-रहित), अस्वप्न (अन्यथाज्ञानरहित) और अद्वैत (नित्य चिदानन्दरूप) आत्मतत्त्व का साक्षात्कार होता है।[३] राग, भय और क्रोध से रहित, वेदार्थपारङ्गतमुनियों द्वारा (अस्पर्शयोगसमाधि में मन का अमनीभाव करके) इस निर्विकल्प प्रपञ्चोपशम अद्वय आत्मतत्त्व का साक्षात्कार किया जाता है।[४] यह आत्मतत्त्व अपनी मायाशक्ति से जड़ जगत् के विभिन्न पदार्थों एवं चेतन बद्ध जीवों के रूप में भासित होता है। इनकी वास्तविक उत्पत्ति नहीं होती, प्रतीतिमात्र होती है जो भ्रान्तिरूप है। आचार्य के अनुसार जगत् के बाह्य पदार्थ भी स्वप्न-पदार्थ एवं रज्जुसर्पादि भ्रम-पदार्थ के समान मिथ्या हैं। दोनों समान रूप से मिथ्या हैं। किन्तु दोनों का व्यावहारिक या सांवृत भेद आचार्य को मान्य है। दोनों का अधिष्ठान एवं भेद-द्रष्टा आत्मतत्त्व ही है। जीव और आत्मा घटाकाश और महाकाश के समान एक ही हैं। जगत् और जीव दोनों आत्मा के आभास हैं, किन्तु व्यवहार में दोनों भिन्न हैं, जगत् ज्ञेय है तथा जीव ज्ञाता है। दोनों का मिथ्यात्व उनके विज्ञानान्तर्गत होने के कारण नहीं हैं, अपितु सदसदनिर्वचनीय होने के कारण है। इन सबका विवेचन हम इसी अध्याय में अजातिवाद के अन्तर्गत कर चुके हैं।

आचार्य गौडपाद का विज्ञानवाद नित्यआत्मतत्त्ववाद है। यह पारमार्थिक विज्ञानवाद है। व्यवहार में आचार्य को वस्तुवाद स्वीकार है। अद्वैत परमार्थ है और द्वैत व्यवहार है। किन्तु द्वैतवादी परमार्थ तथा व्यवहार दोनों में द्वैत मानते हैं, अतः वे भेद-प्रपञ्च में फँस रहे हैं[५] और अपने-अपने मतों को सिद्ध करने के लिये परस्पर विवाद कर रहे हैं। अद्वैती का किसी से विवाद नहीं है, क्योंकि व्यवहार में उसे माया-कल्पित द्वैत से कोई आपत्ति नहीं है एवं परमार्थ में अद्वैत होने के कारण भेद, विकल्प और विवाद के लिये कोई स्थान नहीं है।[६] अद्वैत में निर्विकल्प अखण्डानन्दस्वरूप शुद्ध चैतन्य प्रकाशित होता है; वहाँ भेद-निम्न कृपण (दीन और दयनीय) पृथग्वादों के लिये कोई स्थान नहीं है।[७] अद्वैत आत्मतत्त्व स्वप्रकाश एवं स्वतः-सिद्ध है। बुद्धि-ग्राह्य न होने के कारण इसका 'नेति नेति' द्वारा निषेधमुख से वर्णन किया गया है। किन्तु 'नेति नेति' आत्मतत्त्वविषयक वर्णनों का निषेध करती है, स्वयं आत्मतत्त्व

१. वहीं १, १०; अद्वैतः सर्वभावानां देवस्तुर्यो विभुः स्मृतः।

२. वहीं १, १५

३. अनादिमायया सुप्तो यदा जीवः प्रबुध्यते।
अजमनिद्रमस्वप्नमद्वैतं बुध्यते तदा।। वहीं १, १६

४. वहीं २, ३५

५. अद्वैतं परमार्थो हि द्वैतं तद्भेद उच्यते।
तेषामुभयथा द्वैतं तेनायं न विरुध्यते। वहीं ३, १८

६. स्वसिद्धान्तव्यवस्थासु द्वैतिनो निश्चिता दृढम्।
परस्परं विरुध्यन्ते तैरयं न विरुध्यते। वहीं ३, १७

७. भेदनिम्नाः पृथग्वादास्तस्मात् ते कृपणाः स्मृताः । वही ४, १४

का नहीं, क्योंकि 'द्रष्टा का कभी विपरिलोप नहीं होता।'[1] समस्त ज्ञान के अधिष्ठानभूत आत्मतत्त्व का निषेध असम्भव है क्योंकि निषेध-कर्ता स्वयं आत्मस्वरूप है; और उसकी बुद्धि द्वारा सिद्धि सूर्य को दीपक से प्रकाशित करने के समान अनावश्यक है। अतः 'नेति नेति' आत्म-विषयक वर्णनों का निषेध करके बुद्धि द्वारा अग्राह्य रूप में अज आत्मतत्त्व को प्रकाशित करती है।[2]

४. अस्पर्शयोग

आत्मसाक्षात्कार या ब्रह्मीभाव मोक्ष है जो अनन्त ज्ञान है और अखण्ड आनन्द है। ओङ्कारोपासना द्वारा, जो प्रणव-जप से प्रारम्भ होती है, चित्त को शुद्ध और एकाग्र करके समाधि में स्थित किया जाता है। योग-दर्शन में बुद्धि, अहङ्कार और मन की 'चित्त' संज्ञा है। गौडपादाचार्य ने चित्त के अर्थ में मन का प्रयोग भी किया है। अविद्या की आवरण (निद्रा, अज्ञान) और विक्षेप (स्वप्न, अन्यथाज्ञान) शक्तियाँ मन को लीन और विक्षिप्त किया करती हैं। मन के लय और विक्षेप को सर्वथा निरुद्ध कर देना मन का उन्मूलन कर देना है जिसे 'अमनीभाव' कहा गया है। यही अविद्या-निवृत्ति है जो अस्पर्शयोग नामक समाधि में होती है। योग-दर्शन में इसे असम्प्रज्ञात समाधि या निर्विकल्पक या निर्बीज समाधि कहा गया है। 'स्पर्श' का अर्थ है सम्पर्क अर्थात् आत्मा और मन का, मन और इन्द्रिय का तथा इन्द्रिय और पदार्थ का सन्निकर्ष। यह त्रिविध सम्पर्क लौकिक ज्ञान को और सुख-दुःख के अनुभव को उत्पन्न करता है। इन्द्रियों को विषय की ओर जाने से रोकना तथा मन को ध्येय वस्तु में स्थिर करना एवं समाधि द्वारा मन का सर्वथा निरोध करना साधक का लक्ष्य रहता है। इस प्रकार इस त्रिविध स्पर्श का निरोध होता है। समस्त लौकिक भाव अविद्या-कलुषित, मन-युक्त और स्पर्शवान् है; आत्मतत्त्व अपरोक्ष-ज्ञान है जो परम विशुद्ध और स्पर्श-रहित है। स्पर्श मन और इन्द्रिय द्वारा होता है; आत्मा इन्द्रिय और मन से भिन्न है, वह अतीन्द्रिय और निर्विकल्प है। अमनीभाव द्वारा आत्मा के विशुद्ध स्वरूप की अनुभूति को 'अस्पर्श' अर्थात् अतीन्द्रिय और निर्विकल्प) एवं 'वैशारद्य' (अर्थात् परम विशुद्धि) से अभिहित किया गया है तथा जिस समाधि में यह अनुभूति होती है उसे अस्पर्शयोग कहा गया है। मन के सङ्कल्पशून्य होने पर द्वैत का ग्रहण नहीं होता।[3] यह द्वैताग्रहण ग्राह्याभाव के कारण सुषुप्ति में भी होता है जहाँ सुख-दुःख की अनुभूति नहीं होती, किन्तु इस अवस्था मे मन अविद्या में लीन रहता है और सुषुप्ति के हटते ही पुनः विक्षिप्त हो जाता है। समाधि में मन अविद्या में लीन नहीं होता, अपितु सर्वथा निरुद्ध हो जाता है। लयविक्षेपातीत हो जाता है। मन के निरोध से, उसके अमनीभाव से, अविद्या भी निरुद्ध हो

---

१. बृहदारण्यक उपनिषद् ४, ३, २३; ३, ९, २६

२. स एष नेति नेतीति व्याख्यातं निह्नुते यतः।
सर्वमग्राह्यभावेन हेतुनाजं प्रकाशते।। गौडपादकारिका, ३,२६

३. मनसो ह्यमनीभावे द्वैतं नैवोपलभ्यते। वहीं, ३, ३१

जाती है। तब केवल अद्वैत आमतत्त्व का निर्भय ज्ञानालोक सब ओर प्रकाशित रहता है। यही ब्रह्मभाव है।[१] यहाँ ज्ञाता, ज्ञेय और ज्ञान भिन्न नहीं रहते, अपितु एक हो जाते हैं। यह निद्रा (अज्ञान) और स्वप्न (अन्यथाज्ञान) से रहित, नाम और रूप से रहित, नित्यप्रकाशस्वरूप, अज, सर्वज्ञ आत्मतत्त्व की अनुभूति है जिसमें किसी प्रकार का उपचार सम्भव नहीं है।[२] यहाँ कोई बुद्धि-विकल्प, कोई चिन्तन, कोई ग्रहण, कोई त्याग, कोई द्वैत नहीं है। यह अजाति (नित्य) और समता-गत (एकरस) आत्मनिष्ठ ज्ञान है।[३] आचार्य ने ब्रह्मस्वरूप, इस अस्पर्शयोगसमाधि का वर्णन इस प्रकार किया है—यह समाधि सब प्रकार के वाग्व्यापार से अनिर्वचनीय, सब प्रकार के चिन्तनरूपी बुद्धिव्यापार के पार, अत्यन्त शान्त, नित्य, स्वप्रकाश, अचल और अभय है।[४] सब प्रकार के स्पर्श से रहित एवं निष्णात योगियों द्वारा भी कठिनता से प्राप्य यह अस्पर्शयोग नामक समाधि है। यहाँ अविद्या-निरोध के साथ जीव-भाव का, अहङ्कार-ममकार का आत्यन्तिक विलय होने के कारण बड़े-बड़े योगी भी जीव-भाव के नाश को भ्रमवश आत्मनाश मानकर इस अभय पद में भी भय से कम्पित होने लगते हैं।[५] यहाँ दु:ख की आत्यन्तिक निवृत्ति का (सनिर्वाणम्), परम शान्ति का, आत्म-निष्ठ (स्वस्थम्) अनिर्वचनीय और निरतिशय आनन्द का, सर्वज्ञता का तथा नित्य (अज) ब्रह्म के अद्वैत का अनुभव होता है।[६] इस अज, साम्य, विशारद (अत्यन्त विशुद्ध) अद्वय ब्राह्मण्य पद को प्राप्त कर लेने पर कोई प्राप्तव्य और कर्तव्य शेष नहीं रहता।[७] ब्रह्म या आत्मतत्त्व का ज्ञान 'ज्ञेय' या 'विषय' रूप में कभी नहीं हो सकता। निर्विकल्प अनुभूति में ज्ञाता, ज्ञेय और ज्ञान की त्रिपुटी विलीन होकर एक हो जाती है। वहाँ जो निर्विकल्प ज्ञान है वही ज्ञेय है और वही ज्ञाता है। निर्विकल्प ज्ञान ज्ञेयाभिन्न होता है। ब्रह्म को ब्रह्म बनकर ही जाना जाता है। यही अद्वैत और अमृत पद है जो अस्पर्शयोग समाधि में प्रकाशित होता है।[८]

५. गौडपाद और महायान

इस अध्याय के प्रारम्भ में गौडपाद-कारिका का विवरण प्रस्तुत करते हुये हमने

---

१. लीयते हि सुषुप्ते तन्निगृहीतं न लीयते।
तदेव निर्भयं ब्रह्म ज्ञानालोकं समन्ततः।। वहीं ३, ३५; ३, ४६

२. वहीं, ३, ३६

३. आत्मसंस्थं तदा ज्ञानमजातिसमतां गतम् ।। वहीं, ३, ३८

४. सर्वाभिलापविगतः सर्वचिन्तासमुत्थितः।
सुप्रशान्तः सकृज्ज्योतिः समाधिरचलोऽभयः।। वहीं ३, ३७

५. अस्पर्शयोगो वै नाम दुर्दर्शः सर्वयोगिभिः।
योगिनो बिभ्यति ह्यस्मादभये भयदर्शिनः ।। वहीं ३, ३९

६. स्वस्थं शान्तं सनिर्वाणमकथ्यं सुखमुत्तमम् । वहीं, ३, ४७

७. वहीं ४, ८५; ४, १०० .

८. अकल्पकमजं ज्ञानं ज्ञेयाभिन्नं प्रचक्षते।
ब्रह्म ज्ञेयमजं नित्यमजेनाजं विबुध्यते।। वहीं, ३, ३३

पं० विधुशेखर भट्टाचार्य के मत का विवेचन किया है तथा यह बताया है कि गौडपादाचार्य अद्वैत वेदान्त के अत्यन्त आदरणीय आचार्य हैं और उनके प्रच्छन्न या प्रकट रूप से बौद्ध होने का प्रश्न नहीं उठता।[1] गौडपाद-कारिका के चतुर्थ 'अलातशान्ति' नामक प्रकरण में महायान बौद्ध दर्शन के माध्यमिक और विज्ञानवाद सम्प्रदायों के अनेक पारिभाषिक शब्दों का, दार्शनिक पदावली का, माध्यमिक की द्वन्द्वात्मक तर्क-पद्धति का तथा महायान के दार्शनिक सिद्धान्तों का प्रभूत प्रयोग उपलब्ध है। इस आधार पर अनेक विद्वानों ने विभिन्न निष्कर्ष निकाले हैं जो इस प्रकार हैं—

१. अलातशान्तिप्रकरण किसी महायानी बौद्ध आचार्य की स्वतन्त्र कृति है, जिसे बाद में किसी ने गौडपाद-कारिका के साथ चतुर्थ प्रकरण के रूप में जोड़ दिया है।
२. गौडपादाचार्य ने महायान की पदावली, तर्कपद्धति और सिद्धान्त स्वीकार किये हैं, अत: वे प्रच्छन्न बौद्ध हैं।
३. गौडपाद पर महायान का पर्याप्त प्रभाव है और उन्होंने महायान के कुछ सिद्धान्तों को अपने वेदान्त में मिला लिया है, यह मानकर कि ये औपनिषद दर्शन के अनुकूल है; अत: गौडपाद महायान के अत्यन्त ऋणी हैं।
४. गौडपाद वेदान्ती हैं और उन पर अवैदिक बौद्ध दर्शन का कोई प्रभाव नहीं है।
५. गौडपादाचार्य वेदान्ती हैं, वे महायान के सिद्धान्तों को स्वीकार नहीं करते, किन्तु महायान के पारिभाषिक शब्दों और तर्कपद्धति का प्रयोग करते हैं एवं इस रूप में महायान से प्रभावित हैं।

यद्यपि कुछ विद्वानें ने तथ्यों की ओर संकेत किया है, तथापि इस विषय में अभी तक तथ्यों का पूर्ण व्याख्यान नहीं हो पाया है। हमारे मत में तथ्य इस प्रकार हैं—

गौडपादाचार्य ने औपनिषद अद्वैतवाद का, निष्प्रपञ्च आत्मतत्त्व का, उपनिषद् के नित्य निर्विकल्प विज्ञानवाद का विकास करके उसे अपनी कारिका में सुसङ्गत दार्शनिक सम्प्रदाय के रूप में प्रतिष्ठित किया है। वे शङ्कराचार्य के परमगुरु और अद्वैत वेदान्त के अत्यन्त आदरणीय प्राचीन आचार्य हैं जिनकी 'कारिका' अद्वैत वेदान्त का प्रथम उपलब्ध ग्रन्थ है। उनके सारे सिद्धान्त उपनिषद् पर आधारित हैं। उन्होंने महायान दर्शन से कोई सिद्धान्त, प्रकट या प्रच्छन्न रूप से, ग्रहण नहीं किया। महायान के माध्यमिक और विज्ञानवादी दार्शनिक सम्प्रदायों का, नागार्जुन, आर्यदेव, मैत्रेयनाथ, असङ्ग और वसुबन्धु के दर्शन का, जो उनके पूर्ववर्ती महायान के आचार्य थे, उन्हें बहुत अच्छा ज्ञान था। वे जानते थे कि स्वयं बुद्धदेव ने औपनिषद निरपेक्ष अद्वैतवाद तथा विज्ञानवाद को स्वीकार करके अपने शिष्यों को उसका उपदेश दिया। इस बुद्धोपदेश को माध्यमिक सम्प्रदाय ने चतुष्कोटिविनिर्मुक्त प्रपञ्चशून्य निरपेक्ष अद्वैतवाद के रूप में और योगाचार सम्प्रदाय ने निरपेक्ष विज्ञानवाद के रूप में विकसित किया। महायान दर्शन में इन उपनिषत्-सिद्धान्तों का विकास बौद्ध-परम्परा के अनुसार हुआ। गौडपादाचार्य ने उपनिषद् को वेदान्त का मूल प्रस्थान मानकर उनके सिद्धान्तों को समग्र रूप में अपनी श्रौत

---

१. ऊपर पृ. २१४-१५

परम्परा के अनुसार विकसित किया। आचार्य ने अपने वेदान्त-दर्शन में तथा महायान-दर्शन में कुछ समानता और कुछ भेद परिलक्षित किये और यह स्पष्ट किया कि जिन सिद्धान्तों में साम्य है वे सिद्धान्त स्वयं बुद्धदेव के या महायानी बौद्धों के मौलिक सिद्धान्त नहीं हैं, अपितु उपनिषद् से ग्रहण किये गये हैं; एवं जहाँ भेद है वे सिद्धान्त श्रुति-प्रतिकूल हैं और युक्तिविरुद्ध भी हैं। अत: आचार्य गौडपाद द्वारा महायान से दार्शनिक सिद्धान्त ग्रहण करने का प्रश्न नहीं उठता, इसके प्रतिकूल स्वयं बुद्धदेव एवं महायान ने ये सिद्धान्त उपनिषद् से ग्रहण किये हैं। महायान के पारिभाषिक शब्दों के प्रयोग के विषय में इतना कथन ही पर्याप्त है कि शब्द भाषा की सम्पत्ति होते हैं और प्रचलित सिक्कों के समान उनके प्रयोग का अधिकार उस भाषा में लिखने वाले प्रत्येक दार्शनिक को प्राप्त है। द्वन्द्वात्मक तर्कपद्धति का प्रयोग भी कोई भी दार्शनिक कर सकता है। इस तर्कपद्धति का प्रयोग बुद्ध-वचनों में और विकास माध्यमिक दर्शन में हुआ है, तथापि यह पद्धति बुद्धदेव की या माध्यमिक की मौलिक पद्धति नहीं है। इसके बीज वैदिक नासदीयसूक्त आदि में तथा उपनिषद् के 'नेति नेति' सिद्धान्त में उपलब्ध हैं एवं इसका सर्वप्रथम प्रयोग याज्ञवल्क्य द्वारा बृहदारण्यक उपनिषद् में हुआ है। वैसे, खण्डन-मण्डन की परम्परा सभी दर्शनों में रही है। सत्कार्यवाद का खण्डन न्याय आदि ने और असत्कार्यवाद का खण्डन सांख्य ने किया है तथा दोनों के तर्कों को एक साथ मिलाने पर कारणकार्यवाद का खण्डन हो जाता है। आचार्य गौडपाद ने कहा भी है कि ये द्वैतवादी एक-दूसरे के सिद्धान्त का खण्डन करके अजातिवाद की ही पुष्टि कर रहे हैं। अत: गौडपाद द्वारा महायान की दार्शनिक पदावली और तर्क पद्धति के प्रयोग से केवल इतना ही सिद्ध होता है कि उन्हें महायान दर्शन का ज्ञान था।

आचार्य गौडपाद ने अपनी 'कारिका' के प्रथम आगमप्रकरण में माण्डूक्य-उपनिषद् के मन्त्रों की व्याख्या करते हुये ओङ्कार-स्वरूप अद्वैत आत्मतत्त्व का निरूपण किया है। द्वितीय वैतथ्यप्रकरण में जगत्-प्रपञ्च का मिथ्यात्व युक्तियों द्वारा सिद्ध किया है। तृतीय अद्वैतप्रकरण में श्रुतियों और प्रबल युक्तियों के आधार पर अजातिवाद और अस्पर्शयोग का निरूपण करते हुये अपने औपनिषद निरपेक्ष अद्वैत आत्मतत्त्व की प्रतिष्ठा की है। चतुर्थ अलातशान्ति-प्रकरण में आचार्य ने विस्तार से अपने अद्वैत वेदान्त की तुलना महायान के माध्यमिक और विज्ञानवाद सम्प्रदायों से की है तथा साम्य-वैषम्य का निर्देश करते हुये अद्वैत वेदान्त की श्रेष्ठता प्रतिपादित की है। इस वस्तुस्थिति की ओर विद्वानों का ध्यान प्राय: नहीं गया है। अत: हमें अपने मत की पुष्टि के लिये इसकी चर्चा कुछ विस्तार से करना आवश्यक हो गया है।

अलातशान्तिप्रकरण की प्रथम कारिका में आचार्य गौडपाद ने इस प्रकार मङ्गलाचरण किया है—जिन्होंने आकाश के समान निर्मल निर्विकल्प और नित्य ज्ञान द्वारा विश्व के समस्त ज्ञेय धर्मों को (पदार्थों को) आकाश के समान निर्मल, निर्विकल्प और नित्य तथा ज्ञेय ब्रह्म या आत्म तत्त्व से अभिन्न देख लिया है, उन ज्ञानज्ञेयज्ञातृभेदरहित अद्वैत अपरोक्षात्मतत्त्वदर्शी 'द्विपदवर' (नरश्रेष्ठ) पुरुषोत्तम को नमस्कार है। भाष्यकार शङ्कराचार्य के अनुसार 'द्विपदां वरम्' से अद्वैतदर्शनसम्प्रदाय के प्रवर्तक पुरुषोत्तम भगवान् नारायण अभिप्रेत

हैं। बौद्ध दार्शनिक साहित्य में 'द्विपदां वर' और 'सम्बुद्ध' शब्दों का प्रयोग अनेक बार भगवान् बुद्ध के लिये हुआ है। अतः उक्त कारिका में आचार्य द्वारा भगवती श्रुति से अद्वैत दर्शन का ग्रहण करने वाले भगवान् बुद्ध के प्रति भी नमस्कार ध्वनित होता है। **द्वितीय कारिका** में आचार्य ने ब्रह्मस्वरूप अस्पर्शयोगसमाधि को नमस्कार किया है। **तृतीय कारिका** में आचार्य ने सत्कार्यवादी और असत्कार्यवादी द्वैतवादियों के पारस्परिक विरोध का उल्लेख किया है। **चतुर्थ कारिका** के उत्तरार्ध में यदि 'विवदन्तो द्वया' पाठ माना जाय तो इसका अर्थ होगा कि सत्कार्यवाद और असत्कार्यवाद को लेकर परस्पर विवाद करने वाले ये द्वैतवादी मिलकर वस्तुतः अजातिवाद को ही प्रकाशित करते हैं क्योंकि इन दोनों के अनुसार न तो सत् की उत्पत्ति हो सकती है और न असत् की। इस कारिका के उत्तरार्ध में 'विवदन्तोऽद्वया' पाठ भी निःसन्देह मान्य है। इसके अनुसार कारिका का अर्थ है कि कुछ अद्वयवादी (माध्यमिक) दार्शनिक अजातिवाद को प्रकाशित करते हैं जिनके अनुसार न सत् की और न असत् की उत्पत्ति हो सकती है। **पञ्चम कारिका** में आचार्य गौडपाद ने स्पष्ट रूप से स्वीकार किया है—इन अद्वैतवादी (माध्यमिक) दार्शनिकों द्वारा प्रकाशित अजातिवाद का हम अनुमोदन करते हैं; यह अच्छी तरह जान लेना चाहिये कि इस विषय में हमारा उनसे कोई विवाद नहीं है।[१] विवाद इसलिये नहीं है कि अद्वयवादी माध्यमिक भी अद्वैत वेदान्त के समान अजातिवाद को मानते हैं। आचार्य ने तृतीय अद्वैतप्रकरण में अजातिवाद की श्रुति एवं युक्ति के आधार पर सिद्धि की है। इस चतुर्थ प्रकरण में आचार्य ने द्वन्द्वात्मक तर्क पद्धति को अपनाकर प्रबल युक्तियों के आधार पर विस्तारपूर्वक अपने अजातिवाद का प्रतिपादन किया है एवं माध्यमिक तथा विज्ञानवाद से अद्वैतवेदान्त का साम्य-वैषम्य निर्देशित करते हुये वेदान्त की श्रेष्ठता सिद्ध की है। ६ से २३ कारिकाओं में आचार्य ने द्वन्द्वात्मक तर्क पद्धति अपनाते हुये कार्यकारणवाद का प्रखर खण्डन किया है। कारिका ६, ७, और ८ स्वल्प अन्तर से तृतीय प्रकरण की कारिका २०, २१, और २२ की पुनरावृत्ति हैं। आर्य नागार्जुन ने अपनी माध्यमिक कारिका में कार्यकारणवाद का द्वन्द्वात्मक तर्क द्वारा प्रबल खण्डन करते हुये अजातिवाद का प्रतिपादन किया है। आचार्य गौडपाद ने इसका अनुमोदन किया है तथा माध्यमिक के तर्कों से इस विषय में अपनी सहमति प्रकट की है। **उन्नीसवीं कारिका** में आचार्य ने माध्यमिक के तर्कों का सार प्रस्तुत करते हुये कहा है कि अशक्ति, अपरिज्ञान और क्रमकोप के कारण कार्यकारणवाद की असिद्धि बताते हुये बुद्धों ने अजातिवाद को प्रकाशित किया है।[२] कारिका २९, ३०, ३८, ४० में भी कार्यकारणवाद का खण्डन है। ६ से ४० के बीच की इन कारिकाओं में अजातिवाद का प्रतिपादन है जिससे माध्यमिक भी सहमत है। इसका सार यह है—न सत् की उत्पत्ति हो सकती है, न असत् की, न सदसत् की और न सदसद्भिन्न की। कोई भी वस्तु न स्वतः

---

१. ख्याप्यमानामजातिं तैरनुमोदामहे वयम्।
विवदामो न तैः सार्धमविवादं निबोधत।। गौ. का. ४, ५

२. अशक्तिरपरिज्ञानं क्रमकोपोऽथवा पुनः।
एवं हि सर्वथा बुद्धैरजातिः परिदीपिता।। गौ. का. ४, १९ देखिये पीछे पृ. २१५

उत्पन्न हो सकती है, न परतः, न स्वतः और परतः दोनों से, और न दोनों से भिन्न से। सत् से न सत् उत्पन्न हो सकता है और न असत्; असत् से न सत् उत्पन्न हो सकता है और न असत्। जो 'अजात' है वह या तो सत् है या असत्। यदि सत् है तो वह अज, नित्य, जन्ममरणरहित अमृत तत्त्व है और उसकी उत्पत्ति असम्भव है क्योंकि उत्पन्न होने पर वह जन्ममरणशील मर्त्य हो जायेगा। यदि असत् है तो वह वन्ध्यापुत्र के समान है और उसकी भी उत्पत्ति असम्भव है । जो 'जात' है वह उत्पन्न है और उसकी पुनरुत्पत्ति व्यर्थ है। प्रकृति या स्वभाव (नित्य) का कभी अन्यथाभाव (परिणाम) नहीं हो सकता और बिना परिणाम के कार्यकारणभाव सिद्ध नहीं हो सकता।[१] कारिका २८,४६, ७१ में माध्यमिक के समान आचार्य गौडपाद भी यह मानते हैं कि कोई वस्तु उत्पन्न नहीं हो सकती; न धर्म या पदार्थ उत्पन्न होता है और न चित्त या विज्ञान या जीव उत्पन्न होता है।[२] कारिका ५४ में आचार्य ने, माध्यमिक के समान, स्पष्ट कहा है कि न तो धर्म (पदार्थ, वस्तु, ज्ञेय) से चित्त (विज्ञान) उत्पन्न होता है, और न चित्त (विज्ञान) से धर्म (ज्ञेय पदार्थ) उत्पन्न होता है। पदार्थ से विज्ञान उत्पन्न नहीं होता, यह कथन वस्तुवाद को खण्डित करता है; और विज्ञान से पदार्थ उत्पन्न (या प्रतीत) नहीं होता, यह कथन विज्ञानवाद को खण्डित करता है।[३] अजातिवाद ही परमार्थ सत्य है। कारिका ५२ में आचार्य का कथन है कि सब धर्म कार्यकारणभाव के अभाव में अनुत्पन्न और सदसदचिन्त्य हैं तथा इसलिये मृषा है।[४] माध्यमिक के अनुसार भी प्रतीत्यसमुत्पाद सापेक्ष होने से वस्तुतः उत्पाद नहीं है; जो प्रतीत्यसमुत्पन्न है, वह वस्तुतः अनुत्पन्न है। आचार्य गौडपाद के अनुसार

---

१. उपरोक्त गौडपाद कारिकाओं में तथा नागार्जुन की माध्यमिक कारिकाओं में काफी साम्य है। जिनसे साम्य है उन माध्यमिक-कारिकाओं का संकेत हम गौडपाद कारिकाओं के आगे कोष्ठक में दे रहे हैं—गौ. का. ४, ७ (मा. का. १५, ८-९; १३, ४) गौ. का. ४, ८ (मा. का. १५, १-२) गौ. का. ४, १० (मा. का. ११, ३-४) गौ. का. ४, १६ (मा. का. ११, २); गौ. का. ४, १७ (मा. का. १०, १०-११), गौ. का. ४, १८, (मा. का. १०, ८); गौ. का. ४, १९ (मा. का. ११, २, ६), गौ. का. ४, २२ (मा. का. १, १; २१, १३; २३, २० गौ. का. ४, ४०, (मा. का. २१, १२; ८, १; ८, १०)

कुछ उदाहरण देखिये—

स्वतो वा परतो वापि न किंचिद् वस्तु जायते।
सदसद्सदसद्वापि न किंचिद् वस्तु जायते।। गौ. का. ४, २२
न स्वतो नापि परतो न द्वाभ्यां नाप्यहेतुतः।
उत्पन्ना जातु विद्यन्ते भावाः क्वचन केचन।। मा. का. १, १
प्रकृतेरन्यथाभावो न कथंचिद् भविष्यति। गौ. का. ४, ७
प्रकृतेरन्यथाभावो न हि जातूपपद्यते। मा. का. १५, ८
आदावन्ते च यन्नास्ति वर्तमानेऽपि तत् तथा। गौ. का. ४, ३१
नैवाग्रं नावरं यस्य तस्य मध्यं कुतो भवेत् । मा. का. ११, २

२. एवं न जायते चित्तमेवं धर्मा अजाः स्मृताः । गौ. का. ४, ४६
न कश्चिज्जायते जीवः सम्भवोऽस्य न विद्यते। गौ. का. ४, ७१

३. एवं न चित्तजा धर्माश्चित्तं वापि न धर्मजम्। गौ. का. ४, ५४

४. कार्यकारणताऽभावाद् यतोऽचिन्त्याः सदैव ते। गौ. का. ४, ५२

अनुत्पन्न धर्मों की उत्पत्ति माया से ही हो सकती है। और माया भी वस्तुतः नहीं है (कारिका ५८)[१]। सारे पदार्थ व्यावहारिक दृष्टि से, संवृति से उत्पन्न होते हैं (कारिका ५७)। कारिका ५६ में आचार्य ने स्पष्ट कहा है कि माया के कारण जब तक कारण और कार्य में अभिनिवेश है, जब तक हेतु और फल में आग्रह है, जब तक उत्पत्ति और विनाश में, जन्म और मरण में आसक्ति है, तभी तक इस संसार का विस्तार है, कारण-कार्याभिनिवेश समाप्त होने पर संसार भी समाप्त है।[२] नागार्जुन का भी यही कथन है कि जब तक अविद्या और उपादान (आसक्ति) है तभी तक कारणकार्यरूपी प्रतीत्यसमुत्पादचक्र संसार-चक्र के रूप में चलता है; अविद्या और उपादान के समाप्त होने पर यही निर्वाण है।[३] संसार और निर्वाण में, बन्धन और मोक्ष में वस्तुतः कोई अन्तर नहीं है। आचार्य गौडपाद ने भी, माध्यमिक के समान, तत्त्व को चतुष्कोटिविनिर्मुक्त माना है जहाँ इन्द्रिय, वृद्धि-विकल्प और वाणी के शब्दों की गति नहीं है (कारिका ६०)।[४] आचार्य ने कारिका ८३ और ८४ में बताया है कि मूर्ख लोग ही तत्त्व को अस्ति, नास्ति, उभय और अनुभय तथा चल, स्थिर, उभय और अनुभय रूपी बुद्धि की इन चार कोटियों से आवृत किया करते हैं। वस्तुतः तत्त्व इन कोटियों से सर्वथा अस्पृष्ट है।[५] कारिका ४२ में आचार्य ने स्वीकार किया है कि संवृति या व्यवहार के स्तर पर जगत् के पदार्थों का उपलम्भ (उपलब्धि या प्रत्यक्ष अनुभूति) और समाचार (व्यावहारिक उपयोगिता या अर्थक्रिया-सामर्थ्य) होने के कारण 'जाति' अर्थात् सापेक्ष कार्यकारणवाद या सृष्टि का उपदेश बुद्धों ने उन साधारण लोगों के लिये दिया है जो संसार में आसक्त हैं और अजाति के नाम से ही काँपने लगते हैं।[६]

इस प्रकार आचार्य गौडपाद ने अपने अद्वैत वेदान्त से माध्यमिक दर्शन का साम्य बताते हुये उसका अनुमोदन किया। किन्तु गौडपाद एवं माध्यमिक में महत्त्वपूर्ण भेद भी है। माध्यमिक ने, बुद्ध का अनुकरण करते हुये, तत्त्व को अनिर्वचनीय मानकर उसका निषेधमुख से ही वर्णन किया है तथा अपने दर्शन में निषेधात्मक तर्क पद्धति ही अपनाई है। इसी कारण से माध्यमिक-दर्शन को सर्वनिषेधवादी शून्यवाद मानने की भ्रान्त परम्परा चल गई थी, यद्यपि माध्यमिक निश्चित रूप से निरपेक्ष अद्वयवादी हैं। गौडपादाचार्य ने, अपनी अद्वैतवेदान्त परम्परा के अनुसार, तत्त्व को निर्विकल्प, अनिर्वचनीय तथा स्वानुभूतिगम्य मानते हुये और 'नेति नेति'

---

१ जन्म मायोपमं तेषां सा च माया न विद्यते । वहीं ४, ५८
प्रतीत्य यत् समुत्पन्नं नोत्पन्नं परमार्थतः।

२. यावद्धेतुफलावेशः संसारस्तावदायतः।
क्षीणे हेतुफलावेशे संसारं न प्रपद्यते।। गौ. का. ४, ५६

३. य आजवंजवीभाव उपादाय प्रतीत्य वा।
सोऽप्रतीत्याऽनुपादाय निर्वाणमुपदिश्यते।। मा. का. २५, ९

४. यत्र वर्णा न वर्तन्ते विवेकस्तत्र नोच्यते। गौ. का. ४, ६०

५. गौ. का. ४, ८३-८४

६. उपलम्भात् समाचारादस्तिवस्तुत्ववादिनाम्।
जातिस्तु देशिता बुद्धैरजातेस्त्रसतां सदा।। वहीं ४, ४२

या निषेध-मुख वर्णन की प्रधानता स्वीकार करते हुये भी, व्यवहार में, मुख्य रूप से साधकों के हितार्थ, विधि-मुख वर्णन की आवश्यकता भी स्वीकार की एवं तत्त्व के लिये नित्य, शुद्ध सत्, शुद्ध विज्ञान (चित्), नित्य और अकथ्य सुख (अखण्ड आनन्द) आदि शब्दों का प्रचुर प्रयोग किया। आचार्य की दूसरी विशेषता, अपनी उपनिषत्-परम्परा के अनुसार, परमतत्त्व का शुद्ध आत्मतत्त्व से, शुद्ध निर्विकल्प साक्षि-चैतन्य से तादात्म्य करना है। यह आत्मतत्त्व समस्त ज्ञान और अनुभव का अधिष्ठान होने के कारण स्वप्रकाश और स्वतःसिद्ध है। इसके लिये आचार्य ने ब्रह्म, देव, प्रभु, ईश्वर, सर्वज्ञ, भगवान्, ओंकार, तुरीय, अमात्र आदि पर्यायों का प्रयोग भी किया है। यही बुद्धिविकल्पों का ज्ञाता, बुद्धि की दृष्टियों एवं कोटियों तथा उनके अन्तर्विरोधों का द्रष्टा एवं शून्यता का साक्षी है।

अजातिवाद वस्तुतः निरपेक्ष ब्रह्मवाद और मायावाद ही है। गौडपादाचार्य ने इसे उपनिषत्-सिद्धान्त सिद्ध किया है तथा अनेक श्रुतियों के उदाहरण दिये हैं।[1] स्वयं बुद्धदेव ने इसे निरपेक्ष अद्वैतवाद के रूप में उपनिषद् से ग्रहण किया है तथा माध्यमिक-दर्शन में इसका विकास हुआ है। अजातिवाद या निरपेक्ष अद्वैतवाद बुद्धदेव का या बौद्धों का मौलिक सिद्धान्त नहीं है। गौडपादाचार्य ने अपनी श्रोत परम्परानुसार इसका विकास किया। माध्यमिक-दर्शन ने बुद्धोपदेश के रूप में इसका विकास किया। इसलिये दोनों में साम्य है। किन्तु उपनिषत्-सिद्धान्त होने के कारण इसका समुचित प्रतिपादन अद्वैत वेदान्त में हुआ है और इसीलिये वेदान्त की श्रेष्ठता है।

गौडपादाचार्य ने इस चतुर्थ प्रकरण में अपने अद्वैत वेदान्त का महायान के विज्ञानवाद के साथ भी साम्य-वैषम्य का प्रतिपादन किया है जिसका विवेचन अब किया जाता है। मैत्रेयनाथ, असङ्ग और वसुबन्धु के विज्ञानवाद का आचार्य गौडपाद को अच्छा ज्ञान है। आचार्य ने द्वितीय वैतथ्यप्रकरण में जगत् के बाह्य पदार्थों को भी स्वप्न-पदार्थों और रज्जुसर्पादि भ्रमपदार्थों के समान मिथ्या सिद्ध किया है। वस्तुवादियों के अनुसार बाह्य पदार्थों की बाह्य ज्ञेय विषयों के रूप में उपलब्धि होती है, वे उपलब्धि के बाद भी बने रहते हैं, उनमें व्यावहारिक उपयोगिता या अर्थक्रियासामर्थ्य है, वे देश-काल के नियमों से बँधे हैं, अतः वे सत्य हैं। आचार्य के अनुसार उपलब्धि, उपयोगिता एवं देश-काल-नियम स्वप्न और भ्रम के पदार्थों में भी पाये जाते हैं अतः इन आधारों पर बाह्य पदार्थों की सत्ता सिद्ध नहीं की जा सकती। बाह्य पदार्थ और स्वप्नभ्रमादि-पदार्थ दोनों ही तात्त्विक दृष्टि से समानरूप से असत् हैं।[2] दोनों ही विज्ञान के आभासमात्र हैं। आचार्य ने चतुर्थ प्रकरण की कारिका ३३ से ४४ में भी यही प्रतिपादित किया है। इस विषय में आचार्य का बौद्ध विज्ञानवादियों से साम्य है। वसुबन्धु ने भी अपनी विज्ञप्ति-मात्रतासिद्धि : विंशतिका में इसी प्रकार के तर्क प्रयुक्त किये हैं।[3]

---

१. देखिये पीछे पृ. २१९-२०।

२. देखिये पीछे पृ. २१६-१७।

३. देखिये पीछे ९९-१००।

शङ्कराचार्य ने भी अपने कारिका-भाष्य में स्पष्ट रूप से स्वीकार किया है कि विज्ञानवादी बौद्धों के बाह्यार्थवाद का प्रतिषेध करने वाले वचनों का आचार्य ने अनुमोदन किया है।[१] आचार्य की बौद्ध विज्ञानवाद से दूसरी समानता यह है कि दोनों के अनुसार चेतन जीव और जड़ जगत्, जीवात्मा और धर्म (पदार्थ), प्रमाता और प्रमेय, दोनों ही विशुद्ध विज्ञान के आभासमात्र हैं। विशुद्ध विज्ञान ही अपनी अनादि माया या अविद्याशक्ति के कारण, (विज्ञानवाद में) अविद्यारूपी अनादि ग्राह्यग्राहकवासना के कारण, अनेक जीवों और जगत् के विविध पदार्थों के रूप में आभासित होता है। स्वप्न-पदार्थ और भ्रम-पदार्थ व्यक्तिगत विज्ञान के (वेदान्त में जीव के और विज्ञानवाद में क्लिष्ट मनोविज्ञान के) आभास हैं तथा जगत्-पदार्थ समष्टिगत विराट् विज्ञान के (वेदान्त में ईश्वर के और विज्ञानवाद में आलयविज्ञान के) आभास हैं। जो प्रमाता और प्रमेय, ज्ञाता और ज्ञेय, विषयी और विषय के द्वैत रूप में प्रतीत हो रहा है, यह सब विज्ञान का आभास है, चित्त का स्पन्दन या स्फुरण है (कारिका ७२)[२]। कारिका ६१ से ७१ में आचार्य ने कहा है कि जिस प्रकार स्वप्न में अद्वय चित्त (विज्ञान) ज्ञातृज्ञेय या ग्राहकग्राह्य रूप में भासित होता है, उसी प्रकार जाग्रत् में भी होता है।[३] स्वप्न या जाग्रत् में जो पदार्थ या जीव दिखाई देते हैं वे सब चित्तदृश्य हैं और चित्त से पृथक नहीं हैं। कारिका ६८ से ७१ में आचार्य ने बताया है कि जिस प्रकार स्वप्नमय या मायामय जीवों का जन्म-मरण वास्तविक नहीं होता, उसी प्रकार जाग्रदवस्था के सांसारिक जीवों का भी वास्तविक जन्म-मरण नहीं होता। वस्तुतः कोई जीव उत्पन्न नहीं होता। यही अजाति उत्तम सत्य है।[४] कारिका ४७ से ५२ में आचार्य ने विज्ञान-स्पन्दन की अलात-स्पन्दन से तुलना की है। इसलिये इस प्रकरण का नामकरण 'अलातशान्ति' हुआ है। जिस प्रकार प्रज्वलित अलात अर्थात् जलती हुई मशाल को सीधे, टेढ़े, गोल आदि घुमाया जाये तो उसका प्रकाश भी सीधा, टेढ़ा या गोल आकार लिए हुये प्रतीत या भासित होता है, उसी प्रकार विज्ञान भी अनादि अविद्या या वासना के कारण विविध ग्राह्य-ग्राहक रूपों में स्पन्दित होकर भास रहा है। स्पन्दनरहित अलात के समान स्पन्दनरहित विज्ञान भी अनाभास और शान्त रहता है। अलात के आभास न तो बाहर से आते हैं, न अलात से निकलते हैं; अलात शान्त होने पर ये आभास न तो बाहर जाते हैं, न अलात में प्रवेश करते हैं; इन आभासों की प्रतीति केवल स्पन्दन के कारण है। इसी प्रकार विज्ञान के विषय में भी समझना चाहिये। स्पन्दित विज्ञान के आभास न तो बाहर से आते हैं, न विज्ञान से निकलते हैं; विज्ञान के शान्त होने पर ये आभास न तो बाहर जाते हैं, न विज्ञान में प्रवेश करते हैं; इन आभासों की प्रतीति केवल स्पन्दन के कारण है। कारिका ४५

---

१. विज्ञानवादिनो बौद्धस्य वचनं बाह्यार्थवादिपक्षप्रतिषेधपरमाचार्येणानुमोदितम्। गौ. का. भाष्य ४, २८

२. चित्तस्पन्दितमेवेदं ग्राह्यग्राहकवद्द्वयम्। गौ. का. ४, ७२

३. अद्वयं च द्वयाभासं चित्तं स्वप्ने न संशयः।
अद्वयं च द्वयाभासं तथा जाग्रन्न संशयः ।। वहीं ४, ६२

४. न कश्चिज्जायते जीवः सम्भवोऽस्य न विद्यते।
एतत् तदुत्तमं सत्यं यत्र किंचिन् न जायते।। ४, ७१

में आचार्य-वचन है कि विज्ञान वस्तुतः अज (नित्य), अचल (स्थिर, अपरिणामी), अवस्तु (शुद्ध ज्ञानस्वरूप है, ज्ञेय या विषय नहीं है), शान्त (स्पन्दन रहित) और अद्वय (ज्ञातृज्ञेय या ग्राहकग्राह्य द्वैत रहित) है। किन्तु अनादि अविद्या या वासना के कारण विज्ञान कार्यकारणभाव से ग्राह्य-ग्राहक रूपों में जाति (उत्पत्ति), चल (परिणाम) और वस्तु (ज्ञेय पदार्थ) के आभासों में प्रतीत होता है।[1] आचार्य की बौद्ध विज्ञानवाद से तीसरी समानता यह है कि दोनों के अनुसार परमतत्त्व विशुद्ध विज्ञान है। यह विज्ञान निरपेक्ष, अज, नित्य, अचल, अपरिणामी, ज्ञातृज्ञेयभेदरहित, ग्राहकग्राह्यद्वैतरहित, अद्वय, अद्वैत, अनाभास, असंग, स्वप्रकाश, स्वयंज्योति, परम विशुद्ध, अतीन्द्रिय, निर्विकल्प, अनिर्वचनीय, अपरोक्षानुभूतिगम्य, अनास्रव, लोकोत्तर ज्ञान, अखण्ड आनन्द या अनिर्वचनीय सुखस्वरूप है। आचार्य की वेदान्त-परम्परा में यह ब्रह्म या आत्मतत्त्व है। बौद्ध विज्ञानवादी इसे विज्ञप्तिमात्र, विज्ञानमात्र, धर्मकाय या धर्मधातु कहते हैं।[2] आचार्य ने भी इसके लिये विज्ञानवाद के अनुसार धर्मधातु शब्द का प्रयोग किया है। कारिका ८१ में आचार्य का वचन है कि यह असङ्ग और अनाभास विज्ञान अज (नित्य), अनिद्र (आवरणरहित), अस्वप्न (विक्षेपरहित), स्वप्रकाश है; यह धर्मधातु स्वभाव से ही नित्य प्रकाशमान है।[3]

गौडपादाचार्य और विज्ञानवादी बौद्धों में कुछ अत्यन्त महत्त्वपूर्ण सैद्धान्तिक मतभेद भी हैं। प्रथम, गौडपाद अद्वैत वेदान्ती हैं जो परमार्थ में विज्ञानवादी और व्यवहार में वस्तुवादी हैं। किन्तु बौद्ध विज्ञानवादी परमार्थ और व्यवहार दोनों में विज्ञानवाद को मानते हैं। व्यवहार में भी विज्ञानवाद मानना समस्त व्यवहार का व्यर्थ में निषेध करना है। हम इसका विस्तार से विवेचन कर चुके हैं।[4] द्वितीय, आचार्य गौडपाद को प्रतिभास (स्वप्न तथा भ्रम पदार्थ) और व्यवहार (लौकिक पदार्थ) का व्यावहारिक मात्राभेद मान्य है, यद्यपि परमार्थ में दोनों समान रूप से मिथ्या हैं।[5] किन्तु विज्ञानवाद दोनों को समान रूप से 'भ्रम' मानकर व्यवहार में भी दोनों को एक ही स्तर पर रखता है। तृतीय, विज्ञानवाद जीवों और बाह्य पदार्थों को, 'अर्थ' (पदार्थ) या 'विषय' मात्र को वन्ध्यापुत्र और खपुष्प के समान सर्वथा असत्, अभूत और 'परिकल्पित' मानता है तथा इन पदार्थों का 'आकार' लेकर प्रतीत होने वाले अर्थाकार विज्ञानों को 'परतंत्र' कहता है तथा सांवृत सत्ता भी इन्हीं की मानता है। आचार्य गौडपाद इस भेद को नहीं मानते। उनके अनुसार यह भेद असत् और अनावश्यक है तथा समस्त व्यवहार का अपलाप करता है। पदार्थ और उसका आकार अविभाज्य है; पदार्थ से उसके आकार को अलग नहीं किया जा सकता। पदार्थ और अर्थाकार विज्ञान दोनों समान स्तर के हैं तथा

---

१. जात्याभासं चलाभासं वस्त्वाभासं तथैव च।
अजाऽचलमवस्तुत्वं विज्ञानं शान्तमद्वयम् ।। गौ. का. ४, ४५

२. स एवानास्रवो धातुरचिन्त्यः कुशलो ध्रुवः।
सुखो विमुक्तिकायोऽसौ धर्माख्योऽयं महामुनेः ।। त्रिंशिका, का. ३०

३. सकृद्विभातो ह्येवैष धर्मधातुः स्वभावतः। गौ. का. ४, ८१

४. देखिये पीछे पृ. १३३-३५।

५. देखिये पीछे पृ. २१८।

दोनों एक साथ प्रतीत होते हैं एवं दोनों का बाध भी एक साथ होता है। अतः पदार्थ को नितान्त असत् और अर्थाकार विज्ञान को संवृति सत् मानना नितान्त असत् कल्पना है।[१] चतुर्थ, विज्ञानवाद पदार्थों को बाह्य न होकर विज्ञानान्तर्गतरूप होने के कारण असत् मानता है; किन्तु आचार्य गौडपाद, माध्यमिक के समान, उनको सापेक्ष और सदसदनिर्वचनीय या अचिन्त्य होने के कारण मिथ्या मानते हैं। पञ्चम, विज्ञानवाद के अनुसार अनादिग्राह्य-ग्राहकवासना के कारण विज्ञान परतन्त्र होकर प्रतीत्यसमुत्पन्न बन जाता है और इन अनेक क्षणिक विज्ञानों का वासना-प्रेरित कारण-कार्य-क्षण-प्रवाह भवचक्र के रूप में चलता रहता है जिस पर नितान्त असत् जीवों और पदार्थों का आरोप किया जाता है। आचार्य गौडपाद इसे स्वीकार नहीं करते। उनके अनुसार नित्य परिनिष्पन्न (पारमार्थिक) विज्ञानमात्र ही इन आरोपों का अधिष्ठान हो सकता है, क्षणिकविज्ञानप्रवाह नहीं।

गौडपादाचार्य तथा विज्ञानवादी बौद्धों के उपर्युक्त मतभेदों के आलोक में अब हम आचार्यकृत विज्ञानवादखण्डन का निरूपण करते हैं। आचार्य का कथन है कि यदि पदार्थ नितान्त असत् है और विज्ञान उसका स्पर्श नहीं करता तो उसका 'आकार' भी विज्ञान में नहीं आ सकता क्योंकि पदार्थ से उसके 'आकार' को कभी भी पृथक् नहीं किया जा सकता। यदि पदार्थ सर्वथा असत् है तो विज्ञान उसका आकार ग्रहण नहीं कर सकता। विज्ञानवादी का पदार्थ को अभूत और परिकल्पित मानना तथा अर्थाकार विज्ञान को परतन्त्र सत् मानना नितान्त असंगत है (कारिका २६)। अतः न तो चित्त (विज्ञान) उत्पन्न होता है और न चित्त-दृश्य पदार्थ उत्पन्न होता है। जो चित्त की या चित्त-गृहीत अर्थाकार की या अर्थ की उत्पत्ति देखते हैं वे निश्चय ही आकाश में पक्षियों के चरण-चिह्न देखते हैं (कारिका २८)[२]। न तो चित्त (प्रवृत्ति-विज्ञान) धर्मों को (पदार्थों को) उत्पन्न करता है अर्थात् उनका आकार लेकर बहिर्वत् प्रतीत होता है, और न ही धर्म (बाह्य पदार्थ) चित्त (विज्ञान) को उत्पन्न करते हैं। इस प्रकार व्यक्तिगत विज्ञानवाद और वस्तुवाद के निरास से कार्यकारणभाव की असिद्धि देखकर मनीषी लोग अजाति को स्वीकार करते हैं (कारिका ५४)।[३] जीव और जगत् की उत्पत्ति माया के कारण प्रतीत होती है और वह माया भी वास्तविक नहीं है (कारिका ५८)। यह ग्राह्यग्राहकरूपी समस्त विश्वप्रपञ्च चित्त का ही स्पन्दन है; किन्तु चित्त वस्तुतः निर्विषय, नित्य और असङ्ग है, अतः उसका स्फुरण मायाकृत प्रतीतिमात्र है (कारिका ७२)।[४] यदि जीव और पदार्थ परिकल्पित हैं, उनकी कोई सत्ता नहीं है तो परतंत्र अर्थाकार विज्ञान भी लोकसंवृत्तिसत् है, अतः परमार्थतः इसकी भी सत्ता नहीं है (कारिका ७३)।[५] परिनिष्पन्न परमार्थ को 'अज'

---

१. देखिये पीछे पृ. १३३-३४

२. तस्मान्न जायते चित्तं चित्तदृश्यं न जायते।
तस्य पश्यन्ति ये जातिं खे वै पश्यन्ति ते पदम् ।। गौ. का. ४, २८

३. एवं न चित्तजा धर्माश्चित्तं वापि न धर्मजम्।
एवं हेतुफलाजातिं प्रविशन्ति मनीषिणः।। वहीं ४, ५४

४. चित्तं निर्विषयं नित्यमसङ्गं तेन कीर्तितम् । वहीं ४, ७२

५. परतन्त्रोऽभिसंवृत्या स्यान् नास्ति परमार्थतः । गौ. का. ४, ७३

कहना भी संवृति (व्यवहार) की दृष्टि से सम्भव है क्योंकि परमार्थ में शब्दों की, वर्णों की गति नहीं है।[१] परिनिष्पन्न परिकल्पित के कारण परतन्त्र के रूप में प्रतीत होता है, और परतन्त्र भी लोकसंवृति की दृष्टि से ही प्रतीत्यसमुत्पन्न होकर कारणकार्यक्षणप्रवाह के जन्ममरणचक्र में फँसता है, वस्तुत: नहीं (कारिका ७४)। अनादि ग्राह्यग्राहकवासना से तन्त्रित होकर विज्ञान परतन्त्र बनकर प्रतीत्यसमुत्पाद के कारणकार्यचक्र में प्रवाहित होता है। ग्राहक-ग्राह्य द्वैत, ज्ञातृज्ञेयभेद, जीव और जगत्पदार्थ का द्वैत; आलयविज्ञान, क्लिष्ट मनोविज्ञान, चक्षुरादिइन्द्रिय, रूपादिविषय तथा रूपादिविज्ञान का प्रपञ्च, परतन्त्र विज्ञान द्वारा अभूत ग्राहकग्राह्यद्वैत की परिकल्पना करने के कारण होता है। विज्ञानवाद के अनुसार अनादि ग्राह्यग्राहकाभिनिवेशवासना के कारण परतन्त्र विज्ञान 'अभूत' अर्थात् वन्ध्यापुत्रवत् नितान्त असत् ग्राह्यग्राहकद्वैत की परिकल्पना करता है अत: परतन्त्र विज्ञान को 'अभूतपरिकल्प' अर्थात् अभूत की परिकल्पना करने वाला' (अभूतस्य परिकल्पो यस्मात् स:) कहा जाता है। विज्ञानवाद के अनुसार अभूतपरिकल्प अर्थात् परतन्त्र अर्थाकार विज्ञान की सत्ता है, किन्तु परिकल्पित अर्थात् जीवों और जगत् पदार्थों की, वन्ध्यापुत्र के समान, कोई सत्ता नहीं है (कारिका ७५)[२]। आचार्य के अद्वैत वेदान्त के अनुसार परिकल्पित और परतन्त्र दोनों सांवृत हैं और दोनों समान स्तर के हैं; वस्तु और विज्ञान दोनों की प्रतीति एक साथ होती है और दोनों का बाध भी एक साथ होता है। वस्तु या पदार्थ को नितान्त असत् और अर्थाकार विज्ञान को सत् कहना नितान्त असङ्गत है। न विज्ञान वस्तु को उत्पन्न करता है, न वस्तु विज्ञान को।[३] बुद्धों ने (विज्ञानवादी बौद्धों ने) परिकल्पित ग्राह्यग्राहकद्वैत के ज्ञान को, जिसमें अर्थाकार विज्ञान की वस्तु के रूप में उपलब्धि होती है, लौकिकज्ञान कहा है; परतन्त्र के ज्ञान को, जिसमें केवल अर्थाकार विज्ञान की उपलब्धि होती है वस्तु की नहीं, शुद्ध लौकिकज्ञान बताया है, और परिनिष्पन्न के ज्ञान को, जिसमें ग्राह्यग्राहकरहित शुद्ध अद्वय विज्ञानमात्र का अपरोक्षानुभव होता है, लोकोत्तरज्ञान की संज्ञा दी है (कारिका ८७-८८)। आचार्य के अनुसार ज्ञान दो प्रकार का ही है, मिथ्याज्ञान (जो वस्तुत: भ्रम है) और सत्यज्ञान। मिथ्याज्ञान को प्रतीतिदशा में लौकिकज्ञान कहा जा सकता है और अधिष्ठान के ज्ञान को सत्य या लोकोत्तरज्ञान। अर्थाकार विज्ञान के ज्ञान को 'शुद्धलौकिक' ज्ञान मानना विज्ञानवादी बौद्धों की कल्पनामात्र है क्योंकि अर्थाकार विज्ञान की उपलब्धि ही नहीं होती, न भ्रम में और न भ्रम का बाध होने पर। भ्रम में रज्जुसर्प की सर्प-पदार्थ के रूप में प्रतीति होती है सर्पाकार विज्ञान के रूप में नहीं; और भ्रम के बाधित होने पर न सर्प-पदार्थ की प्रतीति है और न सर्पाकार विज्ञान की। पुनश्च, अग्रयान में अर्थात् महायान (के विज्ञानवाद सम्प्रदाय) में इन परिकल्पित, परतन्त्र और परिनिष्पन्न नामक

---

१. अज: कल्पितसंवृत्या परमार्थेन नाप्यज: । वहीं, ४, ७४
यत्र वर्णा न वर्तन्ते। वहीं, ४, ६०

२. अभूताभिनिवेशोऽस्ति द्वयं तत्र न विद्यते । वहीं ४, ७५
तुलनार्थ द्रष्टव्य, अभूतपरिकल्पोऽस्ति द्वयं तत्र न विद्यते । मध्यान्तविभाग १, २

३. गौ. का. ४, ५४,

तीन स्वभावों को क्रमशः ज्ञेय, हेय और आप्य कहा गया है तथा जो आप्य है उसे पाक्य भी बताया गया है। इनमें परिकल्पित की उपलब्धि नहीं होती क्योंकि वह नितान्त असत् है; ज्ञेय परिकल्पित ज्ञान से ही निरस्त हो जाता है। परतन्त्र हेय है अर्थात् उसकी वासनाजन्य कल्पना का त्याग या प्रहाण करना पड़ता है। परिनिष्पन्न धर्मधातु आप्य है अर्थात् उसकी प्राप्ति या साक्षात्कार करना पड़ता है। इस प्राप्ति के लिए वह पाक्य या विशोध्य है अर्थात् उसके आगन्तुक मल को हटाकर उसका परिपाक या विशोधन करके उसे विशुद्ध रूप में प्राप्त करना पड़ता है (कारिका ९०)।[१] आचार्य के अनुसार जब परिकल्पित वन्ध्यापुत्रवत् असत् है और उसकी उपलब्धि भी नहीं होती, तब उसका परिज्ञान कैसे होगा ? एवं जो है ही नहीं, उसके निरास की क्या आवश्यकता है ? यदि परिनिष्पन्न स्वभाव से प्रभास्वर और परमविशुद्ध है तो उसमें मल और विशुद्धि की कल्पना असङ्गत है। एक ओर तो विज्ञानवाद परिनिष्पन्न धर्मधातु को प्रकृति-विशुद्ध मानता है और दूसरी ओर उसे आगन्तुक मल से दूषित भी मानता है।[२] आचार्य के अनुसार नित्य एवं प्रकृति-प्रभास्वर तथा प्रकृति-विशुद्ध परिनिष्पन्न धर्मधातु का वासना-कलुषित होकर परतन्त्र विज्ञानों का रूप लेना, और इन अनेक परतन्त्र क्षणिक विज्ञानों का वासना के कारण प्रतीत्यसमुत्पाद के कारणकार्यप्रवाह में निरन्तर बहते रहना; जीव और जगत्-पदार्थ रूपी समस्त विश्वप्रपञ्च को वन्ध्यापुत्रवत् नितान्त असत् कहकर समस्त लोक व्यवहार का संवृति की दृष्टि से भी सर्वथा निषेध करना; पदार्थ के 'आकार' को उससे अलग मानकर पदार्थ को नितान्त असत् और अर्थाकार विज्ञान को संवृति सत् मानना; क्षणिक विज्ञानों को प्रतीत्यसमुत्पन्न मानना आदि दोष विज्ञानवाद को दूषित किये हुये हैं। आचार्य के अनुसार भेद-दृष्टि अविद्या है। भेद को वास्तविक मानने वाले द्वैतवादी और बहुत्ववादी, चाहे वे जीवों और जगत् पदार्थों का भेद मानने वाले वस्तुवादी हों, चाहे क्षणिक विज्ञानों का भेद मानने वाले विज्ञानवादी हों, वे तत्त्व से च्युत होकर भेद में ही विचरण करते हैं, उनकी विशुद्धि निश्चय ही नहीं होती, वे कृपण और दयनीय हैं (कारिका ९४)।[३] ब्रह्म या आत्मतत्त्व विशुद्ध चैतन्यस्वरूप और निर्विकल्प है; अज्ञानी जन इसे बुद्धि की चार कोटियों द्वारा ग्रहण करना चाहते हैं, किन्तु यह भगवत्-तत्त्व इन कोटियों से सर्वथा अस्पृष्ट है। जो अपरोक्षानुभव द्वारा इस सर्वज्ञ आत्मतत्त्व का साक्षात्कार कर लेता है वह स्वयं सर्वज्ञ आत्मस्वरूप हो जाता है (कारिका ८४)।[४] इस सर्वज्ञ अद्वय ब्रह्मपद को पा लेने पर कुछ

---

१. हेयज्ञेयाप्यपाक्यानि विज्ञेयान्यग्रयानतः । गौ. का. ४, ९०

२. ज्ञेयं हेयमथो विशोध्यममलं यच्च प्रकृत्यामतम् ।
यस्याकाशसुवर्णवारिसदृशी क्लेशाद् विशुद्धिर्मता।। महायानसूत्रालंकार ११, १३
संक्लिष्टा च विशुद्धा च समला निर्मलापि सा। मध्यान्तविभाग १, १७
परिज्ञानं प्रहाणं च प्राप्तिः साक्षात्क्रियाऽपि सा। वहीं, ३, ९

३. वैशारद्यं तु वै नास्ति भेदे विचरतां सदा।
भेदनिम्नाः पृथग्वादास्तस्मात् ते कृपणाः स्मृताः ।। गौ. का. ४, ९४

४. येन दृष्टः स सर्वदृक्। वहीं ४, ८४

भी प्राप्तव्य शेष नहीं रहता (कारिका ८५)[१]। यही ब्राह्मणों का विनय है अर्थात् उनकी साधना का फल है; यही उनकी स्वाभाविक शान्ति है (कारिका ८६)।[२] समस्त जीव और समस्त पदार्थ वस्तुतः अद्वय ब्रह्म ही हैं; यहाँ किंचिन्मात्र भी भेद या नानात्व नहीं है। जिसे यह निश्चय हो गया उसने अमृत मोक्ष पा लिया (कारिका ९१-९२)। यह आत्मचैतन्य स्वप्रकाश और नित्य है। ज्ञातृज्ञेयभेदरहित होने से यह पूर्ण असङ्ग है। यह असङ्ग ज्ञान नित्यप्रकाशमान और निश्चल है (कारिका ९६)। जब द्वैत है ही नहीं तो इस ज्ञान के संक्रमण का प्रश्न नहीं उठता। यह स्वभावतः नित्य शुद्ध बुद्ध मुक्त है (कारिका ९८)। इस अद्वैत आत्मचैतन्य का प्रतिपादन उपनिषद् में हुआ है। यह विशुद्ध औपनिषद दर्शन है। यह बुद्धदेव का मौलिक उपदेश नहीं है (कारिका ९९) ।[३] इस प्रकरण की अन्तिम कारिका १०० में आचार्य गौडपाद ने दुर्दर्श, अतिगम्भीर, अज, साम्य, विशारद, निर्विशेष, अद्वैत ब्रह्म-पद की वन्दना करके अपने आगमशास्त्र का समापन किया है।

गौडपादकारिका या आगमशास्त्र न केवल अद्वैत वेदान्त का प्रथम उपलब्ध दार्शनिक ग्रन्थ है, अपितु अद्वैत वेदान्त और महायान बौद्धदर्शन के सम्बन्ध का सम्यक् दिग्दर्शन कराने वाला प्रथम ग्रन्थ भी है।

---

१. प्राप्य सर्वज्ञतां कृत्स्नां ब्राह्मण्यं पदमद्वयम्।
अनापन्नादिमध्यान्तं किमतः परमीहते।। वहीं ४, ८५

२. विप्राणां विनयो ह्येष शमः प्राकृत उच्यते । गौ. का. ४, ८६

३. नैतद् बुद्धेन भाषितम्। वहीं, ४, ९९

पञ्चदश अध्याय

शङ्कराचार्य का अद्वैत वेदान्त दर्शन

१. भूमिका

भगवान् श्री शङ्कराचार्य अलौकिक प्रतिभासम्पन्न महापुरुष थे। ये असाधारण विद्वत्ता, तर्कपटुता, दार्शनिकसूक्ष्मदृष्टि, रहस्यवादी आध्यात्मिकता, कवित्वशक्ति, धार्मिक पवित्रता, कर्तव्यनिष्ठा तथा सर्वातिशायी विवेक और वैराग्य की मूर्ति थे। इनका आविर्भाव आठवीं शती में केरल के मलाबार क्षेत्र के कालड़ी नामक स्थान में नम्बूद्री ब्राह्मण के घर में हुआ और निर्वाण बत्तीस वर्ष की आयु में हिमालय में केदारनाथ में हुआ। ज्ञान के प्राधान्य का साग्रह प्रतिपादन करने वाले और कर्म को अविद्याजन्य मानने वाले संन्यासी आचार्य का समस्त जीवन लोकसंग्रहार्थ निष्काम कर्म को समर्पित था। उन्होंने भारतवर्ष का भ्रमण करके हिन्दू समाज को एक सूत्र में पिरोने के लिए उत्तर में बदरीनाथ में, दक्षिण में शृङ्गेरी में, पूर्व में पुरी में तथा पश्चिम में द्वारका में, चार पीठों की स्थापना की। बत्तीस वर्ष की स्वल्पायु में अपने सुप्रसिद्ध ब्रह्मसूत्रभाष्य के अतिरिक्त ग्यारह उपनिषदों पर तथा गीता पर भाष्यों की रचना करना एवं अन्य ग्रन्थ और अनुपम स्तोत्र-साहित्य का निर्माण करना तथा वैदिक धर्म एवं दर्शन के समुद्धार, प्रतिष्ठा और प्रचार के दुःसाध्य कार्य को भारत में भ्रमण करते हुए, प्रतिपक्षियों को शास्त्रार्थ में पराजित करते हुए, अपने दर्शन की महत्ता का प्रतिपादन करते हुए तथा भारत की चारों दिशाओं में चार पीठों की स्थापना करते हुए सम्पादित करना वस्तुतः अलौकिक और अद्वितीय है। इसीलिए उन्हें भगवान् शङ्कर का अवतार माना जाता है। गौडपादाचार्य के प्रशिष्य एवं गोविन्दपादाचार्य के शिष्य शङ्कराचार्य का दर्शन उनके प्रतिपाद्य ब्रह्म के समान पूर्वापरकोटिवर्ज्य और पूर्ण है। शङ्कराचार्य का स्थान विश्व के सर्वोच्च दार्शनिकों में है।

वेदान्त के सभी सम्प्रदाय स्वयं को उपनिषद् पर आधारित बताते हैं तथा उपनिषद् को वेदान्त का मूलप्रस्थान मानते हैं। किन्तु शङ्कराचार्य का अद्वैत वेदान्त ही वस्तुतः औपनिषद दर्शन है। शङ्कराचार्य ने युक्तियुक्त रूप से प्रतिपादित किया है कि अद्वैत ही उपनिषदों का दर्शन है और अद्वैत द्वारा ही श्रुतियों की एकवाक्यता सिद्ध की जा सकती है। शङ्कराचार्य ने ही ग्यारह मूल उपनिषदों पर भाष्य-रचना की है, वेदान्त के अन्य सम्प्रदायाचार्यों ने नहीं। अद्वैत वेदान्त से सहमत होना या न होना अलग बात है, कोई भी विद्वान् अन्य वेदान्त सम्प्रदाय को या किसी भी दार्शनिक सम्प्रदाय को अपनी श्रद्धा के कारण अधिक सन्तोषजनक मान सकता है, किन्तु कोई भी निष्पक्ष विद्वान् यह नहीं कह सकता कि अद्वैत उपनिषदों का केन्द्रीय दर्शन नहीं है।

हम पिछले अध्याय में बता चुके हैं कि अद्वैत दर्शन उपनिषद् से प्रारम्भ हुआ और शङ्कर-पूर्व के कुछ आचार्यों के नामों का उल्लेख मिलता है, यद्यपि उनकी कृतियाँ उपलब्ध नहीं हैं, जो अद्वैत का प्रतिपादन करते थे; तथा गौडपादाचार्य की कारिका अद्वैत वेदान्त का प्रथम उपलब्ध ग्रन्थ है। हम यह भी बता चुके हैं कि स्वयं भगवान् बुद्ध ने उपनिषद् के अद्वैतवाद के मुख्य सिद्धान्तों को स्वीकार किया और माध्यमिक एवं विज्ञानवाद सम्प्रदायों ने बुद्धोपदेश के रूप में उनका विकास किया। इस औपनिषद अद्वैतदर्शन को गौडपादाचार्य ने अपनी कारिका में व्यवस्थित रूप दिया और इसका चरम उत्कर्ष शङ्कराचार्य के दर्शन में हुआ।

शङ्कराचार्य ने अपने अद्वैत वेदान्त को सुप्रतिष्ठित करने के लिए निम्नाङ्कित कार्य सम्पादित किये—

(१) उन्होंने यह स्पष्ट किया कि वैशेषिक, न्याय और सांख्य वैदिक दर्शन नहीं हैं, यद्यपि ये वेद में आस्था प्रकट करते हैं। प्राचीन सांख्य सम्भवत: ईश्वरवादी था तथा स्वयं को उपनिषद् पर आधारित कहता था और उसके इस दावे का खण्डन महर्षि बादरायण ने ब्रह्मसूत्र में तथा शङ्कराचार्य ने अपने भाष्य में किया। शङ्कराचार्य ने सांख्य को वेदान्त का 'प्रधानमल्ल' (मुख्य प्रतिद्वन्द्वी) बताया है और द्वैतवादी होने के कारण उसे श्रुति-प्रतिकूल सिद्ध किया है, यद्यपि सांख्य के बहुत से तत्त्वों को वेदान्त ने उसी रूप में या कुछ परिवर्तन के साथ अपना लिया है।

(२) उन्होंने पूर्वमीमांसाकृत वेद की कर्मपरक व्याख्या का निरास किया। पूर्वमीमांसा के अनुसार वेद क्रियार्थक है तथा वेद के वे भाग जो स्पष्ट रूप से कर्म-परक नहीं हैं, परोक्षतया कर्म का अंग बनकर ही सार्थक हो सकते हैं। शङ्कराचार्य ने इस व्याख्या को उलट दिया और यह सिद्ध किया कि वेद का मुख्य लक्ष्य परमतत्त्व को प्रकाशित करना है अत: वेद का ज्ञान-परक मन्त्रभाग और उपनिषद्-भाग मुख्य हैं। तथा वेद के कर्म एवं उपासनापरक भाग गौण हैं क्योंकि इनका प्रयोजन चित्त-शुद्धि है।

(३) उन्होंने उपनिषद् और ब्रह्मसूत्र के उन प्राचीन व्याख्याकारों (जैसे भर्तृप्रपञ्च आदि) के मत का खण्डन किया जो ब्रह्मपरिणामवाद या भेदाभेदवाद के पोषक थे। शङ्कराचार्य ने ब्रह्मपरिणामवाद के स्थान पर ब्रह्मविवर्तवाद का और भेदाभेदवाद के स्थान पर अद्वैतवाद का प्रतिपादन किया।

(४) उन्होंने यह स्पष्ट किया कि निर्विशेष या निर्गुण ब्रह्म 'शून्य' नहीं है, यदि 'शून्य' का अर्थ सर्वनिषेध हो। 'नेति नेति' ब्रह्मविषयक निर्वचनों का निषेध करता है, स्वयं ब्रह्म का नहीं। निर्विशेष ब्रह्मवाद निरपेक्ष अद्वैतवाद है।

(५) उन्होंने बौद्ध विज्ञानवाद का मार्मिक खण्डन करके अपने नित्य औपनिषद आत्मचैतन्यवाद को उससे पृथक् सिद्ध किया।

(६) उन्होंने सिद्ध किया कि माया या अविद्या ब्रह्म की अनिर्वचनीय शक्ति के रूप में

उपनिषद् सिद्धान्त है। उपनिषद् में तात्विक भेद, द्वैत, परिणाम आदि का कोई स्थान नहीं है।

२. माया, अविद्या या अध्यास

अद्वैत वेदान्त का सार श्लोकार्ध में इस प्रकार व्यक्त किया जा सकता है—ब्रह्म ही सत्य है, जगत् मिथ्या है, और जीव ब्रह्म ही है, उससे भिन्न नहीं।[१] ब्रह्म और आत्मा एक हैं, दोनों परम तत्त्व के पर्याय हैं। जगत्-प्रपञ्च माया की प्रतीति है। जीव और जगत् दोनों मायाकृत हैं। जिस प्रकार रज्जु भ्रम में सर्प के रूप में प्रतीति होती है और रज्जु का ज्ञान हो जाने पर सर्प का बाध हो जाता है, उसी प्रकार ब्रह्म, अविद्या या माया के कारण, जीव-जगत्-प्रपञ्च रूप में प्रतीत होता है और निर्विकल्प अपरोक्ष ज्ञान द्वारा ब्रह्मानुभव होने पर जीव-जगत्-प्रपञ्च का बाध हो जाता है। यही मोक्ष या आत्मस्वरूप का ज्ञान है।

माया, अविद्या, अज्ञान, अध्यास, अध्यारोप, विवर्त, भ्रान्ति, भ्रम, सदसदनिर्वचनीयता आदि शब्दों का प्रयोग वेदान्त में प्राय: पर्यायों के रूप में किया जाता है। इनमें माया, अविद्या, अज्ञान, अध्यास और विवर्त शब्दों का पर्यायार्थक प्रयोग अधिकतर होता है।

शङ्कराचार्य के अनुसार माया या अविद्या की निम्नांकित विशेषताएँ हैं—

(१) माया, सांख्य की प्रकृति के समान, **भौतिक और जड़** है, किन्तु सांख्य की प्रकृति के विपरीत, न तो सत् है और न स्वतंत्र है।

(२) माया ब्रह्म की अभिन्न **शक्ति** है। यह ब्रह्म पर आश्रित है और उससे अपृथक् है। इसे ब्रह्म से 'अनन्या' कहा जाता है। वस्तुत: माया और ब्रह्म में कोई सम्बन्ध नहीं हो सकता, न भेद, न अभेद और न भेदाभेद; उनके इस प्रातीतिक सम्बन्ध को 'तादात्म्य' नाम दिया गया है।

(३) माया **अनादि** है।

(४) माया **भावरूप** है, किन्तु सत् नहीं है। यह बतलाने के लिए कि माया केवल अभावरूप नहीं है, इसे भावरूप कहा जाता है। माया अभावरूप भी है और भावरूप भी है। इसका अभावपक्ष 'आवरण' कहलाता है जो तत्त्व को आवृत कर देता है, उस पर पर्दा डाल देता है, जिससे तत्त्व का ज्ञान नहीं हो पाता। इसका भावपक्ष 'विक्षेप' कहलाता है जो तत्त्व पर किसी अन्य वस्तु का आरोप कर देता है जिससे तत्त्व की अन्यथा प्रतीति होने लगती है। वस्तुत: माया न अभाव है और न भाव है।

(५) माया **सदसदनिर्वचनीय** या भावाभावविलक्षण है। माया सत् नहीं है क्योंकि ब्रह्म से भिन्न इसकी कोई सत्ता नहीं है; यह असत् भी नहीं है क्योंकि यह ब्रह्म पर जगत्-प्रपञ्च का आरोप करती है। यह सत् नहीं है क्योंकि अधिष्ठान के ज्ञान से इसका बाध हो जाता है, यह असत् भी नहीं है क्योंकि इसकी प्रतीति होती है। यह सत् और असत् दोनों भी नहीं

---

१. ब्रह्म सत्यं जगन्मिथ्या जीवो ब्रह्मैव नापर:।

है क्योंकि सत् और असत्, प्रकाश और अन्धकार के समान, एक साथ नहीं रह सकते।

(६) माया **अध्यास** है। यह भ्रान्ति या भ्रम है। यह किसी वस्तु (रज्जु या शुक्ति) पर किसी अन्य वस्तु (सर्प या रजत) का अध्यास, आरोप या विक्षेप है। यह मिथ्याज्ञान या अन्यथाज्ञान है, जैसे रज्जुसर्प का या शुक्तिरजत का ज्ञान। अध्यास या विक्षेप के पूर्व आवरण या अज्ञान का होना आवश्यक है, जैसे रज्जु या शुक्ति पर आवरण पड़ना जिससे उनका अज्ञान बना रहे और ज्ञान न हो सके। यह केवल अज्ञान की अर्थात् ज्ञान के अभावमात्र की अवस्था है जिसे भ्रम नहीं कहा जा सकता। भ्रम अध्यास या विक्षेप है जिससे किसी वस्तु पर किसी अन्य वस्तु का आरोप हो सके और उस वस्तु का मिथ्याज्ञान या अन्यथाज्ञान हो। भ्रम अध्यास या मिथ्याज्ञान है।

(७) माया **ज्ञाननिरस्या** है अर्थात् अधिष्ठान के ज्ञान से इसका निरास, बाध या निवृत्ति हो जाती है, जैसे रज्जु के ज्ञान से रज्जुसर्प की और ब्रह्मज्ञान से जगत्-प्रपञ्च की।

(८) माया **विवर्त** है। यह आभास मात्र है। रज्जु भ्रम में भी सर्प के रूप में परिवर्तित नहीं होती; ब्रह्म जगत्प्रपञ्च के रूप में परिवर्तित नहीं होता। केवल प्रतीतिमात्र होती है। अतः माया की प्रातीतिक अर्थात् व्यावहारिक या प्रातिभासिक सत्ता है, जगत्प्रपञ्च की व्यावहारिक और रज्जुसर्प की प्रातिभासिक। रज्जुसर्पादिक व्यक्तिगत भ्रम (एवं स्वप्न आदि) को, जिसका बाध लौकिकज्ञान से, व्यवहार से, हो सके 'प्रतिभास' कहते हैं; तथा इस जागतिक विराट् भ्रम को, इस लोक-व्यवहार को, जिसका बाध ब्रह्मज्ञान से, परमार्थ से, हो सके 'व्यवहार' कहते हैं।

(९) माया का **आश्रय** और **विषय** ब्रह्म ही है; तथापि ब्रह्म माया से सर्वथा और सर्वदा अलिप्त है, जिस प्रकार आकाश तलमलिनता से या रज्जु सर्प से अलिप्त है। अधिष्ठान कभी अध्यस्त पदार्थ से कलुषित नहीं होता।

शङ्कराचार्य ने अपने ब्रह्मसूत्रभाष्य के प्रारम्भ में अनुभव का विवेचन करते हुये दर्शन की मूलभूत समस्या, 'भ्रम' की समस्या, का मार्मिक विश्लेषण प्रस्तुत किया है। आचार्य का कथन है कि यह समस्त लोकव्यवहार दो तत्त्वों के मिलन या तादात्म्य पर निर्भर है—एक तो शुद्ध चैतन्यस्वरूप आत्मतत्त्व जो विषयी, ज्ञाता, चेतन और नित्य है एवं 'अहं' प्रत्ययगोचर है; और दूसरा विषय या ज्ञेय पदार्थ जो जड़ और अनित्य है एवं 'इदं' (या युष्मत्) प्रत्ययगोचर है। यह युक्तियुक्त है कि विषयी आत्मा और विषयरूपी अनात्मा, जो प्रकाश और अन्धकार के समान परस्पर अत्यन्त विरुद्ध हैं, जिनमें आत्मा शुद्धचैतन्यस्वरूप, अपरिणामी, ज्ञाता और नित्य है तथा अनात्मा विषय, ज्ञेय, परिणामी, जड़ पदार्थ और अनित्य है, कभी एक-दूसरे से मिल नहीं सकते। प्रकाश और अन्धकार के मिलन के समान इनका मिलन असम्भव है। किन्तु इनके मिलन या तादात्म्य के बिना कोई लोक-व्यवहार, कोई लौकिक अनुभव सिद्ध नहीं होता। इस असम्भव मिलन को सम्भव के रूप में प्रतीत कराने वाली शक्ति का नाम माया या अविद्या है। किन्तु यह स्वीकार करना होगा कि जब आत्मा और अनात्मा का वास्तविक

मिलन या सम्बन्ध असम्भव है तब उनके मिलन या सम्बन्ध की प्रतीति और तज्जन्य लोक-व्यवहार मिथ्या ही होना चाहिये।[१] जब आत्मा और अनात्मा में कोई सम्बन्ध या तादात्म्य नहीं हो सकता तब उनके धर्मों का भी परस्पर कोई सम्बन्ध या तादात्म्य नहीं हो सकता।[२] इस सम्बन्ध की मिथ्या प्रतीति कराने वाली माया मूलाविद्या है, विराट् समष्टि की भ्रान्ति है जो समस्त विश्व की जननी है और संसार-चक्र चला रही है। हम सब जीव इसी में जन्म लेते हैं, व्यवहार करते हैं और मरते हैं तथा मरने के बाद पुनः जन्म लेते हैं। अतः सत् आत्मा और असत् अनात्मा का एक-दूसरे पर आरोप एवं एक के धर्मों का दूसरे के धर्मों पर आरोप हमारे लिये स्वाभाविक है क्योंकि हमारा समस्त लोक-व्यवहार इसी अनादि मिथ्याज्ञान पर, इस सत् और असत् के मिलन पर, इस सत्य और अनृत के मिथुनीकरण पर आश्रित है।[३]

यहाँ यह प्रश्न उठता है कि शुद्ध चैतन्यस्वरूप आत्मा तो असङ्ग और अविषय है, तब वह 'अहं' प्रत्यय का विषय कैसे हो सकता है? और जब आत्मा विषय के रूप में अवस्थित नहीं होता तब उस पर अनात्मा का या अनात्मधर्मों का अध्यास कैसे सम्भव है ? इसका उत्तर इस प्रकार है—वस्तुतः आत्मचैतन्य असङ्ग और अविषय ही है। अतः 'अहं' प्रत्यय का विषय जीव या प्रमाता है। किन्तु स्वप्रकाश साक्षिचैतन्य ही अविद्या के कारण जीव या प्रमाता के रूप में भासित होता है, अतः अविषय आत्मतत्त्व को 'अहं' प्रत्ययविषयवत् कल्पित कर लिया जाता है। पुनश्च, अभ्यास के लिये यह आवश्यक नहीं है कि अधिष्ठान का विषय के रूप में प्रत्यक्ष हो क्योंकि अप्रत्यक्ष आकाश पर भी अज्ञानी जन तलमलिनता का अध्यास कर देते हैं। शुद्ध आत्मचैतन्य प्रमातृप्रमेयप्रमाणव्यवहारातीत है। वह स्वयंप्रकाश और असङ्ग तथा अविषय है। इस शुद्ध आत्मतत्त्व पर अविद्या के कारण अनात्मा का तथा देहेन्द्रियान्तःकरणादि अनात्मधर्मों का अध्यास होते ही यह शुद्ध साक्षिचैतन्य जीव या प्रमाता के रूप में प्रतीत होता है। यह मुख्य अध्यास है। इस अध्यास को पण्डितजन अविद्या कहते हैं, और आत्मा तथा अनात्मा के विवेक से चिदात्मा के स्वरूपज्ञान को विद्या कहते हैं।[४] अतः अविद्यावान् जीव या प्रमाता को विषय और आश्रय बनाकर प्रमातृप्रमाणप्रमेय आदि समस्त लोकव्यवहार एवं विधि, निषेध और मोक्षपरक समस्त शास्त्र प्रवृत्त होते हैं।[५] इस अविद्या के कारण जीव अपने आत्मस्वरूप को भूल कर अनात्मपदार्थों और अनात्मधर्मों को अपने ऊपर आरोपित करता है, वह कलत्र, पुत्र, मित्रादि बाह्य वस्तुओं से, देह से, इन्द्रियों से, अन्तःकरण

---

१. ब्रह्मसूत्रशाङ्करभाष्य, उपोद्घात; विषयिणि चिदात्मके विषयस्य तद्धर्माणां चाध्यासः, विषयिणस्तद्धर्माणां च विषयेऽध्यासो मिथ्येति भवितुं युक्तम्।

२. वहीं।

३. वहीं; अत्यन्तविविक्तयोर्धर्मधर्मिणोः मिथ्याज्ञाननिमित्तः सत्यानृते मिथुनीकृत्य 'अहमिदम्, ममेदम्' इति नैसर्गिकोऽयं लोकव्यवहारः।

४. एवंलक्षणमध्यासं पण्डिता अविद्येति मन्यन्ते, तद्विवेकेन च वस्तुस्वरूपावधारणं विद्यामाहुः। वहीं।

५. अध्यासं पुरस्कृत्य सर्वे प्रमाणप्रमेयव्यवहाराः लौकिकाः प्रवृत्ताः, सर्वाणि च शास्त्राणि विधिप्रतिषेधमोक्षपराणि। ... अविद्यावद्विषयाणि प्रमाणानि शास्त्राणि चेति। वहीं।

से और इनके धर्मों से तादात्म्य स्थापित करता है। वह अहङ्कार और ममकार से ग्रस्त होकर स्वयं को कर्ता और भोक्ता समझता है तथा जन्म-मरण चक्र में संसरण करता है। यह अनादि, अनन्त, नैसर्गिक तथा मिथ्याज्ञानरूप अध्यास सारे अनर्थों का मूल कारण है। इसे नष्ट करने के लिए और अद्वैत आत्मतत्त्व का अपरोक्ष ज्ञान प्राप्त करने के प्रयोजन के लिये सारे वेदान्तशास्त्र प्रारम्भ होते हैं।[१]

शङ्कराचार्य ने अध्यास के **तीन लक्षण** दिये हैं जिनमें कोई तात्त्विक भेद नहीं है। प्रथम लक्षण के अनुसार 'अध्यास स्मृतिरूप परत्र पूर्वदृष्टावभास' है। अध्यास 'अवभास' है अर्थात् निरासयोग्य आभास है जो अभी भासित हो रहा है, किन्तु बाद में उत्तर-ज्ञान से निरस्त या बाधित हो जायगा। यह अवभास 'पूर्वदृष्ट' का है अर्थात् उस वस्तु का है जो पूर्वकाल में देखी गई थी, किन्तु अभी नहीं है। यह अवभास 'स्मृतिरूप' है अर्थात् स्मृति तो नहीं है, किन्तु स्मृति के समान रूप वाला है अर्थात् जिस प्रकार स्मृति संस्कार-जन्य है उसी प्रकार यह अवभास भी संस्कार-जन्य है। यह अवभास 'परत्र' है अर्थात् अपने 'अधिकरण' में है जो यहाँ इस समय उपस्थित है।[२] इस लक्षण के अनुसार अध्यास या भ्रम के **तीन घटक** होते हैं—(१) वह वस्तु जो यहाँ इस समय प्रत्यक्ष उपस्थित है (परत्र) और सत् है; यह वस्तु भ्रम का 'अधिष्ठान' या अधिकरण है जिस पर किसी अन्य वस्तु का आरोप या अध्यास किया जाता है, जैसे रज्जु या शुक्ति; (२) वह वस्तु जिसका पूर्वकाल में प्रत्यक्ष हुआ था (पूर्वदृष्ट) और जो अपने स्वरूप में भले ही सत् हो, किन्तु यहाँ इस समय उपस्थित नहीं होने से 'असत्' है; यह वस्तु 'अध्यस्त' है अर्थात् इसका अध्यास अधिष्ठान पर किया जाता है, जैसे सर्प या रजत; यह स्मृति नहीं है, किन्तु इसका रूप, स्मृति के समान, इसके संस्कारों में उद्‌बुद्ध होता है जिसे अन्तःकरण गलती से उपस्थित अधिष्ठान पर (जिसका प्रत्यक्ष हो रहा है) आरोपित कर देता है (स्मृतिरूप); और (३) आरोप या तादात्म्य की क्रिया अर्थात् अध्यस्त वस्तु (सर्प या रजत) का उपस्थित अधिष्ठान (रज्जु या शुक्ति) पर आरोप किया जाना। जब ये तीनों घटक होंगे तभी अध्यास या भ्रम होगा। आचार्य ने अध्यास का दूसरा लक्षण इस प्रकार दिया है—'अध्यास किसी अन्य वस्तु (अधिष्ठान) का किसी अन्य वस्तु (अध्यस्त) के धर्म के रूप में अवभासित होना है'।[३] प्रत्येक वस्तु में द्रव्यांश (इदमंश) और धर्मांश दोनों होते हैं। एक वस्तु के 'द्रव्य' पर किसी अन्य वस्तु के 'धर्म' को आरोपित करना अध्यास है। जैसे रज्जु या शुक्ति के द्रव्यांश (इदम्) पर सर्पत्व या रजतत्व धर्म का आरोप। तृतीय लक्षण है—'अध्यास अतत् में तद्‌बुद्धि है'।[४] अर्थात् अध्यास किसी वस्तु का (रज्जु या शुक्ति का जो वस्तुतः सर्प या रजत नहीं है) किसी अन्य वस्तु (सर्प या रजत) के रूप में ज्ञान है। अध्यास मिथ्याज्ञान

---

१. अस्यानर्थहेतोः प्रहाणाय आत्मैकत्वविद्याप्रतिपत्तये सर्वे वेदान्ता आरम्भ्यन्ते। वहीं।

२. अध्यासो नाम स्मृतिरूपः परत्र पूर्वदृष्टावभासः। वहीं।

३. अन्यस्य अन्यधर्मावभासता। वहीं।

४. अतस्मिन् तद्‌बुद्धिः। वहीं।

या अन्यथाज्ञान है। यह असत् का सत् पर आरोप है। यह सत् और असत् का, सत्य और अनृत का, मिथुनीकरण है। असत् 'सत्' के रूप में प्रतीत होता है और बाद में अधिष्ठान के ज्ञान से बाधित हो जाता है। आचार्य ने प्रभाकर के अख्यातिवाद और न्याय के अन्यथाख्यातिवाद का उल्लेख किया है एवं यह बताया है कि भ्रम विवेकाग्रह या ज्ञानाभाव, या अपूर्णज्ञान नहीं है, अपितु मिथ्याज्ञान या अन्यथाज्ञान है। अध्यास असत् का सत् पर आरोप है, यह असत् अध्यस्त का सत् अधिष्ठान से तादात्म्य है। अध्यस्त पदार्थ स्वरूप से ही मिथ्या है। यह सत् अधिष्ठान पर आरोपित होकर 'सत्' के रूप में प्रतीत होता है, किन्तु वस्तुतः यह प्रतीति के समय भी असत् है क्योंकि भ्रम की अवस्था में भी रज्जु सर्प के रूप में परिणत नहीं होती; अधिष्ठान के ज्ञान से यह बाधित हो जाता है। अधिष्ठान सत् है; असत् अध्यस्त से उसका सम्बन्ध मिथ्या है; अतः वह संसर्ग से मिथ्या है। वस्तुतः अविद्या, अध्यास, भ्रम, तादात्म्य भी मिथ्या है। असत् और सत् दो भिन्न स्तरों के पदार्थ हैं, अतः इनमें कोई वास्तविक सम्बन्ध नहीं हो सकता। तादात्म्य वस्तुतः सम्बन्ध नहीं है, अपितु भेद, अभेद और भेदाभेद रूपी सम्बन्ध का अभाव है। तादात्म्य का केवल यही अर्थ है कि असत् की प्रतीति भी सत् पर आरोपित होकर ही हो सकती है। अध्यस्त पदार्थ 'सत्' नहीं है क्योंकि अधिष्ठान के ज्ञान से बाधित हो जाता है; वह 'असत्' भी नहीं है क्योंकि भ्रम-दशा में उसकी प्रतीति होती है। अतः उसे सदसदनिर्वचनीय या मिथ्या कहा जाता है। अद्वैत वेदान्त 'अनिर्वचनीयख्याति' को स्वीकार करता है। हम तेरहवें अध्याय में ख्यातिवाद का विशद विवेचन कर चुके हैं।[1]

प्रोफ़ेसर कृष्णचन्द्र भट्टाचार्य के अनुसार वेदान्त में भ्रम-विषयक **तीन अवस्थायें** होती हैं। भ्रम-पदार्थ को पहले तो सत् मान लिया जाता है, फिर उसका बाध होता है और तत्पश्चात् उसके स्वरूप का विश्लेषण करने पर उसके मिथ्यात्व का बोध होता है। प्रथम अवस्था भ्रम या अज्ञान की अवस्था है जिसमें भ्रम-पदार्थ की, जैसे रज्जुसर्प की, सत् के रूप में प्रतीति होती है। हमें सर्प का प्रत्यक्ष ज्ञान होता है—'यह सर्प है।' रज्जु और सर्प का पूर्ण तादात्म्य हो जाता है, इतना पूर्ण कि रज्जु सर्वथा आवृत हो जाती है और सर्प ही रह जाता है। द्वितीय अवस्था ज्ञान की अवस्था है जिसमें अधिष्ठान के ज्ञान से अध्यस्त का सर्वथा बाध [illegible] या निषेध कर दिया जाता है। इस अवस्था में न्यायवाक्य इस प्रकार होता है—'यह [illegible] है', या 'यह सर्प नहीं है', या 'यह तो रज्जु है, सर्प नहीं है'। **'यह'** सर्प और रज्जु को जोड़ने वाली कड़ी है क्योंकि 'यह सर्प है' और 'यह तो रज्जु है' इन दोनों न्याय-वाक्यों में 'यह' उद्देश्य है। 'यह तो रज्जु है' इस न्याय-वाक्य से सर्प और रज्जु का तादात्म्य निरस्त हो जाता है तथा फलस्वरूप असत् सर्प का सत् रज्जु पर अध्यास बाधित हो जाता है। तृतीय अवस्था भ्रम के दार्शनिक विश्लेषण द्वारा उसके मिथ्यात्व के बोध की अवस्था है। इस अवस्था में भ्रम-पदार्थ की सदसदनिर्वचनीयता का एवं उसके मिथ्यात्व का बोध होता है। भ्रम-पदार्थ सत् और असत् रूप से अनिर्वचनीय और अलक्षणीय है। उसके लिए इस व्यावहारिक जगत्

---

१. देखिये पीछे पृ. २०२-२०९

में कोई स्थान नहीं है क्योंकि वह इस जगत् की वस्तु नहीं है। वह 'प्रतिभासमात्रशरीर' है क्योंकि जब तक उसकी प्रतीति है तभी तक उसकी सत्ता है; उसकी सत्ता उसकी उपलब्धि तक ही सीमित है। किन्तु उपलब्धि के समय भी उसकी 'प्रतीति मात्र' होती है, उसकी 'सत्ता' नहीं होती। उपलब्धि के समय भी वहाँ सर्प नहीं है, रज्जु ही है। रज्जुसर्प की, उपलब्धि के पूर्व और पश्चात् कोई सत्ता नहीं होती और उपलब्धि के समय भी उसकी सत्ता नहीं होती, अतः रज्जुसर्प भी, वन्ध्यापुत्र और खपुष्प के समान, भूत-भविष्यत्-वर्तमान तीनों कालों में नितान्त असत् सिद्ध होता है। तथापि रज्जुसर्प में 'सत्' के रूप में प्रतीत होने का सामर्थ्य है; असत् होते हुये भी वह 'सत्' के छद्मवेश में प्रतीत होता है और हम धोखे में उसे 'सत्' मान लेते हैं और उसकी हमें 'सत्' के रूप में उपलब्धि होती है, भ्रम के समय हमें उसका 'सर्प' के रूप में प्रत्यक्ष होता है। किन्तु वन्ध्यापुत्र और खपुष्प आदि में तो प्रतीति-सामर्थ्य भी नहीं है, उनकी कभी उपलब्धि भी नहीं होती। अतः उन्हें 'तुच्छ' या अत्यन्त असत् कहा जाता है। व्यक्तिगत भ्रम के रज्जुसर्पादिक पदार्थ 'प्रतिभास' कहे जाते हैं। समष्टि-भ्रम के लौकिक पदार्थ 'व्यवहार' के अन्तर्गत आते हैं। दोनों ही सदसदनिर्वचनीय होने के कारण मायिक और मिथ्या हैं। रज्जुसर्पादिक भ्रमपदार्थ और वन्ध्यापुत्रादिक तुच्छ पदार्थ यद्यपि सत्ता की दृष्टि से समान रूप से त्रिकाल में असत् हैं, तथापि दोनों में महत्त्वपूर्ण भेद यह है कि रज्जुसर्पादिक पदार्थ सदसदनिर्वचनीय और मिथ्या हैं क्योंकि उनमें अपने अधिकरण में उनका अत्यन्ताभाव होने पर भी सत् के रूप में प्रतीयमान होने का सामर्थ्य है और भ्रम के समय उनकी 'सत्' के रूप में उपलब्धि होती है, जबकि वन्ध्यापुत्रादिक पदार्थों में प्रतीति-सामर्थ्य भी नहीं है इसलिए उन्हें तुच्छ और अत्यन्त असत् कहा जाता है;[1] उपलब्धि न होने के कारण वे वस्तुतः पदार्थ भी नहीं हैं, वे शब्दमात्र हैं। भ्रम-पदार्थ 'सत्' नहीं है क्योंकि ज्ञान से उसका बाध हो जाता है; वह 'असत्' भी नहीं है क्योंकि उसकी, भ्रम-दशा में, प्रतीति होती है, सत् और असत् परस्पर विरुद्ध हैं, अतः भ्रम-पदार्थ को सदसत् भी नहीं कहा जा सकता। इसलिए सत्, असत् और सदसद् से विलक्षण होने के कारण भ्रम-पदार्थ को सदसदनिर्वचनीय या सदसद्विलक्षण कहा जाता है एवं जो सदसदनिर्वचनीय है वह मायिक और मिथ्या है। अध्यास या माया के इन त्रिविध रूपों का संक्षेप में सुन्दर निरूपण स्वामी विद्यारण्य ने अपनी पञ्चदशी में इस प्रकार किया है—माया तीन रूपों में प्रतीत होती है, वास्तव, अनिर्वचनीय और तुच्छ; उसके ये तीन रूप क्रमशः लौकिक, यौक्तिक और श्रौत, इन तीन प्रकार के बोधों से जाने जाते हैं। लौकिक ज्ञान की दृष्टि से माया वास्तविक प्रतीत होती है और उससे समस्त लौकिक व्यवहार सम्पन्न होते हैं, रज्जुसर्प भी भ्रम की अवस्था में वास्तविक सर्प के रूप में प्रतीत होता है तथा भयादि उत्पन्न करता है। यौक्तिक ज्ञान से अर्थात् युक्ति या दार्शनिक विश्लेषण की दृष्टि से माया, व्यवहार और प्रतिभास दोनों रूपों में, सदसदनिर्वचनीय और मिथ्या सिद्ध

१. स्वात्यन्ताभावाधिकरणे एव प्रतीयमानत्वं मिथ्यात्वम्। ··· क्वचिदप्युपाधौ सत्त्वेन प्रतीत्यनर्हत्वम् अत्यन्तासत्त्वम्। —अद्वैतसिद्धि I, चतुर्थ और द्वितीयमिथ्यात्व।

होती है। श्रौतज्ञान से अर्थात् श्रुतिगम्य अपरोक्षानुभव या ब्रह्मज्ञान से माया की आत्यन्तिक निवृत्ति होने पर उसकी नितान्त असत्ता या तुच्छता का बोध होता है, जैसे रज्जु के ज्ञान् से सर्प के त्रैकालिक असत्व या तुच्छता का ज्ञान होता है।[१]

अद्वैत वेदान्त के अनुसार **'सत्'** वह है जिसका त्रिकाल में बाध नहीं हो सके (त्रिकालाऽबाध्यत्वं सत्त्वम्) अर्थात् जो कूटस्थ नित्य और सदा एकरस एवं अपरिणामी हो। इस अर्थ में ब्रह्म या आत्मा ही 'सत्' है और वही परमार्थ है। **'असत्'** वह है जिसकी त्रिकाल में कोई सत्ता न हो और जिसमें कभी 'सत्' के रूप प्रतीत होने का सामर्थ्य भी न हो (क्वचिदप्युपाधौ सत्त्वेन प्रतीत्यनर्हत्वम् अत्यन्ताऽसत्त्वम्) इस अर्थ में वन्ध्यापुत्र और खपुष्प आदि असत् हैं। वेदान्त में 'सत्' और 'असत्' शब्द अपने आत्यन्तिक अर्थ में प्रयुक्त हुये हैं। किन्तु हमारे समस्त लौकिक अनुभव में कोई भी वस्तु ऐसी नहीं है जिसे हम वेदान्त के अनुसार सत् या असत् कह सकें। सत् ब्रह्म हमारे लौकिक अनुभव के ऊपर है और असत् या तुच्छ वन्ध्यापुत्रादिक लौकिक अनुभव के नीचे हैं। अतः हमारे लौकिक अनुभव का सारा क्षेत्र 'सदसदनिर्वचनीय' या **'मिथ्या'** पदार्थों तक सीमित है। जो भी पदार्थ है, वह ज्ञेय, दृश्य, परिच्छिन्न और अचित् होने के कारण सदसदनिर्वचनीय और मिथ्या है; जो मिथ्या है वह अविद्या या माया या भ्रम है। अद्वैत वेदान्त के अनुसार यह भ्रम, भ्रान्ति या अविद्या दो प्रकार की है, एक तो व्यक्तिगत भ्रम और दूसरा समष्टि-गत या विराट् भ्रम। पहले को **प्रतिभास** और दूसरे को **व्यवहार** कहते हैं। प्रतिभास के अन्तर्गत समस्त व्यक्तिगत भ्रम और स्वप्नादि आते हैं। व्यवहार के अन्तर्गत समस्त जगत्-प्रपञ्च या लोक-व्यवहार आता है। प्रतिभास व्यक्तिगत भ्रम और स्वप्न है जिसकी प्रतीति हमें होती है और जिसका बाध भी हमारे लौकिक ज्ञान से हो जाता है। व्यवहार समष्टिगत भ्रम है जिसकी प्रतीति हमें न तो भ्रम के रूप में होती है और न जिसका बाध हमारे लौकिक ज्ञान से हो सकता है। तब इसे 'भ्रम' किस आधार पर कहा जाता है ? शङ्कराचार्य ने अत्यन्त विशुद्ध और युक्तियुक्त रूप से इसका प्रतिपादन किया है। उनके अनुसार व्यक्तिगत भ्रम (रज्जुसर्प) के मार्मिक विश्लेषण से (जिसका निरूपण हम ऊपर कर चुके हैं) यह सिद्ध होता है कि व्यक्तिगत भ्रम समष्टिगत भ्रम का ही अङ्ग है और उसी पर आश्रित है एवं उसी की ओर सङ्केत करता है। व्यक्तिगत भ्रम में जितनी विशेषतायें और घटक पाये जाते हैं वे सब जगत्-प्रपञ्च या लोक-व्यवहार के पदार्थों में भी समान रूप से पाये जाते हैं। अतः जगत्-प्रपञ्च समष्टि-भ्रम सिद्ध होता है। व्यक्तिगत भ्रम के रज्जुसर्पादि पदार्थों में और समष्टिगत भ्रम के लौकिक पदार्थों में भ्रम के रूप में कोई मौलिक अंतर नहीं है। दोनों में ही अधिष्ठान-अध्यस्त-अध्यास की त्रिपुटी, अपने स्तर पर सत्य प्रतीत होना और उच्च स्तर के ज्ञान से बाधित होना, विषय के रूप में उपलब्धि, अर्थक्रियासामर्थ्य, परिच्छिन्नत्व, सदसदनिर्वचनीयत्व और मिथ्यात्व आदि पाये जाते हैं।

---

१. तुच्छाऽनिर्वचनीया च वास्तवी चेत्यसौ त्रिधा।
ज्ञेया माया त्रिभिर्बोधैः श्रौतयौक्तिकलौकिकैः।।

शङ्कराचार्य के अनुसार दोनों भ्रम हैं, किन्तु दोनों में अत्यन्त महत्त्वपूर्ण अन्तर यह है कि दोनों दो भिन्न स्तरों के भ्रम हैं। प्रतिभास व्यक्तिगत स्तर का भ्रम है और व्यवहार समष्टिगत स्तर का भ्रम है। प्रतिभास का बाध व्यवहार से हो जाता है, किन्तु व्यवहार का बाध व्यवहार से नहीं, परमार्थ से होता है। प्रतिभास अपने स्तर पर सत्य प्रतीत होता है। भ्रम की अवस्था में रज्जुसर्प की प्रतीति सर्प के रूप में ही होती है और वह भयादि उत्पन्न करता है; स्वप्न का पानी स्वप्न की प्यास बुझाता है, स्वप्नदृष्ट सिंह की गर्जना से भय, रोमांच, कम्प आदि होते हैं। रज्जु के ज्ञान से, जो व्यवहार के स्तर का ज्ञान है, रज्जुसर्प के भ्रम का बाध होता है। जाग्रत् अवस्था में आने पर ही स्वप्न का बाध होता है। इसी प्रकार लौकिक प्रपञ्च अपने स्तर पर सत्य है तथा उसका बाध पारमार्थिक ब्रह्मज्ञान से ही सम्भव है और जब तक यह ज्ञान प्राप्त नहीं होता तब तक समस्त लौकिक तथा वैदिक व्यवहार उपपन्न हैं, उनकी व्यावहारिक सत्यता अक्षुण्ण है। शङ्कराचार्य ने इसका साग्रह और बार-बार प्रतिपादन किया है।

शङ्कराचार्य मानते हैं कि व्यावहारिक ज्ञान ज्ञेय वस्तु के बिना नहीं हो सकता। वे इस सिद्धान्त को वस्तुवादी से भी अधिक दृढ़ता से स्वीकार करते हैं। वस्तुवादी भ्रम-पदार्थ के निरूपण में या तो अपने इस सिद्धान्त को छोड़ देता है या इससे समझौता कर लेता है। शङ्कराचार्य के अनुसार भ्रम में भी ज्ञेय विषय होता है, रज्जुसर्प के भ्रम में सर्प की बाह्य पदार्थ के रूप में प्रतीति होती है। आचार्य को व्यवहार में वस्तुवाद स्वीकार है, किन्तु वे तात्त्विक वस्तुवाद के विरोधी हैं क्योंकि उनके अनुसार ज्ञेय पदार्थ सत् नहीं होते, अपितु दृश्य, परिच्छिन्न और जड़ होने के कारण मिथ्या होते हैं। वे व्यावहारिक विज्ञानवाद के भी विरोधी हैं क्योंकि उनके अनुसार भ्रम में सर्पाकार विज्ञान की प्रतीति नहीं होती, अपितु सर्प की बाह्य पदार्थ के रूप में प्रतीति होती है। वस्तुवादी शङ्कराचार्य पर आक्षेप करते हैं कि उनके मायावाद ने सारे लौकिक पदार्थों को भ्रम और स्वप्न के पदार्थों के समान असत् बना दिया है। यह आक्षेप पूर्णतया असत्य है। शङ्कराचार्य ने तो भ्रम और स्वप्न के पदार्थों को भी, जिनको वस्तुवादी असत् मानते हैं, प्रातिभासिक सत्ता प्रदान की है, तथा लौकिक पदार्थों की तो उच्चतर व्यावहारिक सत्ता स्वीकार की है।

यह ध्यान में रखना आवश्यक है कि शङ्कराचार्य ने प्रतिभास और व्यवहार में भेद करके व्यवहार को उच्चतर स्तर का माना है और जगत् की व्यावहारिक सत्ता का एवं उसके सापेक्ष सत्यत्व का साग्रह प्रतिपादन किया है। जगत्-प्रपञ्च व्यक्तिगत भ्रम या स्वप्न नहीं है। ऐसा भ्रम या स्वप्न जिसे सारे प्राणियों के लिए एक साथ देखना नैसर्गिक हो साधारण भ्रम या स्वप्न नहीं है। यह व्यावहारिक वास्तविकता है जो ब्रह्मज्ञान होने तक बनी रहती है। प्रतिभास और व्यवहार में और भी भेद हैं। प्रतिभास जीवसृष्ट है, व्यवहार ईश्वरसृष्ट है। प्रतिभास साक्षिभास्य है, व्यवहार वृत्तिभास्य है। प्रतिभास व्यक्तिगत है, व्यवहार समष्टिगत है। प्रतिभास की सत्ता उपलब्धि तक ही सीमित है, व्यवहार की सत्ता उपलब्धि के बाद भी बनी रहती

है। स्वप्न-प्रतिभास मानस और इन्द्रियसन्निकर्षरहित होता है, व्यवहार बाह्य और इन्द्रियसन्निकर्षसहित होता है। प्रतिभास क्षीण, अस्पष्ट और अल्पकालिक होता है, व्यवहार तीव्र, स्पष्ट और दीर्घकालिक होता है।

हम अभी बता चुके हैं कि हमारा सारा बुद्धिविकल्पजन्य लौकिक ज्ञान 'अनिर्वचनीय' और 'मिथ्या' पदार्थों तक ही सीमित है। यदि हमारा भावात्मक या विधानात्मक ज्ञान मिथ्या पदार्थ का ज्ञान है तो यह युक्तियुक्त है कि निषेध भी मिथ्या पदार्थ का ही हो सकता है। अबाध्य होने के कारण सत् का निषेध नहीं हो सकता और प्रतीत न होने के कारण असत् (खपुष्प) के निषेध का कोई अर्थ नहीं है। अत: अध्यस्त पदार्थ का ही निषेध सम्भव है। अध्यस्त का निषेध उसके अधिकरण (अधिष्ठान) से अभिन्न है, अत: अध्यस्त के निषेध से अधिष्ठान की सत्ता का बोध होता है। रज्जुसर्प के निषेध से रज्जु की सत्ता का और प्रपञ्च के निषेध से ब्रह्म की सत्ता का बोध होता है। अध्यस्त के समान उसका निषेध भी अविद्याजन्य है, अत: अन्ततः इस निषेध का भी निषेध हो जाता है। किन्तु अध्यस्त के निषेध का निषेध अध्यस्त की सत्ता का विधान नहीं करता। किसी वस्तु के निषेध का निषेध उस वस्तु की सत्ता का विधान तभी करता है जब वस्तु और उसका निषेध समान स्तर के हों और एक ही अधिकरण में नहीं रहते हों, जैसे रज्जु में रज्जुत्व और रज्जुत्वाभाव एक साथ नहीं रह सकते अत: रज्जुत्वाभास का निषेध रज्जुत्व की सत्ता का विधान करता है। किन्तु अध्यस्त और अधिष्ठान समान स्तर के नहीं हैं क्योंकि अध्यस्त असत् और अधिष्ठान सत् है। तथा अध्यस्त और उसका अभाव (निषेध) दोनों एक समय एक ही अधिष्ठान में रहते हैं क्योंकि अध्यस्त उसी अधिकरण में 'सत्' के रूप में प्रतीत होता है जहाँ उसका अत्यन्ताभाव है। अत: अध्यस्त के अभाव (निषेध) का निषेध साथ ही अध्यस्त का भी निषेध करता है। इसलिये अध्यस्त के निषेध का निषेध अध्यस्त की सत्ता का विधान नहीं करता, अपितु अधिष्ठान की सत्ता को ही प्रकाशित करता है। रज्जुसर्प के निषेध का निषेध रज्जु की सत्ता का विधायक है; और प्रपञ्च के निषेध का निषेध ब्रह्म की सत्ता को प्रकाशित करता है। प्रपञ्चमिथ्यात्व का मिथ्यात्व प्रपञ्च के सत्यत्व का विधान नहीं करता, अपितु अधिष्ठानभूत ब्रह्म के सत्यत्व को प्रकाशित करता है।

कई विरोधियों ने अविद्या या माया का अर्थ और महत्त्व नहीं समझ कर तथा उसे 'अत्यन्त असत्' के रूप में ग्रहण करके अद्वैत वेदान्त पर सारे जगत् को असत् कहकर उसका निषेध करने का मिथ्या आरोप लगाया है। स्वयं शङ्कराचार्य ने इस प्रकार की आपत्तियों को पूर्वपक्ष के रूप में उपस्थित करके उनका समुचित समाधान कर दिया है। आश्चर्य है कि उनके प्रतिपक्षियों ने उनके इस समाधान पर ध्यान नहीं दिया है। प्रतिपक्षी का आक्षेप है कि असत् माया सत् ब्रह्म का व्यावहारिक जगत् के रूप में किस प्रकार भास करा सकती है ? जगत्, जीव और शास्त्र के असत्य होने पर मोक्षप्राप्ति भी असत्य होगी और उसका प्रतिपादन करने वाला अद्वैत वेदान्त भी असत्य होगा। अनृत मोक्षशास्त्र द्वारा प्रतिपादित ब्रह्मात्म्यैक्य किस प्रकार

सत्य हो सकता है? असत्य वेदान्त वाक्यों द्वारा ब्रह्मात्मतारूपी सत्य मोक्ष की प्राप्ति किस प्रकार सम्भव हो सकती है?[१] यदि जगत् असत् है तो असत् साधनों से सद्‌ब्रह्म की प्राप्ति नहीं हो सकती; और यदि जगत् सत् है तो वह माया नहीं है। ऐसा अद्वैत वेदान्तदर्शन जो केवल यही कह सके कि असत् जीव असत् जगत् में असत् साधनों द्वारा असत् मोक्ष प्राप्ति करने का असत् प्रयत्न कर रहे हैं, स्वयं असत् है। असत् प्रयत्नों से कभी सत् की प्राप्ति नहीं हो सकती, और न कभी असत् वस्तु अर्थक्रियासमर्थ हो सकती है। क्या कभी किसी ने कहीं भी रज्जु-सर्प के काटे हुए को मरते देखा है ? या कभी किसी ने कहीं भी मृग-जल से अपनी प्यास बुझाई है या उसमें स्नान किया है?[२]

शङ्कराचार्य का उत्तर है कि इस प्रकार के आक्षेप प्रतिपक्षी के अज्ञान के कारण हैं। प्रतिपक्षी प्रतिभास, व्यवहार और परमार्थ का भेद नहीं समझ रहा है और उन्हें एक-दूसरे में मिला रहा है। प्रतिभास और व्यवहार अपने-अपने स्तर पर सत्य हैं। प्रतिभास का मिथ्यात्व व्यवहार के स्तर से ज्ञात होता है; और व्यवहार का मिथ्यात्व पारमार्थिक ब्रह्मात्मता के अनुभव से विदित होता है, इसके पूर्व नहीं। रज्जुसर्प का मिथ्यात्व भ्रम-निवृत्ति के बाद और स्वप्न-पदार्थों का मिथ्यात्व जाग्रदवस्था में आने पर प्रतीत होता है। इसी प्रकार जगत्-प्रपञ्च का मिथ्यात्व भी ब्रह्म-ज्ञान हो जाने पर ही विदित होता है। ब्रह्मात्मैक्य के अपरोक्षानुभव के पूर्व सभी जगद्-व्यवहार सत्य हैं, जिस प्रकार जाग्रदवस्था के पूर्व स्वप्न-व्यवहार सत्य है।[३] अहंकार-ममकार के अविद्या-चक्र में फँसा जीव अपनी स्वाभाविक ब्रह्मात्मता को भूलकर भेद-प्रपञ्च में ही विचरण करता है। अत: ब्रह्मात्मतानुभूति के पूर्व सारे लौकिक और वैदिक व्यवहारों की सत्यता उपपन्न है।[४] आचार्य-वचन है कि वे बार-बार कह चुके हैं कि आत्मज्ञान के पूर्व सारा लौकिक और वैदिक व्यवहार अक्षुण्ण और अव्याहत बना रहता है; जिसे लोक सत्य मानता है वह व्यवहार लोक-दृष्टि से सत्य है, और जिसे अनृत समझता है वह व्यवहार लोक-दृष्टि से अनृत है।[५] प्रतिपक्षी का यह कथन कि मिथ्या पदार्थ अर्थक्रियासमर्थ नहीं होता, असत्य है। प्रतिभास और व्यवहार के पदार्थ अपने-अपने स्तर पर अर्थक्रियासमर्थ हैं। रज्जुसर्प भ्रम-दशा में भ्रान्त व्यक्ति को भयभीत करता है। वह व्यक्ति स्वयं को सर्पदष्ट समझकर भ्रान्त मनोदशा में मरणासन्न मान सकता है। यदि रज्जुसर्प पर पाँव पड़ते समय वहाँ कोई नुकीला पत्थर या कील पाँव में छेद करके रक्त निकाल दे तो शरीर में सर्पविषप्रवेश की तीव्र शंका से उत्पन्न भय से कभी-कभी हृदयगति भी रुक जाती है। स्वप्न में सर्पदष्ट

१. कथं चानृतेन मोक्षशास्त्रेण प्रतिपादितस्य आत्मैकत्वस्य सत्यत्वमुपपद्येत? ...... कथं त्वसत्येन वेदान्तवाक्येन सत्यस्य ब्रह्मात्मत्वस्य प्रतिपत्तिरुपपद्येत ? —शारीरकभाष्य २, १, १४

२. नहि रज्जुसर्पेण दष्टो म्रियते। नापि मृगतृष्णिकाम्भसा पानावगाहनादिप्रयोजनं क्रियते। —वहीं।

३. सर्वव्यवहाराणामेव प्रागब्रह्मात्मताविज्ञानात् सत्यत्वोपपत्तेः। स्वप्नव्यवहारस्येव प्राक् प्रबोधात्। —वहीं।

४. प्रागब्रह्मात्मताप्रतिबोधात् उपपन्नः सर्वो लौकिको वैदिकश्च व्यवहारः। —वहीं।

प्राक्चात्मैकत्वावगतेः अव्याहतः सर्वः सत्यानृतव्यवहारो लौकिको वैदिकश्चेत्यवोचाम। —वहीं।

व्यक्ति स्वयं को मृतक मान लेता है। स्वप्न-जल से स्वप्न की प्यास मजे में बुझती है। स्वप्न-दृष्ट सिंह की गर्जना से या अन्य भयावह स्वप्न से नींद खुल जाती है और भय, कम्प, रोमाञ्च के अनुभव की अनुगूँज जाग्रत् में भी कुछ देर चलती है। प्रतिभास और व्यवहार, अपने-अपने स्तर पर, बाध होने से पूर्व, सत्य हैं। स्वप्न-पदार्थों का जाग्रत् में बाध हो जाने पर भी उनकी अवगति या अनुभूति का बाध नहीं होता। स्वप्न में पदार्थों का अनुभव हुआ, यह अनुभव जाग्रत् में भी बना रहता है। पुनः, भ्रम का बाध अधिष्ठान के ज्ञान से और स्वप्न का बाध जाग्रत्-ज्ञान से होता है। इसी प्रकार जगत्-प्रपञ्च का बाध आत्म-ज्ञान से होता है। यह ज्ञान या अनुभूति सत्य है एवं सार्थक है। इसे अनर्थक या भ्रान्ति नहीं कहा जा सकता क्योंकि इससे अविद्या की निवृत्ति होती है तथा बाधकज्ञानरहित होने के कारण इसका बाध नहीं हो सकता।[१]

इस प्रकार शङ्कराचार्य ने व्यवहार के स्तर पर समस्त प्रपञ्च के सत्यत्व को स्वीकार किया है। उन्होंने तो प्रतिभास तक को उसके स्तर पर सत्य माना है, जिसे वस्तुवादी असत् मानते हैं। प्रतिभास और व्यवहार 'असत्' नहीं हैं; वे सदसदनिर्वचनीय और मिथ्या हैं। जगत् सत् नहीं है क्योंकि वह ब्रह्म के समान कूटस्थ नित्य नहीं है; जगत् असत् भी नहीं है क्योंकि वह वन्ध्यापुत्र के समान प्रतीति-रहित नहीं है। जगत् को जिस **'सत्ता'** से वञ्चित किया गया है वह कूटस्थ नित्यता है; तथा उसे जिस **'असत्ता'** से भूषित किया गया है वह अनित्यता एवं देशकालावच्छिन्नता है। कौन कह सकता है कि जगत् कूटस्थ नित्य है या जगत् देशकालावच्छिन्न और अनित्य नहीं है ? व्यवहार के स्तर से जगत् का निषेध असम्भव है; और परमार्थ विधि-निषेध के ऊपर है। अध्यास, अविद्या, माया का इतना विशद और विस्तृत व्याख्यान हमने इसलिए किया है कि यह सब अनर्थों का मूल कारण है और इसके प्रहाण से अखण्ड आनन्दस्वरूप आत्मतत्त्व की प्राप्ति जीवन का सर्वोच्च लक्ष्य है।

३. आत्मा या ब्रह्म

आत्मा और ब्रह्म का तादात्म्य उपनिषद् के ऋषियों की दर्शन को महान् देन है। विषयी और विषय, प्रमाता और प्रमेय दोनों में एक ही तत्त्व प्रकाशित हो रहा है जो दोनों में अन्तर्यामी है और दोनों के पारगामी भी है। आत्मा और ब्रह्म का विशद विवेचन हम उपनिषद्-दर्शन में कर चुके हैं।[२] जीव में जो शुद्ध चैतन्य प्रकाशित हो रहा है वही ब्रह्मरूप से इस समस्त बाह्य जगत् में भी व्याप्त है। अखण्डचिदानन्दस्वरूप परम तत्त्व को आत्मा या ब्रह्म कहते हैं। आत्मा शरीर, इन्द्रिय, मन, अहंकार, बुद्धि से भिन्न है। वह शुद्धचैतन्य है और समस्त ज्ञान तथा अनुभव का अधिष्ठान है; वह स्वतःसिद्ध तथा स्वप्रकाश है। उसका निराकरण असम्भव

---

१. न चेयमवगतिरनर्थिका भ्रान्तिर्वेति शक्यं वक्तुम्। अविद्यानिवृत्तिफलदर्शनात् बाधकज्ञानान्तराभावात् च।—वहीं।

२. देखिये पीछे, पृ. ७-१३

है क्योंकि जो निराकर्ता है वही उसका स्वरूप है।[१] शुद्ध आत्मचैतन्य अविद्या के कारण शरीर, इन्द्रिय और अन्तःकरण से परिच्छिन्न होकर जीव के रूप में प्रतीत होता है। जाग्रत्, स्वप्न और सुषुप्ति आत्मा की अभिव्यक्ति की तीन व्यावहारिक अवस्थायें हैं। इन्द्रियार्थसन्निकर्ष होने पर अन्तःकरण 'अर्थ' का रूप ग्रहण कर लेता है जिसे 'वृत्ति' कहते हैं। जब इस वृत्ति पर साक्षिचैतन्य का प्रकाश पड़ता है तब हमें वृत्तिरूपपदार्थ का ज्ञान होता है। जाग्रत् अवस्था में हमें बाह्य पदार्थों का ज्ञान बहिरिन्द्रिय और बहिरर्थ के सन्निकर्ष से होता है एवं मानस पदार्थों का अनुभव अन्तःकरण और मनोभाव के सन्निकर्ष से होता है। स्वप्नावस्था में अन्तःकरण अकेला काम करता है और मानस पदार्थों की कल्पना करता है जो सीधे साक्षिचैतन्य से प्रकाशित होते हैं । सुषुप्ति में बाह्य और मानस दोनों प्रकार के विषयों के अभाव में अन्तःकरण अपने कारण अविद्या में लीन हो जाता है, अतः यह अज्ञान की अवस्था है, किन्तु है सुखदुःखादिद्वन्द्वरहित। अन्तःकरण के अभाव में भी सुषुप्ति में जीवत्व बना रहता है क्योंकि अविद्या नष्ट नहीं होती। यद्यपि अविद्या से आवृत होने के कारण साक्षिचैतन्य प्रकाशित नहीं होता तथापि उसकी स्थिति के कारण सुषुप्ति के पूर्व और पश्चात् के अनुभवों की एकता बनी रहती है। आत्मा तुरीय या शुद्ध चैतन्य है। तुरीयावस्था में अविद्या की निवृत्ति हो जाने पर शुद्ध अखण्डानन्दस्वरूप आत्मचैतन्य प्रकाशित होता है।

उपनिषद् में ब्रह्म के दो रूपों का वर्णन मिलता है। अपर ब्रह्म को सगुण, सविशेष, सविकल्पक और सोपाधिक कहा गया है। इसी को ईश्वर कहते हैं। ईश्वर समस्त विश्व के कर्ता, धर्ता, नियन्ता और आराध्य हैं। पर ब्रह्म निर्गुण, निर्विशेष, निर्विकल्पक, निरुपाधिक, निष्प्रपञ्च, अनिर्वचनीय और अपरोक्षानुभूतिगम्य है। सगुण ब्रह्म के तटस्थ और स्वरूप दो लक्षण हैं। निर्गुण ब्रह्म अलक्षण है जिसका केवल निषेधमुख से वर्णन सम्भव है। ब्रह्म-विषयक सर्वोच्च स्थिति उसका मौन साक्षात्कार है।

लक्षण दो प्रकार के होते हैं। तटस्थलक्षण वस्तु के आगन्तुक और परिणामी धर्मों का वर्णन करता है; स्वरूपलक्षण वस्तु के तात्त्विक स्वरूप को प्रकाशित करता है। ब्रह्मसूत्र (१-१-२) में ब्रह्म का लक्षण इस प्रकार दिया है—ब्रह्म इस जगत् की उत्पत्ति, स्थिति और लय का कारण है।[२] शङ्कराचार्य के अनुसार यह सूत्र तैत्तिरीय उपनिषद् के उस वाक्य की ओर सङ्केत करता है जिसमें कहा गया है कि ब्रह्म वह है जिससे इस जगत् के समस्त पदार्थ उत्पन्न होते हैं, जिसमें स्थित और जीवित रहते हैं और जिसमें पुनः विलीन हो जाते हैं।[३] ब्रह्म इस जगत् का उपादानकारण और निमित्तकारण दोनों हैं। शङ्कराचार्य के अनुसार जगत् ब्रह्म का विवर्त है, परिणाम नहीं। जगत् ब्रह्म की प्रतीति मात्र है, विकार या तात्त्विक परिवर्तन नहीं। ब्रह्म कूटस्थ नित्य है अतः उसमें किसी प्रकार का कोई परिवर्तन सम्भव नहीं है। माया

---

१. य एव हि निराकर्ता तदेव तस्य स्वरूपम्। शा. भा. २, ३, ७

२. जन्माद्यस्य यतः।

३. यतो वा इमानि भूतानि जायन्ते, येन जातानि जीवन्ति, यत् प्रयन्त्यभिसंविशन्ति ... तद् ब्रह्म। —तैत्तिरीय उप. ३-१

या अविद्या के कारण ब्रह्म जीव और जगत् के रूप में प्रतीत होता है। अतः जगत्कारणता सगुण ब्रह्म का तटस्थ लक्षण है। सगुण ब्रह्म या ईश्वर इस जगत् की उत्पत्ति, स्थिति और लय के कारण हैं। वे सर्वज्ञ, सर्वशक्तिमान्, सर्वव्यापक, सर्वान्तर्यामी और सबके स्वामी हैं। यह सब कुछ ब्रह्म है—सर्वं खलु इदं ब्रह्म। सगुण ब्रह्म का स्वरूपलक्षण है—सत्यं ज्ञानमनन्तं ब्रह्म[1] (ब्रह्म सत्, चित् और अनन्त (आनन्द) है); विज्ञानमानन्दं ब्रह्म[2] (ब्रह्म चित् और आनन्द है); आनन्दं ब्रह्म (ब्रह्म आनन्द है)। श्रुतियाँ बार-बार ब्रह्म को नित्य सत्, शुद्ध चैतन्य और अखंड आनन्द बताती हैं। ब्रह्म त्रिकालाबाध सत् है। वह कूटस्थ नित्य और अपरिणामी है। जो सत् है वही चित् है। ब्रह्म शुद्ध निर्विकल्प चैतन्य है। जो चित् है वही आनन्द है। सत् और चित् दोनों आनन्द के अन्तर्गत आ जाते हैं। अतः आनन्द ब्रह्म का स्वरूपलक्षण है। सत्, चित् और आनन्द ब्रह्म के धर्म या गुण नहीं हैं; ये ब्रह्म के आवश्यक और अपृथक् गुण भी नहीं हैं। ये तीन नहीं हैं एक ही हैं। बुद्धि इनको तीन भिन्न गुण मानती है; किन्तु तात्त्विक रूप में ये एक हैं। ये ब्रह्म का स्वरूप हैं। ब्रह्म में और इनमें कोई भेद नहीं है। जो सत् है, वही चित् है, वही आनन्द है, वही ब्रह्म है। ब्रह्म वस्तुतः निर्गुण और निर्विशेष है, अतः अलक्षण है। इन्द्रिय, बुद्धि-विकल्प और वाणी द्वारा ग्राह्य नहीं होने से उसे अगोचर या अतीन्द्रिय, निर्विकल्प और अनिर्वचनीय कहा जाता है। समस्त अनुभव का अधिष्ठान होने के कारण ब्रह्म स्वतःसिद्ध और स्वप्रकाश आत्मचैतन्य है। यदि उसका वर्णन करना हो तो निषेधमुख से करना चाहिये। ब्रह्म के विषय में आदेश 'नेति नेति है'।[3] 'नेति नेति' से ब्रह्म के गुणों का, विशेषणों का, निर्वचनों का निषेध होता है, स्वयं ब्रह्म का नहीं। 'नेति नेति' से ब्रह्म की अनिर्वचनीयता और निर्विशेषता सिद्ध होती है, उसकी शून्यता नहीं। याज्ञवल्क्य का उद्घोष है कि द्रष्टा का दर्शन, विज्ञाता का विज्ञान असम्भव है क्योंकि जिसके द्वारा यह सब दृश्य-प्रपञ्च जाना जाता है उस विज्ञाता को विज्ञेय या विषय के रूप में कैसे जाना जा सकता है ?[4] किन्तु इसका यह अर्थ नहीं है कि बुद्धि-विकल्पातीत विज्ञाता या द्रष्टा सर्वथा अज्ञेय या शून्य है। इसी को स्पष्ट करने के लिये याज्ञवल्क्य ने पुनः उद्घोष किया कि स्वतःसिद्ध और स्वप्रकाश विज्ञाता के विज्ञान का या द्रष्टा की दृष्टि का लोप कभी नहीं हो सकता है।[5] नित्य और स्वप्रकाश आत्मा की ज्योति कभी लुप्त नहीं हो सकती।[6] इन्द्रिय-सम्वेदन, बुद्धि-विकल्प और वाणी के शब्दों द्वारा अग्राह्य निर्विशेष आत्मचैतन्य अपरोक्षानुभूतिगम्य है। सापेक्ष बुद्धि ज्ञाता-ज्ञेय-ज्ञान की त्रिपुटी के अन्तर्गत कार्य करती है और अपनी चार कोटियों के सहारे

१. तैत्तिरीय उप., २-१
२. बृहदारण्यक उप., ३-९-२८
३. अथात आदेशो नेति नेति।
४. विज्ञातारमरे ! केन विजानीयात् ?—बृह. उप., २-४-१४
५. नहि द्रष्टुर्दृष्टेः विपरिलोपो विद्यते, ... अविनाशित्वात्। वहीं ४-३-२३, ३१
६. न ज्ञातुरन्यथाभावोऽस्ति सर्वदा वर्तमानस्वभावत्वात्। —शा. भा., २-३-७

कार्य करती है। आत्मतत्त्व इस त्रिपुटी के और बुद्धि-कोटियों के ऊपर है; उनका अधिष्ठान है। अतः अद्वैत और निर्विकल्प आत्मा बुद्धि-ग्राह्य नहीं हो सकता। सविकल्प बुद्धि विषयी और विषय में, ज्ञाता और ज्ञेय में, प्रमाता और प्रमेय में भेद करके ज्ञान को दोनों का सम्बन्ध मानती है; किन्तु यह ज्ञान खण्डित, सविकल्प और मिथ्या है। परमार्थ में ज्ञाता-ज्ञेय-ज्ञान एक हो जाते हैं।[1] आत्मा ही प्रमाता जीव और प्रमेय जगत् के रूप में प्रतीत होता है, जीव और जगत् दोनों का अधिष्ठान एक है। अतः विशुद्ध नित्य चैतन्य ही शुद्ध ज्ञान, शुद्ध ज्ञाता और शुद्ध ज्ञेय है। आत्मचैतन्य में त्रिपुटीप्रपञ्च नहीं है। सापेक्ष बुद्धि के विकल्प-जाल में निरपेक्ष आत्मतत्त्व बद्ध नहीं हो सकता। बुद्धि अपने इस वैफल्य पर सिर धुन रही है और तर्क अपने द्वैत-शर से ब्रह्म-लक्ष्य को बेधने के अजस्र असामर्थ्य पर विमूढ़ है। प्रतिपक्षी का यह आक्षेप कि अद्वैती तत्त्व को अनिर्वचनीय कहते हैं और उसका निर्वचन भी करते हैं, उचित नहीं है क्योंकि तत्त्व का निर्वचन व्यावहारिक स्तर पर बुद्धि द्वारा किया जा रहा है और यहाँ भी निषेध-मुख से निर्वचन का प्राधान्य है। निषेधात्मक निर्वचन वस्तुतः निर्वचन का निषेध है। पुनश्च, प्रतिपक्षी का यह आक्षेप कि बुद्धि तत्त्व को अज्ञेय रूप से तो ग्रहण करती है, अनुचित है; क्योंकि यह तत्त्व का ज्ञान नहीं हैं, अपितु बुद्धि द्वारा अपने अज्ञान का, तत्त्व को न जानने की अपनी सीमा का, ज्ञान है। इसी आधार पर बुद्धि तत्त्व की ओर संकेत करती है और उसे स्वानुभूतिगम्य बताती है। बुद्धि की कल्पनाओं का आधारभूत तत्त्व स्वतःसिद्ध है।

४. ईश्वर, जीव और साक्षी

निर्गुण पर-ब्रह्म का सगुण सविशेष रूप अपर-ब्रह्म या ईश्वर है। निरुपाधिक पर-ब्रह्म माया की उपाधि के कारण ईश्वर के रूप में भासता है। माया में प्रतिबिम्बित या माया से अवच्छिन्न या माया के कारण आभासित पर-ब्रह्म ही ईश्वर कहलाता है। पर-ब्रह्म बुद्धि द्वारा अग्राह्य है, अतः पर-ब्रह्म के लिये जो भी शब्द प्रयुक्त किये जाते हैं वे वस्तुतः ईश्वर का ही बोध कराते हैं। सापेक्ष बुद्धि के लिये ईश्वर ही सर्वोच्च है। माया के कारण ब्रह्म ईश्वर, जीव और जगत् के रूप में प्रतीत होता है, तथा माया के निवृत्त होने पर शुद्ध पर-ब्रह्म ही प्रकाशित होता है। यद्यपि ईश्वर, जीव और जगत् तीनों की व्यावहारिक सत्ता है और तीनों ही एक साथ प्रतीत होते हैं, तथा एक साथ निवृत्त होते हैं, तथापि जीव की दृष्टि से तो ईश्वर ही सब कुछ है। हम यह भी कह सकते हैं कि माया के कारण पर-ब्रह्म ईश्वर के रूप में प्रतीत होता है तथा ईश्वर जीव और जगत् के रूप में प्रतीत होते हैं। माया के हटते ही ईश्वर, जीव और जगत् तीनों आभास एक साथ निवृत्त होते हैं।

ईश्वर निरुपाधिक निर्वैयक्तिक पर-ब्रह्म का सोपाधिक व्यक्तित्वसम्पन्न रूप है। ईश्वर ब्रह्म का सर्वोच्च आभास है। ईश्वर का व्यक्तित्व पूर्ण है। वे सर्वगुण-सम्पन्न हैं। उनका स्वरूप सच्चिदानन्द है; सत्, चित् और आनन्द तीन गुण नहीं हैं, अपितु एक ही हैं और

---

१ ब्रह्म वेद ब्रह्मैव भवति।

ईश्वर-स्वरूप हैं। ईश्वर मायापति हैं; माया के स्वामी हैं। वे सृष्टि के कर्ता, धर्ता, हर्ता और नियन्ता हैं। वे सृष्टि के अन्तर्यामी नियन्ता हैं तथा वे सृष्टि के पारगामी भी हैं। वे सृष्टि में हैं और सृष्टि उनमें हैं, तथापि वे सृष्टि में सीमित नहीं हैं। जीव और जगत् ईश्वर के सूक्ष्म और स्थूल शरीर हैं तथा ईश्वर जीवों की और जगत् की आत्मा हैं। वे प्रभु हैं, आराध्य देव हैं, भगवान् हैं। वे भक्ति से प्रसन्न होकर भक्तों पर अनुग्रह करते हैं। वे भुक्ति-मुक्ति-प्रदाता हैं। शङ्कराचार्य के लगभग ३०० वर्षों के बाद रामानुजाचार्य ने ब्रह्म का जो निरूपण किया है वह सब शङ्कराचार्य के ईश्वर में घटित होता है तथा उसी का विस्तृत निरूपण लगता है।

शङ्कराचार्य के बाद के अद्वैतवेदान्तियों ने ईश्वर और जीव के विषय में प्रतिबिम्बवाद, अवच्छेदवाद और आभासवाद की अवधारणा की है। प्रतिबिम्बवाद के अनुसार ब्रह्म का माया में प्रतिबिम्ब ईश्वर है और अविद्या में प्रतिबिम्ब जीव है। किन्तु ब्रह्म और माया दोनों ही निराकार हैं, अतः निराकार का निराकार में प्रतिबिम्ब कैसे सम्भव है। कुछ अद्वैती ईश्वर को बिम्ब और जीवों को ईश्वर के प्रतिबिम्ब मानते हैं। अवच्छेदवाद के अनुसार मायावच्छिन्न (माया से सीमित) ब्रह्म ईश्वर है और अविद्या अथवा अन्तःकरणावच्छिन्न ब्रह्म जीव है। किन्तु माया या अविद्या नित्य अनन्त ब्रह्म को मीमित कैसे कर सकती है ? आभासवाद के अनुसार ब्रह्म का माया में आभास ईश्वर और अविद्या या अन्तःकरण में आभास जीव है। माया या अविद्या के सदसदनिर्वचनीय और मिथ्या होने के कारण आभास भी सदसदनिर्वचनीय और मिथ्या है। शङ्कराचार्य आभासवाद को मानते हैं, यद्यपि उन्होंने प्रतिबिम्ब और अवच्छेद की उपमायें और दृष्टान्त भी दिये हैं। उन्होंने प्रतिबिम्ब और अवच्छेद को 'वाद' के रूप में ग्रहण नहीं किया है, केवल 'उपमा' के रूप में अपनाया है। उनके अनुसार प्रतिबिम्ब और अवच्छेद भी आभास के अन्तर्गत आ जाते हैं। आचार्य के अनुसार माया या अविद्या ब्रह्म को वस्तुतः न तो प्रतिबिम्बित कर सकती है और न सीमित कर सकती है। माया या अविद्या भ्रान्ति है, अतः उसके आभास भी मिथ्या हैं। आभास ब्रह्म के विवर्त हैं, परिणाम नहीं। ईश्वर माया के स्वामी हैं। वे माया की विक्षेपशक्ति का ही प्रयोग करते हैं। उन पर माया या अविद्या का 'आवरण' नहीं है; माया उन्हें आवृत नहीं कर सकती। अतः ईश्वर स्वयं को 'ईश्वर' के रूप में नहीं, अपितु परब्रह्म के रूप में ही अनुभव करते हैं; जीव उन्हें ईश्वर मानता है। जीव अविद्या के कारण ब्रह्म को ईश्वर मानता है।

शङ्कराचार्य के अनुसार सर्वज्ञ, सर्वशक्तिमान्, सर्वव्यापक, जगत्कारण एवं जगन्नियन्ता ईश्वर की सिद्धि श्रुतिवाक्यों के आधार पर होती है, अनुमान या तर्क द्वारा नहीं। सविकल्प बुद्धि अपनी युक्तियों या तर्कों से ईश्वर को सिद्ध नहीं कर सकती। पाश्चात्य दार्शनिक कान्ट ने भी ईश्वर की सत्ता को बुद्धि-सिद्ध नहीं मानकर श्रद्धा का विषय माना था। कान्ट ने देकार्त द्वारा ईश्वर की सिद्धि के लिये प्रदत्त तर्कों का खण्डन किया और बताया कि बुद्धि ईश्वर की सिद्धि और असिद्धि दोनों के लिये तुल्य-बल तर्क देती है, किन्तु ईश्वर की सिद्धि या

असिद्धि का निर्णय नहीं कर सकती। सविकल्प बुद्धि स्वभावत: अन्तर्विरोधग्रस्त है। वह इन विरोधों से मुक्त नहीं हो सकती। शङ्कराचार्य भी न्याय द्वारा ईश्वर की सिद्धि के लिये दिये गये तर्कों[१] से सहमत नहीं हैं। ईश्वर की सिद्धि श्रुतिवाक्यों से ही होती है, अनुमान या तर्क से नहीं।[२]

जिस प्रकार **ईश्वर** वस्तुत: ब्रह्म ही है, उसी प्रकार **जीव** भी वस्तुत: ब्रह्म ही है। माया या अविद्या के कारण ब्रह्म की प्रतीति ईश्वर और जीवों के रूप में होती है और ईश्वर की प्रतीति भी जीव की दृष्टि से ही है। तत्त्वमसि आदि श्रुतिवाक्यजन्य ज्ञान से जीव अपने ब्रह्मस्वरूप को पा लेता है। यद्यपि शङ्करोत्तर अद्वैत वेदान्तियों में ईश्वर एवं जीव के विषय में मतभेद हैं जो प्रतिबिम्बवाद, एकबिम्बवाद, अवच्छेदवाद तथा आभासवाद के रूप में प्रतिपादित हुये हैं, तथापि ईश्वर तथा जीव के विषय में निर्विवाद तथ्य इस प्रकार व्यक्त किये जा सकते हैं—

ब्रह्म माया या अविद्या की उपाधि के कारण ईश्वर और जीव के रूप में प्रतीत होता है। ईश्वर मायापति हैं, जीव मायादास हैं।[३] ईश्वर में माया या अविद्या की केवल विक्षेपशक्ति, उनके अधीन रहकर, कार्य करती है, ईश्वर में माया या अविद्या की आवरणशक्ति या अज्ञान का सर्वथा अभाव है जिस कारण ईश्वर स्वयं को अखण्ड चिदानन्द पर-ब्रह्म के रूप में ही अनुभव करते हैं। जीव माया या अविद्या की आवरण (अज्ञान) और विक्षेप (मिथ्याज्ञान) दोनों शक्तियों से आबद्ध है। ईश्वर निरतिशयोपाधिसम्पन्न हैं, जीव निहीनोपाधिसम्पन्न है।[४] ईश्वर में माया का शुद्धसत्त्वमात्र है; जीव त्रिगुणात्मक है। ईश्वर में अज्ञान और अन्त:करण तथा भौतिक देहेन्द्रियादि नहीं हैं क्योंकि वे आत्मस्वरूप हैं; उनके देहादि दिव्य और चिन्मय हैं। जीव अज्ञान और अन्त:करण से अवच्छिन्न चैतन्य है तथा उसके लिये भौतिक देहेन्द्रियादि आवश्यक है। ईश्वर जगत्कारण हैं; वे जगत् का विक्षेप करते हैं, किन्तु उससे स्वयं मोहित नहीं होते जैसे मायावी अपनी प्रसारित माया से स्वयं मोहित नहीं होता[५]; उनकी माया से जीव मोहित होते हैं। ईश्वर का कर्तृत्व अज्ञानजन्य नहीं है, अत: ईश्वर में भोक्तृत्व का सर्वथा अभाव है। जीव में अज्ञानजन्य कर्तृत्व और भोक्तृत्व है; वह अज्ञानवश कर्म करता है, स्वयं को अभिमानी कर्ता मानता है तथा सुख-दु:ख रूपी कर्मफल का भोक्ता भी मानता है। ईश्वर में शुद्ध अहंता है; जीव अज्ञानजन्य अहंकार-ममकार से ग्रस्त है। ईश्वर ज्ञानस्वरूप हैं तथा उनमें शुद्ध अहंता है; जीव में सविकल्प बुद्धि का प्रमातृत्व है अर्थात् जीव प्रमातृप्रमेयप्रमाणान्तर्गत व्यवहार का प्रमाता है। ईश्वर सर्वज्ञ, सर्वशक्तिमान् और विभु हैं, जीव अल्पज्ञ, अल्पशक्तिमान्

---

१. देखिये पीछे पृ. १८९-९०

२. शारीरक भाष्य, १-१-२

३. स ईशो यद्वशे माया स जीवो यस्तयार्दित:।

४. शारीरक भाष्य, २-३-४५

५. वहीं, २-३-४३ और २-१-९

और देहेन्द्रियान्तःकरण से सीमित है। ईश्वर स्वामी हैं; जीव सेवक है। ईश्वर आराध्य, उपास्य, भगवान् हैं; जीव आराधक, उपासक, भक्त है। जीव को ईश्वर का 'अंश' कहा गया है[1]; जैसे अग्नि से विस्फुलिंग निकलते हैं, वैसे ही ईश्वर से जीव। शङ्कराचार्य के अनुसार 'अंशत्व' वास्तविक नहीं है, अपितु अविद्याजन्य प्रतीतिमात्र है क्योंकि ईश्वर वस्तुतः निरवयव ब्रह्म हैं।[2] ईश्वर सत्, चित्, आनन्द हैं। जीव सत्-असत्, चित्-अचित् और सुख-दुःख का मिश्रण है। जीव अविद्या और कर्म के कारण संसार-चक्र में, जन्म-मरण चक्र में घूम रहा है। ईश्वर जगत् के कर्ता, धर्ता, हर्ता, नियन्ता हैं, वे अन्तर्यामी और पर दोनों हैं। उनकी कृपा से जीव अपरोक्षानुभूति द्वारा आत्मैक्य प्राप्त कर सकता है।

जीव और ईश्वर का भेद व्यावहारिक है। परमार्थतः जीव और ब्रह्म में कोई भेद नहीं है—जीवो ब्रह्मैव नापरः। वस्तुतः जीव, ईश्वर और ब्रह्म एक ही है। अद्वैत में भेद कैसा ? अनादि अविद्या की गाढ़ निद्रा में चिरकाल से सोया जीव जब तत्त्वमसि आदि वाक्य-ज्ञान से जागता है तब उसे देह, इन्द्रिय, बुद्धि की उपाधि से परे अद्वैत आत्मतत्त्व का साक्षात्कार होता है। अविद्या के साथ तज्जन्य कार्यजाल भी नष्ट हो जाता है तथा जीवत्व, कर्तृत्व, भोक्तृत्व आदि की मिथ्या कल्पनायें भी विलीन हो जाती हैं। यह कथन भी कि जीव ब्रह्म बन जाता है, उपचारमात्र है क्योंकि वस्तुतः जीव सदा ही ब्रह्म है। जीवत्व अविद्याजन्य भ्रान्ति है, रज्जुसर्प, शुक्तिरजत, आकाशतलमलिनता आदि के समान या निकटस्थ जवाकुसुम के कारण रक्त प्रतीत होने वाले शुभ्र स्फटिक के समान। बन्धन और मोक्ष दोनों व्यावहारिक हैं, पारमार्थिक नहीं। जीव का जन्म-मरण या उत्पत्ति-विनाश का संसरण अविद्या-कृत है। जब तक अविद्या है तभी तक जीव का जीवत्व है। जब तक देहेन्द्रियमनोबुद्धि रूपी उपाधियाँ हैं, तब तक जीव का जीवत्व है। अविद्या-निवृत्ति होते ही जीव अपने शुद्धात्मस्वरूप में प्रकाशित होता है। वेदान्त में एक ही कूटस्थ नित्य विशुद्धविज्ञानस्वरूप परमात्मतत्त्व है और यह विज्ञानधातु अविद्या से अनेक रूपों में प्रतीत होता है तथा इसके अतिरिक्त अन्य कोई तत्त्व नहीं है।[3] जो लोग श्रुति में जीव और ब्रह्म का वास्तविक भेद प्रतिपादित मानते हैं उनको शङ्कराचार्य ने 'पण्डितापसद' (पण्डितों में निकृष्टतम) कहा है।[4]

साक्षी के विषय में भी शङ्करोत्तर अद्वैतियों में मतभेद हैं। कुछ विद्वान् प्रति शरीर में भिन्न साक्षी मानते हैं, कुछ सब शरीरों में एक ही साक्षी स्वीकार करते हैं। कुछ विद्वान् साक्षी को 'जीव-साक्षी' और 'ईश्वर-साक्षी' इन द्विविध रूपों में मानते हैं। साक्षी के विषय में तथ्य इस प्रकार हैं—

साक्षी अद्वैत वेदान्त का एक विशिष्ट तत्त्व है जो आत्मा या ब्रह्म, ईश्वर और जीव, इन

---

१. ममैवांशो जीवलोके जीवभूतः सनातनः। —गीता, १५-७

२. शा. भा. २-३-४३, ४७

३. शा. भा. १-३-१९ यावदविद्या ..... यावद् ..... देहेन्द्रियमनोबुद्धिसंघातः, तावज्जीवस्य जीवत्वम्। अविद्याकल्पितं जीवभेदम् दर्शयति। (वस्तुतस्तु जीवः) कूटस्थनित्यदृक्स्वरूप आत्मा।

४. गीताभाष्य, १३-२

तीनों से भिन्न है। साक्षी परब्रह्म के समान निर्गुण, निर्विशेष और नित्य चैतन्य है जो स्वतःसिद्ध और स्वप्रकाश है। विशुद्ध आत्मतत्त्व के समान यह साक्षी समस्त ज्ञान और अनुभव का अधिष्ठान है। परब्रह्म या आत्मतत्त्व निरुपाधिक है; किन्तु साक्षी सोपाधिक है, यद्यपि वह उपाधि में किसी प्रकार भी लिप्त नहीं होता। साक्षी जीव और ईश्वर में अभिव्यक्त होता है। प्रत्येक जीव में उसका साक्षी विद्यमान रहता है। जीव में अविद्याजन्य देह, इन्द्रिय, अन्तःकरण का संघात है। जीव अन्तःकरणावच्छिन्न चैतन्य है जो देहेन्द्रियान्तःकरणसंघात में लिप्त है एवं अहंकार-ममकार-युक्त है तथा कर्ता, भोक्ता और प्रमाता है। साक्षी अन्तःकरणोपहित चैतन्य है। अन्तःकरण की उपाधि निर्विशेष ब्रह्म को साक्षिचैतन्य बना देती है। साक्षी अविद्या तथा देहेन्द्रियान्तःकरण युक्त जीव का अधिष्ठानभूत कूटस्थनित्यचैतन्य है जो स्वयं प्रकाशित होकर जीव, देह, इन्द्रिय, अन्तःकरण और विषयों को प्रकाशित करता है। यह निर्लिप्त और निर्विकार द्रष्टा या साक्षी है। यह उपाधियों से किसी प्रकार भी स्पृष्ट नहीं है। साक्षी के कारण जीव के विविध अनुभवों में एकता बनी रहती है। सुषुप्ति में जब जीव और अन्तःकरण अविद्या में लीन हो जाते हैं और कोई विषय नहीं रहता तब भी साक्षी स्वयं प्रकाशित रहता है तथा उसके कारण सुषुप्ति से पूर्व के और पश्चात् के अनुभवों में एकता बनी रहती है। ज्ञात या अज्ञात रूप से सब वस्तुयें साक्षि-चैतन्य की विषय हैं।[१] साक्षी कभी विषय के रूप में ज्ञात नहीं हो सकता क्योंकि वह द्रष्टा के रूप में प्रत्येक अनुभव में प्रकाशित रहता है। अहं-प्रत्यय विषय जीव है, साक्षी नहीं है। जीव कर्ता और भोक्ता है, साक्षी केवल निर्विकार द्रष्टा है। साक्षी शुद्ध नित्य चैतन्य और निर्गुण निर्विकार द्रष्टा है।[२] दो पक्षी साथ-साथ सखा भाव से एक ही वृक्ष पर रहते हैं, उनमें से एक स्वादु फल को चाव से खाता है, किन्तु दूसरा बिना खाये केवल देखता रहता है।[३] यह उपनिषद्-वाक्य जीव और साक्षी का अन्तर बता रहा है। शङ्कराचार्य ने इस पर अपने भाष्य में यह बताया है कि जीव भोक्ता है और ईश्वर द्रष्टा एवं प्रेरयिता है। ईश्वर अपने दर्शन मात्र से भोक्ता और भोग्य दोनों को प्रेरित करता है।[४] कुछ विद्वानों ने इससे यह प्रतिपादित किया है कि साक्षी ईश्वर का ही एक विशेष रूप है। अन्य विद्वानों के अनुसार ईश्वर, सगुण तथा मायाशबलित होने के कारण 'केवल और निर्गुण' नहीं है, अतः निर्विशेष विशुद्ध ब्रह्म ही साक्षी रूप में प्रतीत होता है। साक्षी, निर्विवाद रूप से निर्विशेष शुद्ध नित्य चैतन्य है जो उपाधि के कारण, उपाधि से सर्वथा निर्लिप्त रहकर, देहेन्द्रियान्तःकरणविषयादि को प्रकाशित करने तथा देखने के कारण साक्षी कहलाता है। उपाधिभेद से, अन्तःकरण से उपहित साक्षी 'जीव-साक्षी' तथा माया से उपहित साक्षी

---

१. सर्वं वस्तु ज्ञाततया अज्ञाततया वा साक्षिचैतन्यस्य विषय एव।

२. साक्षी चेता केवलो निर्गुणश्च । श्वेता. उप.।

३. द्वा सुपर्णा सयुजा सखाया समानं वृक्षं परिषस्वजाते।
तयोरन्यः पिप्पलं स्वाद्वत्ति अनश्नन्नन्योऽभिचाकशीति।। मुण्डक उप. ३-३-१

४. दर्शनमात्रेण हि तस्य प्रेरयितृत्वं राजवत्। मुण्डक भाष्य ३-१-१

'ईश्वर-साक्षी' की संज्ञा से अभिहित किया जाता है। विद्यारण्य स्वामी ने साक्षी की उपमा नृत्यशाला के उस दीपक से दी है जो सूत्रधार को, नर्तकी को और सभ्यों (दर्शकों) को समभाव से प्रकाशित करता है तथा उनके न रहने पर भी स्वयं प्रकाशित रहता है। अंहकार सूत्रधार है, बुद्धि नर्तकी है, विषय दर्शक हैं और साक्षी दीपक है।[१] साक्षिचैतन्य समस्त ज्ञान और अनुभव का अधिष्ठान है एवं स्वतःसिद्ध तथा स्वप्रकाश है। जीव 'सत्यानृतमिथुनीकरण' है। उसमें सत्य का अंश साक्षिचैतन्य का है और अनृत अंश अविद्याकृत जीवत्व का है। अविद्या निवृत्त होते ही जीव, साक्षी और ईश्वर एक साथ परब्रह्म के रूप में प्रकाशित होते हैं।

५. मोक्ष

मोक्ष आत्मा या ब्रह्म के स्वरूप की अनुभूति है। आत्मा या ब्रह्म नित्य शुद्ध चैतन्य एवं अखण्ड आनन्दस्वरूप है। आत्मा ज्ञानस्वरूप है और मोक्ष आत्मा का स्वरूप-ज्ञान है। जिस प्रकार भगवान् बुद्ध के अनुसार अद्वैत परमतत्त्व और निर्वाण एक ही है, उसी प्रकार शङ्कराचार्य के अनुसार ब्रह्म और मोक्ष एक ही है। जो ब्रह्म को जानता है वह स्वयं ब्रह्म हो जाता है।[२] इस श्रुतिवाक्य के अनुसार ब्रह्म-ज्ञान और ब्रह्म-भाव एक है। वस्तुतः जीव ब्रह्म 'होता' या 'बनता' नहीं है; ब्रह्म-ज्ञान में कोई क्रिया नहीं है, क्योंकि जीव सदैव ब्रह्म है। बन्धन और मोक्ष दोनों अविद्याजन्य हैं। जब बन्धन वास्तविक नहीं है तो मोक्ष के वास्तविक होने का प्रश्न नहीं उठता। जीव का जीवत्व अविद्या के कारण है। अविद्या के कारण जीव देहेन्द्रियान्तः-करणादि से तादात्म्य कर लेता है और अहंकार-ममकार-युक्त होकर स्वयं को शुभाशुभ कर्मों का कर्ता, सुख-दुःख रूपी कर्मफल का भोक्ता मानकर जन्म-मरण-चक्र में संसरण करता है। यही उसका बन्धन है। जब आत्मज्ञान द्वारा अविद्या निवृत्त हो जाती है तो जीव नित्य शुद्ध-बुद्ध मुक्त ब्रह्मभाव को प्राप्त कर लेता है। यह उसकी बन्धन से मुक्ति है। किन्तु ब्रह्मात्मैक्य के त्रिकालसिद्ध और नित्य होने के कारण जीव का न तो बन्धन होता है और न मोक्ष। केवल अविद्या ही आती है और अविद्या ही जाती है; और अविद्या भ्रान्ति है, अतः उसका आवागमन, उसकी प्रवृत्ति और निवृत्ति दोनों भ्रान्ति रूप हैं। बन्धन और मोक्ष दोनों व्यावहारिक हैं तथा परमार्थतः मिथ्या है। यद्यपि भ्रम की अवस्था से भ्रमनिवारक ज्ञान की अवस्था में आने में समय का अन्तर होता है क्योंकि भ्रम की अवस्था पूर्वकालिक और भ्रमनिवृत्ति की अवस्था उत्तरकालिक होती है, तथापि भ्रम-पदार्थ के त्रिकाल में असत् होने के कारण भ्रम और उसकी निवृत्ति को काल-सापेक्ष नहीं माना जा सकता। भ्रम और उसकी निवृत्ति

---

१. नृत्यशालास्थितो दीपः प्रभुं सभ्यांश्च नर्तकीम्।
दीपयेदविशेषेण तदभावेऽपि दीप्यते।। —पञ्चदशी, १०-११
अहंकारः प्रभुः सभ्या विषया नर्तकी मतिः।
तालादिकारीण्यक्षाणि दीपःसाक्ष्यवभासकः।। —वहीं, १०-१४

२. ब्रह्म वेद ब्रह्मैव भवति। —मुण्डक उप. ३-२-९

दोनों अन्ततः मिथ्या हैं। अधिष्ठान का ज्ञान और भ्रम-निवृत्ति एक साथ होती है और दोनों एक ही हैं। ब्रह्मसाक्षात्कार, अविद्या-निवृत्ति, प्रपञ्च-विलय और मोक्ष-प्राप्ति, ये सब एक हैं। 'ये एक साथ होते हैं', यह कथन भी उपचारमात्र है क्योंकि यहाँ कोई 'होना' या क्रिया नहीं है। अविद्या-निवृत्ति, और ब्रह्मभाव या मोक्ष में कार्यान्तर नहीं है।[१] आत्म-ज्ञान मोक्ष को फल या कार्य के रूप में उत्पन्न नहीं करता। मोक्ष-प्रतिबन्धरूप अविद्या की निवृत्तिमात्र ही आत्म-ज्ञान का फल है।[२] ज्ञान वस्तुतन्त्र और प्रकाशक या ज्ञापक होता है, कारक नहीं, क्योंकि ज्ञान क्रिया नहीं है, अतः ज्ञान का फल अज्ञान की निवृत्तिमात्र है जो ज्ञान के प्रकाश से स्वतः हो जाती है, जैसे प्रकाश से अन्धकार की निवृत्ति होती है। मोक्ष नित्य सच्चिदानन्दस्वरूप आत्मा या ब्रह्म की अपरोक्षानुभूति है। मोक्ष या ब्रह्म हेय और उपादेय रहित है; मोक्ष में न कुछ खोना है न पाना है।[३] मोक्ष प्राप्ति का ज्ञान भी अविद्याजन्य है। मोक्ष किसी अप्राप्य वस्तु की प्राप्ति नहीं है; मोक्ष आत्मभाव है जो सदा प्राप्त है। शङ्कराचार्य ने मोक्ष के तीन लक्षण बताये हैं—

१. मोक्ष अविद्या-निवृत्ति है (अविद्यानिवृत्तिरेव मोक्षः)
२. मोक्ष ब्रह्मभाव या ब्रह्मसाक्षात्कार है (ब्रह्मभावश्च मोक्षः)
३. मोक्ष नित्य अशरीरत्व है (नित्यमशरीरत्वं मोक्षाख्यम्)

इनमें पहले दोनों लक्षणों को एक बताते हुये उनका निरूपण किया जा चुका है। तीसरे लक्षण का निरूपण अभी आगे करेंगे । यहाँ इतना बताना पर्याप्त है कि इस लक्षण के अनुसार मोक्ष स्थूल, सूक्ष्म और कारण इन तीनों प्रकार के शरीरों के सम्बन्ध से अत्यन्त रहित नित्य आत्मस्वरूप का अनुभव है। यह ध्यान में रखना आवश्यक है कि अशरीर का अर्थ शरीर-रहित नहीं, अपितु शरीर-सम्बन्ध-रहित है, अतः शङ्कराचार्य जीवन्मुक्ति का साग्रह प्रतिपादन करते हैं।

आचार्य ने मोक्ष का अत्यन्त सुन्दर निरूपण इस प्रकार किया है—

यह पारमार्थिक सत् है, कूटस्थनित्य है, आकाश के समान सर्वव्यापी है, सब प्रकार के विकार से रहित है, नित्य-तृप्त है, निरवयव है, स्वयंज्योतिःस्वभाव है, यह धर्म और अधर्म नामक शुभाशुभ कर्मों से तथा (सुख-दुःख रूपी) उनके कार्यों से अस्पृष्ट है, यह कालत्रयातीत है, यह अशरीरत्व मोक्ष कहलाता है।[४]

आचार्य के इस मोक्ष-निरूपण का व्याख्यान करें। मोक्ष पारमार्थिक सत् है। बन्धन और मोक्ष अविद्याकृत होने से सापेक्ष और मिथ्या हैं, किन्तु परब्रह्म या परमात्मतत्त्व के रूप में मोक्ष पारमार्थिक सत् है। यहाँ आचार्य को बन्धन-साक्षेप मोक्ष अभिप्रेत नहीं है। आचार्य के

---

१. श्रुतयो मध्ये कार्यान्तरं वारयन्ति। —शा. भा., १-१-४
२. मोक्षप्रतिबन्धनिवृत्तिमात्रमेव आत्मज्ञानस्य फलम्। —वहीं
३. हेयोपादेयशून्यब्रह्मात्मतावगमात्। —वहीं
४. इदं तु पारमार्थिकं, कूटस्थनित्यं, व्योमवत् सर्वव्यापि, सर्वविक्रियारहितं, नित्यतृप्तं, निरवयवं, स्वयंज्योतिःस्वभावम्, यत्र धर्माधर्मौ सह कार्येण, कालत्रयं च, नोपावर्तेते, तदेतत् अशरीरत्वं मोक्षाख्यम्। —वहीं।

अनुसार ब्रह्म ही मोक्ष अर्थात् नित्य मुक्त परमार्थ है। यह कूटस्थ-नित्य है क्योंकि इसमें किसी प्रकार का परिवर्तन, परिणाम या विकार सम्भव नहीं है; यह परिणामि-नित्य नहीं है क्योंकि किसी भी प्रकार का परिणाम इसकी नैसर्गिक शुद्धता को नष्ट कर सकता है। यह अनन्त और सर्वव्यापी भूतवस्तु है। यह कारणकार्यभाव के पार है क्योंकि यह सब प्रकार के विकारों से रहित है। यह नित्यतृप्त है अर्थात् आप्तकाम है तथा नित्य अखण्डानन्द है। यह ज्ञाता-ज्ञेय-ज्ञान या वेदक-वेद्य-वेदना की त्रिपुटी के पार है, अतः इसका ज्ञान और आनन्द स्वसम्वेद्य नहीं है। यह स्वयं शुद्ध चैतन्य और आनन्द है। यह अद्वैत, निरवयव और अखण्ड है। यह स्वयंज्योति या स्वप्रकाश है। यह स्वतःसिद्ध है। यह दिक्कालातीत है। यह अविद्या, कर्म (धर्म और अधर्म), फल (सुख और दुःख) और शरीरेन्द्रियविषयादि से सर्वथा अस्पृष्ट है। यह लौकिक सुख-दुःखातीत है। इसका आनन्द लौकिक सुख नहीं है। आत्मा और शरीर का सम्बन्ध अविद्याजन्य है, देहाध्यास के कारण है, मिथ्याज्ञाननिमित्त है। अतः अविद्या-निवृत्ति होने पर देहाध्यास भी निवृत्त हो जाता है तथा शरीर के रहने पर भी शरीर-सम्बन्ध की आत्यन्तिक निवृत्ति के कारण अशरीरत्व सिद्ध होता है एवं जीवन्मुक्ति सिद्ध होती है। यह स्वातन्त्र्य है, स्वाराज्य है, अभयपद है, और परम पुरुषार्थ है।

मोक्ष कार्य या उत्पाद्य नहीं है। मोक्ष को किसी कारण द्वारा उत्पन्न कार्य नहीं माना जा सकता। मोक्ष न तो कर्म का फल है और न उपासना का फल है। मोक्ष को कार्य या उत्पाद्य मानने पर वह निश्चित रूप से अनित्य होगा। मोक्ष में विश्वास रखने वाले सभी व्यक्ति मोक्ष को नित्य मानते हैं।[१] मोक्ष नित्य आनन्द है और लौकिक (सांसारिक) तथा पारलौकिक (स्वर्गिक) सुखों से भिन्न एवं अत्यंत उत्कृष्ट है। लौकिक एवं स्वर्गिक सुख कर्मजन्य हैं; वे सत्कर्म या धर्म की पुण्य नामक शक्ति से उत्पन्न होते हैं तथा पुण्य समाप्त हो जाने पर वे सुख भी समाप्त हो जाते हैं।[२] स्वर्गिक सुख भले ही चिरस्थायी हो किन्तु है विनाशशील और अनित्य। यदि मोक्ष को कर्म या उपासना द्वारा उत्पन्न माना जाये तो वह निश्चित ही नश्वर और अनित्य होगा, भले ही उसे लौकिक या स्वर्गिक सुखों से अधिक चिरस्थायी और श्रेष्ठ माना जाये। पुनश्च, मोक्ष को ब्रह्म-ज्ञान द्वारा उत्पन्न फल भी नहीं स्वीकार किया जा सकता। प्रथम तो, कार्य होने से मोक्ष अनित्य होगा, और द्वितीय, ज्ञान प्रकाशक होता है, कारक नहीं। ब्रह्म-ज्ञान केवल मोक्षप्रतिबन्धभूत अविद्या को निवृत्त करता है, मोक्ष को उत्पन्न नहीं करता। ब्रह्म-ज्ञान, अविद्या-निवृत्ति और मोक्ष एक ही हैं; और एक साथ होते हैं एवं उनमें कार्यान्तर नहीं होता। 'एक साथ होते हैं', यह कथन भी उपचार मात्र है, क्योंकि वस्तुतः वे एक ही हैं। उपासना या ध्यान के समान, शुद्ध ज्ञान मानसी क्रिया नहीं है। यह अपरोक्ष अनुभव या प्रकाशमात्र है। वेदान्तशास्त्र इदंतया विषयभूत ब्रह्म का प्रतिपादन नहीं करता। वह स्वप्रकाश ब्रह्म को

---

१. नित्यश्च मोक्षः सर्वमोक्षवादिभिरुपगम्यते। —वहीं।

२. यावत् सम्पातमुषित्वा। क्षीणे पुण्ये मर्त्यलोकं विशन्ति।

अविषय बताते हुये अविद्याकल्पित वेदक-वेद्य-वेदना की त्रिपुटी के पार स्वानुभूतिगम्य बताता है।[1] आत्मज्ञान का फल मोक्ष-प्रतिबन्धभूत अविद्या की निवृत्ति मात्र है।[2]

मोक्ष कार्य या उत्पाद्य नहीं है। वह विकार्य या कारण का विकार भी नहीं है क्योंकि कार्य और विकार्य दोनों अनित्य होते हैं। वह संस्कार्य भी नहीं है क्योंकि उसमें गुणाधान या दोषापनयन रूपी संस्कार सम्भव नहीं है। वह तो स्वभाव से ही नित्य विशुद्ध है। वह आप्य या प्राप्य भी नहीं है क्योंकि वह अप्राप्त की प्राप्ति नहीं है, अपितु सदा प्राप्त है।

आचार्य के अनुसार **जीवन्मुक्ति** सिद्ध है। मोक्ष मृतकों के लिए आरक्षित नहीं है। उसे यहीं इसी जीवन में प्राप्त किया जाता है।[3] मोक्ष नित्य अशरीरत्व है। स्थूल शरीर पञ्चभौतिक है; सूक्ष्म शरीर इन्द्रियान्तःकरणादिनिर्मित है; कारण शरीर अविद्या और कर्मसंस्कारनिर्मित है। मृत्यु के समय स्थूल शरीर के नष्ट हो जाने पर भी सूक्ष्म और कारण शरीर जीव के साथ लगे रहते हैं और उसे पुनर्जन्म हेतु बाध्य करते हैं। मोक्ष अशरीरत्व अर्थात् त्रिविधशरीरसम्बन्धराहित्य है। नित्य अशरीरत्व आत्मा का स्वभाव है। अविद्या के कारण आत्मा पर शरीरादि का अध्यास होता है जिससे शरीरादि में आसक्ति होती है। अध्यास भ्रान्ति है और अधिष्ठान रूप आत्मा के साक्षात् ज्ञान से सर्वदा के लिए निवृत्त हो जाती है। आत्मा और शरीर का तादात्म्य मिथ्या है, भ्रान्ति है, अध्यास है। अतः अधिष्ठानभूत आत्मसाक्षात्कार से अविद्या-निवृत्ति होते ही शरीर के रहने पर भी अशरीरत्व या जीवन्मुक्ति सिद्ध है।[4] इस अशरीर को सुख-दुःख स्पर्श नहीं करते।[5] जिस प्रकार सर्प की अपनी केंचुल को उतार फेंकने पर उसमें कोई आसक्ति नहीं रहती, उसी प्रकार जीवन्मुक्त की अपने शरीर में कोई आसक्ति नहीं रहती, क्योंकि वह अशरीर अमृत ब्रह्म ही है।[6] जिस प्रकार मदिरामदान्ध व्यक्ति को यह बुद्धि और चिन्ता नहीं रहती कि उसका वस्त्र उसके शरीर पर है या गिर रहा है, उसी प्रकार जीवन्मुक्त सिद्ध को यह बुद्धि और चिन्ता नहीं रहती कि उसका नश्वर शरीर पड़ा है या खड़ा है।[7] जिस प्रकार कुम्हार का चाक, उसके हाथ हटा लेने पर भी पूर्व वेग के कारण कुछ देर घूमता है, उसी प्रकार जीवन्मुक्त का शरीर प्रारब्ध कर्म के कारण कुछ समय तक बना रहता है, किन्तु इस अवधि में नवीन कर्मसंचय नहीं होता। प्रारब्धकर्म नष्ट होने पर देहपात होकर विदेहमुक्ति होती है।

जब श्रुति का 'तत्त्वमसि' उपदेशवाक्य 'अहं ब्रह्मास्मि' इस अनुभववाक्य में परिणत हो

---

१. शारीरक भाष्य, १-१-४
२. मोक्षप्रतिबन्धनिवृत्तिमात्रमेव आत्मज्ञानस्य फलम्। —वहीं।
३. अत्र ब्रह्म समश्नुते। इहैव तदाप्नोति। अभयं प्राप्तोऽसि।
४. तस्मान्मिथ्याप्रत्ययनिमित्तत्वात् सशरीरत्वस्य, सिद्धं जीवतोऽपि विदुषोऽशरीरत्वम्।
—शा० भा०, १-१-४
५. अशरीरं वाव सन्तं न प्रियाप्रिये स्पृशतः। —छान्दोग्य उप., ८-१२-१
६. अथायम् अशरीरोऽमृतः ब्रह्मैव। —बृहदारण्यक उप. ४-४-७
७. देहं च नश्वरमवस्थितमुत्थितं वा सिद्धो न पश्यति यतोऽध्यगमत् स्वरूपम्।
दैवादपेतमुत दैववशादुपेतं वासो यथा परिकृतं मदिरामदान्धः।। —भागवत, ११-१३-३६

जाय तब ब्रह्म-साक्षात्कार होता है। शाब्दबोध किस प्रकार अपरोक्षानुभव में परिणत होता है, इसे 'दस मूर्खों की कथा' से समझा जा सकता है। इस कथा में दस मूर्खों ने, कोई बह न जाय इस भय से, एक-दूसरे का हाथ में हाथ पकड़ कर एक छोटी नदी पैदल पार की। पार जाकर जब वे अपनी गणना करने लगे तो प्रत्येक ने स्वयं को छोड़कर अन्य नौ जनों को ही गिना। तब वे विलाप करने लगे कि उनमें से एक व्यक्ति नदी में बह गया। एक बुद्धिमान् व्यक्ति ने जब उनकी कथा सुनी तो उन्हें बताया कि वे तो दस ही हैं, किन्तु इस शाब्दबोध से उन्हें विश्वास नहीं हुआ। तब उस व्यक्ति ने स्वयं उनको गिनना प्रारम्भ किया और जब वह दसवें व्यक्ति को गिनने लगा तो उसे थपथपा कर कहा 'तुम ही दसवें व्यक्ति हो' (त्वमेव दशमोऽसि)। तब उस दसवें व्यक्ति को साक्षात् अनुभव हुआ कि वही दसवाँ व्यक्ति है जो स्वयं को गिनना भूल गया था। 'तत्त्वमसि' में 'तत्' पद परब्रह्म को सूचित करता है जो अधिष्ठानभूत तत्त्व है; 'त्वम्' पद जीव को सूचित करता है जो साक्षी और अविद्या का मिश्रण है, 'असि' पद से दोनों के पूर्ण तादात्म्य का प्रतिपादन होता है। यह महावाक्य जीव के आरोपित जीवत्व का निषेध करके उसके ब्रह्मस्वरूप का पुनर्विधान करता है— 'तुम ब्रह्म हो', 'जीव ब्रह्म ही है।'

६. ज्ञान, कर्म और उपासना

शङ्कराचार्य के अनुसार मोक्ष का साधन केवल ज्ञान है जो मोक्षप्रतिबन्धभूत अविद्या को दूर करता है। कर्म और उपासना चित्त को शुद्ध और एकाग्र बनाने के साधन हैं जिससे शुद्ध और एकाग्र चित्त ज्ञान की ज्योति ग्रहण कर सके। उपासना ध्यानरूपी मानसी क्रिया है। कर्म और उपासना अविद्या में ही सम्भव है। ज्ञान और कर्म, प्रकाश और अन्धकार के समान, परस्पर विरुद्ध हैं। इनका समुच्चय नहीं हो सकता। सिद्धों के लिये कोई विधि-निषेध नहीं है। तथापि उनकी स्थितिमात्र से लोककल्याण होता है और उनके निष्काम कर्म लोकसंग्रह के लिये होते हैं। स्वयं शङ्कराचार्य का कर्मिष्ठ जीवन इसका प्रमाण है।

शुभ कर्म या धर्म अपनी पुण्य नामक शक्ति से सुखरूपी फल देता है तथा अशुभ कर्म या अधर्म अपनी पाप नामक शक्ति से दुःखरूपी फल देता है। कर्म का फल अवश्य भोगना पड़ता है। इसलिये अविद्या और कर्म में लिप्त व्यक्ति जन्म-मरण के चक्र में घूमता रहता है। कर्म में कर्ता और कर्म का द्वैत तथा उपासना में ध्याता-ध्येय या उपासक-उपास्य का द्वैत बना रहता है। कर्म और उपासना अविद्या के अन्तर्गत हैं। ज्ञान अविद्या की निवृत्ति करता है। ब्रह्मज्ञान का अवसान (परिणति) अपरोक्ष अनुभव में होता है।[१] ज्ञान ब्रह्म को इदंतया विषय नहीं बनाता; वह ब्रह्म को अविषय बताते हुये अविद्याकल्पित ज्ञातृ-ज्ञेय-भेद की निवृत्ति से अपरोक्षानुभूतिगम्य प्रतिपादित करता है।[२] ब्रह्म-ज्ञान सविकल्पक बौद्धिक ज्ञान नहीं है, अपितु

---

१. अनुभवावसानत्वात् भूतवस्तुविषयत्वात् च ब्रह्मज्ञानस्य। —शा० भा० १-१-४

२. अविद्याकल्पितभेदनिवृत्तिपरत्वात्।—वहीं।

निर्विकल्प अपरोक्षानुभूति है। ज्ञान प्रकाशक या ज्ञापक होता है, कारक नहीं। ज्ञान से अविद्यानिवृत्तिमात्र होती है। अविद्या-निवृत्ति, ब्रह्मभाव और मोक्ष एक ही हैं। ज्ञान अविद्या-निवृत्ति-रूपी क्रिया का सम्पादन नहीं करता; ज्ञान की स्थितिमात्र से अविद्या रूपी भ्रान्ति निवृत्त होती है जैसे प्रकाश से अन्धकार। ज्ञान में क्रिया की गन्धमात्र भी नहीं है।[1] पुनश्च, कर्म पुरुषतंत्र होता है; कर्म कर्ता की इच्छा पर निर्भर है। कर्ता चाहे तो कर्म करे, चाहे तो अन्यथा करे और चाहे तो न करे। किन्तु ज्ञान वस्तु-तन्त्र होता है; वह भूतवस्तुविषयक है। यह ज्ञाता पर निर्भर नहीं है कि वह अपनी इच्छानुसार किसी वस्तु को जाने, या अन्यथा जाने, या न जाने। ज्ञान को बनाना, बिगाड़ना या बदलना हमारे वश में नहीं है। ज्ञान में विधि-निषेध नहीं होते। ज्ञान प्रमाणजन्य, अनुभवावसान और वस्तुतन्त्र होता है। पुनश्च, कर्म का फल अभ्युदय (लौकिक एवं पारलौकिक सुख) है; ज्ञान का फल निःश्रेयस (मोक्ष) है। कर्म और उपासना से उत्पन्न सुख अनित्य है। यदि मोक्ष को कर्म या उपासना का कार्य माना जाये तो वह निश्चित रूप से अनित्य होगा। मोक्ष नित्य आनन्द है। उसे ज्ञान का 'फल' कहना भी उपचारमात्र है। क्योंकि ज्ञान मोक्ष को उत्पन्न नहीं करता, केवल अविद्या-निवृत्ति करता है जिससे स्वप्रकाश आत्मतत्त्व का साक्षात् अनुभव होता है।

शङ्कराचार्य ने पूर्वमीमांसा के मत का कि वेद कर्म-परक हैं, मार्मिक खण्डन किया है। पूर्वमीमांसा के अनुसार वेद क्रियार्थक या कर्मपरक हैं, अतः वेद का वह भाग जो साक्षात् रूप से कर्मपरक या परोक्षरूप से कर्म का अङ्ग न हो, अनर्थक (कम अर्थ वाला अर्थात् गौण) है।[2] इसके अनुसार कर्मकाण्ड मुख्य है; उपासना या ध्यान मानस कर्म होने के कारण कर्म के अन्तर्गत है। ज्ञानकाण्ड या उपनिषद्-भाग उपासना-कर्मपरक बनकर या कर्म का परोक्षरूप से अंग बनकर ही सार्थक हो सकता है। शङ्कराचार्य ने पूर्वमीमांसा की व्याख्या को उलट दिया है और यह सिद्ध किया है कि ज्ञानकाण्ड (उपनिषद्-भाग) ही वेद का मुख्य भाग है तथा कर्म और उपासना काण्ड गौण हैं। कर्म का उपदेश चित्त-शुद्धि के लिये और उपासना (ध्यान) का उपदेश चित्त की एकाग्रता के लिये है। वेद का अर्थ ही ज्ञान है। श्रुतियों में इस विषय में एक-वाक्यता है कि उनका लक्ष्य ब्रह्म को प्रकाशित करना है तथा ब्रह्म के विषय में श्रुति ही मुख्य प्रमाण है। ब्रह्म का सच्चिदानन्दस्वरूप में प्रतिपादन करने वाली अनेक श्रुतियों के होते हुये भी मीमांसक का यह कथन कि भूतवस्तुपरक वेदभाग नहीं है, दुःसाहसमात्र है।[3] ज्ञान और कर्म के अन्तर का विस्तृत प्रतिपादन ऊपर किया जा चुका है। अतः ब्रह्म का उपासनाकर्मपरत्व या उपासनाविधिशेषत्व या कर्त्तव्यशेषत्व सम्भव नहीं है। कर्म और उपासना

---

१. क्रियाया गन्धमात्रस्याप्यनुप्रवेश इह नोपपद्यते। —वहीं।

२. आम्नायस्य क्रियार्थत्वादानर्थक्यमतदर्थानाम्। —मीमांसासूत्र, १-२-१

३. अतो भूतवस्तुपरो वेदभागो नास्तीति वचनं साहसमात्रम्। —शा. भा. १-१-४

अविद्या में सम्भव है और ब्रह्मज्ञान से अविद्या की सर्वथा निवृत्ति होती है।[१] समस्त अनर्थों की जड़ अविद्या का विनाश और हेयोपादेय-शून्य तथा अखण्ड आनन्दस्वरूप ब्रह्मानुभव जीवन का चरम पुरुषार्थ है तथा वेदान्तशास्त्र का प्रयोजन है।[२]

७. श्रुति, तर्क और अनुभव

ब्रह्म का ज्ञान वेदान्तशास्त्र से ही होता है। ब्रह्म के विषय में श्रुति प्रबल प्रमाण है। श्रुति-रत्न ऋषियों के बुद्धि सागर के मन्थन से निकले हैं। श्रुतिवाक्य ऋषियों के ब्रह्मविषयक स्वानुभव की शाब्दिक अभिव्यक्ति हैं, अत: श्रुति को शब्द ब्रह्म भी कहते हैं। यहाँ बुद्धि अपनी सीमा को जान लेती है और तत्त्व को अतीन्द्रिय, बुद्धिविकल्पातीत तथा अनिर्वचनीय जानकर उसे अद्वैत अरोक्षानुभूतिगम्य मानती है। तत्त्वदर्शी, ब्रह्मवेत्ता, आत्मवित् ऋषियों के वाक्य ही ब्रह्म या आत्मा के विषय में प्रमाण हो सकते हैं। यद्यपि निर्विकल्प तत्त्व का बुद्धि-विषय के रूप में ग्रहण और अनिर्वचनीय का पूर्ण निर्वचन सम्भव नहीं है, तथापि निषेधमुख से निरूपण और शब्दों का साङ्केतिक प्रयोग, मुमुक्षुओं की सहायतार्थ, अनिवार्य रूप से उपादेय है। ब्रह्म रूपादि के अभाव के कारण अतीन्द्रिय है; और लिङ्गादि के अभाव के कारण निर्विकल्प है। अत: प्रत्यक्ष और अनुमान का विषय नहीं है। अत: ब्रह्म के विषय में श्रुति ही प्रबल प्रमाण है।

बुद्धि या तर्क दो प्रकार का है। श्रुत्यनुकूल तर्क, सुतर्क है। श्रुतिप्रतिकूल तर्क, केवल वादविवाद या वितण्डा के लिये प्रयुक्त तर्क, कुतर्क है। सुतर्क ग्राह्य है। कुतर्क अप्रतिष्ठित है। मतिवैरूप्य और मति-विरोध के कारण कुतर्क अनवस्थित और भ्रान्त है।[३] श्रुतिवाक्य कुतर्क द्वारा मृषा नहीं किया जा सकता।[४] आमिषार्थी हिंसक जन्तुओं के समान तार्किकजन शुष्क वादविवाद में फँसकर परस्पर लड़ते-झगड़ते हैं।[५] ये आगमज्ञानरहित एवं दयनीय हैं। बिना सींग-पूँछ वाले इन तार्किक-वृषभों के अनुमानकौशल का क्या कहना![६]

किन्तु सुतर्क या सुबुद्धि का व्यवहार में प्रभुत्व अक्षुण्ण है। श्रुति का अर्थ भी बुद्धिमान् व्यक्ति ही जान सकता है। यास्क मुनि के अनुसार जो व्यक्ति वेद रट लेता है, किन्तु उसका अर्थ नहीं जानता, वह केवल एक कुली के समान वेद का बोझा अपने सिर पर लादे फिरता है।[७] शङ्कराचार्य केवल अन्धविश्वास के कारण श्रुति को मानने के लिए नहीं कहते। किसी भी गम्भीर दार्शनिक विषय पर वे श्रुति के उद्धरण से ही सन्तुष्ट नहीं हो जाते, अपितु उसके

---

१. अतो न कर्तव्यशेषत्वेन ब्रह्मोपदेशो युक्त:। —वहीं।
२. हेयोपादेयशून्यब्रह्मात्मतावगमादेव सर्वक्लेशप्रहाणात् पुरुषार्थसिद्धे:। —वहीं।
३. शारीरक भाष्य, २-१-११; केनवाक्यभाष्य, १-३
४. श्रुतेर्वचनं न कुतर्कबुद्ध्या मृषा कर्तुं युक्तम्। —छान्दोग्यभाष्य, ८-१२-१
५. प्रश्नभाष्य, ६-३
६. अहो अनुमानकौशलं दर्शितमपुच्छशृङ्गैस्तार्किकबलीवर्दै:। —बृह. भाष्य २-१-२०
७. स्थाणुरयं भारहार: किलाभूत् अधीत्य वेदं न विजानाति योऽर्थम्।

प्रतिपादनार्थ अकाट्य युक्तियाँ भी देते हैं।[१] यदि श्रुति का अन्य प्रमाण से विरोध हो तो उसकी विवेचना उस प्रमाण के प्रकाश में करनी चाहिये। श्रुति की अपेक्षा युक्ति अनुभव के अधिक निकट होती है।[२] यदि सैंकड़ों श्रुतियाँ भी अग्नि को शीतल और अप्रकाश बतायें तो भी अनुभवविरुद्ध होने के कारण उन्हें प्रामाणिक नहीं माना जा सकता।[३] व्यावहारिक जगत् में बुद्धि या सुतर्क की महत्ता स्वीकार्य है। व्यवहार में सुतर्क प्रतिष्ठित और प्रामाणिक है। यह नहीं कहा जा सकता कि तर्कमात्र अप्रतिष्ठित है, क्योंकि तर्क का अप्रतिष्ठितत्त्व भी तर्क द्वारा ही प्रतिष्ठित किया जाता है।[४]

तर्क या बुद्धि का साम्राज्य व्यवहार तक ही सीमित है, परमार्थ में उसकी गति नहीं है। अतः बुद्धि अपनी सीमा का ज्ञान करके अपरोक्षानुभूति की ओर सङ्केत करती है जो ज्ञातृ-ज्ञेय-भेदरहित विशुद्ध चैतन्य है। यह नित्य चैतन्य ही अखण्ड आनन्द है। यह बुद्धि के अधिष्ठानभूत आत्मा का स्वरूप है जो स्वतःसिद्ध और स्वप्रकाश है। यह अद्वैतानुभूति ही ब्रह्म, आत्मा या मोक्ष है। ब्रह्मज्ञान का अवसान इसी स्वानुभव में होता है।

८. सांख्य-प्रकृतिपरिणामवाद-खण्डन

शङ्कराचार्य ने सांख्य को वेदान्त का 'प्रधानमल्ल' बताया है।[५] उनकी मान्यता है कि यद्यपि सांख्य महर्षि कपिल द्वारा उपदिष्ट और शिष्ट-परिगृहीत है, तथापि द्वैतवादी होने के कारण सांख्य को श्रुतिमूलक नहीं माना जा सकता।[६] श्रुति और स्मृति में सांख्य और योग शब्द क्रमशः ज्ञान और कर्म के अर्थ में प्रयुक्त हुये हैं। अचेतन प्रकृति आनुमानिक है एवं श्रुति में चेतन ब्रह्म को ही जगत्कारण बताया गया है। तर्क एवं युक्तियों के आधार पर भी सांख्य-मत खण्डित होता है। सांख्य का प्रमुख दोष उसका द्वैतवाद है। अचेतन प्रकृति जगत् की रचना नहीं कर सकती।[७] सृष्टि के लिये आवश्यक मूल प्रवृत्ति अर्थात् गुणसाम्यावस्था की गुणवैषम्यावस्था में परिणति बिना चेतन तत्त्व के सहयोग के नहीं हो सकती।[८] सांख्य सृष्टि को प्रयोजन-मूलक मानता है। प्रकृति पुरुष के भोग और अपवर्ग के प्रयोजन को सिद्ध करने के लिये सृष्टि करती है। किन्तु जड़ और अचेतन प्रकृति यह प्रयोजन कैसे सिद्ध कर सकती है ? प्रकृति और पुरुष के सहयोग के लिये सांख्य ने अन्ध और पंगु का दृष्टान्त दिया है वह सही नहीं है। अन्ध और पंगु दोनों चेतन व्यक्ति हैं, दोनों का समान प्रयोजन है, दोनों

---

१. वाक्यनिरपेक्षः स्वतन्त्रस्तद्युक्तिप्रतिषेधः क्रियते। —शा. भा. २-२-१

२. युक्तिरनुभवस्य सन्निकृष्यते। —वहीं, २-१-४

३. नं हि श्रुतिशतमपि शीतोऽग्निरप्रकाशो वेति ब्रुवत् प्रामाण्यमुपैति। गीताभाष्य, १८/६६

४. न हि प्रतिष्ठितस्तर्क एव नास्तीति शक्यते वक्तुम्।
एतदपि तर्काणामप्रतिष्ठितत्वं तर्केणैव प्रतिष्ठाप्यते। —शा. भा., २-१-११

५. शा.भा., १-४-२८

६. वहीं, १-४-१; १-१-५ से १०

७. वहीं, २-२-१

८. वहीं, २-२-२

उसकी सिद्धि के लिये मिलकर कार्य कर सकते हैं। किन्तु प्रकृति अचेतन है, उसका कोई प्रयोजन नहीं है; पुरुष निष्क्रिय और असंग है, उसका भी कोई प्रयोजन नहीं हैं। इनको मिलाने वाला कोई तीसरा तत्त्व सांख्य को स्वीकार नहीं है। तब इनका संयोग कैसे हो सकता है?[१] सांख्य का यह दृष्टान्त भी कि जैसे वत्स के पोषण के लिये गाय के थनों से अचेतन दूध की प्रवृत्ति होती है, वैसे ही पुरुषार्थसिद्धि के लिये अचेतन प्रकृति प्रवृत्त होती है, सही नहीं है। दूध की प्रवृत्ति चेतन धेनु, चेतन वत्स और धेनु के मातृस्नेह के कारण होती है, अतः चेतन की अपेक्षा यहाँ भी सिद्ध है।[२] अतः सांख्य की अचेतन प्रकृति को जगत्कारण नहीं माना जा सकता।[३]

९. वैशेषिक-मत-खण्डन

शङ्कराचार्य ने वैशेषिक के परमाणुकारणवाद का और पदार्थों का खण्डन किया है। परमाणु जगत्कारण नहीं हो सकते। क्या परमाणु स्वरूपतः चल या स्थिर या उभय या अनुभय रूप हैं। यदि चल हैं तो सृष्टि शाश्वत हो जायेगी। यदि स्थिर हैं तो सृष्टि होगी ही नहीं। एक ही वस्तु चल और अचल दोनों नहीं हो सकती। यदि परमाणु स्वरूपतः स्थिर हैं तो उनमें गति या परिस्पन्द बाहर से आना चाहिये। यह बाह्य कारण या तो दृष्ट है या अदृष्ट। सृष्टि-पूर्व दृष्ट पदार्थ की सत्ता न होने से यह कारण दृष्ट नहीं हो सकता। यदि अदृष्ट है, तो क्या यह परमाणुओं के समीप है या दूर ? यदि समीप है तो सृष्टि शाश्वत होगी। यदि दूर है तो सृष्टि असम्भव होगी।[४] इन सब दोषों से सिद्ध है कि परमाणुओं से इस जगत् की सृष्टि नहीं हो सकती।[५]

वैशेषिक के पदार्थों का खण्डन करते हुये आचार्य कहते हैं कि षट्पदार्थों का वर्गीकरण दोषपूर्ण है। एक ओर तो पदार्थों को पृथक् और स्वतंत्र माना गया है तथा दूसरी ओर गुण, कर्म आदि को द्रव्याश्रित बताया है। पदार्थ तो स्वतंत्र सत् होना चाहिये। अतः गुण, कर्म आदि को पदार्थ नहीं माना जा सकता। सामान्य भी व्यक्ति-सापेक्ष है। विशेष की कल्पना भेद-सिद्धि के लिये की गई है जो कल्पनामात्र है; और विशेष वैसे भी नित्य-द्रव्य-सापेक्ष हैं। समवाय सम्बन्ध भी असिद्ध है। संयोग को गुण और समवाय को पदार्थ मानने में कोई हेतु नहीं है क्योंकि दोनों ही सम्बन्ध हैं। समवाय जिन दो अयुतसिद्ध वस्तुओं को सम्बद्ध करता है उनमें से यदि एक में रहता है तो दूसरी वस्तु को उस वस्तु से सम्बद्ध नहीं कर सकता; तथा सम्बन्ध एक और अविभाज्य होने के कारण एक साथ दो वस्तुओं में नहीं रह सकता; यदि समवाय दोनों वस्तुओं से भिन्न है तो वह स्वयं तीसरी वस्तु सिद्ध होता है और उसे उक्त दोनों वस्तुओं

१. वहीं, २-२-७
२. वहीं, २-२-३
३. सांख्य के विस्तृत खण्डन के लिये देखिये पीछे, पृ. १५३-५५
४. शा० भा० २-२-११, १४
५. देखिये पीछे पृ० १७२

से सम्बद्ध होने के लिये एक अन्य समवाय सम्बन्ध की अपेक्षा होगी और इस प्रकार अनवस्था दोष आयेगा। अतः समवाय असिद्ध है।[१] इस प्रकार केवल द्रव्य को ही स्वतन्त्र पदार्थ माना जा सकता है। वैशेषिक के नौ द्रव्यों में भी वस्तुतः स्वतन्त्र सत् केवल आत्मा ही हो सकता है किन्तु आत्मा शुद्धचैतन्यस्वरूप ज्ञाता या द्रष्टा है जो द्रव्य, पदार्थ या विषय नहीं हो सकता। वैशेषिक आत्मा को जड़ द्रव्य के रूप में स्वीकार करता है और ज्ञान एवं आनन्द को उसके आगन्तुक धर्म मानता है। अतः इस मत की हीनता और हेयता स्पष्ट है। इस प्रकार वैशेषिक के पदार्थ केवल कल्पना हैं और यदि कल्पना करने लगें तो छह के स्थान पर शत और सहस्त्र पदार्थों की कल्पना की जा सकती है।[२]

१०. ईश्वर की केवल निमित्तकारणता का खण्डन

न्याय-वैशेषिक और योग तथा कुछ शैव मत ईश्वर को जगत् का केवल निमित्तकारण मानते हैं तथा परमाणुओं को या प्रकृति को उपादानकारण स्वीकार करते हैं। यदि ईश्वर केवल अधिष्ठाता है और इच्छानुसार जीवों को हीन, मध्यम तथा उत्तम बनाता है एवं सुख-दुःख की व्यवस्था भी मनमानी करता है तो ईश्वर को भी साधारण पुरुषों के समान रागद्वेषादियुक्त मानना पड़ेगा। यदि जीव अपने कर्मों से सञ्चालित है तो कर्म मुख्य और ईश्वर गौण है।[३] पुनश्च, ईश्वर अनन्त नित्य परमाणुओं से या नित्य जड़ प्रकृति से और नित्य जीवों से सदा घिरा रहता है। ईश्वर, जीव और प्रकृति तीनों को नित्य और व्यापक माना गया है, अतः ईश्वर इन नित्य और व्यापक जीवों तथा प्रकृति का अधिष्ठाता कैसे हो सकेगा ? ईश्वर का जीवों से, प्रकृति से या परमाणुओं से कोई आन्तरिक सम्बन्ध सिद्ध नहीं हो सकता। ऐसा ईश्वर जगत् का कर्ता, धर्ता, हर्ता और नियन्ता नहीं हो सकता। न वह सर्वज्ञ और सर्वशक्तिमान् हो सकता है।[४]

११. ईश्वरपरिणामवाद का खण्डन

भागवत सम्प्रदाय चतुर्व्यूहवादी है। यह ईश्वर को जगत्कारण और चिदचिद्रूप विश्व को ईश्वर का परिणाम मानता है। ईश्वर को अभिन्ननिमित्तोपादान-कारण मानता है। शङ्कराचार्य के लगभग तीन सौ वर्ष बाद रामानुजाचार्य ने भागवत सम्प्रदाय के सिद्धान्तों को अपने विशिष्टाद्वैतसम्प्रदाय के ब्रह्मपरिणामवाद के रूप में विकसित और व्यवस्थित किया। शङ्कराचार्य स्वयं भी ईश्वर को अभिन्ननिमित्तोपादान-कारण मानते हैं तथा चिदचिद्रूप विश्व को ब्रह्म की, माया के कारण, अभिव्यक्ति या प्रतीति मानते हैं। आचार्य ने स्पष्ट कहा है कि वे भागवत

---

१. शा. भा. २-२-१३; २-१-१८

२. वहीं २-२-१७

३. वहीं २-२-३७

४. वहीं २-२-३८, ४१

सम्प्रदाय के ईश्वर को जगत् का अभिन्ननिमित्तोपादान-कारण मानने का, ईश्वर के चिदचिद् रूप में अभिव्यक्त होने का, ईश्वर के निरन्तर प्रणिधान द्वारा उसके अजस्त्र आराधन का, ईश्वर के ज्ञानस्वरूप परमार्थतत्त्व होने का निराकरण नहीं करते। वे ईश्वर को जगत् का वास्तविक कर्ता और जगत् को ईश्वर का तात्विक परिणाम मानने का प्रतिषेध करते हैं।[१] उनके अनुसार जगत् ब्रह्म का विवर्त है; परिणाम नहीं। जगत् मायाजन्य प्रतीति मात्र है और उसकी सत्ता व्यावहारिक है।

शङ्कराचार्य ने न्याय-वैशेषिक के असत्कार्यवाद या आरम्भवाद का खण्डन किया है। 'असत्' कार्य वन्ध्यापुत्रवत् कभी उत्पन्न नहीं हो सकता। सत्कार्यवाद को परिणामवाद के अर्थ में लिया जाये तो वह भी आचार्य को अभीष्ट नहीं है। उन्होंने सांख्य के प्रकृतिपरिणामवाद का और भागवतों के ईश्वरपरिणामवाद (ब्रह्मपरिणामवाद) का भी खण्डन किया है। वे ब्रह्मविवर्तवाद को मानते हैं। विवर्तवाद को सत्कार्यवाद की ही एक शाखा माना जाता है; किन्तु विवर्तवाद को 'सत्कारणवाद' की संज्ञा देना अधिक उपयुक्त होगा क्योंकि इसके अनुसार कारण ही 'सत्' है, और कार्य उसका मायिक आभास है। चिन्तन करने पर परिणाम (तात्विक परिवर्तन) विवर्त (अतात्विक परिवर्तन) में परिणत होता है। इसीलिये सर्वज्ञात्ममुनि ने परिणामवाद को विवर्तवाद की पूर्वभूमि कहा है।[२]

१२. बौद्ध-मत-खण्डन

(i) *सर्वास्तिवाद-खण्डन*

सर्वास्तिवादी बौद्ध क्षणिक परमाणु और क्षणिक विज्ञान की सत्ता स्वीकार करता है। ये दोनों अलग-अलग भौतिक और चैत्त संघात बनाते हैं। शङ्कराचार्य का कथन है कि क्षणभङ्गवाद के कारण ये संघात नहीं बन सकते। न तो क्षणिक परमाणु भौतिक संघात बना सकते हैं और न क्षणिक विज्ञान स्कन्ध-संघात। बौद्ध दर्शन ने किसी चेतन भोक्ता या नियन्ता की सत्ता नहीं मानी है जो संघात बना सके। प्रतीत्यसमुत्पादचक्र में भी प्रत्येक पूर्व अङ्ग केवल अपर अङ्ग का कारण है, सम्पूर्ण चक्र का नहीं, अतः अङ्गों का संघात भी नहीं बन सकता।[३]

(ii) *क्षणभङ्गवाद-खण्डन*

शङ्कराचार्य का आक्षेप है कि प्रतीत्यसमुत्पादचक्र में पूर्व अङ्ग को अपर अङ्ग का भी कारण नहीं माना जा सकता क्योंकि उत्तर अङ्ग की उत्पत्ति के समय पूर्व अङ्ग विनष्ट हो जाता है। यदि यह कहा जाय कि पूर्व अङ्ग परिनिष्पन्न भाव बनकर उत्तर अङ्ग की उत्पत्ति के व्यापार में प्रवृत्त होता है तो निश्चय ही द्वितीय क्षण में भी उसकी स्थिति माननी पड़ेगी। और यदि पूर्व अङ्ग की उत्पत्ति और स्थिति को एक मानकर उसकी स्थितिमात्र को ही

---

१. शा. भा. २-२-४२

२. विवर्तवादस्य हि पूर्वभूमिर्वेदान्तवादे परिणामवादः।

३. शा. भा. २-२-१८, १९

कारण-सामार्थ्य मान लिया जाय (भाव एवास्य व्यापारः) अर्थात् कारण की सत्तामात्र को ही उत्पादशक्तिरूप माना जाये (सत्तैव व्यापृतिः) तो भी कारण के स्वभाव को ग्रहण किये बिना कार्य उत्पन्न नहीं हो सकता और यह स्वीकार करना कि कारण स्वभावरूप से कार्य में विद्यमान रहता है क्षणभङ्गवाद को ठुकरा देना है। पुनश्च, क्या उत्पाद और विनाश वस्तु के स्वरूप हैं, अथवा अवस्थान्तर हैं, अथवा कोई अन्य वस्तु हैं। यदि इन्हें वस्तु का स्वरूप माना जाय तो ये एक-दूसरे के पर्याय बन जायेंगे। यदि उत्पाद को आदि, वस्तु को मध्य और विनाश को अन्त माना जाय तो एक वस्तु की कम से कम आदि-मध्य-अन्त के तीन क्षणों तक स्थिति माननी पड़ेगी। यदि उत्पाद और विनाश को वस्तु से अत्यन्त भिन्न (अन्य वस्तु) माना जाये तो वस्तु उत्पाद-विनाशरहित नित्य हो जायेगी। अतः क्षणभङ्गवाद दूषित है।[१]

सर्वास्तिवाद आकाश, प्रतीत्यसमुत्पाद (अप्रतिसंख्यानिरोध) और निर्वाण (प्रतिसंख्यानिरोध) इन तीन को असंस्कृत धर्म मानता है। संस्कृत या उत्पन्न न होने के कारण ये नित्य हैं। इन्हें अभावमात्र मानना भी उचित नहीं है। आकाश को 'आवरण का अभाव' मानना ठीक नहीं है क्योंकि आकाश वस्तुओं की स्थिति या विस्तार को अवकाश देता है। प्रतीत्यसमुत्पाद में प्रत्येक क्षणिक अङ्ग का उत्पादानन्तर विनाश निरन्तर चलता रहता है; यह विनाश अप्रतिसंख्याक अर्थात् अबुद्धिपूर्वक और अहेतुक है। इसे 'नित्यस्वभाव' मानना अनुचित है क्योंकि यह पूरे चक्र का विनाश नहीं है। यह 'सन्तति-नित्य' या 'प्रवाह-नित्य' है। निर्वाण को दुःखाभावामात्र मानना भी अनुचित है। सर्वास्तिवाद स्वयं उसे सुखरूप नित्यद्रव्य मानता है। तीनों असंस्कृत धर्म क्षणभङ्गवाद को निरस्त करते हैं।[२]

पुनश्च, क्षणभङ्गवाद से कर्मवाद ध्वस्त होता है; कृतप्रणाश और अकृताभ्
हैं; लोकव्यवहार और साधनामार्ग नष्ट होता है; बन्ध और मोक्ष की व्यवस

पुनश्च, ज्ञान, स्मृति और प्रत्यभिज्ञा क्षणभङ्गवाद पर मार्मिक प्रहार करती है। नित्य ज्ञाता के बिना ज्ञान, स्मृति और प्रत्यभिज्ञा सम्भव नहीं है। प्रथम क्षण में निर्विकल्प प्रत्यक्ष और द्वितीय क्षण में सविकल्प प्रत्यक्षज्ञान होता है। पूर्वक्षण में अनुभूत वस्तु की उत्तरक्षण में स्मृति होती है। प्रथमक्षण में किसी वस्तु या व्यक्ति का प्रत्यक्ष हुआ; द्वितीय क्षण में फिर उसी का प्रत्यक्ष हुआ; और तृतीय क्षण में ज्ञाता को दोनों पूर्वक्षणों के अनुभव की तुलना करके प्रत्यभिज्ञा हुई कि 'यह वही है'। प्रत्येक ज्ञान और अनुभव में स्वतः सिद्ध नित्य ज्ञाता की सत्ता का स्पष्ट अनुभव होता है। ज्ञाता की सत्ता पर सन्देह भी नहीं किया जा सकता क्योंकि सन्देहकर्ता स्वयं ज्ञाता है। नित्य आत्मा की सत्ता असंदिग्ध है, क्योंकि इसके बिना कोई ज्ञान या अनुभव नहीं हो सकता। जन्म से लेकर मृत्युपर्यन्त समस्त विज्ञानों को अपनी ही आत्मा के विज्ञान अनुभव करने वाले क्षणभङ्गवादी बौद्ध को आत्मा को भी क्षणिक विज्ञान मानने में तनिक भी लज्जा नहीं आती![३]

---

१. शा. भा. २-२-२०
२. वहीं २-२-२२, २४
३. वहीं २-२-२५

(iii) *विज्ञानवाद-खण्डन*

शङ्कराचार्य के अनुसार बौद्ध विज्ञानवादी अपने मत की पुष्टि इस प्रकार करते हैं: यदि बाह्य अर्थ हैं तो वे या तो परमाणुरूप हैं या संघातरूप। परमाणु दृष्टिगत नहीं होते और षडंश होने के कारण अविभाज्य नहीं हो सकते। परमाणुसंघात भी परमाणुओं से भिन्न या अभिन्न सिद्ध नहीं होते। सहोपलम्भनियम अर्थात् विज्ञान और विषय (अर्थ) की सदा एक साथ उपलब्धि इस बात का प्रबल प्रमाण है कि विज्ञान ही अर्थाकार लेकर प्रतीत होता है। पुनः भ्रम और स्वप्न के पदार्थों में तथा जाग्रत् अवस्था के लौकिक पदार्थों में कोई भेद नहीं है क्योंकि दोनों में विज्ञान ही अर्थाकार लेकर प्रतीत होता है। विज्ञानबहुत्व का कारण अनादि वासनाभेद है, पदार्थभेद नहीं। अनादि संसारचक्र में वासना और विज्ञान, बीज और अङ्कुर के समान एक-दूसरे का कारण और कार्य बनते रहते हैं। आचार्य ने विज्ञानवाद का यह सही निरूपण प्रस्तुत किया है।

शङ्कराचार्य ने इस मत का मार्मिक खण्डन किया है। कुछ विद्वानों ने शङ्कराचार्य पर यह मिथ्या आरोप लगाया है कि स्वयं विज्ञानवादी होते हुए भी उन्होंने बौद्ध विज्ञानवाद का खण्डन वस्तुवाद के दृष्टिकोण से किया है जिसमें उनका कोई विश्वास नहीं है। अतः सही स्थिति को जान लेना आवश्यक है। शङ्कराचार्य पारमार्थिक विज्ञानवाद और व्यावहारिक वस्तुवाद को स्वीकार करते हैं। उनका विरोध व्यावहारिक विज्ञानवाद और पारमार्थिक वस्तुवाद से है। पारमार्थिक विज्ञानवाद के साथ व्यावहारिक वस्तुवाद सुसङ्गत है। पाश्चात्य दार्शनिक कान्ट ने भी बर्कले के व्यावहारिक विज्ञानवाद के खण्डन में यही दृष्टिकोण अपनाया है। बौद्ध विज्ञानवाद का सबसे बड़ा दोष यही है कि वह व्यवहार में भी विज्ञानवाद स्वीकार करता है एवं समस्त लोक-व्यवहार का व्यर्थ में ही निषेध करता है। विश्व के प्रसिद्ध विज्ञानवाद-सम्प्रदायों में बौद्ध विज्ञानवाद ही एकमात्र ऐसा सम्प्रदाय है जो परमार्थ और व्यवहार दोनों में विज्ञानवाद स्वीकार करता है। शङ्कराचार्य ने सुस्पष्ट और युक्तियुक्त रूप से प्रतिपादित किया है कि व्यवहार में वस्तुवाद ही मानना पड़ता है क्योंकि व्यवहार में भी विज्ञानवाद मानने से सारे लोक-व्यवहार का निरर्थक निषेध होता है।

शङ्कराचार्य के अनुसार सहोपलम्भनियम केवल यही सिद्ध करता है कि विज्ञान और विषय की अनुभूति युगपत् होती है। इससे विज्ञान और अर्थ की एकता सिद्ध नहीं होती क्योंकि विज्ञान-सहचर होना विज्ञानस्वरूप होना नहीं है, विज्ञान-ग्राह्य होना विज्ञानांश बनना नहीं है। लोक-व्यवहार में बाह्य पदार्थों की असंदिग्ध उपलब्धि या अनुभूति होती है जिसका व्यवहार में अपलाप नहीं किया जा सकता। अतः अर्थ और ज्ञान का भेद सिद्ध है। 'श्वेत गाय' और 'कपिला गाय' में श्वेतत्व और कपिलत्व भिन्न हैं, किन्तु गोत्व वही है। 'घट विज्ञान' और 'पट विज्ञान' में घट और पट भिन्न हैं, किन्तु विज्ञान एक है। इस प्रकार भी अर्थ और विज्ञान का भेद स्पष्ट है।[१]

---

१. शा. भा. २-२-२८ तस्मादर्थज्ञानयोर्भेदः।

आचार्य ने दिङ्नाग की 'आलम्बनपरीक्षा' की छठी कारिका के पूर्वार्द्ध को उद्धृत किया है—'जो अन्तर्ज्ञेयरूप है वही बहिर्वत् अवभासित होता है।'[१] आचार्य का आक्षेप है कि यदि बाह्य पदार्थ वन्ध्यापुत्र के समान नितान्त असत् और परिकल्पित हैं तो बाह्य पदार्थ की कल्पना भी असम्भव होगी। यदि बाह्य पदार्थ न हों तो विज्ञान उनका आकार ग्रहण नहीं कर सकता और बाह्य पदार्थों के समान प्रतीत नहीं हो सकता। सत्ता के बिना संभाव्यता या समानता की कल्पना असम्भव है। यदि बाह्य पदार्थ न हों तो यह कथन भी सम्भव नहीं हो सकता कि विज्ञान 'बहिर्वत्' प्रतीत होता है। यह तो कोई नहीं कहता कि 'विष्णुमित्र वन्ध्यापुत्रवत् प्रतीत होता है।' वस्तु का सम्भव या असम्भव होना उसके प्रमाणसिद्ध या प्रमाणाऽसिद्ध होने पर निर्भर करता है। व्यवहार में बाह्य पदार्थ समस्त प्रमाणों द्वारा सिद्ध हैं, अत: उनका निषेध नहीं किया जा सकता।[२]

पुनश्च, बौद्धों का यह कथन कि स्वप्न-पदार्थ और जाग्रत् अवस्था के लौकिक पदार्थ, भ्रम होने के कारण, समान स्तर के हैं तथा वन्ध्यापुत्रवत् नितान्त असत् और परिकल्पित हैं, असत्य हैं। भ्रम-पदार्थों की प्रतीति होती है। वन्ध्यापुत्र में तो प्रतीति-सामर्थ्य भी नहीं हैं। अत: भ्रम पदार्थ सदसदनिर्वचनीय हैं, असत् नहीं। स्वप्नपदार्थों को और लौकिक पदार्थों को समान स्तर पर रखना नितान्त अनुचित है। स्वप्न का बाध जाग्रत् में होता है, किन्तु जाग्रत् के लौकिक पदार्थों का बाध व्यवहार में नहीं हो सकता। स्वप्नपदार्थ व्यक्ति-गत, जीव-सृष्ट, प्रतिभास-मात्रशरीर एवं इन्द्रियव्यापाररहित होते हैं। लौकिक-पदार्थ समष्टि-गत, ईश्वर-सृष्ट, द्वयकालिक और इन्द्रियप्रत्यक्षजन्य होते हैं। व्यवहार दशा में दोनों के अन्तर का प्रत्यक्ष अनुभव करते हुये उन्हें समान स्तर पर रखना नितान्त अयुक्त है।[३] पुनश्च, विज्ञान-भेद पदार्थ-भेद के कारण है, वासना-भेद के कारण नहीं है। यदि बाह्यपदार्थ असत् हैं तो वासनाओं की उत्पत्ति सम्भव नहीं है। पदार्थोत्पन्न होने से वासनाओं को अनादि भी नहीं माना जा सकता। वासनायें मानस संस्कार हैं और बिना अधिकरण के नहीं रह सकतीं। आलयविज्ञान भी प्रवृत्ति विज्ञान के समान क्षणिक होने के कारण वासनाओं का अधिकरण नहीं हो सकता।[४] अत: विज्ञानभेद अर्थभेद पर निर्भर है।

शङ्कराचार्य का कथन है कि उन्होंने सर्वास्तिवाद के क्षणभङ्गवाद के खण्डन में जो तर्क दिये हैं वे सब विज्ञानवाद के क्षणभङ्गवाद पर भी पूर्णतया लागू हैं (शा० भा० २-२-३१)। पुनश्च, बौद्धों का यह कथन कि क्षणिकविज्ञान स्वप्रकाश होने के कारण, दीपक के समान, स्वयं को प्रकाशित करता है, उतना ही हास्यास्पद है जितना यह कथन कि अग्नि स्वयं को जलाती है या तलवार की धार स्वयं को काटती है। क्षणिक विज्ञान स्वप्रकाश और स्वसंवेद्य

---

१. यदन्तर्ज्ञेयरूपं तद् बहिर्वदवभासते। शा. भा., २-२-२८ में उद्धृत।

२. नहि विष्णुमित्रो वन्ध्यापुत्रवत् अवभासते इति कश्चिदाचक्षीत। —शा. भा., २-२-२८

३. शा. भा. २-२-२९ उभयोरन्तरं स्वयमनुभवता।

४. शा. भा. २-२-३०, ३१

नहीं हो सकता। वह स्वयं घटपटादि के समान ज्ञेय विषय है जो अपने ज्ञान के लिये नित्यचैतन्यस्वरूप आत्मा पर निर्भर रहता है।[१] यह नित्य साक्षिचैतन्य समस्त ज्ञान का अधिष्ठान है जिसका निराकरण असम्भव है। यह साक्षिचैतन्य ही स्वप्रकाश और स्वत:सिद्ध है, क्षणिकविज्ञान नहीं।[२] विज्ञानवादी का यह सोचना भ्रम है कि हमने (वेदान्तियों ने) उसके स्वप्रकाश क्षणिकविज्ञान को ग्रहण करके उसे स्वप्रकाश साक्षी के रूप में परिणत कर दिया है क्योंकि द्रष्टा साक्षी और दृश्य क्षणिकविज्ञान की तुलना नहीं हो सकती। साक्षिचैतन्य नित्य, स्वत:सिद्ध और स्वप्रकाश है तथा समस्त ज्ञान का अधिष्ठान है। इसके विपरीत क्षणिक विज्ञान साक्षि-ज्ञेय है, उसी प्रकार जिस प्रकार घटपटादि साक्षि-ज्ञेय है। विज्ञान क्षणिक, उत्पत्तिविनाशशील और अनेक हैं, अत: उनकी साक्षी से कोई तुलना नहीं है। नित्य साक्षी की सत्ता स्वीकार किये बिना किसी प्रकार का ज्ञान या अनुभव सम्भव नहीं है।[३]

शङ्कराचार्य कृत विज्ञानवाद का यह खण्डन मूलविज्ञानवाद और स्वतन्त्रविज्ञानवाद दोनों पर लागू होता है क्योंकि दोनों ही व्यवहार में भी विज्ञानवादी हैं और लोक-व्यवहार का व्यर्थ में निषेध करते हैं। दोनों ही पदार्थ को वन्ध्यापुत्रवत् नितान्त असत्, अभूत और परिकल्पित मानते हैं तथा प्रतिभास और व्यवहार में कोई अन्तर न मानकर उन्हें समान स्तर पर रखते हैं। क्षणिक वासनाओं और विज्ञानों के अजस्र प्रवाह को दोनों स्वीकार करते हैं। दोनों में मूलभूत अन्तर यह है कि लङ्कावतारसूत्र, मैत्रेय, असङ्ग और वसुबन्धु का मूलविज्ञानवाद विज्ञप्तिमात्र परम तत्त्व को नित्य, सुखस्वरूप, निर्विकल्प, निराकार, विशुद्ध विज्ञानस्वरूप परमार्थ मानता है। अत: वेदान्त के साक्षिचैतन्य या आत्मतत्त्व से कुछ अंशों में विज्ञप्तिमात्र का साम्य होने के कारण मूलविज्ञानवाद कुछ अंशों में इन दोषों से बच जाता है। स्वतन्त्रविज्ञानवाद विज्ञान की नित्यता को स्वीकार नहीं करता। वह क्षणिक विज्ञानप्रवाह को ही मानता है। अत: शङ्कराचार्य का खण्डन उस पर पूर्ण रूप से लागू होता है।[४]

(iv) *शून्यवाद-खण्डन*

शङ्कराचार्य ने 'शून्य' शब्द को साधारण प्रचलित 'नितान्त असत्' के अर्थ में लेकर शून्यवाद को सब प्रमाणों से असिद्ध स्वव्याघाती सर्वनिषेधवाद कहकर उसे निराकरण के अयोग्य मान लिया है क्योंकि सब प्रमाणों से सिद्ध इस लोकव्यवहार का बाध परतत्त्व के साक्षात्कार के बिना नहीं किया जा सकता।[५] यह तो सिद्ध है कि शून्यवाद सर्वनिषेधवाद

---

१. शा. भा. २-२-२८ साक्षिप्रत्यययोश्च स्वभाववैषम्यात् उपलब्धुपलभ्यभावोपपत्ते:।

२. शा. भा. २-२-२८ स्वयंसिद्धस्य च साक्षिणोऽप्रत्याख्येयत्वात्।

३. विज्ञानस्य गृहीता स आत्मा ज्योतिरन्तरं विज्ञानात्। —वृह., भा. ४-३-७

साक्षिणोऽवगन्तु: स्वयंसिद्धतामुपक्षिपता स्वयं प्रथते विज्ञानमित्येष एव मम पक्षस्त्वया वाचोयुक्त्यन्तरेणाश्रित इति चेत् न। विज्ञानस्योत्पत्तिप्रध्वंसानेकत्वादिविशेषवत्त्वाभ्युपगमात्। विज्ञानस्याप्यवभास्यत्वात्। शा. भा. २-२-२८

४. विज्ञानवाद और स्वतन्त्रविज्ञानवाद के खण्डन के लिये द्रष्टव्य पीछे पृ. १३२-३८

५. शून्यवादिपक्षस्तु सर्वप्रमाणविप्रतिषिद्ध इति तन्निराकरणाय नादर: क्रियते, न ह्ययं सर्वप्रमाणप्रसिद्धो लोकव्यवहारोऽन्यत्तत्त्वमनधिगम्य शक्यतेऽपह्नोतुम्। —शा. भा. २-२-३१

न होकर निरपेक्ष अद्वैतवाद है जो चतुष्कोटिविनिर्मुक्त प्रपञ्चशून्य शिवतत्त्व को स्वीकार करता है। यही लगता है कि शङ्कराचार्य शून्यवाद को सर्वनिषेधवाद के प्रचलित अर्थ में लेकर उसे टाल गये हैं।

१३. परमत-खण्डन का प्रयोजन

शङ्कराचार्य के अनुसार आत्मानुभूति जीवन का चरम लक्ष्य है। द्वैतवादी अपने-अपने मतों की पुष्टि करने के लिये परस्पर विवाद करते हैं, किन्तु अद्वैत का किसी से कोई विवाद नहीं है। ब्रह्मात्मज्ञान के विषय में तत्त्वदर्शी ऋषियों के श्रुतिसंगृहीत वाक्य प्रमाण हैं और उनके विवेचन के लिये सुतर्क प्रमाण है। शङ्कराचार्य ने इसे बार-बार स्पष्ट किया है कि वे पर-मत-खण्डन में इसीलिये प्रवृत होते हैं क्योंकि ये श्रुति-प्रतिकूल मत परमात्मतत्त्व के सम्यक् निरूपण में प्रतिबन्धभूत हैं। अविचारपूर्वक किसी विमत को मानने पर लक्ष्य-च्युति और अनर्थ-प्राप्ति हो सकती है।[१] अतः सम्यग्दर्शन के प्रतिपक्षभूत दर्शनों का निराकरण आवश्यक है जिससे मुमुक्षु जन सम्यग्दर्शन द्वारा निःश्रेयस प्राप्त कर सकें।[२] आचार्य का कथन है कि वे इसी दृष्टि से परमत-खण्डन में प्रवृत्त हुये हैं। उन्हें तार्किकों के समान शुष्क वाद-विवाद और वितण्डा में किंचित् भी रुचि नहीं है क्योंकि यह श्रेयोमार्ग के प्रतिकूल है।[३]

१४. उपसंहार

शाङ्कर वेदान्त भारतीय दर्शनों का मुकुट-मणि माना जाता है। शङ्कराचार्य के अनुसार दर्शन केवल बौद्धिक ज्ञान नहीं हैं। दर्शन की परिणति तत्त्व-साक्षात्कार में होती है। ब्रह्मज्ञान 'अनुभवावसान' है।[४] आचार्य ने भाष्य के प्रारम्भ में ही स्पष्ट कहा है कि अनर्थ-हेतु अविद्या के प्रहाणार्थ और आत्मसाक्षात्कार के लिये सब वेदान्त प्रारम्भ होते हैं।[५] आचार्य के अनुसार ब्रह्मजिज्ञासा के पूर्व नित्यानित्यवस्तुविवेक, वैराग्य, शमदमादि-साधनसम्पत् और मुमुक्षुत्व आवश्यक है।[६] ब्रह्मजिज्ञासा बौद्धिक जिज्ञासा नहीं है, इस जिज्ञासा की पूर्णता ब्रह्मावगति (ब्रह्म-साक्षात्कार) में होती है। विवेक, वैराग्य आदि मुमुक्षुओं के लिये आवश्यक हैं। श्रवण, मनन और निदिध्यासन वेदान्त की साधना के त्रिविध सोपान हैं।

---

१. शा. भा. १-१-१ निःश्रेयसात् प्रतिहन्येत अनर्थं चेयात्।
२. शा. भा. २-२-१ सम्यग्दर्शनप्रतिपक्षभूतानि दर्शनानि निराकरणीयानि।
३. प्रश्नभाष्य, ६-३
४. शा. भा. २-१-२ अनुभवावसानत्वाद् ब्रह्मज्ञानस्य।
५. अस्यानर्थहेतोः प्रहाणाय आत्मैकत्वविद्याप्रतिपत्तये सर्वे वेदान्ता आरम्भन्ते। —शा. भा., उपोद्घात।
६. शा. भा. १-१-१

षोडश अध्याय
शङ्कराचार्योत्तर अद्वैत वेदान्त दर्शन

१. मण्डन मिश्र और सुरेश्वराचार्य एक हैं या भिन्न ?

परम्परानुसार शङ्कराचार्य के प्रसिद्ध शिष्य संन्यासी सुरेश्वराचार्य का गृहस्थाश्रम का नाम मण्डन मिश्र था जो शास्त्रार्थ में पराजित होकर शङ्कराचार्य के शिष्य बन गये थे। प्रोफ़ेसर हिरियन्ना और प्रोफ़ेसर कुप्पुस्वामी शास्त्री ने दोनों में मतभेद प्रदर्शित करते हुये युक्तियों के आधार पर मण्डन और सुरेश्वर को दो भिन्न व्यक्ति सिद्ध करने का प्रयत्न किया है। अन्य विद्वानों ने दोनों के परम्परागत ऐक्य के प्रतिपादन का प्रयास किया है। हमारे विचार से इसका अभी तक निश्चित निर्णय नहीं हो सका है। इस पर विस्तृत विचार करना इस ग्रन्थ का विषय नहीं है। मण्डन मिश्र ने छह या सात ग्रन्थ लिखें हैं जिनमें 'ब्रह्मसिद्धि' सर्वाधिक महत्त्वपूर्ण है और अद्वैत वेदान्त का प्रतिपादन करती है। मण्डन मिश्र प्रारम्भ में मीमांसक थे और बाद में वे अद्वैत वेदान्ती हो गये; वे उनमें थे जो पूर्व और उत्तर मीमांसा को एक ही शास्त्र मानते थे, अत: मीमांसा से वेदान्त की ओर उनकी प्रगति स्वाभाविक थी। ब्रह्मसिद्धिकार के रूप में मण्डन मिश्र अद्वैत वेदान्त के एक प्रतिष्ठित आचार्य हैं। वे शङ्कराचार्य के समकालीन थे और सम्भव है आयु में उनसे बड़े रहे हों। ब्रह्मसिद्धि में शङ्कराचार्य का या उनकी कृतियों का कोई उल्लेख नहीं है। यह भी ज्ञात नहीं है कि ब्रह्मसिद्धि की रचना शारीरकभाष्य के पूर्व हुई या लगभग उसी समय हुई या बाद में हुई। यह भी निश्चित नहीं है कि आचार्य मण्डन मिश्र और सुरेश्वराचार्य एक ही व्यक्ति थे या भिन्न थे।

अत: हम यह स्पष्ट कर देना आवश्यक समझते हैं कि मण्डन मिश्र को शङ्करोत्तर अद्वैत वेदान्त के अन्तर्गत रखने का अर्थ यह नहीं है कि हम मण्डन मिश्र को निश्चित रूप से शङ्करोत्तर अद्वैत वेदान्ती या सुरेश्वराचार्य से अभिन्न मानते हैं। मण्डन-सुरेश्वर के ऐक्य या अनैक्य की अनिश्चितता के कारण हमने दोनों को इस अध्याय के अन्तर्गत रख लिया है।

प्रोफ़ेसर हिरियन्ना और प्रोफ़ेसर कुप्पुस्वामी शास्त्री ने आचार्य मण्डन मिश्र और आचार्य सुरेश्वर में निम्नाङ्कित मतभेद प्रदर्शित किये हैं—

(१) मण्डन मिश्र दृष्टिसृष्टिवाद के पोषक हैं जिसे बाद में प्रकाशानन्द ने पुष्ट किया। मण्डन के अनुसार अविद्या का आश्रय जीव और विषय ब्रह्म है। भिन्न-भिन्न जीव अपनी स्वाभाविक अविद्या के कारण अपने लिये विभिन्न सृष्टियों की कल्पना कर लेते हैं जिनमें साम्य होता है ऐक्य नहीं। इस सिद्धान्त का नाम दृष्टिसृष्टिवाद है। सुरेश्वराचार्य इसे नहीं मानते। अपने गुरु शङ्कराचार्य के समान वे ब्रह्म को ही अविद्या का आश्रय और विषय दोनों मानते हैं।

(२) मण्डन मिश्र प्रसंख्यानवाद के समर्थक हैं। इसके अनुसार महावाक्यजन्य ज्ञान की सविकल्पकता और परोक्षता का प्रसंख्यान या उपासना द्वारा क्षय होकर उसका निर्विकल्प और अपरोक्ष ज्ञान में परिणत होना मोक्ष के लिये आवश्यक है। शङ्कराचार्य के समान सुरेश्वराचार्य महावाक्यजन्य ज्ञान को निर्विकल्प और अपरोक्ष एवं मोक्ष का साक्षात्कारण मानते हैं तथा प्रसंख्यान या उपासना का उपयोग चित्त की एकाग्रता के लिए मानते हैं।

(३) मण्डन मिश्र भावाद्वैत या सदद्वैत को मानते हैं। ब्रह्म ही भावात्मक अद्वैत है। किन्तु ब्रह्म के साथ वे अविद्याध्वंस या प्रपञ्चविलय को एक पृथक् वस्तु स्वीकार करते हैं जो अभावात्मक होने से ब्रह्म के अद्वैत को क्षति नहीं पहुँचाता। किन्तु शङ्कराचार्य के समान सुरेश्वराचार्य अविद्याध्वंस को पृथक् अभावात्मक वस्तु नहीं मानते, अविद्याध्वंस भावात्मक ब्रह्म या मोक्ष से अभिन्न है।

(४) मण्डन गिश्र ज्ञानकर्मसमुच्चय का समर्थन करते हैं। कर्म और उपासना अविद्याध्वंस के लिये आवश्यक हैं। अविद्याध्वंस के बाद शुद्ध ब्रह्मज्ञान प्रकाशित होता है। सुरेश्वराचार्य के अनुसार अविद्या की निवृत्ति ज्ञान से ही सम्भव है। वे ज्ञानकर्मसमुच्चय को नहीं मानते।

(५) मण्डन मिश्र विदेहमुक्ति को ही वास्तविक मुक्ति मानते हैं तथा जीवन्मुक्त को उत्कृष्ट साधक मानते हैं, मुक्त नहीं। किन्तु शङ्कराचार्य के समान सुरेश्वराचार्य जीवन्मुक्ति को भी विदेहमुक्ति के समान वास्तविक मुक्ति मानते हैं।

(६)· मण्डन मिश्र विपरीतख्याति को और सुरेश्वराचार्य अनिर्वचनीयख्याति को स्वीकार करते हैं।

(७) मण्डन मिश्र की ब्रह्मसिद्धि स्वतन्त्र रूप से प्रस्थानत्रय पर अवलम्बित है और उन्होंने शङ्कराचार्य के प्रति गुरुभाव व्यक्त नहीं किया है। सुरेश्वराचार्य शङ्कराचार्य के साक्षात् शिष्य हैं।

२. अविद्या या माया

मण्डन मिश्र शङ्कराचार्य के समकालीन अद्वैत-प्रतिपादक आचार्य थे। शङ्करोत्तर अद्वैत वेदान्तियों में शङ्कराचार्य के दो शिष्य सुरेश्वराचार्य तथा पद्मपादाचार्य, एवं वाचस्पति मिश्र, सर्वज्ञात्ममुनि, विमुक्तात्मा, प्रकाशात्मयति, श्रीहर्ष, आनन्दबोध, चित्सुखाचार्य, अमलानन्द, विद्यारण्य स्वामी, प्रकाशानन्द यति, मधुसूदन सरस्वती, ब्रह्मानन्द सरस्वती, नृसिंहाश्रम सरस्वती, अप्पय दीक्षित, धर्मराजाध्वरीन्द्र और सदानन्द आदि प्रसिद्ध हैं। वाचस्पति मिश्र ने शारीरक भाष्य पर 'भामती' नामक प्रसिद्ध टीका लिखी है। वाचस्पति मिश्र कुछ सिद्धान्तों में मण्डन मिश्र से प्रभावित हैं। उनका मत 'भामती-प्रस्थान' कहलाता है। पद्मपादाचार्य की शारीरक भाष्य पर, मुख्यत: चतु:सूत्री पर, 'पञ्चपादिका' नामक वृत्ति पर प्रकाशात्मयति की 'विवरण' नामक टीका है जिसके आधार पर 'विवरण प्रस्थान' का नामकरण हुआ है। सुरेश्वराचार्य ने शङ्कराचार्य के बृहदारण्यक भाष्य और तैत्तिरीय भाष्य पर 'वार्तिक' लिखे हैं जिस कारण उन्हें 'वार्तिककार' कहा जाता है; 'नैष्कर्म्यसिद्धि' उनका प्रसिद्ध स्वतन्त्र ग्रन्थ है। श्रीहर्ष, चित्सुखाचार्य तथा मधुसूदन सरस्वती अद्वैत वेदान्त के अत्यन्त उद्भट तार्किकदार्शनिक हैं

जिन्होंने अपने प्रखर तर्क-शरों से विरोधी-मतों को ध्वस्त कर दिया है।

मण्डन मिश्र जीव को अविद्या का आश्रय और ब्रह्म को अविद्या का विषय मानते हैं। वे दृष्टिसृष्टिवाद के पोषक हैं। विशुद्ध विज्ञानस्वरूप ब्रह्म अविद्या का आश्रय नहीं हो सकता। जीव ही अविद्या का आश्रय है, यद्यपि जीव स्वयं अविद्या का कार्य है। अविद्या सदसदनिर्वचनीय है, अतः उसका जीव से सम्बन्ध भी अनिर्वचनीय है। अविद्या स्वयं विरोधात्मक है। यदि उसमें विरोध न हो तो वह सत् वस्तु बन जायेगी। अविद्या और जीव, बीज और अङ्कुर के समान अन्योन्याश्रित हैं और यह चक्र अनादि है। जीवों में अविद्या नैसर्गिक और विद्या आगन्तुक है।[१] अविद्या के आवरण और विक्षेप दो रूप हैं।

वाचस्पति मिश्र भी ब्रह्म को 'अविद्या-द्वितय-सचिव कहते हैं।[२] एक अविद्या मानसिक है जिसे टीकाकार अमलानन्द ने 'पूर्वापूर्वभ्रम संस्कार' बताया है। जीव का कारण भ्रमसंस्कार है और इस भ्रमसंस्कार का कारण है पूर्वभ्रमसंस्कार; इस प्रकार पूर्वापूर्वभ्रमसंस्कार की अनादि परम्परा मानसिक अविद्या है। दूसरी अविद्या वैषयिक है जो जीव और जगत् का उपादान कारण है। यह अविद्या भावरूप, अनादि और सदसद्विलक्षण है। अविद्या का विषय ब्रह्म है क्योंकि वह ब्रह्म को आवृत करके उस पर प्रपञ्च का आरोप करती है।

सुरेश्वराचार्य, पद्मपादाचार्य एवं अन्य अद्वैती मण्डन मिश्र और वाचस्पति मिश्र से इस विषय में सहमत नहीं हैं कि अविद्या का आश्रय जीव है या कि अविद्या मानसिक भ्रान्ति है। इनके अनुसार ब्रह्म ही अविद्या का आश्रय और विषय दोनों हैं। अविद्या का आश्रय जीव नहीं हो सकता क्योंकि वह स्वयं अविद्या-जन्य है। अविद्या मानसिक भ्रम नहीं हो सकती क्योंकि वह जीव और जगत् दोनों का उपादान कारण है।

कुछ अद्वैत वेदान्ती अविद्या या माया को एक ही मानते हैं और आवरण तथा विक्षेप को उसकी दो शक्तियाँ स्वीकार करते हैं। कुछ अद्वैत वेदान्ती आवरण शक्ति को अविद्या और विक्षेप शक्ति को माया मानते हैं।

किन्तु सभी अद्वैत वेदान्ती एक स्वर से अविद्या या माया को भावरूप, अनादि, जड़, शक्ति, भ्रान्ति, सदसदनिर्वचनीय, विरोध-युक्त, प्रमाणाऽसहिष्णु और विज्ञाननिरस्य स्वीकार करते हैं। अविद्या या माया विरोधात्मक है, दुर्घट है, विचाराऽसह है, प्रमाणों के प्रहारों को नहीं सह सकती है, वह बुद्धि की किसी कोटि के अन्तर्गत नहीं आती है। किन्तु दुर्घटत्व उसका भूषण है, दूषण नहीं, क्योंकि यदि अविद्या अविरुद्ध होती एवं किसी बुद्धि-कोटि द्वारा निरूपित हो सकती तो वह अविद्या या भ्रान्ति नहीं होती, तब तो वह यथार्थ वस्तु हो जाती । अतः विरोधात्मकता, दुर्घटत्व, विचाराऽसहत्व, सदसदनिर्वचनीयत्व अविद्या के लक्षण हैं। मण्डन मिश्र के अनुसार विरुद्धार्थता ही माया है क्योंकि अविरुद्ध होने पर वह यथार्थ हो जायेगी और फिर माया नहीं रहेगी।[३] सुरेश्वराचार्य ने अविद्या को अनादि और निरालम्बा भ्रान्ति बताया है जो सर्वन्यायविरोधिनी है। जिस प्रकार अन्धकार सूर्य को सहन नहीं कर सकता, उसी प्रकार

---

१. ब्रह्मसिद्धि, पृ. ९-१२ २. भामती, मङ्गलाचरण।

३. अनुपपद्यमानार्थैव हि माया। उपपद्यमानार्थत्वे यथार्थभावान् न माया स्यात्।। —ब्रह्मसिद्धि, पृ. १०

अविद्या भी विचार को सहन नहीं कर सकती।[१] पद्मपादाचार्य ने 'मिथ्या' शब्द के दो अर्थ बताये हैं, एक तो अपह्नव या निषेध और दूसरा अनिर्वचनीय या सदसद्विलक्षण। अविद्या या माया के लिये मिथ्या शब्द का प्रयोग सदसदनिर्वचनीय के अर्थ में किया जाता है।[२] अविद्या के लिये कुछ असम्भव नहीं है। वह असम्भव को सम्भव के समान भासित करने में निपुण है।[३] विमुक्तात्ममुनि स्पष्ट करते हैं कि अनिर्वचनीय का अर्थ सदसदनिर्वचनीय है, सर्वथा अवाच्य नहीं।[४] श्रीहर्ष और चित्सुखाचार्य नैयायिकों के इस आक्षेप को असत्य बताते हैं कि अनिर्वचनीयता का अर्थ 'निरुक्ति-विरह' है अर्थात् निर्वचन या लक्षण करने की अयोग्यता है जिसे गुरुओं की शिक्षा से दूर किया जा सकता है। उनके अनुसार अनिर्वचनीयता समस्त बुद्धि-ग्राह्य सापेक्ष पदार्थों पर लागू होती है; वह प्रमेय मात्र का स्वभाव है। वेदान्तियों ने उसे अनिर्वचनीय कहा है जो बुद्धि की सत्, असत्, सदसत् आदि किसी भी कोटि द्वारा निरूपित नहीं किया जा सके।[५] प्रतिपक्षी इस जगत्-प्रपञ्च का जिस-जिस प्रकार से निर्वचन करें, वह सब प्रकार अपने आप में अन्तर्विरोधग्रस्त सिद्ध होता है, इसी को अनिर्वचनीयता कहते हैं क्योंकि इस जगत्-प्रपञ्च का सदसदनिर्वचनीय के अतिरिक्त अन्य कोई निर्वचन नहीं हो सकता।[६] विमुक्तात्ममुनि का कथन है कि अविद्या का दुर्घटत्व उसका भूषण है, दूषण नहीं है, क्योंकि यदि अविद्या किसी प्रकार विरोध-मुक्त हो सके तो उसका अविद्यात्व ही दुर्घट हो जायेगा।[७] विद्यारण्य स्वामी[८] ने भी 'असाधारणमानयोगाऽसहिष्णुत्व' को अविद्या का लक्षण बताया है। विचाराऽसहत्व अविद्या का अलङ्कार है।[९] चित्सुखाचार्य ने अविद्या का लक्षण करते हुये उसे अनादि, भावरूप और विज्ञान-निरस्य अज्ञान बताया है।[१०] उन्होंने यह भी स्पष्ट किया है कि अविद्या भावाभावविलक्षण ही है, किन्तु उसे उपचारवश भावरूप इसलिये कह दिया जाता है क्योंकि वह अभावमात्र नहीं है।[११] अविद्या का सबसे बड़ा गुण उसका विज्ञान-निरस्य होना

---

१. सेयं भ्रान्तिर्निरालम्बा सर्वन्यायविरोधिनी।
सहते न विचारं सा तमो यद्वद् दिवाकरम्।। —नैष्कर्म्यसिद्धि, ३, ६६
२. मिथ्याशब्दोऽत्र अनिर्वचनीयतावचनः। —पञ्चपादिका, पृ. ४
३. असम्भावनीयावभासचतुरा हि सा। —वहीं, पृ. २३
४. इष्टसिद्धि पृ. ३५
५. प्रत्येकं सदसत्त्वाभ्यां विचारपदवीं न यत्।
गाहते तदनिर्वाच्यमाहुर्वेदान्तवादिनः।। —तत्त्वप्रदीपिका, पृ. ७९
६. येन येन प्रकारेण परो निर्वक्तुमिच्छति।
तेन तेनात्मनाऽयोगस्तदनिर्वाच्यता मता।। —आनन्दज्ञान का तर्कसंग्रह, पृ. १३६
७. दुर्घटत्वमविद्याया भूषणं न तु दूषणम् ।
कथंचिद् घटमानत्वेऽविद्यात्वं दुर्घटं भवेत्।। —इष्टसिद्धि, १, १४०
८. वृहदारण्यकवार्तिकसार, पृ. ११७
९. विवरणप्रमेयसंग्रह, पृ. १७५, विचारासहत्वं चाविद्याया अलंकार एवः
१०. अनादि भावरूपं यद् विज्ञानेन विलीयते।
तदज्ञानमिति प्राज्ञा लक्षणं संप्रचक्षते।। —तत्त्वप्रदीपिका पृ. ५७
११. वहीं।

है। विद्या के उदय होते ही वह विलीन हो जाती है, जैसे सूर्योदय पर अन्धकार विलीन हो जाता है।

३. आत्मा या ब्रह्म

आत्मा या ब्रह्म ही एकमात्र वेदान्तप्रतिपाद्य तत्त्व है। यही अविद्या या माया का अधिष्ठान है। यही उसका आश्रय और विषय है। प्रपञ्च इसी पर अध्यस्त होकर भासता है। समस्त ज्ञान और अनुभव का अधिष्ठान होने से यह आत्मा स्वयं-सिद्ध और स्वप्रकाश है। यह निर्विशेष चित् और अखण्ड आनन्द है। इसका निराकरण सम्भव नहीं है। बुद्धि के सारे विकल्प, मण्डन-खण्डन, स्वीकार-निराकरण, विधि-निषेध आदि इस आत्मतत्त्व पर निर्भर हैं। सुरेश्वराचार्य का कथन है कि यह आत्मा तटस्थ द्रष्टा है, न्यायाधीश है; इसे मध्यस्थ मानकर दार्शनिकवादी और प्रतिवादी, तर्कज्वर से व्याकुल होकर, एक-दूसरे को सरदर्द पैदा करने वाले तर्कों से मोहित करके वाग्जाल में बाँधने का प्रयत्न किया करते हैं।[१]

अपरोक्षानुभूतिरूप आत्मतत्त्व बुद्धि-ग्राह्य नहीं है क्योंकि वह निर्विकल्प और अपरोक्ष है। बुद्धि का विषय नहीं होने से उसे अवेद्य, अज्ञेय, अग्राह्य कहा जाता है किन्तु आत्मा बुद्धि द्वारा विषय के रूप में अवेद्य, अग्राह्य है; वह सर्वथा अज्ञेय, अग्राह्य नहीं है अत: यहाँ संशयवाद और अज्ञेयवाद को अवकाश नहीं है। आत्मा स्वानुभूतिगम्य है। स्वत:सिद्ध और स्वप्रकाश होने से वह अपरोक्षानुभूत और साक्षात्कृत है। यों भी प्रत्येक सविकल्प बुद्धि-ज्ञान में भी ज्ञाता के रूप में वह सदा प्रकाशित रहता है।

चित्सुखाचार्य ने स्वप्रकाश का लक्षण इस प्रकार किया है—अवेद्य होते हुये जो अपरोक्षव्यवहार के योग्य हो वह स्वप्रकाश है।[२] यह लक्षण स्वप्रकाश चैतन्य को घटपटादि बाह्य पदार्थों से, सुख-दु:खादि मनोभावों से, और स्वप्नानुभूत पदार्थों तथा सुख-दु:खेच्छादि से एवं रज्जुसर्प तथा शुक्तिरजत आदि भ्रम-पदार्थों से पृथक् सिद्ध करता है। घटपटादि पदार्थों का बाह्य प्रत्यक्ष और सुख-दु:खादि मनोभावों का मानस प्रत्यक्ष लोक व्यवहार में प्रसिद्ध है, अत: इनमें अपरोक्षव्यवहारयोग्यता है, किन्तु इनकी अनुभूति विषय के रूप में होती है एवं ये अन्त:करणवृत्ति द्वारा वेद्य हैं, अत: इनमें अवेद्यत्व नहीं है। दूसरी ओर स्वप्नानुभूत पदार्थ या मनोभाव तथा भ्रम-पदार्थ वृत्तिभास्य नहीं हैं, अत: अवेद्य हैं, किन्तु अध्यस्त होने के कारण इनमें अपरोक्षव्यवहार-योग्यता नहीं है। अत: केवल स्वप्रकाश चैतन्य ही अवेद्य एवं अपरोक्षव्यवहारयोग्य है।[३] स्वप्रकाश चैतन्य अपरोक्षानुभूति होने से प्रत्यक्ष-सिद्ध तो है ही, गौण रीति से वह अनुमानसिद्ध भी है। अनुमान इस प्रकार है—

'स्वानुभूति स्वप्रकाश है, अनुभूति होने के कारण; जो अनुभूति नहीं है वह स्वप्रकाश

---

१. इमं प्राश्निकमुद्दिश्य तर्कज्वरभृशातुरा:।
त्वाच्छिरस्कवचोजालैर्मोहयन्तीतरेतरम्।। —नैष्कर्म्यसिद्धि, २, ५९

२. अवेद्यत्वे सति अपरोक्षव्यवहारयोग्यतायास्तल्लक्षणत्वात् —तत्त्वप्रदीपिका, पृ. ९

३. वहीं पृ. ९-११

भी नहीं है जैसे घटपटादि पदार्थ।'[१]

प्रत्येक व्यक्ति को अपने आत्मतत्त्व का साक्षात् अनुभव होता है। कोई भी व्यक्ति यह नहीं कहता है कि 'मैं नहीं हूँ' । किसी भी व्यक्ति को अपने अस्तित्व के विषय में कोई सन्देह, विपर्यय या भ्रम नहीं होता और न किसी अन्य व्यक्ति द्वारा उसकी पुष्टि की अपेक्षा होती है। स्वप्रकाश और स्वत:सिद्ध होने से वह विधि-निषेध से ऊपर है। ज्ञाता और ज्ञान में, आत्मा और चैतन्य में तादात्म्य है। आत्मा ज्ञानस्वरूप है और आत्मज्ञान स्वरूप-ज्ञान है। वह ज्ञाता ज्ञेय-ज्ञान की त्रिपुटी से ऊपर है।

४. ईश्वर, जीव और साक्षी

शङ्करोत्तर अद्वैतियों ने ईश्वर और जीव के विषय में प्रतिबिम्बवाद, अवच्छेदवाद और आभासवाद की अवधारणा की है। एक सूर्य या चन्द्र का जलाशयों में विविध जलपात्रों में प्रतिबिम्ब प्रतिबिम्बवाद का उदाहरण है। महाकाश और घटकाशों का दृष्टान्त अवच्छेदवाद का उदाहरण है। जल और तरंगें तथा रज्जुसर्प, शुक्तिरजतादि आभासवाद के उदाहरण हैं। ब्रह्म का माया में प्रतिबिम्ब ईश्वर है और अविद्या या अन्त:करण में प्रतिबिम्ब जीव है। मायावच्छिन्न ब्रह्म ईश्वर है और अविद्या या अन्त:करणावच्छिन्न ब्रह्म जीव है। ब्रह्म का माया में आभास ईश्वर और अविद्या या अन्त:करण में आभास जीव है। साक्षी के विषय में भी शङ्करोत्तर अद्वैतियों में मतभेद है। कुछ विद्वान् प्रतिशरीर में भिन्न साक्षी मानते हैं; कुछ सब शरीरों में एक ही साक्षी स्वीकार करते हैं, कुछ साक्षी को 'जीव-साक्षी' और 'ईश्वरसाक्षी' इन द्विविध रूपों में मानते हैं। व्यवहार में ब्रह्म, ईश्वर, साक्षी और जीव में महत्त्वपूर्ण भेद है, यद्यपि परमार्थ ये सब परब्रह्म ही हैं।

हम इन सबका निरूपण पिछले अध्याय में कर चुके हैं, अत: यहाँ पुनरावृत्ति नहीं करेंगे।[२]

५. भेद या द्वैत का खण्डन तथा प्रपञ्च-मिथ्यात्व का प्रतिपादन

सभी अद्वैती इसे स्वीकार करते हैं कि भेद अविद्या-जन्य है और इसकी सिद्धि न प्रत्यक्ष से, न अनुमान से और न आगम से हो सकती है। भेद व्यावहारिक है। परमार्थ में अद्वैत है। मण्डन मिश्र के अनुसार यदि भेद वस्तुओं का स्वभाव हो तो सभी वस्तुओं का एक-सा स्वभाव होने से उनमें परस्पर भेद नहीं रहेगा। पुनश्च, भेद निषेधरूप होता है, अत: वस्तुयें भी निषेधरूप होकर निषिद्ध हो जायेंगी। अर्थक्रियासामर्थ्य के भेद से भी वस्तुओं में भेद सिद्ध नहीं होता क्योंकि फिर एक ही अग्नि को जिसमें जलाने, पकाने और प्रकाश देने का सामर्थ्य है, तीन भिन्न अग्नियाँ मानना पड़ेगा। किन्तु गुणभेद से द्रव्यभेद स्वीकार नहीं किया जा सकता। जिस प्रकार एक ही अग्नि में दाह, पाक और प्रकाश का सामर्थ्य है, उसी प्रकार एक ही ब्रह्म में समस्त-भेदप्रपञ्चसम्पादन की अचिन्त्य शक्ति है। अनेक तरङ्गों में प्रतिबिम्बित होने से चन्द्रमा

---

१. अनुभूतिः स्वयंप्रकाशा, अनुभूतित्वात्, यन्नैवं तन्नैवं यथा घटः, इत्यनुमानम्। वहीं, पृ. ११

२. देखिए पीछे, पृ. २५२-५७

अनेक नहीं हो जाता, इसी प्रकार जगत्-प्रपञ्च में भासित ब्रह्म अनेक नहीं बनता। पुनश्च, यदि भेद वस्तु में न रहकर अन्य वस्तुओं से उसके सम्बन्ध के कारण उसे अन्य वस्तुओं से व्यावृत्त करता हो तो भेद भी, सम्बन्ध पर आश्रित होने के कारण, सम्बन्ध के समान मानसिक कल्पना हो जायेगा। अपि च, यदि भेद न वस्तु में है और न उसके बाहर, तो भेद स्वयं असत् हो जाएगा। अतः भेद केवल व्यावहारिक है और ब्रह्म पर आश्रित है।[१] सभी अद्वैती भेद को ब्रह्म से न अभिन्न मानते हैं, न भिन्न और न भिन्नाभिन्न। भेदरूपी प्रपञ्च में और ब्रह्म में तादात्म्य के अतिरिक्त कोई सम्बन्ध नहीं है। वस्तुतः प्रपञ्च और ब्रह्म में, अध्यस्त और अधिष्ठान में कोई सम्बन्ध नहीं हो सकता। अतः तादात्म्य से सम्बन्धाभाव सूचित होता है। उनका सम्बन्ध अनिर्वचनीय और मिथ्या है।

श्रीहर्ष और चित्सुखाचार्य ने अपने प्रबल तथा प्रखर तर्कशरों द्वारा बुद्धि-ग्राह्य समस्त सापेक्ष पदार्थों को ध्वस्त कर दिया है। श्रीहर्ष का 'खण्डनखण्डखाद्य' अद्वैत वेदान्त का एक मूर्धन्य खण्डन-परक ग्रन्थ है। चित्सुखाचार्य ने इसकी टीका लिखी है और एक स्वतन्त्र ग्रन्थ 'तत्त्वप्रदीपिका' या 'चित्सुखी' की रचना भी की है। मधुसूदन सरस्वती की 'अद्वैतसिद्धि' में द्वैत का सविस्तार और मार्मिक खण्डन है एवं अद्वैत की पुष्टि है। मध्वसम्प्रदाय के द्वैतवादी 'न्यायामृत' के लेखक व्यासतीर्थ उनके प्रधान मल्ल हैं।

श्रीहर्ष की कृति, जैसा कि नाम से ही स्पष्ट है, खण्डन-परक है। माध्यमिकों के समान श्रीहर्ष का अपना कोई पक्ष नहीं है और न वे कोई लक्षण देते हैं क्योंकि प्रत्येक लक्षण या पक्ष, बुद्धिविकल्प होने के कारण अन्तर्विरोधग्रस्त है। श्रीहर्ष प्रायः नैयायिकों के लक्षणों का खण्डन करते हैं तथापि उनके खण्डन सब मतों के सब लक्षणों पर लागू होते हैं। श्रीहर्ष स्वयं कहते हैं कि उनके खण्डनों की सार्वपथीनता निर्बाध है और उनका विषयान्तर में भी यथेच्छ योजन किया जा सकता है।[२] श्रीहर्ष की सगर्व उक्ति है कि लोग उनके खण्डनों को तोते की तरह रट कर भी अभिमानी प्रतिपक्षियों को निरुत्तर करते हुये दिग्विजय क्रीड़ा कर सकते हैं।[३] मधुसूदन सरस्वती का भी कथन है कि बोध और वादिविजय के इच्छुक विद्वान् 'अद्वैतसिद्धि' के अनुशीलन से प्रसन्न होंगे।[४] प्रोफ़ेसर सुरेन्द्रनाथ दास गुप्त का यह कथन सत्य है कि 'यदि श्रीहर्ष के खण्डन न्याय-लक्षणों की भाषा की अपेक्षा उनके विचारों पर अधिक प्रहार करते तो उत्तरकालीन नव्य नैयायिकों को (श्रीहर्ष के खण्डनों से बचने के लिये) वाग्जाल बुनने का कष्ट नहीं उठाना पड़ता। अतः श्रीहर्ष प्रथम महान् दार्शनिक हैं जिन पर परोक्षरीति से नव्यन्याय की भाषा-शैली के विकास का उत्तरदायित्व है।'[५] द्वन्द्वात्मक तर्कपद्धति को अपनाने वाले अद्वैत वेदान्त के सभी दार्शनिकों ने सारे बुद्धि-ग्राह्य प्रपञ्च को सापेक्ष, सदसदनिर्वचनीय और मिथ्या सिद्ध किया है। प्रपञ्च व्यवहारमात्र है। परमार्थ नित्य निर्विशेष चैतन्य है! लक्षणमात्र

---

१. ब्रह्मसिद्धि, पृ. ४७-५०, ७२
२. खण्डनखण्डखाद्य, पृ. ६१, ४१९
३. वहीं पृ. २; लोकेषु दिग्विजयकौतुकमातनुध्वम्।
४. बोधाय वादिविजयाय च सत्वराणाम्—अद्वैतसिद्धिरियमस्तु मुदे बुधानाम्।। अद्वैतसिद्धि, पृ. ४
५. ए हिस्ट्री ऑफ इन्डियन फ़िलासोफ़ी द्वितीय भाग, पृ. १४६

और पक्षमात्र मिथ्या है क्योंकि बुद्धि सापेक्षता और सदसदनिर्वचनीयता के वृत्त के बाहर जाने में असमर्थ है। जो बुद्धि-ग्राह्य है, विषय है, प्रमेय है, दृश्य है, वह सब मिथ्या है। तत्त्व निरपेक्ष स्वानुभूति है। मौन रहकर आत्मानन्द का अनुभव दर्शन का चरम लक्ष्य है।

नैयायिक का आक्षेप है कि अनिर्वचनीयता 'निरुक्तिविरह' अर्थात् निर्वचन की अयोग्यता है जिसे योग्य गुरुओं की शिक्षा से दूर किया जा सकता है। श्रीहर्ष का उत्तर है कि प्रमेयमात्र ही सदसद्विलक्षण होने के कारण लक्षण-शून्य और अनिर्वचनीय है। अनिर्वचनीयता प्रमेयमात्र का स्वभाव है। वादी का निरुक्ति-अभिमान इसके आगे चूर-चूर हो जाता है।[१] ब्रह्म और प्रपञ्च दोनों अनिर्वचनीय हैं। ब्रह्म स्वत:सिद्ध आत्मस्वरूप है। वह सविकल्प बुद्धि द्वारा विषय के रूप में ग्राह्य नहीं है क्योंकि वह प्रमातृ-प्रमेय-प्रमाण की त्रिपुटी से परे है। अत: उसके विषय में किये गये सम्पूर्ण निर्वचन अपूर्ण रह जाते हैं। उसका निर्वचन करना उतना ही व्यर्थ है जितना दीपक द्वारा सूर्य को प्रकाशित करने की चेष्टा करना। प्रपञ्च भी अनिर्वचनीय है क्योंकि यह सत्, असत्, सदसत् आदि बुद्धि-कोटियों द्वारा निरूपित नहीं किया जा सकता। सदसदनिर्वचनीय होने से यह मिथ्या है। यह विरोधात्मक, अविद्याकृत और प्रातीतिक है। ब्रह्म की अनिर्वचनीयता उसे बुद्धि से ऊपर स्वत:सिद्ध आत्मतत्त्व प्रतिपादित करती है। प्रपञ्च की अनिर्वचनीयता उसे बुद्धि से नीचे विरोधात्मक और मिथ्या सिद्ध करती है।

प्रतिपक्षी का आक्षेप है कि अद्वैती एक ओर तो तत्त्व को चतुष्कोटिविनिर्मुक्त कहता है और दूसरी ओर उस पर दो, तीन, चार कोटियों का आरोप भी करता है एवं अनिर्वचनीय कहकर उसका निर्वचन करता है। यह वदतोव्याघात है।[२] तत्त्व को कोटि-मुक्त कहना भी उस पर सत्ता और ज्ञान की कोटियों को लागू करना है। अद्वैती को तत्त्व के विषय में इतना ज्ञान तो है कि उसकी सत्ता है, और वह बुद्धि-ग्राह्य नहीं होने से अज्ञेय है, तब वह 'अज्ञेय' कैसे हुआ ? अद्वैत वेदान्ती का उत्तर है कि ब्रह्म का बुद्धि द्वारा अज्ञेय होने का 'ज्ञान' वस्तुत: ब्रह्म का ज्ञान नहीं है, अपितु ब्रह्म-विषयक अज्ञान का ज्ञान है जिसमें बुद्धि को अपनी सीमा का, अपने ही अज्ञान का ज्ञान होता है। बुद्धि यह जान लेती है कि उसके ज्ञान की सीमा व्यवहार तक ही है; परमार्थ उसके ज्ञान की सीमा के पार है और अपरोक्षानुभूतिगम्य है जिसकी ओर बुद्धि सङ्केत करती है। इसी प्रकार प्रतिपक्षी का यह आक्षेप कि तत्त्व को अनिर्वचनीय कहना भी उसका निर्वचन करना है, असत्य है, क्योंकि तत्त्व की अनिर्वचनीयता उसका 'निर्वचन' नहीं करती, अपितु उसके विषय में समस्त निर्वचनों का निषेध करती है। अत: अनिर्वचनीयता निर्वचन न होकर 'निर्वचन-निषेध' है।

प्रतिपक्षी पुन: आक्षेप करता है कि यदि प्रमेयमात्र मिथ्या है तो यह कथन भी प्रमेय होने के नाते मिथ्या है। यदि सब कुछ सदसदनिर्वचनीय है तो अनिर्वचनीयता स्वयं भी सत् नहीं है, अत: असिद्ध है। बुद्धि स्वयं अपना खण्डन नहीं कर सकती। श्रीहर्ष का उत्तर है कि हम व्यावहारिक दृष्टि से बुद्धि या तर्क का खण्डन नहीं करते। यह असम्भव है। व्यावहारिक

१. खण्डनखण्डखाद्य, पृ. ३१-३२; मेयस्वभावानुगामिनीयमनिर्वचनीयता।

२. तत्त्वे द्वित्रिचतुष्कोटिव्युदासेन यथायथम्। निरुच्यमाने निर्लज्जैरनिर्वाच्यत्वमुच्यते।। न्यायसिद्धाञ्जन, पृ. ९३

प्रमाणादिसत्ता को स्वीकार करने पर ही विचारारम्भ और निर्वचन सम्भव है।[१] यद्यपि व्यवहार और परमार्थ का भेद भी अविद्याकृत है, तथापि व्यवहारदशा में यह नितान्त आवश्यक है। हमारा अपना कोई मत या पक्ष नहीं है और न हमारा कोई वाद है। हम यह नहीं कहते कि हमारे मत को छोड़कर अन्य सब मत असत्य हैं क्योंकि यह तो वदतोव्याघात होता है। हम यह कह भी नहीं सकते क्योंकि हमारा कोई मत नहीं है। हम व्यवहार में विचारारम्भ के लिये प्रतिपक्षी द्वारा स्वीकृत तर्क-पद्धति से ही प्रतिपक्षी के मत को अन्तर्विरोधग्रस्त बताकर उसे मिथ्या सिद्ध करते हैं। हमारा यह कथन है कि प्रपञ्च सदसदनिर्वचनीय और मिथ्या है, परकीय-रीति है, प्रतिपक्षी की दृष्टि से है।[२] और परकीयरीति से भी प्रपञ्च की अनिर्वचनीयता उसके मिथ्यात्व को सिद्ध करती है, उसकी सत्ता को नहीं। जो व्यक्ति अपनी अविद्या-कल्पित प्रमातृ-प्रमेय-प्रमाण की त्रिपुटी में तत्त्व को बाँध लेना चाहते हैं उनसे हम, व्यवहार के स्तर पर, निवेदन करते हैं कि उनकी विचार-व्यवस्था ठीक नहीं है क्योंकि उन्हीं के स्वीकृत तर्क-नियमों से वह बाधित हो जाती है।[३] हम उनसे इस प्रकार निवेदन करते हैं—आपके स्वीकृत तर्कों के आधार पर समस्त प्रमेय सदसदनिर्वचनीय और मिथ्या सिद्ध होते हैं। यदि आप इसे स्वीकार करते हैं तो आप हमारे अद्वैत को अङ्गीकार कर रहे हैं। और यदि आप इसे अस्वीकार करते हैं तो आप स्वयं अपने तर्क-नियमों को दोष-युक्त मानकर प्रकारान्तर से अद्वैत को ही स्वीकार कर रहे हैं। अतः सिद्ध हुआ कि भेदप्रपञ्च अनिर्वचनीय और मिथ्या है तथा ब्रह्म ही अद्वितीय परमार्थ सत् है।[४] श्रीहर्ष के अनुसार इस अद्वितीय ब्रह्मास्त्र को ग्रहण करके, अन्य को कुछ नहीं मानने वाला दार्शनिक वीर कभी भी शास्त्रार्थयुद्ध में पराजित नहीं हो सकता।[५]

माध्यमिक नागार्जुन और चन्द्रकीर्ति के समान श्रीहर्ष मिश्र ने भी द्वन्द्वात्मक तर्क-पद्धति अपना कर प्रसङ्गापादन द्वारा परमत-खण्डन किया है। श्रीहर्ष मिश्र ने स्पष्ट स्वीकार किया है कि माध्यमिक भी समस्त जगत्प्रपञ्च को सदसद्विलक्षण और मिथ्या मानता है तथा उसका अपना कोई मत नहीं है, अतः उसका खण्डन नहीं हो सकता।[६] यदि शून्यवाद और वेदान्त के अनिर्वचनीयवाद का आश्रय लिया जाय तो इन खण्डनयुक्तियों की सार्वपथीनता निर्बाध है।[७] श्रीहर्ष के अनुसार माध्यमिक और ब्रह्मवादी में यह अन्तर है कि माध्यमिक समस्त बुद्धि-ग्राह्य पदार्थों को सदसदनिर्वचनीय बताता है, किन्तु ब्रह्मवादी (नित्य) विज्ञान के अतिरिक्त

---

१. व्यावहारिकीं प्रमाणादिसत्तामादाय विचारारम्भः । खण्डन पृ. १०

२. ततः परकीयरीत्येदमुच्यते-अनिर्वचनीयत्वं विश्वस्य पर्यवस्यतीति। खण्डन पृ. ३३
माध्यमिक चन्द्रकीर्ति की भी यही तर्क-पद्धति है। तुलनार्थ देखिये पीछे पृ. ८३-८५

३. न साध्वीयं भवतां विचारव्यवस्था भवत्कल्पितव्यस्थयैव व्याहतत्वात्। खण्डन पृ. ३३

४. तदेवं भेदप्रपञ्चोऽनिर्वचनीयः ब्रह्मैव तु परमार्थसदद्वितीयमिति स्थितम्। वहीं पृ. ३४

५. एकं ब्रह्मास्त्रमादाय नान्यद्गणयतः क्वचित्। आस्ते न धीरवीरस्य भङ्ग सङ्गरकेलिषु।। वहीं, पृ. ४७

६. वहीं पृ. २१

७. यदि शून्यवादनिर्वचनीयपक्षयोराश्रयणम् तदा तावदमूषां खण्डनयुक्तीनाम् निर्बाधैव सार्वपथीनता। —वहीं पृ. ६१

इस सारे दृश्य विश्व को सदसद्विलक्षण कहते हैं। (नित्य) विज्ञान स्वप्रकाश और स्वत:सिद्धस्वरूप है। इसके विषय में किसी को संशय, विपर्यय या भ्रम नहीं होता। यह चिद्रूप स्वात्मसिद्ध है।[१] श्रीहर्ष के अनुसार बौद्ध विज्ञानवादी के क्षणिक विज्ञान स्वप्रकाश और स्वत:सिद्ध नहीं हो सकते। नित्य आत्मा के लिये ये क्षणिक विज्ञान घटपटादि के समान ज्ञेय और विषय हैं। अत: केवल अद्वैत वेदान्त ही, जिसे श्रीहर्ष ने 'स्वप्रकाश विज्ञानवाद' की संज्ञा दी है,[२] विशुद्ध विज्ञानवाद है जो केवल स्वप्रकाश और स्वत:सिद्ध नित्य आत्मचैतन्य को ही एकमात्र परमार्थ सत् मानता है।

चित्सुखाचार्य भी दृश्यप्रपञ्च को सदसद्विलक्षण मानते हैं, यह न स्वत:सिद्ध है, न परत:सिद्ध है। आत्मतत्त्व पर अध्यस्त होकर ही इसकी प्रतीति होती है। अत: इसका मिथ्यात्व सिद्ध है।[३] चित्सुखाचार्य प्रपञ्च के व्यावहारिक सत्यत्व को स्वीकार करते हैं। परमार्थ और व्यवहार दो सत्य नहीं हैं। सत्य केवल परमार्थ ही है। किन्तु वस्तुत: असत्य व्यवहार को ही बाधित होने के पूर्व सत्य मानकर लौकिक और वैदिक व्यवहार सम्पादित किये जाते हैं। व्यवहार का असत्यत्व बाधित होने पर ही प्रतीत होता है, बाध के पूर्व नहीं। अत: बाध होने के पूर्व व्यवहार का सत्यत्व अक्षुण्ण है।[४]

श्रीहर्ष और चित्सुखाचार्य ने प्रमा के लक्षणों का, प्रमाणों का, कार्यकारणभाव का, बुद्धि-ग्राह्य समस्त सापेक्ष पदार्थों का खण्डन किया है। इनके खण्डन नागार्जुन, चन्द्रकीर्ति और शान्तरक्षित के खण्डनों से बहुत कुछ मिलते-जुलते हैं।

मधुसूदन सरस्वती ने अपनी 'अद्वैतसिद्धि' में मिथ्यात्व के पञ्चलक्षण संकलित किये हैं और व्यासतीर्थ के आक्षेपों का उत्तर देकर अद्वैत का प्रतिपादन किया है।

(१) मिथ्यात्व का प्रथम लक्षण पद्मपादाचार्य का है। मिथ्यात्व सदसदनिर्वचनीयत्व या सदसद्विलक्षणत्व है।[५] व्यासतीर्थ का आक्षेप है कि प्रत्येक वस्तु या तो सत् है या असत् है। कोई भी वस्तु सदसद्विलक्षण नहीं हो सकती। मधुसूदन सरस्वती का उत्तर है कि सत् और असत् अपने आत्यन्तिक अर्थ में प्रयुक्त हुये हैं और दोनों के बीच में सापेक्ष सत् या सदसद्विलक्षण का स्थान है। पुनश्च, मिथ्यात्व कोई 'वस्तु' नहीं जिसके लिये सत् या असत् होना अनिवार्य हो।

---

१. सौगतब्रह्मवादिनोरयं विशेष: यदादिम: सर्वमेवानिर्वचनीयं वर्णयति .... विज्ञानव्यतिरिक्तं पुनरिदं विश्वं सदसद्भ्यां विलक्षणं ब्रह्मवादिन: संगिरन्ते। खण्डन पृ. ३१
विज्ञानं तावत् स्वप्रकाशं स्वत एव सिद्धस्वरूपम्। वहीं पृ. २१, २६

२. वहीं, पृ. ३१

३. दृश्यप्रपञ्चस्य स्वत:परतश्चासिद्धे: दृगात्मनि अध्यस्ततयैव सिद्धिरिति सिद्धं मिथ्यात्वम्।
तत्त्वप्रदीपिका, पृ. २२

४. वस्तुतोऽसत्यस्यैव यावद् बाधं लौकिकवैदिकव्यवहाराङ्गतया सत्यत्वेन व्यवहारात्। वहीं, पृ. ४३

५. सत्त्वान्यत्वाभ्यामनिर्वचनीयत्वम्। सदसद्विलक्षणत्वं वा। पञ्चपादिका।

(२) मिथ्यात्व का दूसरा लक्षण प्रकाशात्ममुनि का है। मिथ्यात्व वह है जिसका, उस उपाधि में भी जहाँ उसकी प्रतीति होती है, त्रैकालिक निषेध है।[1] व्यासतीर्थ का आक्षेप है कि प्रतीति और निषेध एक-साथ कैसे सम्भव हो सकते हैं ? मधुसूदन सरस्वती का उत्तर है कि प्रतीति वास्तविक नहीं है अत: यह सम्भव है। व्यासतीर्थ पुन: आक्षेप कहते हैं कि यदि मिथ्यात्व अबाध्य है तो अद्वैत नहीं रहेगा और यदि मिथ्यात्व बाध्य है तो जगत् सत्य होगा।[2] मधुसूदन सरस्वती का उत्तर है कि मिथ्यात्व का ज्ञान से बाध हो जाता है अत: अद्वैत की क्षति नहीं होती। मिथ्यात्व प्रतिभासमात्र है अत: उसके बाध से जगत् सत्य नहीं हो जाता। मिथ्यात्व के बाध से अधिष्ठानभूत ब्रह्म का सत्यत्व प्रतिपादित होता है, जगत्प्रपञ्च का नहीं। प्रपञ्च और उसका निषेध दोनों एक ही अधिष्ठान में रहते हैं, अत: निषेध के निषेध से प्रपञ्च की नहीं, अपितु उसके अधिष्ठान की सत्यता प्रतिपादित होती है।[3]

(३) मिथ्यात्व का तृतीय लक्षण भी प्रकाशात्ममुनि का है। मिथ्यात्व वह है जो अनादि और भावरूप होते हुये भी ज्ञान से निवृत्त हो सके।[4] व्यासतीर्थ का आक्षेप है कि भ्रम अनादि और भावरूप नहीं हो सकता। अद्वैती स्वयं उसे भावाभावविलक्षण मानते हैं। मधुसूदन सरस्वती का उत्तर है कि भ्रम या मिथ्यात्व को अनादि मानना पड़ेगा क्योंकि उसका आश्रय (ब्रह्म) अनादि है। मिथ्यात्व वस्तुत: भावाभावविलक्षण ही है। उसे उपचारवश भावरूप इसलिये कहा जाता है कि वह अभावमात्र नहीं है।

(४) मिथ्यात्व का चतुर्थ लक्षण चित्सुखाचार्य का है। मिथ्यात्व वह है जिसका अपने उस आश्रय में जहाँ उसकी प्रतीति होती है अत्यन्ताभाव है।[5] इसका मधुसूदन सरस्वती ने इस प्रकार निरूपण किया है—मिथ्यात्व वह है जो अपने उस अधिकरण में ही जहाँ उसका अत्यन्ताभाव है प्रतीयमान होता है।[6] व्यासतीर्थ का आक्षेप है कि मिथ्यात्व का भाव और अभाव दोनों एक ही अधिकरण में एक-साथ कैसे रह सकते हैं ? मधुसूदन सरस्वती का उत्तर है कि मिथ्यात्व का 'भाव' नहीं होता, केवल प्रतीति होती है। पुनश्च, मिथ्यात्व भावाभावविलक्षण और विरोध-युक्त भ्रान्ति है, अत: वह अपने अभाव के साथ एक ही अधिकरण में रह सकता है।

(५) मिथ्यात्व का पञ्चम लक्षण आनन्दबोध का है। मिथ्यात्व वह है जो सत् से भिन्न है।[7] सत् अबाध्य ब्रह्म है। मिथ्यात्व बाध्य है क्योंकि ज्ञान-निरस्य है। जो दृश्य है, जड़ है, परिच्छिन्न है, वह सत् से भिन्न है और मिथ्या है। इस प्रकार समस्त जगत्-प्रपञ्च मिथ्या है और ब्रह्म पर अध्यस्त है।

---

१. प्रतिपन्नोपाधौ त्रैकालिकनिषेधप्रतियोगित्वम्। पञ्चपादिका-विवरण
२. मिथ्यात्वं यद्यबाध्यं स्यात् स्याद‌द्वैतमतक्षतिः।
मिथ्यात्वं यदि बाध्यं स्याज्जगत्सत्यत्वमापतेत्।। न्यायामृत, पृ. ४७
३. प्रपञ्चनिषेधाधिकरणीभूतब्रह्माभिन्नत्वान् निषेधस्य नाद्वैतहानिकरत्वम्। अद्वैतसिद्धि
४. अनादिभावरूपत्वे सति ज्ञाननिवर्त्यत्वम्। पञ्चपादिका-विवरण
५. स्वाश्रयनिष्ठात्यन्ताभावप्रतियोगित्वम्। तत्त्वप्रदीपिका
६. स्वात्यन्ताभावाधिकरणे एव प्रतीयमानत्वम्। अद्वैतसिद्धि
७. सद्विविक्तत्वम्। न्यायमकरन्द

सप्तदश अध्याय

बौद्ध और वेदान्त दर्शन

१. भगवान् बुद्ध और वेदान्त

भगवान् बुद्ध का दर्शन आध्यामिक अद्वैतवाद या निरपेक्ष तत्त्ववाद है। उनके अनुसार परमतत्त्व निर्वाण है जो अतीन्द्रिय, निर्विकल्प और अनिर्वचनीय है तथा स्वानुभूतिगम्य है। स्वानुभूति या बोधि से इस दु:खरूप अविद्याजन्य संसारचक्र की निवृत्ति होती है। यह अद्वैतवाद बुद्ध ने उपनिषत् से लिया है।

बुद्ध का अनात्मवाद न तो लोकव्यवहार के प्रमाता का खण्डन करता है और न उपनिषत् के स्वत:सिद्ध नित्य चैतन्य का। यह अनात्मवाद 'अहङ्कार-ममकारयुक्त प्रमाता' की पारमार्थिक सत्ता का, बहुत्ववादी वस्तुवाद के 'जीवात्मा' का जिसे वह नित्य द्रव्य के रूप में अनेक मानता है, खण्डन करता है। उपनिषद् में नित्य स्वानुभूति के लिये 'आत्मा' या 'ब्रह्म' शब्दों का प्रयोग हुआ है। स्वत:सिद्ध और स्वप्रकाश ज्ञान के लिये 'आत्मा' पद का प्रयोग और उसका ब्रह्म से तादात्म्य उपनिषद् के ऋषियों की दर्शन को एक महती देन है। महात्मा बुद्ध ने इस अपरोक्षानुभूति को 'आत्मा' की संज्ञा नहीं दी और वे 'आत्मा' शब्द को प्रमाता या जीव के अर्थ में ही लेकर उसकी तात्विक सत्ता का निषेध करते रहे। यही अनात्मवाद के विषय में भ्रान्ति का कारण बना। किन्तु बुद्ध ने अपरोक्षानुभूति के लिये 'निर्वाण' पद का प्रयोग किया। उपनिषद् के ऋषियों ने 'आत्मा' के लिये जिन विशेषणों का प्रयोग किया है, लगभग उन सभी विशेषणों का प्रयोग महात्मा बुद्ध ने निर्वाण के लिये किया है। बुद्ध का आग्रह परम तत्त्व की अनिर्वचनीयता पर है और उन्होंने तत्त्व का प्राय: 'नेति नेति' द्वारा निषेधमुख से वर्णन किया है। यह नहीं भूलना चाहिये कि महात्मा बुद्ध का लक्ष्य अपने शिष्यों को उपदेश देकर साधनामार्ग में प्रवृत्त करके निर्वाणप्राप्ति के योग्य बनाना था। उनके उपदेश मौखिक थे और उनका उद्देश्य किसी दार्शनिक ग्रन्थ की रचना करने का नहीं था।

महात्मा बुद्ध के सिद्धान्तों और उपनिषत्-सिद्धान्तों की तुलना हम इस ग्रन्थ के पञ्चम अध्याय के 'क' खण्ड के अधिकरण २, ६ और ७ में कर चुके हैं।

२. हीनयान और वेदान्त

इस ग्रन्थ के पञ्चम अध्याय के 'ख' खण्ड में हीनयान-दर्शन के विवेचन में हम बता चुके हैं कि हीनयान के सम्प्रदायों ने भगवान् बुद्ध के उपदेशों के मर्म को नहीं समझा और उन्होंने बुद्ध के अनित्यवाद को दार्शनिक क्षणभङ्ग के रूप में परिणत कर दिया जिसके अनुसार

क्षणिक परमाणु और क्षणिक विज्ञान ही तत्त्व हैं। जो संस्कृत धर्म बुद्ध के लिये अनित्य, दुखः-रूप, अनात्म और मृषा थे, हीनयान ने उन क्षणिक धर्मों को सत् मान लिया और उन्हें स्कन्ध, आयतन तथा धातु के तानों-बानों में बुनता रहा।

अतः हीनयान और वेदान्त में कोई समानता नहीं है।

३. माध्यमिक और वेदान्त

इस ग्रन्थ के षष्ठ अध्याय में शून्यवाद या माध्यमिक दर्शन के विवेचन में हम यह बता चुके हैं कि माध्यमिक ने भगवान् बुद्ध के उपदेशों को उनके सही रूप में प्रतिपादित किया। माध्यमिक दर्शन और अद्वैत वेदान्त में काफी साम्य है। माध्यमिक दर्शन में भगवान् बुद्ध के निरपेक्ष अद्वैतवाद का, जिसे उन्होंने उपनिषद् से ग्रहण किया था, पर्याप्त विकास हुआ है। बुद्ध के समान माध्यमिक ने भी तत्त्व का वर्णन निषेध-मुख से किया है और तत्त्व के लिये निर्वाण पद का प्रयोग किया है। सविकल्प बुद्धि की कोटियाँ, दृष्टियाँ, कल्पनायें तत्त्व के स्वरूप को प्रकाशित करने के स्थान पर उसे अन्यथारूप में प्रतीत कराती हैं। तत्त्व चतुष्कोटिविनिर्मुक्त है और उसका साक्षात्कार निर्विकल्प बोधि, प्रज्ञा या अनुभूति से ही शक्य है। नागार्जुन और चन्द्रकीर्ति के द्वन्द्वात्मक तर्क के आगे समस्त बुद्धि-ग्राह्य पदार्थ सदसद्विलक्षण और मृषा सिद्ध होते हैं। माध्यमिक दर्शन में द्वन्द्वात्मक तर्क की प्रसङ्गापादन शैली का पर्याप्त विकास हुआ है। इस तर्कपद्धति को गौडपादाचार्य और श्रीहर्ष ने भी अपनाया है। माध्यमिक के परमार्थ, तथ्यसंवृति और मिथ्यासंवृति, वेदान्त के परमार्थ, व्यवहार और प्रतिभास के समान हैं। माध्यमिक के अजातिवाद का अनुमोदन गौडपादाचार्य ने किया है।[१] श्रीहर्ष ने स्पष्ट स्वीकार किया है कि माध्यमिक और वेदान्त के तर्कों का खण्डन नहीं हो सकता तथा इन खण्डनों की सार्वपथीनता निर्बाध है।[२]

माध्यमिक के अनुसार संसार और निर्वाण, बन्धन और मोक्ष वस्तुतः अभिन्न हैं। निर्वाण अविद्या-निरोध है, सर्वदृष्टिप्रहाण है, अशेषकल्पनाक्षय है; और यही प्रपञ्चोपशम शिव अद्वैत तत्त्व है। निर्वाणपूर्व समस्त लोक-व्यवहार संवृति-सत्य है। निर्वाण अपरोक्षानुभूति है जिसे शून्यता, धर्मता और बोधि कहा जाता है। यही अभय और अमृत अद्वय परमार्थ है। इस माध्यमिक दर्शन का अद्वैत वेदान्त से साम्य स्पष्ट है।

माध्यमिक और वेदान्त में मुख्य भेद यह है कि माध्यमिक ने परम तत्त्व को 'आत्मा' या 'नित्य स्वप्रकाश विज्ञान' संज्ञा से अभिहित नहीं किया। भगवान् बुद्ध के समान माध्यमिक ने तत्त्व के लिये 'नेति नेति' का ही प्रयोग किया। माध्यमिक का आग्रह तत्त्व-साक्षात्कार पर है, तत्त्व के विधि-मुख निरूपण पर नहीं है। नागार्जुन ने तत्त्व को अपर-प्रत्यय अर्थात्

---

१. देखिये पीछे, पृ. २२७-२८

२. देखिये पीछे, पृ. २८२

स्वानुभूतिगम्य, शान्त, प्रपञ्चशून्य, निर्विकल्प, अनानार्थ या भेदरहित बताया है।[१] प्रतीत्यसमुत्पाद को उत्पत्ति-विनाश रहित, प्रपञ्चोपशम और शिव कहा गया है।[२] ये वर्णन आत्मा या ब्रह्म के वर्णन के समान हैं। यद्यपि निर्वाण या तत्त्व को स्पष्टरूप से 'आत्मा', 'विज्ञान' या 'आनन्द' नहीं कहा गया है, तथापि अर्थापत्ति से यही भाव निकलता है क्योंकि जो स्वानुभूतिगम्य, प्रपञ्चोपशम और शिव है, वह विज्ञानानन्दस्वरूप ही हो सकता है। निर्वाण बोधि या प्रज्ञा है, यह तो माध्यमिक को निर्विवाद रूप से स्वीकार है।

गौडपादाचार्य ने माध्यमिक और वेदान्त की तुलना करते हुये उनके साम्य-वैषम्य का निर्देश किया है।[३] श्रीहर्ष ने माध्यमिक और ब्रह्मवादी में भेद बताते हुये कहा है कि माध्यमिक (नित्य) विज्ञान तक को सदसद्‌विलक्षण मानता है।[४] किन्तु माध्यमिक केवल क्षणिक विज्ञान का खण्डन करता है जिसे वेदान्त भी स्वप्रकाश न मानकर आत्मा द्वारा 'ज्ञेय' मानता है। यह अवश्य है कि माध्यमिक ने स्पष्ट रूप से अपने निरपेक्ष तत्त्व को स्वप्रकाश नित्य विज्ञान या आत्मचैतन्य की संज्ञा नहीं दी है, यद्यपि उसका तात्पर्य इसी से है। तत्त्व को अनिर्वचनीय मानकर निषेध-मुख से ही उसका वर्णन करने के कारण यह हुआ है। वेदान्त भी 'नेति नेति' द्वारा निषेध-मुख वर्णन को प्राधान्य देता है, तथापि व्यवहार में वेदान्त तत्त्व के विधानात्मक वर्णन को भी आवश्यक मानता है। वेदान्त के अनुसार स्वप्रकाश और स्वत:सिद्ध आत्मचैतन्य को स्वीकार किये बिना परमार्थ और व्यवहार की सिद्धि सम्भव नहीं है। इस विषय में वेदान्त माध्यमिक दर्शन से नि:सन्देह श्रेष्ठ है। औपनिषद अद्वैतवाद के विकास में माध्यमिक दर्शन पूर्वभूमि और वेदान्तदर्शन उत्तरभूमि है। माध्यमिक ने अद्वैतवाद का विकास भगवान् बुद्ध के उपदेशों के प्रकाश में किया। वेदान्त ने अद्वैतवाद को अपने मूल प्रस्थान उपनिषद् से ग्रहण करके अपनी श्रौत परम्परा के रूप में विकसित किया। अत: अद्वैतवेदान्त की माध्यमिक दर्शन पर श्रेष्ठता होना स्वाभाविक है।

४. विज्ञानवाद और वेदान्त

हम इस ग्रन्थ के सप्तम अध्याय में सिद्ध कर चुके हैं कि मूलविज्ञानवाद विशुद्ध विज्ञप्तिमात्र तत्त्व को नित्य और सुखरूप स्वीकार करता है। इसके अतिरिक्त अन्य सब विज्ञान क्षणिक हैं। लङ्कावतारसूत्र का चित्तमात्र या तथागतगर्भ या आलयविज्ञान, मैत्रेयनाथ का विज्ञानमात्र या धर्मधातु, असङ्ग का धर्मधातु जिसे उन्होंने 'महात्मा' और 'परमात्मा' भी कहा है, वसुबन्धु का विज्ञप्तिमात्र या धर्मकाय, ये सब नित्य, निर्विकल्प, निराभास, विशुद्ध, अद्वय और सुखस्वरूप विज्ञानमात्र तत्त्व हैं। लङ्कावतारसूत्र अपने तथागतगर्भ में और वेदान्त के आत्मतत्त्व में साम्य परिलक्षित करता है एवं दोनों में भेद बताते हुये कहता है कि तथागतगर्भ

---

१. माध्यमिक कारिका, १८, ९
२. वहीं, मङ्गलाचरण।
३. देखिये पीछे, पृ. २२७-३०
४. देखिये पीछे, पृ. २८२

'निर्विकल्प' और 'निराभास प्रज्ञागोचर' है, किन्तु अबौद्धों का आत्मा 'सत्' रूपी बुद्धिविकल्प से चिपका रहता है।[१] परन्तु यह भेद असत्य है। आत्मा 'सत्' रूपी बुद्धि-विकल्प-ग्राह्य नहीं है। वह भी चतुष्कोटिविनिर्मुक्त है। उसे 'सत्' इसलिये कहा जाता है कि वह असत्-भिन्न है। उसकी सत्ता 'सत्' नामक बुद्धि-विकल्प की व्यावहारिक सत्ता नहीं है, अपितु चतुष्कोटिविनिर्मुक्त (जिसमें 'सत्' कोटि भी सम्मिलित है) स्वतःसिद्ध सत्ता है जिसका साक्षात् अनुभव होता है और जिसके लिये बुद्धि-कोटियों के अधिष्ठान के रूप में 'सत्' शब्द का प्रयोग ही सर्वोत्तम है। पुनश्च, आत्मा भी तथागतगर्भ के समान निर्विकल्प और निराभास-प्रज्ञागोचर अर्थात् अपरोक्षानुभूतिगम्य है। असङ्ग के अनुसार 'आत्मा' अहंकार-ममकारयुक्त व्यावहारिक जीवात्मा है जो अनादि अविद्या का कार्य है तथा मोह-मान-रागादि के कारण समस्त क्लेशों का हेतु है। किन्तु विशुद्ध नित्य विज्ञानस्वरूप तत्त्व के लिये असङ्ग ने 'महात्मा', 'विशुद्धात्मा' तथा 'परमात्मा' शब्दों का प्रयोग किया है। उनके अनुसार बुद्ध जन शुद्ध आत्मा की प्राप्ति से परिच्छिन्न जीवत्व से मुक्त होकर आत्मा की महात्मता अधिगत कर लेते हैं।[२] यह बुद्ध का विशुद्ध (अनास्रव) धर्मकाय या धर्मधातु है, यही परमात्मा है।[३]

सविकल्प बुद्धि की पहुँच तत्त्व तक नहीं है। तर्क आगमनिश्रित है, अनियत है, सीमित है, सांवृत और खेदवान् है तथा तत्त्व उसका विषय नहीं है।[४] जीवात्मा की सत्ता व्यावहारिक है और अविद्या के नष्ट होने पर शुद्ध नित्य विज्ञान प्रकाशित होता है। भ्रम या अविद्या का आत्यन्तिक क्षय ही मोक्ष है।[५] चित्त या विज्ञान प्रकृतिप्रभास्वर अर्थात् स्वयंप्रकाश है।[६] यह आगन्तुक अविद्या के दोषों से दूषित प्रतीत होता है। अविद्या की निवृति होने पर यह अपने स्वरूप में प्रकाशित होता है। धर्मनैरात्म्य और पुद्गलनैरात्म्य के सम्यक् ज्ञान से ज्ञेयावरण तथा क्लेशावरण का क्षय होता है। तब मुमुक्षु को तत्त्व की समता और अद्वयता का ज्ञान होता है और वह तत्त्व में प्रवेश कर जाता है। किन्तु यह संप्रज्ञात या सोपधिशेष समाधि है जिसमें सूक्ष्म द्वैत (ग्रहण) बना रहता है। फिर जब मन उसमें स्थिर होकर विलीन हो जाता है तो यह अमनीभाव या असंप्रज्ञात या निरुपधिशेष समाधि है जहाँ कोई विकल्प, ग्रहण या

---

१. तथागतगर्भः पुनर्भगवता प्रकृतिप्रभास्वरः आदिविशुद्धः सर्वसत्त्वदेहान्तर्गतो नित्यो ध्रुवः शिवः शाश्वतश्च वर्णितः। तत् कथमयं भगवन्! तीर्थकरात्मवादतुल्यस्तथागतगर्भवादो न भवति ? निर्विकल्पनिराभासगोचरः प्रत्यात्मार्थगोचरस्तथागतगर्भः। न चात्र बोधिसत्त्वैरात्माभिनिवेशः कर्त्तव्यः। लङ्कावतारसूत्र, पृ. ७७-७८।

२. बुद्धाः शुद्धात्मलाभत्वात् गता आत्ममहात्मताम्। महायानसूत्रालंकार ९, २३

३. अनेन बुद्धानामनास्रवे धातौ परमात्मा व्यवस्थाप्यते। वहीं, पृ. ३७-३८

४. निश्रितोऽनियतोऽव्यापी सांवृतः खेदवानपि।
बालाश्रयो मतस्तर्कस्तस्याऽतो विषयो न तत्। वहीं, १, १२

५. ततश्च मोक्षो भ्रममात्रसंक्षयः। वहीं, ६, १

६. मतं च चित्तं प्रकृतिप्रभास्वरम्। वहीं, १३, १९

उपलम्भ नहीं रहता। यही मुक्ति है।[१] यहाँ गौडपादाचार्य के अमनीभाव और अस्पर्शयोगसमाधि का साम्य द्रष्टव्य है।[२] वसुबन्धु ने भी विज्ञप्तिमात्र तत्त्व को बुद्धि-विकल्परहित (अचित्त) द्वैत-रहित (अनुपलम्भ) और लोकोत्तर ज्ञान बताया है। यह विज्ञान विशुद्ध (अनास्रव) है, निर्विकल्प (अचिन्त्य) है, शिव (कुशल) है, नित्य (ध्रुव) है, सुखस्वरूप है, विमुक्तिरूप है और भगवान् बुद्ध का धर्मकाय या धर्मधातु है।[३] पं॰ विधुशेखर भट्टाचार्य का मत है कि वसुबन्धु ने विज्ञप्तिमात्र के लिये 'ध्रुव' शब्द का प्रयोग किया है जिसका अर्थ 'प्रवाह-नित्य' है ज़िसे कूटस्थनित्य के अर्थ में नित्य नहीं माना जा सकता। वसुबन्धु के शिष्य और त्रिंशिका के भाष्यकार स्थिरमति ने स्वयं नित्य और ध्रुव को पर्यायवाची पद बताकर इस प्रकार की शंका का निराकरण कर दिया है। स्थिरमति ने इस कारिका पर अपने भाष्य में कहा है: विज्ञप्ति-मात्रता नित्य होने के कारण ध्रुव है और इसीलिये सुखस्वरूप है क्योंकि जो अनित्य है वह दुःख है, तथा यह नित्य है इसलिये सुख है।[४]

अतः मूलविज्ञानवाद का, लङ्कावतारसूत्र, मैत्रेय, असङ्ग और वसुबन्धु के विज्ञानवाद का, वेदान्त से कई बातों में साम्य स्पष्ट है जिनका निर्देश ऊपर किया जा चुका है। गौडपादाचार्य ने अपनी कारिका के चतुर्थ प्रकरण में विज्ञानवाद और वेदान्त के साम्य-वैषम्य का निर्देश किया है जिसका विवेचन किया जा चुका है।[५] श्रीहर्ष ने भी वेदान्त के आत्मवाद को '(नित्य) स्वप्रकाश विज्ञानवाद' की संज्ञा दी है।

बौद्ध विज्ञानवाद और अद्वैत वेदान्त का मुख्य भेद यह माना जाता रहा है कि विज्ञानवाद के विज्ञान (विशुद्ध विज्ञान भी) क्षणिक, अनेक और उत्पत्ति-विनाशशील हैं, जबकि अद्वैत वेदान्त आत्मचैतन्यस्वरूप विशुद्ध विज्ञान को नित्य, एक और अद्वैत मानता है। हम इस ग्रन्थ के सप्तम अध्याय में विज्ञानवाद के विवेचन में स्पष्ट रूप से प्रतिपादित कर चुके हैं कि मूलविज्ञानवाद अपने विज्ञप्तिमात्र अद्वैत तत्त्व को नित्य और स्वप्रकाश विज्ञान स्वीकार करता है तथा अन्य सब विज्ञानों को क्षणिक मानता है। अतः मूल-विज्ञानवाद और वेदान्त में इस विषय में तात्विक भेद नहीं है। किन्तु दिङ्नाग, धर्मकीर्ति, शान्तरक्षित और कमलशील के उत्तर-विज्ञानवाद ने, जिसे हमने स्वतन्त्रविज्ञानवाद का नाम दिया है, क्षणभङ्गवाद को पूर्णतया अपना लिया है तथा क्षणिक विज्ञानों की ही सत्ता स्वीकार की है। अतः स्वतन्त्रविज्ञानवाद क्षणिक विज्ञानवाद होने के कारण अद्वैत वेदान्त के नित्य विज्ञानवाद से सर्वथा भिन्न है।

---

१. विदित्वा नैरात्म्यं द्विविधमिह धीमान् भवगतम् समं तच्च ज्ञात्वा प्रविशति स तत्त्वं ग्रहणतः। ततस्तत्र स्थानान् मनस इह न ख्याति तदपि तदख्यानं मुक्तिः परम उपलम्भस्य विगमः।। वहीं, ११, ४७

२. देखिये पीछे पृ. २२२-२४

३. स एवानास्रवो धातुरचिन्त्यः कुशलो ध्रुवः।
सुखो विमुक्तिकायोऽसौ धर्माख्योऽयं महामुनेः।। त्रिंशिका, का. ३०

४. धुवो नित्यत्वात्, सुखो नित्यत्वात् एव। यदनित्यं तद् दुःखम्,
अयं च नित्यः इत्यस्मात् सुखः। त्रिंशिका भाष्य, पृ. ४४

५. देखिये इस ग्रन्थ के चतुर्दश अध्याय का अन्तिम अधिकरण।

विज्ञानवाद (पूर्व और उत्तर दोनों) और अद्वैत वेदान्त में कुछ महत्त्वपूर्ण भेद भी हैं जिन्हें जानना आवश्यक है। हम इनका विस्तृत विवेचन अष्टम अध्याय के षष्ठ अधिकरण में विज्ञानवाद की समीक्षा के अन्तर्गत तथा पञ्चदश अध्याय के द्वादश (३) अधिकरण में शङ्कराचार्यकृत विज्ञानवाद-खण्डन के अन्तर्गत कर चुके हैं। यहाँ संक्षेप में विज्ञानवाद (जिसमें पूर्व और उत्तर दोनों सम्प्रदाय सम्मिलित हैं) और वेदान्त के भेदों का निर्देश कर रहे हैं–

(१) विज्ञानवाद परमार्थ और व्यवहार दोनों में विज्ञानवाद स्वीकार करता है। अद्वैत वेदान्त परमार्थ में विज्ञानवाद और व्यवहार में वस्तुवाद को मानता है। पाश्चात्य दार्शनिक कान्ट ने भी यही दृष्टि अपनाई है। व्यवहारिक वस्तुवाद पारमार्थिक विज्ञानवाद के साथ सुसङ्गत है। विज्ञानवाद ने व्यवहार में भी विज्ञानवाद अपनाकर समस्त लोक-व्यवहार का व्यर्थ में निषेध कर दिया है।

(२) विज्ञानवाद पदार्थ या विषयमात्र को, जिसके अन्तर्गत बाह्य पदार्थ, जीवात्मायें तथा विचार-वेदना-संकल्प आदि मनोभाव आ जाते हैं और इस प्रकार समस्त लोक-व्यवहार आ जाता है, नितान्त असत् अर्थात् वन्ध्यापुत्र और खपुष्प के समान सर्वथा अभूत एवं परिकल्पित मानता है। सांवृत सत्ता भी अर्थाकार विज्ञानों की है, पदार्थों की नहीं। व्यवहार में भी हमें अर्थाकार विज्ञानों का अनुभव होता है, पदार्थों का नहीं। इसी को व्यावहारिक विज्ञानवाद कहते हैं। वेदान्त इसका प्रबल विरोध करता है और मानता है कि व्यवहार में हमें पदार्थों का ही अनुभव होता है, अर्थाकार विज्ञानों का नहीं। यह व्यावहारिक वस्तुवाद है।

(३) विज्ञानवाद के अनुसार रज्जु-सर्पादि भ्रम-पदार्थ तथा स्वप्न-दृष्ट पदार्थ और जाग्रत् अवस्था के लौकिक पदार्थ सब, भ्रम होने के नाते, समान स्तर के हैं। इन सबमें विज्ञान ही अर्थों का आकार लेकर प्रतीत होते हैं। स्वप्नादि पदार्थों की भी, जाग्रत् के पदार्थों के समान, अपने स्तर पर उपलब्धि होती है और उनसे अर्थक्रिया सम्पन्न होती है। वेदान्त की मान्यता है कि यद्यपि प्रतिभास (स्वप्नादि) और व्यवहार (जाग्रत् का लोक-व्यवहार) अन्ततोगत्वा भ्रम हैं, तथापि दोनों के स्तर भिन्न हैं। प्रतिभास का बाध व्यवहार से हो जाता है, किन्तु व्यवहार का बाध व्यवहार से नहीं हो सकता, परमार्थ से ही हो सकता है। स्वप्न-पदार्थ व्यक्ति-गत, जीव-सृष्ट, प्रतिभासमात्रशरीर तथा इन्द्रियव्यापाररहित होते हैं। लौकिक पदार्थ समष्टि-गत, ईश्वर-सृष्ट, द्वयकालिक तथा इन्द्रियप्रत्यक्षजन्य होते हैं। दोनों को एक ही स्तर पर रखना अत्यन्त अनुचित है।

(४) प्रत्येक भ्रम-पदार्थ के दो अंश होते हैं–द्रव्यांश और आकारांश। ये दोनों अंश अविभाज्य होते हैं। विज्ञानवाद नें द्रव्यांश को नितान्त असत् और आकारांश को सांवृत सत् मान लिया है। द्रव्यांश या पदार्थ परिकल्पित है और आकारांश विज्ञान में होने के कारण अर्थाकार विज्ञान परतन्त्र या संवृति सत् है। वेदान्त के अनुसार यह विभाजन असत् और कल्पित है।

(५) विज्ञानवाद तत्त्व के दो रूप मानता है। एक तो तत्त्व का पारमार्थिक स्वरूप जिसमें वह निर्विकल्प निराभास विशुद्ध परिनिष्पन्न विज्ञान है, और दूसरा अनादिवासना द्वारा तत्त्व

का कलुषित स्वरूप जो प्रतीत्यसमुत्पन्न अष्टविध विज्ञानों के रूप में प्रवाहमान है जिसे परतन्त्रविज्ञान कहा गया है। परिनिष्पन्न और परतन्त्र दोनों विज्ञान के रूप हैं; प्रथम परमार्थ है और दूसरा संवृति। पदार्थ अत्यन्त असत् है जिसे परिकल्पित कहा गया है। वेदान्त परमार्थ का विभाजन नहीं करता। वह भ्रम को दो रूपों में विभाजित करता है समष्टिगत भ्रम व्यवहार है और व्यक्तिगत भ्रम प्रतिभास है।

(६) विज्ञानवाद भ्रम का विभाजन नहीं करता। वह समष्टिगत और व्यक्तिगत भ्रम को एक ही स्तर पर रखता है और प्रत्येक भ्रम के दो घटक मानता है–पदार्थ और पदार्थाकार विज्ञान। पदार्थ नितान्त असत् और परिकल्पित है तथा पदार्थाकार विज्ञान परतन्त्र या संवृति सत् है। वेदान्त के रज्जुसर्पप्रतिभास में सर्पाकार-विज्ञान परतन्त्र और सर्पपदार्थ परिकल्पित है। इसी प्रकार व्यवहार में भी रज्जु का आकार लेकर प्रतीत होने वाला आलय-विज्ञान परतन्त्र और रज्जु-पदार्थ परिकल्पित है। वेदान्त भ्रम के इन दो घटकों को स्वीकार नहीं करता। उसके अनुसार भ्रम के दो घटक अधिष्ठान और अध्यस्त हैं। प्रतिभास में रज्जु अधिष्ठान और सर्प अध्यस्त है। व्यवहार में ब्रह्म अधिष्ठान और जगत् अध्यस्त है।

(७) विज्ञानवाद के अनुसार विशुद्ध-विज्ञान रूपी अधिष्ठान पर अर्थाकार का आरोप होता है और फिर इस अर्थाकार-विज्ञान रूपी आश्रय पर असत् अर्थ का आरोप होता है। रज्जु-सर्प के भ्रम में सर्प को बाह्यपदार्थ समझना भ्रम है क्योंकि सर्प-पदार्थ अत्यन्त असत् और परिकल्पित है। भ्रम को ही लौकिक ज्ञान कहते हैं। सर्प को अर्थ न मानकर अर्थाकार विज्ञान मानना प्रमा है। यह शुद्ध लौकिक ज्ञान है। अनादिवासनाक्षय से विज्ञान का अर्थाकार ग्रहण न करके अपने विशुद्ध परिनिष्पन्न रूप में प्रकाशित होना लोकोत्तर ज्ञान या मोक्ष है। वेदान्त इन सबका खण्डन करता है। यदि पदार्थ वन्ध्यापुत्रवत् असत् है तो उसका अर्थाकार विज्ञान पर आरोप और उसकी प्रतीति असम्भव है। वन्ध्यापुत्र कभी प्रतीत नहीं होता। अर्थाकार विज्ञान इस आरोप का आश्रय नहीं हो सकता क्योंकि उसका केवल अनुमान होता है, प्रतीति नहीं होती। भ्रम के समय सर्पपदार्थ की प्रतीति होती है, सर्पाकार विज्ञान की नहीं। और रज्जु-ज्ञान से भ्रम का बाध होने पर सर्प-पदार्थ और सर्पाकार विज्ञान दोनों एक साथ निवृत्त हो जाते हैं। पुनश्च, यदि अर्थ नितान्त असत् है तो विज्ञान उसका आकार भी नहीं ग्रहण कर सकता। अर्थ के बिना अर्थाकार सम्भव नहीं है।

(८) विज्ञानवाद विज्ञान-भेद वासना-भेद के कारण मानता है। वेदान्त के अनुसार विज्ञान-भेद पदार्थ-भेद के कारण है। विज्ञानवाद के अनुसार वासना और विज्ञान, बीज और अंकुर के समान, परस्पर उत्पन्न-विनष्ट होते रहते हैं। वेदान्त अनादि अविद्या को स्वीकार करता है।

(९) यदि विज्ञानों को क्षणिक माना जाये, जैसा स्वतन्त्र-विज्ञानवाद मानता है और नित्य विज्ञान को स्वीकार नहीं किया जाये, तो ये क्षणिक विज्ञान अनित्य, अनेक और उत्पत्तिविनाशशील होने के कारण घटपटादि के समान नित्य आत्मतत्त्व द्वारा विषय के रूप में ज्ञेय हैं। क्षणिक विज्ञान स्वप्रकाश और स्वतःसिद्ध नहीं हो सकता। नित्य विशुद्ध आत्मचैतन्य

ही स्वप्रकाश और स्वत:सिद्ध है जिसे माने बिना किसी प्रकार का ज्ञान या अनुभव सम्भव नहीं है।

बौद्ध विज्ञानवाद और अद्वैत वेदान्त में ये महत्त्वपूर्ण भेद हैं। अद्वैत वेदान्त बौद्ध विज्ञानवाद से अत्यन्त श्रेष्ठ है। स्वयं बुद्धदेव ने विज्ञानवाद के जो बीज उपनिषद् से लिये थे उनका बुद्धोपदेश के रूप में बौद्ध विज्ञानवाद ने विकास किया। अद्वैत वेदान्त ने अपने मूल प्रस्थान उपनिषद् के विज्ञानवाद का अपनी श्रौत परम्परा के अनुसार विकास किया। औपनिषद विज्ञानवाद के विकास-क्रम में बौद्ध विज्ञानवाद पूर्वभूमि और अद्वैत वेदान्त उत्तरभूमि हैं। दोनों के निरपेक्ष अद्वैतवाद तथा नित्य विज्ञानवाद के दार्शनिक सिद्धान्तों का मूल स्रोत उपनिषद् हैं। बौद्ध दर्शन में ये सिद्धान्त स्वयं बुद्ध द्वारा गृहीत होकर उनके उपदेशों के रूप में आये। अद्वैत वेदान्त में ये साक्षात् उपनिषद्-प्रस्थान से लिये गये। बौद्ध और अद्वैत वेदान्त सम्प्रदाय केवल दर्शन ही नहीं, धर्म भी हैं। दोनों की दार्शनिक परम्परा में महत्वपूर्ण समानता होने पर भी दोनों की धार्मिक परम्परा नितान्त भिन्न है। दोनों में कुछ महत्त्वपूर्ण साम्य उन्हीं सिद्धान्तों के विषय में हैं जो उपनिषद् से बुद्ध के माध्यम द्वारा बौद्ध दर्शन में विकसित हुये। अत: वेदान्त से यह साम्य कुछ बुद्ध-वचनों में और माध्यमिक एवं मूलविज्ञानवाद के महायान सम्प्रदायों में ही हैं; हीनयान के सम्प्रदायों में और महायान के स्वतन्त्रविज्ञानवाद सम्प्रदाय में नहीं है। महायान के माध्यमिक और विज्ञानवाद सम्प्रदायों में ये श्रौत दार्शनिक सिद्धान्त बुद्धोपदेश के रूप में ही आये और इनका विकास बौद्धों की अवैदिक धार्मिक परम्परा में हुआ, अत: महायान दर्शन और अद्वैत वेदान्त में इन औपनिषद सिद्धान्तों के विकास में कुछ महत्त्वपूर्ण भेद आ जाना स्वाभाविक है। अपि च, महायान के ये सम्प्रदाय अद्वैत वेदान्त से पहले विकसित हुये क्योंकि नागार्जुन, आर्यदेव, मैत्रेय, असङ्ग और वसुबन्धु गौडपादाचार्य से पूर्वकालिक हैं। इन सब कारणों से अद्वैत वेदान्त दर्शन की माध्यमिक और विज्ञानवाद दर्शन पर सर्वाङ्गीण श्रेष्ठता स्पष्ट सिद्ध है।

अष्टादश अध्याय
रामानुजाचार्य का विशिष्टाद्वैत वेदान्त दर्शन

१. वैष्णव सम्प्रदाय

रामनुजाचार्य ने निर्गुण ब्रह्मवाद और सगुण ईश्वरवाद में सरस सामञ्जस्य स्थापित करने का श्लाघ्य प्रयत्न किया है। यह प्रयत्न नया नहीं है। यह भगवद्गीता में (महाभारत के भीष्मपर्वान्तर्गत), महाभारत के शान्तिपर्वान्तर्गत नारायणीय में, एवं पुराणों में, विशेषत: विष्णुपुराण एवं भागवतपुराण में उपलब्ध है। यह परम्परा आलवार सन्तों और आचार्यों द्वारा गतिशील बनी रही। इष्ट देवता के भेद से इस परम्परा ने वैष्णव, शैव और शाक्तसम्प्रदायों का रूप लिया जिनमें क्रमश: विष्णु, शिव और शक्ति उपास्य देवता के रूप में प्रतिष्ठित हैं। वैष्णवों के चार सम्प्रदाय हैं—रामानुजाचार्य का श्रीसम्प्रदाय (विशिष्टाद्वैत), मध्वाचार्य (आनन्दतीर्थ) का ब्रह्मसम्प्रदाय (द्वैत), विष्णुस्वामी और वल्लभाचार्य का रुद्रसम्प्रदाय (शुद्धाद्वैत) तथा निम्बार्काचार्य का सनकसम्प्रदाय (द्वैताद्वैत)। चैतन्य महाप्रभु का सम्प्रदाय मध्वगौडीय सम्प्रदाय या अचिन्त्यभेदाभेद कहलाता है। वैष्णव, शैव और शाक्त सम्प्रदायों के अपने-अपने आगम ग्रन्थ हैं जो वेद के समकक्ष पूज्य माने जाते हैं। आगमों के चार भाग होते हैं—ज्ञान, योग, क्रिया अर्थात् मन्दिर-निर्माण तथा देवप्रतिमा के निर्माण एवं प्रतिष्ठा से सम्बद्ध प्रक्रिया और चर्या अर्थात् उपासना और पूजा के नियम। वैष्णव आगमों को पाञ्चरात्र, भागवत या सात्वत संहिता भी कहते हैं। शाक्त आगमों का प्रचलित नाम तन्त्र है। शाक्तों का शैवों के साथ मिलन है। किन्तु वैष्णवों और शैवों में परम्परागत विरोध रहा है। दक्षिण भारत में वैष्णव, शैव और जैन सम्प्रदायों में परस्पर विरोध तथा त्रिकोणात्मक संघर्ष होता रहा है। जो भी सम्प्रदाय किसी प्रान्त के राजा को दीक्षित कर लेता था वह उस राज्य में अन्य दो सम्प्रदायों पर अत्याचार करने लगता था। रामानुज के मामा महापूर्ण (पेरियनम्बि) की आँखें चोल-नरेश शैव राजेन्द्र (कृमिकण्ठ या कोलुत्तुंग प्रथम) ने निकलवा दी थीं और रामानुज को होयसाल प्रान्त में शरण लेनी पड़ी थी जहाँ उन्होंने राजा बिट्टिदेव को वैष्णव धर्म में दीक्षित किया जो विष्णुवर्धनदेव के नाम से प्रसिद्ध हुये। इन्होंने मेलुकोट में एक मन्दिर बनवाया जहाँ रामानुज बारह वर्षों तक रहे और चोल-नरेश कोलुत्तुंग प्रथम की मृत्यु के बाद श्रीरङ्गम् लौट सके।

पाञ्चरात्र आगम सभी वैष्णव सम्प्रदायों को मान्य है, किन्तु रामानुजाचार्य का श्रीवैष्णव सम्प्रदाय इसे अत्यन्त महत्त्वपूर्ण और पवित्र मानता है। ऋग्वेद का पुरुषसूक्त वैष्णव दर्शन का आधार है। शतपथ ब्राह्मण में नारायण द्वारा पाञ्चरात्र यज्ञ करने का उल्लेख है। महाभारत में नर और नारायण द्वारा ब्रह्म की उपासना का वर्णन है। अव्यक्त, कृष्ण, नारायण, गोपालतापिनी आदि वैष्णव उपनिषद् हैं। विष्णु, भागवत, गरुड, पद्म और वराह पुराण पाञ्चरात्र या वैष्णव

पुराण हैं; तथा कूर्म, वायु, आदित्य, अग्नि एवं लिङ्गपुराण शैव हैं। शङ्कराचार्य के अनुसार बादरायण ने ब्रह्मसूत्र के तर्कपाद में पाञ्चरात्रों के व्यूह सिद्धान्त का खण्डन किया है। पाञ्चरात्र साहित्य में सात्वत संहिता, जयाख्य संहिता एवं अहिर्बुध्न्यसंहिता दार्शनिक दृष्टि से महत्त्वपूर्ण हैं। पाञ्चरात्र नामकरण का कारण यह है कि इस आगम में पञ्चविषयों का निरूपण है जो परमतत्त्व, मुक्ति, भुक्ति, योग तथा विषय (संसार) हैं; अथवा इसका उपदेश नारायण ने पाँच ऋषियों को पाँच रातों में दिया था; अथवा इसमें चारों वेदों का और सांख्ययोग का ज्ञान समाहित है।

२. आलवार सन्त

दक्षिण भारत के तमिल प्रदेश में सप्तम से नवम शती तक के समय में कुछ वैष्णव कवि-सन्त हुये जिन्होंने अपने सुमधुर भक्तिरसपूर्ण तमिल गीतिकाव्यों की पवित्र भक्ति-गङ्गा प्रवाहित करके जन-मानस को भगवद्भक्तिरसामृत से तृप्त किया। इन भक्त कवि-सन्तों को 'आलवार' नाम से अभिहित किया गया है। आलवार का अर्थ है आध्यात्मिक ज्ञानसागर में निमग्न रहने वाला या भगवच्चिन्तन में निरन्तर लीन रहने वाला ज्ञानी भक्त। इन आलवारों में बारह प्रमुख हैं जिनमें एक महिला, एक राजा, और कुछ निम्न जाति के शूद्र हैं। भगवद्भक्तों में वर्ण, जाति और लिङ्ग आदि का कोई भेदभाव नहीं है। 'जाति-पाँति पूछे नहि कोई। हरि कों भजै सो हरि का होई।।' यह उक्ति आलवारों में पूर्णतया चरितार्थ थी। इन आलवारों द्वारा तमिल भाषा में रचित गायन-योग्य चार हजार पद्यों का संग्रह 'नालायिरदिव्यप्रबन्धम्' कहलाता है और वेदों के समकक्ष माना जाता है। इसमें पराङ्कुश मुनि (नम्मालवार) की सुप्रसिद्ध रचना 'तिरुवायमोलि' भी सम्मिलित है जिसे वेदान्तदेशिक ने 'द्रविडोपनिषद्' कहा है तथा जिसका प्रचलित नाम 'तमिलवेद' है। इन बारह आलवारों में भूतयोगी (भूतत्त-आलवार), सरोयोगी (पोयगइय्-आलवार), महायोगी (पेय्-आलवार) और भक्तिसार (तिरुमड़िसै-आलवार) सबसे प्राचीन हैं। पराङ्कुश मुनि या शठकोप (नम्मालवार) इन सबमें सुप्रसिद्ध हैं। इनके शिष्य मधुर-कवि-आलवार है। कुलशेखर (पेरुमाल-आलवार) राजा थे जो राज्य-वैभव को लात मार कर श्रीरङ्गम् में साधारण भक्त के समान रहते थे। विष्णुचित्त (पेरिय्-आलवार) और उनकी दत्तक पुत्री गोदा या आण्डाल, तथा भक्तांघ्रिरेणु (तोण्डर्-अडि-पोडिय-आलवार), योगिवाह (तिरुप्पान-आलवार) एवम् परकाल (तिरु-मंगै-आलवार) अन्य आलवार हैं।[१]

श्रीमद्भागवत में नवधा भक्ति में आत्मनिवेदन अर्थात् भगवान् के प्रति सर्वथा आत्मसमर्पण सर्वोच्च भक्ति मानी गई है।[२] आलवार सन्तों ने प्रेम भक्ति द्वारा भगवान् के प्रति आत्मसमर्पण

---

१. पराशर भट्ट ने एक पद्य में नौ आलवारों के नाम दिये हैं। उसमें कुछ परिवर्तन करके सभी बारह आलवारों के नाम हमने समाविष्ट कर दिये हैं—
भूतं सरश्च महदाह्वयभक्तिसारौ श्रीविष्णुचित्त-कुलशेखर-योगिवाहान्।
भक्तांघ्रिरेणु-परकालवरौ च मोदाम् वन्दे परांकुशमुनिं मधुरं कविञ्च।।

२. श्रवणं कीर्तनं विष्णोः स्मरणं पादसेवनम्।
अर्चनं वन्दनं दास्यं सख्यमात्मनिवेदनम्।। भागवत, ७, ५, २३

को सर्वोच्च महत्त्व दिया है। वे गोपीभाव को श्रेष्ठ मानते हैं और भगवान् के विरह में तन्मय हो जाते हैं।[१] भक्ति भगवान् के प्रति उत्कट प्रेम है। अविवेकी पुरुषों की विषयों में जैसी उत्कट प्रीति होती है, वैसी ही उत्कट प्रीति जब वह अच्युत नित्य भगवान् के प्रति हो, तब उसे भक्ति कहते हैं। विषयासक्ति तुच्छ अनित्य नश्वर विषयों के प्रति होती है। भक्ति नित्य चिदानन्दमय भगवान् के प्रति शुद्धतम प्रेम है। जिस प्रकार प्रेमिका अपने प्रियतम के विरह में निरन्तर उसी का चिन्तन किया करती है और उत्कट प्रेम में मग्न होकर प्रियतम के मिलन के लिये आतुर रहती है, उसी प्रकार भक्त अपने प्रियतम भगवान् के तीव्रतम प्रेम में उनका निरन्तर चिन्तन करता रहे और मिलन के लिये व्याकुल हो, तो यह उत्कट प्रेम भक्ति कहलाता है। भगवान् के दिव्य सर्वातिशायी सौन्दर्य की, उस अत्यन्त कमनीय दिव्य रूप की तीव्र कामना भक्ति है। इसीलिये आलवार सन्त मुनियों ने भक्ति के लिये 'काम' शब्द का प्रयोग किया है। परन्तु इससे यह नहीं समझना चाहिए कि भक्ति 'लौकिक काम' है। भक्ति में इन्द्रिय-विषयों का, लौकिक काम का लेशमात्र भी स्पर्श नहीं है। यह नित्य चिदानन्दस्वरूप भगवान् के प्रति दिव्य प्रेम है।[२] गोदा या आण्डाल, मीरा के समान, गोपीभाव से कृष्ण-प्रेम में निरन्तर लीन रहती थीं। अन्य आलवार भी प्रभु को अपना प्रियतम मानते हैं। कालिदास के यक्ष ने अपनी प्रेयसी के पास मेघ को दूत बनाकर भेजा था। आलवार सन्त उड़ते हुये हंसों और पक्षियों को दूत बनाकर अनुरोध करते हैं कि यदि वे कभी उनके प्रियतम कृष्ण को देखें तो उनसे निवेदन करें कि वे उन्हें क्यों भूल गये और उनके पास क्यों नहीं आते ? आलवार सन्त इस अनित्य संसार के विषयों में संपृक्त नहीं होते; उनका ज्वलन्त प्रेम श्री भगवान् के लिये ही उमड़ता है। आलवार भक्तकवि-सन्तों को अत्यधिक आदर की दृष्टि से देखा जाता है; कुछ वैष्णव मन्दिरों में इनकी मूर्तियों की स्थापना की गई है और इनके सरस भक्ति-पद्य श्रीवैष्णव मन्दिरों में गाये जाते हैं।

आलवार सन्तों के बाद दशम शताब्दी में तमिल प्रदेश में कुछ संस्कृत विद्वानों ने आलवारों की भक्ति के साथ वैदिक ज्ञान और कर्म का समन्वय किया तथा तमिल वेद एवं संस्कृत वेद में सामञ्जस्य स्थापित किया। इन विद्वानों को 'आचार्य' कहा जाता है जो 'उभय वेदान्ती' के नाम से भी प्रसिद्ध हैं। इन्होंने विशिष्टाद्वैत दर्शन की तथा प्रपत्ति-मार्ग की प्रतिज्ठा कर 'श्रीवैष्णव' सम्प्रदाय का प्रवर्तन किया। इन आचार्यों के आद्य आचार्य नाथमुनि (नवीं-दसवीं शती) हैं। ये मधुर-कवि आलवार के शिष्य और पराङ्कुश-आलवार (नम्मालवार) के प्रशिष्य हैं। इन्होंने आलवार-साहित्य को व्यवस्थित किया, तमिल वेद की प्रतिष्ठा की तथा आलवार-स्तोत्रों के श्रीरङ्गम् के प्रसिद्ध मन्दिर में भगवान् के सामने गायन की व्यवस्था की। विशिष्टाद्वैत का प्रथम ग्रन्थ 'न्यायतत्त्व' नाथमुनि की कृति है। परम्परानुसार नाथमुनि श्रीरङ्गम् के मन्दिर में भगवद्विग्रह में प्रविष्ट होकर भगवद्रूप हो गये। द्वितीय महान् आचार्य यामुनाचार्य

---

१. स्त्रीभावनां समधिगम्य मुनिर्मुमोह। द्रविडोपनिषत्

२. या प्रीतिरस्ति विषयेष्वविवेकभाजां सैवाच्युते भवति भक्तिपदाभिधेया।
भक्तिस्तु काम इह तत् कमनीयरूपे तस्मान्मुनेरजनि कामुकवाक्यभङ्गी।। वहीं।

(दसवीं-ग्यारहवीं शती) हैं जो आलवन्दार नाम से प्रसिद्ध हैं तथा नाथमुनि के पौत्र हैं। अपने 'आगम-प्रामाण्य' में इन्होंने आगमों को वेदों के समकक्ष बताया है तथा 'सिद्धि-त्रय' में विशिष्टाद्वैत के सिद्धान्तों का प्रतिपादन किया है। इनका 'स्तोत्र-रत्न' या आलवन्दारस्तोत्र' प्रपत्ति या आत्म-समर्पण का प्रतिपादन करने वाला सुमधुर एवं सरस ७० पद्यों का स्तोत्र है जिसमें कवि-हृदय की भक्ति-धारा अजस्त्र प्रवाहित है। कहा जाता है कि रामानुजाचार्य इन पद्यों को सुनकर यामुनाचार्य के प्रति अत्यधिक आकृष्ट हुये।

३. रामानुज और उनके प्रमुख अनुयायी

रामनुजाचार्य का जन्म १०१७ में तथा निधन ११३७ में हुआ। उन्होंने १२० वर्षों का दीर्घ जीवन बिताया। प्रारम्भ में उन्होंने यादवप्रकाश से वेदान्त की शिक्षा ली, किन्तु कुछ समय बाद गुरु से मतभेद होने के कारण अलग हो गये। अपने मामा महापूर्ण (पेरिय् नम्बि) के प्रभाव के कारण रामानुज यामुनाचार्य के प्रति आकृष्ट हुये जो उन्हें अपने बाद श्रीरङ्गम् की गद्दी पर बिठाना चाहते थे। किन्तु रामानुज के श्रीरङ्गम् पहुँचने के कुछ पूर्व ही यामुनाचार्य का निधन हो गया। परम्परानुसार रामानुज ने यामुनाचार्य के दाहिने हाथ की तीन उँगलियाँ मुड़ी हुई देखीं जिनसे यामुनाचार्य की तीन अपूर्ण इच्छाओं का सङ्केत मिलता था। इनमें प्रमुख अपूर्ण इच्छा ब्रह्मसूत्र पर भाष्य लिखने की थी जिसे रामानुजाचार्य ने अपना 'श्रीभाष्य' (११०० के आसपास) लिखकर पूरा किया। रामानुजाचार्य वेदान्त सम्प्रदाय में महापूर्ण द्वारा दीक्षित हुये और 'यतीन्द्र' या 'यतिराज' कहलाये। यामुनाचार्य के बाद श्रीरङ्गम् की गद्दी पर बैठे। उन्होंने कई मन्दिर बनवाये तथा कई लोगों को श्रीवैष्णव सम्प्रदाय में दीक्षित किया। रामानुजाचार्य ने श्रीभाष्य के अतिरिक्त गीताभाष्य, वेदान्तसार, वेदान्तदीप, गद्य-त्रय और वेदार्थसंग्रह भी लिखे हैं।

रामानुजाचार्य के अनुयायियों में सुदर्शन सूरि जिन्होंने श्रीभाष्य पर श्रुतप्रकाशिका टीका लिखी है; वेंकटनाथ या वेदान्तदेशिक जो रामानुज सम्प्रदाय के महान् दार्शनिक हैं और जिनकी श्रीभाष्य पर तत्त्वटीका नामक व्याख्या है, जो न्यायसिद्धाञ्जन तथा शतदूषणी (अद्वैत-खण्डनपरक ग्रन्थ) के लेखक हैं; तथा मेघनादारि, नयद्युमणि के लेखक; लोकाचार्य, तत्त्वत्रय के लेखक; और श्रीनिवास, यतीन्द्रमतदीपिका के लेखक प्रसिद्ध हैं।

रामानुजाचार्य के देहावसान के लगभग दो सौ वर्षों बाद उनके अनुयायी दो मतों में विभाजित हो गये। वेंकटनाथ 'वडगलै' मत के मुख्य प्रतिनिधि हैं और लोकाचार्य 'टैंगलै' मत के। आचार्य 'उभयवेदान्ती' थे क्योंकि उनके लिये संस्कृत और तमिल वेद दोनों समान और महत्त्वपूर्ण हैं। वडगलै मत इसकी पुष्टि करता है। टैंगलै मत के अनुसार तमिल-प्रबन्धम् मुख्य है। संस्कृत वेद के प्रति वह उदासीन है। पूर्वमतानुसार ईश्वर के प्रसाद या अनुग्रह के लिये साधक को कर्म और उपासना द्वारा चित्तशुद्धि और चित्त की एकाग्रता के लिये प्रयत्न करना पड़ता है। यह कपिकिशोर-न्याय को मानता है जिसके अनुसार कपि-किशोर को अपनी माता की छाती से कसकर चिपकना पड़ता है जिससे वह गिर न जाय। उत्तर मत (टैंगलै)

के अनुसार साधक को ईश्वर के अनुग्रह के लिये कोई प्रयत्न आवश्यक नहीं है। यह मार्जार-किशोर-न्याय को मानता है जिसके अनुसार जैसे बिल्ली स्वयं अपने बच्चे को अपने मुँह से पकड़कर निरापद स्थान पर ले जाती है, उसी प्रकार ईश्वर अपने भक्त की रक्षा स्वयं करते हैं और उनके अनुग्रह की प्राप्ति के लिये कोई प्रयत्न अपेक्षित नहीं है।

४. भास्कर, यादव और यामुन का प्रभाव

रामानुजाचार्य ने अपने श्रीभाष्य में स्वीकार किया है कि वे बोधायन, टंक, द्रमिड, गुहदेव, कपर्दी और भारुचि जैसे प्राचीन आचार्यों की विशिष्टाद्वैत परम्परा का अनुसरण कर रहे हैं। वेदान्त में भेदाभेदवाद काफी प्राचीन है। बादरायण ने औडुलोमि और आश्मरथ्य को भेदाभेदवादी बताया है। सुदर्शन सूरि के अनुसार यादवप्रकाश ने आश्मरथ्य की वेदान्त परम्परा का अनुसरण किया है। शङ्कराचार्य ने भर्तृप्रपञ्च के भेदाभेदवाद का उल्लेख और खण्डन किया है। भेदाभेदवादी भास्कराचार्य का ब्रह्मसूत्रभाष्य सौभाग्य से उपलब्ध है। रामानुज ने अपने वेदार्थसङ्ग्रह में भास्कर और यादवप्रकाश दोनों के मतों का खण्डन किया है। किन्तु रामानुज पर इन दोनों का पर्याप्त प्रभाव पड़ा है। रामानुज ने अपने श्रीभाष्य में स्वीकार किया है कि उन्होंने ब्रह्मसूत्रों की व्याख्या में आचार्य बोधायन का अनुसरण किया है।[1] बोधायन और द्रमिड के ग्रन्थ उपलब्ध नहीं हैं। शङ्कराचार्य ने उपवर्ष का उल्लेख किया है और वेंकटनाथ ने उपवर्ष को ही बोधायन बताया है। रामानुज पर आलवार, नाथमुनि, यामुन, यादव, भास्कर, बोधायन, द्रमिड, भर्तृप्रपञ्च, आश्मरथ्य और औडुलोमि का प्रभाव पड़ा है, किन्तु वे सबसे अधिक ऋणी आचार्य यामुन, भास्कर और यादवप्रकाश के हैं।

भास्कराचार्य (दसवीं शती) भेदाभेदवादी हैं। वे अभेद, और भेद दोनों को समान रूप से सत्य मानते हैं। ब्रह्म कारण-रूप में एक और अभिन्न है, किन्तु कार्य-रूप में अनेक और भिन्न है। कारणरूप एकता का और कार्यरूप अनेकता का प्रतीक है।[2] ब्रह्म अद्वैत, निराकार, शुद्ध सत्, चित् और आनन्द रूप है; वही ब्रह्म जब कार्य जगत् के रूप में अभिव्यक्त होता है तो अनेकवत् प्रतीत होता है। भास्कराचार्य परिणामवादी हैं; जगत् ब्रह्म का तात्त्विक परिवर्तन है। जड़ तत्त्व सत्य है, अविद्या-जन्य नहीं है। ब्रह्म जड़ से परिच्छिन्न होकर जीवों का रूप लेता है। जीव अन्तःकरण की उपाधि से परिच्छिन्न ब्रह्म है। जीव अणुरूप है। मायावाद महायान बौद्धमत से आया है।[3] ब्रह्म जीवों के रूप में संसार-दुःख का अनुभव करता है और ज्ञानकर्मसमुच्चय द्वारा मोक्ष प्राप्त करता है। रामानुज ने भास्कर का खण्डन करते हुये कहा है कि अभेद और भेद दोनों समान रूप से सत्य नहीं हो सकते और न उनको एक ही ब्रह्म के दो पृथक् एवं सत्य धर्म माना जा सकता है। अभेद तात्त्विक और भेद गौण है। अभेद सदा भेद-विशिष्ट रहता है। रामानुज भेदाभेद को नहीं मानते; वे विशिष्टाद्वैत को, द्वैतविशिष्ट

---

१. श्रीभाष्य, १, १, १

२. भास्कर-भाष्य, १, १, ४

३. माहायानिकबौद्धगाथितं मायावादम्। वहीं, १, ४, २५

अद्वैत को स्वीकार करते हैं। ब्रह्म निर्गुण निराकार नहीं है वह चिदचिद्विशिष्ट है। ब्रह्म स्वयं में परम विशुद्ध है; केवल ब्रह्म का चिदचिद्रूप शरीर परिवर्तनशील है। अत: यह कथन कि ब्रह्म स्वयं संसारदु:ख भोगता है और मुक्त होता है, हास्यास्पद है।

यादवप्रकाश (ग्यारहवीं शती) जो कुछ समय तक रामानुज के गुरु थे, भास्कर के समान, अभेद और भेद दोनों को समानरूप से सत्य मानते हैं तथा ब्रह्मपरिणामवाद एवं ज्ञान-कर्मसमुच्चयवाद के पोषक हैं। किन्तु उनका झुकाव, भास्कर के विपरीत, अद्वैत या अभेद की ओर है। यादव, भास्कर के विपरीत, उपाधि की सत्यता को नहीं मानते और न ही जीवरूप ब्रह्म के बन्धन और मोक्ष को वास्तविक मानते हैं। यादवप्रकाश के अनुसार चित्, अचित् और ईश्वर तीनों ब्रह्म के परिणाम हैं। ये तीन भिन्न द्रव्य न होकर ब्रह्म की तीन भिन्न अवस्थायें हैं जो ब्रह्म से भिन्न भी हैं और अभिन्न भी। इन तीनों को पृथक् समझना अज्ञान है जो बन्धन का कारण है, एवं ज्ञान-कर्मसमुच्चय द्वारा इस अज्ञान का नाश मोक्ष का कारण है। रामानुज ने यादव का भी उसी प्रकार खण्डन किया है जिस प्रकार भास्कर का किया है, जहाँ-जहाँ यादव और भास्कर में समानता है रामानुज ने यादवकृत ब्रह्म और ईश्वर के भेद का भी खण्डन किया है। उनके अनुसार ब्रह्म और ईश्वर एक ही हैं और दोनों में से कोई भी निराकार या भेद-रहित नहीं है। चित् और अचित् ब्रह्म के साधारण धर्म नहीं हैं, अपितु ब्रह्म का शरीर हैं और ब्रह्म से अपृथक् हैं।

यामुनाचार्य (दसवीं-ग्यारहवीं शती) ने अपने सिद्धित्रय में आलवार सन्तों के उपदेशों को दार्शनिक आधार प्रदान करने का प्रयास किया है। उनके अनुसार तीन तत्त्व हैं—एक तो, सर्वज्ञ और सर्वशक्तिमान् ईश्वर, दूसरा, स्वचेतन जीव, और तीसरा, जड़ जगत्। यामुन ने, न्याय के समान ईश्वर की सिद्धि, जगत्-कारण के रूप में तर्क द्वारा भी की है। रामानुज ने यामुनाचार्य के मत का संशोधन करते हुये, जीव और जगत् को, चित् और अचित् को ईश्वर का शरीर बताया है; तथा यह प्रतिपादित किया है कि ईश्वर की सिद्धि तर्क या अनुमान से नहीं हो सकती, केवल आगम या शास्त्र से ही हो सकती है।

५. प्रमा और भ्रम

रामानुजाचार्य के अनुसार प्रमा या सम्यक्ज्ञान सदा सविकल्पक होता है, अत: किसी निर्विकल्पक वस्तु का ज्ञान असम्भव है। कोई वस्तु निर्विशेष, निर्गुण, निर्धर्मक या निर्विकल्पक नहीं होती। रामानुज नैयायिक और मीमांसक से इस विषय में सहमत हैं कि ज्ञान, ज्ञातृ-ज्ञेय सम्बन्ध होने के कारण, ज्ञाता में रहता है और ज्ञेय पदार्थ को ज्ञाता का विषय बनाता है एवं अर्थ के अनुरूप (यथार्थ) होता है। रामानुज द्रव्य और धर्म को सापेक्ष मानते हैं, नितान्त भिन्न नहीं। द्रव्य वह है जो धर्मों का आश्रय या आधार हो; धर्म वह है जो द्रव्य पर आश्रित या आधृत हो। इस परिभाषा के अनुसार एक ही वस्तु, अपेक्षाभेद से, द्रव्य और धर्म दोनों हो सकती है। दीपक की दृष्टि से प्रकाश धर्म है और दीपक द्रव्य है; किन्तु अपनी रश्मियों या किरणों की दृष्टि से प्रकाश द्रव्य है और रश्मियाँ धर्म हैं। यह चिदचिद्रूप विश्व ईश्वर

का 'धर्म' (विशेषण, शरीर) है, यद्यपि इसके अन्तर्गत अनेक चेतन और अचेतन द्रव्य हैं। इसी प्रकार ज्ञान भी द्रव्य और धर्म दोनों हैं। ईश्वर या जीव पर आश्रित रहने के कारण ज्ञान धर्म है; किन्तु संकोच और विकास धर्मों का आश्रय होने के कारण ज्ञान स्वयं द्रव्य भी है। रामानुज ने ज्ञान को 'अजड़' माना है क्योंकि वह चेतन जीव और जड़ जगत् दोनों से भिन्न है। ज्ञान जड़ पदार्थों से भिन्न है क्योंकि वह स्वयं को और ज्ञेय पदार्थों को प्रकाशित करता है। ज्ञान चेतन जीवों से भी भिन्न है क्योंकि वह उनके समान स्वचेतन और स्वयंवेद्य नहीं है, तथा ज्ञान न स्वयं को और न पदार्थों को जान सकता है। ज्ञान कभी स्वयं के लिये नहीं होता, वह सदा परार्थ अर्थात् आत्मा या ज्ञाता के लिये होता है। वह स्वयं को और ज्ञेय पदार्थों को प्रकाशित करता है, किन्तु अपने लिये नहीं, आत्मा के लिये प्रकाशित करता है जिससे आत्मा उन्हें जान सके। ज्ञान न स्वयं को जान सकता है और न पदार्थों को, यद्यपि वह स्वयं को और पदार्थों को प्रकाशित करता है। यह भी ध्यान देने योग्य है कि ज्ञान का ज्ञान सदा पदार्थ के ज्ञान के साथ ही होता है, उसके बिना नहीं। आत्मा या ज्ञाता स्वप्रकाश और स्वयंवेद्य दोनों है। वह स्वयं प्रकाशित होता है और स्वयं को जानता भी है। वह पदार्थों को भी जानता है, किन्तु उन्हें प्रकाशित नहीं कर सकता। रामानुज प्रभाकर से इस विषय में सहमत हैं कि ज्ञान स्वप्रकाशक और अर्थप्रकाशक होता है एवं सदा यथार्थ होता है किन्तु प्रभाकर के विरुद्ध वे ज्ञान को आत्मा का आगन्तुक धर्म न मानकर उसे आत्मा का स्वरूप मानते हैं तथा आत्मा को जड़ द्रव्य न मानकर स्वचेतन और स्वप्रकाश ज्ञाता मानते हैं। रामानुज शङ्कराचार्य के समान आत्मा को नित्य चेतन तथा स्वयंप्रकाश ज्ञाता और ज्ञान को उसका स्वरूप मानते हैं। किन्तु वे शङ्कराचार्य के समान आत्मा को शुद्ध ज्ञान-मात्र या संविद्-रूप नहीं मानते। रामानुज के अनुसार आत्मा ज्ञाता है जो ज्ञानस्वरूप और ज्ञानाश्रय दोनों है, किन्तु ज्ञानमात्र नहीं है। प्रत्येक व्यक्ति को आत्मा का अनुभव ज्ञाता के रूप में होता है, ज्ञान के रूप में नहीं। प्रत्येक व्यक्ति कहता है: 'मैं चेतन ज्ञाता हूँ।' कोई भी यह नहीं कहता : 'मैं शुद्ध ज्ञान हूँ।' आत्मा चेतन द्रव्य है, सङ्कोच-विकास-रहित है, ज्ञेयपदार्थ को प्रकाशित नहीं कर सकता, स्वयंप्रकाश और स्वसंवेद्य है, स्वयं को और पदार्थ को जानता है और अणु-परिमाण है। ज्ञान धर्म है, सङ्कोचविंकासशील है, स्वयं को और पदार्थ को प्रकाशित करता है, किन्तु अपने लिये नहीं, आत्मा के लिये प्रकाशित करता है, स्वयं को और पदार्थ को नहीं जान सकता और स्वभाव से विभु या व्यापक है।[१] आत्मा पर उसके धर्म के रूप में आश्रित होने के कारण ज्ञान को 'धर्मभूतज्ञान' कहा जाता है। ज्ञाता का अपृथक्सिद्ध स्वरूप होने के कारण ज्ञान द्रव्यरूप भी है। आत्मा दीपक के समान है; ज्ञान प्रकाश के समान है जो आत्मा का स्वरूप है और उससे अपृथक् है, धर्मभूतज्ञान किरणों के समान है जो प्रकाश पर आश्रित है और सङ्कोचविकासयोग्य है। ज्ञाता या आत्मा, मणि, सूर्य, प्रदीप आदि के समान, एक साथ ज्ञानस्वरूप और ज्ञानाश्रय

---

१. स्वरूपं धर्मि सङ्कोचविकासानर्हं स्वव्यतिरिक्ताऽप्रकाशकंस्वस्मै स्वयंप्रकाशकम् अणु; ज्ञानं धर्मः सङ्कोचविकासयोग्यं स्वव्यतिरिक्तप्रकाशकं स्वस्मै स्वाऽप्रकाशकम्, आत्मने प्रकाशकम्, विभु च। तत्त्वत्रय, पृ. ३५

दोनों है।[१] आत्मा नित्य है। ज्ञान भी नित्य है। ज्ञान विभु या व्यापक है, किन्तु जीव की बद्धावस्था में इसका व्यापार कर्म द्वारा अवरुद्ध रहता है। सुषुप्ति में भी जीव की स्वयंप्रकाशता बनी रहती है, किन्तु उसका धर्मभूतज्ञान अव्यक्त या अव्याकृत रहता है क्योंकि उस समय ज्ञान द्वारा प्रकाश्य कोई विषय नहीं रहते। स्वप्न में ईश्वर जीव के फलोपभोगार्थ पदार्थों की सृष्टि करते हैं अतः ज्ञान होता है, किन्तु पदार्थों के क्षीण एवं अस्पष्ट होने से ज्ञान भी क्षीण तथा अस्पष्ट होता है। मोक्ष में कर्म के आत्यन्तिक क्षय के कारण ज्ञान व्यापक हो जाता है तथा आत्मा ईश्वर के समान सर्वज्ञता का अनुभव करता है।

रामानुज की सत्-ख्याति का निरूपण किया जा चुका है।[२] भ्रम अज्ञान या अग्रहण है, मिथ्याज्ञान या अन्यथाग्रहण नहीं है। सारा ज्ञान यथार्थ होता है, अतः मिथ्याज्ञान के रूप में भ्रम असम्भव है। ज्ञान सत् पदार्थ का ही होता है और पदार्थ के अनुरूप होता है। इसे सत्-ख्याति या यथार्थख्याति कहते हैं। महाभूतों के पञ्चीकरण के कारण शुक्ति में भी कुछ रजतकण विद्यमान रहते हैं, अतः शुक्ति-रजत में भी रजत के स्वल्पांश की प्रतीति होती है। स्वप्न पदार्थ भी ईश्वर-सृष्ट होते हैं, अतः उपलब्धि के समय सत्य हैं। भ्रम और प्रमा में तात्त्विक भेद नहीं है, केवल मात्रा भेद है। भ्रम अपूर्ण ज्ञान होने के साथ व्यवहार में सफल-प्रवृत्ति-योग्य नहीं होता। भ्रम, प्रमा के समान, उपयोगी नहीं होता। किंतु रामानुज प्रमा की व्यावहारिक योग्यता की अपेक्षा उसके बौद्धिक पक्ष को अधिक महत्त्वपूर्ण मानते हैं।

६. प्रमाण

रामानुजाचार्य प्रत्यक्ष, अनुमान और शब्द, इन तीन प्रमाणों को मान्यता देते हैं, एवं अन्य प्रमाणों के प्रति उदासीन हैं। रामानुज निर्विकल्प और सविकल्प प्रत्यक्ष का भेद स्वीकार करते हैं, किन्तु न्याय के विपरीत, वे यह मानते हैं कि निर्विकल्प प्रत्यक्ष निष्प्रकारक या निर्धर्मक ज्ञान नहीं हैं, अपितु इसमें भी सविशेष वस्तु का ज्ञान होता है। किसी वस्तु का सर्वप्रथम प्रत्यक्ष निर्विकल्प प्रत्यक्ष कहा जाता है, किन्तु उसमें भी जाति-धर्म का ग्रहण होता है, यद्यपि यह ज्ञात नहीं होता कि यह इसका जातिधर्म है जो इस जाति के समस्त व्यक्तियों में समान रूप से पाया जाता है। वस्तु का दूसरी, तीसरी बार प्रत्यक्ष सविकल्पक होता है जिसमें जातिधर्म का जातिधर्म के रूप में ज्ञान होता है। रामानुज द्वारा अनुमान का निरूपण न्याय के समान ही है। शब्द प्रमाण में रामानुज ने पाञ्चरात्र आगम को वेद के समकक्ष रखा है। वे ज्ञानकर्म-समुच्चयवादी हैं। वे यह मानते हैं कि मीमांसा और वेदान्त एक ही शास्त्र के दो भाग हैं। ब्रह्मजिज्ञासा के पूर्व धर्मजिज्ञासा आवश्यक है। सत्कर्म से चित्त-शुद्धि होती है और इसका बोध होता है कि केवल कर्म से मोक्ष नहीं मिल सकता, उसके लिये ब्रह्मज्ञान आवश्यक है।

---

१. ज्ञानस्वरूपस्यैव तस्य ज्ञानाश्रयत्वं मणिद्युमणिप्रदीपादिवत्। श्रीभाष्य, पृ. ६१

२. देखिये पीछे पृ. २०५

७. तात्त्विक सिद्धान्त

उपर्युक्त विवरण से तीन बातें स्पष्ट होती हैं और तीनों ही शङ्कराचार्य के अद्वैत वेदान्त के विरुद्ध हैं। प्रथम, समस्त ज्ञान सविकल्पक होता है, अत: कोई वस्तु निर्गुण, निर्विशेष और निर्धर्मक नहीं हो सकती क्योंकि ऐसी किसी वस्तु का ज्ञान नहीं हो सकता। शुद्ध निर्विकल्पक ज्ञान कोरी कल्पना है। शुद्ध अद्वैत या अभेद और शुद्ध द्वैत या भेद, दोनों ही कल्पनामात्र हैं। अद्वैत सदा द्वैतविशिष्ट होता है। अभेद सदा भेदविशिष्ट रहता है। भेदप्रपञ्चरहित अद्वैत सम्भव नहीं है। अत: शङ्कराचार्य का निर्विशेष निर्गुण ब्रह्म उनकी कल्पनामात्र है। निर्विशेष निर्गुण श्रुतियों का अर्थ केवल इतना ही है कि ब्रह्म हेयगुणरहित है तथा अशेषकल्याणगुणसम्पन्न है। शङ्कर-कृत परब्रह्म और अपरब्रह्म या ईश्वर का भेद असिद्ध है। ब्रह्म ही ईश्वर है और वह निर्गुण, निर्विशेष, निर्धर्मक, निराकार न होकर सगुण, सविशेष, साकार है। वह चित् और अचित् से विशिष्ट है। चिदचित् उसका शरीर है। द्वितीय, आत्मा ज्ञाता है, ज्ञानमात्र नहीं है। वह नित्य, स्वचेतन, स्वसम्वेद्य, स्वप्रकाश ज्ञाता है एवं ज्ञान उसका अपृथक्सिद्ध स्वरूप है; साथ ही वह चेतन द्रव्य भी है जो धर्मभूत-ज्ञान का आश्रय है। सारे जीवात्मा ज्ञानाश्रयभूत नित्य चेतन द्रव्य हैं जो ईश्वर का शरीर हैं। ये अणुरूप हैं। मुक्तावस्था में इनका ब्रह्म से स्वरूपैक्य नहीं होता, केवल साम्य होता है। शङ्कराचार्य का मत, कि आत्मा शुद्ध संवित् है, जीव भेद अविद्या-कृत है, और मोक्ष में जीव का ब्रह्म से ऐकात्म्य या स्वरूपैक्य होता है, मिथ्या है। तृतीय, सब ज्ञान यथार्थ होता है; पदार्थ सत् हैं। भ्रम तथा स्वप्नादि में भी ज्ञेय पदार्थ सत् होता है। शङ्कराचार्य का यह कथन मिथ्या है कि जो ज्ञेय, दृश्य, विषय है, वह मिथ्या है। रामानुजाचार्य का कथन है कि जो ज्ञेय या दृश्य है वह सत् है। यह आवश्यक नहीं है कि जो ज्ञेय हो वह जड़ पदार्थ ही हो। ईश्वर, जीव और ज्ञान भी अर्थ या विषय के रूप में अनुभूत होते हैं। ईश्वर और जीव चेतन द्रव्य हैं तथा ज्ञान अजड़ है। समस्त पदार्थ, चेतन, जड़ और अजड़ सत्य हैं। परमार्थ और व्यवहार का भेद ही मिथ्या है। शङ्कराचार्य की माया या अविद्या नितान्त असत् कल्पना है।

८. विशिष्टाद्वैत

रामानुजाचार्य के अनुसार द्वैत-रहित अद्वैत और अद्वैत-शून्य द्वैत दोनों ही कोरी कल्पना हैं क्योंकि भेद के बिना अभेद और अभेद के बिना भेद सिद्ध नहीं होता। अत: दोनों सदा साथ रहते हैं और इनमें पार्थक्य सम्भव नहीं है। तत्त्व सदा द्वैतविशिष्ट-अद्वैत होता है। इसी का संक्षिप्त रूप विशिष्टाद्वैत है। द्वैत विशेषण है; अद्वैत विशेष्य है; और विशेषणयुक्त विशेष्य को विशिष्ट कहते हैं। विशिष्ट अद्वैत या अद्वितीय होता है। भेद या द्वैत उसके विशेषण या अङ्ग हैं। विशेष्य अङ्गी है। विशेषणविशिष्ट विशेष्य ही 'विशिष्ट' है और यह अद्वैत है जो सदा द्वैत से विशिष्ट रहता है। द्वैत और अद्वैत में अपृथक्सिद्धि सम्बन्ध है क्योंकि इन्हें एक-दूसरे से पृथक् नहीं किया जा सकता। यद्यपि रामानुज ने द्वैत और अद्वैत दोनों को सत्य और अपृथक् माना है तथापि वे दोनों को समान स्तर के नहीं मानते। अद्वैत मुख्य है और द्वैत

गौण है। अद्वैत आत्मरूप है, द्रव्य है, अङ्गी है। द्वैत शरीररूप है, गुण है, अङ्ग है। अद्वैत विशेष्य है; द्वैत विशेषण है। अतः द्वैत अद्वैत पर आश्रित रहता है। द्वैत अद्वैत का विशेषण बन कर ही उससे अपृथक् रहता है। यह विशिष्टाद्वैत है जो द्वैताद्वैत से भिन्न है क्योंकि उसमें द्वैत और अद्वैत दोनों समान रूप से सत्य और एक ही स्तर के होते हैं।

रामानुज चित्, अचित् और ईश्वर, इन तीनों तत्त्वों को (तत्त्व-त्रय) मानते हैं। चित् चेतन भोक्ता जीव है। अचित् जड़ भोग्य जगत् है। ईश्वर दोनों का अन्तर्यामी है। चित् और अचित् दोनों नित्य और परस्पर-स्वतन्त्र द्रव्य हैं। किन्तु दोनों ईश्वर पर आश्रित हैं और सर्वथा उनके अधीन हैं। दोनों स्वयं में द्रव्य हैं, किन्तु ईश्वर के गुण या धर्म हैं। दोनों ईश्वर के शरीर हैं और ईश्वर उनका अन्तर्यामी आत्मा है। जीव अपने शरीर का आत्मा है, किन्तु ईश्वर का शरीर है जो जीव का भी आत्मा है। शरीर और आत्मा का सम्बन्ध अपृथक्सिद्ध है जो आन्तरिक अपार्थक्य सम्बन्ध है। यही सम्बन्ध द्रव्य और गुण में, अङ्गी और अङ्ग में होता है और एक स्वतन्त्र द्रव्य तथा तदाश्रित अन्य द्रव्य में भी होता है। रामानुज समवाय सम्बन्ध को नहीं मानते क्योंकि वह बाह्य सम्बन्ध है और उसमें अनवस्था दोष आता है। रामानुज के अनुसार 'शरीर' वह है जो आत्मा द्वारा धारण किया जाये (धार्य), नियमन किया जाये (नियाम्य) और अपनी अर्थसिद्धि के लिये साधन के रूप में प्रवृत्त किया जाये (शेष); तथा 'आत्मा' वह है जो शरीर को धारण करे (धर्ता), नियमन करे (नियन्ता) और जो साधन रूप में प्रवृत्त होने वाले शरीर का साध्य हो (शेषी)। यह सब चेतन और अचेतन विश्व परमपुरुष ईश्वर द्वारा नियाम्य, धार्य तथा शेष होने के कारण उनका शरीर है।[१] ईश्वर चिदचिद्विशिष्ट है।[२] चिदचिद् ईश्वर के विशेषण, धर्म, गुण, प्रकार, अंश, अंग, शरीर, नियाम्य, धार्य और शेष हैं, तथा ईश्वर उनके विशेष्य, धर्मी, द्रव्य, प्रकारी, अंगी, शरीरी या आत्मा, नियन्ता, धर्ता और शेषी हैं। चित् और अचित् दोनों ईश्वर के समान नित्य तत्त्व हैं, किन्तु ईश्वर से बाह्य और पृथक् नहीं हैं। ये ईश्वर का शरीर हैं। ईश्वर में सजातीय और विजातीय भेद नहीं है क्योंकि ईश्वर के समान या भिन्न कोई अन्य स्वतन्त्र तत्त्व नहीं है। किन्तु ईश्वर में स्वगत भेद विद्यमान हैं क्योंकि उनका शरीर नित्य एवं परस्पर भिन्न चित् और अचित् तत्त्वों से निर्मित है। ईश्वर का अपने चिदचिद्-शरीर से सम्बन्ध स्वाभाविक और सनातन है।

चिदचिद्विशिष्ट ईश्वर या ब्रह्म का उपनिषद् में प्रतिपादन उपलब्ध है। श्वेताश्वतर उपनिषद् का वाक्य है—अज, सर्वज्ञ ईश्वर; अज, अल्पज्ञ भोक्ता जीव; और अजा भोग्याप्रकृति; ये तीनों ब्रह्म हैं।[३] उसी उपनिषद् का वचन है—यही जानने योग्य है कि भोक्ता जीव, भोग्या प्रकृति और प्रेरिता ईश्वर, ये तीनों ब्रह्म है।[४] बृहदारण्यक उपनिषद् में ब्रह्म को 'सूत्र' बताया

---

१. सर्वं परमपुरुषेण सर्वात्मना स्वार्थे नियाम्यं धार्यं तच्छेषतैकस्वरूपम् इति सर्वं चेतनाचेतनं तस्य शरीरम्। श्रीभाष्य २-१-९

२. चिदचिद्विशिष्ट ईश्वरः।

३. श्वेता० उ० १, ९

४. वहीं १, १२; त्रितयं ब्रह्ममेतत्।

है जो सब जीवों और पदार्थों को आबद्ध किये हैं। यह अन्तर्यामी अमृत आत्मा है जो जड़ प्रकृति और चेतन जीवों में अन्तर्यामी रूप से विराजमान रहकर उनका नियमन करता है; जड़ प्रकृति और चेतन जीव इस आत्मा के शरीर हैं।[1] जिस प्रकार रथचक्र में डंडे बँधे रहते हैं, उसी प्रकार जीव और जगत् परमात्मा में आबद्ध हैं। परमात्मा अग्निवत् है; जीव-जगत् स्फुलिङ्गवत् हैं। जीव और जगत् सत्य हैं। परमात्मा उनका भी सत्य है—वह सत्यों का सत्य है।[2]

९. ईश्वर

रामानुजाचार्य के ईश्वर के निरूपण में तीन बिन्दु मुख्य हैं। प्रथम, ईश्वर और ब्रह्म एक ही हैं। ब्रह्म या ईश्वर सविशेष सगुण हैं तथा चिदचिद्-विशिष्ट हैं। ईश्वर इस चिदचिद्रूप विश्व का अन्तर्यामी आत्मा है तथा इस सकल जगत् की उत्पत्ति-स्थिति-लय का कारण भी है। रामानुज के अनुसार ईश्वर जगत् का अभिन्न-निमित्तोपादान कारण है। चित् या जीव एवं अचित् या जड़ तत्त्व दोनों नित्य पदार्थ हैं तथा नित्य होने के कारण उत्पत्ति-विनाशरहित हैं। अतः सृष्टि का तात्पर्य इनके स्थूलरूप धारण करने से है और प्रलय का तात्पर्य इनके सूक्ष्मरूप में चले जाने से है। प्रलयकाल में चित् और अचित् अपनी सूक्ष्मावस्था में रहते हैं; यह ब्रह्म की कारणावस्था है। सृष्टि के समय चिदचित् स्थूल रूप धारण कर लेते हैं, यह ब्रह्म की कार्यावस्था है। सूक्ष्म-चिदचिद्विशिष्ट ब्रह्म कारण और स्थूल-चिदचिद्विशिष्ट ब्रह्म कार्य है। ब्रह्म ही कारण और कार्य दोनों रूपों में जगत् का उपादान है। सृष्टि ईश्वर की इच्छा से होती है। इसका प्रयोजन केवल लीला है। अतः ब्रह्म जगत् का अभिन्ननिमित्तोपादान कारण सिद्ध होता है। द्वितीय, ईश्वर चिदचिद्रूप विश्व का अन्तर्यामी आत्मा है और यह विश्व उसका शरीर है। अतः अचित् का परिवर्तन और चित् का परिच्छिन्नत्व, कर्मबन्धन, अज्ञान एवं दुःखभोग ईश्वर के शरीर में होते हैं और आत्मभूत ईश्वर को प्रभावित नहीं करते। तृतीय, ईश्वर परात्पर भी है। उनमें व्यक्तित्व की पूर्णता है। उनकी देह अजड़ और अप्राकृत शुद्धसत्व से निर्मित है। सदेह होना बद्ध होना नहीं है। बन्धन का कारण कर्म है, अतः कर्मजन्य प्राकृत देह बन्धनरूप है। अप्राकृत देह बन्धनरूप नहीं है। नित्य और मुक्त पुरुषों की देह भी शुद्धसत्त्वनिर्मित होती है। ईश्वर हेयगुणरहित और अशेषकल्याणगुणसागर है। वे नारायण या वासुदेव हैं। लक्ष्मी उनकी पत्नी हैं। शुद्धसत्त्वनिर्मित वैकुण्ठ उनका निवास है। वे सर्वज्ञ, सर्वशक्तिमान् और करुणासागर हैं। उनके दिव्यगुण नित्य, शुद्ध और अनन्त हैं। उनका ज्ञान, आनन्द, प्रेम, ऐश्वर्य, बल, शक्ति, कृपा आदि अपार हैं। ईश्वर एक हैं, किन्तु अपने भक्तों पर अनुग्रह करने के कारण वे स्वयं को पाँच रूपों में प्रकट करते हैं—अन्तर्यामी, पर, व्यूह, विभव और अर्चावतार। चिदचिद्रूप विश्व में अन्तर्यामी आत्मा के रूप में व्याप्त रहकर

---

१. यस्य सर्वाणि भूतानि शरीरं, यः सर्वाणि भूतानि अन्तरो यमयति एष ते आत्मा अन्तर्यामी अमृतः। बृह. ३, ७, १५

२. तस्योपनिषत् सत्यस्य सत्यम्। बृह. २, १, २०

उसका नियमन करना ईश्वर का 'अन्तर्यामी' रूप है। उनका दूसरा रूप 'पर' है जिसमें वे परात्पर नारायण या वासुदेव के रूप में व्यक्त होते हैं। उनका तीसरा रूप 'व्यूह' है जिसमें वे चतुर्व्यूह के रूप में प्रकट होते हैं। ये चार व्यूह हैं—वासुदेव (यह रूप पर-वासुदेव से भिन्न भगवत्तत्त्व है), संकर्षण (जीवतत्त्व या बुद्धितत्त्व के नियन्ता), प्रद्युम्न (मनस्तत्त्व के नियन्ता), और अनिरुद्ध (अहंकारतत्त्व के नियन्ता)। उनका चौथा रूप 'विभव' या अवतार है। उनका पाँचवाँ रूप 'अर्चावतार' है जिसमें वे भक्तों पर असीम कृपा के कारण श्रीरङ्गम् आदि के प्रसिद्ध मन्दिरों की मूर्तियों के रूप में प्रकट होते हैं। रामानुज ने ये विचार भागवत सम्प्रदाय से लिये हैं।

१०. चित्

चित् या चेतन जीव यद्यपि ईश्वर का विशेषण, प्रकार या गुण है, तथापि वह स्वयं चेतन द्रव्य है। जीव एक नहीं, अनेक हैं। जीव नित्य, जन्म-मरणरहित और अणुरूप है। वह शरीर, प्राण, इन्द्रिय, मन, अहङ्कार और बुद्धि से विलक्षण है। वह स्वप्रकाश चेतन द्रव्य है और ज्ञानाश्रय है। वह अपने धर्मभूत ज्ञान का आश्रय है। साथ ही वह नित्य स्वचेतन ज्ञाता या द्रष्टा है, अत: ज्ञानस्वरूप भी है। ज्ञान उसका आवश्यक, अनिवार्य और अपृथक्सिद्ध स्वरूप है। ज्ञान उसका आवश्यक धर्म भी है और उसका अपृथक् स्वरूप भी है। अत: उसे एक साथ ज्ञानस्वरूप और ज्ञानाश्रय कहा जाता है। वह स्वभाव से आनन्दरूप है। वह परिवर्तनरहित, अविकारी और पूर्ण है। किन्तु अविद्या और कर्म के कारण वह बन्धन में पड़कर जन्म-मरण-चक्र में घूमता है। कर्म से उसका सम्बन्ध अनादि है। शरीर, प्राण, इन्द्रिय, अन्त:करण आदि से वह संसारी दशा में तादात्म्य स्थापित करके जन्म-मरण चक्र में फँसकर अनेक प्रकार के दु:ख भोगता रहता है। अनेक जन्मों में भी वह अपने नित्यस्वरूप में अविकारी रहता है। विविध जीव स्वरूपत: समान है। उनमें गुण-गत भेद नहीं है, केवल मात्रा भेद है। जीव ज्ञाता, कर्ता और भोक्ता है। जीव अणु है, किन्तु उसका ज्ञान विभु है। आत्मा स्वप्रकाशक है, किन्तु वह पदार्थों को प्रकाशित नहीं कर सकता। ज्ञान स्वयं को और पदार्थों को प्रकाशित करता है, किन्तु अपने लिये नहीं, आत्मा के लिये प्रकाशित करता है जिससे आत्मा उन्हें जान सके। ज्ञातृत्व केवल आत्मा का ही स्वरूप है। आत्मा ही स्वयं को और पदार्थों को जानता है। जीवात्मा का ज्ञान बद्धावस्था में कर्मों के कारण अवरुद्ध रहता है एवं उसका आनन्द भी सीमित रहता है। अत: संसारी जीव अल्पज्ञ और दु:खी होते हैं। मोक्ष में कर्मों का आत्यन्तिक क्षय हो जाने से जीव का ज्ञान और आनन्द, ब्रह्म के समान, नित्य, विभु तथा अखण्ड हो जाता है। जीव शुद्ध स्वसम्वेद्य 'अहं' है जो बद्धावस्था के 'अहंकार-ममकार' से भिन्न है। चित् चेतन द्रव्य है, तत्त्व है; किन्तु ईश्वर पर सर्वथा आश्रित है। जीव विशेषण, गुण, प्रकार, शरीर, अंग, अंश, धार्य, नियाम्य और शेष है; ईश्वर विशेष्य, द्रव्य, प्रकारी, शरीरी (आत्मा), अंगी, अंशी, धर्ता, नियन्ता और शेषी है।

रामानुज ने चित् या जीवात्मा के तीन प्रकार माने हैं। प्रथम, नित्य-मुक्त जीव हैं जो कभी बद्ध नहीं रहे, जो अविद्या , कर्म और प्रकृति से सदा मुक्त हैं एवं जो वैकुण्ठ में सदा

भगवत्-सेवा में रत रहते हैं। ये शेष, गरुड़, विष्वक्सेन आदि हैं। द्वितीय श्रेणी में मुक्त जीव आते हैं जो बन्धन से मुक्त हो चुके हैं। तृतीय प्रकार के जीव बद्ध जीव हैं जो अविद्या और कर्म के कारण जन्म-मरण रूपी संसारचक्र में घूम रहे हैं तथा विविध दुःख भोग रहे हैं।

११. चित् और ईश्वर

हम ऊपर बता चुके हैं कि जीव और ईश्वर में विशेषण-विशेष्य, गुण-द्रव्य, अङ्ग-अङ्गी और शरीर-आत्मा का सम्बन्ध है तथा जीव की सार्थकता ईश्वर का अविभाज्य शुद्ध अङ्ग बनकर ईश्वरीय ज्ञान और आनन्द का अनुभव करने में है। रामानुज जीव और ईश्वर में भेद, अभेद या भेदाभेद सम्बन्ध स्वीकार नहीं करते। उन्होंने इन तीनों सम्बन्धों का खण्डन किया है। शुद्ध भेद या शुद्ध अभेद (भेदशून्य अभेद) कल्पनामात्र है, क्योंकि भेद और अभेद सदा साथ-साथ रहते हैं जिन्हें अलग नहीं किया जा सकता। किन्तु रामानुज ने भेदाभेद का भी खण्डन किया है। वे विशिष्टाद्वैत को मानते हैं। भेदाभेदवाद के अनुसार भेद और अभेद दोनों अलग-अलग सत्य हैं और दोनों समान रूप से सत्य हैं। विशिष्टाद्वैत के अनुसार भेद और अभेद अपृथक् हैं एवं वे अलग-अलग नहीं हो सकते; अलग-अलग रूप में दोनों ही बुद्धि की कल्पनामात्र हैं, सत्य नहीं हैं। पुनश्च, दोनों के समान रूप से सत्य होने का प्रश्न नहीं उठता क्योंकि दोनों एक स्तर के नहीं हैं। अभेद मुख्य है और भेद गौण है। भेद सदा अभेद का विशेषण बनकर ही रहता है। अभेद स्वतन्त्र है और भेद उस पर आश्रित है। अद्वैत विशेष्य है जो सदा द्वैतविशेषण से विशिष्ट रहता है। यही विशिष्टाद्वैत नाम की सार्थकता है। चिदचित्-विशिष्ट ईश्वर ही ब्रह्म है। रामानुज ने समवाय सम्बन्ध का भी खण्डन किया है क्योंकि उनके अनुसार समवाय बाह्य सम्बन्ध है और अनवस्थादोष से दूषित है। रामानुज ने जीव और ईश्वर में अपृथक्सिद्धि नामक सम्बन्ध स्वीकार किया है जो आन्तर और वास्तविक सम्बन्ध है। जीव ईश्वर पर सर्वथा आश्रित है और ईश्वर से अपृथक् है।

१२. बन्धन और मोक्ष

जीवों का बन्धन अविद्या और कर्म के कारण है। बन्ध और मोक्ष दोनों वास्तविक हैं। कर्म के कारण जीव का देह, प्राण, इन्द्रिय, अन्तःकरण आदि से सम्बन्ध होता है और यही उसका बन्धन है। शुद्ध चेतन जीव कर्म में क्यों फँसता है ? इसका कोई उत्तर नहीं है सिवाय इसके कि कर्म का जीव के साथ सम्बन्ध अनादि है। मोक्ष के लिये जीव को इस कर्म-मल को सर्वथा नष्ट करना आवश्यक है। ज्ञानकर्म-समुच्चय इसमें सहायक है। सत्कर्म चित्त को शुद्ध करते हैं। ज्ञान से चित्, अचित् और ईश्वर के स्वरूप पर प्रकाश पड़ता है। रामानुजाचार्य के अनुसार परज्ञान और पराभक्ति एक ही हैं[1] और यही मोक्ष का कारण है। यह परज्ञान सविकल्प शाब्दबोध या बौद्धिक ज्ञान से भिन्न है, अन्यथा वेदान्तशास्त्र के सभी अध्येता मुक्त हो जायेंगे। परा भक्ति भी प्रपत्ति और स्मृति या उपासना का भगवत्साक्षात्काररूप चरम उत्कर्ष

---

१. भवतु मम परस्मिन् शेमुषी भक्तिरूपा। श्रीभाष्य, मङ्गलाचरण

है जो भगवान् के अनुग्रह, कृपा या प्रसाद से ही सम्भव हैं। पर-ज्ञान या परा-भक्ति ईश्वर के स्वरूप का साक्षात् अनुभव है जो उनकी कृपा से ही सम्भव है। सत्कर्म और बौद्धिक ज्ञान का समुच्चय भक्ति का साधन है। भक्ति का अर्थ है प्रपत्ति और स्मृति। प्रपत्ति या शरणागति भगवत्प्राप्ति का सरल एवं सुनिश्चित साधन है। आलवार सन्तों ने तथा आचार्यों ने प्रपत्ति पर बहुत बल दिया है। प्रपत्ति का द्वार सबके लिये सदा खुला रहता है। इसमें वर्ण, जाति, लिङ्ग आदि का कोई भेद नहीं है। आलवार सन्तों में ही कुछ शूद्र थे तथा एक महिला थी। भगवान् केवल निश्छल निर्मल भक्ति से ही प्रसन्न होते हैं; अन्य सब विडम्बनामात्र है।[१] भगवान् का वचन है—'सब धर्मों को छोड़कर केवल मेरी शरण में आ जाओ। मैं तुमको तुम्हारे सब पापों से मुक्त कर दूँगा'।[२] भागवत में श्रवण, कीर्तन, स्मरण, पादसेवन, अर्चन, वन्दन, दास्य, सख्य और आत्मनिवेदन, इस नवधा भक्ति में आत्मनिवेदन को शरणागति या प्रपत्ति की पराकाष्ठा बताया है।[३] प्रपत्ति या शरणागति छह प्रकार की होती है—(१) जो भगवत्प्राप्ति के अनुकूल हो उसका संकल्प, (२) जो प्रतिकूल हो उसका वर्जन, (३) भगवान् रक्षा करेंगे, यह दृढ़ विश्वास, (४) भगवान् का रक्षक स्वामी के रूप में वरण, (५) भगवान् के प्रति सर्वथा आत्मसमर्पण और (६) भगवान् पर सर्वथा आश्रित रहने का दैन्य भाव। प्रपत्ति की पराकाष्ठा दैन्यभाव से सर्वथा आत्मसमर्पण ही है।[४] आलवार सन्तों में प्रपत्ति की पराकाष्ठा सर्वविदित है। भागवत में कहा गया है कि जिस प्रकार भूख से व्याकुल पक्षियों के छोटे बच्चे, जिनके पंख अभी नहीं निकले हैं, अपने घोंसलों में माता की आतुरता से प्रतीक्षा करते हैं, जिस प्रकार छोटे बछड़े (बच्चे भी) भूख से व्याकुल होकर माता के दूध की प्रतीक्षा करते हैं, जिस प्रकार विरहिणी प्रिया अपने बाहर गये हुये प्रियतम के दर्शन के लिये दुःख से व्याकुल होकर तड़पती है। उसी प्रकार हे कमलनयन ! यह हमारा मन आपके दर्शन के लिये तड़प रहा है।[५] प्रपत्ति भगवान् के प्रति उत्कट प्रेम है, प्रेमा भक्ति है। रामानुज ने इसके साथ 'ध्रुवा स्मृति' को भी जोड़ दिया है। स्मृति का अर्थ है उपासना या ध्यान। ध्रुवा स्मृति का अर्थ है निरन्तर ध्यान अर्थात् भगवान् का तैलधारावत् अविच्छिन्न स्मरण।[६] ध्रुवा स्मृति में प्रेम और ज्ञान दोनों का सङ्गम है। यह उत्कट प्रेम और निरन्तर चिन्तन का मिलन है। रामानुजाचार्य

---

१. प्रीयतेऽमलया भक्त्या हरिरन्यद् विडम्बनम्। भागवत ७, ७, ५२

२. सर्वधर्मान् परित्यज्य मामेकं शरणं व्रज।
अहं त्वा सर्वपापेभ्यो मोक्षयिष्यामि मा शुचः।। —गीता १८, ६६

३. श्रवणं कीर्तनं विष्णोः स्मरणं पादसेवनम्।
अर्चनं वन्दनं दास्यं सख्यमात्मनिवेदनम्।। भागवत ७, ५, २३

४. आनुकूल्यस्य संकल्पः प्रातिकूल्यस्य वर्जनम्
रक्षिष्यतीति विश्वासो गोप्तृत्वे वरणं तथा।।
आत्मनिक्षेपकार्पण्ये षड्विधा शरणागतिः।

५. अजातपक्षा इव मातरं खगाः स्तन्यं यथा वत्सतराः क्षुधार्ताः।
प्रियं प्रियेव व्युषितं विषण्णा मनोऽरविन्दाक्ष ! दिदृक्षते त्वाम्।। भागवत ६, ११, २६

६. साक्षात्काररूपा ध्रुवा स्मृतिरेव भक्तिशब्देनाभिधीयते। -श्रीभाष्य

के अनुसार भक्ति का अर्थ है प्रपत्ति और ध्रुवा स्मृति। इस भक्ति का चरम उत्कर्ष भगवदनुग्रह से भगवान् के साक्षात् अनुभव में होता है। यही परा-भक्ति है, यही पर-ज्ञान है, यही ब्रह्म-साक्षात्कार है, यही मोक्ष है।[१]

भगवत्कृपा से कर्मों का आत्यन्तिक क्षय और ध्रुवास्मृति की भगवत्साक्षात्कार में परिणति एक साथ होती है। रामानुजाचार्य जीवन्मुक्ति को स्वीकार नहीं करते क्योंकि जब तक शरीर है तब तक कर्मों का आत्यन्तिक क्षय नहीं हो सकता। मुक्त जीव का ब्रह्म में विलय नहीं होता। मुक्त जीव का ब्रह्म के साथ स्वरूपैक्य या ऐकात्म्य सम्भव नहीं है। अविद्या तथा कर्म की निवृत्ति हो जाने पर भी जीवात्मा का स्वरूपनाश नहीं होता; उसकी सत्ता बनी रहती है क्योंकि वह नित्य तत्त्व है। मुक्त जीव ईश्वर का शुद्ध अङ्ग बन कर ईश्वर के समान हो जाता है। उसका ज्ञान और आनन्द नित्य, व्यापक और अखण्ड हो जाता है। वह ईश्वरीय ज्ञान और आनन्द का ही अनुभव करता है। वह ब्रह्म-प्रकार या ब्रह्म-समान हो जाता है। यह सायुज्य मुक्ति है जो वैष्णव मुक्ति के चतुर्विध रूपों में, सालोक्य, सामीप्य, सारूप्य और सायुज्य में, सर्वश्रेष्ठ है। यद्यपि मुक्त जीव और ईश्वर के ज्ञान और आनन्द में कोई अन्तर नहीं है, तथापि दोनों में अन्य भेद बने रहते हैं। मुक्त जीव अणुरूप है; ईश्वर विभु हैं। मुक्त जीव ईश्वर का अंग और शरीर है; ईश्वर अंगी और आत्मभूत हैं। मुक्त जीव ईश्वर के समान अन्तर्यामी नहीं है और न उसमें, ईश्वर के समान, सृष्टि का कर्ता-धर्ता-संहर्ता होने की शक्ति है तथा न ही उसमें निग्रह तथा अनुग्रह की शक्ति है।

अब रामानुजाचार्य द्वारा **'तत्त्वमसि'** महावाक्य की व्याख्या का विवेचन करें। रामानुज के अनुसार जीव और ईश्वर में न भेदशून्य अभेद है, न भेद है और न भेदाभेद है। भेदरहित अभेद और अभेदरहित भेद कोरी बौद्धिक कल्पना है। अद्वैत सदा द्वैत-विशेषण से विशिष्ट रहता है। जीव और जगत् ईश्वर के विशेषण या शरीर हैं तथा ईश्वर विशेष्य या आत्मभूत है। जब एक ही द्रव्य भिन्न विशेषणों से विशिष्ट हो तो उस विशिष्ट द्रव्य का ही ऐक्य या अद्वैत होता है, उनके विशेषणों का नहीं। रामानुजाचार्य के अनुसार 'त्वम्' पदार्थ का तात्पर्य है 'अचिद्विशिष्टजीवशरीरक ब्रह्म' अर्थात् देहेन्द्रियान्तःकरणविशिष्ट जीवरूपी शरीर में अन्तर्यामी आत्मभूत ब्रह्म और 'तत्' पदार्थ का तात्पर्य है 'सर्वज्ञ सत्यसंकल्प जगत्कारण ब्रह्म' जो सम्पूर्ण विश्व में व्यापक है, उसका कर्ता-धर्ता-हर्ता-नियन्ता 'पर' ब्रह्म या ईश्वर है।[२] अतः 'तत्त्वमसि' महावाक्य का अर्थ है कि जीव का अन्तर्यामी ईश्वर और जगत्कारण ईश्वर दोनों एक ही हैं। जो ईश्वर जीवरूपी शरीर का आत्मा है, वही ईश्वर जगत्रूपी शरीर का भी आत्मा है। जो ईश्वर जीव का अन्तर्यामी है, वही ईश्वर इस समस्त जगत् का कारण और नियन्ता है। अद्वैत या ऐक्य विशिष्ट ईश्वर का है। 'यह वही देवदत्त है', इस वाक्य में

---

१. अपरोक्षानुभूतिर्या वेदान्तुषु निरूपिता।
प्रेमलक्षणभक्तेस्तु परिणामः स एव हि।। नरहरिस्वामी, बोधसार ३२, १०

२. तत्पदं हि सर्वज्ञं सत्यसंकल्पं जगत्कारणं ब्रह्म परामृशति। तत्समानाधिकरणं त्वंपदञ्च अचिद्विशिष्टजीवशरीरकं ब्रह्म प्रतिपादयति। —श्रीभाष्य, पृ. ८०

भूत-कालावस्थाविशिष्ट देवदत्त और वर्तमानकालावस्थाविशिष्ट देवदत्त का ऐक्य प्रतिपादित है। 'यह पट (वस्त्र) शुक्ल (श्वेत) है', इस वाक्य में यह प्रतिपादित किया गया है कि शुक्लत्व विशेषण और पटत्व विशेषण दोनों एक ही द्रव्य के विशेषण हैं और दोनों का सामानाधिकरण्य है क्योंकि दोनों एक ही अधिकरण या द्रव्य में रहते हैं। रामानुज के अनुसार जीव और ब्रह्म का स्वरूपैक्य सम्भव नहीं है। जीव स्वयं भी एक द्रव्य है, अणुरूप है, नित्य है, अचित् से भिन्न है तथा मोक्ष में भी उसकी सत्ता बनी रहती है। वह ब्रह्म का अङ्ग या अंश है। मोक्ष में वह ब्रह्म-प्रकार या ब्रह्म-समान होकर ब्रह्म-सायुज्य प्राप्त करता है एवं ब्रह्म की सर्वज्ञता तथा अखण्ड आनन्द का अनुभव करता है।

शाङ्करवेदान्त के अनुसार जीव और ब्रह्म का स्वरूपैक्य है। जीव ब्रह्म ही है। ब्रह्म ही अविद्या के कारण जीवरूप में प्रतीत होता है। 'त्वम्' पद का अर्थ है जीव या अपरोक्षत्वविशिष्ट चैतन्य; तथा 'तत्' पद का अर्थ है परोक्षत्व-विशिष्ट चैतन्य या ब्रह्म। विरोध परोक्षत्वविशिष्ट और अपरोक्षत्वविशिष्ट में है; चैतन्य में कोई विरोध नहीं है। वस्तुतः जीव और ब्रह्म दोनों ही अखण्ड चैतन्य हैं। महावाक्य में दोनों पदों का समानाधिकरण्य है और दोनों पदार्थों का चैतन्यरूप से ऐक्य है।[१] 'यह वही देवदत्त है', इस वाक्य में कालिक उपाधिभेद देवदत्त की एकता को प्रभावित नहीं करता। जीव का अविद्या-कल्पित देहेन्द्रियान्तःकरणावच्छिन्नत्व उसके अखण्ड चैतन्य को वस्तुतः प्रभावित नहीं कर सकता। अविद्यानिवृत्ति होते ही जीव अपने अखण्ड चैतन्यस्वरूप में, अपने ब्रह्मरूप में, प्रकाशित होता है जो वह सदा ही है। अतः यह महावाक्य अखण्डार्थबोधक है। 'तत्' पद से विज्ञानानन्दस्वरूप ब्रह्म का और 'त्वम्' पद से भी शुद्धचैतन्यरूप जीव का बोध होता है जिस पर देहेन्द्रियान्तःकरणावच्छिन्नत्व अविद्या द्वारा अध्यारोपित है। अतः त्वंपदार्थ का तत्पदार्थभाव प्रतिपादित है। जीव और ब्रह्म का ऐक्य लाक्षणिक या गौण नहीं है, अपितु पारमार्थिक स्वरूपैक्य है। वीरता, उत्साह आदि धर्मों की समानता के आधार पर किसी व्यक्ति को 'सिंह' कहना लाक्षणिक प्रयोग है क्योंकि यहाँ व्यक्ति और सिंह में भेद स्पष्ट है तथा कुछ समान धर्मों के आधार पर उनमें आंशिक समानता बताई गई है। जीव और ब्रह्म में आंशिक समानता नहीं है, दोनों का पारमार्थिक अद्वैत है, तात्त्विक अभेद है, स्वरूपैक्य है। जीव का जीवत्व अर्थात् उसका देहेन्द्रियान्तःकरणावच्छिन्नत्व अविद्या-कल्पित अध्यास है, अतः ब्रह्मज्ञान से उसकी आत्यन्तिक निवृत्ति हो जाती है। शुद्ध चैतन्य पर जीवत्त्व या देहादि का आरोप भ्रान्ति है, मिथ्या है। यह आरोप 'व्यक्ति' पर 'सिंहत्व' के आरोप के समान लाक्षणिक या गौण नहीं है, अपितु 'रज्जु' पर 'सर्प' के आरोप के समान भ्रान्तिरूप और मिथ्या है। अतः 'तत्त्वमसि' महावाक्य जीव और ब्रह्म के अखण्ड-चैतन्यात्मक स्वरूपैक्य का प्रतिपादन करता है। 'दशमस्त्वमसि' (तुम ही दसवें हो) के ज्ञान के समान महावाक्यजन्य ज्ञान निर्विकल्प और अपरोक्ष होता है।

---

१. तत्त्वमसीत्येतद्वाक्यं त्वंपदार्थस्य तत्पदार्थभावमाचष्टे। —शारीरकभाष्य ४, १, २

१३. अचित्

ज्ञानशून्य और विकारास्पद द्रव्य को अचित् कहते हैं। यह तीन प्रकार का होता है। मिश्रसत्त्व या प्रकृति, शुद्धसत्त्व या नित्यविभूति और सत्त्वशून्य या काल। मिश्रसत्त्व में सत्त्व, रजस् और तमस् तीनों गुण मिले रहते हैं। इसे प्रकृति, माया या लीलाविभूति भी कहते हैं। यह जड़, भोग्य और विकारास्पद है। यह जगत् का उपादान कारण है। नित्य जड़ द्रव्य होते हुये भी यह ईश्वर का शरीर है और उन पर पूर्णतया आश्रित है। सृष्टि ईश्वर की लीला है और उनके संकल्पमात्र से होती है। सृष्टि का विकास-क्रम सांख्य के समान है। सांख्य और रामानुज में प्रकृति-विषयक अन्तर इस प्रकार है—सांख्य में त्रिगुण प्रकृति के घटक तत्त्व हैं; रामानुजदर्शन में त्रिगुण प्रकृति के गुणमात्र हैं। सांख्य में त्रिगुण अविभाज्य रूप से एकत्रित रहते हैं; यहाँ शुद्धसत्त्व की कल्पना भी है जो रजस्तमःस्पर्शशून्य है। सांख्य प्रकृति असीम है; रामानुज में प्रकृति नित्यविभूति से सीमित है। सांख्य प्रकृति स्वतन्त्र है; रामानुज में वह ईश्वर पर आश्रित है और ईश्वर से अपृथक् है, उनका शरीर है। सांख्य प्रकृति पुरुषार्थ की सिद्धि के लिये सृष्टि करती है; रामानुज में सृष्टि ईश्वर की लीला है और उनके संकल्प से होती है।

शुद्धसत्त्व या नित्यविभूति रजस्तमः शून्य होने से अप्राकृत और दिव्य है। यह धर्म-भूतज्ञान के समान अजड़ है किन्तु ज्ञानशून्य है। यह नित्य, अतिशयतेजोमय, ज्ञान और आनन्द का जनक, शुद्धसत्त्वरूप द्रव्यविशेष है। ईश्वर का विग्रह, नित्य तथा मुक्त पुरुषों के शरीर तथा वैकुण्ठ लोक इसी शुद्धसत्त्व से निर्मित हैं। भगवान् के व्यूह, विभव आदि रूप भी इसी से निर्मित होते हैं। ईश्वर और नित्यमुक्त पुरुषों के शरीर ईश्वर की नित्येच्छा से सिद्ध हैं एवं मुक्त पुरुषों के शरीर ईश्वर के संकल्प से उत्पन्न होते हैं। रामानुज के अनुसार आत्मा शरीर के बिना नहीं रहता, अतः मोक्षदशा में कर्मजन्य प्राकृत देहपात के बाद मुक्तपुरुष को भगवत्संकल्प से निर्मित अप्राकृत शुद्धसत्त्वशरीर प्राप्त होता है।

काल सत्त्वशून्य जड़ द्रव्य है। दिक् को आकाश से अभिन्न माना गया है जो प्रकृतिजन्य है।

इस प्रकार रामानुज ने षड् द्रव्य स्वीकार किये हैं जिनमें दो, चित् और ईश्वर, चेतन हैं; दो, प्रकृति और काल, जड़ हैं; तथा दो, धर्मभूतज्ञान और नित्यविभूति, अजड़ हैं। नित्यविभूति, प्रकृति और काल अचित् के अन्तर्गत हैं तथा धर्मभूतज्ञान चित् से अपृथक् है, अतः ये षड्द्रव्य अचित्, चित् और ईश्वर इन तीन तत्त्वों के अन्तर्गत आ जाते हैं।

१४. सृष्टि सत्य है

रामानुज के अनुसार सृष्टि सर्वथा सत्य है। अचित् और चित् ईश्वर पर आश्रित होने पर भी नित्य तत्त्व हैं। नित्य होने से ये उत्पत्ति-विनाश या जन्म-मरण रहित है। सांख्य के समान रामानुज भी परिणामवाद (सत्कार्यवाद की शाखा) को मानते हैं जिसके अनुसार कार्य उत्पत्तिपूर्व भी कारण में विद्यमान रहता है तथा कारण ही कार्यरूप में अभिव्यक्त होता है।

उत्पत्ति का अर्थ आविर्भाव और लय का अर्थ तिरोभाव है। कारण ही कारणावस्था और कार्यावस्था में व्यक्त होता है। कारणावस्था प्रलयावस्था है जिसमें सम्पूर्ण सृष्टि बीजरूप से कारण में लीन रहती है, कार्यावस्था सर्गावस्था है जिसमें सृष्टि विकसित रूप में प्रतीत होती है। सांख्य प्रकृतिपरिणामवाद को मानता है। रामानुज ब्रह्मपरिणामवाद को स्वीकार करते हैं। यह सम्पूर्ण चेतनाचेतन विश्व ईश्वर का शरीर है, ईश्वर का तात्त्विक परिणाम है, ईश्वर की सत्य सृष्टि है। चित् और अचित्, जीव और जगत्, ईश्वर के विशेषण, अंग या शरीर हैं, तथा ईश्वर उनसे विशिष्ट अंगी एवं उनका अन्तर्यामी आत्मा है। रामानुज के अनुसार स्वतन्त्रता और द्रव्यत्व तत्त्व या पदार्थ के आवश्यक धर्म नहीं हैं। ईश्वर के धर्मों या विशेषणों के रूप में चित् और अचित् गुणमात्र हैं और उनसे स्वतन्त्र न होकर उन पर सर्वथा आश्रित हैं; तथापि चित् और अचित् स्वयं द्रव्य हैं, तत्त्व हैं, नित्य तथा परस्पर स्वतन्त्र हैं। ये परस्पर भिन्न हैं और ईश्वर से भी भिन्न हैं, किन्तु ईश्वर के जीवित अङ्ग होने के कारण ईश्वर के बाहर नहीं हैं। ईश्वर में कोई सजातीय या विजातीय भेद नहीं हो सकता क्योंकि ईश्वर के बाहर कुछ नहीं है। किन्तु ईश्वर में स्वगत भेद हैं। ईश्वर के शरीर के चिदचित् अंगों में भेद है, किन्तु ईश्वर इन्हें एकता के सूत्र में पिरोये हुये है; ये ईश्वर के शरीर के जीवित अंग हैं।

सृष्टि का कारण क्या है ? उसका प्रयोजन क्या है ? चार्वाक को छोड़कर प्रायः सभी भारतीय दर्शनों ने इसका कारण कर्म-सिद्धान्त स्वीकार किया है। जीवों को अपने कर्मों का फल भोगने के लिये शरीर, इन्द्रिय, अन्तःकरण आदि की आवश्यकता होती है तथा भोग्य पदार्थों की आवश्यकता होती है। इन सबकी पूर्ति के लिये सृष्टि होती है। अतः कर्मवाद सृष्टि का हेतु है। रामानुज आदि ईश्वरवादी दार्शनिकों ने ईश्वर को ही जगत्कारण मानते हुये इस सृष्टि को ईश्वर की लीला बताया है तथा इसे ईश्वर के संकल्प से उत्पन्न माना है। अन्य दार्शनिकों ने इसका खण्डन करते हुये कहा है कि यदि इसे मान लिया जाय तो सृष्टि के दुःख तथा विषमता को देखते हुये ईश्वर पर क्रूरता, विषमता, पक्षपात आदि के आरोप अवश्यम्भावी होंगे और उनकी करुणा या कृपा पर प्रश्नचिह्न लग जायेगा। रामानुज आदि के पास इसका एकमात्र उत्तर यही है कि कर्म-सिद्धान्त भी ईश्वरीय संकल्प का ही अंग है और उसके प्रतिकूल नहीं है। जीवों को कर्म करने के लिये संकल्प-स्वातन्त्र्य दिया गया है, अतएव उन्हीं को शुभाशुभ फल भी भोगने पड़ते हैं। इसलिये ईश्वर को दोष नहीं दिया जा सकता। जीव ईश्वर की भक्ति से दुःख से छूट सकते हैं। जीव अपने कर्मों से दुःख भोगते हैं। हाँ, ईश्वर की कृपा से वे दुःखमुक्त हो सकते हैं। ईश्वर का कार्य जीवों को दुःख देना नहीं है, दुःखों से मुक्त करना है।

१५. मायावाद-खण्डन और उसका मूल्याङ्कन

रामानुज के अनुसार निर्गुण श्रुतियाँ ब्रह्म की हेयगुणरहितता का प्रतिपादन करती हैं और सगुण श्रुतियाँ उसे अशेषकल्याणगुणनिधान बताती हैं। उपनिषद् के उन अनेक वाक्यों को, जो असंदिग्ध एवं प्रबल रूप में भेद, द्वैत तथा प्रपञ्च का निषेध करते हैं, रामानुज ने यह कह कर टाल दिया कि ये वाक्य भेद-प्रपञ्च की ब्रह्म से भिन्न स्वतन्त्र सत्ता का निषेध करते हैं,

भेद-प्रपञ्च की सत्यता का निषेध नहीं करते। शङ्कराचार्य के अद्वैत वेदान्त में माया या अविद्या की जो व्याख्या की गई है उसका रामानुजाचार्य ने प्रबल खण्डन किया है। रामानुज के अनुसार माया ईश्वर की सत्य शक्ति है जिससे वे इस सत्य सृष्टि का निर्माण करते हैं। उनके अनुसार अविद्या जीव का अज्ञान है जिसके कारण वह शरीर, इन्द्रिय, अन्तःकरण आदि प्राकृत वस्तुओं को अपना स्वरूप समझने लगता है।

शाङ्कर वेदान्त के मायावाद या अविद्यावाद का खण्डन करते हुये रामानुज ने उसमें सात प्रमुख दोष बताये हैं जिन्हें 'सप्त अनुपपत्ति' कहा जाता है। इन दोषों के कारण मायावाद अनुपपन्न या असिद्ध है! सप्त अनुपपत्ति इस प्रकार हैं—

(१) **आश्रयानुपपत्ति** : माया या अविद्या का आश्रय क्या है ? वह कहाँ रहती है ? माया ब्रह्म पर आश्रित हो तो माया और ब्रह्म दो तत्त्व हो जायेंगे एवं अद्वैत की क्षति होगी। पुनः, ब्रह्म शुद्ध स्वप्रकाश ज्ञानस्वरूप है और माया या अविद्या अज्ञान है। शुद्ध ज्ञान अज्ञान का आश्रय कैसे हो सकता है ? अविद्या का आश्रय जीव भी नहीं हो सकता क्योंकि जीव स्वयं अविद्या-जन्य है। कारण अपने कार्य पर कैसे आश्रित हो सकता है ? अतः अविद्या का आश्रय न तो ब्रह्म है और न जीव। आश्रय के असिद्ध होने से अविद्या स्वयं भी असिद्ध है। यदि अविद्या कहीं रहती है तो अद्वैतवेदान्ती की कल्पना में ही निवास करती है।

(२) **तिरोधानानुपपत्ति** : अविद्या ब्रह्म को तिरोहित या आवृत कैसे कर सकती है ? ब्रह्म शुद्ध स्वप्रकाश ज्ञान है। उसे अज्ञान कैसे आवृत कर सकता है ? शुद्ध नित्य चैतन्य पर अज्ञान का आवरण किस प्रकार पड़ सकता है? या तो ब्रह्म शुद्ध चैतन्य नहीं है, या अज्ञान उसे आवृत नहीं कर सकता। अन्धकार प्रकाश को कैसे ढक सकता है?

(३) **स्वरूपानुपपत्ति** : अविद्या का स्वरूप क्या है ? यह सत् है या असत् है या सदसत् है या अनुभय है ? यदि वह सत् है तो अविद्या कैसे हो सकती है क्योंकि विद्या के अभाव को ही अविद्या कहा जाता है। पुनश्च, यदि अविद्या सत् या भावरूप है तो स्वयं तत्त्व हो जायेगी और ब्रह्म के अद्वैत की क्षति हो जायेगी। और भावरूप अविद्या का नाश नहीं हो सकता। अद्वैती स्वयं मानता है कि अविद्या ज्ञान से नष्ट हो जाती है। अतः वह सत् या भावरूप नहीं हो सकती। यदि अविद्या असत् या अभावात्मक हो तो इस जगत्-प्रपञ्च का ब्रह्म पर आरोप नहीं कर सकती। पुनश्च, अविद्या सदसत् या भावाभावरूप नहीं हो सकती क्योंकि सत् और असत्, प्रकाश और अन्धकार के समान, एक साथ नहीं रह सकते। और उसे अनुभय मानना स्वव्याघाती है।

(४) **अनिर्वचनीयत्वानुपपत्ति** : माया या अविद्या को अनिर्वचनीय कहना भी उसका निर्वचन करना है और यह विरोधयुक्त है। अद्वैती का उत्तर है कि अविद्या सर्वथा अवाच्य नहीं है, अपितु सदसदनिर्वचनीय है। रामानुज कहते हैं कि यह सर्वथा असङ्गत है। प्रत्येक वस्तु या तो सत् होती है या असत्, कोई भी वस्तु सदसदनिर्वचनीय या सदसद्विलक्षण नहीं होती। यह तर्कशास्त्र के नियमों को तिलाञ्जलि देना है। सत् और असत् अत्यन्त विरुद्ध हैं, परस्पर व्यावर्तक हैं, एवं दोनों मिलकर व्यापक भी हैं क्योंकि तृतीय विकल्प के लिये स्थान

नहीं छोड़ते। अत: कोई वस्तु सदसद्‌विलक्षण नहीं हो सकती। यह विरोधयुक्त कल्पना है। यहाँ किसी तृतीय विकल्प को अवकाश नहीं है।

(५) प्रमाणानुपपत्ति : अविद्या की सिद्धि के लिये कोई प्रमाण नहीं है। प्रत्यक्ष से भाव या अभाव की सिद्धि हो सकती है, भावाभावविलक्षण अविद्या की नहीं। अनुमान से भी यह सिद्ध नहीं है क्योंकि इसके लिये कोई हेतु नहीं है। आगम से भी यह सिद्ध नहीं है क्योंकि शास्त्र माया को ईश्वर की सत्य शक्ति बताते हैं।

(६) निवर्तकानुपपत्ति : अविद्या का कोई निवर्तक या विनाशक नहीं है। अद्वैती निर्विशेषब्रह्मज्ञान को अविद्या का निवर्तक मानते हैं। किन्तु ब्रह्म निर्विशेष नहीं है और न किसी निर्विशेष वस्तु का ज्ञान सम्भव है। ज्ञान सदा सविशेष वस्तु का ही होता है। अत: निर्विशेषब्रह्मज्ञान के अभाव में अविद्या के निवर्तक का भी अभाव है।

(७) निवृत्त्यनुपपत्ति : अविद्या की निवृत्ति भी सिद्ध नहीं होती। अद्वैती अविद्या को भावरूप मानते हैं और जो भावात्मक है वह ज्ञान से निवृत्त नहीं हो सकता। जीव का बन्धन कर्मजन्य है। वह कर्म, ज्ञान, भक्ति और भगवदनुग्रह से नष्ट हो सकता है, ज्ञानमात्र से नहीं।

रामानुजाचार्य की ये सातों अनुपपत्ति माया या अविद्या का अर्थ न समझने के कारण भ्रान्तिवश प्रपञ्चित की गई हैं। रामानुज माया या अविद्या को 'वस्तु' समझ रहे हैं, सद्‌वस्तु मान रहे हैं और उसके लिये आश्रय और प्रमाण चाहते हैं। किन्तु अविद्या तो अध्यास या भ्रान्ति है जिसके लिये विरोध भूषण है, दूषण नहीं। तथापि, ब्रह्म को अविद्या का आश्रय माना जाता है। अविद्या सत् नहीं है, अत: अद्वैत की हानि नहीं होती। ब्रह्म अविद्या का अधिष्ठान है जो उससे लेशमात्र भी कलुषित नहीं है, जैसे रज्जु सर्प से कथमपि सम्पृक्त नहीं होती। शुक्ति रजत नहीं बन जाती और न मृग-जल से मरुस्थल पंकिल बनता है। पुनश्च, वाचस्पति मिश्र के समान, जीव को अविद्या का आश्रय माना जा सकता है, क्योंकि अविद्या और जीव, बीज और अंकुर के समान, अनादिकाल से संसारचक्र में एक-दूसरे को उत्पन्न कर रहे हैं। स्वयं रामानुज ने भी जीव के साथ अविद्या और कर्म का सम्बन्ध अनादि माना है। पुनश्च, अविद्या ब्रह्म को वस्तुत: आवृत नहीं कर सकती, जिस प्रकार मेघ सूर्य को आवृत नहीं कर सकता। सूर्य मेघ से आच्छादित प्रतीत होता है, वस्तुत: आवृत नहीं होता। आवरण हमारी दृष्टि पर पड़ता है, सूर्य पर नहीं। पुनश्च, अविद्या को भावरूप इसलिये कहा जाता है कि यह अभावमात्र नहीं है जैसा कि प्राय: मान लिया जाता है। वस्तुत: अविद्या सदसदनिर्वचनीय है। इसे विरुद्ध कहने का आक्षेप व्यर्थ जाता है क्योंकि अद्वैती स्वयं इसे विरुद्ध मानते हैं। किन्तु इसके विरोध का ज्ञान ब्रह्मज्ञान से ही सम्भव है, इसके पूर्व नहीं। जब तक भ्रम या स्वप्न है, तब तक वह 'सत्य' है; उसके बाध होने के बाद ही उनकी असत्यता प्रकट होती है। सत् और असत् को उनके आत्यन्तिक अर्थ में प्रयुक्त किया गया है; सत् का अर्थ त्रिकालाबाध सत् और असत् का अर्थ त्रिकाल में असत् है। अत: ये दोनों न तो परस्पर विरुद्ध हैं और न व्यापक हैं क्योंकि इनके बीच में तृतीय विकल्प 'सापेक्ष सत्' या 'सदसदनिर्वचनीय' बना हुआ है। वस्तुत: त्रिकालाबाध सत् ब्रह्म है जो हमारे ज्ञान से ऊपर है और नितान्त असत्

वन्ध्यापुत्र है जो हमारे ज्ञान से नीचे है, अत: हमारा समस्त लौकिक अनुभव 'सदसदनिर्वचनीय' या मिथ्या का ही है। अत: यहाँ किसी तार्किक नियम का उल्लंघन नहीं होता। 'अविरोधनियम' मान्य है क्योंकि जो विरुद्ध है उसे मिथ्या कहा गया है। 'मध्यमपरिहारनियम' का उल्लंघन नहीं होता क्योंकि सत् और असत् के विकल्प व्यापक नहीं होने के कारण तृतीय (मध्यम) विकल्प (सदसदनिर्वचनीय) उपस्थित है जिसका परिहार न होने के कारण यहाँ मध्यमपरिहारनियम लागू ही नहीं होता। पुनश्च, अविद्या अध्यास है अत: अधिष्ठान का ज्ञान ही उनका निवर्तक है। रज्जु का ज्ञान ही सर्प के भ्रम का निवर्तक है; भ्रम-नाश का अन्य कोई उपाय नहीं है और अधिष्ठान के ज्ञान से अध्यस्त की तुरन्त निवृत्ति होती है। रज्जु-ज्ञान होते ही सर्प-भ्रम सदा के लिये निवृत्त हो जाता है। ब्रह्मज्ञान होते ही अविद्या या माया की आत्यन्तिक निवृत्ति हो जाती है। यही मोक्ष है। यही ब्रह्म-भाव है।

१६. वेंकटनाथकृत अद्वैत-खण्डन और उसका मूल्यांकन

रामानुज सम्प्रदाय के मूर्धन्य विद्वान वेंकटनाथ या वेदान्तदेशिक ने अपनी 'शतदूषणी' नामक कृति में अद्वैत वेदान्त में ६६ दूषण बताये हैं।[१] इसके उत्तर में म.म.पं. अनन्तकृष्ण शास्त्री की 'शतभूषणी' नामक कृति प्रकाशित हुई है। वेदान्तदेशिक के बहुत से आक्षेपों का सार रामानुज की 'सप्त अनुपपत्ति' में आ जाता है। उनके अनेक आक्षेप या तो साधारण परिवर्तन के साथ पुनरावृत्ति हैं, या साधारण विषयों पर हैं जो अधिक महत्त्वपूर्ण नहीं हैं, या धर्मशास्त्रीय अथवा साम्प्रदायिक हैं जिनका दार्शनिक महत्त्व अधिक नहीं है। हम यहाँ उनके कुछ अत्यन्त महत्त्वपूर्ण आक्षेपों का विवरण और मूल्याङ्कन प्रस्तुत करते हैं—

(१) यदि ब्रह्म निर्गुण, निर्विशेष और अनिर्वचनीय एवं भेदरहित सन्मात्र है तो उसे ब्रह्म पद से भी, मुख्य या गौण रूप से, लक्षित नहीं किया जा सकता और उसकी व्यर्थता सिद्ध होती है।

निर्विशेष अनिर्वचनीय ब्रह्म को शब्द वस्तुत: ग्रहण नहीं कर सकते। वह बुद्धि और वाणी से ऊपर है तथा उसका स्वानुभूति द्वारा साक्षात्कार सम्भव है। साधकों के उपयोगार्थ शब्दों का सांकेतिक प्रयोग आवश्यक है एवं जब तक ब्रह्मात्मैक्यानुभव नहीं हो जाता, शास्त्र की व्यवहार में उपयोगिता सिद्ध है एवं व्यवहार में बुद्धि तथा वाणी का साम्राज्य अक्षुण्ण है।

(२) निर्विशेष ब्रह्म का ज्ञान या जिज्ञासा सम्भव नहीं है क्योंकि ज्ञान या जिज्ञासा सविशेष वस्तु की ही हो सकती है। पुनश्च, यदि ब्रह्म बुद्धि और वाणी द्वारा ग्राह्य नहीं है तो शास्त्र की व्यर्थता सिद्ध है। यदि जीव, बुद्धि, वाणी, शास्त्र, बन्धन और मोक्ष तथा मोक्ष-साधन सब व्यावहारिक और मिथ्या हैं, तो मिथ्या साधनों से सत्य ब्रह्म की प्राप्ति कैसे सम्भव है ? और

---

१. या तो यह कृति अपूर्ण है या यहाँ 'शत' शब्द का प्रयोग 'अनेक' के अर्थ में हुआ है। इन दूषणों के संक्षिप्त विवरण के लिये डॉ. सुरेन्द्रनाथ दासगुप्त की 'हिस्ट्री ऑफ इन्डियन फ़िलॉसॉफ़ी', भाग ३, पृ. ३०४-३४६ द्रष्टव्य हैं।

यदि ब्रह्मज्ञान भी मिथ्या है तथा मोक्ष भी मिथ्या है, तो इससे अद्वैतदर्शन ही मिथ्या सिद्ध होता है।

ब्रह्म-ज्ञान बौद्धिक सविकल्प ज्ञान नहीं है, अन्यथा वेदान्तशास्त्र के सभी विद्वान् मुक्त हो जाते। ब्रह्म-ज्ञान निर्विकल्प अपरोक्षानुभूति है। जब तक ब्रह्म-साक्षात्कार न हो तब तक व्यवहार की सत्यता बनी रहती है। व्यवहार का मिथ्यात्व परमार्थानुभूति से सिद्ध होता है, उसके पूर्व नहीं। अत: बौद्धिक धरातल पर व्यवहार में शास्त्र, जीव, मोक्ष-साधन और मोक्ष सब सत्य हैं। परमार्थ में अद्वैत नित्य-चैतन्य और अखण्ड-आनन्दस्वरूप ब्रह्म की अनुभूति में ये प्रश्न ही नहीं उठते क्योंकि वहाँ किसी प्रकार का द्वैत नहीं है।

(३) मोक्ष उपासना और भक्ति से प्राप्त होता है, केवल ज्ञान से नहीं। सभी भ्रम भी ज्ञान-निरस्य नहीं होते। पीलिया के रोगी को 'पीत शंख' का अनुभव, यह जान लेने के बाद भी कि पीत रंग पित्त के कारण है, होता है। शंख का पीला दिखाई देना ज्ञान से दूर नहीं होता, उसके लिये औषधिसेवन से पीलिया रोग दूर करना आवश्यक है। इसी प्रकार केवल ज्ञान से ब्रह्म-प्राप्ति नहीं होती; उसके लिये उपासना (ध्यान) और भक्ति आवश्यक है।

भ्रम की निवृत्ति तो ज्ञान से और केवल ज्ञान से ही हो सकती है। भ्रम-निरास का अन्य कोई साधन नहीं है। पीलिया रोगी यदि यह जान लेता है कि शंख श्वेत है और पित्ताधिक्य के कारण पीत दिखाई देता है, तो वह भ्रम में नहीं है, भले वह पीलिया रोग से ग्रस्त हो। यह प्रतिपादित किया जा चुका है कि मोक्ष बौद्धिक ज्ञान से प्राप्त नहीं होता, वह अपरोक्षानुभूतिगम्य है। रामानुज ने स्वयं परा भक्ति को 'दर्शनाकारा' और 'साक्षात्काररूपा' 'शेमुषी' (ज्ञान) माना है। पराभक्ति और परज्ञान दोनों साक्षात्कारस्वरूप होने से एक ही हैं। अत: वेङ्कटनाथ का यह विवाद उत्पन्न करना व्यर्थ है।

(४) ब्रह्मात्मैक्यज्ञान प्राप्त हो जाने पर भी जगत्-प्रपञ्च वासनावश उसी प्रकार चलता रहता है; विदेह होने पर ही उसका विलय होता है। तब जीवन्मुक्ति का क्या अर्थ है ?

जीवन्मुक्त का शरीर और यह जगत्-प्रपञ्च प्रारब्ध कर्म के वेग के कारण कुछ समय तक चलता रहता है, जिस प्रकार कुम्हार का चाक, उसके हाथ हटा लेने पर भी, पूर्ववेग के कारण कुछ देर घूमता रहता है। मोक्ष का अर्थ देहाध्यास का नाश है, देह का नाश नहीं, अत: अविद्या के निवृत्त होते ही, यहीं और इसी समय मोक्ष का अनुभव होता है। जीवन्मुक्त का अपने शरीर से कोई सम्बन्ध नहीं रहता और न उसके निष्काम कर्म बन्धनकारक होते हैं। जिस प्रकार सर्प का अपनी परित्यक्त केंचुल से कोई मोह नहीं होता, उसी प्रकार जीवन्मुक्त की अपने शरीर में कोई आसक्ति नहीं होती। मोक्ष मृतकों के लिये आरक्षित नहीं है। मोक्ष 'अत्रैव', 'इहैव' और 'अधुनैव' प्राप्य है। रामानुज सम्प्रदाय द्वारा जीवन्मुक्ति का निषेध करना मोक्ष के स्वातन्त्र्य को नकारना है।

(५) यदि जगत् ज्ञेय होने के कारण मिथ्या है, तो ब्रह्म भी ज्ञेय होने के कारण मिथ्या होगा। यदि जगत् असत् है तो उसे ज्ञान-निरस्य कहने का क्या अर्थ है ? असत् वस्तु का निरास अर्थहीन है।

जगत् बुद्धि द्वारा ज्ञेय है और जो सविकल्प बुद्धि द्वारा ग्राह्य है, वह सापेक्ष, सदसदनिर्वचनीय और मिथ्या है। ब्रह्म सविकल्पबुद्धिग्राह्य नहीं है, वह बुद्धि द्वारा विषय के रूप में ज्ञेय नहीं है, अतः वह मिथ्या नहीं हो सकता। ब्रह्म नित्य आत्मस्वरूप होने के कारण स्वप्रकाश और स्वतःसिद्ध है और समस्त बुद्धि-व्यापारों का आश्रय है। पुनश्च, जगत् 'असत्' नहीं है, सदसद्निर्वचनीय है और इसीलिये मिथ्या है। जो भ्रमरूप है उसी का ज्ञान से निरास होता है; 'सत्' अबाध है, उसका निरास सम्भव नहीं, 'असत्' वन्ध्यापुत्रवत् है और उसके निरास का कोई अर्थ नहीं है। अतः निरास सदसदनिर्वचनीय या मिथ्या का ही हो सकता है और यह अधिष्ठान के ज्ञान से ही सम्भव है।

(६) भेद का निषेध नहीं हो सकता। 'भेद का अभाव' 'भेद' से भिन्न होने के कारण 'भेदाभाव का अभाव' भेद की सत्ता सिद्ध करता है। पुनश्च, यदि भेद न हो तो अभेद भी सिद्ध नहीं हो सकता क्योंकि दोनों अपृथक्-सिद्ध हैं।

भेद अभेद या अद्वैत तत्त्व पर आरोपित है; भेद अध्यस्त है और अद्वैत अधिष्ठान। अतः भेद और उसका अभाव दोनों एक ही अधिकरण में रहते हैं। इसीलिये भेदाभाव का अभाव भेद की सिद्धि न करके अधिष्ठानरूप अद्वैत की ही सिद्धि करता है। भेद और अद्वैत दोनों एक स्तर के नहीं है और न सापेक्ष है। भेद अध्यस्त और मिथ्या है; अद्वैत अधिष्ठान और सत् है। यहाँ यह ध्यान में रखना आवश्यक है कि बुद्धि की कोटियों के रूप में भेद, अभेद और भेदाभेद सापेक्ष हैं। बौद्धिक ज्ञान की दृष्टि से भेद और अभेद सापेक्ष और नियतसहचर हैं। व्यवहार में अभेद मुख्य और भेद गौण है। यह मानने में कोई सङ्कोच नहीं है कि विशिष्टाद्वैत बुद्धि की सर्वोच्च कल्पना है। किन्तु जो बुद्धि के लिये सर्वोच्च हो वह तत्त्वतः भी सर्वोच्च हो, यह आवश्यक नहीं है। तत्त्व चतुष्कोटिविनिर्मुक्त है और स्वानुभूत्यैकगम्य है। स्वानुभूति का अद्वैत, बुद्धि की अभेद या अद्वैत नामक कोटि से भिन्न है। यह अद्वैत भेद, अभेद और भेदाभेद कोटियों से भिन्न स्वतःसिद्ध स्वप्रकाश साक्षी का अद्वैत है। यह कोटिमुक्त निरपेक्ष तत्त्व है। यह बुद्धि की भेद-सापेक्ष अभेद-कोटि नहीं है।

(७) प्रपञ्च-मिथ्यात्व तार्किक प्रमाणों द्वारा सिद्ध किया जाता है, किन्तु प्रमाण बुद्धि व्यापार होने के कारण स्वयं असिद्ध है। अतः प्रपञ्च-मिथ्यात्व असिद्ध हुआ और प्रपञ्च सत्य सिद्ध हुआ।

सिद्धि-असिद्धि प्रमाणों पर निर्भर है और बुद्धि-व्यापार के अन्तर्गत है। व्यवहार में इसकी सत्यता स्वीकृत है। परमार्थ स्वतःसिद्ध होने से प्रमाण और सिद्धि-असिद्धि के ऊपर है।[१]

१७. रामानुजाचार्य और शङ्कराचार्य

कुछ लोगों का मत है कि शङ्कराचार्य का निर्गुण भेदशून्य ब्रह्म कोरा अभेद है जो कल्पनामात्र है। स्पिनोज़ा के ईश्वर के समान अद्वैत ब्रह्म भी 'सिंह की गुफा' है जिसमें भीतर जाने वाले जानवरों के पद चिह्न तो दिखाई देते हैं, किन्तु बाहर आने वाले किसी जानवर

---

१. देखिये पीछे पृ. २८०

के पदचिह्न दिखाई नहीं देते। भाव यह है कि यह ब्रह्म सर्वभक्षी है, जो भी उसके पास चला गया उसके बाहर आने का प्रश्न नहीं उठता। इसके विपरीत रामानुजाचार्य का ब्रह्म अखिलकल्याणगुणसागर विशिष्टाद्वैत तत्त्व है जिसमें समस्त भेद-प्रपञ्च धर्म या विशेषण के रूप में विद्यमान रहता है। रामानुज के ब्रह्म को हेगल के परम तत्त्व के समान द्वैतविशिष्ट अद्वैत बताया गया है। किन्तु वह इससे भी अधिक है। वह प्रिंगलपेटीसन के ईश्वर के समान दिव्यव्यक्तित्वसम्पन्न पुरुषोत्तम भी है। प्राय: यह माना जाता है कि रामानुज ने दार्शनिक चिन्तन और धार्मिक भावना का, उपनिषद् के ज्ञान और आलवार सन्तों की भक्ति का, सुन्दर समन्वय किया है। जो विद्वान् उक्त दोनों मत व्यक्त करते हैं उन्हें रामानुज दर्शन का तो ज्ञान है, किन्तु वे अद्वैत वेदान्त के मर्म को नहीं समझ सके हैं। न तो शङ्कराचार्य ने धार्मिक भावना को अस्वीकार किया और न रामानुज ने दार्शनिक चिन्तन तथा भक्ति का सुन्दर समन्वय प्रस्तुत किया। जो लोग शङ्कराचार्य के दर्शन को बुद्धि की अभेद कोटि के अन्तर्गत मानते हैं वे उनके दर्शन के नाम का, अद्वैत का, अर्थ भी नहीं जानते। अद्वैत सर्वकोटिमुक्त तत्त्व है। यह स्वत:सिद्ध आत्मचैतन्य का स्वरूप है। जो लोग यह मानते हैं कि शाङ्कर वेदान्त में यह जगत्, जीव, दर्शन, धर्म और ईश्वर आदि सब मिथ्या हैं, वे शाङ्करवेदान्त का 'क ख ग' भी नहीं जानते। इंग्लैण्ड के प्रसिद्ध विज्ञानवादी ग्रीन का कथन है : यह बाह्य जगत् हमारे लिये सत्य है, इस तथ्य को कोई दर्शन विवादास्पद नहीं मानता।[१] जो लोग यह कहते हैं कि शाङ्कर वेदान्त में धार्मिक भावना के लिये कोई स्थान नहीं है, उन्हें सम्भवत: शङ्कराचार्य के भाषा और भाव द्वारा दिव्य भक्तिरसामृत की वर्षा करने वाले विपुल स्तोत्र-साहित्य को पढ़ने या सुनने का सौभाग्य प्राप्त नहीं हुआ है। एक उदाहरण प्रस्तुत है—यद्यपि आप में और मुझ में लेश मात्र भी भेद नहीं है, तथापि, हे नाथ ! मैं आपका हूँ, आप मेरे नहीं है; तरङ्ग समुद्र की होती है, समुद्र तरङ्ग का नहीं होता।[२] शङ्कराचार्य ने आत्मज्ञान के पूर्व समस्त लौकिक और वैदिक व्यवहार को सत्य माना है और इसका साग्रह प्रतिपादन किया है। क्षुर-धारा के समान निशित ज्ञानमार्ग के प्रबल प्रतिपादक शङ्कराचार्य का कर्मठ जीवन और उनका स्तोत्र-साहित्य कर्म और उपासना की उपादेयता सिद्ध करता है। महान् आंग्ल दार्शनिक ब्रेडले का यह कथन कि जो व्यक्ति धार्मिक (आध्यात्मिक) अनुभूति से अधिक ठोस तत्त्व पाना चाहता है वह नहीं जानता कि वह क्या चाहता है, शाङ्कर मत के अनुकूल है। विज्ञानवादी बोसांके की उक्ति है : यदि कोई मुझसे कहे कि यह कुर्सी वह नहीं है जो हम समझते आये हैं, अपितु उससे नितान्त भिन्न है, तो मेरी इच्छा होती है कि मैं इसका उत्तर वाद-विवाद की गरिमा से निम्न स्तर की भाषा में दूँ।[३] जब किसी अद्वैत वेदान्ती से कहा जाय कि अद्वैत बुद्धि की अभेद नामक कोटि है जो भेद-सापेक्ष है, कि उसका दर्शन समस्त व्यवहार का निषेध करता है, तो सम्भव है वह भी उक्त भाषा में उत्तर देना चाहे। अथवा, यह अधिक सम्भव है कि वह गौडपादाचार्य के इस वचन का स्मरण करके केवल मुस्कुरा कर रह जाय—द्वैती जन

---

१. वर्क्स, भाग १, पृ. ३७६

२. सत्यपि भेदापगमे नाथ! तवाहं न मामकीनस्त्वम्। सामुद्रो हि तरङ्गः क्वचन समुद्रो न तारङ्गः।। —षट्पदी, ३

३ कन्टेम्पोरेरी फ़िलॉसॉफ़ी, पृ. ५

अपने-अपने मतों का प्रतिपादन करने के लिये परस्पर विवाद करते हैं; अद्वैती का किसी से विवाद नहीं है।[१]

रामानुजाचार्य पर आलवार सन्तों का, आचार्यों का एवं पूर्ववर्ती भेदाभेदवादियों का पर्याप्त प्रभाव पड़ा है, यह हम ऊपर बता चुके हैं। रामानुज ने पाञ्चरात्र वैष्णव ईश्वरवाद और औपनिषद ब्रह्मवाद में समन्वय स्थापित करने का प्रयास किया है। दार्शनिक चिन्तन और धार्मिक भावना में सामञ्जस्य स्थापित करना एक बात है, और किसी दार्शनिक मत की किसी धार्मिक सम्प्रदाय से सङ्गति दिखाने का प्रयत्न करना दूसरी बात है। शङ्कराचार्य ने दर्शन और धर्म में समन्वय किया; रामानुजाचार्य ने औपनिषद सगुण ब्रह्मवाद और पाञ्चरात्र वैष्णव धार्मिक सम्प्रदाय में सामञ्जस्य स्थापित करने का प्रयत्न किया। शङ्कराचार्य के लिये वेदान्त-प्रस्थान-त्रय मुख्य थे और उन्होंने उनके आधार पर दार्शनिक चिन्तन और धार्मिक भावना में समन्वय किया। रामानुजाचार्य के लिये वेदान्त के प्रस्थान-त्रय के अतिरिक्त वैष्णव पुराण, पाञ्चरात्र आगम और तमिलप्रबन्धम् भी शास्त्र थे। कुछ विषयों में वैष्णव ईश्वरवाद और औपनिषद ब्रह्मवाद में सामञ्जस्य किया जा सकता है, किन्तु कुछ विषयों में दोनों में पर्याप्त भेद हैं। रामानुज ने दोनों में यथाशक्ति समन्वय स्थापित किया। इस कार्य का सम्पादन अन्य कोई भी उनसे अच्छा नहीं कर सकता था। किन्तु दोनों शास्त्रों के कुछ विषयों में मतभेद के कारण यह समन्वय पूर्णतया स्थापित नहीं हो सका। इसमें दोष शास्त्रों के मतभेद का है, रामानुजाचार्य का नहीं। रामानुजाचार्य ने प्रायः प्रत्येक महत्त्वपूर्ण विषय पर शङ्कराचार्य के मत का खण्डन किया है। किन्तु यह भी सत्य है कि अद्वैत वेदान्तियों को व्यवहार में विशिष्टाद्वैत के बहुत से सिद्धान्तों को स्वीकार कर लेने में कोई सङ्कोच नहीं है। सर्वज्ञात्ममुनि का यह कथन सत्य है कि परिणामवाद विवर्तवाद की पूर्वभूमि है।

१८. समीक्षा

रामानुजाचार्य के अनुसार तत्त्व तीन हैं—अचित्, चित् और ईश्वर और ये तीनों सम्मिलित रूप में ब्रह्म हैं। (त्रितयं ब्रह्म एतत्)। चिदचिद्विशिष्ट ईश्वर ब्रह्म है। चित् और अचित् विशेषण, गुण, धर्म, प्रकार, शरीर हैं और ईश्वर विशेष्य, द्रव्य, धर्मी, प्रकारी, आत्मा है। इस स्थिति में चिदचित् की सत्ता परतन्त्र और गौण है तथा ईश्वर की ही स्वतन्त्र एवं मुख्य सत्ता है। अतः ईश्वर ही एकमात्र तत्त्व या स्वतन्त्र सत् सिद्ध होते हैं। चिदचित् तत्त्व के गुणमात्र हैं। स्पिनोज़ा ने जिन तर्कों के आधार पर देकार्त के जड़ जगत् और चेतन जीवों को 'द्रव्य' के स्तर से उतारकर 'गुण' के स्तर पर रख दिया था, उन्हीं तर्कों के आधार पर रामानुज के अचित् और चित् को भी गुणमात्र माना जा सकता है। रामानुज ने गुण और पर्याय के भेद को नहीं माना और गुण तथा द्रव्य के भेद को भी सापेक्ष स्वीकार किया। एक वस्तु, दृष्टिभेद से, गुण और द्रव्य दोनों हो सकती है। चिदचित् स्वयं में द्रव्य है, किन्तु ईश्वर के लिये केवल गुण है। इस प्रकार द्रव्य और गुण के भेद को मिटाना अनुचित है। द्रव्य वही है जिसकी स्वतन्त्र सत्ता हो और इस लक्षण के अनुसार ईश्वर ही एक मात्र द्रव्य या तत्त्व है! चिद्चित् की

१. स्वसिद्धान्तव्यवस्थासु द्वैतिनो निश्चिता दृढम्।
परस्परं विरुध्यन्ते तैरयं न विरुध्यते।। —कारिका ३, १७

सत्ता सापेक्ष, परतन्त्र और गौण है, तथा जिसकी सापेक्ष सत्ता है वह केवल प्रातीतिक है, तात्त्विक नहीं। औपनिषद तत्त्व निरपेक्ष ब्रह्म है; पाञ्चरात्र आगम जगत् और जीव को भी सत्य मानते हैं। रामानुज दोनों को स्वीकार करते हैं और किसी को छोड़ नहीं सकते। औपनिषद ब्रह्मवाद तात्त्विक द्वैत को स्वीकार नहीं कर सकता। रामानुज की दुविधा यह है कि वे अद्वैत के साथ द्वैत को भी तात्त्विक मानना चाहते हैं और यह युक्तियुक्त नहीं है। अद्वैत के साथ व्यावहारिक द्वैत ही सङ्गत हो सकता है, तात्त्विक द्वैत नहीं और रामानुज वैष्णव आगम के प्रभाव के कारण तात्त्विक वस्तुवाद से चिपक रहे हैं। किन्तु यह तो समस्या का समाधान नहीं है। औपनिषद अद्वैतवाद और तात्त्विक द्वैतवाद का समन्वय असम्भव है। रामानुज ने चिदचित् को विशेषण या गुण के स्तर पर ही रखा है, किन्तु वस्तुवाद के प्रबल मोह के कारण चिदचित् को भी ईश्वर के समान तत्त्व या नित्य पदार्थ स्वीकार कर लिया है। यह विरोध उनके दर्शन में स्पष्ट है। निरपेक्षवाद और वस्तुवादी बहुत्ववाद एक साथ नहीं रह सकते। अद्वैत में विभाजित निष्ठा नहीं चलती।

रामानुज ने, सांख्य के समान जड़ पदार्थों को एक प्रकृति के अन्तर्गत मान लिया है; किन्तु चेतन जीवों या पुरुषों को अनेक माना है। चेतन जीव स्वरूपतः समान हैं; उनमें गुणगत भेद नहीं है, केवल संख्याभेद है। किन्तु संख्याभेद वास्तविक नहीं होता। जीवों को अनेक तथा एक-से चिदणु मानना सार्थक कल्पना नहीं है। रामानुज एक ओर तो चित् को चेतन जीवात्मा, ज्ञान का आश्रयभूत द्रव्य और अहंप्रत्ययविषय मानते हैं और दूसरी ओर उसे नित्य स्वप्रकाश ज्ञानस्वरूप द्रष्टा मानते हैं जो विविध जन्मों में अपनी एकता बनाये रखता है तथा नित्य द्रष्टा होने के कारण विविध जन्मों और मरणों से प्रभावित नहीं होता। यदि जीव स्वप्रकाश नित्य ज्ञानस्वरूप द्रष्टा है तो देहेन्द्रियान्तःकरणसंघात तथा जन्म-मरणचक्र के दुःखशोकसन्तापादि से अलिप्त है। वह शुद्ध आत्मतत्त्व है। वह अहंप्रत्यय-विषय और अहंकार-ममकार-युक्त जीव नहीं हो सकता। वह कर्ता और भोक्ता भी नहीं हो सकता। रामानुज ने साक्षिचैतन्य और अन्तःकरणावच्छिन्न जीव दोनों को एक में मिलाकर दोनों को ही सत्य मान लिया है। औपनिषद आत्मतत्त्व और व्यावहारिक जीव की व्यवहार में संगति हो सकती है क्योंकि आत्मतत्त्व ही अविद्या के कारण जीव के रूप में प्रतीत होता है। किन्तु अद्वैत आत्मतत्त्व का तात्त्विक जीव के साथ सामंजस्य नहीं हो सकता। अविद्याकल्पित जीवत्व को वास्तविक मान लेने पर अहंकार-ममकार को, जन्म-मरण के दुःखानुभव को, अज्ञान, देहेन्द्रियान्तःकरण सम्बन्ध आदि को भी वास्तविक मानना पडेगा। तब जीव इनसे असंग और अलिप्त नहीं हो सकता। औपनिषद नित्य शुद्ध आत्मतत्त्व को वस्तुतः जीवभावापन्न मानकर उसे अनेक और अणुरूप मानना, अहंप्रत्ययविषय मानना, कर्ता और भोक्ता मानना विरोधयुक्त कल्पना है।

ईश्वर को जगत् का अभिन्ननिमित्तोपादान कारण माना है। ईश्वर का शरीर अचित् प्रकृति इस जगत् का उपादानकारण और आत्मभूत ईश्वर निमित्तकारण है। अचित् प्रकृति और चेतन जीव दोनों ही नित्य हैं। ईश्वर न तो अचित् को और न चित् को उत्पन्न करते हैं। नित्य चिदचित् ईश्वर के शरीर के रूप में सदा विद्यमान हैं। सृष्टि का अर्थ प्रकृति का सूक्ष्मावस्था

या कारणावस्था से स्थूलावस्था का कार्यावस्था में आना है और जीवों का स्थूल शरीर धारण करना है। किन्तु ईश्वर का आत्मा तथा शरीर में विभाजन असंगत है। यदि चिदचित् ईश्वर का वास्तविक शरीर है तो ईश्वर को अचित् के समस्त विकार तथा सारे बद्ध जीवों के दुःखशोकादि का अनुभव करना पड़ेगा। तब ईश्वर को पूर्ण, नित्य और अविकारी किस प्रकार मानना पड़ेगा ? यदि यह स्वीकार किया जाय कि आत्मभूत ईश्वर शरीर के दुःखादि से अलिप्त है, तो जिस प्रकार आत्मा शरीर के दुःखादि से अलिप्त है और शरीर-नाश के बाद मुक्त होता है, उसी प्रकार ईश्वर भी जितनी जल्दी अपने शरीर से मुक्त हो जावें उतना ही अच्छा है। यह युक्तियुक्त नहीं है कि ईश्वर का आत्मा नित्य और पूर्ण है, किन्तु शरीर विकारास्पद और कर्म-तन्त्र है। यह सम्भव नहीं है, जैसा शंकराचार्य का कथन है, कि मुर्गी का आधा भाग पका लिया जाय और आधा भाग अण्डे देने के लिये सुरक्षित रखा जाय।[१]

पुनश्च, औपनिषद ब्रह्मवाद और पाञ्चरात्र ईश्वरवाद का समन्वय सम्भव नहीं है। यदि ईश्वर इस चिदचिद्रूप विश्व में अन्तर्यामी है और यह विश्व उनका शरीर है, तो व्यक्ति के रूप में ईश्वर की कल्पना करना और यह मानना कि वे अपनी अर्धाङ्गिनी लक्ष्मी के साथ वैकुण्ठ धाम में निवास करते हैं तथा नित्य और मुक्त जीवों से सेवित रहते हैं, कहाँ तक संगत है ? प्रकृति और शुद्धसत्त्व या नित्यविभूति का भेद भी असङ्गत है। प्रकृति त्रिगुणात्मक है और शुद्धसत्त्व को उससे पृथक् कैसे किया जा सकता है। ईश्वर के विग्रह को एवं नित्य और मुक्त जीवों के शरीर को तथा वैकुण्ठलोक को शुद्धसत्त्वनिर्मित मानना धार्मिक कल्पनायें हैं। डॉ० राधाकृष्णन् का कथन है—रामानुज की परलोक की मनोरम कथायें जिनका वर्णन वे इस विश्वास के साथ करते हैं मानों सृष्टि के समय उन्होंने (भगवान् की) सहायता की हो, विश्वसनीय नहीं है।[२]

जीव को ज्ञानस्वरूप और ज्ञानाश्रय दोनों मानना उचित नहीं। यदि जीव ज्ञानस्वरूप है तो वह धर्मभूतज्ञान का आश्रय कैसे हो सकता है ? पुनश्च, यह मानना कि ज्ञान स्वयं को और विषय को प्रकाशित करता है, किन्तु उनका ज्ञान नहीं कर सकता, उतना ही हास्यास्पद है जितना सांख्य का यह कथन कि प्रकृति विविध व्यञ्जन बनाना जानती है, किन्तु उन्हें खाना नहीं जानती। प्रकाश और ज्ञान एक ही है। शुद्ध-ज्ञान और शुद्ध ज्ञाता में कोई अन्तर नहीं है।

नित्य-मुक्त और मुक्त जीवों का भेद भी तर्क-सिद्ध नहीं है।

पुनश्च, बन्धन का कारण कर्म है। यदि कर्मवाद बन्धनहेतु है तो चेतन जीव कर्म करता ही क्यों है ? जीव का कर्म के साथ सम्बन्ध अनादि माना है। तब यह भी अनादि अविद्या का ही कार्य है।

पुनश्च, यदि भक्ति प्रपत्ति तथा उपासना है और पराभक्ति इनकी पराकाष्ठा है जो दर्शनाकार या साक्षात्कार रूप है, तो पराभक्ति और परज्ञान में कोई अन्तर नहीं है। फिर स्पष्ट रूप से इसे स्वीकार करने में क्या आपत्ति है ?

---

१. माण्डूक्य-कारिका-भाष्य, ४, १२

२. इण्डियन फ़िलॉसॉफ़ी, भाग २, द्वि० सं० पृ० ७२०

नवदश अध्याय

वेदान्त के अन्य सम्प्रदाय

१. मध्व-वेदान्त दर्शन

आचार्य मध्व को आनन्दतीर्थ और पूर्णप्रज्ञ भी कहते हैं। इनका जन्म ११९७ ई॰ में हुआ और इन्होंने ७९ वर्षों की आयु भोगी। ये वायु के अवतार माने जाते हैं। इनके सम्प्रदाय का नाम 'ब्रह्म सम्प्रदाय' भी है। इनके ३७ ग्रन्थ हैं जिनमें ब्रह्मसूत्रभाष्य या मध्वभाष्य, अनुव्याख्यान, गीता-भाष्य, कुछ उपनिषद्-भाष्य, भागवत-तात्पर्य-निर्णय, महाभारत-तात्पर्य-निर्णय, विष्णुतत्त्व-निर्णय और तत्त्वोद्योत प्रसिद्ध हैं। जयतीर्थ (१४वीं शती) और व्यासतीर्थ (१५वीं शती) माध्व-मत के प्रकाण्ड विद्वान् हैं। जयतीर्थ ने मध्वभाष्य पर तत्त्वप्रकाशिका टीका और अनुव्याख्यान पर न्यायसुधा टीका एवं प्रमाणपद्धति नामक मौलिक ग्रन्थ की रचना की है। व्यासतीर्थ ने तत्त्वप्रकाशिका पर तात्पर्यचन्द्रिका टीका लिखी है तथा न्यायामृत और तर्कताण्डव उनके सुप्रसिद्ध ग्रन्थ हैं। न्यायामृत ने द्वैत-अद्वैत सम्प्रदायों में तर्कयुद्ध की अवतारणा की जो वर्षों तक चला और जिसके कारण दोनों सम्प्रदायों में उद्भट दार्शनिक साहित्य का खण्डन-मण्डन के रूप में सर्जन हुआ। न्यायामृत का खण्डन मधुसूदन सरस्वती ने अद्वैतसिद्धि में किया। इसका उत्तर रामाचार्य ने अपनी न्यायामृततरङ्गिणी टीका में दिया जिसका खण्डन ब्रह्मानन्द सरस्वती ने अद्वैतसिद्धि पर अपनी अद्वैतचन्द्रिका (गौड ब्रह्मानन्दी) टीका में किया।

मध्वाचार्य उग्र द्वैतवादी हैं तथा अमिश्रित द्वैत के पोषक हैं। वे शङ्कराचार्य के अद्वैतवाद के परम शत्रु हैं। अद्वैतवाद या मायावाद को वे बौद्ध शून्यवाद का विकृत औपनिषद संस्करण मानते हैं। उनके अनुसार मायावादी का ब्रह्म और शून्यवादी का शून्य एक ही है।[1] अद्वैतियों को वे 'मायि-दानव' (मायावाले दैत्य) कहते हैं जो अज्ञानान्धकार में उछलकूद मचाते हैं और तर्कागमयुक्त द्वैत-सूर्य के उदय होने पर भाग जाते हैं, जिस प्रकार सर्वज्ञ शंख-चक्रयुक्त हरि के आने पर दानव भाग जाते हैं।[2]

मध्व-दर्शन में पदार्थों की संख्या दस है— द्रव्य, गुण, कर्म, सामान्य, विशेष, विशिष्ट, अंशी, शक्ति, सादृश्य और अभाव। द्रव्य बीस हैं— परमात्मा, लक्ष्मी, जीव, अव्याकृत आकाश, प्रकृति, त्रिगुण, महत्, अहङ्कार, बुद्धि, मनस्, तन्मात्र, भूत, ब्रह्माण्ड, अविद्या, वर्ण, अन्धकार, वासना, काल और प्रतिबिम्ब। गुण अनेक हैं जिनमें वैशेषिक गुणों के अतिरिक्त शम, दम,

---

१ यच्छून्यवादिनः शून्यं तदेव ब्रह्म मायिनः।

२. पलायध्वं पलायध्वं त्वरया मायिदानवाः।

सर्वज्ञो हरिरायाति तर्कागमदरारिभृत्।। —तत्त्वोद्योत, पृ. २४५

कृपा, तितिक्षा, बल, लज्जा, सौन्दर्य, गाम्भीर्य, शौर्य, औदार्य आदि मानसिक गुण भी समाविष्ट हैं। कर्म तीन प्रकार का है— विहित, निषिद्ध और उदासीन। उदासीन कर्म परिस्पन्दात्मक है जिसमें वैशेषिक के पंचविध कर्मों के अतिरिक्त अनेक कर्म सम्मिलित हैं। नित्य और अनित्य एवं जाति और उपाधिभेद से सामान्य दो प्रकार का माना गया है। भेदाभाव होने पर भी भेदव्यवहार का निर्वाह करने वाले पदार्थ को विशेष कहते हैं और ये विशेष अनन्त होते हैं।[१] विशेष जगत् के समस्त पदार्थों में रहते हैं। परमात्मा में भी विशेष के कारण भेद प्रतिपाद्य हैं। विशेषण से संयुक्त पदार्थ विशिष्ट होता है। समस्तावयवविशिष्ट पदार्थ को अंशी कहते हैं। शक्ति चार प्रकार की होती है : (१) अचिन्त्य शक्ति जो भगवान् की अघटित-घटना-पटीयसी अलौकिक शक्ति है; (२) सहजशक्ति या कारण-शक्ति जो सभी पदार्थों में रहती है और पदार्थभेद से नित्य और अनित्य होती है तथा कार्यानुकूलस्वभावस्वरूप होती है; (३) आधेयशक्ति जो किसी वस्तु में किसी विशेष प्रक्रिया द्वारा स्थापित की जाती है, जैसे मूर्ति में मन्त्रों द्वारा प्रतिष्ठित देव-शक्ति; और (४) पदशक्ति जो वाचक-वाच्य सम्बन्धरूपी शब्दशक्ति है तथा मुख्या और परममुख्या भेद से दो प्रकार की होती है। सादृश्य भी भिन्न-भिन्न होता है। अभाव, न्याय के समान, चार प्रकार का माना गया है—प्रागभाव, ध्वंसाभाव, अत्यन्ताभाव और अन्योन्याभाव। अन्योन्याभाव भेदस्वरूप है और भेद सब वस्तुओं का स्वरूप माना गया है।

परमात्मा साक्षात् विष्णु भगवान हैं। वे समस्त कल्याणगुणसम्पन्न हैं। भगवान् के गुण अनन्त हैं और प्रत्येक गुण पूर्ण, निरवधि और निरतिशय है। भगवान् उत्पत्ति, स्थिति, संहार, नियमन, आवरण, ज्ञान, बन्ध और मोक्ष इन आठों के कर्ता हैं। वे सर्वज्ञ हैं। समस्त पद परममुख्या वृत्ति से भगवान् के ही वाचक हैं। वे जड़ पदार्थों, प्रकृति और जीवों से सर्वथा भिन्न हैं। वे परम स्वतन्त्र हैं। उनका शरीर ज्ञान और आनन्द आदि कल्याण गुणों से निर्मित हैं, अतः शरीरी होने पर भी वे नित्य, परिपूर्ण और स्वतन्त्र हैं। वे एक हैं, किन्तु नाना रूप और अवतार ग्रहण कर सकते हैं तथा उनके ये रूप और अवतार भी परिपूर्ण होते हैं।

लक्ष्मी भगवान की शक्ति हैं, उनसे भिन्न हैं और केवल उन्हीं के अधीन हैं। परमात्मा के समान लक्ष्मी भी नित्यमुक्त और अप्राकृतदिव्यदेहसम्पन्न हैं एवं देश-काल में व्यापक हैं। किन्तु लक्ष्मी गुणों में भगवान् से न्यून हैं।

बद्ध जीव अज्ञान, मोह, दुःख, भय आदि दोषों से युक्त होते हैं। ये मुख्यतः तीन प्रकार के होते हैं—मुक्तियोग्य, नित्यसंसारी तथा तमोयोग्य। मुक्तियोग्य जीव देव, ऋषि, पितृ, चक्रवर्ती सम्राट् और उत्तम मानव होते हैं। नित्यसंसारी जीव अपने कर्मानुसार स्वर्ग के सुख, मर्त्यलोक के सुख-दुःख भोगते रहते हैं। ये मध्यम कोटि के मानव हैं। तमोयोग्य जीव दानव, राक्षस, पिशाच और अधम मनुष्य होते हैं। ये कभी मुक्त नहीं हो सकते। ये नित्य अभिशप्त हैं। जीव अणुपरिमाण होते हैं एवं उनका ज्ञान सङ्कोचविकासशील होता है। जीव अनेक हैं और परस्पर भिन्न हैं। जीवों में गुणों का तारतम्य संसारावस्था में तो है ही, किन्तु मुक्तावस्था में भी बना रहता है।

---

१. भेदाभावेऽपि भेदव्यवहारनिर्वाहका अनन्ता एव विशेषाः। मध्वसिद्धान्तसार, पृ. ७

प्रकृति साक्षात् या परम्परया विश्व का उपादानकारण है।[१] यह जड़ और नित्य है। नित्य होते हुये परिणामी भी है। इसे भगवान् की माया नामक सहचरी भी कहा गया है। ईश्वर जगत् का निमित्तकारण है। प्रकृति जगत् का उपादानकारण है। प्रकृति ईश्वर की 'इच्छा' या 'शक्ति' है।[२] यह जगत् के सारे बन्धनों का कारण है। सब प्राणियों के लिङ्गशरीर (सूक्ष्मशरीर) प्रकृति से ही निर्मित होते हैं। प्रकृति तीनों गुणों का उपादान है। मध्व-मत भी शुद्धसत्त्व की सत्ता स्वीकार करता है जिससे मुक्त जीवों के शरीर निर्मित होते हैं।

रामानुज के समान मध्व भी प्रत्यक्ष, अनुमान और आगम, ये तीन प्रमाण स्वीकार करते हैं। परमात्मा, जो हरि, विष्णु, नारायण, वासुदेवादि नामों से जाने जाते हैं, केवल आगम-गम्य हैं; तथा पूर्व एवं उत्तर मीमांसा सम्मिलित रूप से एक ही शास्त्र हैं। मीमांसक के समान मध्व भी वेद को अपौरुषेय और ईश्वर को वेद का 'महोपाध्याय' (महान् उपदेशक) स्वीकार करते हैं। मध्व भी स्वत:प्रामाण्यवाद को मानते हैं और यह स्वीकार करते हैं कि प्रत्येक ज्ञान एक साथ ज्ञाता और ज्ञेय को दो भिन्न स्वतन्त्र सत् के रूप में प्रकाशित करता है।

मध्व भेद को वस्तुओं का स्वरूप मानते हैं। यह जगत् सत्य है और प्रत्येक पदार्थ अन्य सब पदार्थों से सर्वथा भिन्न है। मध्वाचार्य ने पञ्चविध नित्य भेद स्वीकार किये हैं जिनके ज्ञान को वे मोक्ष-साधक मानते हैं। ये पाँच भेद इस प्रकार हैं—(१) ईश्वर और जीव का भेद, (२) जीव और जीव का भेद, (३) ईश्वर और जड़ का भेद, (४) जड़ और जड़ का भेद एवं (५) जीव और जड़ का भेद।[३] मध्व का भेद पर इतना दुर्निवार आग्रह है कि उन्होंने मुक्त जीवों में भी ज्ञान और आनन्द के तारतम्य रूपी भेद को स्वीकार किया है। मध्वमत के अतिरिक्त किसी अन्य भारतीय दर्शन में यह भेद स्वीकृत नहीं है। मोक्ष भगवत्कृपा से ही सम्भव है और भक्ति से ही भगवान् प्रसन्न होते हैं। भगवान् के प्रति ज्ञानपूर्वक अनन्य स्नेह ही भक्ति है।[४] रामानुज के समान मध्व भी भक्ति को उपासना या ध्यानरूप मानते हैं और ध्यान को इतर विषयों के तिरस्कारपूर्वक भगवान् की अखण्ड स्मृति बताते हैं।[५] भगवान् के अपरोक्ष ज्ञान से उनमें अनन्य भक्ति उत्पन्न होती है और तब भगवान् के परम अनुग्रह से मोक्ष प्राप्त होता है। मुक्त जीवों में भी ज्ञानानन्दगुणों का तारतम्य बना रहता है। मुक्त जीवों का आनन्द भोग चार प्रकार का होता है—(१) सालोक्य या भगवान् के साथ वैकुण्ठ लोक में निवास करना; (२) सामीप्य या भगवान् के समीप रहना; (३) सारूप्य या भगवान् के समान रूप धारण करना; और (४) सायुज्य या भगवान् के शरीर में प्रवेश करके उनके

---

१. साक्षात् परम्परया वा विश्वस्योपादानं प्रकृतिः।

२. हरेरिच्छाऽथवा बलम्।

३. जगत्प्रवाहः सत्योऽयं पञ्चभेदसमन्वितः।
जीवेशयोर्भिदा चैव जीवभेदः परस्परम्।
जडेशयोर्जडानाञ्च जडजीवभिदा तथा।। महाभारततात्पर्यनिर्णय, १, ६९-७०

४. ज्ञानपूर्वपरस्नेहो नित्यो भक्तिरितीयति। —वहीं, १, १०७

५. ध्यानं चेतरतिरस्कारपूर्वकं भगवद्विषयाऽखण्डस्मृतिः। मध्वसिद्धान्तसार, पृ. १३९

शरीर से आनन्द का भोग करना।[१] यह सर्वश्रेष्ठ मोक्ष है, किन्तु इसमें भी तारतम्य बना रहता है।[२]

रामानुज के समान मध्व भी ईश्वर, जीव और प्रकृति को नित्य तत्त्व मानते हैं जिनमें ईश्वर स्वतन्त्र है और अन्य दोनों ईश्वर-परतन्त्र हैं। ईश्वर अनन्तकल्याणगुणसम्पन्न और परिपूर्ण है। ज्ञान, आनन्द आदि गुण उनका शरीर है और उनका स्वरूप है। वे व्यूह, अवतार आदि अनेक रूप धारण करते हैं। लक्ष्मी उनकी दिव्य भार्या हैं और उन्हीं के समान अप्राकृतदेहधारिणाी हैं तथा नित्यमुक्त एवं व्यापक हैं। जीव अनेक हैं, अणुपरिमाण हैं, कर्म और प्राकृत शरीर-बन्ध के कारण संसरणशील हैं। जीव कर्ता, ज्ञाता, भोक्ता है, किन्तु ईश्वर द्वारा नियम्य है। मोक्ष का साधन भक्ति है। भक्ति उपासना या ध्यानरूपा भगवान् की अखण्ड स्मृति है। इन सब विचारों में मध्व रामानुज से सहमत हैं जिनके दर्शन का मध्व पर पर्याप्त प्रभाव पड़ा है। किन्तु मध्व और रामानुज के दर्शन में कई महत्त्वपूर्ण भेद भी हैं जिन्हें जान लेना चाहिये। (१) मध्व द्वैतवादी हैं और रामानुज के विशिष्टाद्वैत को नहीं मानते। रामानुज के लिये अद्वैत मुख्य और द्वैत गौण है क्योंकि भेद सदा अभेद का विशेषण बनकर रहता है। मध्व के लिये भेद विशेषण या गौण नहीं है, अपितु मुख्य है और वस्तुओं का स्वरूप है। (२) मध्व रामानुज के अपृथक्सिद्धि सम्बन्ध को नहीं मानते। वे इस सम्बन्ध को 'विशेषों' द्वारा सिद्ध मानते हैं। किसी भी द्रव्य के गुणों में भी 'विशेष' होते हैं और गुण भी, द्रव्य के समान सत् होते हैं। अतः मध्व जीव और जगत् को ईश्वर का शरीर नहीं मानते। जीव और जगत् विशेषण या गौण नहीं हैं। वे तात्त्विक और मुख्य हैं। ईश्वर-परतन्त्र होने से उनकी सत्ता पर कोई आँच नहीं आती। वे परस्पर भिन्न हैं और ईश्वर से तो नितान्त भिन्न हैं, अतः वे ईश्वर का शरीर नहीं हो सकते। (३) रामानुज के अनुसार जीवों में गुणगत भेद नहीं है, केवल संख्या भेद है; मध्व के अनुसार जीवों में गुणगत भेद हैं जो बन्धन तथा मोक्ष दोनों अवस्थाओं में विद्यमान रहते हैं। कोई भी दो जीव समान नहीं हो सकते। (४) अतः मध्व के अनुसार मुक्त जीवों में गुणों का तारतम्य बना रहता है। रामानुज के अनुसार यह असम्भव है। (५) मध्व ईश्वर को जगत् का निमित्तकारण और प्रकृति को उपादान कारण मानते हैं; रामानुज ईश्वर को जगत् का अभिन्ननिमित्तोपदानकारण मानते हैं। (६) रामानुज मुक्त जीव को 'ब्रह्म-प्रकार' (ब्रह्मसमान) मानते हैं और मुक्त जीव भी, ब्रह्म के द्वारा, ब्रह्म की सर्वज्ञता और अखण्ड आनन्द का अनुभव करते हैं। मध्व मुक्त जीवों को भी ब्रह्म के समान न मानकर ब्रह्म से भिन्न मानते हैं तथा परस्पर भी भिन्न मानते हैं तथा उनमें ज्ञान और आनन्द आदि गुणों के तारतम्य की कल्पना करते हैं। (७) मध्व के अनुसार दानव, राक्षस, पिशाच और अधम मनुष्यों को कभी भी मोक्ष प्राप्त नहीं हो सकता। ये नित्य अभिशप्त हैं और इनमें मोक्षप्राप्ति की आत्यन्तिक अयोग्यता है। मध्व की यह कल्पना, जैन मत के एक सम्प्रदाय को छोड़कर, अन्य किसी भारतीय दर्शन में नहीं मिलती।

---

१. सायुज्यं नाम भगवन्तं प्रविश्य तच्छरीरेण भोगः।

२. मुक्ताः प्राप्य परं विष्णुं तद्देहं संश्रिता अपि।
तारतम्येन तिष्ठन्ति गुणैरानन्दपूर्वकैः।। मध्वगीताभाष्य।

मध्व के अनुयायियों में जयतीर्थ और व्यासतीर्थ की गणना द्वन्द्वात्मक तर्ककौशल का प्रदर्शन करने वाले मूर्धन्य भारतीय दार्शनिकों में की जाती है। व्यासतीर्थ और मधुसूदन सरस्वती के तर्कयुद्ध के कारण[१] द्वैत और अद्वैत सम्प्रदायों में खण्डन-मण्डनात्मक उत्कृष्ट दार्शनिक साहित्य का सर्जन हुआ। मायावाद या मिथ्यात्व का खण्डन अद्वैतेतर वेदान्तियों का प्रिय विषय रहा है। द्वैतियों ने भी इस खण्डन में प्रायः रामानुज और वेदान्तदेशिक के तर्कों का प्रयोग किया है और अद्वैतियों की ओर से इस खण्डन का उत्तर भी उसी प्रकार दिया जाता है।[२] श्रीहर्ष और चित्सुख ने 'भेद' का सब दृष्टियों से मार्मिक खण्डन किया है। जयतीर्थ और व्यासतीर्थ ने इस खण्डन का उत्तर देने का और 'भेद' को सिद्ध करने का प्रयास किया है जिसका पुनः खण्डन मधुसूदन सरस्वती ने एवं उनके समकालीन नृसिंहाश्रम मुनि ने किया है। डॉ॰ सुरेन्द्रनाथ दास गुप्त को भी, जो जयतीर्थ और व्यासतीर्थ के परम प्रशंसक हैं तथा जिनके अनुसार "जयतीर्थ और व्यासतीर्थ द्वारा प्रदर्शित प्रखर द्वन्द्वात्मक तर्क का कौशल और गहराई समूचे भारतीय चिन्तन के क्षेत्र में लगभग अप्रतिम है",[३] यह स्वीकार करना पड़ा है कि "चित्सुख ने तत्त्वप्रदीपिका में, नृसिंहाश्रम मुनि ने भेदधिक्कार में तथा अन्य अद्वैतियों ने भेद के खण्डन में जिन तर्कों का प्रयोग किया है उनके आगे मध्वानुयायियों के भेद के प्रतिरक्षण के लिये प्रयुक्त तर्क दुर्बल प्रतीत होते हैं ... व्यासतीर्थ अद्वैतियों के तर्कों का सीधा सामना करने का प्रयास नहीं करते।"[४]

२. निम्बार्क-वेदान्त दर्शन

निम्बार्क सम्प्रदाय को वैष्णव मत का 'सनक-सम्प्रदाय' कहा जाता है तथा निम्बार्क को सुदर्शनचक्र का अवतार माना जाता है। आचार्य निम्बार्क का नाम नियमानन्द था और वे तैलङ्ग (तेलुगु) ब्राह्मण थे। उनका दर्शन द्वैताद्वैत या भेदाभेद के नाम से प्रसिद्ध है। भारतीय दर्शन में भेदाभेदवाद अत्यन्त प्राचीन है। बादरायण से भी पूर्व के आचार्यों में औडुलोमि और आश्मरथ्य, तथा शङ्कर-पूर्व के आचार्यों में भर्तृप्रपञ्च; एवं शङ्करोत्तर आचार्यों में भास्कर और यादव प्रसिद्ध भेदाभेदवादी आचार्य हुये हैं। निम्बार्काचार्य ने इन आचार्यों के मत को पुनरुज्जीवित किया है एवं वे रामानुजाचार्य से भी अत्यन्त प्रभावित हैं तथा उनसे बहुत कुछ ग्रहण किया है। निम्बार्क के समय के विषय में विद्वानों में मतैक्य नहीं है, किन्तु यह निर्विवाद है कि वे रामानुज के बाद हुये। कुछ विद्वान् 'मध्व-मुख-मर्दन' नामक ग्रन्थ को निम्बार्क की कृति मानते हैं। माधवाचार्य (१४वीं शती) ने अपने 'सर्वदर्शनसङ्ग्रह' में निम्बार्क-मत का निरूपण नहीं किया है। इन आधारों पर निम्बार्क का समय १४वीं शती का मध्य या उसके आसपास मानना उचित होगा। निम्बार्क की कृतियों में ब्रह्मसूत्र पर वेदान्तपारिजातसौरभ नामक

---

१. देखिये पीछे पृ. २८२-८३

२. देखिये पीछे पृ. ३०९-१४

३. ए हिस्ट्री ऑफ़ इन्डियन फ़िलॉसोफ़ी, भाग ४, प्राक्कथन, viii

४. वहीं, पृ. १७९-१८०

लघुकाय-भाष्य, दशश्लोकी, श्रीकृष्णस्तवराज (२५ श्लोक) प्रसिद्ध हैं। निम्बार्क के शिष्य श्रीनिवासाचार्य ने निम्बार्क के ब्रह्मसूत्रभाष्य पर वेदान्तकौस्तुभ नामक व्याख्या लिखी है जिस पर केशवभट्ट काश्मीरी की कौस्तुभप्रभा नामक विस्तृत टीका है। पुरुषोत्तम की, दशश्लोकी पर, वेदान्तरत्नमञ्जूषा नामक टीका तथा स्तवराज पर श्रुत्यन्तसुरद्रुम नामक व्याख्या है। माधव मुकुन्द का पर-पक्ष-गिरि-वज्र या हार्दसञ्चय नामक प्रसिद्ध खण्डनात्मक ग्रन्थ है।

श्री निम्बार्काचार्य श्रीराधाकृष्ण की माधुर्योपासना को दार्शनिक सम्प्रदाय के रूप में प्रतिष्ठित करने वाले प्रथम वैष्णवाचार्य हैं। उन्होंने श्रीराधा को 'परा श्री' या 'पराह्लादिनी-शक्ति' के रूप में श्रीकृष्ण के वामाङ्ग में प्रतिष्ठित किया है। प्रेम और त्याग का चरम उत्कर्ष गोपीभाव में है और गोपीभाव की पराकाष्ठा राधाभाव है। श्रीराधा को परमानन्दस्वरूपिणी, वृन्दावनेश्वरी, रासेश्वरी, और रसिकेश्वरी कहा जाता है। वृषभानुजा श्रीराधा श्रीकृष्ण के वामाङ्ग में सानन्द विराजमान हैं, सहस्त्रों सखियों से सेवित हैं तथा सब कामनाओं को पूर्ण करने वाली हैं।[१] श्री राधा ने अपनी आराधना से, अपने अनन्य प्रेम से, दुराराध्य श्रीकृष्ण को भी वश में कर लिया है।[२]

निम्बार्क भी, रामानुज के समान, चित् अचित् और ईश्वर इन तीन तत्त्वों को मानते हैं और उनके दर्शन में इनका स्वरूप भी प्रायः रामानुज-सम्मत स्वरूप के अनुरूप है। चित् या जीव एक साथ ज्ञानस्वरूप भी हैं और ज्ञानाश्रय भी हैं। शुद्ध चैतन्य जीव का स्वरूप भी है और ज्ञाता होने के कारण जीव ज्ञान का आश्रय भी है। ज्ञान स्वरूपभूत और धर्मभूत दोनों है। द्रव्यात्मक एवं गुणात्मक ज्ञान में धर्मिधर्मभाव सम्बन्ध है। यह भेदाभेदरूप है। ज्ञानाकारतया दोनों अभिन्न हैं; धर्मिधर्मभाव से दोनों भिन्न भी हैं, जिस प्रकार सूर्य एक साथ प्रकाशमय भी है और प्रकाश का आश्रय भी है। जीव ज्ञाता, कर्ता और भोक्ता है। जीव नित्य चेतन द्रव्य है, अणुपरिमाण है, और संख्या में अनेक हैं। नित्य होते हुये भी वह ईश्वर पर सर्वथा आश्रित है और ईश्वर द्वारा नियम्य है।[३] अविद्या और कर्म के कारण शरीरयुक्त होकर जीव जन्ममरणचक्र में संसरण करता है। मोक्षदशा में भी जीव ईश्वराधीन रहता है। ईश्वर के प्रसाद से जीव को अपने स्वरूप का ज्ञान होता है। ईश्वर निश्छल भक्ति से ही प्रसन्न होते हैं। जीव ईश्वर का अंश है। अंश से तात्पर्य अंग या अवयव से नहीं है, अपितु शक्तिरूप से है।[४] ईश्वर सर्वशक्तिमान् है और जीव शक्तिरूप है।

अचित् या अचेतन तीन प्रकार का है : (१) अप्राकृत, जिससे दिव्य लोक और दिव्य शरीर निर्मित होते हैं। यह शुद्धसत्त्व या नित्यविभूति के समान है, (२) प्राकृत, या महत्तत्त्व से लेकर पञ्चभूत तक त्रिगुणात्मक प्रकृति से उत्पन्न जगत्; और (३) काल। यह विभाग

---

१. अङ्गे तु वामे वृषभानुजां मुदा विराजमानामनुरूपसौभगाम्।
सखीसहस्रैः परिसेवितां सदा स्मरेम देवीं सकलेष्टकामदाम्।। —दशश्लोकी, ५

२. श्रीराधाष्टक, ३

३. ज्ञानस्वरूपं च हरेरधीनं शरीरसंयोगवियोगयोग्यम्।
अणुं हि जीवं प्रतिदेहभिन्नं ज्ञातृत्ववन्तं यदनन्तमाहुः।। —दशश्लोकी, १

४. अंशो हि शक्तिरूपो ग्राह्यः।

रामानुज के शुद्धसत्त्व, मिश्रसत्त्व और सत्त्वशून्य के समान है।

ईश्वर परब्रह्म हैं और सगुण हैं। वे स्वभाव से ही समस्त दोषों (अविद्या, अस्मिता, आदि) से रहित हैं और ज्ञान, आनन्द, बल आदि समस्त कल्याणगुणों के निधान हैं। वे चतुर्व्यूहों में तथा अवतारों में अभिव्यक्त होने वाले अङ्गी हैं। वे परम वरेण्य नारायण, हरि या कृष्ण हैं जिनके अनुग्रह से जीव को अपने स्वरूप का ज्ञान होता है।[1] इस समस्त चिदचिद्रूप विश्व के भीतर और बाहर व्याप्त होकर भगवान् नारायण स्थित हैं।[2] चित् और अचित् सर्वशक्तिमान ईश्वर के शक्तिरूप अंश हैं। ईश्वर इस जगत् का निमित्त और उपादान कारण है। कर्म का स्वामी और जीवों का नियन्ता होने के कारण वह सृष्टि का निमित्त कारण है क्योंकि वह अपनी इच्छा से सृष्टि करता है जिससे जीव अपने कर्म-फलों का भोग कर सके। वह सृष्टि का उपादान कारण भी है क्योंकि सृष्टि उसकी चित् तथा अचित् शक्तियों की अभिव्यक्ति है तथा यह अभिव्यक्ति उसकी शक्तियों का तात्त्विक परिणाम है। ईश्वर और चिदचिद्रूप विश्व में स्वाभाविक भेदाभेद सम्बन्ध है। यदि यह विश्व ईश्वर से सर्वथा अभिन्न होता तो ईश्वर में इस विश्व की अपूर्णता, अज्ञान, दुःख आदि की स्थिति अपरिहार्य हो जाती और यदि यह विश्व ईश्वर से सर्वथा भिन्न होता तो यह ईश्वर की सत्ता को सीमित कर देता तथा ईश्वर द्वारा नियाम्य नहीं होता। स्वतन्त्रसत्ता का अभाव होने के कारण चित् और अचित् ईश्वर से भिन्न नहीं हैं; परतन्त्रसत्ता का भाव होने के कारण चित् और अचित् ईश्वर से भिन्न हैं क्योंकि ये ईश्वर के अधीन और ईश्वर द्वारा नियाम्य हैं एवं ईश्वर स्वतन्त्र नियन्ता है। जीव और ईश्वर में स्वाभाविक भेदाभेद सम्बन्ध है। मुक्तावस्था में जीव ज्ञानानन्दानुभव में भगवद्भावापन्न होने के कारण भगवान् से अभिन्न है, किन्तु अपने अणुरूप में स्थित होने के कारण एवं ईश्वर द्वारा नियम्य होने के कारण उनसे भिन्न भी है। तत्त्वमसि महावाक्य में 'तत्' पद स्वतन्त्र व्यापक ब्रह्म का वाचक है तथा 'त्वम्' पद नियम्य जीव का वाचक है एवं 'असि' का तात्पर्य उनके भेदाभेद प्रदर्शन में है—सूर्य और प्रकाश के समान, अग्नि और स्फुलिङ्ग के समान, दोनों भिन्न और अभिन्न हैं।

निम्बार्क-मत और रामानुज-मत में मुख्य भेद ये हैं—(१) रामानुज विशिष्टाद्वैती हैं; निम्बार्क भेदाभेद या द्वैताद्वैतवादी हैं। रामानुज के अनुसार भेद गौण है, विशेषण है और अभेद मुख्य है तथा विशेष्य हैं; निम्बार्क के अनुसार भेद और अभेद दोनों पृथक्-पृथक् तथा समान रूप से सत्य हैं। (२) रामानुज के अनुसार चिदचिद्रूप विश्व ईश्वर का विशेषण है। निम्बार्क इसे स्वीकार नहीं करते। उनके अनुसार विशेषण का कार्य विशिष्ट वस्तु को अन्य वस्तुओं से भिन्न सिद्ध करना अथवा उस वस्तु पर प्रकाश डालना होता है। यथा, 'दाशरथि राम' में 'दाशरथि' (दशरथ-पुत्र) विशेषण राम को बलराम और परशुराम से भिन्न बताता है एवं उन्हें कौसल्या-सुत, भरतादि के भाई, सीतापति, रावणादि राक्षसों का वध करने वाले एवं

---

१. स्वभावतोऽपास्तसमस्तदोषमशेषकल्याणगुणैकराशिम्।
व्यूहाङ्गिनं ब्रह्म परं वरेण्यं ध्यायेम कृष्णं कमलेक्षणं हरिम्।। —दशश्लोकी, ४

२. अन्तर्बहिश्च तत् सर्वं व्याप्य नारायणः स्थितः।

रामराज्य के प्रतिष्ठापक के रूप में प्रकाशित करता है। ईश्वर से भिन्न सजातीय या विजातीय तत्त्व के अभाव में चिदचिद् विशेषण विशिष्ट ईश्वर को न तो किसी से भिन्न बता सकते हैं और न उसके स्वरूप को प्रकाशित करते हैं। (३) रामानुज चिदचिद् को ईश्वर का शरीर और ईश्वर को शरीरी मानते हैं। निम्बार्क ईश्वर में शरीर और शरीरी का भेद नहीं मानते। वे चिदचित् को ईश्वर का शरीर नहीं स्वीकार करते। चिदचित् को ईश्वर का शरीर मानने पर विश्व की अपूर्णता, अज्ञान, विकार, दुःख आदि दोषों को ईश्वर में स्थित मानना पड़ेगा। यह नहीं हो सकता कि ईश्वर का शरीर अज्ञान, दुःख, विकार आदि दोषों को भोगता रहे और ईश्वर का आत्मा नित्य ज्ञान और आनन्द आदि गुणों का उपभोग करता रहे। अतः निम्बार्क चिदचित् को ईश्वर का शरीर नहीं मानकर उन्हें ईश्वर के शक्तिरूप अंश मानते हैं। ईश्वर सर्वशक्तिमान अंशी है और चिदचित् उसके शक्तिरूप अंश हैं। 'अंश' पद यहाँ अवयव या अङ्ग का वाचक न होकर शक्ति का वाचक है।

३. वल्लभ-वेदान्त दर्शन

श्रीवल्लभाचार्य (१४७८-१५३०) सोमयाजी कुल के तैलङ्ग ब्राह्मण श्री लक्ष्मण भट्ट के पुत्र थे। परम्परानुसार इन्होंने रुद्र सम्प्रदाय के प्रर्वतक विष्णुस्वामी के मत का अनुसरण तथा विकास करके अपना शुद्धाद्वैत मत या पुष्टिमार्ग प्रतिष्ठित किया। ये अग्नि के अवतार माने जाते हैं। इनके जीवन का अधिकांश समय काशी, अरैल (प्रयाग) और वृन्दावन में व्यतीत हुआ। जब इनके माता-पिता मुसलमानों के आक्रमण के भय से काशी छोड़कर दक्षिण की ओर जा रहे थे तब मार्ग में मध्य प्रदेश के रायपुर नगर के पास चम्पारण्य में एक वृक्ष के नीचे सन् १४७८ में ये सातवें मास में माता के गर्भ से मुक्त हुये। ५२ वर्ष की आयु में सन् १५३० में संन्यस्त दशा में इन्होंने काशी में हनुमानघाट पर गङ्गा में प्रविष्ट होकर जल-समाधि ले ली। श्री वल्लभाचार्य के सुप्रसिद्ध ग्रन्थ हैं—ब्रह्मसूत्र पर अणुभाष्य, श्रीमद्भागवत पर (प्रथम, द्वितीय, तृतीय और दशम स्कन्धों पर उपलब्ध) सुबोधिनी टीका, और तत्वार्थदीपनिबन्ध। आचार्यपुत्र गोस्वामी श्री विट्ठलनाथ का विद्वन्मण्डन प्रौढ़ ग्रन्थ है। आचार्य के अणुभाष्य पर गोस्वामी श्री पुरुषोत्तम का प्रौढ़ पाण्डित्यपूर्ण भाष्यप्रकाश है जिस पर गोपेश्वर महाराज की रश्मि नामक टीका है। श्री पुरुषोत्तम गोस्वामी का सुबोधिनी पर सुबोधिनी-प्रकाश तथा विद्वन्मण्डन पर सुवर्णसूत्र नामक विवृत्ति प्रसिद्ध हैं। गिरिधर महाराज का शुद्धाद्वैतमार्तण्ड और श्री बालकृष्ण भट्ट का प्रमेयरत्नार्णव इस सम्प्रदाय के अन्य प्रख्यात ग्रन्थ हैं।[१]

---

१. श्री वल्लभाचार्य के तत्त्वार्थदीपनिबन्ध (शास्त्रार्थप्रकरण) का आचार्य की संस्कृत टीका सहित प्रामाणिक हिन्दी अनुवाद एवं अपनी विशद हिन्दी व्याख्या सहित कुशल सम्पादन पं. केदारनाथ मिश्र ने किया है। पं. मिश्र ने श्री बालकृष्ण भट्ट के प्रमेयरत्नार्णव का भी शुद्ध हिन्दी अनुवाद सहित सम्पादन किया है। ये दोनों ग्रन्थ वाल्लभ दर्शन के जिज्ञासुओं के लिये अत्यन्त उपादेय हैं। दोनों ग्रन्थ वाराणसी से प्रकाशित हुए हैं।

वल्लभसम्प्रदाय शुद्धाद्वैत या पुष्टिमार्ग कहलाता है। शुद्धाद्वैत का विग्रह षष्ठीतत्पुरुष और कर्मधारय दोनों प्रकार के समासों से किया जा सकता है। षष्ठीतत्पुरुष समास के अनुसार शुद्धाद्वैत का अर्थ है—शुद्धयोः अद्वैतम्, अर्थात् शुद्ध जगत् और जीव का ब्रह्म से अद्वैत; जगत् और जीव शुद्ध ब्रह्म के ही रूप हैं और ब्रह्म से अभिन्न हैं। कर्मधारय समास के अनुसार शुद्धाद्वैत का अर्थ है—शुद्धं च तत् अद्वैतम् अर्थात् शुद्ध ब्रह्म ही अद्वैत तत्त्व है;[1] शुद्ध का अर्थ है मायासम्बन्धरहित[2] और अद्वैत का अर्थ है सजातीय-विजातीय-स्वगत-द्वैतवर्जित।[3] शाङ्करवेदान्त द्वारा अभिमत भ्रान्तिरूपा सदसदनिर्वचनीया माया ब्रह्म का स्पर्श भी नहीं कर सकती। इस प्रकार की कल्पित माया से ब्रह्म का कोई सम्बन्ध नहीं है। अतः ब्रह्म मायाकलुषित न होकर शुद्ध हैं। ब्रह्म के सजातीय जीव, विजातीय जड़ पदार्थ और स्वगत अन्तर्यामी वस्तुतः ब्रह्मरूप ही हैं, अतः ब्रह्म इस त्रिविध भेद या द्वैत से रहित अद्वैत तत्त्व ही है। अतः इस मत का शुद्धाद्वैत नाम सार्थक है। इसे पुष्टिमार्ग भी कहते हैं। पुष्टि का अर्थ है भगवान् का अनुग्रह। श्रीमद्भागवत में पोषण या पुष्टि को भगवदनुग्रह बताते हुये इसे ही भगवत्प्राप्ति का एकमात्र कारण माना गया है।[4] वल्लभाचार्य ने भागवत के इस रहस्य को अपने पुष्टिमार्ग में सम्पुष्ट किया है। पुष्टिमार्ग ज्ञान, कर्म आदि से निरपेक्ष है। यहाँ शरणागति के अतिरिक्त अन्य कोई साधन या यत्न नहीं है। यहाँ भगवदनुग्रह से ही सिद्धि होती है; यत्न तो विघ्न उत्पन्न करते हैं।[5] केवल अनुग्रह द्वारा ही साध्य होने के कारण यह मार्ग मर्यादामार्ग से भिन्न है।[6]

वल्लभ-मत में ब्रह्म ही एकमात्र अद्वैत तत्त्व है। ब्रह्म सर्वधर्मविशिष्ट है एवं विरुद्धधर्माश्रय भी है। ब्रह्म में विरुद्ध धर्मों की स्थिति स्वाभाविक है, मायिक नहीं। ब्रह्म कार्य और कारण दोनों रूपों में शुद्ध है। भगवान् श्रीकृष्ण ही परब्रह्म हैं। भगवान् की शक्ति और महिमा अनन्त है। वे एक भी हैं, अनेक भी हैं। निर्विशेष निर्गुण भी हैं और सविशेष सगुण भी हैं। वे परमस्वतन्त्र हैं और भक्ताधीन भी हैं। वे सच्चिदानन्द हैं। वे अणु से अणु और महान् से महान् हैं । वे अपने सत्, चित् और आनन्द स्वरूप का अपनी इच्छारूपी शक्ति से विविध अंशों में आविर्भाव और तिरोभाव करते हुये जड़ जगत्, चेतन जीवों और अन्तर्यामी नियामकों के रूप में अभिव्यक्त होते हैं। यह अभिव्यक्ति वास्तविक है, माया कल्पित नहीं। यह जगत् और जीव ब्रह्मरूप होने से सत्य और नित्य है। माया ब्रह्म की वास्तविक अघटित-घटनापटीयसी शक्ति है जो उन्हीं में स्थित रहती है। अविद्या इस माया का भ्रान्तिजनक पक्ष है। इससे जीवों में ज्ञान का तिरोभाव और अज्ञान का आविर्भाव होता है।

ब्रह्म त्रिरूप है। आधिदैविक परब्रह्म, आध्यात्मिक अक्षर ब्रह्म और आधिभौतिक जगत्।

---

१. शुद्धाद्वैतमार्तण्ड, २७
२. मायासम्बन्धरहितं शुद्धमित्युच्यते बुधैः। —वहीं, २८
३. सजातीय-विजातीय-स्वगत-द्वैतवर्जितम्। तत्त्वार्थदीप १, ६६
४. पोषणं तदनुग्रहः। भागवत, २, १०, ४
५. अनुग्रहेणैव सिद्धिर्लौकिकी यत्र वैदिकी।
न यत्नादन्यथा विघ्नः पुष्टिमार्गः स कथ्यते।।
६. पुष्टिमार्गोऽनुग्रहैकसाध्यः प्रमाणमार्गाद् विलक्षणः। अणुभाष्य ४, ४, ९

गीता में जगत् या प्रकृति को क्षरपुरूष तथा आत्मा को अक्षरपुरुष एवं परब्रह्म को क्षर से अतीत और अक्षर से उत्तम होने के कारण पुरुषोत्तम कहा गया है।[१] अक्षर ब्रह्म विशुद्धज्ञानस्वरूप है और ज्ञानमार्ग द्वारा इसी की प्राप्ति सम्भव है। पुरुषोत्तम परब्रह्म अखण्डानन्दपरिपूर्ण है और उसकी प्राप्ति अनन्यभक्ति से पुष्टिमार्ग द्वारा होती है।

सच्चिदानन्द भगवान् को जब रमण करने की इच्छा होती है, एक से अनेक रूपों में अभिव्यक्ति की इच्छा होती है, तब वे स्वयं जगत्, जीव, और अन्तर्यामी रूपों में अभिव्यक्त होते हैं। इसमें भगवान् की इच्छा, क्रीड़ा या लीला ही एकमात्र हेतु है। यह अभिव्यक्ति वास्तविक है, माया-कल्पित नहीं है। यह विवर्त नहीं है। यह विकारयुक्त परिवर्तन भी नहीं है। वल्लभ-मत में इसे 'अविकृत परिणाम' कहा जाता है। भगवान ही अविकृत भाव से जगदादि रूप ग्रहण करते हैं। जिस प्रकार कटक-कुण्डलादि सुवर्ण के अविकृत परिणाम हैं क्योंकि कटककुण्डलादिरूपों में परिणत होने पर भी सुवर्ण में विकार नहीं होता और उन्हें गलाकर पुनः सुवर्ण में परिणत किया जा सकता है, उसी प्रकार अविकृत भाव से जगदादिरूपों में अभिव्यक्त होने पर भी ब्रह्म में कोई विकार नहीं होता। कार्यब्रह्म और कारणब्रह्म दोनों शुद्ध ब्रह्मरूप होने से एक ही हैं। जगत् और जीव सत्य और नित्य हैं। अतः उत्पत्ति विनाशरहित हैं। उत्पत्ति का अर्थ आविर्भाव और विनाश का तिरोभाव है। बल्लभ-मत में आविभार्व का अर्थ 'अनुभवयोग्य होना' और तिरोभाव का अर्थ 'अनुभवयोग्य न होना' है।[२] जिस प्रकार सूर्य से या दीपक से या मणि से प्रकाश की किरणें निकलती हैं अथवा जिस प्रकार अग्नि से स्फुलिङ्ग निकलते हैं, उसी प्रकार ब्रह्म से जगत् और जीव निकलते हैं। अग्नि से स्फुलिङ्ग के निकलने की व्युच्चरण, विकिरण, या निर्गमन कहते हैं। यह निर्गमन उत्पत्ति नहीं है और न स्फुलिङ्ग का पुनः अग्नि-प्रवेश उसका विनाश है। अतः व्युच्चरण होने पर भी जगत् या जीव की नित्यता अक्षुण्ण रहती है। सच्चिदानन्द भगवान् के अविकृत सदंश से जड़ जगत् का निर्गमन होता है; इसमें सदंश का आविर्भाव और चिदंश तथा आनन्दांश का तिरोभाव रहता है। भगवान् के अविकृत चिदंश से जीवों का निर्गमन होता है; जीवों में सदंश और चिदंश का आविर्भाव तथा आनन्दांश का तिरोभाव रहता है। जीव अणुरूप है, ज्ञाता है और ज्ञानाश्रय भी है। जीव में ऐश्वर्य के तिरोभाव से दैन्य, यश के तिरोभाव से हीनता, श्री के तिरोभाव से अपकर्ष, ज्ञान के तिरोभाव से देह, इन्द्रिय, अन्तःकरण में आत्मबुद्धि और आनन्द के तिरोभाव से दुःख उत्पन्न होता है। जीव अनेक प्रकार के होते हैं। इनमें संसारी, शुद्ध और मुक्त ये तीन भेद मुख्य हैं। अविद्यायुक्त जीव संसारी हैं, ये दो प्रकार के हैं, दैव तथा आसुर; दैव जीव भी मर्यादामार्गीय और पुष्टिमार्गीय होते हैं। अविद्यारहित जीव शुद्ध होते हैं। जब भगवदनुग्रह से जीव में तिरोहित आनन्दांश का आविर्भाव होता है तब वह मुक्त होकर भगवान के आनन्द का अनुभव करता है। ज्ञानमार्गीय विशुद्धज्ञानस्वरूप अक्षरब्रह्म को प्राप्त करते हैं, किन्तु आनन्दस्वरूप पुरुषोत्तम की प्राप्ति तो पुष्टिमार्गीय भक्तों को होती है। ऊपर

१. भगवद्गीता ८, २१-२२ एवं १५, १६-१८

२. अनुभवविषयत्वयोग्यता आविर्भावः। तदविषयत्वयोग्यता तिरोभावः। विद्वन्मंडन, पृ. ८५-८६

बताया जा चुका है कि ब्रह्म के सदंश से जीव की बन्धनसामाग्री के रूप में जड़ जगत् का तथा चिदंश से बन्धनीय चेतन जीवों का निर्गमन होता है। ब्रह्म के अविकृत आनन्दांश से अन्तर्यामी निर्गमित होते हैं जिनमें सत्, चित् और आनन्द तीनों का आविर्भाव रहता है। ये अन्तर्यामी जीवों में उनके नियामक बन कर रहते हैं।[1] प्रत्येक जीव का एक नियामक अन्तर्यामी होता है। अत: अन्तर्यामी भी संख्या में उतने ही हैं जितने जीव होते हैं। ये अन्तर्यामी सच्चिदानन्द होने से वस्तुत: ब्रह्मस्वरूप ही हैं, किन्तु जीवों के नियामक बनकर उनकी सहायता करने के कारण इन्हें जीवों के समान असंख्य माना गया है। ब्रह्म इन अन्तर्यामियों का भी अन्तर्यामी है। ब्रह्म अपने विजातीय जड़ जगत्, सजातीय जीव और स्वगत अन्तर्यामी इन तीनों रूपों में अनुस्यूत हैं, अत: वह इन तीनों का अन्तर्यामी है।[2] और वह अपने परात्पर रूप में पुरुषोत्तम भगवान् श्रीकृष्ण है।

वल्लभ-दर्शन में जगत्-प्रपञ्च में और संसार में एक विलक्षण भेद स्वीकार किया गया है। यह जगत् या प्रपञ्च सच्चिदानन्द भगवान् की इच्छा से उनके सदंश से आविर्भूत होने के कारण ब्रह्म-रूप होने से सत्य तथा नित्य है। नित्य होने के उत्पत्ति-विनाशरहित है। जगत् के विपरीत संसार या जीव का जन्ममरणचक्र अविद्या-कल्पित है। यह अविद्या पञ्चपर्वा (पाँच प्रकार की) है—(१) जीव का स्वरूपाज्ञान (२) देहाध्यास, (३) इन्द्रियाध्यास, (४) प्राणाध्यास और (५) अन्त:करणाध्यास। जब तक अविद्या है तब तक संसार है। ज्ञान के उदय होने पर अविद्या-निवृत्ति के साथ ही संसार की भी निवृत्ति हो जाती है। किन्तु ब्रह्मरूप होने के कारण जगत् या प्रपञ्च का कभी नाश नहीं हो सकता क्योंकि वह ब्रह्म के समान नित्य है। जगत्-प्रपञ्च प्रकृति-जन्य नहीं है, न परमाणु-जन्य है, न विवर्तरूप है, किन्तु भगवान् का कार्य है जो उनकी इच्छा से उनके सदंश से आविर्भूत हुआ है, अत: कार्य होने पर भी अविकृत भगवद्रूप ही है।[3] 'वाचारम्भण' वाक्य (छान्दोग्य ६-१-४) जहाँ कार्यों को नामरूपात्मक और कारण को सत्य बताया गया है, जहाँ मृण्मय एवं लोहमय कार्यों को नाममात्र तथा मृत्तिका एवं लोह रूप कारण को सत्य निर्दिष्ट किया गया है, कार्य और कारण में अनन्यत्व का प्रतिपादन करते हैं, कार्य के मिथ्यात्व का बोध नहीं कराते। लोहमय पदार्थ लोह के अविकृत परिणाम हैं। यदि श्रुति को कार्य का मिथ्यात्व अभीष्ट होता तो रज्जुसर्प या शुक्ति-रजत के दृष्टान्त देती अविकृत परिणाम के नहीं।[4]

रामानुज के अनुसार जीव चिदणुद्रव्य के रूप में ईश्वर से भिन्नसत्ताक है, किन्तु ईश्वर

---

१. सच्चिदानन्दरूपेभ्यो यथायथं जडाश्चिदंशजीवबन्धनपरिकरभूता: सदंशा: जीवाश्चिदंशा बन्धनीया आनन्दांशास्तन्नियामका अन्तर्यामिनश्च विस्फुलिङ्गन्यायेन व्युच्चरन्ति। अणुभाष्य-प्रकाश पृ. १६१-६२

२. सजातीया जीवा विजातीया जडा: स्वगता अन्तर्यामिन:। त्रिष्वपि भगवान् अनुस्यूत:।
—तत्त्वार्थदीपप्रकाश १, ६६

३. प्रपञ्चो न प्राकृत: नापि परमाणुजन्य: नापि विवर्तात्मा, किन्तु भगवत्कार्य:, तादृशोऽपि भगवद्रूप:। तत्त्वार्थदीपप्रकाश १, २३

४. वाचारम्भणवाक्यानि तदनन्यत्वबोधनात्।
न मिथ्यात्वाय कल्पन्ते जगतो व्यासगौरवात्।। तत्त्वार्थदीप।। १, ८३

के विशेषण या अंश या शरीर के रूप में ईश्वर से अभिन्न है। मध्व के अनुसार जीव ईश्वर पर आश्रित है एवं ईश्वर द्वारा नियम्य है, तथापि स्वरूपतः वह ईश्वर से भिन्न है। निम्बार्क के अनुसार जीव अणुरूप तथा ईश्वराधीन होने से ईश्वर से भिन्न है, किन्तु ईश्वर के शक्तिरूप अंश में ईश्वर से अभिन्न है। भास्कर के अनुसार जीव स्वरूपतः ईश्वर से अभिन्न है, किन्तु उपाधिभेद के कारण ईश्वर से भिन्न है। वल्लभ के अनुसार जीव ईश्वर के अविकृत चिदंश से आविर्भूत होने के कारण भगवद्रूप ही है, किन्तु आनन्दांश के तिरोधान के कारण तथा ऐश्वर्यादिगुणों के तिरोभाव एवं अविद्या के कारण स्वयं को ईश्वर से भिन्न कल्पित करता है।

मर्यादामार्ग या वैदिकमार्ग में भक्ति कर्म ज्ञान और उपासना के द्वारा प्राप्त की जाती है तथा उसका लक्ष्य सायुज्य मुक्ति है। पुष्टिमार्ग में भक्ति ईश्वर के अनन्य प्रेम द्वारा उनके प्रति आत्मसमर्पण है। इसमें ईश्वर के अनुग्रह के अतिरिक्त अन्य कोई यत्न या साधन नहीं है। भक्ति का स्थायी भाव प्रेम है। भगवान् के माहात्म्य के ज्ञानसहित उनके प्रति सुदृढ़ सर्वातिशायी प्रेम ही भक्ति कहलाता है और केवल उसी से मुक्ति सम्भव है, अन्यथा नहीं।[१] प्रेमपूर्वक श्रीकृष्ण की सेवा भक्ति है।[२] जब चित्त समाधि के समान भगवान् में लीन होकर एकरस हो जाय वह भगवदाकार चित्त सेवारूप है।[३] किन्तु वल्लभ-मत में भक्ति को अपरोक्षज्ञान में फलित नहीं माना है। भगवान् से तादात्म्य या सायुज्य भक्ति का चरमलक्ष्य नहीं है। रसरूप भगवान् की रसमय सेवा ही भक्ति का चरमोत्कर्ष है। भगवान् प्रसन्न होकर मुक्त भक्त को अपने स्वरूप में प्रवेश कराकर अपने आनन्द का अनुभव कराते हैं। किन्तु जब से अत्यन्त प्रसन्न होते हैं, तो उसे रसमय सेवा के लिये अपने निकट स्थापित कर लेते हैं।[४]

४. महाप्रभु चैतन्य एवं उनके अनुयायी

महाप्रभु श्री चैतन्य (१४८५-१५३३) का दर्शन अचिन्त्यभेदाभेदवाद के नाम से विख्यात है। ऐतिहासिक दृष्टि से इसे माध्व मत के साथ जोड़ा जाता है, किन्तु माध्व मत से कई महत्त्वपूर्ण भेद होने के कारण इसे माध्वगौडीय सम्प्रदाय के स्थान पर केवल गौडीय सम्प्रदाय कहना उचित है। इसे बङ्गवैष्णव सम्प्रदाय भी कहा जाता है। चैतन्य महाप्रभु ने किसी ग्रन्थ की रचना नहीं की। उनके अनुयायियों में श्री रूपगोस्वामी, श्री जीवगोस्वामी और श्री बलदेव विद्याभूषण ने अचिन्त्यभेदाभेदवाद की दार्शनिक सम्प्रदाय के रूप में प्रतिष्ठा की है। श्री रूपगोस्वामी के उज्ज्वलनीलमणि और भक्तिरसामृतसिन्धु नामक प्रख्यात ग्रन्थों पर श्री जीवगोस्वामी की टीकायें हैं। श्री जीवगोस्वामी का भागवत पर षट्सन्दर्भ नामक ग्रन्थ,

---

१. महात्म्यज्ञानपूर्वस्तु सुदृढः सर्वतोऽधिकः।
स्नेहो भक्तिरिति प्रोक्तस्तया मुक्तिर्न चान्यथा।। तत्त्वार्थदीप, पृ. ६५

२. श्रीकृष्णविषयिणी प्रेमपूर्विका सेवा भक्तिः। भक्तिमार्तण्ड, पृ. ७९

३. समाधाविव भगवदेकतानं चेतः सेवारूपम्। वहीं, पृ. ८१

४. विद्वन्मण्डन, पृ० ११०

जो उन्हीं की सर्वसम्वादिनी टीका से विभूषित है, इस सम्प्रदाय का सर्वोत्कृष्ट ग्रन्थ है। श्री बलदेव विद्याभूषण का ब्रह्मसूत्र पर गोविन्दभाष्य इस सम्प्रदाय का प्रसिद्ध ग्रन्थ है।

सच्चिदानन्द भगवान् श्रीकृष्ण ही परब्रह्म हैं। वे अनन्तः कल्याणगुणसम्पन्न और अनन्त शक्तिसम्पन्न हैं। उनमें गुण और गुणी का अभेद है। भगवान् के स्वरूप, विग्रह और गुणों में कोई भेद नहीं है। ये सब एक हैं। भेद भाषा की दृष्टि से है; वास्तव में अभेद है। ब्रह्म सजातीय, विजातीय और स्वगत भेद से रहित है। वह अखण्डानन्दात्मक है। भगवान् की अचिन्त्य अपरिमेय अनन्त शक्ति के कारण उनमें विरुद्ध गुणों की स्थिति भी बनी रहती है। भगवान् अपनी शक्तियों के द्वारा जगत् और जीवों के रूप में अभिव्यक्त होते हैं। यह अभिव्यक्ति वास्तविक और सत्य है। भगवान् अपने स्वरूप से जगत् के निमित्त कारण और अपनी शक्तियों से उपादानकारण हैं। इस प्रकार भगवान् ही इस जगत् के अभिन्ननिमित्तोपादान कारण हैं। भगवान् में और उनकी शक्तियों में अचिन्त्यभेदाभेद सम्बन्ध है।

भगवान् की तीन शक्तियाँ मुख्य हैं—स्वरूपशक्ति, तटस्थशक्ति या जीवशक्ति और मायाशक्ति। भगवान् की स्वरूपशक्ति को अन्तरङ्ग शक्ति कहते हैं क्योंकि यह भगवत्स्वरूपा ही है। भगवान् की स्वरूपशक्ति एक होने पर भी सत्, चित् और आनन्द के कारण त्रिविध रूपों में अभिव्यक्त होती है। सत् रूप में अभिव्यक्त इस शक्ति का नाम सन्धिनी है। चित् रूप में अभिव्यक्त इस शक्ति की संज्ञा सम्वित् है। आनन्द रूप में अभिव्यक्त यह शक्ति ह्लादिनी कहलाती है। वह शक्ति जिससे भगवान् अणुपरिमाण जीवों के रूप में अभिव्यक्त होते हैं तटस्थशक्ति या जीवशक्ति कही जाती है। उस शक्ति का नाम जिससे भगवान् जड़ जगत् के रूप में अभिव्यक्त होते हैं माया शक्ति है। यह माया शक्ति बहिरङ्ग शक्ति है। जीव अनेक और अणुरूप तथा नित्य हैं। जैसे सूर्य से किरणें निकलती हैं वैसे ही भगवान् जीवों के रूप में अभिव्यक्त होते हैं। जीव भगवान् पर सर्वथा आश्रित हैं। जगत् भी भगवान् की अभिव्यक्ति होने के कारण सत्य है। जगत् की अपूर्णता, अज्ञान, दुःख आदि भगवान् को स्पर्श नहीं करते। मोक्ष में जीव के अज्ञान की निवृत्ति होती है, किन्तु जगत् की सत्ता बनी रहती है।

भक्ति मोक्ष का एकमात्र साधन है। भक्ति दो प्रकार की होती है—(१) विधिभक्ति जो वेद और शास्त्र विहित है, तथा (२) रुचिभक्ति या रागानुगाभक्ति जो भगवान् के प्रति अनन्य प्रेम है। यह भक्ति अन्य अभिलाषाओं से शून्य है तथा कर्म और ज्ञान आदि से अनावृत है। यह आत्म समर्पण द्वारा भगवान् की अनुकूलतापूर्वक प्रेममयी सेवा है। यही उत्तम भक्ति है।[१] इसमें भक्त भगवान् को अपने प्रियतमरूप में ग्रहण करके अनन्य प्रेम से सेवा करते हुये अलौकिक आनन्द का अनुभव करता है। प्रेमाभक्ति की प्रतिष्ठा गोपीभाव में है और गोपीभाव की पराकाष्ठा श्रीराधाभाव में है। भगवान् की स्वरूपशक्तियों में सर्वश्रेष्ठ ह्लादिनी शक्ति है और श्रीराधा इस ह्लादिनी शक्ति की सारभूतरूपा हैं। वे वृन्दावनेश्वरी, रासेश्वरी, रसेश्वरी और

---

१. अन्याभिलाषिताशून्यं ज्ञानकर्माद्यनावृतम्।
आनूकूल्येन कृष्णानुसेवनं भक्तिरुत्तमा।। भक्तिरसामृतसिन्धु, १, १, ९

सच्चिदानन्दविग्रहा हैं।[१] श्रीराधा में परकीयाभाव की कल्पना की गई है क्योंकि इसी में रसराज शृङ्गार का परमोत्कर्ष प्रतिष्ठित है।[२] लौकिक शृङ्गार से पृथक् दिखाने के लिये प्रेमाभक्ति को उज्ज्वल रस कहा गया है। यह विशुद्ध आनन्द स्वरूप है। स्वरूपशक्ति की सारभूत ह्लादिनी वृत्ति के सारभूत वृत्तिविशेष का नाम भक्ति है जो रतिरूप अर्थात् दिव्यप्रेमस्वरूप है।[३] प्रेमाभक्ति में भगवान् के अतिरिक्त अन्य कुछ भी वाञ्छनीय नहीं है। जब तक हृदय में भुक्ति (सांसारिक भोग) और मुक्ति की इच्छा बनी रहती है तब तक भक्तिसुख का उदय नहीं हो सकता।[४] भक्ति न केवल ज्ञान को उत्पन्न करती है अपितु भगवत्-साक्षात्कार भी कराती है। भक्ति के बिना कर्म, उपासना, ज्ञान, वैराग्य आदि सब निष्फल हैं। भक्ति मुक्ति से भी श्रेष्ठ 'पञ्चम' पुरुषार्थ है। प्रेमा भक्ति द्वारा भगवान् के अखण्डानन्द-स्वरूप का अनुभव और उससे भी बढ़कर भगवान् की सेवा के अचिन्त्य आनन्द का अनुभव जीवन का चरम लक्ष्य है।

५. श्री अरविन्द

श्री अरविन्द (१८७२-१९५०) आधुनिक काल के एक महान् देशभक्त, प्रख्यात विद्वान् मौलिक चिन्तक, उच्चकोटि के दार्शनिक कवि और महान् योगी हैं जिन्होंने पाण्डिचेरी में अपने विख्यात आश्रम की स्थापना की और वर्षों तक वहाँ साधना-रत रहे तथा वहीं देहत्याग किया। उनकी सारी कृतियाँ आंग्लभाषा में लिखी गई हैं और अधिकांश हिन्दी में अनूदित हैं। उनकी सबसे महत्त्वपूर्ण दार्शनिक कृति 'दिव्य जीवन' (दि लाइफ डिवाइन) है। श्री अरविन्द ने वैदिक एवं औपनिषद ऋषियों से प्रेरणा ली है तथा वेदान्त की परम्परा को विकसित किया है। उनका दर्शन पूर्णाद्वैत (इन्टीग्रल अद्वैतिज़्म) कहा जाता है।

श्री अरविन्द के अनुसार परमतत्त्व ब्रह्म है जो नित्य, निरपेक्ष और अनन्त है। यह निर्विकल्प, अलक्षणीय और स्वतन्त्र है। यह विधिमुख तथा निषेध-मुख दोनों से अनिर्वचनीय है। किन्तु यह सर्वथा अज्ञेय नहीं है क्योंकि हमारा आत्म-तत्त्व दिव्य ब्रह्म से अभिन्न है। ब्रह्म का सर्वोत्तम विधिरूप वर्णन सच्चिदानन्द है। यह निर्विकल्प और सविकल्प, निर्विशेष और सविशेष, निर्गुण और सगुण, एक और अनेक रूपों में अभिव्यक्त होता है तथा उनके पारगामी भी है। सच्चिदानन्द ब्रह्म अपनी चित्-शक्ति के द्वारा, आनन्दातिरेक से, इस जगत् के रूप में अभिव्यक्त होता है। ब्रह्म के स्वानन्द के अतिरिक्त इस अभिव्यक्ति का अन्य कोई कारण नहीं है। तैत्तिरीय उपनिषद् में कहा गया है कि 'आनन्द से ही ये सब वस्तुयें उत्पन्न होती हैं।' श्री अरविन्द के अनुसार

---

१. ह्लादिनी या महाशक्तिः सर्वशक्तिवरीयसी।
तत्सारभूतरूपेयं राधा वृन्दावनेश्वरी।। भक्तिरसामृतसिन्धु

२. अत्रैव परमोत्कर्षः शृङ्गारस्य प्रतिष्ठितः। वहीं।

३. स्वरूपशक्तेः सारभूता ह्लादिनी नाम या वृत्तिस्तस्या एव सारभूतो वृत्तिविशेषो भक्तिः।
सा च रत्यपरपर्याया। षट्सन्दर्भ, पृ. २७४

४. भुक्तिमुक्तिस्पृहा यावत् पिशाची हृदि विद्यते।
तावद् भक्तिसुखस्यात्र कथमभ्युदयो भवेत् ?।। भक्तिरसामृतसिन्धु

यह जगत्-सत्ता शिव का आनन्दातिरेकजन्य नृत्य है जो ईश्वर के शरीर को गुणन-क्रिया से असंख्य रूपों में अभिव्यक्त करता रहता है किन्तु इससे उस दिव्य सत्ता में त्रिकाल में भी कोई विकार नहीं आता।[१]

श्री अरविन्द ने ब्रह्म के स्वचैतन्य को, जो एक साथ उसकी स्वाभिव्यक्ति की शक्ति भी है, 'अतिमानस' नाम दिया है। यह वह स्वचेतन सत् है जो अपने अविकृत और अविनश्वर तत्त्व को विनश्वर रूपों में प्रक्षिप्त करता है।[२] अतिमानस शुद्ध ज्ञान और शुद्ध शक्ति का अद्भुत समन्वय है। अतिमानस दिव्य सच्चिदानन्द का स्वयं का ज्ञान है जो एक साथ उसकी स्वाभिव्यक्ति की शक्ति भी है। अतिमानस से ब्रह्म में आत्मपरिसीमन और आत्मव्यक्तिभावकरण की प्रक्रिया का प्रारम्भ होता है।

सच्चिदानन्द, एक होते हुये भी, आनन्दोल्लास के कारण, आत्म-परिसीमन और आत्मव्यक्तिभावकरण की प्रक्रिया को अपने ऊपर आरोपित करके स्वयं को असंख्य आनन्दस्वरूप नित्य जीवों के रूप में अभिव्यक्त करते हैं। इन आनन्दस्वरूप जीवों को सच्चिदानन्द से अपने स्वाभाविक अद्वैत का सदा ज्ञान रहता है। ये नित्य, दिक्कालातीत और सृष्टि-प्रक्रिया से अस्पृष्ट हैं। हम मानवों के ये ही वास्तविक जीवात्मा हैं, किन्तु ये दिव्यलोक में ही रहते हैं तथा मर्त्यलोक में नहीं उतरते। तथापि प्रत्येक दिव्य जीवात्मा मर्त्यलोक में अपनी एक दिव्य किरण या स्फुलिङ्ग भेजता है। इस किरण को श्री अरविन्द ने चैत्यसत्ता का नाम दिया है जो जड़ और प्राण में भी अन्तर्निहित रहती है। मानव में यह विकसित रूप प्राप्त करती है जिसे श्री अरविन्द ने 'चैत्यपुरुष' का नाम दिया है। यह चैत्यपुरुष ही मानव की अन्तरात्मा है जो अपने दिव्य जीवात्मा की प्रतिनिधि है, जिससे यह सदा सम्पर्क बनाये रहती है, भले ही मानव को इसका ज्ञान न हो। जड़ (अन्नमय), प्राण (प्राणमय) और मनस् (मनोमय), ये तीन साधन ही हमें उपलब्ध हैं और हमारी अन्तरात्मा इन साधनों को परिष्कृत करके यथासम्भव दिव्य जीवात्मा के ज्ञान और आनन्द को पाना चाहती है। किन्तु अतिमानस की प्राप्ति से ही दिव्य जीवात्मा के ज्ञान और आनन्द का अनुभव सम्भव है।

दिव्य विकासवाद का सिद्धान्त श्री अरविन्द के दर्शन का केन्द्र-बिन्दु है। विकास का अर्थ है नीचे से ऊपर उठना या आरोहण। जड़ तत्त्व से प्राण का विकास हुआ और प्राण से मनस् का। मनस् में मनस्, अहंकार और बुद्धि तीनों का समावेश है। अब तक विकास बौद्धिक धरातल तक हुआ है। किन्तु विकास या आरोहण के लिये यह आवश्यक है कि पूर्व में अवरोहण क्रिया भावरूप से सम्पन्न हो चुकी हो। परमतत्त्व सच्चिदानन्द है जो सत्, चित्-शक्ति और आनन्द इन तीन प्ररूपों का समन्वय है। सच्चिदानन्द का अतिमानस के द्वारा क्रमशः मनस्, प्राण और जड़ में भावात्मक अवरोहण हो चुका है। जड़ तत्त्व अवरोहण का अन्तिम बिन्दु है। अतः यह आरोहण का प्रथम बिन्दु होता है। जड़ से प्राण का और प्राण से मनस् का द्रव्यात्मक विकास हो चुका है। किन्तु विकास की प्रक्रिया बौद्धिक स्तर पर

१. दि लाइफ डिवाइन, भाग १, पृ. ११९
२. वहीं, पृ. १७७

रुकने वाली नहीं है। अब विकास अतिमानस की ओर अग्रसर हो रहा है। मनस् का अतिमानस में आरोहण और अतिमानस का द्रव्यात्मक रूप से मनस् में अवरोहण एक तार्किक आवश्यकता है। मनस् का धर्म अविद्या, विखण्डन, पृथक्करण, विश्लेषण है। अतिमानस शुद्ध विद्या एवं पूर्ण समन्वयात्मक ज्ञान एवं शुद्ध आनन्द है। अतिमानस के इस धरातल पर उतर आने पर इस पृथ्वी पर अज्ञान, दुःख, रोग, शोक, मृत्यु के बजाय ज्ञान, आनन्द तथा अमरत्व का साम्राज्य होगा। तब 'पृथ्वीलोक स्वर्ग और जीवन आनन्द का चुम्बन' बन जाएगा। यह इसलिये सम्भव होता है क्योंकि श्री अरविन्द के अनुसार विकास की प्रक्रिया एक साथ उन्नयन, प्रसारण और समन्वय की प्रक्रिया होती है। जड़ का प्राण में और प्राण का मनस् में उन्नयन होता है; साथ ही प्राण को धारण करने के लिये जड़ में और मनस् को धारण करने के लिये प्राण में प्रसारण भी होता है; साथ ही समन्वय की प्रक्रिया और भी महत्त्वपूर्ण है जिसके कारण प्राण के उन्मेष से जड़ और मनस् के उन्मेष से प्राण विनष्ट या दुर्बल नहीं होता, अपितु उच्चस्तर से समन्वित होकर समृद्ध तथा अधिक शक्तिशाली बनता है। जैविक विकास से भौतिक स्तर तथा मानसिक विकास से जैविक एवं भौतिक स्तर अधिक समृद्ध बनते हैं। अतः अतिमानस के अवतरण से बौद्धिक, जैविक और भौतिक स्तरों में आमूल परिवर्तन होगा तथा अतिमानस से समन्वित होकर ये दिव्य ज्ञान और आनन्द से प्रकाशित होंगे।

श्री अरविन्द के अनुसार जगत् ब्रह्म की अभिव्यक्ति होने के कारण सत्य है। माया ब्रह्म की सत्य शक्ति है जो एक को अनेक, असीम को ससीम एवं अक्षर को क्षर के रूप में अभिव्यक्त करती है। यह सच्चिदानन्द की लीला या क्रीड़ा है। लीलामय के स्वयं को सीमाओं, भेदों और विभाजनों में प्रकट कर लेने पर भी इन सबमें वही असीम, अभिन्न, अविभाग सच्चिदानन्द प्रकाशित हो रहा है। यह हमारी सीमित बुद्धि से, सविकल्पक तर्क से नितान्त अगोचर एवं अचिन्त्य है। श्री अरविन्द के अनुसार इस रहस्य को 'अनन्त के तर्क' से हृदयङ्गम किया जा सकता है, सान्त बौद्धिक तर्क से नहीं। उनके अनुसार सान्त बुद्धि के लिये जो जादू है वह अनन्त का तर्क है।

श्री अरविन्द ने भी अन्य वैष्णव आचार्यों के समान, शाङ्कर-सम्प्रदाय के मायावाद का खण्डन किया है। उनके तर्क प्रायः उसी प्रकार के हैं जिनको वैष्णव आचार्यों ने प्रयुक्त किया है तथा उनका उत्तर भी, अद्वैतवेदान्त की ओर से, उसी प्रकार दिया जा सकता है।

विंश अध्याय

शैव तथा शाक्त सम्प्रदाय

१. शैव-सिद्धान्त

शिव या रुद्र की उपासना वेदों के समय से प्रचलित है। यजुर्वेद का शतरुद्रीय अध्याय प्रसिद्ध है। तैत्तिरीय आरण्यक में इस समस्त विश्व को रुद्ररूप बताया गया है। श्वेताश्वतर आदि कुछ उपनिषदों में, महाभारत में तथा कुछ पुराणों में शिव या रुद्र की महिमा वर्णित है। शैव सम्प्रदायों के मूल ग्रन्थों को शैवागम कहते हैं। श्रीकण्ठ ने इन आगमों को वेदों के समकक्ष माना है। माधवाचार्य ने चार शैव मतों का वर्णन किया है— नकुलीश-पाशुपत, शैव, प्रत्यभिज्ञा और रसेश्वर। यामुनाचार्य ने कापालिक और कालामुख नामक दो और शैव मतों का उल्लेख किया है। दक्षिण में 'शैव' मत वीरशैव या लिङ्गायत सम्प्रदाय और शैवसिद्धान्त सम्प्रदाय में विभक्त है।

शैवसिद्धान्त के २८ आगम हैं। पाँचवीं से नवीं शती तक दक्षिण भारत के तमिल प्रदेश में कई महान् शैव सन्त-कवि हुये जिनमें अप्पर, सम्बन्धर (शिवज्ञानसम्बन्ध) और सुन्दरर (सुन्दरमूर्ति) प्रसिद्ध हैं। इनके भक्तिरसपूर्ण स्तोत्रों का संग्रह 'तिरुमुरै' नाम से विख्यात है। माणिक्कवासगर (माणिक्यवासक, ७वीं शती) की कृति 'तिरुवासगम्' प्रसिद्ध है। मइकण्डर (१३वीं शती) के शिवज्ञानबोधम् को सिद्धान्त-दर्शन को व्यवस्थित रूप देने वाला प्रथम ग्रन्थ माना जाता है। इनके शिष्य अरुल्नन्दी शिवाचार्य का ग्रन्थ शिवज्ञानसिद्धयर प्रसिद्ध है। श्रीकण्ठ शिवाचार्य (१४वीं शती) ने ब्रह्मसूत्रभाष्य लिखा है जिस पर अप्पय दीक्षित की शिवार्कमणिदीपिका नामक टीका है जो शैव दर्शन की सामान्य दृष्टि से है, सिद्धान्तदर्शन की विशेष दृष्टि से नहीं है।

शैवसिद्धान्त स्वयं को 'शुद्धाद्वैत' कहता है जो वल्लभाचार्य के वेदान्तसम्प्रदाय का नाम है। वाल्लभ सम्प्रदाय में शुद्ध का अर्थ है मायासम्बन्धरहित तथा अद्वैत का अर्थ है त्रिविध-भेदरहित ब्रह्म। किन्तु शैवसिद्धान्त में शुद्ध का अर्थ है निर्विशेष तथा अद्वैत का अर्थ है 'भेदरहित द्वैत' अर्थात् द्वैत तत्त्वत: सत्य है और अद्वैत सम्बन्धत: सत्य है। जीव और जगत् तत्त्वत: शिव से भिन्न हैं, किन्तु उनका शिव से सम्बन्ध अपृथक् अभेद सम्बन्ध है। जीव और जगत् सत्य और नित्य हैं।

शिव परम तत्त्व हैं। उनकी संज्ञा 'पति' है क्योंकि वे सबके स्वामी हैं। उनमें अष्ट गुण विद्यमान हैं— आत्म-सत्ता, स्वाभाविक पवित्रता, स्वानुभूति, अनन्त ज्ञान, परम स्वातन्त्र्य, अनन्त अनुग्रह या प्रेम, सर्वशक्तिमत्ता और अनन्त आनन्द। जिस प्रकार कुम्हार घड़े का निमित्त-कारण,

उसका दण्ड और चक्र सहकारी कारण तथा मिट्टी उपादान कारण है, उसी प्रकार शिव जगत् के निमित्त कारण, उनकी शक्ति सहकारी कारण और माया उपादान कारण है। शिव और शक्ति का सम्बन्ध तादात्म्य सम्बन्ध बताया गया है। यह शक्ति नित्य और चिद्रूप है तथा स्वरूपशक्ति मानी गई है। रामानुज के शुद्धसत्त्व और प्रकृति के समान शैवसिद्धान्त भी शुद्ध सात्विक जगत् और अशुद्ध प्राकृत जगत् में भेद स्वीकार करता है। शुद्ध सृष्टि का उपादानकारण महामाया, बिन्दु या विद्या है; अशुद्ध प्राकृत सृष्टि का उपादानकारण माया या अशुद्ध बिन्दु है। महामाया और माया दोनों ही जड़ शक्ति हैं जिन्हें 'परिग्रहशक्ति' का नाम दिया गया है तथा जो चिद्रूप 'स्वरूप शक्ति' से भिन्न हैं। शिव सर्वव्यापक, सर्वशक्तिमान् और सर्वज्ञ हैं। वे पञ्चकृत्यकारी हैं। उनके पाँच कृत्य हैं— विश्व की उत्पत्ति, स्थिति और संहार तथा जीवों पर निग्रह और अनुग्रह। निग्रहशक्ति से जीवों का ज्ञान और आनन्द आवृत या तिरोहित रहता है तथा अनुग्रह शक्ति से आवरणभङ्ग होकर मुक्ति मिलती है।

जीवात्माओं को 'पशु' कहा गया है क्योंकि ये पशुवत् अविद्या-रज्जु द्वारा संसार में बँधे हैं। जीव नित्य हैं तथा इच्छा-ज्ञान-क्रियायुक्त होने से वास्तव में ज्ञाता, कर्ता और भोक्ता हैं। ये स्थूल शरीर से, सूक्ष्मशरीर से, इन्द्रिय, प्राण, अन्तःकरण आदि से भिन्न हैं। बद्ध-जीव इच्छा-ज्ञान-क्रिया में सीमित प्रतीत होते हैं तथा मोक्षावस्था में अपने शुद्ध स्वरूप को प्राप्त कर लेते हैं।

जीवों या पशुओं के बन्धन 'पाश' कहलाते हैं। ये त्रिविध हैं— अविद्या, कर्म और माया। अविद्या अनादि है तथा सब जीवों में एक ही है। इसी को आणव मल भी कहते हैं। यह मल नित्य है, किन्तु इसकी बन्धनकारी प्रतीति हटाई जा सकती है जिसके कारण जीव स्वयं को सीमित, सान्त और अणुरूप समझकर शरीरेन्द्रियान्तःकरणादि में आबद्ध तथा ज्ञान एवं शक्ति में सीमित मान लेते हैं। इसे अविद्या इसलिये कहा गया है कि यह अज्ञानरूप है जिससे जीव का स्वाभाविक शुद्ध इच्छा-ज्ञान-क्रियात्मक स्वरूप आवृत्त रहता है। इसे आणव इसलिये कहा गया है कि इसके कारण जीव स्वयं को अणुरूप और सीमित समझता है। यह बन्धन पशुरूप जीव का पशुत्व है और यही उसका पाश है। कर्म जीवों द्वारा कृत कर्म हैं जो सूक्ष्म अदृष्ट शक्तिरूप हैं तथा जो अपना फल-भोग कराने के लिये जीवों को शरीरादि से तथा भोग्य पदार्थों से सम्बद्ध करते हैं। कर्म चेतन जीव और जड़ पदार्थों के सम्बन्ध का हेतु है। माया इस अशुद्ध प्राकृत जगत् का उपादान कारण है जो जीवों को शरीरादि भोगायतन, इन्द्रियादि भोग-साधन और भोग्य पदार्थ उपलब्ध कराती है। जीव तीन प्रकार के माने गये हैं—प्रथम, 'विज्ञानाकल' जिनमें केवल आणवमल होता है; द्वितीय, 'प्रलयाकल' जिनमें आणवमल और कार्मणमल दोनों होते हैं; तथा तृतीय, 'सकल' जिनमें आणव, कार्मण और मायीय तीनों मल होते हैं। शिव निष्कली, निर्मल और शुद्ध हैं। मुक्ति के लिये जीव का इन तीनों मलों से छुटकारा पाना आवश्यक है। यह शिव के अनुग्रह से ही सम्भव है। शिव का अनुग्रह या प्रेम सब जीवों पर बरस रहा है; यह हमारे हाथ में है कि हम उसे ग्रहण करें या न करें।

मोक्षावस्था में जीव का शिव से तादात्म्य हो जाता है। तादात्म्य का अर्थ ऐक्य नहीं

अपितु अपृथक्त्व है। मोक्ष में भी जीव का व्यक्तिभाव बना रहता है क्योंकि जीव की सत्ता नित्य है, किन्तु शिव के आनन्द में तन्मय हो जाने के कारण जीव को अपने व्यक्तिभाव का भान नहीं होता। जीव का स्वभाव है अपने विषय के साथ तादात्म्य स्थापित कर लेना। बद्धावस्था में जीव शरीरादि जड़ पदार्थों के साथ तादात्म्य कर लेता है। मोक्षावस्था में जीव शिव के साथ तादात्म्य स्थापित करके उनके साथ सह-व्याप्त हो जाता है। मोक्ष में जीव को अपने शुद्ध स्वरूप का, अपने अनन्त ज्ञान और आनन्द का, शिव के साथ अपने तादात्म्य सम्बन्ध का पूर्ण अनुभव होता है। किन्तु जीव को पञ्चकृत्यों का अधिकार प्राप्त नहीं होता। पञ्चकृत्यकारित्व शिव के लिये ही सम्भव है।

आणवमल नित्य है, किन्तु उसका बन्धनकारी पाशत्व आगन्तुक या तटस्थ माना गया है, अतः उसे हटाया जा सकता है। पाशत्व नष्ट होने पर आणवमल मुक्त जीव के लिये जगत् को अलग रखता है तथा इस प्रकार, परोक्षतया, मुक्त जीव के शिवानुभव में साधक हो जाता है। मोक्ष का अर्थ शिव-सायुज्य है। जीवन्मुक्ति भी मान्य है। सत्कर्म, उपासना और ज्ञान, भक्ति के लिये मार्ग प्रशस्त करते हैं जिससे जीव शिव के अनुग्रह को ग्रहण कर सके। शिव का जीवों के प्रति प्रेम 'अनुग्रह' है; जीवों का शिव के प्रति प्रेम 'भक्ति' है। जीव का अन्य जीवों से प्रेम करना शिव से प्रेम करना है। सिद्धियर का कथन है कि जो मानवजाति से प्रेम नहीं करते, वे ईश्वर से प्रेम नहीं करते।

२. काश्मीर शैव मत

काश्मीर शैव मत को प्रत्यभिज्ञा-दर्शन और त्रिक-दर्शन भी कहते है। यह स्वातन्त्र्यवाद, ईश्वराद्वयवाद तथा शिवाद्वैत के नामों से भी विख्यात है। काश्मीर शैव दर्शन के मूल स्रोत शैवागम या तन्त्र हैं। दार्शनिक दृष्टि से शिवसूत्र इस मत के आधार सूत्र हैं जिनके लिये यह प्रसिद्ध है कि वे आचार्य वसुगुप्त को स्वप्न में भगवान् शिव से प्राप्त हुये थे। वसुगुप्त (८वीं शती) की स्पन्दकारिका, सोमानन्द (९वीं शती) की शिवदृष्टि, उत्पलदेव (१०वीं शती पूर्वार्ध) की प्रत्यभिज्ञाकारिका, अभिनवगुप्त (१०वीं शती उत्तरार्ध) की प्रत्यभिज्ञाविमर्शिनी, परमार्थसार और तन्त्रालोक तथा क्षेमराज की शिवसूत्र-विमर्शिनी और स्पन्दसन्दोह इस सम्प्रदाय के अत्यन्त महत्त्वपूर्ण ग्रन्थ हैं।

इस मत में एक अद्वय शिव ही परम तत्त्व है जो परमात्मा, परमेश्वर, परमशिव, अनुत्तर आदि नामों से अभिहित हैं। परमात्मतत्त्व होने के कारण शिव शुद्ध चैतन्य हैं। किन्तु यह चैतन्य, अद्वैत वेदान्त के समान, ज्ञातृ-ज्ञेय या विषयि-विषय रहित या क्रियाशून्य नहीं है। चैतन्य या चित् सदा शक्तिरूप होता है जिसमें स्वाभाविक क्रिया या स्पन्द या स्फुरण बना रहता है। शुद्ध चैतन्य चित्-शक्ति है, आत्म-चेतना है, अपने स्वातन्त्र्य और आनन्द का स्वाभाविक स्फुरण है। चैतन्यस्वरूप परमतत्त्व को शक्तिरूप मानना इस दर्शन की विशेषता है। परमशिव पराशक्तिस्वरूप हैं। शिव और शक्ति परस्पर पृथक् नहीं रह सकते; चन्द्र और चन्द्रिका के समान उनमें कोई अन्तर नहीं है। शिव प्रकाशरूप हैं और शक्ति विमर्शरूप है।

विमर्श आत्म-चेतना का स्फुरण है, परा सम्वित् का स्पन्द है, चित्-शक्ति के स्वातन्त्र्य और आनन्द का उल्लास है। जिस प्रकार शिव और शक्ति में कोई अन्तर नहीं है, उसी प्रकार प्रकाश और विमर्श में भी कोई अन्तर नहीं है। प्रकाश विमर्शात्मक और विमर्श प्रकाशात्मक होता है। चैतन्यस्वरूप परमतत्त्व एक साथ शिव-शक्तिरूप, ज्ञान-क्रियारूप और प्रकाशविमर्शरूप है। चैतन्य की विमर्शात्मक क्रिया साधारण 'कर्म' नहीं है। कर्म अपूर्णता का द्योतक होता है; क्रिया या स्वाभाविक स्पन्द पूर्णता, शुद्ध अहन्ता, स्वतन्त्रता और आनन्द का द्योतक है। शिव एक साथ शुद्ध ज्ञान, ज्ञाता और ज्ञेय हैं। यह साधारण सविकल्पक बौद्धिक ज्ञान, ज्ञाता और ज्ञेय की त्रिपुटी नहीं है, अपितु यह निर्विकल्पक अपरोक्ष ज्ञान है जो शुद्ध आत्म-चैतन्य-स्वरूप है जिसमें ज्ञाता और ज्ञेय भिन्न नहीं होते। शिव चैतन्य हैं, ज्ञाता हैं, ज्ञेय हैं और स्वतन्त्र कर्ता हैं। शक्ति के बिना शिव को अपने चैतन्य का भी अनुभव नहीं हो सकता क्योंकि आत्मचेतना विमर्शरूप है। शक्ति के बिना शिव शव है क्योंकि शक्ति के बिना शिव में स्पन्दन भी नहीं हो सकता।[1] शक्ति से ही शिव को अपने चैतन्य का, प्रकाश का, स्वातन्त्र्य का और आनन्द का अनुभव होता है। शिव और शक्ति कल्पना में दो हैं, किन्तु वास्तव में एक हैं। अद्वैत का अर्थ है तादात्म्य या अपृथक् सम्बन्ध। शिव और शक्ति चिद्रूप होने के कारण मूलतः एक हैं। शक्ति के कारण शिव में स्पन्दन है और इस स्पन्दन में इच्छा, ज्ञान और क्रिया का पूर्ण सामञ्जस्य है। शक्ति के कारण शिव में आत्म-चेतना, स्वप्रकाशत्व, पूर्णाहन्ता तथा स्वातन्त्र्य और आनन्द का अनुभव है। शिव के कारण शक्ति आत्म-प्रकाशयोग्य है। दोनों में पूर्ण सामञ्जस्य या समन्वय या सामरस्य है। शिवशक्तिसामरस्य ही इस दर्शन की विशेषता है।

जगत् और जीव शिवस्वरूप ही हैं। सृष्टि शिव की लीला का विलास है। शिव अपनी चित्-शक्ति से, अपने स्वातन्त्र्य और आनन्द के कारण, नाना प्रकार से स्फुरित हो रहे हैं। स्वयं को नाना रूपों में अभिव्यक्त करना शिव का स्वातन्त्र्य है। इसी स्वातन्त्र्य के कारण वे सृष्टि, स्थिति, संहार, निग्रह और अनुग्रह के पञ्चकृत्यों में प्रवृत्त होते हैं। विचित्र सृष्टि-संहार की लीला चलती रहती है। परम शिव अपने भीतर अपने द्वारा अपने ही ऊपर इन विचित्र विश्वाभांसों का उन्मीलन करते हैं। इसके लिये उन्हें न किसी उपादान की आवश्यकता है और न किसी भित्ति या आधार की।[2] समस्त जड़ चेतन पदार्थ दर्पण-प्रतिबिम्बवत् शिव के आभास हैं। ये न परिणाम हैं और न विवर्त। चित्-शक्ति के उन्मीलन होने के कारण ये आभास सत्य हैं। इनको शिव के बाहर या शिव से भिन्न मानना ही अज्ञान है। शिव विश्वात्मक और विश्वोत्तीर्ण दोनों हैं। विश्वात्मकरूप में परम शिव समस्त विश्व में अन्तर्यामी और व्यापक हैं। किन्तु वे विश्व में सीमित नहीं है। अपनी स्वातन्त्र्य शक्ति के कारण वे विश्व से परे या विश्वोत्तीर्ण भी हैं।

---

१. शिवः शक्त्या युक्तो यदि भवति शक्तः प्रभवितुम्।
न चेदेवं देवो न खलु कुशलः स्पन्दितुमपि।।

२. निरुपादानसम्भारमभित्तावेव तन्वते।
जगच्चित्रं नमस्तस्मै कलानाथाय शूलिने। —वसुगुप्त

प्रत्यभिज्ञा दर्शन छत्तीस तत्त्वों को स्वीकार करता है। ये तीन भागों में विभक्त हैं— शिवतत्त्व, विद्यातत्त्व और आत्मतत्त्व। शिवतत्त्व के अन्तर्गत शिव और शक्ति आते हैं। विद्यातत्त्व के अन्तर्गत सदाशिव, ईश्वर और शुद्धविद्या नामक तीन तत्त्व आते हैं। ये पाँचों तत्त्व शुद्ध अध्वा या शुद्ध सृष्टि कहलाते हैं। यहाँ परम शिव से अभेद की अनुभूति एवं स्वरूप का ज्ञान बना रहता है। ये पाँचों तत्त्व क्रमशः परमशिव की चित्, आनन्द, इच्छा, ज्ञान और क्रिया नामक पाँच प्रमुख शक्तियों से अभिव्यक्त होते हैं। (१) शिव तत्त्व में प्रकाशरूप चित्शक्ति का प्राधान्य है। (२) शक्तितत्त्व में विमर्शरूप आनन्दशक्ति का प्राधान्य है। किन्तु यह तत्त्व शिव का ही अभिन्न स्वरूप है एवं सदा शिव के साथ ही अभिव्यक्त होता है। शिव तत्त्व में शुद्ध अहन्ता का, केवल 'अहम्' (मैं) का अनुभव होता है। शक्तितत्त्व में 'अहमस्मि' (मैं हूँ) का अनुभव होता है। (३) सदाशिव तत्त्व में इच्छाशक्ति का प्राधान्य है। इसमें अनुभव का प्रत्यय 'अहम् इदम्' (मैं यह हूँ) होता है जिसमें 'अहम्' अंश प्रधान और 'इदम्' अंश अस्फुट और आच्छादित रहता है। (४) ईश्वर तत्त्व में ज्ञानशक्ति का प्राधान्य है। इसमें अनुभव का प्रत्यय 'इदम् अहम्' (यह मैं हूँ) होता है जिसमें 'इदम्' अंश प्रधान और 'अहम्' अंश गौण होता है। यहाँ विश्व का स्पष्ट उदय होता है। (५) शुद्ध विद्यातत्त्व में क्रियाशक्ति का प्राधान्य है। इसमें 'अहम्' और 'इदम्' दोनों सम-प्रधान रहते हैं, 'मैं' और 'यह' की तुल्य स्थिति रहती है। 'अहम्' और 'इदम्' दोनों की चिद्रूपात्मक अभिन्न अनुभूति होती है। शिव समस्त जगत् को अपना ही वैभव समझते हैं।[1]

आत्मतत्त्व के अन्तर्गत ३१ तत्त्व आते हैं। छठा तत्त्व (६) 'माया' है। यहीं से अशुद्ध अध्वा या अशुद्ध सृष्टि का प्रारम्भ होता है। मायाशक्ति 'अहम्' और 'इदम्' को अलग-अलग कर देती है। माया पाँच 'कञ्चुक' या आवरणों की सृष्टि करती है जो शक्ति को परिच्छिन्न बनाते हैं—(७) कला (कर्तृत्वसंकोच), (८) विद्या (सर्वज्ञता-संकोच), (९) राग (नित्यतृप्ति-संकोच), (१०) काल (नित्यत्व संकोच), और (११) नियति (स्वातन्त्र्य-संकोच)। इन कञ्चुकों से आवृत जीव बारहवाँ (१२) पुरुष संज्ञक तत्त्व है। शेष चौबीस तत्त्व सांख्य-सम्मत (१३) प्रकृति और उससे उत्पन्न तेईस तत्त्व हैं जिनमें (१४) महत्, (१५) अहंकार, (१६) मनस्, (१७-२१) पञ्चज्ञानेन्द्रियाँ, (२२-२६) पञ्च कर्मेन्द्रियाँ, (२७-३१) पञ्चतन्मात्र, और (३२-३६) पञ्चमहाभूत आते हैं। ये प्रत्यभिज्ञा दर्शन के ३६ तत्व हैं।

यह सम्पूर्ण विश्व शिव-चैतन्य में इच्छाशक्ति के रूप में स्थित है और यही बाह्य जगत् के रूप में आभासित होता है। जगत् का बाह्यरूप भी चैतन्य के अन्तर्गत ही है। अतः कोई पदार्थ 'जड़' नहीं हो सकता और न शिव-चैतन्य के बाहर या उससे भिन्न हो सकता है। अद्वैत वेदान्त, बौद्ध विज्ञानवाद, प्लेटो, बर्कले आदि विज्ञानवादियों ने भी जड़ जगत् को चैतन्य का आभास ही स्वीकार किया है। काश्मीर शैवदर्शन विश्व को शिव-चैतन्य के स्वातन्त्र्य के कारण शिव द्वारा अपने ही भीतर और अपने ही ऊपर, बिना किसी उपादान या भित्ति

---

१. सर्वो ममायं विभवः। —ईश्वरप्रत्यभिज्ञा ४-१-१२

के, प्रक्षिप्त आभास मानता है। प्रत्यभिज्ञा दर्शन भी, अद्वैत वेदान्त और बौद्ध विज्ञानवाद के समान, स्वप्न और भ्रम के पदार्थों के उदाहरण से आभासवाद की पुष्टि करता है। जागतिक पदार्थ भी, स्वप्न और भ्रम के पदार्थों के समान, चैतन्य द्वारा सृष्ट विज्ञान या प्रत्ययरूप ही हैं। देश-काल में उपलब्धि और अर्थक्रियाकारित्व भी दोनों प्रकार के (जागतिक और स्वप्न-भ्रमादि के) पदार्थों में पाये जाते हैं। यह तर्क भी कि इन विज्ञानों के मूल बिम्ब किसी सत्य जगत् में उपलब्ध होने चाहिये क्योंकि बिना पदार्थ के उसका विज्ञान सम्भव नहीं है, उचित नहीं है। बौद्ध विज्ञानवाद के अनुसार विज्ञान या प्रत्यय के लिये पदार्थ का होना आवश्यक नहीं है; 'मूल विषयता-विज्ञान' या 'अनादि ग्राह्यवासना' से युक्त चैतन्य विज्ञानों का प्रक्षेपण करता है। अद्वैत वेदान्त के अनुसार यद्यपि जागतिक एवं स्वप्नादि के पदार्थ माया या अविद्यायुक्त चैतन्य द्वारा सृष्ट आभास ही हैं, तथापि हमें इनकी प्रतीति प्रत्ययों के रूप में न होकर सदसदनिर्वचनीय पदार्थों के रूप में होती है। प्रत्यभिज्ञा-दर्शन के अनुसार शिव अपनी शक्ति से, जो उनसे सर्वथा अभिन्न है तथा उनके चैतन्य का स्वातन्त्र्य और आनन्दरूप स्फुरण है, अपनी ही आत्मभित्ति पर जगदाभासों का उन्मीलन करते हैं। इन आभासों को शिव-चैतन्य के प्रतिबिम्ब कहा जाता है। किन्तु ये सामान्य दर्पण के प्रतिबिम्बों से भिन्न हैं। दर्पण-प्रतिबिम्ब के लिये, दर्पण और प्रतिबिम्ब दोनों से भिन्न, बिम्ब की अलग सत्ता आवश्यक है, किन्तु विश्व-प्रतिबिम्बों के लिये दर्पण, बिम्ब और प्रतिबिम्ब सब कुछ स्वयं शिव ही हैं। सृष्टि न तो शिव का अनिवार्य स्वरूप है, न वे इसे उन्मीलित या निमीलित करने के लिये बाध्य हैं। यह तो शिव के आनन्दातिरेक का नर्तन है, उनकी लीला है जिसे करने या न करने के लिये वे पूर्ण स्वतन्त्र हैं। पञ्चकृत्यों को शिव का स्वभाव केवल इसलिये कहा गया है कि ये कृत्य साधारण कर्म नहीं हैं, अपितु स्पन्दरूप क्रिया हैं, जिसमें शिव का स्वातन्त्र्य समुल्लसित है, जो अनायास होती है और जिसका आनन्दातिशय के अतिरिक्त कोई उद्देश्य नहीं हैं। ये आभास परिणाम नहीं हैं क्योंकि ये शिव के विकृत रूपान्तरण नहीं है। ये विवर्त भी नहीं है क्योंकि ये मिथ्या नहीं है। ये आभास शिव में अवस्थित होने से शिवरूप हैं और सत्य हैं। अद्वैत वेदान्त में आभास अविद्याकृत होने से मिथ्या हैं और ब्रह्मानुभव से उनका बाध हो जाता है। बौद्ध विज्ञानवाद में भी ये आभास अनादि अविद्या या वासना के कारण होते हैं एवं शुद्ध विज्ञानमात्र तत्त्व के साक्षात्कार से वासना-क्षय के कारण इनकी निवृत्ति हो जाती है। प्रत्यभिज्ञा दर्शन में ये आभास शिव की चित्-शक्ति के, जो स्वातन्त्र्य और आनन्दरूप है, उन्मेष है तथा शिव में अन्तर्भूत और शिवरूप होने से सत्य हैं। शिवानुभव से इस अज्ञान की निवृत्ति होती है कि ये आभास शिव के बाहर और शिव से भिन्न हैं।

आत्मा अपने तात्त्विक शिवस्वरूप में पूर्णशक्तिरूप है। उसकी चित्, आनन्द, इच्छा, ज्ञान और क्रिया शक्तियाँ अपनी पूर्णता में समुल्लसित रहती हैं। आत्मा का अपने वास्तविक शिवस्वरूप का अज्ञान बन्धन है और अपने वास्तविक स्वरूप की उपलब्धि या पूर्णचिदानन्दलाभ मोक्ष है। अज्ञान का अर्थ ज्ञानाभाव नहीं है, अपितु अपूर्णज्ञान है। ज्ञान शक्तिरूप है अतः शक्ति की अपूर्णता बन्धन तथा पूर्णता मोक्ष है। माया और उसके पञ्चकञ्चुकों

से आत्मा की शक्तियाँ आवृत्त एवं परिसीमित हो जाती हैं एवं आत्मा ससीम अपूर्णज्ञानशक्तियुक्त 'पुरुष' या 'पशु' बन जाता है। यह अज्ञान आणवमल है जो कार्मण और मायीय मलों का आधार है।[1] इस दर्शन में अज्ञान दो प्रकार का है— बौद्ध अज्ञान और पौरुष अज्ञान। बौद्ध अज्ञान बौद्धिक अज्ञान है जो बौद्धिक ज्ञान से दूर हो जाता है। पौरुष अज्ञान मूल अज्ञान है जो पुरुष को त्रिविध मलों से बाँधे रहता है। यह पौरुष ज्ञान से ही हट सकता है। यह ज्ञान स्वरूप की पूर्णता का ज्ञान है जो अनुग्रह, दीक्षा और साधना से प्राप्त होता है। शिव स्वयं स्वेच्छा से आत्मपरिसीमन द्वारा 'पशु' बन जाते हैं और पुनः पूर्णतालाभ द्वारा 'शिव' बन जाते हैं अर्थात् बन्धन और मोक्ष शिव की लीला है। किन्तु शिव अपने स्वरूप में सदा ही पूर्ण स्वातन्त्र्यात्मक परमशिव बने रहते हैं। पुरुष या पशु की दृष्टि से बन्धन और मोक्ष वास्तविक हैं तथा मोक्ष-साधना की उपादेयता बनी रहती है।

काश्मीर शैव दर्शन का दूसरा नाम प्रत्यभिज्ञा-दर्शन भी है। स्पष्ट है कि प्रत्यभिज्ञा इस दर्शन का आधारभूत सिद्धान्त है। प्रत्यभिज्ञा मोक्ष-साधन है और स्वयं मोक्षरूप भी है। प्रत्यभिज्ञा का अर्थ है 'पहचान' अर्थात् अपने विस्मृत स्वरूप को पहचान लेना और प्राप्त कर लेना। प्रत्यभिज्ञा स्मृति और प्रत्यक्षज्ञान दोनों से भिन्न है तथा दोनों का समन्वित रूप भी है। परमतत्त्व में शिवशक्तिसामरस्य के समान प्रत्यभिज्ञा में स्मृति और प्रत्यक्ष का सामरस्य है। स्मृति संस्कार-जन्य ज्ञान है; प्रत्यक्ष इन्द्रियसंवेदनजन्य ज्ञान है। प्रत्यभिज्ञा पूर्वसंस्कार और वर्तमान इन्द्रियसंवेदन के तादात्म्यीकरण से उत्पन्न ज्ञान है। मान लीजिये किसी वस्तु या व्यक्ति का हमें पूर्वज्ञान है क्योंकि हमने उसे भूतकाल में देखा है या उसके गुणों के विषय में सुना है; हम उस वस्तु या व्यक्ति को वर्तमान में अपने सामने देखकर उसका प्रत्यक्षज्ञान करते हैं; उसे सामने देखकर हमारे मन में स्थित उसके पूर्वज्ञान के संस्कार उद्बुद्ध होते हैं और हम इन उत्थित संस्कारों का उसके प्रत्यक्ष-संवेदनों से तादात्म्यीकरण करते हैं, तब हम उसे पहचान लेते हैं कि यह वही वस्तु या व्यक्ति है जिसका हमें पूर्वज्ञान था। इस पहचान को प्रत्यभिज्ञा कहते हैं। प्रत्यभिज्ञा पूर्वसंस्कारों और वर्तमान संवेदनों के तादात्म्यीकरण से उत्पन्न ज्ञान है। यदि वह वस्तु या व्यक्ति वर्तमान में हमारे सम्मुख उपस्थित नहीं है और हमारे मन में उसके पूर्वज्ञान के संस्कार उपस्थित होते हैं तो यह संस्कारजन्य ज्ञान उस वस्तु या व्यक्ति की स्मृति है। यदि वह वस्तु या व्यक्ति वर्तमान में हमारे सम्मुख उपस्थित है और हमें उसका इन्द्रिय-संवेदन हो रहा है, किन्तु उसके पूर्वज्ञान के संस्कार हमारे मन में उद्भूत नहीं हो रहे, तो यह इन्द्रियसंवेदनजन्य ज्ञान उस वस्तु या व्यक्ति का प्रत्यक्षज्ञान है। प्रत्यभिज्ञा दोनों के तादात्म्यीकरण से उत्पन्न ज्ञान है।

प्रत्यभिज्ञा के लिये चार बातें आवश्यक हैं। प्रथम, प्रत्यभिज्ञात वस्तु या व्यक्ति का पूर्वज्ञान होना आवश्यक है। पूर्वज्ञान के लिये उस वस्तु या व्यक्ति का पूर्व-दृष्ट होना आवश्यक नहीं है, उसका पूर्व-श्रुत होना पर्याप्त है। हमने या तो उसे देखा हो या उसके रूपगुणादि के विषय

---

१. मलमज्ञानमिच्छन्ति संसाराङ्कुकारणम्। —तंत्रालोक १, २३

में सुना हो। द्वितीय, उस पूर्वज्ञात वस्तु या व्यक्ति का वर्तमान में हमारे सम्मुख उपस्थित होना और हमें उसका प्रत्यक्षज्ञान होना आवश्यक है। तृतीय, उस पूर्वज्ञात वस्तु या व्यक्ति के हमारे मन में स्थित संस्कारों का वर्तमान में उसे देखकर उद्‌बुद्ध होना आवश्यक है। चतुर्थ, इन पूर्वज्ञान के उत्थित संस्कारों का वर्तमान में उत्पन्न प्रत्यक्ष-ज्ञान से तादात्म्यीकरण आवश्यक है। इस तादात्म्यीकरण से उत्पन्न ज्ञान कि यह वस्तु या व्यक्ति वही है जिसका हमें पूर्वज्ञान था, प्रत्यभिज्ञा है। यह ध्यान देने योग्य है कि प्रत्यभिज्ञा में वस्तु या व्यक्ति की पूर्वज्ञान की दशा में और वर्तमान ज्ञान की दशा में तात्त्विक एकता का स्फुरण होता है जो दोनों दशाओं का सामरस्य है। अत: प्रत्यभिज्ञा बौद्धिक ज्ञान के साथ अपरोक्ष ज्ञान भी है जिसे इस दर्शन में पौरुष ज्ञान कहा गया है। पूर्वज्ञान की दशा और वर्तमान ज्ञान की दशा बौद्धिक ज्ञान है, किन्तु दोनों दशाओं में तात्त्विक एकता का स्फुरण अर्थात् यह अनुभूति कि दोनों दशाओं में ज्ञात तत्त्व एक ही है अपरोक्षानुभवरूप है। इस दर्शन में इसे कामिनी के उदाहरण से समझाया गया है। एक नवयुवती किसी व्यक्ति के गुणों के श्रवण से ही उस पर आसक्त हो जाती है। वह प्रेमपत्र लिखकर अपनी विश्वस्त दूती के द्वारा उसके पास भेजती है तथा उसे अपने पास मिलने के लिये बुलाती है। वह व्यक्ति उसके पास आता है। नवयुवती उसे देखती है, किन्तु पहचानती नहीं, अत: उसे सामान्य जन मान लेती है। परन्तु जब दूती उस व्यक्ति का परिचय देती है और नवयुवती उसे पहचान लेती है तो वह आनन्दविभोर हो जाती है।[१] इसी प्रकार किसी कामिनी का पूर्वदृष्ट प्रियतम या प्रवासी पति छद्मवेश में उसके पास आता है और वह उससे मिलती है किन्तु पहचान नहीं पाती, अत: उसे आनन्दानुभव नहीं होता। परन्तु जब उस व्यक्ति का छद्मवेश हटने से या उसमें स्वरूप लक्षण प्रकट होने से वह कामिनी उसे पहचान लेती है तो आनन्दमग्न हो जाती है। 'तत्त्वमसि' महावाक्य को भी यह दर्शन प्रत्यभिज्ञा द्वारा प्रकाशित करता है। पुरुष माया के कारण अपूर्ण ज्ञान से स्वयं को अपूर्ण-शक्तिसम्पन्न ससीम आत्मा मान लेता है तथा उसे अपने शिव-स्वरूप की विस्मृति हो जाती है। जब गुरु उसे बताते हैं कि 'तू ही शिव है' और उसका श्रवण, अध्ययन, मननादि से उत्पन्न बौद्धिक ज्ञान, शिव के अनुग्रह, गुरु की दीक्षा और स्वयं की साधना से अपरोक्ष अनुभूति या प्रत्यभिज्ञा या पौरुष ज्ञान में परिणत हो जाता है तो वह अपने वास्तविक शिव-स्वरूप को, पूर्णाहन्ता के चिदानन्द को, चित्-शक्ति के पूर्ण स्वातन्त्र्य और आनन्द को प्राप्त कर लेता है। यही मोक्ष या मुक्ति है।[२] प्रत्यभिज्ञादर्शन जीवन्मुक्ति को स्वीकार करता है। पौरुष ज्ञान द्वारा अज्ञानरूपी आणवमल के दूर हो जाने पर सदेह अवस्था में भी मुक्ति सम्भव है क्योंकि जीवन्मुक्त सब आभासों को शिवरूप देखता है।[३]

---

१. ईश्वरप्रत्यभिज्ञा ४-२-२

२. पौरुषं पुनर्ज्ञानमुदितं सत् अन्यनिरपेक्षमेव मोक्षकारणम्। —तन्त्रालोक १, २४

३. अखिलमभेदेनैव स्फुरति।
तस्मादनेकभावाभि: शक्तिभिस्तदभेदत:।
एक एव स्थित: शक्त: शिव एव तथा तथा।।

३. वीरशैव मत

जिस प्रकार वेदान्त सम्प्रदायों में अद्वैत, द्वैत, द्वैताद्वैत, विशिष्टाद्वैत सम्प्रदाय हैं, उसी प्रकार शैव सम्प्रदायों में शैव-सिद्धान्त द्वैतवादी, प्रत्यभिज्ञादर्शन अद्वैतवादी और वीरशैवमत द्वैताद्वैत या विशिष्टाद्वैतवादी है। वीरशैव मत को शक्तिविशिष्टाद्वैत भी कहते हैं। शैवसिद्धान्त का केन्द्र तमिल प्रदेश, प्रत्यभिज्ञादर्शन का काश्मीर और वीरशैव मत का केन्द्र कर्णाटक प्रदेश रहा है। इस मत के मुख्य प्रचारक वसव (१२वीं शती) हैं। श्रीपति (११वीं शती) का ब्रह्मसूत्र पर श्रीकरभाष्य और श्रीशिवयोगी शिवाचार्य का सिद्धान्त-शिखामणि इस मत के प्रसिद्ध ग्रन्थ हैं। इस मत के अनुयायियों को लिङ्गायत या जङ्गम कहते हैं। ये लोग शिवलिङ्ग को अपने गले में पहने रहते हैं या शरीर के साथ रखते हैं।

वीरशैव या शक्तिविशिष्टाद्वैत या भेदाभेदविशिष्टाद्वैत निष्काम कर्म पर बल देता है। इसे वीरधर्म या वीरमार्ग भी कहते हैं। शक्तिविशिष्टाद्वैत का अर्थ है शक्तिविशिष्ट जीव और शक्तिविशिष्ट शिव का अद्वैत अर्थात् परस्पर सामरस्य या एकाकारता। शक्ति का अर्थ है ब्रह्म या परशिव में अपृथक्-सिद्धरूप से रहने वाला विशेषण। परशिव की शक्ति सूक्ष्मचिद्चिद्विशिष्ट है और जीव की शक्ति स्थूलचिदचिद्विशिष्ट है। अग्नि और उसकी दाह-पाक-प्रकाशरूप शक्तियों के समान शिव और शक्ति में अभेद है। अपृथक्सम्बन्ध को अविनाभाव सम्बन्ध और समवाय सम्बन्ध भी कहा जाता है। परशिव की सूक्ष्म चित्-शक्ति को सर्वज्ञतारूप और सूक्ष्म-अचित्-शक्ति को सर्वकर्तृत्वरूप माना जाता है तथा इन दोनों की आश्रयभूत इच्छाशक्ति को विमर्शशक्ति कहा जाता है। जब यह विमर्शशक्ति जड़ माया में प्रविष्ट होकर त्रिगुणात्मक हो जाती है तो इसे 'प्रकृति' कहा जाता है। वीरशैव मत इस प्रकृति को 'चित्त' कहता है। परशिव का चित्तशक्तिविशिष्ट अंश जीव है। अग्निस्फुलिङ्गवत् शिव और जीवों में पारमार्थिक भेदाभेद है। यदि अग्नि और स्फुलिङ्गों (अग्नि-कणों) में, अंशी और अंश में, अत्यन्त अभेद मानें तो अग्निकणों से भी पाकादि क्रिया सम्पन्न होनी चाहिये और यदि दोनों में अत्यन्त भेद मानें तो अग्नि-कणों को शीतल मानना पड़ेगा। इसी प्रकार शिव और जीवों में अत्यन्त अभेद हो तो जीवों में भी सर्वज्ञत्व, सर्वकर्तृत्व आदि मानने पड़ेंगे, तथा उनमें अत्यन्त भेद हो तो जीवों को घटपटादिवत् अचेतन मानना होगा। अतः शिव और जीवों में पारमार्थिक भेदाभेद सम्बन्ध ही स्वीकार करना पड़ता है। वीरशैव मत के अनुसार यह जगत् परशिव से उत्पन्न हुआ है, अतः सत्य है।[१] सत्य और नित्य होने के कारण जगत् उत्पत्ति-विनाशरहित है। उत्पत्ति का अर्थ आविर्भाव या विकास तथा संहार का अर्थ तिरोभाव या सङ्कोच है। जगत् शिव का परिणाम है। जैसे कछुवा चलते समय पैर बाहर निकाल लेता है और बैठते समय अन्दर कर लेता है, वैसे ही जगत् की उत्पत्ति शक्तिविकास और लय शक्ति-सङ्कोच है।[२] इस मत में भी छत्तीस तत्त्व स्वीकार किये गये हैं।

---

१. शिवतत्त्वात् समुत्पन्नं जगदस्मान् न भिद्यते। —सिद्धान्तशिखामणि

२. आत्मशक्तिविकासेन शिवो विश्वात्मना स्थितः।। —सिद्धान्तशिखामणि

वीरशैव मत में परशिव को 'स्थल' कहा जाता है क्योंकि यह चराचर जगत् उसी में स्थित और लीन होता है।[१] परशिव पूर्णाहन्ता और पूर्णस्वातन्त्र्यरूप हैं। जब परशिव को उपास्य-उपासक भाव से क्रीड़ा करने की इच्छा होती है तब शक्ति-क्षोभ से 'स्थल' के दो रूप हो जाते हैं। उपास्यरूप का नाम 'लिङ्ग' (शिव) और उपासकरूप का नाम 'अङ्ग' (जीव) है। लिङ्ग की शक्ति का नाम 'कला' और अङ्ग की शक्ति का नाम 'भक्ति' है। अङ्ग शिव के अनुग्रह से तथा गुरु-दीक्षा से भक्ति द्वारा शिव के साथ एकरूपता प्राप्त कर लेता है। यही मुक्ति है। लिङ्गाङ्गसंयोग परा मुक्ति है।[२] वीर शब्द शिव और जीव की एकरूपताबोधक विद्या का द्योतक है और जो इस विद्या में रमते हैं वे वीरशैव कहलाते हैं।[३]

४. शाक्त सम्प्रदाय

शक्तिपूजा वैदिक काल से ही चली आ रही है। केनोपनिषद् में 'उमा हैमवती' का उल्लेख है। शैवों ने शक्ति को शिव की अर्धाङ्गिनी माना है तथा शिव से अभिन्न चित्-शक्ति के रूप में उन्हें पूर्ण स्वातन्त्र्य तथा पूर्ण आनन्द रूप स्वीकार किया है। शैवों के अनुसार परम तत्त्व परम शिव हैं और शक्ति उनकी अभिन्न चित्-शक्ति है। शाक्तों के अनुसार परम तत्त्व पराशक्ति है तथा शिवभाव गौण है। पुराणों में शक्ति को देवी, चण्डी, चामुण्डा, दुर्गा, उमा, महामाया आदि नामों से अभिहित किया गया है। शक्ति के बिना शिव 'शव' है क्योंकि उनमें स्पन्दन भी नहीं हो सकता। शक्ति सच्चिदानन्दस्वरूपिणी है। माया या प्रकृति उन्हीं के अन्तर्गत है। यह समस्त चराचर विश्व, शक्ति का उन्मेष है और उसी के अन्तर्गत है। मन्त्र और तन्त्र पवित्र, गोपनीय और दिव्य होते हैं। कुण्डलिनी शक्ति जाग्रत् करने की तथा षट्चक्रभेदन की साधना मुख्य है। नादयोग की प्रशंसा की गई है। जीवन्मुक्ति मान्य है। शाक्त-तन्त्र अद्वैतवादी है। तन्त्र का ध्येय उपासक का उपास्य के साथ तादात्म्य स्थापित करना है।

शाक्त तन्त्र के तीन प्रमुख आचार हैं— कौलाचार, समयाचार और मिश्राचार। तान्त्रिक आचार परम गोपनीय रखे जाते हैं। गुरु दीक्षित शिष्य को ही इनका रहस्य बताते हैं। ग्रन्थों में भी इनका बहुधा प्रतीकात्मक वर्णन मिलता है। शाक्त तन्त्र की साधना चुने हुये अधिकारी साधकों के लिये होती है और सदा गोपनीय रखी जाती है। कौलाचार के विषय में कई भ्रान्त धारणायें प्रचलित हैं। वाममार्गी कौल पञ्च-मकार (मद्य, मांस, मीन, मुद्रा और मैथुन) का सेवन करते हैं। वामाचार के कारण इनमें कई घृणित एवं कुत्सित क्रियाओं का प्रचलन हुआ जो उनके पतन का कारण बना। किन्तु शास्त्रीय दृष्टि से पञ्च-मकार का अर्थ आध्यात्मिक रहस्य साधना से किया जाता है। कौलाचार के प्रमुख तन्त्र 'कुलार्णव' में मद्य, मांस, मैथुनादि के प्रत्यक्ष प्रयोग की निन्दा की गई है। कुल' का अर्थ है शक्ति या कुण्डलिनी तथा 'अकुल' का अर्थ है शिव। जो व्यक्ति योग द्वारा षट्चक्र भेदन करके कुण्डलिनी शक्ति का सहस्रार

---

१. स्थीयते लीयते यत्र जगदेतच्चराचरम्। तद् ब्रह्म स्थलमित्युक्तं स्थलतत्त्वविशारदैः।। —वहीं

२. तस्माल्लिङ्गाङ्गसंयोगात् परा मुक्तिर्न विद्यते।

३. वीरशब्देनोच्यते विद्या शिवजीवैक्यबोधिका। तस्यां रमन्ते ये शैवा वीरशैवास्तु ते स्मृताः।

में स्थित शिव के साथ मिलन कराता है वही कौल है।[१] पञ्च-मकारों का भी रहस्यमय गूढ़ अर्थ है। यथा, सहस्रार से जो सुधा क्षरित होती है वह 'मद्य' है, साधारण मदिरा नहीं। इसी प्रकार सुषुम्ना और प्राण का, कुण्डलिनी और शिव का मिलन 'मैथुन' है, स्त्री-सम्भोग नहीं। इससे स्पष्ट है कि अत्यन्त उच्चकोटि का साधक ही वामाचार का अधिकारी हो सकता है।

समयाचार 'श्री-विद्या' के उपासकों का आचार है। इसमें अन्तर्याग अर्थात् आन्तरिक उपासना का प्राधान्य है। यथा, पञ्च-मकार का प्रत्यक्ष प्रयोग न करके इनके अनुकल्प का प्रयोग किया जाता है। ललितासहस्रनाम के सौभाग्यभास्कर-भाष्यकार भास्कर राय तथा सौन्दर्यलहरी के टीकाकार लक्ष्मीधर शाक्ततन्त्र के प्रख्यात विद्वान् हैं। समयाचार में भी मूलाधार में सुप्त कुण्डलिनी को जाग्रत् कर षट्-चक्र (मूलाधार, स्वाधिष्ठान, मणिपूर, अनाहत, विशुद्धि और आज्ञाचक्र) भेदन करके सहस्रार स्थित शिव के साथ उसका मिलन कराना मुख्य लक्ष्य है। शाक्त-तन्त्र में परा शक्ति को 'त्रिपुर-सुन्दरी' कहते हैं। ये सच्चिदानन्दस्वरूपा समरसा हैं! ललिता और नित्याषोडशिका भी इन्हीं के नाम हैं। ये स्वातन्त्र्य, सौन्दर्य और आनन्द की पराकाष्ठा हैं। मुक्ति स्वरूपानुभव है। जीवन्मुक्त गीता के स्थितप्रज्ञ के समान है जिसके लिये कर्दम-चन्दन, शत्रु-मित्र, मृत्पिण्ड-स्वर्ण, दुःख-सुख, मृत्यु-जीवन सम हैं। यह शाक्त-तन्त्र का सार है।

वस्तुतः अद्वैत-वेदान्तसम्मत स्वयंसिद्ध और स्वप्रकाश नित्यचिदानन्दस्वरूप आत्मतत्त्व की अपरोक्ष एवं निर्विकल्प अनुभूति ही अखण्डचिदानन्द है। यही आत्म-लाभ और ब्रह्मभाव है। यह अद्वैत बुद्धि की द्वैत, अद्वैत और द्वैताद्वैत कोटियों से सर्वथा विलक्षण और उन सबके पार है। यह समस्त ज्ञान का, सारे अनुभव का, बुद्धि की समस्त कोटियों का आधार या अधिष्ठान है। इस अचिन्त्य अनिर्वचनीय तत्त्व का बुद्धि-कोटियों द्वारा ग्रहण तथा शब्दों द्वारा वर्णन अपूर्ण ही रहेगा। अतः इसे एक या अनेक, निष्क्रिय या सक्रिय आदि कहना भी अपूर्ण है। इसे तो अपरोक्ष अनुभूति द्वारा ही साक्षात् किया जाता है। काश्मीर शैव दर्शन में शिवशक्ति सामरस्य, शाक्तदर्शन में कामेश्वर-कामेश्वरी सामरस्य और गौडीय वैष्णव दर्शन में श्रीकृष्ण-श्रीराधा सामरस्य उसी पूर्ण चिदानन्दानुभूति को व्यक्त करते हैं। दोनों के सामरस्य में कल्पित द्वैत में तात्त्विक अद्वैत की अनुभूति ही आनन्दरूप है। नरहरिस्वामी का कथन है कि ज्ञानपूर्वक भक्ति के लिये कल्पित द्वैत अद्वैत से भी सुन्दर है एवं सामरस्य होने पर जीवात्मा तथा परमात्मा का मिलन, परस्पर अनन्य प्रेम करने वाले दम्पती के मधुर मिलन के समान, द्वैत में अद्वैत की अनुभूति के कारण अमृतोपम आनन्द देता है।[२] विद्यारण्य स्वामी का कथन है कि जीव और ईश्वर दोनों ही मायारूपी कामधेनु के वत्स हैं, भले ही ये इच्छानुसार द्वैत-पान करते रहें, किन्तु तत्त्व तो अद्वैत ही है और उसी में आनन्द का अनुभव है।[३] महानिर्वाणतन्त्र के अनुसार ब्रह्मभाव उत्तम है, ध्यानभाव मध्यम है, जप एवं स्तुतिपाठ साधारण है तथा बाह्यपूजा निकृष्ट है।[४]

---

१. कुलं शक्तिरिति प्रोक्तमकुलं शिव उच्यते। कुलेऽकुलस्य सम्बन्धः कौलमित्यभिधीयते।। —स्वच्छन्दतन्त्र

२. जाते समरसानन्दे द्वैतमप्यमृतोपमम्। मित्रयोरिव दम्पत्योर्जीवात्मपरमात्मनोः।। बोधसार, पृ. २००-२०१

३. मायाख्यायाः कामधेनोर्वत्सौ जीवेश्वरावुभौ। येथेच्छं पिबतां द्वैतं तत्त्वमद्वैतमेव हि।।—पञ्चदशी ६, २३६

४. उत्तमो ब्रह्मसद्भावो ध्यानभावस्तु मध्यमः। स्तुतिर्जपोऽधमो भावो बहिःपूजाऽधमाऽधमा।। १४, १२२

ग्रन्थावली

वेद और उपनिषद्

वैदिक वाङ्मय .... ऋग्वेदसंहिता (शाकलक शाखा; दश मण्डल, १०२८ सूक्त)

" .... सामवेद संहिता (तीन शाखायें उपलब्ध हैं जिनमें कौथुमस्-शाखा प्रमुख है; इस शाखा में कई मन्त्र ऋक्संहिता से लिये हैं)

" .... कृष्णयजुर्वेद की चार संहिताओं में तैत्तिरीय-संहिता और मैत्रायणी-संहिता प्रमुख हैं।

" .... शुक्ल यजुर्वेद की वाजसनेय-संहिता (याज्ञवल्क्य से सम्बद्ध है, इसकी काण्व और माध्यन्दिन शाखायें हैं)

.... अथर्ववेद संहिता (शौनक शाखा प्रमुख है जिसके अन्तिम मण्डल में प्राय: सभी सूक्त ऋक्-संहिता के हैं; दूसरी पिप्पलाद शाखा है)

" .... ऐतरेय ब्राह्मण (ऋग्वेदीय; इसका अन्तिम भाग ऐतरेय आरण्यक और उसका अन्तिम भाग ऐतरेय उपनिषद् है)

" .... तैत्तिरीय ब्राह्मण (कृष्णयजुर्वेदीय; इसका अन्तिम भाग तैत्तिरीय आरण्यक और उसका अन्तिम भाग तैत्तिरीय उपनिषद् है)

" .... शतपथब्राह्मण (शुक्ल यजुर्वेदीय; इसका अन्तिम काण्ड आरण्यक है और उसका अन्तिम भाग बृहदारण्यक उपनिषद् है)

यास्क .... निरुक्त

गीताप्रेस, गोरखपुर .... ईश, केन, कठ, प्रश्न, मुण्डक, माण्डूक्य, तैत्तिरीय, ऐतरेय, छान्दोग्य, बृहदारण्यक और श्वेताश्वतर उपनिषद् शाङ्करभाष्य और हिन्दी अनुवाद सहित

आनन्दाश्रम प्रेस, पूना .... शाङ्करभाष्य और आनन्दगिरि-टीका सहित प्रकाशित उपनिषद्

वाणीविलास संस्कृत पुस्तकालय, वाराणसी .... शाङ्करभाष्य और आनन्दगिरि-टीका सहित प्रकाशित उपनिषद्

म. म. पं. गिरिधर शर्मा चतुर्वेदी .... वैदिक विज्ञान और भारतीय संस्कृति, बिहार राष्ट्रभाषा परिषद्, पटना, १९६०

फतह सिंह .... वैदिक दर्शन, संस्कृति सदन, कोटा

Max Muller and Oldenberg .... The Vedic Hymns; S. B. E., Vols. XXXII and XLVI

Macdonell .... Hymns from the Rigveda (Tr.)

Kaegi .... The Ṛg-veda (Tr.)

Ghate .... Lectures on the Ṛg-veda.

V. S. Agrawala	....	Sparks from the Vedic Fire, Varanasi
Bloomfield	....	The Religion of the Veda
"	....	The Atharva-Veda, S. B. E., Vol. XLIII
Eggeling	....	Satapatha Brāhmaṇa, S. B. E., Vol. XII
Max Muller	....	The Upaniṣads, S. B. E., Vols. I and XV
Hume	....	The Thirteen Principal Upaniṣads
Deussen	....	The Philosophy of the Upaniṣads
S. K. Belvalkar and R. D. Ranade	....	Indian Philosophy—The Creative Period
R. D. Ranade	....	A Constructive Survey of Upanishadic Philosophy, 2nd Ed., Bharatiya Vidya Bhavan, Bombay, 1968
B. M. Barua	....	Pre-Buddhistic Indian Philosophy
M. Winternitz	....	A History of Indian Literature, Vol. I, Tr. by Mrs. Ketkar, Univ. of Calcutta, 1927

भगवद्गीता

गीताप्रेस, गोरखपुर	....	श्रीमद्भगवद्गीता शाङ्करभाष्य और हिन्दी अनुवाद सहित
लोकमान्य तिलक	....	गीता-रहस्य
Sri Aurobindo	....	Essays on the Gītā, Arya Pub. House, Calcutta

चार्वाक मत

माधवाचार्य	....	सर्वदर्शनसङ्ग्रह (प्रथम अध्याय)
हरिभद्र	....	षड्-दर्शन-समुच्चय, गुणरत्नटीका सहित (चार्वाक दर्शन)
कृष्णपति मिश्र	....	प्रबोधचन्द्रोदय नाटक (द्वितीय अङ्क)
जयराशि भट्ट	....	तत्त्वोपप्लव सिंह, गायकवाड सीरीज़, बड़ौदा
D. R. Shastri	....	A Short History of Indian Materialism
'चार्वाक-षष्टि'	....	'चार्वाकषष्टि का दार्शनिक विषय विवेचन', सर्वानन्द पाठक, नवनालन्दा महाविहार रिसर्च पब्लि., भाग II

जैन दर्शन

कुन्दकुन्दाचार्य	....	समयसार, अमृतचन्द्रकृत आत्मख्यातिटीका सहित, निर्णयसागर सं., १९१९; प्रो. चक्रवर्तीकृत अंग्रेज़ी प्रस्तावना व अनुवाद सहित, ज्ञानपीठ, वाराणसी, १९५०; अमृतचन्द्र व जयसेनकृत संस्कृतटीका व जयचन्द्रकृत हिन्दी टीका सहित, अहिंसा मन्दिर, दिल्ली, १९५९
"	....	प्रवचनसार, अमृतचन्द्रकृत संस्कृतटीका सहित, सम्पादित डॉ. उपाध्ये, बम्बई, १९३५
"	....	पञ्चास्तिकायसार, अंग्रेज़ी भूमिका व अनुवाद सहित, सम्पादित, प्रो. चक्रवर्ती, आरा, १९२०
"	....	षट्प्राभृत, सम्पादित, पन्नालाल सोनी, बम्बई
उमास्वाति (उमास्वामी)	....	तत्त्वार्थसूत्र, श्रुतसागरकृत तत्त्वार्थवृत्ति सहित, ज्ञानपीठ, वाराणसी,

१९४९; पं. सुखलालकृत हिन्दी व्याख्या सहित, वर्धा, १९५२

पूज्यपाद देवनन्दी .... तत्त्वार्थसूत्र पर सर्वार्थसिद्धिटीका, पं. फूलचन्द्रकृत अनुवाद सहित, ज्ञानपीठ, वाराणसी, १९५५

अकलङ्क .... तत्त्वार्थसूत्र पर राजवार्तिक, भाग १ और २, ज्ञानपीठ, वाराणसी, १९४९ और १९५७

विद्यानन्दी .... तत्त्वार्थसूत्र पर श्लोकवार्तिक, बम्बई, १९१८

समन्तभद्र .... आप्तमीमांसा, अकलङ्ककृत अष्टशती टीका सहित, वाराणसी, १९१४, अष्टशती पर विद्यानन्दिकृत अष्टसाहस्री टीका सहित, शोलापुर, १९१५

सिद्धसेन दिवाकर .... सन्मतितर्क

" .... न्यायावतार

हेमचन्द्र .... प्रमाणमीमांसा, सम्पादित, पं. सुखलाल, १९३९

" .... अयोगव्यवच्छेदिका द्वात्रिंशिका

" .... अन्ययोगव्यवच्छेदिका द्वात्रिंशिका

मल्लिषेण .... स्याद्वादमञ्जरी (अन्ययोगव्यवच्छेदिका की टीका) सम्पादित, प्रो. ध्रुव, बम्बई, १९३३

वादिदेव सूरि .... प्रमाणनयतत्त्वालोकालङ्कार तथा उस पर स्याद्वादरत्नाकर नामक वृत्ति, सम्पादित, मोतीलाल लाढाजी, पूना

नेमिचन्द्र .... द्रव्यसङ्ग्रह

हरिभद्र .... अनेकान्तजयपताका

विमलदास .... सप्तभङ्गितरङ्गिणी

Mrs. S. Stevenson.... The Heart of Jainism

Satkari Mookerjee .... The Jaina Philosophy of Non-Absolutism, Bharati Mahavidyalaya Publication, Calcutta, 1944

J. Jaini .... Outlines of Jainism

Nathmal Tatia .... Studies in Jaina Philosophy, Banaras, 1951

Mohan Lal Mehta.... Jaina Philosophy, P. V. Research Institute, Varanasi, 1971

M. Winternitz .... A History of Indian Literature, Vol. II, Tr. by Mrs. Ketkar and Miss Kohn, Univ. of Calcutta, 1933

बौद्ध दर्शन

पालि तिपिटक .... पालि टैक्स्ट सोसायटी, लन्दन द्वारा रोमन लिपि में प्रकाशित संस्करण

" .... नालन्दा-देवनागरी-पालि-ग्रन्थमाला, बिहार राजकीय पालि प्रकाशन मण्डल, नालन्दा द्वारा देवनागरी लिपि में प्रकाशित संस्करण भाग I-XLI, प्र. सम्पा., भिक्षु जगदीश काश्यप

धम्मपद और सुत्तनिपात .... S. B. E., Vol. X

मिलिन्दपञ्हो .... सम्पा., आर. डी. वाडेकर, बम्बई, १९४०

सद्धर्मपुण्डरीक सूत्र .... सम्पादित, प्रो. कर्न और नान्जीओ, बिब्लिओथेका बुद्धिका X, सेन्ट पीटर्सबर्ग, रूस, १९०८

सद्धर्मपुण्डरीक सूत्र .... सम्पा., प्रो. प. ल. वैद्य, दरभंगा, १९६०

लङ्कावतारसूत्र .... सम्पा., नान्‌जीओ, क्योटो, जापान, १९२३

" .... सम्पा., प्रो. प. ल. वैद्य, दरभंगा, १९६३

ललितविस्तर सूत्र .... सम्पा., लेफ़मान, हॉल, १९०२

" .... सम्पा., प्रो. प. ल. वैद्य, दरभंगा, १९५९

शतसाहस्रिकाप्रज्ञापारमिता .... सम्पा., पी. घोष, एशियाटिक सोसायटी ऑफ़ बंगाल, कलकत्ता, १९०२

अष्टसाहस्रिकाप्रज्ञापारमिता .... ए. सो. बं., कलकत्ता

" .... सम्पा., प्रो. प. ल. वैद्य, दरभंगा, १९६०

सुवर्णप्रभाससूत्र .... बुद्धिस्ट टैक्स्ट्स

समाधिराजसूत्र .... सम्पा., प्रो. प. ल. वैद्य, दरभंगा, १९६१

दशभूमिकसूत्र .... सम्पा., डॉ. जे. राह्डर, पेरिस, १९२६

" .... सम्पा., एस. बागची, दरभंगा, १९६७

अश्वघोष .... सौन्दरनन्दकाव्य, सम्पा., म. स. हरप्रसाद शास्त्री, बिब्लि. इंडिका, कलकत्ता, १९१०

" .... बुद्धचरितकाव्य, सम्पा., कॉवेल, आक्सफोर्ड, १८९३

नागार्जुन .... मूलमध्यमककारिका (मध्यमकशास्त्रम्) चन्द्रकीर्ति की प्रसन्नपदा वृत्ति सहित, सम्पा., लुई द ला वेले पूसिं, बिब्लिओथेका बुद्धिका IV, सेन्ट पीटर्सबर्ग, रूस १९१२

" .... सम्पा., प्रो. प. ल. वैद्य मिथिला, संस्कृतविद्यापीठ, बौद्ध संस्कृत ग्रन्थावली संख्या १०, दरभंगा, १९६०

" .... महायानविंशक, सम्पा. पं. वि. भट्टाचार्य, कलकत्ता, १९३१

" .... रत्नावली, सम्पा. जी. तुची, जे. आर. ए. एस., अप्रैल १९३४ और १९३६

" .... विग्रहव्यावर्त्तनी स्ववृत्तिसहित, सम्पा. पं. राहुल सांकृत्यायन, जे. बी. ओ. आर. एस., पटना, भाग XXIII, १९३७

" .... सम्पा., प्रो. सत्कारी मुकर्जी, मूल और अंग्रेज़ी अनुवाद, नवनालन्दा महाविहार रिसर्च पब्लिकेशन, भाग I, नालन्दा, १९५७

आर्यदेव .... चतुःशतक, चन्द्रकीर्ति की वृत्ति के पुनर्निर्मित अंशों सहित, एवं विलुप्त मूल कारिकाओं के सम्पूरण सहित सम्पादित, पं. वि. भट्टाचार्य, शान्ति निकेतन, १९३१

" .... चित्तविशुद्धिप्रकरण, सम्पा. पं. ह. शास्त्री, जे. ए. एस. बी., १८९८, कलकत्ता

चन्द्रकीर्ति .... प्रसन्नपदामध्यमकवृत्ति (नागार्जुन की मध्यमककारिका पर वृत्ति)

" .... आर्यदेव के चतुःशतक पर वृत्ति के पं. वि. भट्टाचार्य द्वारा सम्पूरित अंश

" .... मध्यमकावतार (षष्ठ अध्याय), पं. अय्यस्वामिशास्त्री द्वारा सम्पादित तथा विलुप्त कारिकायें भोटभाषानुवाद से पुनः संस्कृत में अनूदित, जे. ओ. आर., मद्रास, १९२९-३३

शान्तिदेव .... शिक्षा-समुच्चय, सम्पा. बेन्डल, बि. बु. I

शान्तिदेव	....	सम्पा., प्रो. प. ल. वैद्य, दरभंगा, १९६०
"	....	बोधिचर्यावतार, प्रज्ञाकरमतिकृत पञ्जिका सहित, सम्पा., पूसिं, बिब्लि. इंडिका, १९०२
"	....	सम्पा., प्रो. प. ल. वैद्य, दरभंगा
प्रज्ञाकरमति	....	बोधिचर्यावतार-पञ्जिका
असङ्ग	....	महायानसूत्रालङ्कार, सम्पा., सि. लेवि, पेरिस, १९०७; सम्पा. एस. बागची, दरभंगा, १९७१
"	....	योगाचारभूमिशास्त्र, भाग १, सम्पा., पं. वि. भट्टाचार्य, कलकत्ता, १९५७
"	....	बोधिसत्त्वभूमि, सम्पा., एन. दत्त, जायसवाल रिसर्च इन्स्टीट्यूट, पटना, १९६६
"	....	श्रावकभूमि, सम्पा., करुणेश शुक्ल, जायसवाल रिसर्च इं., पटना, १९७३
वसुबन्धु	....	अभिधर्मकोशकारिका, सम्पा. जी. वी. गोखले, जे. आर. ए. एस., बम्बई, भाग २२, १९४६
"	....	अभिधर्मकोश, यशोमित्र की व्याख्या सहित, सम्पा., वोगीहारा, टोक्यो, जापान
"	....	विज्ञप्तिमात्रतासिद्धिः विंशतिका, स्ववृत्तिसहित, सम्पा., सिल्वें लेवि, पेरिस, १९२५
"	....	सम्पा., प्रो. सत्कारी मुकर्जी; अंग्रेज़ी अनुवाद, शीतांशुशेखर बागची, नवनालन्दामहाविहार रिसर्च पब्लिकेशन, भाग १, नालन्दा, १९५७
"	....	विज्ञप्तिमात्रतासिद्धिः त्रिंशिका, स्थिरमति-कृत भाष्य सहित, सम्पा., सिल्वें लेवि, पेरिस, १९२५
"	....	मध्यान्तविभागकारिकाभाष्य (मैत्रेयनाथकारिका पर भाष्य)
स्थिरमति	....	मध्यान्तविभागभाष्यटीका, सम्पा. एस. यामागुची, नागोया, जापान, १९३४
"	....	मध्यान्तविभागशास्त्र, मैत्रेयनाथकृत कारिका, वसुबन्धुभाष्य और स्थिरमतिटीका सहित, सम्पा. डॉ. रामचन्द्र पाण्डेय, मोतीलाल बनारसीदास, दिल्ली, १९७१
"	....	त्रिंशिकाभाष्य (वसुबन्धु की त्रिंशिका पर भाष्य)
दिङ्नाग	....	प्रमाणसमुच्चय (प्रथम परिच्छेद), पं. रङ्गस्वामी अय्यंगर द्वारा तिब्बतीभाषानुवाद से संस्कृत में पुनरनूदित, मैसूर वि. वि., १९३०
"	....	आलम्बनपरीक्षा, पं. अय्यस्वामी शास्त्री द्वारा संस्कृत में पुनरनूदित, अडयार लाइब्रेरी, १९४१
"	....	दिङ्नाग की कृतियों के अंश (Fragments from Dinnāga), सम्पा., एच. एन. रेन्डल, रॉयल एशियाटिक सोसायटी, लन्दन, १९२६
धर्मकीर्ति	....	प्रमाणवार्तिक, सम्पा. पं. राहुल सांकृत्यायन, जे. बी. ओ. आर. एस., पटना, भाग xxiv, १९३८
"	....	प्रमाणवार्तिक, प्रथम परिच्छेद पर स्ववृत्तिसहित तथा कर्णकगोमि-टीका सहित, सम्पा. पं. राहुल सांकृत्यायन, किताब महल, इलाहाबाद, १९४३

धर्मकीर्ति .... न्यायबिन्दु, धर्मोत्तर की टीका सहित, सम्पा. पी. पीटरसन, कलकत्ता, १८८९

" .... वादन्याय, शान्तरक्षित की टीका सहित, सम्पा., पं. राहुल सांकृत्यायन, जे. बी. ओ. आर. एस., पटना, भाग xxi-xxii, १९३५-३६

मनोरथनन्दी .... प्रमाणवार्तिकवृत्ति, सम्पा. पं. राहुल सांकृत्यायन, जे. बी. ओ. आर. एस., पटना, भाग xxiv-xxvi, १९३८-४०

प्रज्ञाकरगुप्त .... प्रमाणवार्तिकालङ्कार (प्रमाणवार्तिक परिच्छेद २, ३, और ४ पर टीका), सम्पा. पं. राहुल सांकृत्यायन, जायसवाल रिसर्च इंस्टीट्यूट, पटना, १९५३

धर्मोत्तर .... न्यायबिन्दु-टीका

शान्तरक्षित .... तत्त्व-सङ्ग्रह, कमलशील की पञ्जिका सहित, भाग १ और २, सम्पा. पं. कृष्णमाचार्य, गायकवाड ओरियेन्टल सीरीज़, बड़ौदा, १९२६

" .... तत्त्व-सङ्ग्रह कमलशीलकृत पञ्जिका सहित, भाग १ और २, सम्पा. स्वामी द्वारिकादास शास्त्री, बौद्धभारती, वाराणसी, १९६८

" .... अंग्रेज़ी अनुवाद, पं. गङ्गानाथ झा, गायकवाड ओ. सीरीज़, बड़ौदा, १९३७

कमलशील .... तत्त्व-सङ्ग्रह-पञ्जिका

भरतसिंह उपाध्याय .... बौद्ध दर्शन तथा अन्य भारतीय दर्शन, भाग १ और २, कलकत्ता, १९५४

चन्द्रधर शर्मा .... सौगत-सिद्धान्त-सार-सङ्ग्रह, संगृहीत एवं हिन्दी अनुवाद सहित सम्पादित, चौखम्बा संस्कृत सीरीज़, वाराणसी, १९५४

" .... बौद्ध दर्शन और वेदान्त, स्टूडेन्ट्स फ्रेंड्स, इलाहाबाद, बनारस, १९४९

T. Suzuki .... 'The Awakening of Faith in the Mahāyāna (महायानश्रद्धोत्पादशास्त्र) of Ashvaghoṣa', परमार्थकृत चीनी भाषानुवाद से अंग्रेज़ी में अनूदित, शिकागो, १९००

T. Richard .... वही, अनूदित, शंघाई, १९०७

Theodore Stcherbatsky .... The Soul Theory of the Buddhists (English Tr. of Pudgalavinishchaya, Appendix to the VIII Chapter of Abhidharma-Kosha of Vasubandhu), 1920
Indian Ed., Bharatiya Vidya Prakashan, Varanasi, 1970

" .... The Central Conception of Buddhism and the Meaning of the word 'Dharma', R. A. Society, London, 1923;
Third Ed., Sunil Gupta Ltd., Calcutta, 1961

" .... The Conception of Buddhist Nirvana (Contains English Tr. of the I & the XXV Chapters of Nāgārjuna's Madhyamaka-Kārikā with Prasannapadā Comment of Chandrakīrti)

Leningrad, 1927, Indian Ed. Bharatiya Vidya Prakashan, Varanasi, with Dr. Jaideva Singh's Comprehensive Introduction and Analysis

Theodore Stcherbatsky .... Buddhist Logic, Vols. I and II (Vol. II contains English Tr. of Nyāya-Bindu of Dharmakirti with the Ṭīkā of Dharmottara), Leningrad, Vol. I (1932) and Vol. II (1930). Reprint, Mouton and Co., S-Gravenhage, 1958; Dover Paperback ed., 1962

M. Wintrenitz .... A History of Indian Literature, Vol. II, Tr. by Mrs. Ketkar and Miss Kohn, Univ. of Calcutta, 1933

D. T. Suzuki .... Studies in the Laṅkāvatāra Sūtra, London, 1957

" .... Outlines of Mahāyāna Buddhism, New York, 1967

Yamakami Sogen .... Systems of Buddhistic Thought, Calcutta, 1912

M. Oldenberg .... The Buddha, 1882

V. Bhattacharya .... The Basic Conception of Buddhism

Mrs. Rhys Davids .... A Manual of Buddhism

Mcgovern .... A Manual of Buddhism

A. Coomaraswamy .... Buddha and the Gospel of Buddhism

" .... Hinduism and Buddhism

E. Conze .... Buddhist Thought in India, London, 1962

Satkari Mookerjee.... The Buddhist Philosophy of Universal Flux, Univ. of Calcutta, 1936

" .... The Absolutist's Standpoint in Logic; The Nava-Nalanda-Mahāvihāra Research Publication, Vol. I, Nalanda, 1957, pp. 1-175

T. R. V. Murti .... The Central Philosophy of Buddhism, London, 1955

A. K. Chatterjee .... The Yogacāra Idealism, B. H. U., Varanasi, 1962

P. V. Bapat, Gen. Ed. .... 2500 Years of Buddhism, Govt. of India, New Delhi, 1956

सांख्य-योग

ईश्वरकृष्ण .... सांख्य-कारिका, अंग्रेज़ी अनुवाद सहित संपादित, एस. एस. सूर्यनारायण शास्त्री, मद्रास वि. वि., १९४८

" .... सांख्य-कारिका, विस्तृत भूमिका, हिन्दी अनुवाद तथा संस्कृत और हिन्दी व्याख्या सहित, ब्रजमोहन चतुर्वेदी, नेशनल पब्लिशिंग हाउस, दिल्ली, १९६८

" .... सांख्यकारिका, युक्तिदीपिका टीका, संपादक, रामचन्द्र पाण्डेय, दिल्ली

गौडपाद .... सांख्य-कारिका-भाष्य, संपा. हरदत्त शर्मा, पूना

" .... अंग्रेज़ी अनुवाद, त्र्यं. गो. माईणकर, पूना

वाचस्पति मिश्र	....	सांख्य-तत्त्व-कौमुदी (सांख्यकारिका टीका) हिन्दी अनुवाद सहित, आद्याप्रसाद मिश्र, इलाहाबाद
"	....	अंग्रेज़ी अनुवाद, गङ्गानाथ झा, पूना
"	....	सांख्यतत्त्वकौमुदी, संपा. हरदत्त शर्मा, पूना
विज्ञानभिक्षु	....	सांख्य-प्रवचन-भाष्य (सांख्य-सूत्र-भाष्य) संपा. जीवानन्द, कलकत्ता
रामशङ्कर भट्टाचार्य	....	सांख्य दर्शन (सांख्य-सूत्र, तत्त्वसमाससूत्र तथा सांख्यसार सटीक), वाराणसी
A. B. Keith	....	The Sāṅkhya System
Nanda Lal Sinha	....	The Sāṅkhya Philosophy
P. B. Chakravarti	....	Origin and Development of Sāṅkhya System.
J. N. Mukerjee	....	Sāṅkhya on the Theory of Reality, Calcutta, 1930
पतञ्जलि	....	योगसूत्र
व्यास	....	योगसूत्रभाष्य, सम्पा. वेदान्तचुञ्चु, कलकत्ता
वाचस्पति मिश्र	....	तत्त्ववैशारदी (व्यासभाष्यटीका)
भोजराज	....	योगसूत्रवृत्ति, संपा. के. वेदान्तवागीश, कलकत्ता
स्वामी हरिहरानन्द आरण्य	....	पातञ्जलयोगदर्शन
रामशङ्कर भट्टाचार्य (संपा.)	....	पातञ्जलयोगदर्शनम्, व्यासभाष्य-तत्त्ववैशारदीसमेतम्, भारतीय विद्या प्रकाशन, वाराणसी
S. N. Dasgupta	....	Yoga as Philosophy and Religion.
N. K. Brahma	....	The Philosophy of Hindu Sādhanā

न्याय-वैशेषिक

गोतम	....	न्यायसूत्र
वात्स्यायन	....	न्यायसूत्रभाष्य, विश्वनाथवृत्ति-सहित, सम्पा. जीवानन्द विद्यासागर, कलकत्ता
"	....	न्यायसूत्र-वात्स्यायनभाष्य, ओरियेन्टल सीरीज़, पूना, १९३८, अंग्रेज़ी अनुवाद, गंगानाथ झा, पूना, १९३८
उद्योतकर	....	न्यायभाष्यवार्तिक, सम्पा. विन्ध्येश्वरीप्रसाद द्विवेदी, काशी संस्कृत सीरीज़, बनारस, १९१५
"		अंग्रेज़ी अनुवाद, गंगानाथ झा, The Indian Thought, इलाहाबाद
वाचस्पति मिश्र	....	न्यायवार्तिकतात्पर्य-टीका, सम्पा. राजेश्वर शास्त्री द्राविड, काशी सं. सी. बनारस, १९२५
उदयन	....	आत्मतत्त्वविवेक, चौखम्बा, वाराणसी, १९४०
"	....	न्यायकुसुमाञ्जलि, टीकाचतुष्टयसमेत, सम्पा. पद्मप्रसाद उपाध्याय एवं ढुण्ढिराज शास्त्री, काशी सं. सी. वाराणसी, १९५७
जयन्त भट्ट	....	न्यायमञ्जरी, सम्पा. सूर्यनारायण शुक्ल, काशी सं. सी., वाराणसी, १९३६

विश्वनाथ न्यायपञ्चानन .... भाषापरिच्छेद (कारिकावली) स्वनिर्मित सिद्धान्तमुक्तावली सहित

" .... अंग्रेज़ी अनुवाद, स्वामी माधवानन्द, अद्वैत आश्रम, अल्मोड़ा, १९४०, द्वि. सं. १९५४

" .... सिद्धान्तमुक्तावली, नारायणतीर्थकृत न्यायचन्द्रिका सहित, सम्पा. ढुण्ढिराज शास्त्री, काशी सं. सी., वाराणसी, १९२३

विश्वनाथ न्यायपञ्चानन .... दिनकरी और रामरुद्री व्याख्या सहित, निर्णय सागर प्रेस, बम्बई

" .... सिद्धान्तमुक्तावली, संस्कृत और हिन्दी टीका सहित, ज्वाला प्रसाद गौड़, वाराणसी, १९५८-५९

अन्नम् भट्ट .... तर्कसंग्रह, स्वनिर्मित दीपिका सहित, एवं नीलकण्ठी तथा भास्करोदया व्याख्या समेत, निर्णयसागर प्रेस, बम्बई

" .... तर्कसंग्रहदीपिका, अंग्रेज़ी भूमिका एवं अनुवाद सहित, अठल्ये एवं बोडास द्वारा सम्पादित, द्वि. सं. बम्बई, १९३०

गङ्गेश उपाध्याय .... तत्त्वचिन्तामणि (इस पर रघुनाथ शिरोमणि की दीधिति तथा उस पर जागदीशी और गादाधारी व्याख्यायें)

कणाद .... वैशेषिक-सूत्र

प्रशस्तपाद .... पदार्थधर्मसंग्रह (वैशेषिकसूत्रभाष्य), सम्पा. ढुण्ढिराज शास्त्री, काशी सं. सी., बनारस

श्रीधर .... न्यायकन्दली (प्रशस्तपादभाष्य-टीका), सम्पा., विन्ध्येश्वरी प्रसाद द्विवेदी, बनारस

" अंग्रेज़ी अनुवाद, गङ्गानाथ झा, बनारस

उदयन .... किरणावली (प्रशस्तपादभाष्य-टीका) सम्पा. शिवचन्द्र सार्वभौम, बिब्लि. इण्डिका, कलकत्ता, १९११

Satish Chandra Vidyabhūṣaṇa .... A History of Indian Logic, Calcutta, 1921

Sadanand Bhaduri .... Studies in Nyāya-Vaiśeṣika Metaphysics, B. O. R. I., Poona, 1947

Jawala Prasad .... A History of Indian Epistemology, 2nd ed., Delhi 1958

S. S. Barlingay .... A Modern Introduction to Indian Logic, National Publ. House, Delhi, 1965

S. C. Chatterjee .... The Nyāya Theory of Knowledge, 2nd ed., Univ. of Calcutta, 1950

J. Sinha .... Indian Realism, Kegan Paul, London, 1938

D. H. H. Ingalls .... Materials for the Study of Navya-Nyāya Logic, Harvard Oriental Series, 1951

Dinesh Chandra Guha .... Navya-Nyāya System of Logic, Bharatiya Vidya Prakashan, Varanasi, 1968

पूर्व मीमांसा

जैमिनि .... मीमांसा-सूत्र

शबर स्वामी .... शबरभाष्य (मीमांसा-सूत्र-भाष्य) अंग्रेज़ी अनुवाद, गङ्गानाथ झा, बड़ौदा, १९३३

प्रभाकर मिश्र	....	बृहती (शाबरभाष्यटीका) (तर्कपाद), सम्पा. रामनाथ शास्त्री, भाग १ और २, मद्रास वि. वि., १९३४-३५
शालिकनाथ मिश्र	....	प्रकरण-पञ्चिका, सम्पा. मुकुन्द शास्त्री, चौखम्बा, बनारस, १९०३
कुमारिल भट्ट	....	श्लोक-वार्तिक (शाबरभाष्य, तर्कपाद की कारिकाबद्ध विस्तृत व्याख्या)
”	....	अंग्रेज़ी अनुवाद, गङ्गानाथ झा
”	....	श्लोकवार्तिक, पार्थसारथिमिश्र की न्यायरत्नाकर-व्याख्या सहित, सम्पा. रामशास्त्री तैलङ्ग, चौखम्बा, बनारस
”	....	श्लोकवार्तिक, उम्बेक-टीका सहित, सम्पा. रामनाथ शास्त्री, मद्रास वि. वि., १९४०
”	....	श्लोकवार्तिक, जयमिश्र-व्याख्या सहित, सम्पा., सी. कुन्हनराजा, मद्रास वि. वि., १९४६
”	....	तन्त्र-वार्तिक (शाबर-भाष्य; I, २ से III अध्याय तक की गद्यमय व्याख्या)
”	....	टुप्-टीका (शाबर-भाष्य के शेष भाग की संक्षिप्त टीका)
पार्थसारथि मिश्र	....	शास्त्र-दीपिका (निर्णय सागर प्रेस, बम्बई)
”	....	शास्त्र-दीपिका, टीकाद्वयोपेता, सम्पा. लक्ष्मण शास्त्री द्राविड, चौखम्बा, बनारस, १९१६
	....	अंग्रेज़ी अनुवाद, डी. वेंकटरमैया, गायकवाड ओ. सीरीज़, बड़ौदा, १९४०
नारायण भट्ट	....	मानमेयोदय, अंग्रेज़ी अनुवाद सहित सम्पा. सी. कुन्हनराजा और एस. एस. सूर्यनारायण शास्त्री, अडयार, मद्रास, १९३३
लौगाक्षि भास्कर	....	अर्थ-सङ्ग्रह, सम्पा. डी. बी. गोखले, ओरियेन्टल बुक एजेंसी, पूना, १९३२
M. M. Ganga Nath Jha	....	Prabhākara School of Pūrva-Mīmāmsā Allahabad Univ., Series, 1911
”	....	Pūrva-Mīmāmsā in its Sources, Banaras Hindu Univ., 1942
Pashupatinath Shastri	....	Introduction to the Pūrva-Mīmāmsā

वेदान्त

गौडपादाचार्य	....	माण्डूक्य-कारिका, गीता प्रेस, गोरखपुर, हिन्दी अनुवाद सहित
”	....	The Āgama-Shāstra of Gauḍapāda, ed., M. M. Vidhushekhara Bhattacharya, Calcutta Univ., 1943
शङ्कराचार्य	....	शारीरक-भाष्य (ब्रह्मसूत्र-शाङ्करभाष्य), निर्णय सागर प्रेस, बम्बई
”	....	ब्रह्मसूत्र-शाङ्करभाष्य, रत्नप्रभा सहित, सम्पा. भोले बाबा, हिन्दी अनुवाद सहित, ३ भाग, म. म. गोपीनाथ कविराज की भूमिका सहित, वाराणसी
”	....	ब्रह्मसूत्र-शाङ्करभाष्य, स्वामी सत्यानन्द-सरस्वतीकृत हिन्दी अनुवाद एवं व्याख्या सहित, गोविन्द मठ, वाराणसी, १९६५

शङ्कराचार्य .... The Vedānta-Sūtras with the Comment of Shankarāchārya, Introduction and Eng. Tr. by G. Thibaut, 2 Vols., S. B. E.

" .... The Vedānta Explained (Eng. Tr. and Explanation of Shānkara Bhāṣya), V. S. Date

" .... The Brahma-Sūtras with the Comment of Shankarāchārya, Chapter II, prts. I and II, ed. with Eng. Tr., S. K. Belvalkar, 2nd ed., Poona, 1931

" .... Brahma-Sūtra-Chatuḥsūtrī with Shānkara Bhāṣya, ed. with English Tr. and Notes by Har Dutt Sharma, Oriental Book Agency, Poona, 1940

" .... ईश, केन, कठ, प्रश्न, मुण्डक, माण्डूक्य (गौडपादकारिका सहित), तैत्तिरीय, ऐतरेय, छान्दोग्य, बृहदारण्यक और श्वेताश्वतर उपनिषद् शाङ्कर-भाष्य तथा हिन्दी अनुवाद सहित अलग-अलग प्रकाशित, गीता प्रेस, गोरखपुर

" .... भगवद्गीता-शाङ्करभाष्य, हिन्दी अनुवाद सहित, गीताप्रेस, गोरखपुर

" .... शाङ्करभाष्य और आनन्दगिरि-टीका सहित प्रकाशित उपनिषद्, आनन्दाश्रम प्रेस, पूना

" .... शाङ्करभाष्य और आनन्दगिरि-टीका सहित प्रकाशित उपनिषद्, वाणीविलास संस्कृत पुस्तकालय, वाराणसी

" .... Minor Works of Shankarāchārya, Vols. I and II, Ashtekar and Co., Poona

मण्डन मिश्र .... ब्रह्मसिद्धि, शंखपाणिकृत टीका सहित, सम्पा. एस. कुप्पूस्वामी शास्त्री, मद्रास, १९३७

सुरेश्वराचार्य .... नैष्कर्म्यसिद्धि, ज्ञानोत्तमकृत चन्द्रिका सहित, सम्पा. मै. हिरियन्ना, बम्बई, १९२५

" .... English Rendering in "The Essentials of Advaitism" by R. Das

" English Tr. by A. J. Alston, London

" .... बृहदारण्यकभाष्यवार्तिक, आनन्दगिरि-टीका सहित, ३ भाग, आनन्दाश्रम प्रेस, पूना

" .... तैत्तिरीयभाष्यवार्तिक, आनन्दगिरि-टीका सहित, आनन्दाश्रम प्रेस, पूना

पद्मपादाचार्य .... पञ्चपादिका (शारीरकभाष्यवृत्ति, अपूर्ण), सम्पा. रामशास्त्री, विजयनगरम् सीरीज़, बनारस

" .... Eng. Tr. D. Venkataramiah, GOS, Baroda, 1948

" .... पञ्चपादिका, आत्मस्वरूपकृत प्रबोधपरिशोधिनी तथा विज्ञानात्मकृत तात्पर्यार्थद्योतिनी व्याख्याओं सहित, सम्पा. श्री राम शास्त्री तथा श्री कृष्णमूर्ति शास्त्री, मद्रास ओरियेन्टल सीरीज़, भाग १, मद्रास, १९५८

पद्मपादाचार्य .... पञ्चपादिका, प्रकाशात्मयतिकृत विवरण तथा विवरण पर चित्सुख मुनि की तात्पर्यदीपिका एवं नृसिंहाश्रम मुनि की भावप्रकाशिका टीकाओं सहित, सम्पा. श्री राम शास्त्री तथा श्री कृष्णमूर्ति शास्त्री, मद्रास ओरियेन्टल सीरीज़, भाग २, मद्रास, १९५८

प्रकाशात्मयति .... पञ्चपादिका-विवरण, सम्पा. श्री राम शास्त्री, विजयनगरम् सीरीज़, बनारस; मद्रास ओ. सीरीज़, भाग २, मद्रास, १९५८

विमुक्तात्मा .... इष्टसिद्धि, सम्पा. मै. हिरियन्ना, गायकवाड ओ. सी., बड़ौदा, १९३३

वाचस्पति मिश्र .... भामति (शारीरकभाष्यव्याख्या), कल्पतरु और परिमल सहित, सम्पा. अनन्तकृष्ण शास्त्री, निर्णयसागर प्रेस, बम्बई, १९३८

" .... भामती (चतुःसूत्री), अंग्रेज़ी अनुवाद सहित, सम्पा. सूर्यनारायण शास्त्री तथा कुन्हन राजा, अडयार, मद्रास, १९३३

श्रीहर्ष मिश्र .... खण्डनखण्डखाद्य, हिन्दी अनुवाद सहित, सम्पा. स्वामी योगीन्द्रानन्द, वाराणसी, १९७९

" .... खण्डनखण्डखाद्य, हिन्दी अनुवाद सहित, सम्पा. चण्डीप्रसाद सुकुल, अच्युत कार्यालय, वाराणसी, १९२८

Eng. Tr. Ganga Nath Jha in The Indian Thought

चित्सुखाचार्य .... खण्डनखण्डखाद्य-टीका, बनारस

" .... तत्त्वप्रदीपिका (चित्सुखी), निर्णय सागर प्रेस, बम्बई, १९३१, द्वि. सं., प्रत्यग्भगवत्प्रणीत-नयनप्रसादिनी-व्याख्या सहित, सम्पा. रघुनाथ शास्त्री

" .... तत्त्वप्रदीपिका, हिन्दी अनुवाद सहित, स्वामी योगीन्द्रानन्द, वाराणसी, १९५६

मधुसूदन सरस्वती .... अद्वैतसिद्धि, बलभद्री सिद्धिव्याख्या, गौडब्रह्मानन्दी लघुचन्द्रिका और उस पर विट्ठलेशोपाध्यायी टीका सहित तथा स्वटिप्पण सहित अनन्तकृष्ण शास्त्री द्वारा सम्पादित, निर्णय सागर प्रेस, बम्बई, १९१५, १९१७

" .... अद्वैतसिद्धि, गौडब्रह्मानन्दी गुरुचन्द्रिका सहित, सम्पा. श्रीनिवासाचार्य एवं वेंकटनरसिंह शास्त्री, भाग १, २, ३, मैसूर वि. वि. संस्कृत सीरीज़, १९३३, १९३७, १९४०

English Tr., Ganga Nath Jha in the Indian Thought

सर्वज्ञात्ममुनि .... संक्षेपशारीरक, नृसिंहाश्रम सरस्वती की तत्त्वबोधिनी व्याख्या सहित, सम्पा. एस. एन. शुक्ल, सरस्वती भवन, वाराणसी, १९३६

" .... संक्षेपशारीरक, मधुसूदन सरस्वती की टीका सहित, वाराणसी

" .... संक्षेपशारीरक, रामतीर्थकृत टीका सहित, चौखम्बा, वाराणसी

" .... संक्षेपशारीरक, हिन्दी अनुवाद, स्वामी रामानन्द, वाराणसी, १९५७

अप्पय दीक्षित .... सिद्धान्तलेशसंग्रह, अच्युत कार्यालय, वाराणसी, हिन्दी अनुवाद मूलशंकर व्यास, १९३६

अप्पय दीक्षित	....	सिद्धान्तलेशसंग्रह, भाग १, २, सम्पा. सूर्यनारायण शास्त्री, मद्रास, १९३५
विद्यारण्य स्वामी	....	पञ्चदशी, सटीक, सम्पा. महेश्वरानन्द मण्डलेश्वर, निर्णय सागर प्रेस, बम्बई, १९४९
"	....	बृहदारण्यकवार्तिकसार, अच्युत कार्यालय, वाराणसी
"	....	विवरणप्रमेयसंग्रह, अच्युत कार्यालय, वाराणसी
प्रकाशानन्द	....	वेदान्तसिद्धान्त-मुक्तावली, अच्युत कार्यालय, वाराणसी
आनन्दज्ञान	....	तर्कसंग्रह, सम्पा. श्री त्रिपाठी
धर्मराजाध्वरीन्द्र	....	वेदान्तपरिभाषा, सम्पा. अनन्तकृष्ण शास्त्री, कलकत्ता वि. वि., १९३०
नरहरि स्वामी	....	बोधसार
सदानन्द	....	वेदान्तसार, अंग्रेज़ी अनुवाद सहित, सम्पा. मै. हिरियन्ना ओरियेन्टल बुक ऐजन्सी, पूना
"	....	वेदान्तसार, नृसिंह मुनि एवं रामतीर्थ की टीकाओं सहित, निर्णय सागर प्रेस, बम्बई
श्रीहरि शर्मा	....	वेदान्तसुधा, राजकीय प्रेस, बुन्दी, राजस्थान, १९१५
अनन्तकृष्ण शास्त्री	....	शतभूषणी (वेंकटनाथ की शतदूषणी के खण्डनार्थ)
S. Radhakrishnan	....	Brahma-Sūtra
T.M.P. Mahadevan	....	Gaudapāda, Univ. of Madras, 1952
Sangam Lal Pandey	....	Pre-Shankara Advaita Philosophy, Darshan Peeth, Allahabad, 1974
M.T. Sahasrabudhe	....	A Survey of the Pre-Shankara Advaita Vedānta, Univ. of Poona, 1968
B. L. Atreya	....	The Philosophy of Yogavāsiṣtha, Adyar, 1936
Paul Deussen	....	The System of the Vedānta, 1912
"	....	Hindi Tr. : S. L. Pandey, 1971
Kokileshvar Shastri	....	Introduction to Advaita Philosophy
G. R. Malkani, R. Das & T. R. V. Murti	....	Ajñāna, Luzac and Co., London, 1933
G. R. Malkani	....	Metaphysics of Advaita
"	....	Vedantic Epistemology
Krishna Chandra Bhattacharyya	....	Studies in Vedantism, Calcutta Univ., 1909
R. D. Ranade	....	Vedānta : The Culmination of Indian Thought, Bharatiya Vidya Bhavan, Bombay, 1970
A. C. Mukerji	....	The Nature of Self, The Indian Press Ltd., Allahabad, 1938
M. Hiriyanna	....	The Quest After Perfection, Kavyalaya Pub., Mysore, 1952
V. S. Ghate	....	The Vedānta (A Comparative Study), Bhandarkar Ori. Res. Institute, Poona, 1926

Shiva Shankar Roy .... The Heritage of Shaṅkara, Udayan Publications, Allahabad, 1965

Ganga Nath Jha .... Shankara-Vedānta, Univ. of Allahabad, 1939

Satkari Mookerjee .... Khaṇḍana-Khaṇda-Khādya of Shri Harṣa, Text and Eng. Tr. of a Portion, The Nava Nalanda Maha Vihar Publication, Vol. I, 1957

महर्षि वेदव्यास .... श्रीमद्भागवतपुराण, गीताप्रेस, गोरखपुर

" .... श्रीमद्भागवतपुराण, हिन्दी अनुवाद, स्वामी अखण्डानन्द सरस्वती, गीताप्रेस, गोरखपुर

म. म. गिरिधर शर्मा चतुर्वेदी .... पुराण-परिशीलन, बिहार राष्ट्रभाषा परिषद्, पटना, १९७०

भास्कर .... ब्रह्मसूत्र-भाष्य

नाथमुनि .... न्याय-तत्त्व

यामुनाचार्य .... आगम-प्रामाण्य

" .... सिद्धित्रय

" .... आलवन्दार-स्तोत्र

रामानुजाचार्य .... श्रीभाष्य (ब्रह्मसूत्र-भाष्य), निर्णय सागर प्रेस, बम्बई

" .... श्रीभाष्य, सम्पा. नरसिंहाचार्य, वेंकटेश्वर कं., मद्रास, द्वि. सं., १९३६

" .... श्रीभाष्य, श्रुतप्रकाशिका तथा तत्त्वटीकासमेत, ३ भागों में, सम्पा. धरणीधर शास्त्री, वृन्दावन, १९१६

" .... गीताभाष्य

" .... वेदान्तसार

" .... वेदान्तदीष

" .... गद्यत्रय

" .... वेदार्थसंग्रह

सुदर्शन सूरि .... श्रुतप्रकाशिका (श्रीभाष्य-टीका), निर्णय सागर प्रेस, बम्बई

वेङ्कटनाथ (वेदान्तदेशिक).... तत्त्व-टीका (श्रीभाष्य-टीका)

" .... न्यायसिद्धाञ्जन

" .... शतदूषणी, सम्पा., अनन्ताचार्य, काञ्चीपुरम्

लोकाचार्य .... तत्त्वत्रय, वरवरभाष्योपेत, चौखम्बा, वाराणसी

श्रीनिवास .... यतीन्द्रमतदीपिका

George Thibaut .... The Vedānta-Sūtras with the Comment of Rāmānujācārya, 2 Vols., S. B. E.

M. Rangacharya & Varadaraja Iyengar .... Shri-Bhāṣya, Vol. I (I Adhyāya, I Pāda) English Translation, 2nd ed., Madras, 1961

S. M. Srinvasachari.... Advaita and Viśiṣṭādvaita, A Study based on Shatadūṣaṇī, Asia Publishing House, New York, 1961

मध्वाचार्य	....	पूर्णप्रज्ञभाष्य (ब्रह्मसूत्र-भाष्य), सम्पा. जीवानन्द विद्यासागर, कलकत्ता
"	....	गीताभाष्य
"	....	महाभारततात्पर्य-निर्णय
"	....	अनुव्याख्यान (ब्रह्मसूत्र-व्याख्यान)
"	....	तत्त्वसंख्यान
"	....	तत्त्वोद्योत
"	....	विष्णुतत्त्वनिर्णय
जयतीर्थ	....	तत्त्वप्रकाशिका (मध्वभाष्यटीका)
"	....	प्रमाणपद्धति
"	....	न्यायसुधा (अनुव्याख्यान-टीका)
व्यासतीर्थ	....	तात्पर्यचन्द्रिका (तत्त्वप्रकाशिका-व्याख्या)
"	....	न्यायामृत
"	....	तर्कताण्डव
रामाचार्य	....	न्यायामृत-तरङ्गिणी (न्यायामृत-टीका)
Nagaraja Śarma	....	The Philosophy of Madhva.
"	....	The Reign of Realism in Indian Philosophy
Krishnasvami Aiyer	....	Shri Madhva and Madhvism
K. Narain	....	An Outline of Madhva Philosophy, Allahabad
"	....	A Critique of Madhva Refutation of the Shankara School of Vedānta, Allahabad
निम्बार्काचार्य	....	वेदान्तपारिजातसौरभ (ब्रह्मसूत्रभाष्य)
"	....	दशश्लोकी
"	....	श्रीकृष्णस्तवराज
श्रीनिवासाचार्य	....	वेदान्तकौस्तुभ (पारिजातसौरभ-टीका)
केशव काश्मीरी	....	कौस्तुभ-प्रभा (कौस्तुभ-टीका)
पुरुषोत्तमाचार्य	....	वेदान्तरत्नमञ्जूषा (दशश्लोकी-व्याख्या)
"	....	श्रुत्यन्तसुरद्रुम (श्रीकृष्णस्तवराज-टीका)
माधव मुकुन्द	....	परपक्षगिरिवज्र (हार्दसञ्चय)
Umesha Mishra	....	Nimbārka Philosophy
P.N. Srīnivāsācharī	....	The Philosophy of Bhedābheda, 2nd ed., Adyar, Madras, 1950
वल्लभाचार्य	....	अणुभाष्य (ब्रह्मसूत्र-भाष्य), चौखम्बा, वाराणसी
"	....	सुबोधिनी (भागवत, स्कन्ध १, २, ३ और १० पर टीका)
"	....	तत्त्वार्थदीपनिबन्ध
"	....	तत्त्वार्थदीपनिबन्ध (शास्त्रार्थप्रकरण), आचार्य की संस्कृतटीका, हिन्दी अनुवाद तथा व्याख्या सहित, सम्पा. केदारनाथ मिश्र, वाराणसी
विट्ठलनाथ गोस्वामी	....	विद्वन्मण्डन, चौखम्भा, वाराणसी

पुरुषोत्तम महाराज .... भाष्य-प्रकाश (अणुभाष्य-व्याख्यान), चौखम्बा, वाराणसी

" .... सुबोधिनी-प्रकाश

" .... सुवर्णसूत्र (विद्वन्मण्डन-व्याख्यान), चौखम्बा, वाराणसी

गोपेश्वर महाराज .... भाष्य-प्रकाश-रश्मि (भाष्यप्रकाश-टीका)

गिरिधर दीक्षित .... शुद्धाद्वैतमार्तण्ड

बालकृष्ण भट्ट .... प्रमेयरत्नार्णव, हिन्दी अनुवाद सहित, सम्पा. केदारनाथ मिश्र, वाराणसी

Telivala .... Philosophy of Vallabhāchārya

ब्रजनाथ शर्मा .... वल्लभाचार्य और उनका सिद्धान्त

रूप गोस्वामी .... उज्ज्वलनीलमणि

" .... भक्तिरसामृतसिन्धु

जीव गोस्वामी .... षट्सन्दर्भ, सर्वसंवादिनी टीका सहित

बलदेव विद्याभूषण .... गोविन्द-भाष्य (ब्रह्मसूत्र-भाष्य)

H. D. Bhattacharyya .... The Foundations of Living Faiths

R. G. Bhandarkar .... Vaiṣṇavism, Shaivism and Minor Religious Sects, Reprint, Varanasi, 1956

Rai Choudhary .... Early History of the Vaiṣṇava Sect

B. K. Gosvami .... Bhakti Cult in Ancient India

G. N. Mallick .... The Philosophy of Vaiṣṇava Religion

प्रभुदत्त ब्रह्मचारी .... चैतन्य चरितावली (५ भाग)

श्रीकण्ठ शिवाचार्य .... ब्रह्मसूत्र-भाष्य

अप्पय दीक्षित .... शिवार्कमणिदीपिका (श्रीकण्ठभाष्य-व्याख्या)

शैव तथा शाक्तदर्शन

वसुगुप्त .... स्पन्दकारिका, काश्मीर ग्रन्थावली, श्रीनगर

उत्पलदेव .... ईश्वरप्रत्यभिज्ञाकारिका, काश्मीर ग्रन्थावली

अभिनवगुप्त .... ईश्वरप्रत्यभिज्ञाविमर्शिनी, भाग १-२ (कारिका-टीका) काश्मीर ग्रन्थावली

" .... विमर्शिनी पर भास्करी टीका, भाग १-२, लखनऊ

" .... तन्त्रालोक, जयरथटीकोपेत, १२ खण्ड, काश्मीर ग्रन्थावली, श्रीनगर

क्षेमराज .... शिवसूत्रविमर्शिनी, काश्मीर ग्रन्थावली

" .... प्रत्यभिज्ञा-हृदय, सम्पा. जयदेवसिंह, मोतीलाल बनारसीदास

शङ्कराचार्य ... सौन्दर्य-लहरी, लक्ष्मीधर-व्याख्या सहित

भास्कर राय .... सौभाग्य-भास्कर (ललितासहस्रनाम-भाष्य)

Eng. Tr. R. A. Sastry, 3rd ed., Madras, 1951

K.C. Pandey .... Eng. Tr. of Abhinavagupta's I.P. Vimarshini in the Third Vol. of Bhāskarī, Sarasvati Bhavan Texts, Lucknow, 1954

" .... Abhinavagupta : A Historical and Philosophical Study, Chowkhamba Sanskrit Series, Varanasi, 1935; 2nd ed., 1963

J. C. Chatterji	....	Kashmira Shaivism, Kashmir Series
म. म. गोपीनाथ कविराज	....	भारतीय संस्कृति और साधना, दो भाग, बिहार राष्ट्रभाषा परिषद्, वाङ्मय में शाक्त दृष्टि, बिहार रा. भा. प. पटना, १९६३
बलजिन्नाथ पण्डित	....	काश्मीर शैव दर्शन, १९७३
रामेश्वर झा	....	पूर्णता-प्रत्यभिज्ञा (प्रत्यभिज्ञादर्शन पर संस्कृत में पद्यबद्ध रचना) १९६०, प्राप्ति स्थान, चौखम्बा विद्याभवन, वाराणसी
Jadunath Sinha	....	School of Shaivism, Calcutta, 1970
K. Śivaraman	....	Shaivism in Philosophical Perspective, Motilal Banarsidass, 1973
Nallasvami Pillai	....	Studies in Shaiva Siddhanta
V. Devasenapati	....	Shaiva Siddhanta, Univ. of Madras, 1958
S. C. Nandimath	....	A Handbook of Vira Shaivism, Dharwar, 1942
Laxmi Nidhi Sharma	....	Kāshmir Shaivism, Bharatiya Vidya Prakashan Varanasi, 1972
Kamalakar Mishra	....	Significance of the Tāntric Tradition, Aradhanārīśvara Publications, Varanasi, 1981
कैलाशपति मिश्र	....	काश्मीर शैव दर्शन : मूल सिद्धान्त, अर्द्धनारीश्वर प्रकाशक, वाराणसी, १९८२
"	....	शैवसिद्धान्तदर्शन, वही, वाराणसी, १९८२
Arthur Avalon (Sir John Woodroffe)	....	The Serpent Power, Ganesh and Co., Madras, 8th ed., 1972
"	....	Shakti and Shākta, Ganesh and Co., Madras, 1956
"	....	The World as Power, 2nd ed. Madras, 1957

श्रीअरविन्द

Sri Aurobindo	....	The Life Divine, Vol. I, Vol. II (Pt. I), Vol. II (Pt. II). Arya Pub. House, Calcutta
"	....	The Synthesis of Yoga, Sri Aurobindo Ashram, Pondicherry
"	....	Essays on the Gītā, Arya Pub. House, Calcutta
"	....	The Mother
"	....	Letters of Śri Aurobindo
"	....	Sāvitrī: A Legend and a Symbol, Part I, and Parts II and III, Śri Aurobindo Ashram, Pondicherry, 1950, 1951
S.K. Maitra	...	An Introduction to the Philosophy of Śri Aurobindo
"	....	Studies in Śri Aurobindo's Philosophy
"	....	The Meeting of the East and the West in Śri Aurobindo's Philosophy, Śri Aurobindo Ashram. Pondicherry, 1956

Ram Shankar Misra .... The Integral Advaitism of Śri Aurobindo, B. H. U., Varanasi
अभयचन्द्र भट्टाचार्य .... श्रीअरविन्द-दर्शन, ज्ञानपुर (वाराणसी), १९७३

भारतीय दर्शन

Surendra Nath Dasgupta .... A History of Indian Philosophy, 5 Vols., Cambridge, 1922, 32, 40, 49, 55
S. Radhakrishnan .... Indian Philosophy, 2 Vols., Allen and Unwin, London, 2nd ed., 1929, 31; Reprint, 1958
M. Hiriyanna .... Outlines of Indian Philosophy, Allen and Unwin, London, 1932, 1956
" .... The Essentials of Indian Philosophy, Allen and Unwin, London, 1949
" .... The Indian Philosophical Studies, Vol. I, Kavyalaya Pub., Mysore, 1957
S.C. Chatterjee and D.M. Datta .... An Introduction to Indian Philosophy, Univ. of Calcutta, 1950
J.N. Sinha .... A History of Indian Philosophy, 2 Vols., 1956
Chandradhar Sharma .... A Critical Survey of Indian Philosophy, Rider and Co., London, 1960; Motilal Banarsidass, 1976, 79, 83, 87, 90
Karl H. Potter .... Presuppositions of India's Philosophies, Prentice-Hall, 1963, 65
Max Muller .... Six Systems of Indian Philosophy
बलदेव उपाध्याय .... भारतीय दर्शन, द्वि. सं., वाराणसी, १९४५
माधवाचार्य .... सर्वदर्शनसङ्ग्रह, सम्पा. वासुदेव शास्त्री अभ्यंकर, द्वि. सं., पूना, १९५१
" .... हिन्दी अनुवाद, बी. एस. शर्मा, चौखम्बा, वाराणसी, १९६४
Eng. Tr. Cowell and Gough, Reprint, Chowkhamba, Varanasi, 1961
हरिभद्र सूरि .... षड्दर्शनसमुच्चय, गुणरत्न-टीकोपेत
S. Radhakrishnan and C.A. Moore, eds. .... A Source Book in Indian Philosophy, Princeton, 1957
Haridas Bhattacharyya, ed. .... The Cultural Heritage of India, Vols. III and IV, Ramkrishna Mission, Calcutta, 1953, 1956
Krishna Chandra Bhattacharya .... Philosophical Studies, 2 Vols.
म.म. गोपीनाथ कविराज .... भारतीय संस्कृति और साधना, दो भाग, बिहार राष्ट्रभाषा परिषद्, पटना, भाग १, १९६३ और भाग २, १९६४
म.म. गिरधर शर्मा चतुर्वेदी .... दर्शन अनुचिन्तन, भारतीय ज्ञानपीठ, वाराणसी, १९६४

नामानुक्रम

शब्दानुक्रम